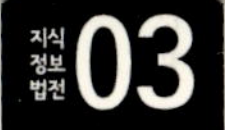

법률·판례·상담사례를 같이보는

민법지식정보법전

편저 : 대한법률편찬연구회

– 사법시험·공무원시험·변호사시험을 준비하는 로스쿨재학생 및 졸업생과
법률관련 각종 시험을 준비하는 수험생들을 위한 필독서 –

법문 북스

지식정보법전 03

법률·판례·상담사례를 같이보는

민법지식정보법전

편저 : 대한법률편찬연구회

- 사법시험·공무원시험·변호사시험을 준비하는 로스쿨재학생 및 졸업생과
법률관련 각종 시험을 준비하는 수험생들을 위한 필독서 -

머리말

민법은 사법관계를 규율하는 근본이 되는 법으로 그 중요성은 크지만 내용의 방대함과 자주 개정됨으로 인해 배우고 익히기가 쉽지 않습니다.

이 책은 이러한 민법 학습의 특성을 고려하여, 변호사시험을 준비하고 있는 로스쿨 재학생 및 졸업생, 사법시험 등 각종 시험을 준비하고 있는 수험생과 민법에 관심이 있는 일반인들이 민법에 관한 궁금한 내용을 찾아볼 수 있도록 펴낸 책입니다.

본서는 민법과 판례 등을 수록하였습니다. 법학의 기본은 법조문이라고 하겠습니다. 그래서 본서에서는 민법의 전체 조문을 수록하였습니다. 법조문을 읽다 보면 준용조문이 곳곳에 등장하여 이를 찾아보는 작업도 법조문을 읽어나가기 어렵게 만들고 있습니다. 그래서 본서에서는 해당 준용조문을 바로 읽어볼 수 있도록 편집하여 독자들이 민법에 보다 쉽게 접근하도록 하였고, 뿐만 아니라 중요판례와 관련 상담사례도 실어서 법조문의 적용되는 모습도 파악할 수 있게 하였습니다.

이 책이 법학을 공부하거나 민법에 관심이 있는 일반인들에게 민법을 이해하는데 도움이 되었으면 합니다.

2015年

편저자 드림

민 법

제1편 총 칙

제2편 물 권

제3편 채 권

제4편 친 족

제5편 상　속

민법

[시행 2016.2.4.]
[법률 제13125호, 2015.2.3., 일부개정]
[시행 2015.10.16.]
[법률 제12777호, 2014.10.15, 일부개정]

제1편 총칙
제1장 통칙

제1조 【법원】 민사에 관하여 법률에 규정이 없으면 관습법에 의하고 관습법이 없으면 조리에 의한다.

판례-채무부존재확인

[대법원 2010.9.9, 선고, 2009다105383, 판결]

【판시사항】
[1] 리스회사 甲과 선박 등에 관한 리스계약을 체결한 리스이용자 乙이 그 계약에 따라 리스선박에 대하여 협회선박기간보험약관이 적용되는 선박보험계약을 체결하면서 피보험자를 '소유자 甲, 관리자 乙'로 한 사안에서, 乙은 위 보험계약의 준거법인 영국 해상보험법상 그 보험계약에 관하여 피보험이익이 있다고 한 사례
[2] 사업자가 약관에 의한 계약을 체결하면서 상대방과 특정 조항에 관하여 개별적인 교섭을 거친 경우, 그 특정 조항은 약관의 규제에 관한 법률의 규율 대상이 아닌 개별 약정이 되는지 여부 및 이때 개별적인 교섭이 있었다고 하기 위한 요건과 그에 관한 증명책임의 소재(=사업자 측)
[3] 리스선박에 관한 보험계약에서 선박의 현상검사와 관련한 워런티(warranty) 약관 조항이 현상검사와 그에 따른 권고사항의 이행 기한을 리스이용자의 요청에 따라 당초 정한 기한에서 연기하여 정한 사실이 인정되지만, 이는 현상검사 등을 이행하여야 하는 기한에 관한 합의일 뿐 그 이행사항이 이행되지 않았을 경우 그 즉시 보험금지급의무가 면제되는 효과 등에 관하여 개별적인 교섭이 이루어졌다고 볼 수 없어, 위 워런티 약관 조항은 여전히 구 약관의 규제에 관한 법률의 적용을 받는 약관에 해당한다고 한 원심의 판단이 정당하다고 한 사례
[4] 영국 해상보험법상의 워런티(warranty) 조항을 사용하여 해상보험계약을 체결하는 경우, 보험자는 보험계약자에게 워런티의 의미 및 효과에 대하여 설명할 의무가 있는지 여부(원칙적 적극)
[5] 보험회사가 영국법 준거약관에 의하여 영국 해상보험법이 적용되는 워런티(warranty) 약관 조항을 사용하여 해상운송업자인 보험계약자와 선박에 관한 보험계약을 체결한 사안에서, 보험자는 보험계약자에게 워런티의 의미 및 효과에 관하여 구체적으로 설명할 의무를 부담한다고 한 원심의 판단이 정당하다고 한 사례
[6] 보험회사가 영국법 준거약관에 의하여 영국 해상보험법이 적용되는 워런티(warranty) 약관 조항을 사용하여 해상운송업자인 보험계약자와 선박에 관한 보험계약을 체결하면서 보험계약자가 일정 기한까지 선박에 대한 현상검사와 그에 따른 권고사항을 이행할 것을 워런티 사항으로 정한 사안에서, 보험회사가 워런티의 의미와 효과에 관하여 보험계약자가 제대로 이해할 수 있도록 충분히 설명하지 않는 경우 위 약관 조항 전체가 처음부터 보험계약에 편입되지 못하는 것으로 보아야 한다고 한 사례

【판결요지】

[1] 리스회사 甲과 선박 등에 관한 리스계약을 체결한 리스이용자 乙이 그 계약에 따라 리스선박에 대하여 협회선박기간보험약관[Institute Time Clauses(Hull-1/10/83)]이 적용되는 선박보험계약을 체결하면서 피보험자를 '소유자(owner) 甲, 관리자(manager) 乙'로 한 사안에서, 乙은 리스계약상 선박의 법률상 소유자는 아니지만 리스이용자로서 선박을 사용할 권리를 갖고 있고 그 멸실·훼손에 대하여 위험부담을 지고 선박의 훼손시 이를 복원·수리할 의무를 부담하며 리스기간 종료시 선박을 법률상 소유자인 리스회사로부터 양도받을 수 있는 지위에 있는데, 그렇다면 乙은 그 선박에 관하여 법률상 이해관계가 있고 그 결과 선박의 멸실이나 손상 등으로 수리비 등을 지출함으로써 손해를 입거나 그에 관하여 책임을 부담할 수 있는 지위에 있으므로, 위 보험계약의 준거법인 영국 해상보험법상 그 보험계약에 관하여 피보험이익이 있다고 한 사례.

[2] 계약의 일방 당사자가 다수의 상대방과 계약을 체결하기 위해서 일정한 형식에 의하여 미리 계약서를 마련하여 두었다가 어느 한 상대방에게 이를 제시하여 계약을 체결하는 경우에도 그 상대방과 사이에 특정 조항에 관하여 개별적인 교섭(또는 흥정)을 거침으로써 상대방이 자신의 이익을 조정할 기회를 가졌다면, 그 특정 조항은 약관의 규제에 관한 법률의 규율대상이 아닌 개별약정이 된다고 보아야 한다. 이때 개별적인 교섭이 있었다고 하기 위해서는 비록 그 교섭의 결과가 반드시 특정 조항의 내용을 변경하는 형태로 나타나야 하는 것은 아니라 하더라도, 적어도 계약의 상대방이 그 특정 조항을 미리 마련한 계약서의 내용에 구속되지 아니하고 당사자와 사이에 거의 대등한 지위에서 당해 특정 조항에 대하여 충분한 검토와 고려를 한 뒤 영향력을 행사함으로써 그 내용을 변경할 가능성이 있어야 하고, 약관 조항이 당사자 사이의 합의에 의하여 개별약정으로 되었다는 사실은 이를 주장하는 사업자 측에서 증명하여야 한다.

[3] 리스선박에 관한 보험계약에서 선박의 현상검사와 관련한 워런티(warranty) 약관 조항이 보험계약자인 리스이용자가 일정 기한까지 선박에 대한 현상검사와 그에 따른 권고사항을 이행할 것을 워런티 사항으로 정하고 있고, 그 현상검사 등의 이행 기한을 리스이용자의 연기 요청에 따라 당초 정한 기한에서 연기하여 정한 사실이 인정되지만, 이는 현상검사 등을 이행하여야 하는 기한에 관한 합의일 뿐 그 이행사항을 이행하지 않았을 경우 그 즉시 보험회사의 보험금지급의무가 면제되는 효과 등에 관하여 보험회사와 보험계약자 사이에 개별적인 교섭이 이루어졌다고 볼 수 없으므로, 위 워런티 약관 조항은 여전히 구 약관의 규제에 관한 법률(2007. 8. 3. 법률 제8633호로 개정되기 전의 것)의 적용을 받는 약관에 해당한다고 한 원심의 판단이 정당하다고 한 사례.

[4] 영국 해상보험법상 워런티(warranty) 제도는 상법에 존재하지 아니하는 낯설은 제도이고 영국 해상보험법상 워런티 위반의 효과는 국내의 일반적인 약관해석 내지 약관통제의 원칙에 비추어 이질적인 측면이 있음을 부정할 수 없다. 비록 워런티라는 용어가 해상보험 거래에서 흔히 사용되고 있다 하더라도 해상보험계약을 체결한 경험이 없거나 워런티에 관한 지식이 없는 보험계약자가 워런티의 의미 및 효과에 관하여 보험자로부터 설명을 듣지 못하고 보험계약을 체결할 경우 워런티 사항을 충족시키지 않으면 어떠한 불이익을 받는지에 관하여 제대로 인식하지 못한 채 그 위반 즉시 보험금청구권을 상실할 위험에 놓일 뿐만 아니라 그와 같은 상실 사실조차 모른 채 보험사고를 맞게 되는 곤란한 상황에 처할 수 있다. 따라서 이러한 워런티 조항을 사용하여 해상보험을 체결하는 보험자로서는 원칙적으로 당해 보험계약자에게 워런티의 의미 및 효과에 대하여 충분히 설명할 의무가 있다고 할 것이고, 단순히 워런티 조항이 해상보험 거래에서 흔히 사용되고 있다는 사정만으로 개별 보험계약자들이 그 의미 및 효과를 충분히 잘 알고 있다거나 충분히 예상할 수 있다고 단정하여 이를 언제나 설명의무의 대상에서 제외될 수 있는 사항이라고 볼 수는 없다.

[5] 보험회사가 영국법 준거약관에 의하여 영국 해상보험법이 적용되는 워런티(warranty) 약관 조항을 사용하여 해상운송업자인 보험계약자와 선박에 관한 보험계약을 체결한 사안에서, 위 워런티 약관 조항은 보험계약자가 일정 기한까지 현상검사와 그에 따른 권고사항을 이행할 것을 워런티 사항으로 정하고 있으므로, 보험자는 보

험계약자가 워런티의 의미 및 효과를 이해할 수 있도록 구체적으로 설명할 의무를 부담하고, 보험계약자가 해상운송업에 종사하고 있다 하더라도 대형해운회사나 무역회사와 같이 해상보험계약의 전담부서에 전문가를 두어 보험계약을 체결하고 있다는 등의 특별한 사정이 없는 한 보험자의 별도 설명 없이도 워런티의 내용과 효과를 잘 알고 있거나 충분히 예상할 수 있었던 것이라고 보기 어렵다고 한 원심의 판단이 정당하다고 한 사례.

[6] 보험회사가 영국법 준거약관에 의하여 영국 해상보험법이 적용되는 워런티(warranty) 약관 조항을 사용하여 해상운송업자인 보험계약자와 선박에 관한 보험계약을 체결하면서 보험계약자가 일정 기한까지 선박에 대한 현상검사와 그에 따른 권고사항을 이행할 것을 워런티 사항으로 정한 사안에서, 보험회사가 워런티의 의미와 효과에 관하여 보험계약자가 제대로 이해할 수 있도록 충분히 설명하지 않는 경우에는 보험계약자가 위 워런티 약관 조항의 의미와 효과를 전체적으로 이해할 수 없게 되어 예측하지 못한 불이익을 받게 되므로, 그 경우 위 약관 조항 전체가 처음부터 보험계약에 편입되지 못하는 것으로 보아야 하고, 이와 달리 위 워런티 약관 조항을 현상검사와 그에 따른 권고사항을 이행하여야 한다는 부분과 그 이행사항이 워런티에 해당한다는 부분으로 분리하여 전자는 보험회사가 보험계약자에게 설명해 준 부분이어서 우선 보험계약에 분리 편입되고, 후자는 그 의미와 효과에 대하여 준거법인 영국 해상보험법에 규정된 사항이어서 법령에 규정된 것으로 별도의 설명 없이 보험계약에 편입될 수 있는 것으로 보아, 전자와 후자가 각각 분리하여 편입되는 방식으로 위 워런티 약관 조항 전체가 보험계약에 편입되는 것으로 볼 수는 없다고 한 사례.

제2조 【신의성실】

①권리의 행사와 의무의 이행은 신의에 좇아 성실히 하여야 한다.
②권리는 남용하지 못한다.

판례-상환금

[대법원 2015.5.14, 선고, 2013다2757, 판결]

【판시사항】

[1] 증권회사가 약정 평가기준일의 기초자산 가격 또는 지수에 연계하여 투자수익이 결정되는 유가증권을 발행하여 판매한 경우, 위험회피거래 과정에서 이해가 상충하는 투자자에 대하여 부담하는 보호의무의 내용

[2] 甲 주식회사의 보통주를 기초자산으로 하여 중간평가일의 종가인 평가가격이 발행일의 종가인 기준가격보다 높거나 같을 경우 중도상환금을 지급하는 주가연계증권을 발행하여 乙 등 투자자에게 판매한 丙 증권회사가 중간평가일의 장 종료 무렵 기준가격에 미치지 못하는 가격으로 대량의 매도 주문을 함에 따라 장 종료 10분 전까지 기준가격을 상회하던 甲 회사의 보통주 가격이 기준가격 아래로 떨어져 중도상환조건의 성취가 무산된 사안에서, 丙 회사의 행위가 신의성실에 반하여 중도상환조건 성취를 방해한 것이라고 볼 여지가 충분하다고 한 사례

【판결요지】

[1] 민법 제2조, 제150조 제1항, 구 증권거래법(2007. 8. 3. 법률 제8635호 자본시장과 금융투자업에 관한 법률 부칙 제2조로 폐지) 제52조 제3호, 구 증권거래법 시행령(2008. 7. 29. 대통령령 제20947호 자본시장과 금융투자업에 관한 법률 시행령 부칙 제2조로 폐지) 제36조의3 등의 규정 취지에 비추어 보면, 증권회사는 유가증권의 발행, 매매 기타의 거래를 함에 있어 투자자의 신뢰를 저버리는 내용 또는 방법으로 권리를 행사하거나 의무를 이행하여 투자자의 보호나 거래의 공정을 저해하여서는 안 되므로 투자자와의 사이에서 이해가 상충하지 않도록 노력하고, 이해상충이 불가피한 경우에는 투자자가 공정한 대우를 받을 수 있도록 적절한 조치를 취함으로써 투자자의 이익

을 보호하여야 하며, 정당한 사유 없이 투자자의 이익을 해하면서 자기 또는 제3자의 이익을 추구하여서는 안 된다.
따라서 증권회사가 약정 평가기준일의 기초자산 가격 또는 지수에 연계하여 투자수익이 결정되는 유가증권을 발행하여 투자자에게 판매한 경우에는, 증권회사가 기초자산의 가격변동에 따른 위험을 회피하고 자산운용의 건전성을 확보하기 위하여 위험회피거래를 한다고 하더라도, 약정 평가기준일의 기초자산 가격 또는 지수에 따라 투자자와의 사이에서 이해가 상충하는 때에는 그와 관련된 위험회피거래는 시기, 방법 등에 비추어 합리적으로 하여야 하며, 그 과정에서 기초자산의 공정한 가격형성에 영향을 끼쳐 조건의 성취를 방해함으로써 투자자의 이익과 신뢰를 훼손하는 행위를 하여서는 안 된다.
[2] 甲 주식회사의 보통주를 기초자산으로 하여 중간평가일의 종가인 평가가격이 발행일의 종가인 기준가격보다 높거나 같을 경우 중도상환금을 지급하는 주가연계증권을 발행하여 乙 등 투자자에게 판매한 丙 증권회사가 중간평가일의 장 종료 무렵 기준가격에 미치지 못하는 가격으로 대량의 매도 주문을 함에 따라 장 종료 10분 전까지 기준가격을 상회하던 甲 회사의 보통주 가격이 기준가격 아래로 떨어져 중도상환조건의 성취가 무산된 사안에서, 丙 회사의 행위가 乙 등에 대한 투자자보호의무를 게을리한 것으로서 신의성실에 반하여 주가연계증권의 중도상환조건 성취를 방해한 것이라고 볼 여지가 충분한데도 이와 달리 본 원심판결에 위험회피거래에서의 신의칙상 주의의무 등에 관한 법리오해의 잘못이 있다고 한 사례.

토지수용재결의 실효로 그 지상 변전소철거 등 청구가 권리남용인지

(대한법률구조공단 자료)

질문

한국전력공사가 정당한 권원에 의하여 토지를 수용하고 그 지상에 변전소를 건설하였으나 토지소유자 甲에게 그 수용에 따른 손실보상금을 공탁함에 있어서 착오로 부적법한 공탁이 되어 수용재결이 실효되어, 한국전력공사는 결과적으로 그 토지에 대한 점유권원을 상실하게 되었는데, 이 경우 토지소유자 甲이 그 변전소의 철거와 토지의 인도를 청구할 수 있는지요?

답변

「민법」 제2조 제2항에서 권리는 남용하지 못한다고 규정하여 권리행사의 기본원칙을 밝히고 있으며, 권리행사가 권리남용에 해당되려면 주관적으로 그 권리행사목적이 오직 상대방에게 고통을 주고 손해를 입히려는데 있을 뿐 행사하는 사람에게 아무런 이익이 없는 경우이어야 하고, 객관적으로는 그 권리행사가 사회질서에 위반된다고 볼 수 있어야 합니다.(대법원 2010. 8. 19. 선고 2009다90160, 90177 판결). 다만, 어떠한 권리행사가 권리남용이 되는지는 개별적이고 구체적인 사안에 따라 판단되어야 할 것입니다.(대법원 1991. 10.25. 선고 91다27273 판결).

그런데 위 사안과 유사한 사례의 판례를 보면, 한국전력공사가 정당한 권원에 의하여 토지를 수용하고 그 지상에 변전소를 건설하였으나, 토지소유자에게 그 수용에 따른 손실보상금을 공탁하면서 착오로 부적법한 공탁이 되어 수용재결이 실효됨으로써 결과적으로 그 토지에 대한 점유권원을 상실하게 된 경우, 그 변전소가 철거되면 61,750가구에 대하여 전력공급이 불가능하고 그 변전소인근은 이미 개발이 완료되어 더 이상 변전소 부지를 확보하기가 어려울 뿐만 아니라, 설령 그 부지를 확보하여도 변전소를 신축하는 데는 상당기간이 소요되며, 그 토지시가는 약 6억원인데 그 변전소를 설치하고 같은 규모의 변전소를 신축함에는 약 164억 원이 소요될 것으로 추산되고 그 토지소유자는 그 토지가 자연녹지지역에 속하고 개발제한구역 내에 위치하여 토지를 인도받아도 도시계획법상 이를 더 이상 개발·이용하기가 어려운데도 그 토지 또는 그 토지를 포함한 그들 소유의 임야전부를 시가의 120%에 상당하는 금액으로 매수하겠다는 한국전력공사의 제의를 거절하고 그 변전소철거와 토지인도만을 요구하고 있는 점에 비추어, 토지소유자가 그 변전소철거와 토지인도를 청구하는 것은 토지소유자에게는 별다른 이익이 없는 반면 한국전력공사에게는 그 피해가 극심하여 이러한 권리행사는 주관적으로 그 목적이 오직 상대방에게 고통을 주고 손해를 입히려는데 있고, 객관적으로 사회질서에 위반된 것이어서 권리남용에 해당한다고 하였습니다(대법원 1999. 9. 7. 선고 99다27613 판결).

따라서 위 사안에서도 甲은 위 토지에 대한 임료상당의 부당이득반환을 청구하는 것은 별론으로 하고, 위 변전소철거와 토지인도를 청구할 수는 없을 것으로 보입니다.

"본 사례는 개인의 법률문제 해결에 도움을 주고자 게재되었으나, 이용자 여러분의 생활에서 발생하는 구체적 사안은 동일하지는 않을 것이므로 참고자료로 활용하시기 바랍니다."

제2장 인

제1절 능력

제3조 【권리능력의 존속기간】
사람은 생존한 동안 권리와 의무의 주체가 된다.

제4조 【성년】 사람은 19세로 성년에 이르게 된다.
[전문개정 2011.3.7]
[시행일 : 2013.7.1]

제5조 【미성년자의 능력】
①미성년자가 법률행위를 함에는 법정대리인의 동의를 얻어야 한다. 그러나 권리만을 얻거나 의무만을 면하는 행위는 그러하지 아니하다.
②전항의 규정에 위반한 행위는 취소할 수 있다.

판례-채무부존재확인등·부당이득반환청구

[대법원 2007.11.16, 선고, 2005다71659,71666,71673, 판결]

【판시사항】
[1] 법정대리인의 동의 없이 신용구매계약을 체결한 미성년자가 그 동의 없음을 이유로 위 계약을 취소하는 것이 신의칙에 위배되는지 여부(소극)
[2] 미성년자의 법률행위에 대한 법정대리인의 동의가 묵시적으로도 가능한지 여부(적극)
[3] 미성년자의 법률행위에 있어서 법정대리인의 묵시적 동의나 처분허락의 인정 여부에 대한 판단 기준 및 이때 신용카드로 구매한 경우와 현금구매의 경우를 달리 보아야 하는지 여부(소극)
[4] 만 19세가 넘은 미성년자가 월 소득범위 내에서 신용구매계약을 체결한 사안에서, 스스로 얻고 있던 소득에 대하여는 법정대리인의 묵시적 처분허락이 있었다고 보아 위 신용구매계약은 처분허락을 받은 재산범위 내의 처분행위에 해당한다고 본 사례

【판결요지】
[1] 행위무능력자 제도는 사적자치의 원칙이라는 민법의 기본이념, 특히, 자기책임 원칙의 구현을 가능케 하는 도구로서 인정되는 것이고, 거래의 안전을 희생시키더라도 행위무능력자를 보호하고자 함에 근본적인 입법 취지가 있는바, 행위무능력자 제도의 이러한 성격과 입법 취지 등에 비추어 볼 때, 신용카드 가맹점이 미성년자와 신용구매계약을 체결할 당시 향후 그 미성년자가 법정대리인의 동의가 없었음을 들어 스스로 위 계약을 취소하지는 않으리라고 신뢰하였다 하더라도 그 신뢰가 객관적으로 정당한 것이라고 할 수 있을지 의문일 뿐만 아니라, 그 미성년자가 가맹점의 이러한 신뢰에 반하여 취소권을 행사하는 것이 정의관념에 비추어 용인될 수 없는 정도의 상태라고 보기도 어려우며, 미성년자의 법률행위에 법정대리인의 동의를 요하도록 하는 것은 강행규정인데, 위 규정에 반하여 이루어진 신용구매계약을 미성년자 스스로 취소하는 것을 신의칙 위반을 이유로 배척한다면, 이는 오히려 위 규정에 의해 배제하려는 결과를 실현시키는 셈이 되어 미성년자 제도의 입법 취지를 몰각시킬 우려가 있으므로, 법정

대리인의 동의 없이 신용구매계약을 체결한 미성년자가 사후에 법정대리인의 동의 없음을 사유로 들어 이를 취소하는 것이 신의칙에 위배된 것이라고 할 수 없다.
[2] 미성년자가 법률행위를 함에 있어서 요구되는 법정대리인의 동의는 언제나 명시적이어야 하는 것은 아니고 묵시적으로도 가능한 것이며, 미성년자의 행위가 위와 같이 법정대리인의 묵시적 동의가 인정되거나 처분허락이 있는 재산의 처분 등에 해당하는 경우라면, 미성년자로서는 더 이상 행위무능력을 이유로 그 법률행위를 취소할 수 없다.
[3] 미성년자의 법률행위에 있어서 법정대리인의 묵시적 동의나 처분허락이 있다고 볼 수 있는지 여부를 판단함에 있어서는, 미성년자의 연령·지능·직업·경력, 법정대리인과의 동거 여부, 독자적인 소득의 유무와 그 금액, 경제활동의 여부, 계약의 성질·체결경위·내용, 기타 제반 사정을 종합적으로 고려하여야 할 것이고, 위와 같은 법리는 묵시적 동의 또는 처분허락을 받은 재산의 범위 내라면 특별한 사정이 없는 한 신용카드를 이용하여 재화와 용역을 신용구매한 후 사후에 결제하려는 경우와 곧바로 현금구매하는 경우를 달리 볼 필요는 없다.
[4] 만 19세가 넘은 미성년자가 월 소득범위 내에서 신용구매계약을 체결한 사안에서, 스스로 얻고 있던 소득에 대하여는 법정대리인의 묵시적 처분허락이 있었다고 보아 위 신용구매계약은 처분허락을 받은 재산범위 내의 처분행위에 해당한다고 본 사례.

미성년자 단독으로 책을 할부구입한 때 이를 취소할 수 있는지

(대한법률구조공단 자료)

질문

저의 딸은 16세의 고등학생으로서 미성년자인데 3개월 전 학교 앞에서 책을 파는 사람에게 현혹되어 문화서적 1세트를 월 15,000원씩 10개월간 납입하기로 하고 구입하였습니다. 저는 그 책을 즉시 반환하려고 하였으나 상대방 회사를 쉽게 찾을 수 없었고, 며칠 후 겨우 알아낸 주소지로 '계약을 취소하니 물건을 찾아가라'고 통지하였으나 주소불명으로 반송되었습니다. 그런데 3개월이 지난 지금에 와서 상대방 회사로부터 대금청구서를 받았는데, 이 경우 위 서적대금을 지급해야 하는지요?

답변

20세미만의 미성년자는 민법상 행위무능력자(제한능력자)로서 책을 구입하는 등의 법률행위를 할 경우 법정대리인의 동의를 얻어야 함이 원칙이며, 이를 위반한 행위는 취소할 수 있고, 취소할 수 있는 법률행위에 대하여는 무능력자, 하자 있는 의사표시를 한 자, 그 대리인 또는 승계인에 한하여 취소할 수 있으며, 이는 추인(追認)할 수 있는 날로부터 3년 내에, 법률행위를 한 날로부터 10년내에 행사할 수 있으므로(민법 제5조, 제140조, 제146조), 법정대리인인 귀하는 상대방에게 미성년자의 법률행위를 취소하겠다는 의사표시를 함으로써 위 서적대금을 지급할 의무를 면할 수 있을 것입니다.
또한, 위 사안은 방문판매이면서 동시에 할부판매가 될 것이므로 「방문판매 등에 관한 법률」과 「할부거래에 관한 법률의 적용」을 받을 수 있는데, 「방문판매 등에 관한 법률」 제 4조에서 방문판매·전화권유판매·다단계판매·계속거래 및 사업권유거래에서의 소비자보호와 관련하여 이법과 다른 법률의 적용이 경합하는 경우에는 이 법을 우선 적용하되, 다른 법률을 적용함이 소비자에게 유리한 경우에는 그 법을 적용한다고 규정하고 있습니다.
그런데 「방문판매 등에 관한 법률」에 의하면 소비자는 계약서를 교부받은 날로부터 14일 이내에, 계약서를 교부받은 때보다 재화 등의 공급이 늦게 이루어진 경우에는 재화 등을 공급받거나 공급이 개시된 날로부터 14일, 계약서를 교부받지 아니하였거나 주소 등이 기재되지 아니한 계약서를 교부받은 경우 또는 방문판매자의 주소변경 등의 사유로 위 기간 내에 청약철회를 할 수 없는 경우에는 그 주소를 안날 또는 알 수 있었던 날로부터 14일 이내에 계약에 관한 청약을 철회할 수 있고(같은 법 제8조 제1항) 다만, 매수인의 책임 있는 사유로 목적물이 멸실·훼손된 경우 등에는 청약을 철회하지 못하지만(같은 법 제8조 제2항), 재화 등의 내용이 표시·광고의 내용과 다르거나 계약내용과 다르게 이행된 경우에는 당해 재화 등을 공급받은 날부터 3월 이내, 그 사실을 안 날 또는 알 수 있었던 날부터 30일 이내에 청약철회 등을 할 수 있으며(같은 법 제8조 제3항), 재화 등의 공급사실 및 그 시기 또는 계약서의 교부사실 및 그 시기 등에 관하여 다툼이 있는 경우에는 방문판매 등이 이를 입증하여야 합니다(같은 법 제8조 제5항).

청약철회 등을 서면으로 하는 경우에는 청약철회 등의 의사표시가 기재된 서면을 발송한 날에 그 효력이 발생하고(같은 법 제8조 제4항), 청약철회권 행사의 효과는 이미 인도받은 상품을 반환하여야 하며, 이미 지급한 상품대금도 반환받아야 하고, 이 경우 방문판매자가 상품반환에 필요한 비용을 부담하여야 하며, 소비자에게 위약금 또는 손해배상을 청구할 수 없다고 규정하고 있습니다(같은 법 제9조).

그렇다면 귀하는 서적대금청구에 대하여 민법상 미성년자법률행위의 취소 또는 방문판매 등에 관한 법률상의 청약철회를 주장하여 귀하 딸의 대금지급의무를 면할 수 있을 것입니다.

참고로 2013. 7. 1.부터는 만 19세 미만자를 미성년자로 보게 됩니다(법률 제 10429호로 2011. 3. 7. 개정된 민법 제4조 참조).

"본 사례는 개인의 법률문제 해결에 도움을 주고자 게재되었으나, 이용자 여러분의 생활에서 발생하는 구체적 사안은 동일하지는 않을 것이므로 참고자료로 활용하시기 바랍니다."

제6조 【처분을 허락한 재산】

법정대리인이 범위를 정하여 처분을 허락한 재산은 미성년자가 임의로 처분할 수 있다.

제7조 【동의와 허락의 취소】

법정대리인은 미성년자가 아직 법률행위를 하기 전에는 전2조의 동의와 허락을 취소할 수 있다.

제8조 【영업의 허락】

①미성년자가 법정대리인으로부터 허락을 얻은 특정한 영업에 관하여는 성년자와 동일한 행위능력이 있다.

②법정대리인은 전항의 허락을 취소 또는 제한할 수 있다. 그러나 선의의 제삼자에게 대항하지 못한다.

제9조 【성년후견개시의 심판】

①가정법원은 질병, 장애, 노령, 그 밖의 사유로 인한 정신적 제약으로 사무를 처리할 능력이 지속적으로 결여된 사람에 대하여 본인, 배우자, 4촌 이내의 친족, 미성년후견인, 미성년후견감독인, 한정후견인, 한정후견감독인, 특정후견인, 특정후견감독인, 검사 또는 지방자치단체의 장의 청구에 의하여 성년후견개시의 심판을 한다.

②가정법원은 성년후견개시의 심판을 할 때 본인의 의사를 고려하여야 한다.

[전문개정 2011.3.7]

[시행일 : 2013.7.1]

제10조 【피성년후견인의 행위와 취소】 ①피성년후견인의 법률행위는 취소할 수 있다.

②제1항에도 불구하고 가정법원은 취소할 수 없는 피성년후견인의 법률행위의 범위를 정할 수 있다.

③가정법원은 본인, 배우자, 4촌 이내의 친족, 성년후견인, 성년후견감독인, 검사 또는 지방자치단체의 장의 청구에 의하여 제2항의 범위를 변경할 수 있다.

④제1항에도 불구하고 일용품의 구입 등 일상생활에 필요하고 그 대가가 과도하지 아니한 법률행위는 성년후견인이 취소할 수 없다.

[전문개정 2011.3.7]

[시행일 : 2013.7.1]

구민법 당시 부동산을 매수하고 이전등기하지 않은 자의 지위

(대한법률구조공단 자료)

질문

저의 아버지는 제가 태어나던 1957년 가을에 甲으로부터 甲소유 대지를 백미 5가마에 매수하여 주택을 신축, 독자인 저와 어머니 등 가족과 함께 살다가 1984년 1개월 간격으로 부모님 모두 사망하셨는데, 甲은 최근에 아버지 명의로 소유권이전등기가 되어 있지 않음을 이용하여 乙에게 위 대지에 관한 소유권등기를 이전하였습니다. 제가 甲과 乙을 상대로 소유권을 찾을 수 있는지요?

답변

「민법」(1958. 2. 22. 법률 제471호로 제정)은 부칙 제10조 제1항에서, 민법시행일(1960. 1. 1.)전의 법률행위로 인한 부동산에 관한 물권득실변경은 민법시행일로부터 6년 내에 등기하지 아니하면 그 효력을 잃는다고 하였고(개정 1962. 12. 31, 1964. 12. 31), 판례도 구민법 당시 부동산을 매수하였으나 민법시행일로부터 6년 내에 등기하지 아니한 경우 민법 부칙 제10조 제1항에 의하여 위 매매에 의하여 취득한 부동산소유권을 상실하고, 이러한 민법 부칙 제10조 제1항의 규정은 법률행위의 당사자뿐만 아니라 제3자에 대한 관계에서도 적용되는 것이라고 하였으며(대법원 2009. 4. 9. 선고 2006다30921 판결), 구민법시행당시 법률행위로 소유권을 취득하여 소유권이 상속되었으나 민법 부칙 제10조 제1항에 의하여 민법시행일로부터 6년 이내인 1965. 12. 31.까지 소유권이전등기를 마치지 아니한 경우 소유권을 상실한다고 하였습니다(대법원 1992. 12. 22. 선고 91다47116 판결).

그렇다면 귀하의 아버지는 위 매매에 의하여 취득한 위 임야의 소유권을 상실하였다고 할 것이므로, 상속인인 귀하 역시 소유권을 상실하였다고 할 것이나, 이 경우에도 위 매매는 유효한 것이므로 제1매수인의 상속인인 귀하는 甲에 대한 채권으로서 소유권이전등기청구권을 보유한다고 할 것이고(대법원 1992. 9. 1. 선고 92다24851 판결), 또한 부동산에 관하여 인도, 등기 등의 어느 한 쪽에 대하여서라도 권리를 행사하는 자는 전체적으로 보아 그 부동산에 관하여 권리 위에 잠자는 자라고 할 수 없으므로, 매수인이 목적부동산을 인도받아 계속 점유하는 경우, 그 소유권이전등기청구권 소멸시효가 진행하지 않게 됩니다(대법원 2010. 1. 28. 선고 2009다73011 판결).

위 사안과 같은 부동산이중매매의 경우 판례를 보면, 이중매매를 사회질서에 반하는 법률행위로서 무효라고 하기 위해서는 양수인이 양도인의 배임행위를 아는 것만으로는 부족하고, 나아가 배임행위를 유인, 교사하거나 이에 협력하는 등 적극 가담하는 것이 필요하고, 이때에는 제2양수행위의 상당성과 특수성 및 제2양도계약의 성립과정, 경위, 양도인과 제2양수인의 관계 등을 고려하여 판단하여야 한다고 하였습니다(대법원 2009. 9. 10. 선고 2009다34481 판결).

따라서 乙이 甲에게 이중매매 하도록 유인, 교사하거나 이에 협력하는 등 적극 가담하는 행위를 하였다면 귀하는 제1매수인의 상속인으로서 제2매매의 효력을 부인하여 乙에게는 甲을 대위하여 소유권이전등기말소를 구하고, 甲에게는 그 소유권이전등기를 청구할 수 있을 것이나(대법원 1983. 4. 26. 선고 83다카57 판결, 수원지방법원 2001. 1. 19. 선고 99나17767 판결), 乙이 甲의 배임행위에 가담한 사실이 없었다면 취득시효로 인한 소유권취득은 별론으로 하고, 귀하는 대지에 대한 소유권을 되찾을 수 없고, 다만 甲을 상대로 하여 위 매매계약의 이행불능을 원인으로 한 금전적 손해배상을 청구할 수밖에 없을 것으로 보입니다.또한, 형사적으로 甲이 이와 같은 제1매수인을 위한 등기절차이행이라는 의무를 무시하고 다시 乙에게 소유권이전등기를 해준 행위는 형법상 배임죄에 해당되므로, 귀하는 甲을 배임죄로 고소하여 甲에 대한 형사책임을 물을 수 있습니다.

참고로 시효취득에 있어서 부동산을 점유하는 자는 소유권이전등기청구권 또는 구민법상 제3자에게 대항할 수 없는 소유권에 기초하여 점유하는 자도 포함되고, 구민법시행당시 부동산을 취득하여 점유를 개시하였으나 그 소유권이전등기를 마치지 못하였다면 그 때부터 점유시효취득기초가 되는 점유가 개시된 것으로 보아야 할 것이고, 민법시행 후 민법 부칙 제10조 제1항에 의하여 등기하지 아니하여 소유권을 상실한 1966. 1. 1.을 점유취득시효기초가 되는 점유개시시기로 볼 것은 아니고, 구민법시행당시에 토지를 기부채납 받아 소유권을 취득하였고 그 지상에 건물을 축조하여 그 소유권을 취득함으로써 그 토지 및 그 지상건물을 소유하고 있었으나 민법시행 후 민법 부칙 제10조 제1항에 따라서 민법시행일인 1960. 1. 1.부터 6년 내에 그 토지에 관하여 등기하지 아니함으로써 그 소유권을 상실하였다면, 이로써 그 토지에 대하여 건물소유를 위한 관습법상 법정지상권을 취득한다고 한 사례가 있습니다(대법원 1998. 11. 24. 선고 98다28619 판결).

"본 사례는 개인의 법률문제 해결에 도움을 주고자 게재되었으나, 이용자 여러분의 생활에서 발생하는 구체적 사안은 동일하지는 않을 것이므로 참고자료로 활용하시기 바랍니다."

제11조 【성년후견종료의 심판】 성년후견개시의 원인이 소멸된 경우에는 가정법원은 본인, 배우자, 4촌 이내의 친족, 성년후견인, 성년후견감독인, 검사 또는 지방자치단체의 장의 청구에 의하여 성년후견종료의 심판을 한다.
[전문개정 2011.3.7]
[시행일 : 2013.7.1]

제12조 【한정후견개시의 심판】
①가정법원은 질병, 장애, 노령, 그 밖의 사유로 인한 정신적 제약으로 사무를 처리할 능력이 부족한 사람에 대하여 본인, 배우자, 4촌 이내의 친족, 미성년후견인, 미성년후견감독인, 성년후견인, 성년후견감독인, 특정후견인, 특정후견감독인, 검사 또는 지방자치단체의 장의 청구에 의하여 한정후견개시의 심판을 한다.
②한정후견개시의 경우에 제9조제2항을 준용한다.
[전문개정 2011.3.7]
[시행일 : 2013.7.1.]

판례-무의미한연명치료장치제거등

[대법원 2009.5.21, 선고, 2009다17417, 전원합의체 판결]

【판시사항】
[1] 의료계약에 따른 진료의무의 내용
[2] 연명치료 중단의 허용 기준
[3] 연명치료 중단의 요건으로서 환자가 회복불가능한 사망의 단계에 진입하였고 연명치료 중단을 구하는 환자의 의사를 추정할 수 있다고 한 사례

【판결요지】
[1] 환자가 의사 또는 의료기관(이하 '의료인'이라 한다)에게 진료를 의뢰하고 의료인이 그 요청에 응하여 치료행위를 개시하는 경우에 의료인과 환자 사이에는 의료계약이 성립된다. 의료계약에 따라 의료인은 질병의 치료 등을 위하여 모든 의료지식과 의료기술을 동원하여 환자를 진찰하고 치료할 의무를 부담하며 이에 대하여 환자 측은 보수를 지급할 의무를 부담한다. 질병의 진행과 환자 상태의 변화에 대응하여 이루어지는 가변적인 의료의 성질로 인하여, 계약 당시에는 진료의 내용 및 범위가 개괄적이고 추상적이지만, 이후 질병의 확인, 환자의 상태와 자연적 변화, 진료행위에 의한 생체반응 등에 따라 제공되는 진료의 내용이 구체화되므로, 의료인은 환자의 건강상태 등과 당시의 의료수준 그리고 자기의 지식경험에 따라 적절하다고 판단되는 진료방법을 선택할 수 있는 상당한 범위의 재량을 가진다. 그렇지만 환자의 수술과 같이 신체를 침해하는 진료행위를 하는 경우에는 질병의 증상, 치료방법의 내용 및 필요성, 발생이 예상되는 위험 등에 관하여 당시의 의료수준에 비추어 상당하다고 생각되는 사항을 설명하여, 당해 환자가 그 필요성이나 위험성을 충분히 비교해 보고 그 진료행위를 받을 것인지의 여부를 선택하도록 함으로써 그 진료행위에 대한 동의를 받아야 한다. 환자의 동의는 헌법 제10조에서 규정한 개인의 인격권과 행복추구권에 의하여 보호되는 자기결정권을 보장하기 위한 것으로서, 환자가 생명과 신체의 기능을 어떻게 유지할 것인지에 대하여 스스로 결정하고 진료행위를 선택하게 되므로, 의료계약에 의하여 제공되는 진료의 내용은 의료인의 설명과 환자의 동의에 의하여 구체화된다.

[2] [다수의견] (가) 의학적으로 환자가 의식의 회복가능성이 없고 생명과 관련된 중요한 생체기능의 상실을 회복할 수 없으며 환자의 신체상태에 비추어 짧은 시간 내에 사망에 이를 수 있음이 명백한 경우(이하 '회복불가능한 사망의 단계'라 한다)에 이루어지는 진료행위(이하 '연명치료'라 한다)는, 원인이 되는 질병의 호전을 목적으로 하

는 것이 아니라 질병의 호전을 사실상 포기한 상태에서 오로지 현 상태를 유지하기 위하여 이루어지는 치료에 불과하므로, 그에 이르지 아니한 경우와는 다른 기준으로 진료중단 허용 가능성을 판단하여야 한다. 이미 의식의 회복가능성을 상실하여 더 이상 인격체로서의 활동을 기대할 수 없고 자연적으로는 이미 죽음의 과정이 시작되었다고 볼 수 있는 회복불가능한 사망의 단계에 이른 후에는, 의학적으로 무의미한 신체 침해 행위에 해당하는 연명치료를 환자에게 강요하는 것이 오히려 인간의 존엄과 가치를 해하게 되므로, 이와 같은 예외적인 상황에서 죽음을 맞이하려는 환자의 의사결정을 존중하여 환자의 인간으로서의 존엄과 가치 및 행복추구권을 보호하는 것이 사회상규에 부합되고 헌법정신에도 어긋나지 아니한다. 그러므로 회복불가능한 사망의 단계에 이른 후에 환자가 인간으로서의 존엄과 가치 및 행복추구권에 기초하여 자기결정권을 행사하는 것으로 인정되는 경우에는 특별한 사정이 없는 한 연명치료의 중단이 허용될 수 있다. 한편, 환자가 회복불가능한 사망의 단계에 이르렀는지 여부는 주치의의 소견뿐 아니라 사실조회, 진료기록 감정 등에 나타난 다른 전문의사의 의학적 소견을 종합하여 신중하게 판단하여야 한다.

(나) 환자가 회복불가능한 사망의 단계에 이르렀을 경우에 대비하여 미리 의료인에게 자신의 연명치료 거부 내지 중단에 관한 의사를 밝힌 경우(이하 '사전의료지시'라 한다)에는, 비록 진료 중단 시점에서 자기결정권을 행사한 것은 아니지만 사전의료지시를 한 후 환자의 의사가 바뀌었다고 볼 만한 특별한 사정이 없는 한 사전의료지시에 의하여 자기결정권을 행사한 것으로 인정할 수 있다. 다만, 이러한 사전의료지시는 진정한 자기결정권 행사로 볼 수 있을 정도의 요건을 갖추어야 하므로 의사결정능력이 있는 환자가 의료인으로부터 직접 충분한 의학적 정보를 제공받은 후 그 의학적 정보를 바탕으로 자신의 고유한 가치관에 따라 진지하게 구체적인 진료행위에 관한 의사를 결정하여야 하며, 이와 같은 의사결정 과정이 환자 자신이 직접 의료인을 상대방으로 하여 작성한 서면이나 의료인이 환자를 진료하는 과정에서 위와 같은 의사결정 내용을 기재한 진료기록 등에 의하여 진료 중단 시점에서 명확하게 입증될 수 있어야 비로소 사전의료지시로서의 효력을 인정할 수 있다.

(다) 한편, 환자의 사전의료지시가 없는 상태에서 회복불가능한 사망의 단계에 진입한 경우에는 환자에게 의식의 회복가능성이 없으므로 더 이상 환자 자신이 자기결정권을 행사하여 진료행위의 내용 변경이나 중단을 요구하는 의사를 표시할 것을 기대할 수 없다. 그러나 환자의 평소 가치관이나 신념 등에 비추어 연명치료를 중단하는 것이 객관적으로 환자의 최선의 이익에 부합한다고 인정되어 환자에게 자기결정권을 행사할 수 있는 기회가 주어지더라도 연명치료의 중단을 선택하였을 것이라고 볼 수 있는 경우에는, 그 연명치료 중단에 관한 환자의 의사를 추정할 수 있다고 인정하는 것이 합리적이고 사회상규에 부합된다. 이러한 환자의 의사 추정은 객관적으로 이루어져야 한다. 따라서 환자의 의사를 확인할 수 있는 객관적인 자료가 있는 경우에는 반드시 이를 참고하여야 하고, 환자가 평소 일상생활을 통하여 가족, 친구 등에 대하여 한 의사표현, 타인에 대한 치료를 보고 환자가 보인 반응, 환자의 종교, 평소의 생활 태도 등을 환자의 나이, 치료의 부작용, 환자가 고통을 겪을 가능성, 회복불가능한 사망의 단계에 이르기까지의 치료 과정, 질병의 정도, 현재의 환자 상태 등 객관적인 사정과 종합하여, 환자가 현재의 신체상태에서 의학적으로 충분한 정보를 제공받는 경우 연명치료 중단을 선택하였을 것이라고 인정되는 경우라야 그 의사를 추정할 수 있다.

(라) 환자 측이 직접 법원에 소를 제기한 경우가 아니라면, 환자가 회복불가능한 사망의 단계에 이르렀는지 여부에 관하여는 전문의사 등으로 구성된 위원회 등의 판단을 거치는 것이 바람직하다.

[대법관 이홍훈, 김능환의 반대의견] 생명에 직결되는 진료에서 환자의 자기결정권은 소극적으로 그 진료 내지 치료를 거부하는 방법으로는 행사될 수 있어도 이미 환자의 신체에 삽입, 장착되어 있는 인공호흡기 등의 생명유지장치를 제거하는 방법으로 치료를 중단하는 것과 같이 적극적인 방법으로 행사되는 것은 허용되지 아니한다. 환자가 인위적으로 생명을 유지, 연장하기 위한 생명유지장치의 삽입 또는 장착을 거부하는

경우, 특별한 사정이 없는 한, 비록 환자의 결정이 일반인의 관점에서는 비합리적인 것으로 보이더라도 의료인은 환자의 결정에 따라야 하고 일반적인 가치평가를 이유로 환자의 자기결정에 따른 명시적인 선택에 후견적으로 간섭하거나 개입하여서는 아니 된다. 그러나 이와는 달리, 이미 생명유지장치가 삽입 또는 장착되어 있는 환자로부터 생명유지장치를 제거하고 그 장치에 의한 치료를 중단하는 것은 환자의 현재 상태에 인위적인 변경을 가하여 사망을 초래하거나 사망시간을 앞당기는 것이므로, 이미 삽입 또는 장착되어 있는 생명유지장치를 제거하거나 그 장치에 의한 치료를 중단하라는 환자의 요구는 특별한 사정이 없는 한 자살로 평가되어야 하고, 이와 같은 환자의 요구에 응하여 생명유지장치를 제거하고 치료를 중단하는 것은 자살에 관여하는 것으로서 원칙적으로 허용되지 않는다. 다만, 생명유지장치가 삽입, 장착되어 있는 상태에서도 환자가 몇 시간 또는 며칠 내와 같이 비교적 아주 짧은 기간 내에 사망할 것으로 예측, 판단되는 경우에는, 환자가 이미 돌이킬 수 없는 사망의 과정에 진입하였고 생명유지장치에 의한 치료는 더 이상 의학적으로 의미가 없으며 생명의 유지, 보전에 아무런 도움도 주지 못하는 것이므로, 이 때에는 생명유지장치를 제거하고 치료를 중단하는 것이 허용된다.
[대법관 김지형, 박일환의 별개의견] 환자의 사전의료지시가 없는 상태에서 회복불가능한 사망의 단계에 진입한 경우, 이러한 상태에 있는 환자는 법적으로 심신상실의 상태에 있는 자로 보아야 한다. 민법상 심신상실의 상태에 있는 자에 대하여는 금치산을 선고할 수 있으며 금치산이 선고된 경우에는 후견인을 두게 되는데, 그 후견인은 금치산자의 법정대리인이 되며 금치산자의 재산관리에 관한 사무를 처리하는 외에 금치산자의 요양, 감호에 관하여 일상의 주의를 기울여야 하는 의무를 부담한다. 따라서 후견인은 금치산자의 요양을 위하여 금치산자를 대리하여 의사와 의료계약을 체결할 수 있음은 당연하며, 그 의료계약 과정에서 이루어지는 수술 등 신체를 침해하는 행위에 관하여는 의사로부터 설명을 듣고 금치산자를 위한 동의 여부에 관한 의사를 표시할 수 있고, 마찬가지로 진료행위가 개시된 후라도 금치산자의 최선의 이익을 위하여 필요하다고 인정되는 범위 내에서는 그 진료행위의 중단 등 의료계약 내용의 변경을 요구하는 행위를 할 수 있다. 다만, 진료행위가 금치산자 본인의 생명과 직결되는 경우에는 그 중단에 관한 환자 본인의 자기결정권이 제한되는 것과 마찬가지로 후견인의 행위는 제한되어야 하고, 환자의 자기결정권에 의한 연명치료 중단이 허용될 수 있는 경우라고 하더라도 후견인이 금치산자의 생명에 관한 자기결정권 자체를 대리할 수는 없으므로 후견인의 의사만으로 그 연명치료의 중단이 허용된다고 할 수 없다. 그렇다면 회복불가능한 사망의 단계에 이른 경우에 이루어지는 연명치료의 계속이 금치산자인 환자 본인에게 무익하고 오히려 인간으로서의 존엄과 가치를 해칠 염려가 있어 이를 중단하는 것이 환자 본인의 이익을 보호하는 것이라고 하더라도, 이는 항상 금치산자인 환자 본인의 생명 보호에 관한 법익 제한의 문제를 낳을 우려가 있으므로, 민법 제947조 제2항을 유추적용하여 후견인은 의료인에게 연명치료의 중단을 요구하는 것이 금치산자의 자기결정권을 실질적으로 보장할 수 있는 최선의 판단인지 여부에 관하여 법원의 허가를 받아야 하고, 이에 관하여는 가사소송법, 가사소송규칙, 비송사건절차법 등의 규정에 따라 가사비송절차에 의하여 심리·판단을 받을 수 있다. 한편, 이와 같이 비송절차에 의하여 연명치료 중단에 관한 법원의 허가를 받는 것이 가능하다고 하더라도, 환자 측이 반드시 비송절차에 따른 허가를 받아야 하는 것은 아니고 소송절차에 의하여 기판력 있는 판결을 구하는 것도 가능하다.
[3] [다수의견] 담당 주치의, 진료기록 감정의, 신체 감정의 등의 견해에 따르면 환자는 현재 지속적 식물인간상태로서 자발호흡이 없어 인공호흡기에 의하여 생명이 유지되는 상태로서 회복불가능한 사망의 단계에 진입하였고, 환자의 일상생활에서의 대화 및 현 상태 등에 비추어 볼 때 환자가 현재의 상황에 관한 정보를 충분히 제공받았을 경우 현재 시행되고 있는 연명치료를 중단하고자 하는 의사를 추정할 수 있다.
[대법관 안대희, 양창수의 반대의견] 환자가 회복불가능한 사망의 단계에 이르렀는지를 판단할 때 환자를 계속적으로 진료하여 옴으로써 환자의 상태를 직접적으로 얻은

자료에 의하여 가장 잘 알고 있을 담당 주치의의 의견은 단지 의료기록만을 통하여 환자의 상태에 접근한 다른 전문가의 견해에 비교하여 그에 일정한 무게를 두지 않을 수 없는바, 담당 주치의의 의견에 의하면 환자가 회복불가능한 사망의 단계에 진입했다고 단정할 수 없고, 연명치료의 중단을 환자의 자기결정권에 의하여 정당화하는 한, 그 '추정적 의사'란 환자가 현실적으로 가지는 의사가 객관적인 정황으로부터 추단될 수 있는 경우에만 긍정될 수 있으며 다수의견이 말하는 바와 같은 '가정적 의사' 그 자체만으로 이를 인정할 수 없는바, 연명치료 중단에 관한 환자의 추정적 의사를 인정할 근거가 부족하다.

[대법관 이홍훈, 김능환의 반대의견] 환자가 생명유지장치인 인공호흡기가 이미 삽입, 장착되어 있는 상태에서 그 장치의 제거를 구하는 것이 정당하려면 생명유지장치가 삽입, 장착되어 있는 상태에서도 환자가 비교적 아주 짧은 기간 내에 사망할 것으로 예측, 판단되는 돌이킬 수 없는 사망의 과정에 진입하였다는 점이 전제되어야 하는데, 환자가 아직 뇌사 상태에는 이르지 아니한 지속적 식물인간 상태이고 기대여명이 적어도 4개월 이상이므로, 이러한 경우 환자가 돌이킬 수 없는 사망의 과정에 진입하였다고 할 수는 없다.

제13조 【피한정후견인의 행위와 동의】 ①가정법원은 피한정후견인이 한정견인의 동의를 받아야 하는 행위의 범위를 정할 수 있다.

②가정법원은 본인, 배우자, 4촌 이내의 친족, 한정후견인, 한정후견감독인, 검사 또는 지방자치단체의 장의 청구에 의하여 제1항에 따른 한정후견인의 동의를 받아야만 할 수 있는 행위의 범위를 변경할 수 있다.

③한정후견인의 동의를 필요로 하는 행위에 대하여 한정후견인이 피한정후견인의 이익이 침해될 염려가 있음에도 그 동의를 하지 아니하는 때에는 가정법원은 피한정후견인의 청구에 의하여 한정후견인의 동의를 갈음하는 허가를 할 수 있다.

④한정후견인의 동의가 필요한 법률행위를 피한정후견인이 한정후견인의 동의 없이 하였을 때에는 그 법률행위를 취소할 수 있다. 다만, 일용품의 구입 등 일상생활에 필요하고 그 대가가 과도하지 아니한 법률행위에 대하여는 그러하지 아니하다.

[전문개정 2011.3.7]

[시행일 : 2013.7.1]

제14조 【한정후견종료의 심판】 한정후견개시의 원인이 소멸된 경우에는 가정법원은 본인, 배우자, 4촌 이내의 친족, 한정후견인, 한정후견감독인, 검사 또는 지방자치단체의 장의 청구에 의하여 한정후견종료의 심판을 한다.

[전문개정 2011.3.7]

[시행일 : 2013.7.1]

제14조의2 【특정후견의 심판】

①가정법원은 질병, 장애, 노령, 그 밖의 사유로 인한 정신적 제약으로 일시적 후원 또는 특정한 사무에 관한 후원이 필요한 사람에 대하여 본인, 배우자, 4촌 이내의 친족, 미성년후견인, 미성년후견감독인, 검사 또는 지방자치단체의 장의 청구에 의하여 특정후견의 심판을 한다.

②특정후견은 본인의 의사에 반하여 할 수 없다.

③특정후견의 심판을 하는 경우에는 특정후견의 기간 또는 사무의 범위를 정하여야 한다.

[본조신설 2011.3.7]
[시행일 : 2013.7.1]

제14조의3 【심판 사이의 관계】
①가정법원이 피한정후견인 또는 피특정후견인에 대하여 성년후견개시의 심판을 할 때에는 종전의 한정후견 또는 특정후견의 종료 심판을 한다.
②가정법원이 피성년후견인 또는 피특정후견인에 대하여 한정후견개시의 심판을 할 때에는 종전의 성년후견 또는 특정후견의 종료 심판을 한다.
[본조신설 2011.3.7]
[시행일 : 2013.7.1]

제15조 【제한능력자의 상대방의 확답을 촉구할 권리】 ①제한능력자의 상대방은 제한능력자가 능력자가 된 후에 그에게 1개월 이상의 기간을 정하여 그 취소할 수 있는 행위를 추인할 것인지 여부의 확답을 촉구할 수 있다. 능력자로 된 사람이 그 기간내에 확답을 발송하지 아니하면 그 행위를 추인한 것으로 본다.
②제한능력자가 아직 능력자가 되지 못한 경우에는 그의 법정대리인에게 제1항의 촉구를 할 수 있고, 법정대리인이 그 정하여진 기간내에 확답을 발송하지 아니한 경우에는 그 행위를 추인한 것으로 본다.
③특별한 절차가 필요한 행위는 그 정하여진 기간내에 그 절차를 밟은 확답을 발송하지 아니하면 취소한 것으로 본다. [전문개정 2011.3.7.]
[시행일 : 2013.7.1]

제16조 【제한능력자의 상대방의 철회권과 거절권】 ①제한능력자가 맺은 계약은 추인이 있을 때까지 상대방이 그 의사표시를 철회할 수 있다. 다만, 상대방이 계약 당시에 제한능력자임을 알았을 경우에는 그러하지 아니하다.
②제한능력자의 단독행위는 추인이 있을 때까지 상대방이 거절할 수 있다.
③제1항의 철회나 제2항의 거절의 의사표시는 제한능력자에게도 할 수 있다.
[전문개정 2011.3.7]
[시행일 : 2013.7.1]

제17조 【제한능력자의 속임수】
①제한능력자가 속임수로써 자기를 능력자로 믿게 한 경우에는 그 행위를 취소할 수 없다.
②미성년자나 피한정후견인이 속임수로써 법정대리인의 동의가 있는 것으로 믿게 한 경우에도 제1항과 같다.
[전문개정 2011.3.7]
[시행일 : 2013.7.1]

제2절 주소

제18조 【주소】 ①생활의 근거되는 곳을 주소로 한다.
②주소는 동시에 두곳이상 있을 수 있다.

第19조 【거소】 주소를 알 수 없으면 거소를 주소로 본다.

第20조 【거소】 국내에 주소없는 자에 대하여는 국내에 있는 거소를 주소로 본다.

第21조 【가주소】 어느 행위에 있어서 가주소를 정한 때에는 그 행위에 관하여는 이를 주소로 본다.

판례-양도소득세부과처분취소

[대법원 1998.4.10, 선고, 98두1161, 판결]

【판시사항】

[1] 국세기본법 제8조 제1항 소정의 '주소'의 의미

[2] 납세고지서의 명의인이 다른 곳으로 이사하였지만 주민등록을 옮기지 아니한 채 주민등록지로 배달되는 우편물을 새로운 거주자가 수령하여 자신에게 전달하도록 한 경우, 그 새로운 거주자에게 우편물 수령권한을 위임한 것으로 보아 그에게 한 납세고지서의 송달이 적법하다고 한 사례

【판결요지】

[1] 국세기본법 제8조 제1항에 의하면 세법이 규정하는 서류는 그 명의인의 주소·거소·영업소 또는 사무소에 송달하도록 규정되어 있는바, 여기서 주소라 함은 원칙적으로 생활의 근거가 되는 곳을 가리키지만 민법 제21조 소정의 가주소 또는 그 명의인의 의사에 따라 전입신고된 주민등록지도 특별한 사정이 없는 한 이에 포함된다.

[2] 납세고지서의 명의인이 다른 곳으로 이사하였지만 주민등록을 옮기지 아니한 채 주민등록지로 배달되는 우편물을 새로운 거주자가 수령하여 자신에게 전달하도록 한 경우, 그 새로운 거주자에게 우편물 수령권한을 위임한 것으로 보아 그에게 한 납세고지서의 송달이 적법하다고 한 사례.

제3절 부재와 실종

第22조 【부재자의 재산의 관리】

①종래의 주소나 거소를 떠난 자가 재산관리인을 정하지 아니한 때에는 법원은 이해관계인이나 검사의 청구에 의하여 재산관리에 관하여 필요한 처분을 명하여야 한다. 본인의 부재중 재산관리인의 권한이 소멸한 때에도 같다.

②본인이 그 후에 재산관리인을 정한 때에는 법원은 본인, 재산관리인, 이해관계인 또는 검사의 청구에 의하여 전항의 명령을 취소하여야 한다.

판례-부동산소유권확인

[대법원 1987.3.24, 선고, 85다카1151, 판결]

【판시사항】

부재자의 재산관리인에 의하여 소송이 진행되던중 부재자 본인에 대하여 실종선고가 확정된 경우 소송절차의 중단여부

【판결요지】

부재자의 재산관리인에 의하여 소송절차가 진행되던중 부재자 본인에 대한 실종선고가 확정되면 그 재산관리인으로서의 지위는 종료되는 것이므로 상속인등에 의한 적법한 소송수계가 있을 때까지는 소송절차가 중단된다.

第23조 【관리인의 개임】

부재자가 재산관리인을 정한 경우에 부재자의 생사가 분명하지 아니한 때에는 법원은 재산관리인, 이해관계인 또는 검사의 청구에 의하여 재산관리인을 개임할 수 있다.

판례-소유권이전등기절차이행등

[대법원 2002.1.11, 선고, 2001다41971, 판결]

【판시사항】

[1] 부재자 재산관리인의 부재자 소유 부동산에 대한 매매계약에 관하여 법원의 허가를 받지 아니하였다는 이유로 소유권이전등기청구소송의 패소판결이 확정된 후 그 권한초과행위에 대하여 법원의 허가를 받게 되면 다시 그 매매계약에 기한 소유권이전등기청구의 소를 제기할 수 있는지 여부(적극)

[2] 부재자 재산관리인이 권한을 초과하여 체결한 부동산 매매계약에 관하여 허가신청절차를 이행하기로 약정하고도 이를 이행하지 않는 경우, 상대방은 부재자 재산관리인을 상대로 허가신청절차의 이행을 소구할 수 있는지 여부(적극)

[3] 법원에 대하여 허가신청절차를 이행하기로 한 약정에 기하여 그 이행을 소구당한 부재자 재산관리인이 소송계속중 해임되어 관리권을 상실하는 경우, 소송절차는 중단되고 새로 선임된 재산관리인이 소송을 수계하는지 여부(적극)

【판결요지】

[1] 부재자 재산관리인의 부재자 소유 부동산에 대한 매매계약에 관하여 부재자 재산관리인이 권한을 초과하여서 체결한 것으로 법원의 허가를 받지 아니하여 무효라는 이유로 소유권이전등기절차의 이행 청구가 기각되어 확정되었다고 하더라도, 패소판결의 확정 후에 위 권한초과행위에 대하여 법원의 허가를 받게 되면 다시 위 매매계약에 기한 소유권이전등기청구의 소를 제기할 수 있다.

[2] 법원의 선임에 의한 부재자 재산관리인이 권한을 초과하여서 체결한 부동산 매매계약에 관하여 허가신청절차를 이행할 것을 약정하는 것은 관리권한행위에 해당한다고 할 것이고, 이러한 약정을 이행하지 아니하는 경우 매수인으로서는 재산관리인을 상대로 하여 그 이행을 소구할 수 있다.

[3] 재산관리인이 부재자를 대리하여 부재자 소유의 부동산을 매매하고 매수인에게 이에 대한 허가신청절차를 이행하기로 약정하고서도 그 이행을 하지 아니하여 매수인으로부터 허가신청절차의 이행을 소구당한 경우, 재산관리인의 지위는 형식상으로는 소송상 당사자이지만 그 허가신청절차의 이행으로 개시된 절차에서 만일 법원이 허가결정을 하면 재산관리인이 부재자를 대리하여서 한 매매계약이 유효하게 됨으로써 실질적으로 부재자에게 그 효과가 귀속되는 것이므로 법원에 대하여 허가신청절차를 이행하기로 한 약정에 터잡아 그 이행을 소구당한 부재자 재산관리인이 소송계속중 해임되어 관리권을 상실하는 경우 소송절차는 중단되고 새로 선임된 재산관리인이 소송을 수계한다고 봄이 상당하다.

第24조 【관리인의 직무】

①법원이 선임한 재산관리인은 관리할 재산목록을 작성하여야 한다.

②법원은 그 선임한 재산관리인에 대하여 부재자의 재산을 보존하기 위하여 필요한 처분을 명할 수 있다.

③부재자의 생사가 분명하지 아니한 경우에 이해관계인이나 검사의 청구가 있는 때에는 법원은 부재자가 정한 재산관리인에게 전2항의 처분을 명할 수 있다.

④전3항의 경우에 그 비용은 부재자의 재산으로써 지급한다.

제25조 【관리인의 권한】
법원이 선임한 재산관리인이 제118조에 규정한 권한을 넘는 행위를 함에는 법원의 허가를 얻어야 한다. 부재자의 생사가 분명하지 아니한 경우에 부재자가 정한 재산관리인이 권한을 넘는 행위를 할 때에도 같다.

제26조 【관리인의 담보제공, 보수】
①법원은 그 선임한 재산관리인으로 하여금 재산의 관리 및 반환에 관하여 상당한 담보를 제공하게 할 수 있다.
②법원은 그 선임한 재산관리인에 대하여 부재자의 재산으로 상당한 보수를 지급할 수 있다.
③전2항의 규정은 부재자의 생사가 분명하지 아니한 경우에 부재자가 정한 재산관리인에 준용한다.

제27조 【실종의 선고】 ①부재자의 생사가 5년간 분명하지 아니한 때에는 법원은 이해관계인이나 검사의 청구에 의하여 실종선고를 하여야 한다.
②전지에 임한 자, 침몰한 선박중에 있던 자, 추락한 항공기중에 있던 자 기타 사망의 원인이 될 위난을 당한 자의 생사가 전쟁종지후 또는 선박의 침몰, 항공기의 추락 기타 위난이 종료한 후 1년간 분명하지 아니한 때에도 제1항과 같다.
[개정 1984.4.10]

판례-친생자관계부존재확인

[대법원 2014.9.4, 선고, 2013므4201, 판결]

【판시사항】
친생자관계존부 확인소송 계속 중 피고가 사망한 경우, 검사로 하여금 피고의 지위를 수계하도록 소송수계를 신청할 수 있는지 여부(적극) 및 소송수계를 신청할 수 있는 기간 / 이와 같은 법리는 친생자관계존부 확인소송 계속 중 피고에 대하여 실종선고가 확정된 경우에도 마찬가지로 적용되는지 여부(적극) 및 소송수계 신청기간의 기산일

【판결요지】
친생자관계존부 확인소송은 소송물이 일신전속적인 것이지만, 당사자 일방이 사망한 때에는 일정한 기간 내에 검사를 상대로 하여 그 소를 제기할 수 있으므로(민법 제865조 제2항), 당초에는 원래의 피고적격자를 상대로 친생자관계존부 확인소송을 제기하였으나 소송 계속 중 피고가 사망한 경우 원고의 수계신청이 있으면 검사로 하여금 사망한 피고의 지위를 수계하게 하여야 한다. 그러나 그 경우에도 가사소송법 제16조 제2항을 유추적용하여 원고는 피고가 사망한 때로부터 6개월 이내에 수계신청을 하여야 하고, 그 기간 내에 수계신청을 하지 않으면 그 소송절차는 종료된다고 보아야 한다. 이와 같은 법리는 친생자관계존부 확인소송 계속 중 피고에 대하여 실종선고가 확정되어 피고가 사망한 것으로 간주되는 경우에도 마찬가지로 적용된다.
소송이 적법하게 계속된 후 당해 소송의 당사자에 대하여 실종선고가 확정된 경우에 실종자가 사망하였다고 보는 시기는 실종기간이 만료한 때라 하더라도 소송상 지위의 승계절차는 실종선고가 확정되어야만 비로소 취할 수 있으므로 실종선고가 있기까지는 소송상 당사자능력이 없다고 할 수 없고 소송절차가 법률상 진행을 할 수 없게 된 때, 즉 실종선고가 확정된 때에 소송절차가 중단된다. 따라서 친생자관계존부 확인소송의 계속 중 피고에 대하여 실종선고가 확정된 경우 원고는 실종선고가 확정된 때로부터 6개월 이내에 위와 같은 수계신청을 하여야 한다.

第28조 【실종선고의 효과】

실종선고를 받은 자는 전조의 기간이 만료한 때에 사망한 것으로 본다.

第29조 【실종선고의 취소】

①실종자의 생존한 사실 또는 전조의 규정과 상이한 때에 사망한 사실의 증명이 있으면 법원은 본인, 이해관계인 또는 검사의 청구에 의하여 실종선고를 취소하여야 한다. 그러나 실종선고후 그 취소전에 선의로 한 행위의 효력에 영향을 미치지 아니한다.

②실종선고의 취소가 있을 때에 실종의 선고를 직접원인으로 하여 재산을 취득한 자가 선의인 경우에는 그 받은 이익이 현존하는 한도에서 반환할 의무가 있고 악의인 경우에는 그 받은 이익에 이자를 붙여서 반환하고 손해가 있으면 이를 배상하여야 한다.

판례-실종신고취소심판

[대법원 2008.8.28, 자, 2008스20, 결정]

【판시사항】

실종선고를 받은 피상속인이 청구인이 주장하는 시점에 사망하였다 하더라도 그 당시 자식 없이 생존해 있던 처가 민법 시행 전의 관습상 제1순위 상속인이므로, 피상속인의 조카로서 후순위 상속인에 불과한 청구인은 실종선고취소를 청구할 이해관계인이 될 수 없다고 한 사례

【이 유】

재항고이유를 본다.

원심은, 구 민법(1958. 2. 22. 법률 제471호로 제정되어 1960. 1. 1. 시행된 것, 이하 구 민법이라고 한다) 부칙 제25조 제1항, 조선민사령(명치 45년 3. 18. 제령 제7호) 제11조에 의하여 구 민법 시행 전에 개시된 상속에 관하여는 관습에 의하고, 구 관습에 의하면 호주가 사망한 경우에 재산상속은 호주상속에 수반하여 호주상속의 순위에 따라 재산상속이 이루어지는데, 호주가 상속할 남자 없이 사망한 때에는 모(母), 처(妻), 딸이 존비의 순서에 따라 사망한 호주의 사후양자가 선정될 때까지 일시 호주 및 재산상속을 하고, 그 후 여 호주가 출가한 후 호주상속을 할 자가 없고 상당한 시간이 지나도록 사후양자가 선정되지도 않은 경우에는 구 가(家)는 절가(絶家)되고 그 유산은 근친자에게 귀속된다고 전제한 다음, 청구인의 주장대로 이 사건 실종선고 사건 본인으로서 호주인 사건본인이 1938. 3. 23. 사망하였다고 하더라도 그 당시 사건본인의 처인 온양 ○씨가 생존해 있었고 자식이 없었으므로 사건본인의 제1순위 상속인은 온양 ○씨라고 할 것이고, 온양 ○씨가 사건본인의 사망 전에 사건본인과 이혼을 하였다거나 사건본인의 사망 후에 재혼을 하였음을 인정할 증거가 없으므로, 사건본인의 조카로서 후순위 상속인에 불과한 청구인은 사건본인의 실종선고취소(원심판시의 '실종선고'는 '실종선고취소'의 오기로 보인다)를 청구할 이해관계인이 될 수 없다고 판단하여, 이 사건 실종선고취소청구를 각하한 제1심결정을 그대로 유지하였다.

원심결정 이유를 관계 법령 및 기록에 비추어 살펴보면, 원심의 이와 같은 판단은 정당한 것으로 수긍할 수 있다.

원심결정에는 재항고인이 주장하는 바와 같은 위법이 없다.

그러므로 재항고를 기각하기로 하여 관여 대법관의 일치된 의견으로 주문과 같이 결정한다.

실종선고 받은 전 남편이 돌아온 경우 처의 재혼은 취소되는지

(대한법률구조공단 자료)

질문

甲은 선박침몰사고로 실종된 남편 乙이 몇 년이 지나도 돌아오지 않아 법원에 실종선고를 신청하여 실종선고를 받은 후, 이러한 사정을 모르는 丙과 재혼을 하였습니다. 그런데 얼마 후 전 남편 乙이 살아 돌아왔는바, 이 경우 甲과 丙의 재혼은 취소되는지요?

답변

실종선고의 취소에 관하여 「민법」 제29조는 "①실종자의 생존한 사실 또는 전조의 규정과 상이한 때에 사망한 사실의 증명이 있으면 법원은 본인, 이해관계인 또는 검사의 청구에 의하여 실종선고를 취소하여야 한다. 그러나 실종선고후 그 취소 전에 선의로 한 행위의 효력에 영향을 미치지 아니한다. ②실종선고의 취소가 있을 때에 실종의 선고를 직접원인으로 하여 재산을 취득한 자가 선의인 경우에는 그 받은 이익이 현존하는 한도에서 반환할 의무가 있고 악의인 경우에는 그 받은 이익에 이자를 붙여서 반환하고 손해가 있으면 이를 배상하여야 한다."라고 규정하고 있습니다.

그러므로 위 사안에서와 같이 乙의 생존사실을 알지 못하고 재혼한 甲과 丙의 혼인이 乙에 대한 실종선고의 취소로 인하여 어떠한 영향을 받을 것인지 문제됩니다.

이에 관하여 「중혼(重婚)에 관한 가족관계등록사무 처리지침(대법원 가족관계등록 예구 제155호)」은 "재혼당사자가 모두 선의인 경우 전혼관계는 부활하지 않는 것으로 보아 중혼관계는 성립하지 않는다."라고 규정하고 있고, "실종자가 부(夫)인 경우 실종선고취소신고에 의하여 실종되었던 사람(夫)의 등록부를 부활하되 전혼사유는 이기하지 아니하며, 재혼한 전처의 등록부 일반등록사항란에 어떠한 기록도 하지 않는다."라고 규정하고 있습니다.

따라서 귀하의 경우 전 남편 乙이 생존해 있다는 사실을 몰랐고 또한 귀하의 현남편인 丙도 乙의 생존사실을 몰랐던 것으로 보여지므로, 귀하와 丙간의 혼인행위는 취소되지 않을 것으로 보입니다.

"본 사례는 개인의 법률문제 해결에 도움을 주고자 게재되었으나, 이용자 여러분의 생활에서 발생하는 구체적 사안은 동일하지는 않을 것이므로 참고자료로 활용하시기 바랍니다."

제30조 【동시사망】 2인 이상이 동일한 위난으로 사망한 경우에는 동시에 사망한 것으로 추정한다.

제3장 법인

제1절 총칙

제31조 【법인성립의 준칙】
법인은 법률의 규정에 의함이 아니면 성립하지 못한다.

제32조 【비영리법인의 설립과 허가】
학술, 종교, 자선, 기예, 사교 기타 영리 아닌 사업을 목적으로 하는 사단 또는 재단은 주무관청의 허가를 얻어 이를 법인으로 할 수 있다.

제33조 【법인설립의 등기】
법인은 그 주된 사무소의 소재지에서 설립등기를 함으로써 성립한다.

판례-등록세등부과처분취소

[대법원 2009.4.23, 선고, 2008두4534, 판결]

【판시사항】

[1] 구 지방세법 제138조 제1항 제1호, 제3호에서 정한 '법인의 설립'의 의미

[2] 설립등기를 마친 후 폐업을 하여 사업실적이 없는 상태인 법인의 주식 전부를 제3자가 매수한 후 법인의 임원, 자본, 상호, 목적사업 등을 변경한 경우, '법인의 설립'으로 보아 등록세를 중과할 수 있는지 여부(소극)

【이 유】

상고이유를 본다. 구 지방세법(2006. 12. 30. 법률 제8147호로 개정되기 전의 것, 이하 '법'이라 한다) 제138조 제1항은 그 제1호에서 '대도시 안에서의 법인의 설립 후 5년 이내에 자본증가에 따른 등기'를, 제3호에서 '대도시 내에서의 법인의 설립과 지점 또는 분사무소의 설치 및 대도시 내로의 법인의 본점·주사무소·지점 또는 분사무소의 전입에 따른 부동산등기와 그 설립·설치·전입 이후의 부동산등기'를 각 등록세 중과대상으로 규정하고 있고, 구 지방세법 시행령(2008. 2. 29. 대통령령 제20708호로 개정되기 전의 것) 제102조 제2항은 " 법 제138조 제1항 제3호에서 '그 설립·설치·전입 이후의 부동산등기'라 함은 '법인 또는 지점 등이 설립·설치·전입 이후 5년 이내에 취득하는 업무용·비업무용 또는 사업용·비사업용을 불문한 일체의 부동산등기'를 말한다"고 규정하고 있다.

그런데 법인의 설립에 관한 민법과 상법의 각 규정에 의하면, 법인의 설립에는 기본적으로 설립행위와 설립등기가 필요하고, 법인은 설립행위를 거쳐 설립등기를 함으로써 성립함과 동시에 법인격을 취득하게 되어(민법 제33조, 상법 제171조 제1항, 제172조 등 참조) 그로써 법인의 설립은 완성되는 것이므로, 설립등기 없는 법인의 설립은 있을 수 없고, 일단 법인이 설립등기로써 성립된 이후에는 그 법인격이 소멸되지 않는 한 같은 설립등기에 의한 새로운 법인의 설립도 있을 수 없는 것이다. 이러한 법리는 법인설립절차를 규율하는 기본법인 민법과 상법이 규정하는 바로서 법인설립에 관한 기본원칙이 되고 있고, 법인의 설립등기는 다른 법인등기 또는 상업등기와는 달리 창설적 효력을 가지며 그에 관한 규정은 강행규정인 점, 기타 관계 규정의 형식과 내용 등을 종합적으로 고려할 때, 지방세법에서 '법인의 설립'에 관하여 위와 같은 일반적인 법리와는 다른 별도의 정의 규정을 두고 있지 아니한 이상, 법 제138조 제1항 제1호와 제3호에서 규정하는 '법인의 설립' 역시 '설립등기에 의한 설립'을 뜻하는 것으로 해석하여야 할 것이다. 따라서 설립등기를 마친 후 폐업을 하여 사업실적이 없는 상태에 있는 법인의 주식 전부를 제3자가 매수한 다음 법인의 임원, 자본, 상호, 목적사업 등을 변경하였다 하여 이를 위 조항이 규정하는 '법인의 설립'에 해당한다고 볼 수는 없다 할 것이고, 가사 그러한 행위가 등록세 등의 중과를 회피하기 위한 것으로서 이를 규제할 필요가 있다 하더라도 그와 같은 행위의 효력을 부인하는 개별적이고 구체적인 법률 규정을 두고 있지 않은 조세법하에서 그 행위가 위 조항의 '법인의 설립'에 해당한다고 보아 등록세를 중과하는 것은 조세 법규를 합리적 이유 없이 확장 또는 유추해석하는 것으로서 허용될 수 없다 할 것이다(대법원 2009. 4. 9. 선고 2007두26629 판결 참조).

같은 취지에서 원심이, 그 판시와 같은 제1심의 인정사실을 바탕으로, 소외 1 외 2인이 대도시내 등록세 등의 중과를 면할 목적으로, 별도의 법인을 설립하는 대신, 2000. 9. 20. 소외 2 주식회사라는 상호로 설립등기를 마친 후 2005. 12. 26. 상법 제520조의2 제1항의 규정에 의하여 휴면회사로서 해산간주되었다가 2006. 6. 26. 회사계속등기를 하였지만 위 설립등기 및 계속등기시에 등록세를 납부한 사실만 있을 뿐 설립 당시부터 현재까지 지방세 과세사실이 전혀 없어 실제로 사업을 영위하였다고 보기 어려운 원고의 주식 전부를 2006. 7. 10. 인수하여 상호·본점 소재지·목적사업 및 임원들을 전부 변경하였다고 하더라도 이로써 실질적으로 새로운 원고 법인이 설립된 것으로 볼 수 없다는 이유로, 이와 달리 위와 같은 행위가 법인의 설립에 해당함을 전제로 한 피고의 이 사건 부과처분이 위법하다고 판단한 것은 정당하다.

이 부분 원심판결에는 상고이유에서 주장하는 바와 같은 법 제138조 제1항 제1호와 제3호의 법인 설립의 해석·적용에 관한 법리오해 등의 위법이 없다.

한편, 위에서 본 바와 같이 원고의 주식 인수와 그 상호·본점 소재지·목적사업·임원 등의 변경사실만으로는 종전 법인과 다른 원고 법인의 설립이 인정되지 아니한다고 보는 이상, 이와 달리 원심이, 원고 법인이 별도로 존재하고 이처럼 별도 법인으로 존재하는 원고 법인이 이 사건 부과처분의 기초가 되는 이 사건 부동산 매매거래의 실질적 당사자임을 전제로 하는 피고의 법인격부인 혹은 반사회질서의 법률행위 등의 주장을 배척한 것도 정당하고, 그러한 판단에 상고이유에서 주장하는 바와 같은 위법이 없다.
그러므로 상고를 기각하고, 상고비용은 패소자가 부담하기로 하여, 관여 대법관의 일치된 의견으로 주문과 같이 판결한다.

제34조 【법인의 권리능력】

법인은 법률의 규정에 좇아 정관으로 정한 목적의 범위내에서 권리와 의무의 주체가 된다.

제35조 【법인의 불법행위능력】

①법인은 이사 기타 대표자가 그 직무에 관하여 타인에게 가한 손해를 배상할 책임이 있다. 이사 기타 대표자는 이로 인하여 자기의 손해배상책임을 면하지 못한다.
②법인의 목적범위외의 행위로 인하여 타인에게 손해를 가한 때에는 그 사항의 의결에 찬성하거나 그 의결을 집행한 사원, 이사 및 기타 대표자가 연대하여 배상하여야 한다.

제36조 【법인의 주소】

법인의 주소는 그 주된 사무소의 소재지에 있는 것으로 한다.

제37조 【법인의 사무의 검사, 감독】

법인의 사무는 주무관청이 검사, 감독한다.

판례-법인임원취임승인신청거부처분취소

[대법원 2000.1.28, 선고, 98두16996, 판결]

【판시사항】
[1] 법원의 가처분결정에 의하여 재단법인 이사직무대행자로 선임된 자의 법적 지위 및 권한 범위
[2] 재단법인의 임원취임에 대한 주무관청의 승인(인가)행위의 성질

【판결요지】
[1] 민사소송법 제714조 제2항의 임시의 지위를 정하는 가처분은 권리관계에 다툼이 있는 경우에 권리자가 당하는 위험을 제거하거나 방지하기 위한 잠정적이고 임시적인 조치로서 그 분쟁의 종국적인 판단을 받을 때까지 잠정적으로 법적 평화를 유지하기 위한 비상수단에 불과한 것으로, 가처분결정에 의하여 재단법인의 이사의 직무를 대행하는 자를 선임한 경우에 그 직무대행자는 단지 피대행자의 직무를 대행할 수 있는 임시의 지위에 놓여 있음에 불과하므로, 재단법인을 종전과 같이 그대로 유지하면서 관리하는 한도 내의 재단법인의 통상업무에 속하는 사무만을 행할 수 있다고 하여야 할 것이고, 그 가처분결정에 다른 정함이 있는 경우 외에는 재단법인의 근간인 이사회의 구성 자체를 변경하는 것과 같은 재단법인의 통상업무에 속하지 아니한 행위를 하는 것은 이러한 가처분의 본질에 반한다.
[2] 재단법인의 임원취임이 사법인인 재단법인의 정관에 근거한다 할지라도 이에 대한 행정청의 승인(인가)행위는 법인에 대한 주무관청의 감독권에 연유하는 이상 그 인가행위 또는 인가거부행위는 공법상의 행정처분으로서, 그 임원취임을 인가 또는 거부할 것인

지 여부는 주무관청의 권한에 속하는 사항이라고 할 것이고, 재단법인의 임원취임승인 신청에 대하여 주무관청이 이에 기속되어 이를 당연히 승인(인가)하여야 하는 것은 아니다.

제38조 【법인의 설립허가의 취소】
법인이 목적이외의 사업을 하거나 설립허가의 조건에 위반하거나 기타 공익을 해하는 행위를 한 때에는 주무관청은 그 허가를 취소할 수 있다.

판례-법인설립허가취소처분취소

[대법원 2014.1.23, 선고, 2011두25012, 판결]

【판시사항】
[1] 비영리법인이 민법 제38조에서 정한 '목적 이외의 사업'을 한 때의 의미 및 사업이 목적사업 수행에 필요한지 판단하는 기준
[2] 비영리법인이 민법 제38조에서 말하는 '공익을 해하는 행위를 한 때'의 의미 및 '공익을 해하는 행위'에 해당하기 위한 요건

【판결요지】
[1] 민법 제38조는 "법인이 목적 이외의 사업을 하거나 설립허가의 조건에 위반하거나 기타 공익을 해하는 행위를 한 때에는 주무관청은 그 허가를 취소할 수 있다."고 규정하여 비영리법인에 관한 설립허가취소사유를 정하고 있다. 여기서 비영리법인이 '목적 이외의 사업'을 한 때란 법인의 정관에 명시된 목적사업과 그 목적사업을 수행하는 데 직접 또는 간접으로 필요한 사업 이외의 사업을 한 때를 말하고, 이때 목적사업 수행에 필요한지는 행위자의 주관적·구체적 의사가 아닌 사업 자체의 객관적 성질에 따라 판단하여야 한다.
[2] 민법 제38조에서 말하는 비영리법인이 '공익을 해하는 행위를 한 때'란 법인의 기관이 직무의 집행으로서 공익을 침해하는 행위를 하거나 사원총회가 그러한 결의를 한 경우를 의미한다. 그리고 민법 제38조의 규정은 법인이 설립될 당시에는 그가 목적하는 사업이 공익을 해하는 것이 아니었으나 그 후의 사정변동에 의하여 그것이 공익을 해하는 것으로 되었을 경우에 대처하기 위한 것이라고 해석되는 점, 법인 설립허가 취소는 법인을 해산하여 결국 법인격을 소멸하게 하는 제재처분인 점(민법 제77조 제1항) 등에 비추어 보면, 민법 제38조에 정한 '공익을 해하는 행위'를 한 때에 해당된다고 하기 위해서는, 당해 법인의 목적사업 또는 존재 자체가 공익을 해한다고 인정되거나 당해 법인의 행위가 직접적이고도 구체적으로 공익을 침해하는 것이어야 하고, 목적사업의 내용, 행위의 태양 및 위법성의 정도, 공익 침해의 정도와 경위 등을 종합해 볼 때 당해 법인의 소멸을 명하는 것이 그 불법적인 공익 침해 상태를 제거하고 정당한 법질서를 회복하기 위한 제재수단으로서 긴요하게 요청되는 경우이어야 한다.

제39조 【영리법인】 ①영리를 목적으로 하는 사단은 상사회사설립의 조건에 좇아 이를 법인으로 할 수 있다.
②전항의 사단법인에는 모두 상사회사에 관한 규정을 준용한다.

제2절 설립

제40조 【사단법인의 정관】
사단법인의 설립자는 다음 각호의 사항을 기재한 정관을 작성하여 기명날인하여야 한다.
1. 목적
2. 명칭

3. 사무소의 소재지
4. 자산에 관한 규정
5. 이사의 임면에 관한 규정
6. 사원자격의 득실에 관한 규정
7. 존립시기나 해산사유를 정하는 때에는 그 시기 또는 사유

제41조 【이사의 대표권에 대한 제한】
이사의 대표권에 대한 제한은 이를 정관에 기재하지 아니하면 그 효력이 없다.

제42조 【사단법인의 정관의 변경】 ①사단법인의 정관은 총사원 3분의 2이상의 동의가 있는때에 한하여 이를 변경할 수 있다. 그러나 정수에 관하여 정관에 다른 규정이 있는 때에는 그 규정에 의한다.
②정관의 변경은 주무관청의 허가를 얻지 아니하면 그 효력이 없다.

제43조 【재단법인의 정관】
재단법인의 설립자는 일정한 재산을 출연하고 제40조제1호 내지 제5호의 사항을 기재한 정관을 작성하여 기명날인하여야 한다.

판례-이사해임취소

[대법원 2013.11.28, 선고, 2011다41741, 판결]

【판시사항】
법인 정관에 이사의 해임사유에 관한 규정이 있는 경우, 정관에서 정하지 아니한 사유로 이사를 해임할 수 있는지 여부(원칙적 소극)

【판결요지】
법인과 이사의 법률관계는 신뢰를 기초로 한 위임 유사의 관계로 볼 수 있는데, 민법 제689조 제1항에서는 위임계약은 각 당사자가 언제든지 해지할 수 있다고 규정하고 있으므로, 법인은 원칙적으로 이사의 임기 만료 전에도 이사를 해임할 수 있지만, 이러한 민법의 규정은 임의규정에 불과하므로 법인이 자치법규인 정관으로 이사의 해임사유 및 절차 등에 관하여 별도의 규정을 두는 것도 가능하다. 그리고 이와 같이 법인이 정관에 이사의 해임사유 및 절차 등을 따로 정한 경우 그 규정은 법인과 이사와의 관계를 명확히 함은 물론 이사의 신분을 보장하는 의미도 아울러 가지고 있어 이를 단순히 주의적 규정으로 볼 수는 없다. 따라서 법인의 정관에 이사의 해임사유에 관한 규정이 있는 경우 법인으로서는 이사의 중대한 의무위반 또는 정상적인 사무집행 불능 등의 특별한 사정이 없는 이상, 정관에서 정하지 아니한 사유로 이사를 해임할 수 없다.

제44조 【재단법인의 정관의 보충】
재단법인의 설립자가 그 명칭, 사무소 소재지 또는 이사임면의 방법을 정하지 아니하고 사망한 때에는 이해관계인 또는 검사의 청구에 의하여 법원이 이를 정한다.

제45조 【재단법인의 정관변경】
①재단법인의 정관은 그 변경방법을 정관에 정한 때에 한하여 변경할 수 있다.
②재단법인의 목적달성 또는 그 재산의 보전을 위하여 적당한 때에는 전항의 규정에 불구하고 명칭 또는 사무소의 소재지를 변경할 수 있다.
③제42조제2항의 규정은 전2항의 경우에 준용한다.

제46조 【재단법인의 목적 기타의 변경】 재단법인의 목적을 달성할 수 없는 때에는 설립자나 이사는 주무관청의 허가를 얻어 설립의 취지를 참작하여 그 목적 기타 정관의 규정을 변경할 수 있다.

판례-법인정관변경허가처분무효확인

[대법원 1996.5.16, 선고, 95누4810, 전원합의체 판결]

【판시사항】

[1] 민법 제45조, 제46조 소정의 재단법인의 정관변경 허가의 법적 성질

[2] 재단법인의 정관변경 결의의 하자를 이유로 정관변경 인가처분의 취소·무효 확인을 소구할 수 있는지 여부(소극)

【판결요지】

[1] 민법 제45조와 제46조에서 말하는 재단법인의 정관변경 "허가"는 법률상의 표현이 허가로 되어 있기는 하나, 그 성질에 있어 법률행위의 효력을 보충해 주는 것이지 일반적 금지를 해제하는 것이 아니므로, 그 법적 성격은 인가라고 보아야 한다.

[2] 인가는 기본행위인 재단법인의 정관변경에 대한 법률상의 효력을 완성시키는 보충행위로서, 그 기본이 되는 정관변경 결의에 하자가 있을 때에는 그에 대한 인가가 있었다 하여도 기본행위인 정관변경 결의가 유효한 것으로 될 수 없으므로 기본행위인 정관변경 결의가 적법 유효하고 보충행위인 인가처분 자체에만 하자가 있다면 그 인가처분의 무효나 취소를 주장할 수 있지만, 인가처분에 하자가 없다면 기본행위에 하자가 있다 하더라도 따로 그 기본행위의 하자를 다투는 것은 별론으로 하고 기본행위의 무효를 내세워 바로 그에 대한 행정청의 인가처분의 취소 또는 무효확인을 소구할 법률상의 이익이 없다.

제47조 【증여, 유증에 관한 규정의 준용】 ①생전처분으로 재단법인을 설립하는 때에는 증여에 관한 규정을 준용한다.

②유언으로 재단법인을 설립하는 때에는 유증에 관한 규정을 준용한다.

판례-소유권이전등기등

[대법원 1999.7.9, 선고, 98다9045, 판결]

【판시사항】

[1] 재단법인 설립을 위하여 서면에 의한 증여(출연)를 한 경우, 출연자가 착오에 기한 의사표시를 이유로 출연의 의사표시를 취소할 수 있는지 여부(적극)

[2] 재단법인의 출연자가 착오를 이유로 출연의 의사표시를 취소하는 경우, 재단법인의 성립 여부나 출연된 재산이 기본재산인지 여부와 관계없이 취소권을 행사할 수 있는지 여부(적극)

[3] 목적물을 현실적으로 점유하고 있지 않은 자를 상대로 불법점유를 이유로 명도 또는 인도 청구를 할 수 있는지 여부(소극)

【판결요지】

[1] 민법 제47조 제1항에 의하여 생전처분으로 재단법인을 설립하는 때에 준용되는 민법 제555조는 "증여의 의사가 서면으로 표시되지 아니한 경우에는 각 당사자는 이를 해제할 수 있다."고 함으로써 서면에 의한 증여(출연)의 해제를 제한하고 있으나, 그 해제는 민법 총칙상의 취소와는 요건과 효과가 다르므로 서면에 의한 출연이더라도 민법 총칙규정에 따라 출연자가 착오에 기한 의사표시라는 이유로 출연의 의사표시를 취소할 수 있고, 상대방 없는 단독행위인 재단법인에 대한 출연행위라고 하여 달리 볼 것은 아니다.

[2] 재단법인에 대한 출연자와 법인과의 관계에 있어서 그 출연행위에 터잡아 법인이 성립되면 그로써 출연재산은 민법 제48조에 의하여 법인 성립시에 법인에게 귀속되어 법인의 재산이 되는 것이고, 출연재산이 부동산인 경우에 있어서도 위 양당사자 간의 관계에 있어서는 법인의 성립 외에 등기를 필요로 하는 것은 아니라 할지라도, 재단법인의 출연자가 착오를 원인으로 취소를 한 경우에는 출연자는 재단법인의 성립 여부나 출연된 재산의 기본재산인 여부와 관계없이 그 의사표시를 취소할 수 있다.
[3] 불법점유를 이유로 하여 그 명도 또는 인도를 청구하려면 현실적으로 그 목적물을 점유하고 있는 자를 상대로 하여야 하고 불법점유자라 하여도 그 물건을 다른 사람에게 인도하여 현실적으로 점유를 하고 있지 않은 이상, 그 자를 상대로 한 인도 또는 명도청구는 부당하다.

제48조 【출연재산의 귀속시기】
①생전처분으로 재단법인을 설립하는 때에는 출연재산은 법인이 성립된 때로부터 법인의 재산이 된다.
②유언으로 재단법인을 설립하는 때에는 출연재산은 유언의 효력이 발생한 때로부터 법인에 귀속한 것으로 본다.

제49조 【법인의 등기사항】
①법인설립의 허가가 있는 때에는 3주간내에 주된 사무소소재지에서 설립등기를 하여야 한다.
②전항의 등기사항은 다음과 같다.
1. 목적
2. 명칭
3. 사무소
4. 설립허가의 년월일
5. 존립시기나 해산이유를 정한 때에는 그 시기 또는 사유
6. 자산의 총액
7. 출자의 방법을 정한 때에는 그 방법
8. 이사의 성명, 주소
9. 이사의 대표권을 제한한 때에는 그 제한

제50조 【분사무소설치의 등기】
①법인이 분사무소를 설치한 때에는 주사무소소재지에서는 3주간내에 분사무소를 설치한 것을 등기하고 그 분사무소 소재지에서는 동기간내에 전조제2항의 사항을 등기하고 다른 분사무소 소재지에서는 동기간내에 그 분사무소를 설치한 것을 등기하여야 한다.
②주사무소 또는 분사무소의 소재지를 관할하는 등기소의 관할구역내에 분사무소를 설치한 때에는 전항의 기간내에 그 사무소를 설치한 것을 등기하면 된다.

제51조 【사무소이전의 등기】
①법인이 그 사무소를 이전하는 때에는 구소재지에서는 3주간내에 이전등기를 하고 신소재지에서는 동기간내에 제49조제2항에 게기한 사항을 등기하여야 한다.
②동일한 등기소의 관할구역내에서 사무소를 이전한 때에는 그 이전한 것을 등기하면 된다.

第52條 【변경등기】 제49조제2항의 사항 중에 변경이 있는 때에는 3주간내에 변경등기를 하여야 한다.

第52條의2 【직무집행정지 등 가처분의 등기】 이사의 직무집행을 정지하거나 직무대행자를 선임하는 가처분을 하거나 그 가처분을 변경·취소하는 경우에는 주사무소와 분사무소가 있는 곳의 등기소에서 이를 등기하여야 한다.

[본조신설 2001.12.29]

第53條 【등기기간의 기산】

전3조의 규정에 의하여 등기할 사항으로 관청의 허가를 요하는 것은 그 허가서가 도착한 날로부터 등기의 기간을 기산한다.

第54條 【설립등기 이외의 등기의 효력과 등기사항의 공고】

①설립등기이외의 본절의 등기사항은 그 등기후가 아니면 제삼자에게 대항하지 못한다.

②등기한 사항은 법원이 지체없이 공고하여야 한다.

판례-이사회결의무효확인

[대법원 2000.1.28, 선고, 98다26187, 판결]

【판시사항】

[1] 임기만료된 재단법인의 이사가 적법한 후임 이사가 선임될 때까지 종전 업무를 수행할 수 있는지 여부(한정 적극) 및 종전 직무를 수행할 수 있는 전임 이사에게 이사를 개임한 이사회 결의의 무효확인을 구할 법률상 이익이 있는지 여부(적극)

[2] 이사회 결의무효확인 판결의 대세적 효력 유무(소극)

[3] 이사변경등기의 실체적 효력 유무(소극)

【판결요지】

[1] 재단법인의 이사 전부 또는 일부가 임기만료되었음에도 후임 이사의 선임이 없거나 또는 후임 이사의 선임이 있었다고 하더라도 그 선임결의가 무효이어서 임기가 만료되지 아니한 다른 이사들 인원수만으로는 정상적인 법인의 활동을 할 수 없는 경우, 임기가 만료된 전임(前任) 이사로 하여금 법인의 업무를 수행하게 함이 부적당하다고 인정할 만한 특별한 사정이 없는 한, 전임 이사는 후임 이사가 선임될 때까지 종전의 직무를 수행할 수 있고, 이와 같이 종전의 직무를 수행할 수 있는 전임 이사는 그 직무수행의 일환으로 이사회 결의의 하자를 주장하여 이사를 개임한 결의의 무효확인을 구할 법률상의 이익도 있다.

[2] 민법상 법인의 이사회의 결의에 하자가 있는 경우에 관하여 법률에 별도의 규정이 없으므로 그 결의에 무효사유가 있는 경우에는 이해관계인은 언제든지 또 어떤 방법에 의하든지 그 무효를 주장할 수 있다고 할 것이지만, 이와 같은 무효주장의 방법으로서 이사회 결의무효확인소송이 제기되어 승소확정판결이 난 경우, 그 판결의 효력은 위 소송의 당사자 사이에서만 발생하는 것이지 대세적 효력이 있다고 볼 수는 없다.

[3] 민법 제54조 제1항에 의하면 설립등기 이외의 법인등기는 대항요건으로 규정되어 있으므로 이사 변경의 법인등기가 경료되었다고 하여 등기된 대로의 실체적 효력을 갖는 것은 아니다.

第55條 【재산목록과 사원명부】

①법인은 성립한 때 및 매년 3월내에 재산목록을 작성하여 사무소에 비치하여야 한다. 사업연도를 정한 법인은 성립한 때 및 그 연도말에 이를 작성하여야 한다.

②사단법인은 사원명부를 비치하고 사원의 변경이 있는 때에는 이를 기재하여야 한다.

第56조 【사원권의 양도, 상속금지】
사단법인의 사원의 지위는 양도 또는 상속할 수 없다.

판례-소유권이전등기·소유권이전등기

[대법원 2013.11.28, 선고, 2012다110477,110484, 판결]

【판시사항】
[1] 조합원이 재건축조합에서 제명되거나 탈퇴하는 등 후발적인 사정으로 지위를 상실하는 경우, 현금청산 대상자가 되는지 여부(적극)
[2] 재건축조합이 조합원 지위를 상실한 토지등소유자를 상대로 그가 출자한 재산에 관한 청산절차를 이행하여야 하는 경우, 도시 및 주거환경정비법에서 정한 것을 제외하고는 조합 정관에 따라 해석하여야 하는지 여부(적극)
[3] 재건축조합의 조합원이 소유 토지 등에 관하여 재건축조합 앞으로 신탁을 원인으로 한 소유권이전등기를 마친 후 조합원의 지위를 상실한 경우, 재건축조합이 위 토지 등의 소유권을 취득하기 위하여 새로이 매도청구권을 행사하여야 하는지 여부(소극)

【판결요지】
[1] 조합원이 분양신청을 하지 아니하거나 철회하는 경우에는 조합원의 지위를 상실함으로써 현금청산 대상자가 되는데, 조합원이 재건축조합에서 제명되거나 탈퇴하는 등 후발적인 사정으로 그 지위를 상실하는 경우에도 처음부터 분양신청을 하지 아니하거나 철회하는 경우와 마찬가지로 현금청산 대상자가 된다.
[2] 도시 및 주거환경정비법(이하 '도시정비법'이라 한다) 제18조 제1항은 '조합은 법인으로 한다'라고 하고, 제27조는 '조합에 관하여는 이 법에 규정된 것을 제외하고는 민법 중 사단법인에 관한 규정을 준용한다'라고 규정하고 있는데, 민법은 사단법인의 구성원인 사원의 권리와 의무에 관하여 제56조에서 '사단법인의 사원의 지위는 양도 또는 상속할 수 없다'라고 규정하고 있을 뿐이므로, 나머지 사항에 관하여는 원칙적으로 사단법인의 정관에 의하여 규율된다. 따라서 재건축조합이 조합원 지위를 상실한 토지등소유자를 상대로 그가 출자한 재산에 관한 청산절차를 이행하여야 하는 경우에도 도시정비법에서 정한 것을 제외하고는 조합 정관에 따라 해석하여야 한다.
[3] 도시 및 주거환경정비법(이하 '도시정비법'이라 한다) 제47조에서 재건축조합이 분양신청을 하지 아니하거나 철회한 토지등소유자를 상대로 그가 출자한 토지 등에 대하여 현금으로 청산하도록 규정한 취지는, 조합원이 조합 정관에 따라 현물출자의무를 이행한 후 조합원 지위를 상실함으로써 청산을 하여야 하는 경우에 그가 출자한 현물의 반환을 인정하지 아니하고 현금으로 지급하도록 정한 것으로 보아야 한다. 이는 조합원이 그 소유의 토지 등에 관하여 재건축조합 앞으로 신탁을 원인으로 한 소유권이전등기를 마친 후 조합원의 지위를 상실함으로써 신탁관계가 그 목적 달성 불능을 이유로 종료된 경우에도 달리 볼 것은 아니므로, 재건축조합은 위 토지 등의 소유권을 취득하기 위하여 도시정비법 제39조를 준용하여 새로이 매도청구권을 행사할 필요가 없다.

제3절 기관

第57조 【이사】 법인은 이사를 두어야 한다.

판례-이사회결의효력정지가처분

[대법원 2014.1.17, 자, 2013마1801, 결정]

【판시사항】

[1] 개방이사 1명 등 이사 3명의 임기가 만료되어 구 사립학교법 제14조 제1항에서 정한 개방이사의 수에 결원이 있는 상태에서, 甲 학교법인의 이사 乙 등이 이사회를 개최하여 甲 법인의 이사장 丙에 대한 '이사장 불신임 건' 등을 결의하자, 丙이 이사회결의 효력정지가처분을 신청한 사안에서, 이사회결의 당시 개방이사 수에 결원이 있었다는 것만으로 이사회 구성이 위법하지 않다고 본 원심판단을 수긍한 사례

[2] 임기가 만료되지 아니한 다른 이사들로 법인이 정상적인 활동을 할 수 있는 경우, 임기만료된 이사의 업무수행권이 인정되는지 여부(소극) 및 이 경우 법인이 정상적인 활동을 할 수 있는지 판단하는 기준 시기(=이사의 임기만료 시)

[3] 법인이 정당한 이유 없이도 이사를 해임할 수 있는지 여부(적극) 및 그 경우 상대방에게 손해배상책임을 지는지 여부(한정 적극)

【판결요지】

[1] 개방이사 1명 등 이사 3명의 임기가 만료되어 구 사립학교법(2013. 3. 23. 법률 제11690호로 개정되기 전의 것, 이하 '구 사립학교법'이라 한다) 제14조 제1항에서 정한 개방이사의 수에 결원이 있는 상태에서, 甲 학교법인의 이사 乙 등이 관할청인 교육기술과학부장관의 승인을 받아 임원들에게 이사회 소집통보를 하고 이사회를 개최하여 甲 법인의 이사장 丙에 대한 '이사장 불신임 건' 등을 결의하자, 丙이 이사회결의 효력정지가처분을 신청한 사안에서, 구 사립학교법 제24조 등 관련 규정에 비추어 이사회결의 당시 개방이사 수에 결원이 있었더라도 그것만으로 이사회 구성이 위법하다고 할 수 없다고 본 원심판단을 수긍한 사례.

[2] 임기만료된 이사의 업무수행권은 이사에 결원이 있음으로써 법인이 정상적인 활동을 할 수 없는 사태를 방지하자는 데 취지가 있으므로, 이사 중 일부의 임기가 만료되었더라도 아직 임기가 만료되지 아니한 다른 이사들로 정상적인 활동을 할 수 있는 경우에는 임기만료된 이사로 하여금 이사로서 직무를 행사하게 할 필요가 없고, 이러한 경우에는 임기만료로서 당연히 퇴임하며, 법인의 정상적인 활동이 가능한지는 이사의 임기만료 시를 기준으로 판단하여야 하지 그 이후의 사정까지 고려할 수는 없다.

[3] 법인과 이사의 법률관계는 신뢰를 기초로 한 위임 유사의 관계이고, 위임계약은 원래 해지의 자유가 인정되어 쌍방 누구나 정당한 이유 없이도 언제든지 해지할 수 있으며, 다만 불리한 시기에 부득이한 사유 없이 해지한 경우에 한하여 상대방에게 그로 인한 손해배상책임을 질 뿐이다.

제58조 【이사의 사무집행】

①이사는 법인의 사무를 집행한다.

②이사가 수인인 경우에는 정관에 다른 규정이 없으면 법인의 사무집행은 이사의 과반수로써 결정한다.

제59조 【이사의 대표권】

①이사는 법인의 사무에 관하여 각자 법인을 대표한다. 그러나 정관에 규정한 취지에 위반할 수 없고 특히 사단법인은 총회의 의결에 의하여야 한다.

②법인의 대표에 관하여는 대리에 관한 규정을 준용한다.

제60조 【이사의 대표권에 대한 제한의 대항요건】 이사의 대표권에 대한 제한은 등기하지 아니하면 제삼자에게 대항하지 못한다.

제60조의2 【직무대행자의 권한】
①제52조의2의 직무대행자는 가처분명령에 다른 정함이 있는 경우 외에는 법인의 통상사무에 속하지 아니한 행위를 하지 못한다. 다만, 법원의 허가를 얻은 경우에는 그러하지 아니하다.
②직무대행자가 제1항의 규정에 위반한 행위를 한 경우에도 법인은 선의의 제3자에 대하여 책임을 진다.
[본조신설 2001.12.29]

제61조 【이사의 주의의무】 이사는 선량한 관리자의 주의로 그 직무를 행하여야 한다.

판례-임원취임 승인취소 처분취소
[대법원 2013.1.24, 선고, 2012두18875, 판결]

【판시사항】
[1] 학교법인의 이사장이나 이사들이 법인회계에서 부담해야 할 비용을 교비회계에 속하는 수입에서 충당하는 내용의 예산안에 대한 의결 시 및 직무를 수행하는 과정에서 위와 같은 예산의 부당 전용사실을 알게 된 때 부담하는 의무나 책임의 내용
[2] 관할청이 학교법인에 대하여 사립학교법 제20조의2 제1항 각 호의 사유에 대한 시정을 요구하면서 같은 법 제20조의2 제2항에서 정한 15일을 초과하는 기간을 부여한 경우, 임원취임의 승인취소를 면하기 위하여 학교법인이 시정을 마쳐야 하는 기한

【판결요지】
[1] 사립학교법 제29조 제1항, 제4항, 제6항, 구 사학기관 재무·회계 규칙(2011. 2. 9. 교육과학기술부령 제93호로 개정되기 전의 것, 이하 '구 회계규칙'이라고 한다) 제21조 제2항에 의하면, 학교법인 회계는 그가 설치·경영하는 학교에 속하는 회계와 법인 업무에 속하는 회계로 구분하고, 학교에 속하는 회계는 이를 교비회계와 부속병원회계(부속병원이 있는 경우에 한한다)로 구분할 수 있으며, 교비회계에 속하는 수입은 차입금 원리금을 상환하는 경우를 제외하고 다른 회계에 전출하거나 대여할 수 없도록 하고 있다. 그리고 학교에 속하는 예산은 당해 학교장이 편성·집행하나, 학교장이 편성하여 제출한 학교에 속하는 회계의 예산도 학교법인 이사회의 의결을 거쳐야 하도록 되어 있다(구 회계규칙 제16조). 이러한 관련 규정의 취지에 일반적으로 학교법인의 이사장과 이사들이 사립학교법 제27조에서 준용하는 민법 제61조에 따라 선량한 관리자의 주의로써 그 직무를 수행할 의무가 있음을 더하여 보면, 학교법인의 이사장이나 이사들로서는 법인회계에서 부담해야 할 비용을 교비회계에 속하는 수입에서 충당하는 내용의 예산안에 대하여는 이를 승인하지 말아야 할 뿐만 아니라 직무를 수행하는 과정에서 위와 같은 예산의 부당 전용사실을 알게 된 때에는 그 시정을 요구하는 등 필요한 조치를 강구해야 할 의무나 책임이 있다고 보는 것이 타당하다.
[2] 관할청이 사립학교법 제20조의2 제2항에 따라 학교법인에 대하여 제1항 각 호의 사유에 대한 시정을 요구하면서 일정한 시정기한을 부여한 경우, 그 시정기한이 15일 미만이라면 이는 사립학교법 제20조의2 제2항에 저촉되는 한도 내에서 효력이 없으므로 그 시정요구일로부터 15일 이내에 시정을 마친 경우에는 이를 임원취임승인의 취소사유로 삼을 수 없으나, 만일 관할청이 해당 사유의 시정에 사립학교법 제20조의2 제2항에서 정한 15일을 초과하는 기간이 필요하다고 판단하여 그 시정기간으로서 15일을 초과한 기간을 부여한 경우에는 다른 특별한 사정이 없는 한 학교법인은 그 시정기한의 만료일까지 시정을 마쳐야 한다고 보는 것이 타당하다.

제62조 【이사의 대리인 선임】 이사는 정관 또는 총회의 결의로 금지하지 아니한 사항에 한하여 타인으로 하여금 특정한 행위를 대리하게 할 수 있다.

제63조 【임시이사의 선임】 이사가 없거나 결원이 있는 경우에 이로 인하여 손해가 생길 염려 있는 때에는 법원은 이해관계인이나 검사의 청구에 의하여 임시이사를 선임하여야 한다.

판례-이사회결의 무효확인

[대법원 2013.6.13, 선고, 2012다40332, 판결]

【판시사항】

[1] 구 사회복지사업법상 사회복지법인에 대한 관할 시·도지사의 임원 해임명령만 있고 이사회의 해임결의 등 법인의 후속조치가 없는 경우, 임시이사 선임의 요건인 '임원 중에 결원이 생긴 때'에 해당하는지 여부(소극) 및 해임명령만 내려진 상태에서 관할 시·도지사가 임시이사를 선임한 경우 그 처분의 효력

[2] 민법 제63조에 의하여 법원이 선임한 임시이사의 권한 범위

[3] 구 사회복지사업법상 甲 사회복지법인의 임시이사들에게 정식이사 선임에 관한 의결권한이 있는지 문제 된 사안에서, 제반 사정을 종합하여 사회복지법인의 임시이사는 정식이사와 동일한 권한을 갖는다는 이유로, 정식이사 선임에 관한 의결권한이 있다고 본 원심판단을 정당하다고 한 사례

【판결요지】

[1] 구 사회복지사업법(2008. 2. 29. 법률 제8852호로 개정되기 전의 것) 제20조, 제22조, 제52조, 그 시행령(2008. 2. 29. 대통령령 제20679호로 개정되기 전의 것) 제25조 등에 의하면, 관할 시·도지사는 사회복지법인의 임원이 시·도지사의 명령을 정당한 이유 없이 이행하지 아니하는 등의 경우에 법인에 대하여 그 임원의 해임을 명할 수 있고, 한편 임원(이사 또는 감사) 중에 결원이 생겼음에도 법인이 2월 이내에 보충하지 아니하는 경우에는 관할 시·도지사는 지체 없이 이해관계인의 청구 또는 직권으로 임시이사를 선임하여야 한다고 되어 있다. 그런데 위와 같은 시·도지사의 해임명령은 어디까지나 법인을 상대로 해당 임원을 해임하도록 명하는 것에 불과한 것이지 그 자체로 해임의 효력이 발생되게 하는 것은 아니므로, 해임명령만 있고 이사회의 해임결의 등 위 명령을 이행하는 법인의 후속조치가 없는 경우에는 임시이사 선임의 요건인 '임원 중에 결원이 생긴 때'에 해당한다고 볼 수 없다. 다만 행정처분에 어떠한 하자가 있다고 하더라도 하자가 중대하고 또한 객관적으로 명백하지 않다면 처분을 당연무효라고 할 수는 없는 것이므로, 위와 같이 해임명령만 내려진 상태에서 관할 시·도지사가 임시이사를 선임하였다고 하여 이를 무조건 당연무효라고 볼 것은 아니다.

[2] 민법상의 법인에 대하여 민법 제63조에 의하여 법원이 선임한 임시이사는 원칙적으로 정식이사와 동일한 권한을 가진다. 다만 학교법인의 경우와 같이, 다른 재단법인에 비하여 자주성이 보장되어야 할 특수성이 있고 사립학교법 등 관련 법률에서도 이를 특별히 보장하고 있어 임시이사의 권한이 통상적인 업무에 관한 사항에 한정된다고 보아야 하는 경우가 있을 뿐이다.

[3] 구 사회복지사업법(이하 '사회복지법'이라 한다)상 甲 사회복지법인의 임시이사들에게 정식이사 선임에 관한 의결권한이 있는지 문제 된 사안에서, 사립학교법은 학교교육의 자주성과 학교운영의 자율성을 강조하고 있는 반면 사회복지법은 사회복지법인의 공공성을 강조하고 있는 점, 사립학교법 제25조는 민법 제63조에 대한 특칙으로서 임시이사의 선임 사유, 임무, 재임기간 및 정식이사로의 선임 제한 등에 관하여 구체적인 별도의 규정을 두는 반면, 사회복지법은 임시이사의 선임사유 및 절차에 관하여만 규정할 뿐 직무범위, 재임기간, 선임 제한 등에 관하여는 아무런 규정을 두지 아니하고 사회복지법에 규정된 것을 제외하고는 민법의 규정을 준용하는 점 등을 종합하여, 사회복지법인의 임시이사는 정식이사와 동일한 권한을 갖는다는 이유로, 甲 법인의 임시이사들에게 정식이사 선임에 관한 의결권한이 있다고 본 원심판단을 정당하다고 한 사례.

제64조 【특별대리인의 선임】
법인과 이사의 이익이 상반하는 사항에 관하여는 이사는 대표권이 없다. 이 경우에는 전조의 규정에 의하여 특별대리인을 선임하여야 한다.

판례-특별대리인선임

[대법원 2014.5.7, 자, 2014마397, 결정]

【판시사항】
민법 제64조에 따른 특별대리인 선임 신청에 대한 재판을 관할하는 법원(=법인의 주된 사무소 소재지의 지방법원 합의부) 및 위 재판에 대한 항고와 재항고에 민사소송법이 적용되는지 여부(적극)

【이 유】
직권으로 판단한다.
1. 민법 제64조는 '법인과 이사의 이익이 상반하는 사항에 관하여는 이사는 대표권이 없다. 이 경우에는 전조의 규정에 의하여 특별대리인을 선임하여야 한다'고 규정하고 있고, 비송사건절차법 제33조 제1항은 '임시이사 또는 특별대리인의 선임은 법인의 주된 사무소 소재지의 지방법원 합의부가 관할한다', 제20조 제1항은 '재판으로 인하여 권리를 침해당한 자는 그 재판에 대하여 항고할 수 있다', 제23조는 '이 법에 따른 항고에 관하여는 특별한 규정이 있는 경우를 제외하고는 항고에 관한 민사소송법의 규정을 준용한다'고 각 규정하고 있다.
따라서 민법 제64조에 의한 특별대리인의 선임 신청에 대한 재판은 제1심법원이 관할하며, 그에 대한 항고, 재항고는 민사소송법이 정하고 있는 바에 따라야 한다.
2. 기록에 의하면, 재항고인은 원심법원에 민법 제64조에 의하여 특별대리인의 선임을 신청하였고, 원심법원은 재항고인의 신청이 이유 없다고 기각하는 결정을 한 사실, 재항고인이 이에 불복하여 항고장을 제출하자, 원심법원이 이를 재항고로 보아 대법원에 기록을 송부한 사실을 알 수 있다.
그러나 앞서 본 법리에 비추어 보면, 원심결정에 대한 재항고인의 항고는 재항고가 아니므로, 그 항고사건의 관할법원은 부산고등법원이 된다.
당초에 원심법원이 이 사건 신청을 "카기" 사건으로 접수하여 처리하였으나, 이 사건은 "비합" 사건으로 접수하여 처리하였여야 함을 부기한다.
3. 그러므로 사건을 관할법원에 이송하기로 하여, 관여 대법관의 일치된 의견으로 주문과 같이 결정한다.

제65조 【이사의 임무해태】
이사가 그 임무를 해태한 때에는 그 이사는 법인에 대하여 연대하여 손해배상의 책임이 있다.

판례-손해배상(기)

[대법원 2009.2.12, 선고, 2008다74895, 판결]

【판시사항】
[1] 단체의 대표자가 근로자의 해고를 결정할 때 선관주의의무 등을 위반하였는지 여부의 판단 기준
[2] 단체의 대표자 개인이 당사자가 된 민·형사사건의 변호사 비용을 단체의 비용으로 지출할 수 있는 경우

【판결요지】
[1] 단체의 대표자가 근로자를 해고한 경우에 사후에 법원에 의하여 그 해고가 정당하

지 못하여 무효라고 판단되었다고 하여 그러한 사유만으로 곧바로 그 해고 당시에 단체의 대표자가 그 임무를 게을리한 것으로 보아서 대표자 개인이 단체에 대하여 손해배상책임을 부담한다고 볼 수는 없다. 또한, 근로자를 해고할 당시의 객관적 사정이나 근로자에 대한 해고사유의 내용 또는 경중, 근로자에 대하여 해고를 하게 된 경위 등에 비추어 해고할만한 정당한 사유가 있다고 판단할 상당한 근거가 있고, 이와 아울러 소정의 적법한 절차 등을 거쳐서 해고를 한 경우라면 단체에 대한 선량한 관리자로서의 주의의무 또는 충실의무를 위반하였다고 볼 수 없다. 한편, 이와 같이 단체의 대표자가 근로자를 해고하기로 하는 결정을 함에 있어서 선량한 관리자로서의 주의의무 또는 충실의무를 위반하여 자신의 임무를 게을리하였는지 여부는 통상의 합리적인 대표자를 기준으로 하여 해고의 사유 및 절차 등에 관한 여러 사정을 종합하여 볼 때 단체의 대표자로서 근로자를 해고하기로 하는 결정을 함에 있어서 간과하여서는 안 될 잘못이 있는지 여부에 따라 판단하여야 한다.
[2] 단체의 비용으로 지출할 수 있는 변호사 선임료는 단체 자체가 소송당사자가 된 경우에 한하므로 단체의 대표자 개인이 당사자가 된 민·형사사건의 변호사 비용은 단체의 비용으로 지출할 수 없는 것이 원칙이다. 다만, 예외적으로 분쟁에 대한 실질적인 이해관계는 단체에게 있으나 법적인 이유로 그 대표자의 지위에 있는 개인이 소송 기타 법적 절차의 당사자가 되었다거나 대표자로서 단체를 위해 적법하게 행한 직무행위 또는 대표자의 지위에 있음으로 말미암아 의무적으로 행한 행위 등과 관련하여 분쟁이 발생한 경우와 같이, 당해 법적 분쟁이 단체와 업무적인 관련이 깊고 당시의 여러 사정에 비추어 단체의 이익을 위하여 소송을 수행하거나 고소에 대응하여야 할 특별한 필요성이 있는 경우에는 단체의 비용으로 변호사 선임료를 지출할 수 있다.

第66조 【감사】 법인은 정관 또는 총회의 결의로 감사를 둘 수 있다.

第67조 【감사의 직무】
감사의 직무는 다음과 같다.
1. 법인의 재산상황을 감사하는 일
2. 이사의 업무집행의 상황을 감사하는 일
3. 재산상황 또는 업무집행에 관하여 부정, 불비한 것이 있음을 발견한 때에는 이를 총회 또는 주무관청에 보고하는 일
4. 전호의 보고를 하기 위하여 필요 있는 때에는 총회를 소집하는 일

第68조 【총회의 권한】
사단법인의 사무는 정관으로 이사 또는 기타 임원에게 위임한 사항 외에는 총회의 결의에 의하여야 한다.

第69조 【통상총회】 사단법인의 이사는 매년 1회 이상 통상총회를 소집하여야 한다.

판례-예금채권대표자명의변경등

[대법원 2001.10.12, 선고, 2001다24082, 판결]

【판시사항】
일부 종중원들이 정기총회의 연기를 선언한 종회장의 결정에 반대하여 사전에 정기총회의 장소로 지정된 적이 없는 곳에서 별도로 개최한 정기총회는 적법한 장소가 아닌 곳에서 개최된 것으로 위법하다고 한 사례

【판결요지】
일부 종중원들이 정기총회의 연기를 선언한 종회장의 결정에 반대하여 사전에 정기총

회의 장소로 지정된 적이 없는 곳에서 별도로 개최한 정기총회는 적법한 장소가 아닌 곳에서 개최된 것으로 위법하다고 한 사례.

第70조 【임시총회】 ①사단법인의 이사는 필요하다고 인정한 때에는 임시총회를 소집할 수 있다.
②총사원의 5분의 1이상으로부터 회의의 목적사항을 제시하여 청구한 때에는 이사는 임시총회를 소집하여야 한다. 이 정수는 정관으로 증감할 수 있다.
③전항의 청구있는 후 2주간내에 이사가 총회소집의 절차를 밟지 아니한 때에는 청구한 사원은 법원의 허가를 얻어 이를 소집할 수 있다.

판례-공유물분할·소유권이전등기말소등기·독립당사자참가의소

[대법원 2011.2.10, 선고, 2010다83199,83205, 판결]

【판시사항】
[1] 행위자가 타인의 이름으로 계약을 체결한 경우, 계약당사자의 확정 방법
[2] 종중이 명의신탁한 부동산에 관하여 종중 및 수인의 명의수탁자를 매도인으로 하여 매매계약이 체결된 사안에서, 명의수탁자들이 종중과 함께 공동매도인의 지위에 있다고 한 사례
[3] 무효행위나 무권대리행위를 묵시적으로 추인하였는지 여부의 판단 기준
[4] 종중총회의 적법한 소집권자가 종중원들의 정당한 소집 요구에 불응한 경우, 반드시 민법 제70조를 준용하여 감사가 총회를 소집하거나 종원이 법원의 허가를 얻어 총회를 소집하여야 하는지 여부(소극)
[5] 종원들이 비상대책위원회를 구성하여 종중의 임시총회 소집권자들에게 임시총회의 소집을 요구하였으나 이에 불응하자 직접 소집통지를 하여 임시총회를 개최한 사안에서, 기존 회장 등이 정당한 이유 없이 위 소집요구에 불응하였으므로 비상대책위원회 측 종원들이 직접 모든 종원들에게 소집통지를 하여 개최한 임시총회는 적법하다고 한 사례

【판결요지】
[1] 계약을 체결하는 행위자가 타인의 이름으로 법률행위를 한 경우에 행위자 또는 명의인 가운데 누구를 계약의 당사자로 볼 것인가에 관하여는, 우선 행위자와 상대방의 의사가 일치한 경우에는 그 일치한 의사대로 행위자 또는 명의인을 계약의 당사자로 확정해야 하고, 행위자와 상대방의 의사가 일치하지 않는 경우에는 그 계약의 성질·내용·목적·체결 경위 등 그 계약 체결 전후의 구체적인 제반 사정을 토대로 상대방이 합리적인 사람이라면 행위자와 명의자 중 누구를 계약 당사자로 이해할 것인가에 의하여 당사자를 결정하여야 한다.
[2] 종중이 명의신탁한 부동산에 관하여 종중 및 수인의 명의수탁자를 매도인으로 하여 매매계약이 체결된 사안에서, 매매계약서 기재 내용대로 명의수탁자들이 종중과 함께 공동매도인의 지위에 있다고 판단한 사례.
[3] 무효행위 또는 무권대리행위의 추인은 무효행위 등이 있음을 알고 그 행위의 효과를 자기에게 귀속시키도록 하는 단독행위로서 묵시적인 방법으로도 할 수 있으므로, 본인이 그 행위로 처하게 된 법적 지위를 충분히 이해하고 그럼에도 진의에 기하여 그 행위의 결과가 자기에게 귀속된다는 것을 승인한 것으로 볼 만한 사정이 있는 경우에는 묵시적으로 추인한 것으로 볼 수 있다.
[4] 종중원들이 종중 재산의 관리 또는 처분 등을 위하여 종중의 규약에 따른 적법한 소집권자 또는 일반 관례에 따른 종중총회의 소집권자인 종중의 연고항존자에게 필요한 종중의 임시총회 소집을 요구하였음에도 그 소집권자가 정당한 이유 없이 이에 응하지 아니하는 경우에는 차석 또는 발기인(위 총회의 소집을 요구한 발의자들)이 소집권자를 대신하여 그 총회를 소집할 수 있는 것이고, 반드시 민법 제70조를 준용하여 감사가 총회를 소집하거나 종원이 법원의 허가를 얻어 총회를 소집하여야 하는 것은 아니다.

[5] 종원들이 비상대책위원회를 구성하여 종중의 기존 회장 및 연고항존자 등 임시총회 소집권자들에게 종중 재산의 관리·처분 등과 관련한 대표자 자격시비를 없애기 위하여 임시총회의 소집을 요구하였으나 이에 불응하자 비상대책위원회 측 종원들이 소집통지를 하여 임시총회를 개최한 사안에서, 기존 회장 등이 정당한 이유 없이 위 소집요구에 불응하였으므로 비상대책위원회 측 종원들이 직접 모든 종원들에게 소집통지를 하여 개최한 임시총회는 특별한 사정이 없는 한 적법하다고 한 사례.

제71조 【총회의 소집】 총회의 소집은 1주간전에 그 회의의 목적사항을 기재한 통지를 발하고 기타 정관에 정한 방법에 의하여야 한다.

판례-소유권이전등기

[대법원 2014.11.27, 선고, 2013다24382, 판결]

【판시사항】

종중총회 소집통지의 대상과 방법 및 통지가 가능한 종원 일부에 대한 소집통지를 결여한 종중총회 결의의 효력(무효)

【이 유】

상고이유를 판단한다.

1. 원심의 판단

원심은, 소외 1을 원고의 대표자로 선출한 1990. 12. 20.자 종중총회 결의는 피고를 비롯한 국내 거주 일부 종원들에 대한 소집통지가 있었음을 인정할 수 없다는 이유에서, 위 결의를 추인한 2012. 5. 30.자 종중총회 결의는 종원 과반수가 참석하여 참석자 과반수 찬성으로 결의가 이루어져야 함에도 그와 같은 요건을 갖추지 못하였다는 이유에서 모두 무효이므로, 소외 1이 원고 종중의 대표자로서 제기한 이 사건 소는 대표권 없는 자에 의하여 제기된 것으로서 부적법하다고 판단하였다.

2. 대법원의 판단

가. 종중 대표자의 선임이나 종중규약의 채택을 위한 종중총회의 결의는 종중규약이나 종중관례에 따르되 그것이 없을 때에는 적법하게 소집된 총회 출석자 과반수의 찬성으로 결의하는 것이 일반관습이므로(대법원 1994. 11. 11. 선고 94다17772 판결, 대법원 2009. 5. 28. 선고 2009다7182 판결 참조), 원심이 종원 과반수 참석과 참석자 과반수의 찬성이 없었다는 이유로 2012. 5. 30.자 종중총회 결의를 무효로 판단한 것은 종중총회 의결정족수에 관한 법리를 오해한 것이다.

나. 그러나 직권으로 살펴보면, 원심이 위 각 종중총회 결의를 무효로 보아 이 사건 소가 대표권 없는 자에 의하여 제기된 것이어서 부적법하다고 판단한 결론은 아래와 같은 이유에서 정당하므로, 위와 같은 법리오해가 판결에 영향을 미쳤다고 할 수 없다.

(1) 종중총회를 개최하려면 가능한 합리적 노력을 다하여 소집통지 대상이 되는 종원의 범위를 확정하고 종원들의 소재를 파악한 후 국내에 거주하고 소재가 분명하여 통지가 가능한 종원에게 소집권자가 개별적으로 소집통지를 하여야 한다. 그 소집통지의 방법은 반드시 서면으로 하여야만 하는 것은 아니고 말 또는 전화로 하거나 다른 종원이나 세대주를 통하여 하여도 무방하나, 지파 또는 거주지별 대표자에게 총회소집을 알리는 것만으로 적법한 통지를 하였다고 볼 수는 없다. 그리고 통지가 가능한 종원 일부에게 소집통지를 하지 않은 채 개최한 종중총회의 결의는 효력이 없다(대법원 2000. 7. 6. 선고 2000다17582 판결, 대법원 2001. 6. 29. 선고 99다32257 판결, 대법원 2014. 8. 20. 선고 2014다29483 판결 등 참조).

(2) 기록에 의하면, 원고는 피고의 조부로서 1966. 6. 26.경 사망한 밀양손씨 제46세손 소외 2를 공동선조로 하여 성립한 종중인 점, 피고의 동생으로서 원고의 대표자라고 주장하며 이 사건 소를 제기한 소외 1의 주장에 따르면 최초로 종중규약을 제정하고 대표자를 선출하였다는 1990. 12. 20.자 종중총회에 관하여, 당시 원고 종중의 종원에

해당하는 성년 남자 중 적어도 국내에 거주하는 소외 3과 그 아들인 피고, 소외 4, 5 및 그 손자인 소외 6, 7에게 적법한 소집통지가 있었음을 인정할 자료가 없는 점, 위 종중총회에서 이루어진 대표자 선임 등의 종전 행위를 추인한 2012. 5. 30.자 종중총회에 관하여, 당시 국내에 거주하는 것으로 보이는 원고 종중의 종원에 해당하는 성년 남녀 중 소외 8, 9, 10에 대하여는 소집통지가 있었음을 인정할 별다른 자료가 없고, 소외 6, 7, 11, 12, 13, 14, 15, 16에 대하여는 그 아버지들인 피고나 소외 5, 17에게 소집통지서가 발송되었을 뿐 본인들에게 직접 소집통지가 된 바 없고 피고 등이 소집통지서를 전달하였다고 볼 자료도 없는 점, 1990. 12. 20.자 종중총회 당시 원고 종중의 종원은 18명이고 불참한 종원 중 국내에 거주하는 종원은 10명 미만으로서 이들은 모두 소외 2의 아들, 손자, 증손자인 점, 2012. 5. 30.자 종중총회 당시 원고 종중의 종원은 49명이고 그중 국내에 거주하는 종원은 31명에 불과하며 이들은 모두 소외 2의 딸, 손자녀, 증손자녀인데, 그 종중총회 회의록(갑 제23호증)에는 재적인원이 35명, 참석자가 21명이라고 기재되어 있고, 여기에는 원고의 종원이 될 수 없는 소외 18, 19, 20, 21, 22가 포함된 점 등을 알 수 있다.

이와 같이 위 각 종중총회 당시 원고의 종원들이 모두 6촌 이내의 친족으로서 쉽게 파악이 가능하고 그 숫자도 많지 않은 점, 당시 소집통지가 이루어지지 않은 국내 거주 종원들의 소재를 파악하기 어려웠다거나 그들의 소재를 파악하기 위하여 어떤 조치를 취하였다는 점에 관한 구체적인 사정이 기록상 뚜렷이 드러나지 않는 점, 오히려 2012. 5. 30.자 종중총회에서 종원이 아닌 사람까지 재적인원과 참석자에 포함시킨 점 등을 고려하면, 위 각 종중총회를 소집하면서 소집통지 대상이 되는 종원의 범위를 확정하거나 그들의 소재를 파악하는 데에 가능한 합리적 노력을 다하였다고 보기 어렵다. 사정이 이러한 이상 위 각 종중총회는 소집통지가 가능한 종원에게 개별적으로 그 소집통지가 이루어졌다고 할 수 없으므로, 거기에서 이루어진 각 결의는 앞서 본 법리에 따라 모두 무효라고 볼 수밖에 없다.

다. 상고이유에서는 2012. 5. 30.자 종중총회 결의가 무효라고 하더라도 그것이 종중규약 제20조, 제22조, 제23조에 따른 임원선출에 관한 이사회 결의로서는 유효하므로, 이 점에 관하여 원심판결에 판단누락의 위법이 있다는 취지로도 주장하고 있다.

그러나 종중규약은 종중총회의 결의에 의하여 제정되는 것인데, 기록을 살펴보아도 앞서 보았듯이 종중규약을 제정하는 결의를 한 1990. 12. 20.자 종중총회를 비롯하여 그 후 종중규약을 제정하는 원고의 종중총회가 한 번이라도 앞서 든 법리에 따른 소집통지를 거쳐 적법하게 개최되었다고 볼 자료가 없으므로, 원고의 종중규약이 유효하게 제정되었다고 볼 여지가 없다. 따라서 2012. 5. 30.자 종중총회에서 소외 1을 대표자로 선출한 결의가 종중규약의 규정에 따른 이사회 결의로서 유효함을 주장하는 상고이유 주장은 더 살필 필요 없이 받아들일 수 없다.

3. 결론

이에 상고를 기각하고, 상고비용은 대표권 없이 소를 제기한 소외 1이 부담하도록 하여, 관여 대법관의 일치된 의견으로 주문과 같이 판결한다.

제72조 【총회의 결의사항】

총회는 전조의 규정에 의하여 통지한 사항에 관하여서만 결의할 수 있다. 그러나 정관에 다른 규정이 있는 때에는 그 규정에 의한다.

제73조 【사원의 결의권】 ①각사원의 결의권은 평등으로 한다.

②사원은 서면이나 대리인으로 결의권을 행사할 수 있다.

③전2항의 규정은 정관에 다른 규정이 있는 때에는 적용하지 아니한다.

제74조 【사원이 결의권없는 경우】

사단법인과 어느 사원과의 관계사항을 의결하는 경우에는 그 사원은 결의권이 없다.

제75조 【총회의 결의방법】 ①총회의 결의는 본법 또는 정관에 다른 규정이 없으면 사원 과반수의 출석과 출석사원의 결의권의 과반수로써 한다.
②제73조제2항의 경우에는 당해사원은 출석한 것으로 한다.

제76조 【총회의 의사록】
①총회의 의사에 관하여는 의사록을 작성하여야 한다.
②의사록에는 의사의 경과, 요령 및 결과를 기재하고 의장 및 출석한 이사가 기명날인하여야 한다.
③이사는 의사록을 주된 사무소에 비치하여야 한다.

판례-대의원회결의 무효 확인

[대법원 2011.10.27, 선고, 2010다88682, 판결]

【판시사항】
[1] 민법상 사단법인 총회 등의 결의에 관한 의사정족수나 의결정족수 충족 여부가 다투어져 결의의 성립 여부나 절차상 흠의 유무가 문제되는 경우, 의사록 등의 증명력 및 그 증명력을 부인할 만한 특별한 사정에 관한 주장·증명책임의 소재(=결의의 효력을 다투는 측)
[2] 사단법인인 대한의사협회의 대의원총회에서 회장 선출방식을 직접 선출방식에서 간접 선출방식으로 변경하는 내용의 정관 개정 안건을 가결하였는데, 그 결의가 협회 정관에 따른 의사정족수를 충족하였는지 문제된 사안에서, 총회 속기록의 기재 등만으로 의사정족수 충족 사실을 인정하기 부족하다고 본 원심판결에는 채증법칙 위반의 잘못이 있다고 한 사례
[3] 민법상 사단법인 총회의 표결 및 집계방법

【판결요지】
[1] 민법상 사단법인 총회 등의 결의와 관련하여 당사자 사이에 의사정족수나 의결정족수 충족 여부가 다투어져 결의의 성립 여부나 절차상 흠의 유무가 문제되는 경우로서 사단법인 측에서 의사의 경과, 요령 및 결과 등을 기재한 의사록을 제출하거나 이러한 의사의 경과 등을 담은 녹음·녹화자료 또는 녹취서 등을 제출한 때에는, 그러한 의사록 등이 사실과 다른 내용으로 작성되었다거나 부당하게 편집, 왜곡되어 증명력을 인정할 수 없다고 볼 만한 특별한 사정이 없는 한 의사정족수 등 절차적 요건의 충족 여부는 의사록 등의 기재에 의하여 판단하여야 한다. 그리고 위와 같은 의사록 등의 증명력을 부인할 만한 특별한 사정에 관하여는 결의의 효력을 다투는 측에서 구체적으로 주장·증명하여야 한다.
[2] 사단법인인 대한의사협회의 대의원총회에서 회장 선출방식을 직접 선출방식에서 간접 선출방식으로 변경하는 내용의 정관 개정 안건을 가결하였는데, 그 결의가 협회 정관에 따른 의사정족수를 충족하였는지 문제된 사안에서, 총회 속기록에는 총회 당시 위 안건에 대한 제안, 토론 및 표결이 이루어진 과정과 위 안건에 대한 표결 당시 의사정족수 충족 여부를 확인하는 과정 등이 매우 구체적으로 상세하게 기록되어 있는 반면, 증명력을 부정할 만한 특별한 사정에 관하여 결의의 효력을 다투는 측이 별다른 주장·증명을 하지 못하고 있는데도, 정당한 이유 없이 속기록의 기재 등만으로는 의사정족수 충족 사실을 인정하기 부족하다고 하여 위 결의를 무효라고 본 원심판결에는 결의의 무효사유가 되는 절차상 흠의 존부에 관한 채증법칙을 위반한 잘못이 있다고 한 사례.
[3] 민법상 사단법인 총회의 표결 및 집계방법에 관하여는 법령에 특별한 규정이 없으므로, 정관에 다른 정함이 없으면 개별 의안마다 표결에 참석한 사원의 성명을 특정할 필요는 없고, 표결에 참석한 사원의 수를 확인한 다음 찬성·반대·기권의 의사표시를 거수, 기립, 투표 기타 적절한 방법으로 하여 집계하면 된다.

제4절 해산

제77조 【해산사유】
①법인은 존립기간의 만료, 법인의 목적의 달성 또는 달성의 불능 기타 정관에 정한 해산사유의 발생, 파산 또는 설립허가의 취소로 해산한다.
②사단법인은 사원이 없게 되거나 총회의 결의로도 해산한다.

제78조 【사단법인의 해산결의】
사단법인은 총사원 4분의 3이상의 동의가 없으면 해산을 결의하지 못한다. 그러나 정관에 다른 규정이 있는 때에는 그 규정에 의한다.

제79조 【파산신청】 법인이 채무를 완제하지 못하게 된 때에는 이사는 지체없이 파산신청을 하여야 한다.

제80조 【잔여재산의 귀속】
①해산한 법인의 재산은 정관으로 지정한 자에게 귀속한다.
②정관으로 귀속권리자를 지정하지 아니하거나 이를 지정하는 방법을 정하지 아니한 때에는 이사 또는 청산인은 주무관청의 허가를 얻어 그 법인의 목적에 유사한 목적을 위하여 그 재산을 처분할 수 있다. 그러나 사단법인에 있어서는 총회의 결의가 있어야 한다.
③전2항의 규정에 의하여 처분되지 아니한 재산은 국고에 귀속한다.

판례-양도소득세부과처분취소

[대법원 2000.12.8, 선고, 98두5279, 판결]

【판시사항】

[1] 민법상의 청산절차에 관한 규정에 반하는 잔여재산 처분행위의 효력 및 정관에 법인 재산의 처분에 관하여 이사회 또는 청산인회의 심의의결을 거치도록 규정되어 있는 경우, 해산한 법인이 잔여재산의 귀속자에 관한 민법 및 정관의 규정에 따라 구체적으로 확정된 잔여재산이전의무의 이행으로서 그 귀속권리자에게 잔여재산을 이전하는 것이 위 이사회 또는 청산인회의 심의의결을 요하는 재산의 처분에 해당하는지 여부(소극)

[2] 해산한 법인의 대표청산인이 정관 규정에 따라 잔여재산이전의무의 이행으로서 잔여재산을 그 대표청산인이 대표자를 겸하고 있던 귀속권리자에게 이전한 경우, 쌍방대리금지 원칙의 예외인 채무의 이행에 해당하는지 여부(적극)

【판결요지】

[1] 민법 제80조 제1항, 제81조 및 제87조 등 청산절차에 관한 규정은 모두 제3자의 이해관계에 중대한 영향을 미치는 것으로서 강행규정이므로, 해산한 법인이 잔여재산의 귀속자에 관한 정관규정에 반하여 잔여재산을 달리 처분할 경우 그 처분행위는 청산법인의 목적범위 외의 행위로서 특단의 사정이 없는 한 무효이고, 한편 민법 제58조, 제59조, 제87조 및 제96조 등에 의하면 이사 또는 청산인은 법인의 사무에 관하여 정관에 규정한 취지에 위반할 수 없으므로, 정관에 법인 재산의 처분에 관하여 이사회 또는 청산인회의 심의의결을 거치도록 규정되어 있는 경우에도, 해산한 법인이 잔여재산의 귀속자에 관한 민법 및 정관의 규정에 따라 구체적으로 확정된 잔여재산이전의무의 이행으로서 그 귀속권리자에게 잔여재산을 이전하는 것은, 위 이사회 또는 청산인회의 심의의결을 요하는 재산의 처분에 해당한다고 볼 수 없다.

[2] 해산한 법인이 해산시 잔여재산이 지정한 자에게 귀속한다는 정관 규정에 따라 구

체적으로 확정된 잔여재산이전의무의 이행으로서 잔여재산인 토지를 그 귀속권리자에게 이전하는 것은 채무의 이행에 불과하므로 그 귀속권리자의 대표자를 겸하고 있던 해산한 법인의 대표청산인에 의하여 잔여재산 토지에 관한 소유권이전등기가 그 귀속권리자에게 경료되었다고 하더라도 이는 쌍방대리금지 원칙에 반하지 않는다.

제81조 【청산법인】 해산한 법인은 청산의 목적범위내에서만 권리가 있고 의무를 부담한다.

판례-대표자지위부존재확인

[대법원 2007.11.16, 선고, 2006다41297, 판결]

【판시사항】

[1] 청산 중의 비법인사단의 성격 및 권리능력

[2] 교회가 건물을 다른 교회에 매도하고 더 이상 종교활동을 하지 않아 해산하였다고 하더라도 교인들이 교회 재산의 귀속관계에 대하여 다투고 있는 이상 교회는 청산 목적의 범위 내에서 권리·의무의 주체가 되어 당사자능력이 있고, 위 교인들이 교회의 대표자 지위의 부존재 확인을 구하는 소송에는 청산인 지위의 부존재 확인을 구하는 취지가 포함되어 있다고 본 사례

[3] 교회 재산의 관리처분과 관련한 대표자 지위의 부존재 확인을 구하는 소송에서 소의 이익 유무

【판결요지】

[1] 비법인사단에 해산사유가 발생하였다고 하더라도 곧바로 당사자능력이 소멸하는 것이 아니라 청산사무가 완료될 때까지 청산의 목적범위 내에서 권리·의무의 주체가 되고, 이 경우 청산 중의 비법인사단은 해산 전의 비법인사단과 동일한 사단이고 다만 그 목적이 청산 범위 내로 축소된 데 지나지 않는다.

[2] 교회가 건물을 다른 교회에 매도하고 더 이상 종교활동을 하지 않아 해산하였다고 하더라도 교인들이 교회 재산의 귀속관계에 대하여 다투고 있는 이상 교회는 청산목적의 범위 내에서 권리·의무의 주체가 되어 당사자능력이 있고, 위 교인들이 교회의 대표자 지위의 부존재 확인을 구하는 소송에는 청산인 지위의 부존재 확인을 구하는 취지가 포함되어 있다고 본 사례.

[3] 교회의 헌법 등에 다른 정함이 있는 등의 특별한 사정이 없는 한, 교회의 대표자(담임목사)는 예배 및 종교활동을 주재하는 종교상의 지위와 아울러 비법인사단의 대표자 지위를 겸유하면서 교회 재산의 관리처분과 관련한 대표권을 가지므로, 재산의 관리처분과 관련한 교회 대표자 지위에 관한 분쟁은 구체적인 권리 또는 법률관계를 둘러싼 분쟁에 해당하여 그 대표자 지위의 부존재 확인을 구하는 것은 소의 이익이 있다.

제82조 【청산인】 법인이 해산한 때에는 파산의 경우를 제하고는 이사가 청산인이 된다. 그러나 정관 또는 총회의 결의로 달리 정한 바가 있으면 그에 의한다.

제83조 【법원에 의한 청산인의 선임】 전조의 규정에 의하여 청산인이 될 자가 없거나 청산인의 결원으로 인하여 손해가 생길 염려가 있는 때에는 법원은 직권 또는 이해관계인이나 검사의 청구에 의하여 청산인을 선임할 수 있다.

제84조 【법원에 의한 청산인의 해임】
중요한 사유가 있는 때에는 법원은 직권 또는 이해관계인이나 검사의 청구에 의하여 청산인을 해임할 수 있다.

第85條 【해산등기】 ①청산인은 파산의 경우를 제하고는 그 취임후 3주간내에 해산의 사유 및 년월일, 청산인의 성명 및 주소와 청산인의 대표권을 제한한 때에는 그 제한을 주된 사무소 및 분사무소소재지에서 등기하여야 한다.
②제52조의 규정은 전항의 등기에 준용한다.

第86條 【해산신고】
①청산인은 파산의 경우를 제하고는 그 취임후 3주간내에 전조제1항의 사항을 주무관청에 신고하여야 한다.
②청산중에 취임한 청산인은 그 성명 및 주소를 신고하면 된다.

第87條 【청산인의 직무】
①청산인의 직무는 다음과 같다.
1. 현존사무의 종결
2. 채권의 추심 및 채무의 변제
3. 잔여재산의 인도

②청산인은 전항의 직무를 행하기 위하여 필요한 모든 행위를 할 수 있다.

第88條 【채권신고의 공고】
①청산인은 취임한 날로부터 2월내에 3회이상의 공고로 채권자에 대하여 일정한 기간내에 그 채권을 신고할 것을 최고하여야 한다. 그 기간은 2월이상이어야 한다.
②전항의 공고에는 채권자가 기간내에 신고하지 아니하면 청산으로부터 제외될 것을 표시하여야 한다.
③제1항의 공고는 법원의 등기사항의 공고와 동일한 방법으로 하여야 한다.

第89條 【채권신고의 최고】
청산인은 알고 있는 채권자에게 대하여는 각각 그 채권신고를 최고하여야 한다. 알고 있는 채권자는 청산으로부터 제외하지 못한다.

第90條 【채권신고기간내의 변제금지】
청산인은 제88조제1항의 채권신고기간내에는 채권자에 대하여 변제하지 못한다. 그러나 법인은 채권자에 대한 지연손해배상의 의무를 면하지 못한다.

第91條 【채권변제의 특례】
①청산중의 법인은 변제기에 이르지 아니한 채권에 대하여도 변제할 수 있다.
②전항의 경우에는 조건있는 채권, 존속기간의 불확정한 채권 기타 가액의 불확정한 채권에 관하여는 법원이 선임한 감정인의 평가에 의하여 변제하여야 한다.

第92條 【청산으로부터 제외된 채권】
청산으로부터 제외된 채권자는 법인의 채무를 완제한 후 귀속권리자에게 인도하지 아니한 재산에 대하여서만 변제를 청구할 수 있다.

第93條 【청산중의 파산】
①청산중 법인의 재산이 그 채무를 완제하기에 부족한 것이 분명하게 된 때에는

청산인은 지체없이 파산선고를 신청하고 이를 공고하여야 한다.
②청산인은 파산관재인에게 그 사무를 인계함으로써 그 임무가 종료한다.
③제88조제3항의 규정은 제1항의 공고에 준용한다.

제94조 【청산종결의 등기와 신고】
청산이 종결한 때에는 청산인은 3주간내에 이를 등기하고 주무관청에 신고하여야 한다.

제95조 【해산, 청산의 검사, 감독】
법인의 해산 및 청산은 법원이 검사, 감독한다.

제96조 【준용규정】
제58조제2항, 제59조 내지 제62조, 제64조, 제65조 및 제70조의 규정은 청산인에 이를 준용한다.

제5절 벌칙

제97조 【벌칙】 법인의 이사, 감사 또는 청산인은 다음 각호의 경우에는 500만원 이하의 과태료에 처한다.
[개정 2007.12.21]
1. 본장에 규정한 등기를 해태한 때
2. 제55조의 규정에 위반하거나 재산목록 또는 사원명부에 부정기재를 한 때
3. 제37조, 제95조에 규정한 검사, 감독을 방해한 때
4. 주무관청 또는 총회에 대하여 사실 아닌 신고를 하거나 사실을 은폐한 때
5. 제76조와 제90조의 규정에 위반 한 때
6. 제79조, 제93조의 규정에 위반하여 파산선고의 신청을 해태한 때
7. 제88조, 제93조에 정한 공고를 해태하거나 부정한 공고를 한 때

제4장 물건

제98조 【물건의 정의】 본법에서 물건이라 함은 유체물 및 전기 기타 관리할 수 있는 자연력을 말한다.

제99조 【부동산, 동산】
①토지 및 그 정착물은 부동산이다.
②부동산이외의 물건은 동산이다.

판례-공인중개사의업무및부동산거래신고에관한법률위반
[대법원 2009.1.15, 선고, 2008도9427, 판결]

【판시사항】
[1] 구 부동산중개업법과 공인중개사의 업무 및 부동산 거래신고에 관한 법률에 정한 중개대상물 중 '건축물 그 밖의 토지의 정착물'이 민법상 부동산에 해당하는 건축물에 한정되는지 여부(적극)
[2] 콘크리트 지반 위에 볼트조립방식으로 철제 파이프 또는 철골 기둥을 세우고 지붕

을 덮은 다음 삼면에 천막이나 유리를 설치한 세차장구조물이 민법상 부동산인 '토지의 정착물'에 해당하지 않는다고 한 사례
[3] 영업용 건물의 무형적 재산가치가 구 부동산중개업법과 공인중개사의 업무 및 부동산 거래신고에 관한 법률상 '중개대상물'에 해당하는지 여부(소극)

【판결요지】
[1] 구 부동산중개업법(2005. 7. 29. 법률 제7638호 공인중개사의 업무 및 부동산 거래신고에 관한 법률로 전문 개정되기 전의 것)과 공인중개사의 업무 및 부동산 거래신고에 관한 법률 각 제3조는 중개대상물의 범위에 관하여 토지와 '건축물 그 밖의 토지의 정착물' 등을 규정하고 있다. 여기서 말하는 '건축물'은, 위 각 법이 '부동산중개업을 건전하게 지도·육성하고 공정하고 투명한 부동산거래질서를 확립'을 목적으로 하고 있는 등 그 규율 대상이 부동산에 관한 것임을 명확히 하고 있는 점, 위 중개대상물의 범위에 관한 각 규정은 정착물의 한 예로 건축물을 들고 있는 외에는 부동산을 '토지 및 그 정착물'이라고 정의하고 있는 민법 제99조 제1항의 규정을 그대로 따르고 있는 점, 그 밖에 위 각 법의 입법 취지 등에 비추어 볼 때, 민법상의 부동산에 해당하는 건축물에 한정된다.
[2] 콘크리트 지반 위에 볼트조립방식으로 철제 파이프 또는 철골 기둥을 세우고 지붕을 덮은 다음 삼면에 천막이나 유리를 설치한 세차장구조물이 민법상 부동산인 '토지의 정착물'에 해당하지 않는다고 한 사례.
[3] 영업용 건물의 영업시설·비품 등 유형물이나 거래처, 신용, 영업상의 노하우 또는 점포 위치에 따른 영업상의 이점 등 무형의 재산적 가치는 구 부동산중개업법(2005. 7. 29. 법률 제7638호 공인중개사의 업무 및 부동산 거래신고에 관한 법률로 전문 개정되기 전의 것)과 공인중개사의 업무 및 부동산 거래신고에 관한 법률 각 제3조에서 정한 '중개대상물'에 해당하지 않는다.

제100조 【주물, 종물】

①물건의 소유자가 그 물건의 상용에 공하기 위하여 자기소유인 다른 물건을 이에 부속하게 한 때에는 그 부속물은 종물이다.
②종물은 주물의 처분에 따른다.

판례-공원입장료분배청구

[대법원 2001.12.28, 선고, 2000다27749, 판결]

【판시사항】
국립공원 입장료의 성질 및 입장료 수입을 공원관리청에 전부 귀속되도록 규정한 자연공원법 제33조 제1항이 국립공원 내 토지소유자의 재산권이나 평등권을 침해하는지 여부(소극)

【판결요지】
자연공원법(1995. 12. 30. 법률 제5122호로 개정된 것) 제26조 및 제33조의 규정내용과 입법목적을 종합하여 보면, 국립공원의 입장료는 토지의 사용대가라는 민법상 과실이 아니라 수익자 부담의 원칙에 따라 국립공원의 유지·관리비용의 일부를 국립공원 입장객에게 부담시키고자 하는 것이어서 토지의 소유권이나 그에 기한 과실수취권과는 아무런 관련이 없고, 국립공원의 유지·관리비는 원칙적으로 국가가 부담하여야 할 것이지만 형평에 따른 수익자부담의 원칙을 적용하여 국립공원 이용자에게 입장료를 징수하여 국립공원의 유지·관리비의 일부에 충당하는 것도 가능하다고 할 것이며, 징수된 공원입장료 전부가 자연공원법 제33조 제2항에 의하여 국립공원의 관리와 국립공원 안에 있는 문화재의 관리·보수를 위한 비용에만 사용되고 있는 점 등에 비추어 국립공원 내 토지소유자에게 입장료 수입을 분배하지 않고 공원관리청에 전부 귀속되도록 규정한 자연공원법 제33조 제1항이 헌법상의 평등권이나 재산권 보장을 침해하는

규정이라고 볼 수 없다.

제101조 【천연과실, 법정과실】
①물건의 용법에 의하여 수취하는 산출물은 천연과실이다.
②물건의 사용대가로 받는 금전 기타의 물건은 법정과실로 한다.

제102조 【과실의 취득】
①천연과실은 그 원물로부터 분리하는 때에 이를 수취할 권리자에게 속한다.
②법정과실은 수취할 권리의 존속기간일수의 비율로 취득한다.

판례-부당이득금반환

[대법원 2007.7.26, 선고, 2006다83796, 판결]

【판시사항】
피인지자에 대한 인지 이전에 상속재산을 분할한 공동상속인이 그 분할받은 상속재산으로부터 발생한 과실을 취득하는 것이 피인지자에 대한 관계에서 부당이득이 되는지 여부(소극)

【판결요지】
상속개시 후에 인지되거나 재판이 확정되어 공동상속인이 된 자도 그 상속재산이 아직 분할되거나 처분되지 아니한 경우에는 당연히 다른 공동상속인들과 함께 분할에 참여할 수 있을 것이나, 인지 이전에 다른 공동상속인이 이미 상속재산을 분할 내지 처분한 경우에는 인지의 소급효를 제한하는 민법 제860조 단서가 적용되어 사후의 피인지자는 다른 공동상속인들의 분할 기타 처분의 효력을 부인하지 못하게 되는바, 민법 제1014조는 그와 같은 경우에 피인지자가 다른 공동상속인들에 대하여 그의 상속분에 상당한 가액의 지급을 청구할 수 있도록 하여 상속재산의 새로운 분할에 갈음하는 권리를 인정함으로써 피인지자의 이익과 기존의 권리관계를 합리적으로 조정하는 데 그 목적이 있는 것이다. 따라서 인지 이전에 공동상속인들에 의해 이미 분할되거나 처분된 상속재산은 민법 제860조 단서가 규정한 인지의 소급효 제한에 따라 이를 분할받은 공동상속인이나 공동상속인들의 처분행위에 의해 이를 양수한 자에게 그 소유권이 확정적으로 귀속되는 것이며, 상속재산의 소유권을 취득한 자는 민법 제102조에 따라 그 과실을 수취할 권능도 보유한다고 할 것이므로, 피인지자에 대한 인지 이전에 상속재산을 분할한 공동상속인이 그 분할받은 상속재산으로부터 발생한 과실을 취득하는 것은 피인지자에 대한 관계에서 부당이득이 된다고 할 수 없다.

제5장 법률행위

제1절 총칙

제103조 【반사회질서의 법률행위】
선량한 풍속 기타 사회질서에 위반한 사항을 내용으로 하는 법률행위는 무효로 한다.

판례-부당이득금

[대법원 2015.7.23, 선고, 2015다200111, 전원합의체 판결]

【판시사항】
형사사건에 관한 성공보수약정이 선량한 풍속 기타 사회질서에 위배되는 것으로 평가할 수 있는지 여부(적극) 및 어느 법률행위가 선량한 풍속 기타 사회질서에 위반되어 무효인지 판단하는 기준 시점(=법률행위가 이루어진 때)과 판단 기준 종래 이루어진 보수약정이 성공보수 명목으로 되어 있는 경우, 민법 제103조에 의하여 무효라고 단정할 수 있는지 여부(소극) 및 이 판결 선고 후 체결된 성공보수약정의 효력(무효)

【판결요지】

형사사건에 관하여 체결된 성공보수약정이 가져오는 여러 가지 사회적 폐단과 부작용 등을 고려하면, 구속영장청구 기각, 보석 석방, 집행유예나 무죄 판결 등과 같이 의뢰인에게 유리한 결과를 얻어내기 위한 변호사의 변론활동이나 직무수행 그 자체는 정당하다 하더라도, 형사사건에서의 성공보수약정은 수사·재판의 결과를 금전적인 대가와 결부시킴으로써, 기본적 인권의 옹호와 사회정의의 실현을 사명으로 하는 변호사 직무의 공공성을 저해하고, 의뢰인과 일반 국민의 사법제도에 대한 신뢰를 현저히 떨어뜨릴 위험이 있으므로, 선량한 풍속 기타 사회질서에 위배되는 것으로 평가할 수 있다.

다만 선량한 풍속 기타 사회질서는 부단히 변천하는 가치관념으로서 어느 법률행위가 이에 위반되어 민법 제103조에 의하여 무효인지는 법률행위가 이루어진 때를 기준으로 판단하여야 하고, 또한 그 법률행위가 유효로 인정될 경우의 부작용, 거래자유의 보장 및 규제의 필요성, 사회적 비난의 정도, 당사자 사이의 이익균형 등 제반 사정을 종합적으로 고려하여 사회통념에 따라 합리적으로 판단하여야 한다.

그런데 그동안 대법원은 수임한 사건의 종류나 특성에 관한 구별 없이 성공보수약정이 원칙적으로 유효하다는 입장을 취해 왔고, 대한변호사협회도 1983년에 제정한 '변호사보수기준에 관한 규칙'에서 형사사건의 수임료를 착수금과 성공보수금으로 나누어 규정하였으며, 위 규칙이 폐지된 후에 권고양식으로 만들어 제공한 형사사건의 수임약정서에도 성과보수에 관한 규정을 마련하여 놓고 있었다. 이에 따라 변호사나 의뢰인은 형사사건에서의 성공보수약정이 안고 있는 문제점 내지 그 문제점이 약정의 효력에 미칠 수 있는 영향을 제대로 인식하지 못한 것이 현실이고, 그 결과 당사자 사이에 당연히 지급되어야 할 정상적인 보수까지도 성공보수의 방식으로 약정하는 경우가 많았던 것으로 보인다.

이러한 사정들을 종합하여 보면, 종래 이루어진 보수약정의 경우에는 보수약정이 성공보수라는 명목으로 되어 있다는 이유만으로 민법 제103조에 의하여 무효라고 단정하기는 어렵다. 그러나 대법원이 이 판결을 통하여 형사사건에 관한 성공보수약정이 선량한 풍속 기타 사회질서에 위배되는 것으로 평가할 수 있음을 명확히 밝혔음에도 불구하고 향후에도 성공보수약정이 체결된다면 이는 민법 제103조에 의하여 무효로 보아야 한다.

第104조 【불공정한 법률행위】

당사자의 궁박, 경솔 또는 무경험으로 인하여 현저하게 공정을 잃은 법률행위는 무효로 한다.

판례-보관료등

[대법원 2015.1.15, 선고, 2014다216072, 판결]

【판시사항】

불공한 법률행위의 성립 요건 / 불공정한 법률행위에 해당하는지 판단하는 기준 시기(=법률행위 시) / 계약이 체결 당시 기준으로 불공정하지 않은 경우 사후 외부적 환경의 급격한 변화에 따라 계약당사자 일방에게 큰 손실이 발생하고 상대방에게 그에 상응하는 이익이 발생할 수 있는 구조라고 하여 당연히 불공정한 계약에 해당하는지 여부(소극)

【이 유】

상고이유에 대하여 판단한다.

1. 당사자가 주장하는 사실에 대한 유일한 증거가 아닌 한, 법원은 당사자가 신청한 증거를 필요하지 아니하다고 인정한 때에는 조사하지 아니할 수 있다(민사소송법 제290조). 피고가 신청한 현장검증신청은 피고의 주장사실에 대한 유일한 증거에 해당하지 아니

할 뿐만 아니라 기록상 이를 반드시 받아들여야 할 필요가 있다고 보이지 아니하므로, 원심이 그 신청을 받아들이지 아니한 것에 어떠한 잘못이 있다거나 필요한 심리를 다하지 아니한 위법이 있다고 할 수 없다.

2. 판결서의 이유에는 주문이 정당하다는 것을 인정할 수 있을 정도로 당사자의 주장, 그 밖의 공격·방어방법에 관한 판단을 표시하면 된다(민사소송법 제208조). 따라서 법원의 판결에 당사자가 주장한 사항에 대한 구체적·직접적인 판단이 표시되어 있지 아니하더라도 판결 이유의 전반적인 취지에 비추어 그 주장을 인용하거나 배척하였음을 알 수 있는 정도라면 판단누락이라고 할 수 없고, 설령 실제로 판단을 하지 아니하였더라도 그 주장이 배척될 경우임이 분명한 때에는 판결 결과에 영향이 없어 판단누락의 위법이 있다고 할 수 없다(대법원 2012. 4. 26. 선고 2011다87174 판결 등 참조).

원심은 이 사건 계약이 유효함을 전제로 원고의 청구를 인용하였고, 이 사건 계약이 피고가 주장하는 것처럼 토지임대차계약이라고 하더라도 그 판시와 같은 사정에 비추어 보면 이 사건 보관료가 사정변경에 따라 현저히 부당하게 되었다고 보기는 어렵다는 이유로 민법 제628조 등에 기초한 피고의 차임감액청구권에 관한 주장을 배척하였는바, 이러한 원심의 판단에는, 피고가 강재보관을 하고 강재장을 운영하는 것처럼 작성된 이 사건 계약 조항이 통정허위표시로서 무효라는 피고의 주장을 간접적으로 배척하는 판단과 이 사건 계약의 성격이 피고가 주장하는 토지임대차계약인지 아니면 원고가 주장하는 임치계약인지 여부를 가릴 필요 없이 피고가 주장하는 차임감액청구를 받아들일 수 없다는 판단이 포함되어 있다고 할 것이므로, 원심판결에 상고이유에서 주장하는 바와 같이 판단누락으로 인하여 판결에 영향을 미친 위법이 있다고 할 수 없다.

3. 민법 제104조의 불공정한 법률행위는 급부와 반대급부 사이에 현저한 불균형이 존재하고, 그와 같이 균형을 잃은 거래가 피해 당사자의 궁박, 경솔 또는 무경험을 이용하여 이루어진 경우에 성립하는 것이고, 피해 당사자가 궁박한 상태에 있었다고 하더라도 그 상대방 당사자에게 그와 같은 피해 당사자 측의 사정을 알면서 이를 이용하려는 의사, 즉 폭리행위의 악의가 없었다거나 또는 급부와 반대급부 사이에 현저한 불균형이 존재하지 아니한다면 민법 제104조의 불공정한 법률행위라고 할 수 없다. 그리고 어떠한 법률행위가 불공정한 법률행위에 해당하는지는 법률행위 당시를 기준으로 판단하여야 하므로, 계약 체결 당시를 기준으로 계약 내용에 따른 권리의무관계를 종합적으로 고려한 결과 불공정한 것이 아니라면, 사후에 외부적 환경의 급격한 변화에 따라 계약당사자 일방에게 큰 손실이 발생하고 상대방에게는 그에 상응하는 큰 이익이 발생할 수 있는 구조라고 하여 그 계약이 당연히 불공정한 계약에 해당한다고 말할 수 없다(대법원 2013. 9. 26. 선고 2011다53683 전원합의체 판결 등 참조).

원심은 그 판시와 같은 사정들을 종합하여, 피고가 이 사건 계약을 체결할 때 경솔 또는 무경험의 상태였다고 인정하기 어렵고, 당시 피고가 이 사건 물류센터 토지를 사용해야만 하는 상황이기는 했지만 그러한 사정만으로 피고가 궁박한 상태에 놓여 있었다고 단정할 수 없으며, 이 사건 계약에 따른 피고의 급부가 현저히 불공정하다고 보기 어렵다는 이유로, 이 사건 계약이 불공정한 법률행위에 해당하여 무효라는 피고의 주장을 배척하였다. 원심판결 이유를 앞서 본 법리와 기록에 비추어 살펴보면 이러한 원심의 판단은 정당하고, 거기에 상고이유에서 주장하는 바와 같이 불공정한 법률행위에 관한 법리를 오해하거나, 논리와 경험의 법칙을 위반하여 자유심증주의의 한계를 벗어난 위법이 없다.

4. 나아가 원심은 이 사건 계약 당시와 비교하여 원심변론 종결 당시에 조선업의 경기가 하락한 사정은 인정되나, 이 사건 계약의 필수적 전제인 피고와 삼성중공업 사이의 보관료가 2010. 2. 무렵 이래 계속하여 톤당 2,500원으로 유지되고 있는 점 등과 같은 그 판시 사정들을 종합하여 보면, 조선업의 경기가 하락한 사정만으로는 경제사정 등의 변경으로 이 사건 계약에서 정한 보관료, 최저물량 보장 등의 약정에 피고를 구속시키는 것이 현저히 부당하게 되었다고 인정하기 어렵다고 판단하였다.

관련 법리와 기록에 비추어 살펴보면 원심의 위와 같은 사실인정과 판단은 정당한 것으로 수긍이 가고, 거기에 필요한 심리를 다하지 아니하거나 차액감액청구권에 관한 법리를 오해한 위법이 없다.
5. 그러므로 상고를 기각하고 상고비용은 패소자가 부담하도록 하여, 관여 대법관의 일치된 의견으로 주문과 같이 판결한다.

제105조 【임의규정】 법률행위의 당사자가 법령 중의 선량한 풍속 기타 사회질서에 관계없는 규정과 다른 의사를 표시한 때에는 그 의사에 의한다.

제106조 【사실인 관습】 법령중의 선량한 풍속 기타 사회질서에 관계없는 규정과 다른 관습이 있는 경우에 당사자의 의사가 명확하지 아니한 때에는 그 관습에 의한다.

제2절 의사표시

제107조 【진의 아닌 의사표시】
①의사표시는 표의자가 진의아님을 알고 한 것이라도 그 효력이 있다. 그러나 상대방이 표의자의 진의아님을 알았거나 이를 알 수 있었을 경우에는 무효로 한다.
②전항의 의사표시의 무효는 선의의 제삼자에게 대항하지 못한다.

제108조 【통정한 허위의 의사표시】
①상대방과 통정한 허위의 의사표시는 무효로 한다.
②전항의 의사표시의 무효는 선의의 제삼자에게 대항하지 못한다.

제109조 【착오로 인한 의사표시】 ①의사표시는 법률행위의 내용의 중요부분에 착오가 있는 때에는 취소할 수 있다. 그러나 그 착오가 표의자의 중대한 과실로 인한 때에는 취소하지 못한다.
②전항의 의사표시의 취소는 선의의 제삼자에게 대항하지 못한다.

판례-부당이득금반환(파생상품 착오주문 취소 사건)

[대법원 2014.11.27, 선고, 2013다49794, 판결]

【판시사항】
[1] '자본시장과 금융투자업에 관한 법률'에 따라 거래소가 개설한 금융투자상품시장에서 이루어지는 증권이나 파생상품 거래에 민법 제109조가 적용되는지 여부(원칙적 적극)
[2] 의사표시의 착오가 표의자의 중대한 과실로 발생하였으나 상대방이 표의자의 착오를 알고 이용한 경우, 표의자가 의사표시를 취소할 수 있는지 여부(적극)

【판결요지】
[1] 민법 제109조는 의사표시에 착오가 있는 경우 이를 취소할 수 있도록 하여 표의자를 보호하면서도, 착오가 법률행위 내용의 중요 부분에 관한 것이 아니거나 표의자의 중대한 과실로 인한 경우에는 취소권 행사를 제한하는 한편, 표의자가 의사표시를 취소하는 경우에도 취소로 선의의 제3자에게 대항하지 못하도록 하여 거래의 안전과 상대방의 신뢰를 아울러 보호하고 있다. 이러한 민법 제109조의 법리는 적용을 배제하는 취지의 별도 규정이 있거나 당사자의 합의로 적용을 배제하는 등의 특별한 사정이 없는 한 원칙적으로 모든 사법(私法)상 의사표시에 적용된다.
따라서 '자본시장과 금융투자업에 관한 법률'에 따라 거래소가 개설한 금융투자상품시장에서 이루어지는 증권이나 파생상품 거래의 경우 거래의 안전과 상대방의 신뢰를

보호할 필요성이 크다고 하더라도 거래소의 업무규정에서 민법 제109조의 적용을 배제하거나 제한하고 있는 등의 특별한 사정이 없는 한 거래에 대하여 민법 제109조가 적용되고, 거래의 안전과 상대방의 신뢰에 대한 보호도 민법 제109조의 적용을 통해 도모되어야 한다.
[2] 민법 제109조 제1항 단서는 의사표시의 착오가 표의자의 중대한 과실로 인한 때에는 그 의사표시를 취소하지 못한다고 규정하고 있는데, 위 단서 규정은 표의자의 상대방의 이익을 보호하기 위한 것이므로, 상대방이 표의자의 착오를 알고 이를 이용한 경우에는 착오가 표의자의 중대한 과실로 인한 것이라고 하더라도 표의자는 의사표시를 취소할 수 있다.

제110조 【사기, 강박에 의한 의사표시】 ①사기나 강박에 의한 의사표시는 취소할 수 있다.
②상대방있는 의사표시에 관하여 제삼자가 사기나 강박을 행한 경우에는 상대방이 그 사실을 알았거나 알 수 있었을 경우에 한하여 그 의사표시를 취소할 수 있다.
③전2항의 의사표시의 취소는 선의의 제삼자에게 대항하지 못한다.

판례-손해배상(기)

[대법원 2014.7.24, 선고, 2013다97076, 판결]

【판시사항】
[1] 재산적 거래관계에서 신의칙상 거래 상대방에게 고지의무를 부담하는 경우
[2] 甲 법인이 乙 법인의 필리핀 丙 관리청에 대한 토지 임차권을 양도받은 후 위 토지 위에 아파트와 상가를 건축·분양하는 개발사업과 관련하여 丁 주식회사로부터 개발사업에 필요한 자금을 대출받았는데, 戊 주식회사가 丁 회사의 甲 법인에 대한 위 대출채권 등을 매수하는 매매계약을 체결한 사안에서, 甲 법인의 임차권이 박탈될 위험 등에 관하여 매매계약체결 과정에서 丁 회사가 신의성실의 원칙상 요구되는 고지의무를 위반하였다고 보기 어렵다고 한 사례

【판결요지】
[1] 재산적 거래관계에 있어서 계약의 일방 당사자가 상대방에게 계약의 효력에 영향을 미치거나 상대방의 권리 확보에 위험을 가져올 수 있는 구체적 사정을 고지하였다면 상대방이 계약을 체결하지 아니하거나 적어도 그와 같은 내용 또는 조건으로 계약을 체결하지 아니하였을 것임이 경험칙상 명백한 경우 계약 당사자는 신의성실의 원칙상 상대방에게 미리 그와 같은 사정을 고지할 의무가 있다. 그러나 이때에도 상대방이 고지의무의 대상이 되는 사실을 이미 알고 있거나 스스로 이를 확인할 의무가 있는 경우 또는 거래 관행상 상대방이 당연히 알고 있을 것으로 예상되는 경우 등에는 상대방에게 위와 같은 사정을 알리지 아니하였다고 하여 고지의무를 위반하였다고 볼 수 없다.
[2] 甲 법인이 乙 법인으로부터 乙 법인이 필리핀 丙 관리청에 대하여 가지는 필리핀 소재 토지에 관한 임차권을 양도받은 후 위 토지 위에 아파트와 상가를 건축·분양하는 개발사업과 관련하여 丁 주식회사 등과 대출 및 사업약정을 체결하였고 丁 회사가 위 약정에 따라 甲 법인에 개발사업에 필요한 자금을 대출하였는데, 戊 주식회사가 丁 회사의 甲 법인에 대한 위 대출채권 등을 매수하는 매매계약을 체결한 사안에서, 戊 회사는 매매계약 당시 甲 법인의 채무불이행과 공사 중단 등으로 임차권이 박탈될 위험 등 개발사업의 위험성에 관하여 이미 파악하고 있는 상태에서 매매계약에 이른 것으로 보이고, 丁 회사가 매매계약 체결에 앞서 임차권에 관한 자료들을 戊 회사 측에 전달함으로써 임차권과 관련된 위험요소를 파악할 기회를 제공하는 것 이외에 甲 법인과 丙 관리청 사이에 임차권과 관련하여 구체적인 의무이행약정이 체결되었는지 여부와 그 내용 및 이행가능성 등을 직접 조사하여 戊 회사에 발생할 수 있는 위험요소를 미리 탐지하고 이를 戊 회사에 고지하여야 할 의무까지 부담한다고 볼 수 없으므

로, 특별한 사정이 없는 한 매매계약체결 과정에서 丁 회사가 신의성실의 원칙상 요구되는 고지의무를 위반하였다고 보기 어렵다고 한 사례.

제111조 【의사표시의 효력발생시기】
①상대방이 있는 의사표시는 상대방에게 도달한 때에 그 효력이 생긴다.
②의사표시자가 그 통지를 발송한 후 사망하거나 제한능력자가 되어도 의사표시의 효력에 영향을 미치지 아니한다.
[전문개정 2011.3.7]
[시행일 : 2013.7.1]

판례-보관금

[대법원 2014.4.10, 선고, 2013다76192, 판결]

【판시사항】
[1] 질권자가 제3채무자에게 질권설정계약의 해지 사실을 통지하였으나 아직 해지되지 않은 경우, 선의인 제3채무자가 질권설정자에게 대항할 수 있는 사유로 질권자에게 대항할 수 있는지 여부(적극) 및 해지 통지를 믿은 제3채무자의 선의가 추정되는지 여부(적극)와 그 통지의 효력발생시기(=제3채무자에게 도달한 때)
[2] 제3채무자인 甲 은행이 乙 주식회사와 丙 주식회사 사이의 예금채권에 대한 질권설정을 승낙하였는데, 질권자인 乙 회사로부터 모사전송의 방법으로 질권해제통지서를 받은 직후 질권설정자인 丙 회사에 예금채권을 변제한 사안에서, 乙 회사와 丙 회사 사이에 합의해지가 되지 아니한 경우에도 선의인 甲 은행은 丙 회사에 대한 변제를 乙 회사에 유효하다고 주장할 수 있다고 한 사례

【판결요지】
[1] 제3채무자가 질권설정 사실을 승낙한 후 질권설정계약이 합의해지된 경우 질권설정자가 해지를 이유로 제3채무자에게 원래의 채권으로 대항하려면 질권자가 제3채무자에게 해지 사실을 통지하여야 하고, 만일 질권자가 제3채무자에게 질권설정계약의 해지 사실을 통지하였다면, 설사 아직 해지가 되지 아니하였다고 하더라도 선의인 제3채무자는 질권설정자에게 대항할 수 있는 사유로 질권자에게 대항할 수 있다고 봄이 타당하다. 그리고 위와 같은 해지 통지가 있었다면 해지 사실은 추정되고, 그렇다면 해지 통지를 믿은 제3채무자의 선의 또한 추정된다고 볼 것이어서 제3채무자가 악의라는 점은 선의를 다투는 질권자가 증명할 책임이 있다.
그리고 위와 같은 해지 사실의 통지는 질권자가 질권설정계약이 해제되었다는 사실을 제3채무자에게 알리는 이른바 관념의 통지로서, 통지는 제3채무자에게 도달됨으로써 효력이 발생하고, 통지에 특별한 방식이 필요하지는 않다.
[2] 제3채무자인 甲 은행이 乙 주식회사와 丙 주식회사 사이의 예금채권에 대한 질권설정을 승낙하였는데, 질권자인 乙 회사가 甲 은행 지점에 모사전송의 방법으로 질권해제통지서를 전송하였고 甲 은행 직원이 질권해제통지서를 받은 직후 질권설정자인 丙 회사에 예금채권을 변제한 사안에서, 질권해제통지서에 통지의 상대방이 기재되어 있지 않았더라도 문서의 형식이나 기재 내용, 수신처 등에 비추어 통지의 상대방은 甲 은행이라고 볼 수밖에 없고, 乙 회사가 질권해제통지서를 모사전송의 방법으로 甲 은행에 전송함으로써 질권설정계약 해지의 통지는 甲 은행에 도달하여 효력이 발생하였다고 할 것이므로, 아직 乙 회사와 丙 회사 사이에 합의해지가 되지 아니한 경우에도 선의인 甲 은행으로서는 丙 회사에 대한 변제를 乙 회사에도 유효하다고 주장할 수 있다고 한 사례.

제112조 【제한능력자에 대한 의사표시의 효력】 의사표시의 상대방이 의사

표시를 받은 때에 제한능력자인 경우에는 의사표시자는 그 의사표시로써 대항할 수 없다. 다만, 그 상대방의 법정대리인이 의사표시가 도달한 사실을 안 후에는 그러하지 아니하다.
[전문개정 2011.3.7.] [시행일 : 2013.7.1]

第113조 【의사표시의 공시송달】
표의자가 과실없이 상대방을 알지 못하거나 상대방의 소재를 알지 못하는 경우에는 의사표시는 민사소송법 공시송달의 규정에 의하여 송달할 수 있다.

제3절 대리

第114조 【대리행위의 효력】
①대리인이 그 권한내에서 본인을 위한 것임을 표시한 의사표시는 직접본인에게 대하여 효력이 생긴다.
②전항의 규정은 대리인에게 대한 제삼자의 의사표시에 준용한다.

본인을 위한 것임을 표시하지 않은 경우 표현대리 성립 여부

(대한법률구조공단 자료)

질문

乙종중의 총무인 甲은 乙종중소유의 임야매각과 관련된 권한을 부여받은 자인데, 위 임야일부를 실질적으로 자기가 매수하여 그 처분권한이 있다면서 丙으로부터 돈을 빌리고 위 임야를 담보제공 하는 양도담보계약을 체결하였으나, 甲이 위 임야일부를 乙종중으로부터 매수하였다는 말은 허위였는바, 이 경우 丙이 위 임야에 대한 양도담보계약을 乙종중을 위한 대리행위로 보아 민법상 표현대리책임을 물을 수 있는지요?

답변

「민법」 제114조에서 대리인이 그 권한 내에서 본인을 위한 것임을 표시한 의사표시는 직접 본인에게 대하여 효력이 생기고, 이것은 대리인에게 대한 제3자의 의사표시에 준용한다고 규정하고, 「민법」 제115조에서 대리인이 본인을 위한 것임을 표시하지 아니한 때에는 그 의사표시는 자기를 위한 것으로 보고, 다만 상대방이 대리인으로서 한 것임을 알았거나 알 수 있었을 때에는 「민법」 제114조 제1항의 규정을 준용한다고 규정하고 있습니다. 그리고 「민법」 제126조에서 대리인이 그 권한 외의 법률행위를 한 경우에 제3자가 그 권한이 있다고 믿을 만한 정당한 이유가 있는 때에는 본인은 그 행위에 대하여 책임이 있다고 규정하고 있습니다.
그러므로 위 사안에서 丙이 乙종중을 위한 것임을 표시한 것이 아니고 자기가 위 임야의 일부를 매수하였다고 하면서 甲과의 양도담보계약을 체결한 경우이므로 이러한 경우에도 대리 또는 표현대리의 법리가 적용될 수 있는지 문제되는데, 이에 관련된 판례를 보면, 종중으로부터 임야매각과 관련한 권한을 부여받은 甲이 임야일부를 실질적으로 자기가 매수하여 그 처분권한이 있다고 하면서 乙로부터 금원을 차용하고 그 담보를 위하여 위 임야에 대하여 양도담보계약을 체결한 경우, 이는 종중을 위한 대리행위가 아니어서 그 효력이 종중에게 미치지 아니하고, 민법 제126조의 표현대리의 법리가 적용될 수도 없다고 하였습니다(대법원 1992. 11. 13. 선고 92다33329 판결, 2001. 1. 19. 선고 99다67598 판결).
따라서 위 사안의 경우 丙이 乙종중에 대하여 민법상 대리 또는 표현대리의 법리를 적용하여 책임을 묻기는 어려울 것으로 보입니다.

"본 사례는 개인의 법률문제 해결에 도움을 주고자 게재되었으나, 이용자 여러분의 생활에서 발생하는 구체적 사안은 동일하지는 않을 것이므로 참고자료로 활용하시기 바랍니다."

第115조 【본인을 위한 것임을 표시하지 아니한 행위】 대리인이 본인을 위한 것임을 표시하지 아니한 때에는 그 의사표시는 자기를 위한 것으로 본다. 그러나 상대방이 대리인으로서 한 것임을 알았거나 알 수 있었을 때에는 전조제1항의 규정을 준용한다.

제116조 【대리행위의 하자】
①의사표시의 효력이 의사의 흠결, 사기, 강박 또는 어느 사정을 알았거나 과실로 알지 못한 것으로 인하여 영향을 받을 경우에 그 사실의 유무는 대리인을 표준하여 결정한다.
②특정한 법률행위를 위임한 경우에 대리인이 본인의 지시에 좇아 그 행위를 한 때에는 본인은 자기가 안 사정 또는 과실로 인하여 알지 못한 사정에 관하여 대리인의 부지를 주장하지 못한다.

판례-구상금등

[대법원 2006.9.8, 선고, 2006다22661, 판결]

【판시사항】
대리인이 한 법률행위가 사해행위인지를 판단함에 있어 수익자 또는 전득자의 사해행위에 대한 악의의 유무의 판단 기준(=대리인)

【이 유】
상고이유를 본다.
사해행위인지가 문제되는 법률행위가 대리인에 의하여 이루어진 때에는 수익자의 사해의사 또는 전득자의 사해행위에 대한 악의의 유무는 대리인을 표준으로 결정하여야 한다.
이러한 법리와 기록에 비추어 살펴보면, 원심이 피고가 자신은 고려공인중개사 사무소의 직원인 최대규를 통하여 2003. 5. 16. 이 사건 사해행위의 수익자인 제1심 공동피고 고성찬을 대리한 고봉조와 사이에 이 사건 부동산에 관하여, 매매대금은 금 5억 3,500만 원으로 정하되, 그 중 금 2억 5,000만 원은 피고가 이 사건 부동산에 설정된 1, 2번 각 근저당권의 피담보채무를 인수하는 것으로 갈음하고, 나머지 대금 2억 8,500만 원은 일시불로 지급하는 조건으로 매매계약을 체결하고, 같은 날 고봉조에게 매매 잔금 2억 8,500만 원을 지급하였으므로, 제1심 공동피고 주식회사 한국데이타비지네스(이하 '한국데이타비지네스'라고 한다)와 고성찬 사이의 그 매매계약이 채권자인 원고를 해한다는 사실을 전혀 알지 못한 채 고성찬으로부터 이 사건 부동산을 매수한 선의의 전득자라고 항변한 데 대하여, 피고는 최대규에게 이 사건 부동산에 관하여 자신을 대리하여 매매계약을 체결하고 그 대금을 지급할 권한을 수여하였다고 할 것이어서 피고의 선의 여부는 대리인인 최대규를 기준으로 판단하여야 하는바, 최대규가 한국데이타비지네스와 고성찬 사이의 위 매매계약이 사해행위에 해당한다는 사정을 알지 못하였다는 점에 부합하는 그 판시 증거들은 믿기 어렵거나 이를 인정하기에 부족하고, 오히려 그 판시와 같은 제반 사정들에 비추어 피고를 대리한 최대규는 이 사건 매매계약 체결 당시 한국데이타비지네스가 채무초과된 상태에서 고성찬을 거쳐 다시 피고에게 이 사건 부동산을 처분한다는 것을 알았던 것이 아닌가 하는 의문을 피할 수 없다는 이유로 그 항변을 배척한 것은 정당하고, 거기에 상고이유의 주장과 같이 판결 결과에 영향을 미친 법리오해, 채증법칙 위배나 심리미진에 의한 사실오인 등의 위법이 있다고 할 수 없다.
그러므로 상고를 기각하고, 상고비용은 패소자가 부담하기로 하여 관여 대법관의 일치된 의견으로 주문과 같이 판결한다.

제117조 【대리인의 행위능력】
대리인은 행위능력자임을 요하지 아니한다.

第118條 【대리권의 범위】
권한을 정하지 아니한 대리인은 다음 각호의 행위만을 할 수 있다.
1. 보존행위
2. 대리의 목적인 물건이나 권리의 성질을 변하지 아니하는 범위에서 그 이용 또는 개량하는 행위

第119條 【각자대리】
대리인이 수인인 때에는 각자가 본인을 대리한다. 그러나 법률 또는 수권행위에 다른 정한 바가 있는 때에는 그러하지 아니하다.

第120條 【임의대리인의 복임권】
대리권이 법률행위에 의하여 부여된 경우에는 대리인은 본인의 승낙이 있거나 부득이한 사유있는 때가 아니면 복대리인을 선임하지 못한다.

第121條 【임의대리인의 복대리인선임의 책임】 ①전조의 규정에 의하여 대리인이 복대리인을 선임한 때에는 본인에게 대하여 그 선임감독에 관한 책임이 있다.
②대리인이 본인의 지명에 의하여 복대리인을 선임한 경우에는 그 부적임 또는 불성실함을 알고 본인에게 대한 통지나 그 해임을 태만한 때가 아니면 책임이 없다.

第122條 【법정대리인의 복임권과 그 책임】 법정대리인은 그 책임으로 복대리인을 선임할 수 있다. 그러나 부득이한 사유로 인한 때에는 전조제1항에 정한 책임만이 있다.

第123條 【복대리인의 권한】
①복대리인은 그 권한내에서 본인을 대리한다.
②복대리인은 본인이나 제삼자에 대하여 대리인과 동일한 권리의무가 있다.

第124條 【자기계약, 쌍방대리】
대리인은 본인의 허락이 없으면 본인을 위하여 자기와 법률행위를 하거나 동일한 법률행위에 관하여 당사자쌍방을 대리하지 못한다. 그러나 채무의 이행은 할 수 있다.

第125條 【대리권수여의 표시에 의한 표현대리】 제삼자에 대하여 타인에게 대리권을 수여함을 표시한 자는 그 대리권의 범위내에서 행한 그 타인과 그 제삼자간의 법률행위에 대하여 책임이 있다. 그러나 제삼자가 대리권없음을 알았거나 알 수 있었을 때에는 그러하지 아니하다.

第126條 【권한을 넘은 표현대리】
대리인이 그 권한외의 법률행위를 한 경우에 제삼자가 그 권한이 있다고 믿을 만한 정당한 이유가 있는 때에는 본인은 그 행위에 대하여 책임이 있다.

인감증면서를 도용당한 본인의 표현대리책임 성립 여부

(대한법률구조공단 자료)

질문

저는 알고 지내던 甲이 급전이 필요하다면서 700만원을 빌려줄 것을 간청하여 연대보증인 한 사람을 요구하였고, 이튿날 연대보증인으로 乙을 대동하였으므로, 연대보증인의 인감증명을 받고 차용증서에는 甲과 乙의 각 자필서명·날인을 받은후 700만원을 빌려주었는데, 알고 보니 乙이 丙의 인감증명을 가져와 마치 자신이 인감증명에 나타난 丙인 것처럼 속여 돈을 빌려갔는데, 乙과 丙의 민사상 책임은 어떻게 되는지요?

답변

연대보증이란 보증인이 주채무자와 연대하여 채무를 부담함으로써 주채무의 이행을 담보하는 보증채무를 말하며, 위 사안에서 丙의 인감증명을 도용한 乙은 형사상의 문제는 별론으로 하더라도 실질적인 연대보증인이므로 민사상 연대보증인으로서의 책임은 면할 수 없다 할 것입니다.

그리고 인감증명을 도용당한 丙의 책임에 관하여 살펴보면, 만일 乙이 丙으로부터 다른 용도로 교부받은 인감증명서를 위 사안의 연대보증에 사용한 경우에는 '권한을 넘은 표현대리'에 해당된다 할 것이고, 이러한 권한을 넘은 표현대리에 대하여 「민법」 제 126조에서 대리인이 그 권한 외의 법률행위를 한 경우에 제3자가 그 권한이 있다고 믿을 만한 정당한 이유가 있는 때에는 본인은 그 행위에 대하여 책임이 있다고 규정하고 있습니다. 여기서 표현대리의 상대방이 대리권이 있다고 믿은 데 정당한 이유가 있는지의 판단기준에 관한 판례를 보면, 정당한 이유의 존재여부는 자칭 대리인의 대리행위가 행하여질 때에 존재하는 모든 사정을 객관적으로 관찰하여 판단하여야 한다고 하였습니다(대법원 2009. 11. 12. 선고 2009다6828 판결).

'권한을 넘은 표현대리'에 관하여 구체적 사례를 보면, 甲이 乙의 부탁으로 보증보험계약서의 연대보증인란에 서명하고 인감증명서를 교부하였으나 실제 보증보험계약은 乙이 아닌 乙의 동업자 丙명의로 체결된 경우(대법원 2001. 2. 9. 선고 2000다54918 판결), 근저당권설정에 관한 대리권만을 위임받은 후 그의 승낙 없이 채무전액에 대한 연대보증의 취지로 채권자에게 물상보증인 명의의 약속어음을 발행해 준 경우(대법원 2000. 3. 23. 선고 99다 50395 판결), 자동차판매회사의 영업사원이 자동차 구매자의 연대보증인으로부터 교부받은 보증관계서류를 임의로 다른 구매자를 위한 할부판매보증보험의 연대보증계약에 사용한 경우(대법원 1998. 4. 10. 선고 97다55478 판결), 전처로부터 부동산처분을 위해 교부받은 인감도장을 사용하여 전처와 공동으로 타인의 할부판매보증보험계약상의 채무를 연대보증 한 경우(대법원 1998. 7. 10. 선고 98다 16586 판결), 권한을 넘은 대리에 의하여 체결된 연대보증계약에 대하여 약정서의 형식이나 내용이 이례적이고 대리발급의 인감증명서가 첨부된 경우(대법원 1998. 3. 27 선고 97다48982 판결) 등에서는 봉니의 표현대리책임을 부정하고 있습니다. 또한, 사술을 써서 대리행위 표시를 하지 아니하고 단지 본인성명을 임의로 사용하여 자기가 마치 본인인 것처럼 기망하여 본인명의로 직접 법률행위를 한 경우에는 특별한 사정이 없는 한 「민법」 제126조에서 정한 표현대리는 성립할 수 없다고 하였습니다.(대법원 2002. 6. 28. 선고 2001다49814 판결).

뜨라서 위 사안의 경우 귀하가 乙의 신분을 확인하지도 않았고 丙에게 연대보증사실을 확인하지도 않은 과실이 있는 이상 丙에게 표현대리책임을 묻기는 어려워 보입니다.

만약, 乙이 인감증명 등을 위조하여 제시한 경우라면, 형사책임문제는 별론으로 하더라도 이는 민사상 무권대리에 해당되고, 「민법」 제 130조에서 대리권 없는 자가 타인의 대리인으로 한 계약은 본인이 이를 추인하지 아니하면 본인에 대하여 효력이 없다고 규정하고 있으므로, 위 사안의 경우 인감증명 등을 도용당한 丙은 乙의 무권대리행위를 추인하지 않는 한 책임이 없다고 할 것입니다.

"본 사례는 개인의 법률문제 해결에 도움을 주고자 게재되었으나, 이용자 여러분의 생활에서 발생하는 구체적 사안은 동일하지는 않을 것이므로 참고자료로 활용하시기 바랍니다."

제127조 【대리권의 소멸사유】

대리권은 다음 각 호의 어느 하나에 해당하는 사유가 있으면 소멸된다.

1. 본인의 사망
2. 대리인의 사망, 성년후견의 개시 또는 파산

[전문개정 2011.3.7.] [시행일 : 2013.7.1]

第128조 【임의대리의 종료】
법률행위에 의하여 수여된 대리권은 전조의 경우외에 그 원인된 법률관계의 종료에 의하여 소멸한다. 법률관계의 종료전에 본인이 수권행위를 철회한 경우에도 같다.

第129조 【대리권소멸후의 표현대리】
대리권의 소멸은 선의의 제삼자에게 대항하지 못한다. 그러나 제삼자가 과실로 인하여 그 사실을 알지 못한 때에는 그러하지 아니하다.

판례-계약금반환등

[대법원 2008.1.31, 선고, 2007다74713, 판결]

【판시사항】
[1] 계약 체결에 관한 권한을 수여받은 대리인에게 그 계약의 해제 등 처분권과 상대방의 의사를 수령할 권한이 당연히 있는지 여부(소극)
[2] 법률행위시에 기본대리권이 존재하지 않는 경우에도 민법 제126조에 의한 표현대리가 성립하는지 여부(소극)
[3] 민법 제129조에 의한 표현대리가 인정되는 경우, 그 표현대리의 권한을 넘는 대리행위가 있을 때 민법 제126조에 의한 표현대리가 성립할 수 있는지 여부(적극)
[4] 표현대리의 상대방이 대리권이 있다고 믿은 데 정당한 이유가 있는지 여부의 판단 기준

【이 유】
상고이유를 본다.
1. 대리권에 관한 상고이유의 판단
어떠한 계약의 체결에 관한 대리권을 수여(授與)받은 대리인이 수권된 법률행위를 하게 되면 그것으로 대리권의 원인된 법률관계(기초적 내부관계)는 원칙적으로 목적을 달성하여 종료되는 것이고, 법률행위에 의하여 수여(授與)된 대리권은 그 원인된 법률관계의 종료에 의하여 소멸하는 것이므로(민법 제128조), 그 계약을 대리하여 체결하였다 하여 곧바로 그 사람이 체결된 계약의 해제 등 일체의 처분권과 상대방의 의사를 수령할 권한까지 가지고 있다고 볼 수는 없다 (대법원 1957. 10. 21. 선고 4290민상461, 462 판결, 대법원 1987. 4. 28. 선고 85다카971 판결 등 참조).
원심판결 이유에 의하면, 원심은 채용 증거에 의하여 그 판시와 같이 원고와 소외인 사이의 고철수거에 관한 수익배분약정, 소외인이 원고를 대리하여 피고와 체결한 계약금액 6,000만 원의 고철수거계약(이하 '이 사건 계약'이라 한다)의 경위와 내용, 이에 따른 원고의 피고에 대한 위 계약금액의 송금 과정, 소외인이 원고를 대리하여 피고와 체결한 별도의 고철수거계약(계약금액 2억 원)과 그 계약에 따른 담보설정의 경위와 내용, 이후 위 2억 원이 원고에게 반환된 과정 등을 인정한 후, 원고가 소장 부본의 송달로써 이 사건 계약의 해제를 주장하며 피고에게 계약금액 6,000만 원의 반환을 구하는 데 대하여, 그 판시와 같은 사정을 종합하여 피고의 계약상대방이 소외인이라는 피고의 주장을 배척하고 원고에 대하여 위 계약금액의 반환의무가 있다고 전제한 다음, 원고의 대리인인 소외인에게 이미 이 사건 계약금액 6,000만 원을 반환하였다는 피고의 항변에 대하여는, 피고가 이 사건 계약금액의 반환 명목으로 소외인에게 2005. 2. 2.부터 2005. 3. 11.까지 합계 5,100만 원을 지급하고 나머지 900만 원 등은 자신의 소외인에 대한 1,500만 원의 공사대금채권과 상계처리하여 소외인으로부터 이 사건 계약금액을 지급받았다는 내용의 계약철회서를 작성, 교부받은 사실이 인정되고, 원고 대표이사가 피고를 대면함이 없이 소외인이 대리하여 피고와 사이에 이 사건 계약 외에 계약금액 2억 원으로 하는 별도의 고철수거계약을 체결하고 그 계약금액이 지급된 사정도 나타나지만, 금원수수의 계약체결에 관한 대리권을 수여하였다는 사실만으로 계약관계의 해소로 인하여 반환되는 계약금액의 수령행위에 관한 대리권까지 당연히 수여하였다고 볼 수는 없는 이상 위와 같은 사정만으로 원고가 소외인에게 원고를 대리하여

피고로부터 이 사건 계약금액을 반환받을 권한까지 부여하였다고 보기 어렵고 달리 이에 관한 피고의 증명이 없다는 이유로, 피고의 대리권에 관한 항변을 배척하였다.
원심의 위와 같은 판단은 위 법리에 기초한 것으로서 기록에 비추어 정당하고, 거기에 상고이유에서 주장하는 대리권의 범위나 변론주의에 관한 법리오해, 채증법칙 위배로 인한 사실오인의 위법이 있다고 할 수 없다.
상고이유에서 들고 있는 대법원 1962. 10. 18. 선고 62다508 판결, 1969. 7. 2.2 선고 69다548 판결은 사안을 달리하므로 이 사건에 원용하기에 적절하지 않다.
2. 표현대리에 관한 상고이유의 판단
민법 제126조에서 말하는 권한을 넘은 표현대리는 현재에 대리권을 가진 자가 그 권한을 넘은 경우에 성립하는 것이지, 현재에 아무런 대리권도 가지지 아니한 자가 본인을 위하여 한 어떤 대리행위가 과거에 이미 가졌던 대리권을 넘은 경우에까지 성립하는 것은 아니라고 할 것이고 (대법원 1973. 7. 30. 선고 72다1631 판결, 대법원 1979. 3. 27. 선고 79다234 판결 등 참조), 한편 과거에 가졌던 대리권이 소멸되어 민법 제129조에 의하여 표현대리로 인정되는 경우에 그 표현대리의 권한을 넘는 대리행위가 있을 때에는 민법 제126조에 의한 표현대리가 성립할 수 있다 (대법원 1970. 2. 10. 선고 69다2149 판결 참조). 또한, 표현대리의 효과를 주장하려면 상대방이 자칭 대리인에게 대리권이 있다고 믿고 그와 같이 믿는 데 정당한 이유가 있을 것을 요건으로 하는 것인바, 여기의 정당한 이유의 존부는 자칭 대리인의 대리행위가 행하여 질 때에 존재하는 제반 사정을 객관적으로 관찰하여 판단하여야 한다(대법원 1987. 7. 7. 선고 86다카2475 판결 참조).
원심판결 이유에 의하면, 원심은 피고가 이 사건 계약금액에 대한 반환 명목으로 금원을 지급할 당시 소외인에게는 원고로부터 위임받은 권한이 전혀 없었으므로 기본대리권이 존재한다고 볼 수 없을 뿐 아니라, 소외인이 이 사건 계약 및 계약금액 2억 원의 고철수거계약의 성립과 그 해소 과정에서 그 판시와 같이 관여한 사정만으로는 피고가 소외인에게 원고를 대리하여 이 사건 계약금액을 반환받을 권한이 있다고 믿을 만한 정당한 이유가 있다고 보기는 어렵다는 이유로 피고의 표현대리에 관한 항변을 배척하였는바, 위 법리 및 기록에 비추어 원심의 위와 같은 판단은 수긍할 수 있고, 거기에 상고이유에서 주장하는 채증법칙 위배로 인한 사실오인, 민법 제126조의 표현대리에 있어서 '정당한 이유'에 관한 법리오해 등의 위법이 있다고 할 수 없다.
상고이유에서 들고 있는 대법원 1997. 7. 8. 선고 97다9895 판결은 이 사건과 사안을 달리하므로 원용하기에 적절하지 않다.
3. 추인에 관한 상고이유의 판단
원심판결 이유에 의하면, 원심은 피고가 별도의 고철수거계약에 따라 원고로부터 2억 원을 지급받으면서 소외인을 수취인으로 하여 액면금 2억 원의 약속어음 1장을 발행해 준 사실은 인정되지만, 원고가 위 약속어음에 소외인이 수취인으로 기재되어 있는 사실을 알고도 이의를 제기하지 않았음을 인정할 아무런 증거가 없을 뿐 아니라, 가사 원고가 이의를 제기하지 않았다 하더라도 그와 같은 사정만으로는 원고가 이 사건 계약금액 6,000만 원의 수령에 관한 소외인의 무권대리행위를 추인하였다고 보기 어렵다는 이유로 피고의 추인에 관한 항변도 배척하였는바, 기록에 비추어 원심의 위와 같은 판단은 정당하고, 거기에 상고이유에서 주장하는 채증법칙 위배로 인한 사실오인의 위법이 있다고 할 수 없다.
4. 결 론
그러므로 상고를 기각하고, 상고비용은 패소자가 부담하기로 하여 관여 대법관의 일치된 의견으로 주문과 같이 판결한다.

제130조 【무권대리】
대리권없는 자가 타인의 대리인으로 한 계약은 본인이 이를 추인하지 아니하면 본인에 대하여 효력이 없다.

제131조 【상대방의 최고권】
대리권없는 자가 타인의 대리인으로 계약을 한 경우에 상대방은 상당한 기간을 정하여 본인에게 그 추인여부의 확답을 최고할 수 있다. 본인이 그 기간내에 확답을 발하지 아니한 때에는 추인을 거절한 것으로 본다.

제132조 【추인, 거절의 상대방】
추인 또는 거절의 의사표시는 상대방에 대하여 하지 아니하면 그 상대방에 대항하지 못한다. 그러나 상대방이 그 사실을 안 때에는 그러하지 아니하다.

제133조 【추인의 효력】 추인은 다른 의사표시가 없는 때에는 계약시에 소급하여 그 효력이 생긴다. 그러나 제삼자의 권리를 해하지 못한다.

제134조 【상대방의 철회권】
대리권없는 자가 한 계약은 본인의 추인이 있을 때까지 상대방은 본인이나 그 대리인에 대하여 이를 철회할 수 있다. 그러나 계약당시에 상대방이 대리권 없음을 안 때에는 그러하지 아니하다.

제135조 【상대방에 대한 무권대리인의 책임】 ①다른 자의 대리인으로서 계약을 맺은 자가 그 대리권을 증명하지 못하고 또 본인의 추인을 받지 못한 경우에는 그는 상대방의 선택에 따라 계약을 이행할 책임 또는 손해를 배상할 책임이 있다.
②대리인으로서 계약을 맺은 자에게 대리권이 없다는 사실을 상대방이 알았거나 알 수 있었을 때 또는 대리인으로서 계약을 맺은 사람이 제한능력자일 때에는 제1항을 적용하지 아니한다.
[전문개정 2011.3.7.] [시행일 : 2013.7.1.]

판례-손해배상

[대법원 2014.2.27, 선고, 2013다213038, 판결]

【판시사항】
무권대리인의 상대방에 대한 책임의 성질 및 무권대리행위가 제3자의 위법행위로 야기된 경우 책임이 부정되는지 여부(소극)

【판결요지】
민법 제135조 제1항은 "타인의 대리인으로 계약을 한 자가 그 대리권을 증명하지 못하고 또 본인의 추인을 얻지 못한 때에는 상대방의 선택에 좇아 계약의 이행 또는 손해배상의 책임이 있다."고 규정하고 있다. 위 규정에 따른 무권대리인의 상대방에 대한 책임은 무과실책임으로서 대리권의 흠결에 관하여 대리인에게 과실 등의 귀책사유가 있어야만 인정되는 것이 아니고, 무권대리행위가 제3자의 기망이나 문서위조 등 위법행위로 야기되었다고 하더라도 책임은 부정되지 아니한다.

제136조 【단독행위와 무권대리】
단독행위에는 그 행위당시에 상대방이 대리인이라 칭하는 자의 대리권없는 행위에 동의하거나 그 대리권을 다투지 아니한 때에 한하여 전6조의 규정을 준용한다. 대리권 없는 자에 대하여 그 동의를 얻어 단독행위를 한 때에도 같다.

제4절 무효와 취소

제137조 【법률행위의 일부무효】

법률행위의 일부분이 무효인 때에는 그 전부를 무효로 한다. 그러나 그 무효부분이 없더라도 법률행위를 하였을 것이라고 인정될 때에는 나머지 부분은 무효가 되지 아니한다.

제138조 【무효행위의 전환】

무효인 법률행위가 다른 법률행위의 요건을 구비하고 당사자가 그 무효를 알았더라면 다른 법률행위를 하는 것을 의욕하였으리라고 인정될 때에는 다른 법률행위로서 효력을 가진다.

제139조 【무효행위의 추인】

무효인 법률행위는 추인하여도 그 효력이 생기지 아니한다. 그러나 당사자가 그 무효임을 알고 추인한 때에는 새로운 법률행위로 본다.

제140조 【법률행위의 취소권자】

취소할 수 있는 법률행위는 제한능력자, 착오로 인하거나 사기·강박에 의하여 의사표시를 한 자, 그의 대리인 또는 승계인만이 취소할 수 있다.
[전문개정 2011.3.7]
[시행일 : 2013.7.1]

제141조 【취소의 효과】

취소된 법률행위는 처음부터 무효인 것으로 본다. 다만, 제한능력자는 그 행위로 인하여 받은 이익이 현존하는 한도에서 상환(償還)할 책임이 있다.
[전문개정 2011.3.7]
[시행일 : 2013.7.1.]

판례-손해배상금

[대법원 2010.10.14, 선고, 2010다47438, 판결]

【판시사항】

[1] 매매계약의 취소에 따른 원상회복의무가 동시이행관계에 있는지 여부(적극) 및 쌍무계약에 있어서 동시이행관계에 있는 채무의 이행지체책임 발생요건

[2] 甲이 乙과 사이의 A 토지에 관한 매매계약을 기망을 이유로 취소함으로써 그 원상회복으로서 甲이 乙에게 A 토지에 관하여 소유권이전등기의 말소등기절차를 이행할 의무가 있고, 또한 乙은 甲에게 수령한 매매대금을 반환할 의무가 있는바, 甲과 乙 사이의 이러한 각 의무는 동시이행의 관계에 있는 것이므로, 乙은 甲으로부터 소유권이전등기의 말소등기절차를 이행받음과 동시에 위 매매대금을 반환할 의무가 있는 것이어서 甲이 乙을 이행지체에 빠뜨리기 위해서는 소유권이전등기의 말소등기에 필요한 서류 등을 현실적으로 제공할 필요까지는 없으나, 최소한 위 서류 등을 준비하여 두고 그 뜻을 乙에게 통지하여 매매대금의 반환과 아울러 이를 수령하여 갈 것을 최고함을 요한다고 한 사례

【이 유】

상고이유를 판단한다.

1. 채증법칙 위배 등의 점에 대하여
원심은 그 채용 증거들을 종합하여 판시와 같은 사실을 인정한 다음, 그 판시와 같은 이유로 이 사건 매매계약은 피고(선정당사자, 이하 '피고'라고만 한다)의 기망에 의하여 체결된 것이라고 판단하였는바, 관련 법리와 기록에 비추어 살펴보면 원심의 이러한 인정과 판단은 정당하고, 거기에 상고이유의 주장과 같은 채증법칙 위배 등의 위법이 없다.
2. 원상회복의무 등에 관한 법리오해의 점에 대하여 매매계약이 취소된 경우에 당사자 쌍방의 원상회복의무는 동시이행의 관계에 있고(대법원 1993. 9. 10. 선고 93다16222 판결 등 참조), 쌍무계약에서 쌍방의 채무가 동시이행관계에 있는 경우 일방의 채무의 이행기가 도래하더라도 상대방 채무의 이행제공이 있을 때까지는 그 채무를 이행하지 않아도 이행지체의 책임을 지지 않는 것이며, 이와 같은 효과는 이행지체의 책임이 없다고 주장하는 자가 반드시 동시이행의 항변권을 행사하여야만 발생하는 것은 아니다[대법원 1998. 3. 13. 선고 97다54604, 54611(반소) 판결 등 참조]. 따라서 동시이행관계에 있는 쌍무계약상 자기채무의 이행을 제공하는 경우 그 채무를 이행함에 있어 상대방의 행위를 필요로 할 때에는 언제든지 현실로 이행을 할 수 있는 준비를 완료하고 그 뜻을 상대방에게 통지하여 그 수령을 최고하여야만 상대방으로 하여금 이행지체에 빠지게 할 수 있다(대법원 2001. 7. 10. 선고 2001다3764 판결 등 참조).
먼저 이 사건 매매계약이 취소되더라도 쌍방 원상회복의무가 있음에도 선정자 2(이하 '선정자'라고만 한다)에게만 일방적으로 원상회복의무를 명하는 것은 위법하다는 취지의 상고이유 주장은, 선정자가 원심변론종결시까지 위 주장을 한 바 없고 상고심에 이르러 비로소 이를 주장하고 있음이 명백하므로 적법한 상고이유가 될 수 없다.
다만, 원고가 선정자와 사이의 이 사건 제1토지에 관한 매매계약을 기망을 이유로 취소함으로써 그 원상회복으로서 원고가 선정자에게 이 사건 제1토지에 관하여 소유권이전등기의 말소등기절차를 이행할 의무가 있고, 또한 선정자는 원고에게 수령한 매매대금을 반환할 의무가 있는바, 원고와 선정자 사이의 이러한 각 의무는 동시이행의 관계에 있는 것이므로, 선정자는 원고로부터 이 사건 제1토지에 관한 소유권이전등기의 말소등기절차를 이행받음과 동시에 위 매매대금을 반환할 의무가 있는 것이어서 원고가 선정자를 이행지체에 빠뜨리기 위해서는 소유권이전등기의 말소등기에 필요한 서류 등을 현실적으로 제공할 필요까지는 없으나, 최소한 위 서류 등을 준비하여 두고 그 뜻을 선정자에게 통지하여 매매대금의 반환과 아울러 이를 수령하여 갈 것을 최고함을 요한다.
사정이 이러하다면 원심으로서는 원고가 선정자에게 이 사건 제1토지에 관한 소유권이전등기의 말소등기에 필요한 서류를 준비하여 이를 선정자에게 통지하여 수령을 최고하였는지 여부를 심리하여 확정하기 전에는 선정자에게 매매대금의 반환에 대한 이행지체의 책임이 있다고 단정할 수 없다.
그럼에도 불구하고, 원심이 위와 같은 점에 관하여 심리하지 아니하고 선정자에게 원고에 대한 매매대금반환채무의 이행지체로 인한 지연손해금을 지급할 의무가 있다고 판단한 것은 동시이행의 관계에 있는 채무의 이행지체로 인한 손해배상책임에 관한 법리를 오해하였거나 심리를 다하지 아니하여 판결에 영향을 미친 위법을 저지른 것이다(덧붙여 원심은, '피고 및 선정자가 연대하여 원고에게 253,400,000원 및 이에 대한 지연손해금을 지급하라'는 원고의 주위적 및 예비적 청구에 대하여, 판시 원심판결 주문 기재와 같이 '피고는 원고에게 126,500,000원 및 이에 대한 판시 지연손해금을 지급하라. 선정자는 원고에게 253,000,000원 및 이에 대한 판시 지연손해금을 지급하라'고 명하고 있는바, 이는 인용금액의 합산액이 당초 원고가 구하는 청구금액을 초과하게 되어 자칫 처분권주의에 위배되는 것으로 비칠 소지도 없지 않으므로, 원심으로서는 피고와 선정자의 각 채무의 관계에 관해서도 이를 명확하게 하였어야 할 것이다).
이 점을 지적하는 취지가 포함된 상고이유는 이유 있다.
3. 결론
그러므로 원심판결의 선정자 2 패소 부분 중 지연손해금에 관한 부분을 파기하고, 이 부분 사건을 다시 심리·판단하게 하기 위하여 원심법원에 환송하며, 피고의 상고 및 선정자 2의 나머지 상고는 각 기각하고, 원고와 피고 사이의 상고비용은 패소자가 부담하기로 하여, 관여 대법관의 일치된 의견으로 주문과 같이 판결한다.

제142조 【취소의 상대방】
취소할 수 있는 법률행위의 상대방이 확정한 경우에는 그 취소는 그 상대방에 대한 의사표시로 하여야 한다.

제143조 【추인의 방법, 효과】
①취소할 수 있는 법률행위는 제140조에 규정한 자가 추인할 수 있고 추인후에는 취소하지 못한다.
②전조의 규정은 전항의 경우에 준용한다.

제144조 【추인의 요건】
①추인은 취소의 원인이 소멸된 후에 하여야만 효력이 있다.
②제1항은 법정대리인 또는 후견인이 추인하는 경우에는 적용하지 아니한다.
[전문개정 2011.3.7]
[시행일 : 2013.7.1]

제145조 【법정추인】 취소할 수 있는 법률행위에 관하여 전조의 규정에 의하여 추인할 수 있는 후에 다음 각호의 사유가 있으면 추인한 것으로 본다. 그러나 이의를 보류한 때에는 그러하지 아니하다.

1. 전부나 일부의 이행
2. 이행의 청구
3. 경개
4. 담보의 제공
5. 취소할 수 있는 행위로 취득한 권리의 전부나 일부의 양도
6. 강제집행

제146조 【취소권의 소멸】
취소권은 추인할 수 있는 날로부터 3년내에 법률행위를 한 날로부터 10년내에 행사하여야 한다.

제5절 조건과 기한

제147조 【조건성취의 효과】 ①정지조건있는 법률행위는 조건이 성취한 때로부터 그 효력이 생긴다.
②해제조건있는 법률행위는 조건이 성취한 때로부터 그 효력을 잃는다.
③당사자가 조건성취의 효력을 그 성취전에 소급하게 할 의사를 표시한 때에는 그 의사에 의한다.

제148조 【조건부권리의 침해금지】
조건있는 법률행위의 당사자는 조건의 성부가 미정한 동안에 조건의 성취로 인하여 생길 상대방의 이익을 해하지 못한다.

판례-근저당권 말소등

[대법원 2011.12.8, 선고, 2011다55542, 판결]

【판시사항】

[1] 정지조건부채권을 피보전채권으로 하여 채권자취소권을 행사할 수 있는지 여부(원칙적 적극)

[2] 공사도급계약의 수급인인 甲 주식회사가 공사가 완공되지 못하고 중도에 계약이 해제될 경우 乙에게 일정액의 돈을 지급하여야 하는 정지조건부채무를 부담하고 있는데, 정지조건 성취 전 자신의 유일한 재산인 토지와 건물에 관하여 丙에게 근저당권설정등기를 마쳐준 사안에서, 근저당권설정계약이 乙에게 사해행위가 된다고 보아 취소를 명한 원심판단을 정당하다고 한 사례

【판결요지】

[1] 채권자취소권 행사는 채무 이행을 구하는 것이 아니라 총채권자를 위하여 이행기에 채무 이행을 위태롭게 하는 채무자의 자력 감소를 방지하는 데 목적이 있는 점과 민법이 제148조, 제149조에서 조건부권리의 보호에 관한 규정을 두고 있는 점을 종합해 볼 때, 취소채권자의 채권이 정지조건부채권이라 하더라도 장래에 정지조건이 성취되기 어려울 것으로 보이는 등 특별한 사정이 없는 한, 이를 피보전채권으로 하여 채권자취소권을 행사할 수 있다.

[2] 공사도급계약의 수급인인 甲 주식회사가 공사가 완공되지 못하고 중도에 계약이 해제될 경우 乙에게 일정액의 돈을 지급하여야 하는 정지조건부채무를 부담하고 있는데, 정지조건 성취 전 자신의 유일한 재산인 토지와 건물에 관하여 근저당권설정계약을 체결한 후 丙에게 근저당권설정등기를 마쳐준 사안에서, 사해행위 당시에 정지조건이 성취되지 않았다고 하더라도 정지조건부채권을 피보전권리로 하여 채권자취소권을 행사할 수 있으므로, 위 근저당권설정계약은 채권자인 乙에게 사해행위가 된다고 보아 취소를 명한 원심판단을 정당하다고 한 사례.

제149조 【조건부권리의 처분등】
조건의 성취가 미정한 권리의무는 일반규정에 의하여 처분, 상속, 보존 또는 담보로 할 수 있다.

제150조 【조건성취, 불성취에 대한 반신의행위】 ①조건의 성취로 인하여 불이익을 받을 당사자가 신의성실에 반하여 조건의 성취를 방해한 때에는 상대방은 그 조건이 성취한 것으로 주장할 수 있다.
②조건의 성취로 인하여 이익을 받을 당사자가 신의성실에 반하여 조건을 성취시킨 때에는 상대방은 그 조건이 성취하지 아니한 것으로 주장할 수 있다.

제151조 【불법조건, 기성조건】
①조건이 선량한 풍속 기타 사회질서에 위반한 것인 때에는 그 법률행위는 무효로 한다.
②조건이 법률행위의 당시 이미 성취한 것인 경우에는 그 조건이 정지조건이면 조건없는 법률행위로 하고 해제조건이면 그 법률행위는 무효로 한다.
③조건이 법률행위의 당시에 이미 성취할 수 없는 것인 경우에는 그 조건이 해제조건이면 조건없는 법률행위로 하고 정지조건이면 그 법률행위는 무효로 한다.

제152조 【기한도래의 효과】
①시기있는 법률행위는 기한이 도래한 때로부터 그 효력이 생긴다.
②종기있는 법률행위는 기한이 도래한 때로부터 그 효력을 잃는다.

제153조 【기한의 이익과 그 포기】
①기한은 채무자의 이익을 위한 것으로 추정한다.
②기한의 이익은 이를 포기할 수 있다. 그러나 상대방의 이익을 해하지 못한다.

제154조 【기한부권리와 준용규정】 제148조와 제149조의 규정은 기한있는 법률행위에 준용한다.

제6장 기간

제155조 【본장의 적용범위】
기간의 계산은 법령, 재판상의 처분 또는 법률행위에 다른 정한 바가 없으면 본장의 규정에 의한다.

판례-병역법 위반

[대법원 2012.12.26, 선고, 2012도13215, 판결]

【판시사항】
[1] 병역법 제88조 제1항 제2호에서 정한 '소집기일부터 3일'이라는 기간을 계산할 때에도 기간 계산에 관한 민법 규정이 적용되는지 여부(적극)
[2] 공익근무요원 소집대상자인 피고인이 2011. 8. 4.(목요일) 13:30까지 입영하라는 병무청장 명의의 소집통지서를 전달받고도 소집기일부터 3일이 경과한 날까지 입영하지 아니하였다고 하여 병역법 위반으로 기소된 사안에서, 기간 계산에 관한 민법 규정에 따라 2011. 8. 8.(월요일)이 소집기일부터 3일째가 되는 기간의 말일에 해당하고, 제반 사정에 비추어 피고인이 기간 내에 입영하지 아니한 데에는 병역법 제88조 제1항에서 정한 '정당한 사유'가 있다는 이유로 무죄를 선고한 원심판단을 정당하다고 한 사례

【판결요지】
[1] 민법 제155조는 "기간의 계산은 법령, 재판상의 처분 또는 법률행위에 다른 정한 바가 없으면 본장의 규정에 의한다."고 규정하고 있으므로, 기간 계산에 있어서는 당해 법령 등에 특별한 정함이 없는 한 민법의 규정에 따라야 한다. 한편 병역법 제88조 제1항 제2호는 '공익근무요원 소집통지서를 받은 사람이 정당한 사유 없이 소집기일부터 3일이 지나도 소집에 응하지 아니한 경우에는 3년 이하의 징역에 처한다'고 규정하고 있으나, 병역법은 기간 계산에 관하여 특별한 규정을 두고 있지 아니하다. 따라서 병역법 제88조 제1항 제2호에서 정한 '소집기일부터 3일'이라는 기간을 계산할 때에도 기간 계산에 관한 민법의 규정이 적용되므로, 민법 제157조에 따라 기간의 초일은 산입하지 아니하고, 민법 제161조에 따라 기간의 말일이 토요일 또는 공휴일에 해당하는 때에는 기간은 그 익일로 만료한다고 보아야 한다.
[2] 공익근무요원 소집대상자인 피고인이 '2011. 8. 4.(목요일) 13:30까지 입영하라'는 병무청장 명의의 소집통지서를 전달받고도 소집기일부터 3일이 경과한 날까지 입영하지 아니하였다고 하여 병역법 위반으로 기소된 사안에서, 기간 계산에 관한 민법 규정에 따라 초일은 산입하지 아니하고, 기간의 말일이 공휴일인 때에는 그 다음 날 기간이 만료되므로 2011. 8. 8.(월요일)이 지정된 소집기일부터 3일째가 되는 기간의 말일에 해당하고, 제반 사정에 비추어 피고인이 2011. 8. 8. 오전에 입영할 의사를 밝힌 이상 병무청 담당자는 피고인에게 지연입영을 시키는 등의 구제조치를 취할 의무가 있는데도 그러한 의무를 다하지 아니한 채 지연 입영기일이 경과하여 입영할 수 없다고 잘못 안내함으로써 입영하지 못하게 되었으므로, 피고인이 기간 내에 입영하지 아니한 데에는 병역법 제88조 제1항에서 정한 '정당한 사유'가 있다는 이유로 무죄를 선고한

원심판단을 정당하다고 한 사례.

제156조 【기간의 기산점】
기간을 시, 분, 초로 정한 때에는 즉시로부터 기산한다.

판례-계약금반환청구

[대법원 2014.12.22, 자, 2014다229016, 명령]

【판시사항】
판결 선고 후 판결문을 전자문서로 전산정보처리시스템에 등재하고 그 사실을 전자적으로 통지하였는데 등록사용자가 판결문을 1주 이내에 확인하지 아니한 경우, 판결문 송달의 효력이 발생하는 시기 및 상소기간

【판결요지】
판결 선고 후 판결문을 전자문서로 전산정보처리시스템에 등재하고 그 사실을 전자적으로 통지하였지만 등록사용자가 판결문을 1주 이내에 확인하지 아니한 경우 판결문 송달의 효력이 발생하는 시기는 등재사실을 등록사용자에게 통지한 날의 다음 날부터 기산하여 7일이 지난 날의 오전 영시가 되고, 상소기간은 민법 제157조 단서에 따라 송달의 효력이 발생한 당일부터 초일을 산입해 기산하여 2주가 되는 날에 만료한다.

제157조 【기간의 기산점】
기간을 일, 주, 월 또는 연으로 정한 때에는 기간의 초일은 산입하지 아니한다. 그러나 그 기간이 오전영시로부터 시작하는 때에는 그러하지 아니하다.

제158조 【연령의 기산점】
연령계산에는 출생일을 산입한다.

제159조 【기간의 만료점】 기간을 일, 주, 월 또는 연으로 정한 때에는 기간 말일의 종료로 기간이 만료한다.

제160조 【역에 의한 계산】
①기간을 주, 월 또는 연으로 정한 때에는 역에 의하여 계산한다.
②주, 월 또는 연의 처음으로부터 기간을 기산하지 아니하는 때에는 최후의 주, 월 또는 연에서 그 기산일에 해당한 날의 전일로 기간이 만료한다.
③월 또는 연으로 정한 경우에 최종의 월에 해당일이 없는 때에는 그 월의 말일로 기간이 만료한다.

제161조 【공휴일 등과 기간의 만료점】 기간의 말일이 토요일 또는 공휴일에 해당한 때에는 기간은 그 익일로 만료한다.
[개정 2007.12.21.]

판례-등록무효(실)

[대법원 2014.2.13, 선고, 2013후1573, 판결]

【판시사항】
심결에 대한 소의 제소기간 계산에 근로자의 날을 공휴일에 포함하는 구 특허법 제14조 제4호가 아닌 민법 제161조가 적용되는지 여부(적극) 및 위 법리가 실용신안에 관

하여도 적용되는지 여부(적극)

【판결요지】
구 특허법(2006. 3. 3. 법률 제7871호로 개정되기 전의 것, 이하 같다) 제14조 제4호는 "특허에 관한 절차에 있어서 기간의 말일이 공휴일(「근로자의 날 제정에 관한 법률」에 의한 근로자의 날을 포함한다)에 해당하는 때에는 기간은 그 다음날로 만료한다."고 규정하고 있다. 구 특허법 제3조 제1항에 의하면 특허에 관한 절차란 특허에 관한 출원·청구 기타의 절차를 말하는데, 구 특허법 제5조 제1항, 제2항에서 특허에 관한 절차와 특허법 또는 특허법에 의한 명령에 의하여 행정청이 한 처분에 대한 소의 제기를 구별하여 규정하고 있는 점, 특허에 관한 절차와 관련된 구 특허법의 제반 규정이 특허청이나 특허심판원에서의 절차에 관한 사항만을 정하고 있는 점, 구 특허법 제15조에서 특허에 관한 절차에 관한 기간의 연장 등을 일반적으로 규정하고 있음에도, 구 특허법 제186조에서 심결에 대한 소의 제소기간과 그에 대하여 부가기간을 정할 수 있음을 별도로 규정하고 있는 점 등에 비추어 보면, 여기에는 심결에 대한 소에 관한 절차는 포함되지 아니한다고 할 것이다.
따라서 심결에 대한 소의 제소기간 계산에는 구 특허법 제14조 제4호가 적용되지 아니하고, 그에 관하여 특허법이나 행정소송법에서 별도로 규정하고 있는 바도 없으므로, 결국 행정소송법 제8조에 의하여 준용되는 민사소송법 제170조에 따라 민법 제161조가 적용된다고 할 것이고 구 실용신안법(2006. 3. 3. 법률 제7872호로 전부 개정되기 전의 것)은 구 특허법의 위 규정들을 모두 준용하고 있으므로, 위와 같은 법리는 실용신안에 관하여도 적용된다.

제7장 소멸시효

제162조 【채권, 재산권의 소멸시효】
①채권은 10년간 행사하지 아니하면 소멸시효가 완성한다.
②채권 및 소유권이외의 재산권은 20년간 행사하지 아니하면 소멸시효가 완성한다.

제163조 【3년의 단기소멸시효】
다음 각호의 채권은 3년간 행사하지 아니하면 소멸시효가 완성한다.
[개정 1997.12.13]
1. 이자, 부양료, 급료, 사용료 기타 1년이내의 기간으로 정한 금전 또는 물건의 지급을 목적으로 한 채권
2. 의사, 조산사, 간호사 및 약사의 치료, 근로 및 조제에 관한 채권
3. 도급받은 자, 기사 기타 공사의 설계 또는 감독에 종사하는 자의 공사에 관한 채권
4. 변호사, 변리사, 공증인, 공인회계사 및 법무사에 대한 직무상 보관한 서류의 반환을 청구하는 채권
5. 변호사, 변리사, 공증인, 공인회계사 및 법무사의 직무에 관한 채권
6. 생산자 및 상인이 판매한 생산물 및 상품의 대가
7. 수공업자 및 제조자의 업무에 관한 채권

판례-보증채무금

[대법원 2014.6.12, 선고, 2011다76105, 판결]

【판시사항】
[1] 주채무자에 대한 확정판결에 의하여 단기소멸시효에 해당하는 주채무의 소멸시효기간이 10년으로 연장된 상태에서 주채무를 보증한 경우, 보증채무의 소멸시효기간

[2] 건설자재 등 판매업을 하는 甲이 乙 주식회사를 상대로 제기한 물품대금 청구소송에서 甲 승소판결이 확정된 후 丙이 乙 회사의 물품대금채무를 연대보증한 사안에서, 甲의 丙에 대한 보증채권의 소멸시효기간이 5년이라고 한 사례

【판결요지】

[1] 보증채무는 주채무와는 별개의 독립한 채무이므로 보증채무와 주채무의 소멸시효기간은 채무의 성질에 따라 각각 별개로 정해진다. 그리고 주채무자에 대한 확정판결에 의하여 민법 제163조 각 호의 단기소멸시효에 해당하는 주채무의 소멸시효기간이 10년으로 연장된 상태에서 주채무를 보증한 경우, 특별한 사정이 없는 한 보증채무에 대하여는 민법 제163조 각 호의 단기소멸시효가 적용될 여지가 없고, 성질에 따라 보증인에 대한 채권이 민사채권인 경우에는 10년, 상사채권인 경우에는 5년의 소멸시효기간이 적용된다.

[2] 건설자재 등 판매업을 하는 甲이 乙 주식회사를 상대로 제기한 물품대금 청구소송에서 甲 승소판결이 확정된 후 丙이 乙 회사의 물품대금채무를 연대보증한 사안에서, 상인인 甲이 상품을 판매한 대금채권에 대하여 丙으로부터 연대보증을 받은 행위는 반증이 없는 한 상행위에 해당하고, 따라서 甲의 丙에 대한 보증채권은 특별한 사정이 없는 한 상사채권으로서 소멸시효기간은 5년이라고 한 사례.

이자채권의 소멸시효기간

(대한법률구조공단 자료)

질문

저는 4년 전 甲에게 500만원을 빌려주면서 지급기일 1년, 이자 월 2%로 하여 매월 말일에 지급받기로 약정하였으나, 甲은 계속 미루기만 하면서 약정이자는 물론 원금마저 갚지 않고 있습니다. 그런데 소멸시효기간이 지나면 청구권을 행사할 수 없다는데 지금이라도 제가 甲에 대하여 원금과 그 동안의 이자를 청구할 수는 있는지요?

답변

귀하가 甲에게 빌려준 원금 500만원의 채권은 이미 지급기일이 지났고, 그 소멸시효기간이 10년이므로 이를 청구할 수 있음은 물론입니다. 그런데 민법 제163조 제1호에서 이자, 부양료 급료, 사용료 기타 1년이내의 기간으로 정한 금전 또는 물건의 지급을 목적으로 한 채권은 3년간 행사하지 않으면 소멸시효가 완성한다고 규정하고 있으므로(예 : 1개월 단위로 지급되는 집합건물관리비채권, 대법원 2007. 2. 22 선고 2005다 65821 판결) 지급기일을 1년으로 하면서 매월 이자를 정기적으로 받기로 한 귀하의 이자채권의 소멸시효완성이 문제됩니다. 그런데 이자채권소멸시효에 관한 판례를 보면, 「민법」 제 163조 제1호에서 정한 '1년 이내의 기간으로 정한 금전 또는 물건의 지급을 목적으로 하는 채권'이란 1년 이내의 기간으로 정한 금전 또는 물건의 지급을 목적으로 하는 채권'이란 1년 이내의 정기에 지급되는 채권을 의미하는 것이지, 변제기가 1년 이내의 채권을 말하는 것이 아니므로, 이자채권이라고 하더라도 1년 이내의 정기에 지급하기로 한 것이 아닌 이상 위 규정에서 정한 3년의 단기소멸시효에 걸리는 것이 아니라고 하였습니다(대법원 1996. 9. 20. 선고 96다25302 판결)

따라서 귀하의 약정이자채권은 변제기까지 매월 정기적으로 지급받기로 하였으므로, 3년의 단기소멸시효기간이 적용되어 4년이 지난 현재로서는 이미 이자채권의 소멸시효가 완성되었으므로 청구할 수 없다 할 것입니다. 다만 변제기 이후의 원금 500만원이 미지급되어 발생하는 지연이자(지연손해금)은 이자가 아니고 위 대여금채무의 이행지체에 따른 손해배상금의 성질이고, 「민법」 제163조 제1호에서 정한 1년이내의 기간으로 정한 이자에 해당되지 않으므로, 원금이 10년의 경과로 시효소멸하지 않는 한 자연이자채권 역시 독립하여 소멸하지는 않는다 할 것입니다.(대법원 2010. 9. 9. 선고 2010다24435 등 판결).

"본 사례는 개인의 법률문제 해결에 도움을 주고자 게재되었으나, 이용자 여러분의 생활에서 발생하는 구체적 사안은 동일하지는 않을 것이므로 참고자료로 활용하시기 바랍니다."

第164조 【1년의 단기소멸시효】

다음 각호의 채권은 1년간 행사하지 아니하면 소멸시효가 완성한다.

1. 여관, 음식점, 대석, 오락장의 숙박료, 음식료, 대석료, 입장료, 소비물의 대가 및 체당금의 채권
2. 의복, 침구, 장구 기타 동산의 사용료의 채권
3. 노역인, 연예인의 임금 및 그에 공급한 물건의 대금채권
4. 학생 및 수업자의 교육, 의식 및 유숙에 관한 교주, 숙주, 교사의 채권

판례-손해배상(기)

[대법원 2013.11.14, 선고, 2013다65178, 판결]

【판시사항】
민법 제164조 각 호에서 개별적으로 정하여진 채권의 채권자가 그 채권의 발생원인이 된 계약에 기하여 상대방에 대하여 부담하는 반대채무가 1년의 단기소멸시효기간의 적용을 받는지 여부(소극)

【판결요지】
일정한 채권의 소멸시효기간에 관하여 이를 특별히 1년의 단기로 정하는 민법 제164조는 그 각 호에서 개별적으로 정하여진 채권의 채권자가 그 채권의 발생원인이 된 계약에 기하여 상대방에 대하여 부담하는 반대채무에 대하여는 적용되지 아니한다. 따라서 그 채권의 상대방이 그 계약에 기하여 가지는 반대채권은 원칙으로 돌아가, 다른 특별한 사정이 없는 한 민법 제162조 제1항에서 정하는 10년의 일반소멸시효기간의 적용을 받는다.

제165조 【판결등에 의하여 확정된 채권의 소멸시효】
①판결에 의하여 확정된 채권은 단기의 소멸시효에 해당한 것이라도 그 소멸시효는 10년으로 한다.
②파산절차에 의하여 확정된 채권 및 재판상의 화해, 조정 기타 판결과 동일한 효력이 있는 것에 의하여 확정된 채권도 전항과 같다.
③전2항의 규정은 판결확정당시에 변제기가 도래하지 아니한 채권에 적용하지 아니한다.

판례-유치권부존재

[대법원 2009.9.24, 선고, 2009다39530, 판결]

【판시사항】
[1] 물건에 대한 점유의 의미와 판단 기준
[2] 지급명령에서 확정된 채권의 소멸시효기간(=10년)
[3] 유치권의 피담보채권의 소멸시효기간이 확정판결 등에 의하여 10년으로 연장된 경우, 유치권이 성립된 부동산의 매수인이 종전의 단기소멸시효를 원용할 수 있는지 여부(소극)
【판결요지】
[1] 점유라고 함은 물건이 사회통념상 그 사람의 사실적 지배에 속한다고 보여지는 객관적 관계에 있는 것을 말하고 사실상의 지배가 있다고 하기 위하여는 반드시 물건을 물리적, 현실적으로 지배하는 것만을 의미하는 것이 아니고 물건과 사람과의 시간적, 공간적 관계와 본권관계, 타인지배의 배제가능성 등을 고려하여 사회관념에 따라 합목적적으로 판단하여야 한다.
[2] 민사소송법 제474조, 민법 제165조 제2항에 의하면, 지급명령에서 확정된 채권은 단기의 소멸시효에 해당하는 것이라도 그 소멸시효기간이 10년으로 연장된다.
[3] 유치권이 성립된 부동산의 매수인은 피담보채권의 소멸시효가 완성되면 시효로 인하여 채무가 소멸되는 결과 직접적인 이익을 받는 자에 해당하므로 소멸시효의 완성을 원용할 수 있는 지위에 있다고 할 것이나, 매수인은 유치권자에게 채무자의 채무와

는 별개의 독립된 채무를 부담하는 것이 아니라 단지 채무자의 채무를 변제할 책임을 부담하는 점 등에 비추어 보면, 유치권의 피담보채권의 소멸시효기간이 확정판결 등에 의하여 10년으로 연장된 경우 매수인은 그 채권의 소멸시효기간이 연장된 효과를 부정하고 종전의 단기소멸시효기간을 원용할 수는 없다.

제166조 【소멸시효의 기산점】

①소멸시효는 권리를 행사할 수 있는 때로부터 진행한다.
②부작위를 목적으로 하는 채권의 소멸시효는 위반행위를 한 때로부터 진행한다.

제167조 【소멸시효의 소급효】

소멸시효는 그 기산일에 소급하여 효력이 생긴다.

판례-대여금

[대법원 2013.2.15, 선고, 2012다68217, 판결]

【판시사항】

[1] 동일한 목적을 달성하기 위하여 복수의 채권을 가진 채권자가 어느 하나의 채권만을 행사하는 것이 명백한 경우, 채무자의 소멸시효 완성 항변은 채권자가 행사하는 당해 채권에 대한 항변으로 볼 것인지 여부(적극)
[2] 소멸시효기간에 관한 주장에 변론주의가 적용되는지 여부(소극)

【판결요지】

[1] 채권자가 동일한 목적을 달성하기 위하여 복수의 채권을 가지고 이를 행사하는 경우 각 채권이 발생시기와 발생원인 등을 달리하는 별개의 채권인 이상 별개의 소송물에 해당하므로, 이에 대하여 채무자가 소멸시효 완성의 항변을 하는 경우에 그 항변에 의하여 어떠한 채권을 다투는 것인지 특정하여야 하고 그와 같이 특정된 항변에는 특별한 사정이 없는 한 청구원인을 달리하는 채권에 대한 소멸시효 완성의 항변까지 포함된 것으로 볼 수는 없다. 그러나 채권자가 동일한 목적을 달성하기 위하여 복수의 채권을 가지고 있더라도 선택에 따라 어느 하나의 채권만을 행사하는 것이 명백한 경우라면 채무자의 소멸시효 완성의 항변은 채권자가 행사하는 당해 채권에 대한 항변으로 봄이 타당하다.
[2] 어떤 권리의 소멸시효기간이 얼마나 되는지에 관한 주장은 단순한 법률상의 주장에 불과하므로 변론주의의 적용대상이 되지 않고 법원이 직권으로 판단할 수 있다.

제168조 【소멸시효의 중단사유】

소멸시효는 다음 각호의 사유로 인하여 중단된다.

1. 청구
2. 압류 또는 가압류, 가처분
3. 승인

제169조 【시효중단의 효력】

시효의 중단은 당사자 및 그 승계인간에만 효력이 있다.

판례-관리비

[대법원 2015.5.28, 선고, 2014다81474, 판결]

【판시사항】

집합건물의 관리를 위임받은 甲 주식회사가 구분소유자 乙을 상대로 관리비 지급을 구하는 소를 제기하여 승소판결을 받음으로써 乙의 체납관리비 납부의무의 소멸시효가 중단되었는데, 그 후 丙이 임의경매절차에서 위 구분소유권을 취득한 사안에서, 시효중단의 효력이 丙에게도 미친다고 한 사례

【판결요지】
집합건물의 관리를 위임받은 甲 주식회사가 구분소유자 乙을 상대로 관리비 지급을 구하는 소를 제기하여 승소판결을 받음으로써 乙의 체납관리비 납부의무의 소멸시효가 중단되었는데, 그 후 丙이 임의경매절차에서 위 구분소유권을 취득한 사안에서, 丙은 乙에게서 시효중단의 효과를 받는 체납관리비 납부의무를 중단 효과 발생 이후에 승계한 자에 해당하므로 시효중단의 효력이 丙에게도 미친다고 한 사례.

第170조 【재판상의 청구와 시효중단】

①재판상의 청구는 소송의 각하, 기각 또는 취하의 경우에는 시효중단의 효력이 없다.
②전항의 경우에 6월내에 재판상의 청구, 파산절차참가, 압류 또는 가압류, 가처분을 한 때에는 시효는 최초의 재판상청구로 인하여 중단된 것으로 본다.

第171조 【파산절차참가와 시효중단】

파산절차참가는 채권자가 이를 취소하거나 그 청구가 각하된 때에는 시효중단의 효력이 없다.

판례-파산채권확정

[대법원 2006.4.28, 선고, 2004다70260, 판결]

【판시사항】
[1] 채무자에 대한 화의개시로 기한부채권의 변제기가 도래하는 효력이 보증인에게도 미치는지 여부(소극)
[2] 지급보증부 회사채에 있어서 그 보증채무의 이행청구기간을 제한하는 특약이 보증채무자에 대한 파산선고로 배제 또는 실효되는지 여부(소극)
[3] 구 금융산업의 구조개선에 관한 법률에 의한 계약이전결정이 내려진 경우, 그 결정에 따라 이전되는 자산 및 부채 등의 범위에 관한 판단 기준

【판결요지】
[1] 구 화의법(2005. 3. 31. 법률 제7428호 채무자 회생 및 파산에 관한 법률 부칙 제2조로 폐지) 제49조에 의하여 화의절차에 준용되는 구 파산법(2005. 3. 31. 법률 제7428호 채무자 회생 및 파산에 관한 법률 부칙 제2조로 폐지) 제16조는 "기한부채권은 파산 선고시에 변제기에 이른 것으로 한다."라고 규정하고 있으나, 이처럼 화의개시로 기한부채권의 변제기가 도래하는 효력은 화의채권자와 채무자 사이에만 미치고 보증인에게는 미치지 않는다.
[2] 채권자가 원리금의 상환기일로부터 3개월 이내에 보증채무의 이행을 청구하지 아니하면 보증채무가 소멸한다는 내용의 특약이 있는 지급보증부 회사채가 발행되었는데 그 상환기일이 도래하고 나서 보증채무자가 파산하였다면, 채권자는 보증채무에 관하여 파산법원에 채권신고를 하여 파산재단에 참가함으로써 보증채무의 이행을 청구할 수 있다 할 것이므로, 채권자가 3개월 내에 그러한 채권신고를 하지 않으면 위 특약에 따라 보증채무가 소멸하게 되고, 비록 구 파산법(2005. 3. 31. 법률 제7428호 채무자 회생 및 파산에 관한 법률 부칙 제2조로 폐지)이 파산의 특수성을 고려하여 일반채권과 다르게 그 행사방법 및 행사의 상대방 등에 관하여 규정하고 있다고 하더라도 이러한 사정만으로 파산선고에 의하여 위 특약이 배제되거나 실효된다고 할 수 없다.
[3] 구 금융산업의 구조개선에 관한 법률(1998. 9. 14. 법률 제5549호로 개정되기 전의 것)에 의한 계약이전의 경우에 어느 범위에서 자산 및 부채 등이 이전하는지는 계약이전결정서에서 정하고 있는 바에 따라 판단하여야 할 것이고, 그 규정이 불분명하여

그 문언만으로는 그 범위를 정확하게 알 수 없는 경우에는 계약이전결정을 하게 된 취지와 경위, 이전되는 계약에 관련된 당사자 사이의 공평한 결과 등을 종합적으로 고려하여 판단하여야 한다.

제172조 【지급명령과 시효중단】
지급명령은 채권자가 법정기간내에 가집행신청을 하지 아니함으로 인하여 그 효력을 잃은 때에는 시효중단의 효력이 없다.

제173조 【화해를 위한 소환, 임의출석과 시효중단】 화해를 위한 소환은 상대방이 출석하지 아니 하거나 화해가 성립되지 아니한 때에는 1월내에 소를 제기하지 아니하면 시효중단의 효력이 없다. 임의출석의 경우에 화해가 성립되지 아니한 때에도 그러하다.

제174조 【최고와 시효중단】
최고는 6월내에 재판상의 청구, 파산절차참가, 화해를 위한 소환, 임의출석, 압류 또는 가압류, 가처분을 하지 아니하면 시효중단의 효력이 없다.

판례-손해배상(자)

[대법원 2015.5.14, 선고, 2014다16494, 판결]

【판시사항】
소송고지의 요건이 갖추어진 소송고지서에 고지자가 피고지자에 대하여 채무의 이행을 청구하는 의사가 표명되어 있는 경우, 민법 제174조에 정한 시효중단사유로서의 최고의 효력이 인정되는지 여부(적극) 및 소송고지에 의한 최고의 경우, 시효중단 효력의 발생 시기(=소송고지서를 법원에 제출한 때)

【판결요지】
소송고지의 요건이 갖추어진 경우에 소송고지서에 고지자가 피고지자에 대하여 채무의 이행을 청구하는 의사가 표명되어 있으면 민법 제174조에 정한 시효중단사유로서의 최고의 효력이 인정된다. 나아가 시효중단제도는 제도의 취지에 비추어 볼 때 기산점이나 만료점을 원권리자를 위하여 너그럽게 해석하는 것이 바람직하고, 소송고지에 의한 최고는 보통의 최고와는 달리 법원의 행위를 통하여 이루어지는 것이므로 만일 법원이 소송고지서의 송달사무를 우연한 사정으로 지체하는 바람에 소송고지서의 송달 전에 시효가 완성된다면 고지자가 예상치 못한 불이익을 입게 된다는 점 등을 고려하면, 소송고지에 의한 최고의 경우에는 민사소송법 제265조를 유추 적용하여 당사자가 소송고지서를 법원에 제출한 때에 시효중단의 효력이 발생한다.

제175조 【압류, 가압류, 가처분과 시효중단】 압류, 가압류 및 가처분은 권리자의 청구에 의하여 또는 법률의 규정에 따르지 아니함으로 인하여 취소된 때에는 시효중단의 효력이 없다.

제176조 【압류, 가압류, 가처분과 시효중단】 압류, 가압류 및 가처분은 시효의 이익을 받은 자에 대하여 하지 아니한 때에는 이를 그에게 통지한 후가 아니면 시효중단의 효력이 없다.

판례-양수금

[대법원 2010.2.25, 선고, 2009다69456, 판결]

【판시사항】
물상보증인 丙 소유의 부동산에 대하여 乙 은행의 신청으로 임의경매절차가 개시됨으로 인하여 甲 회사의 乙 은행에 대한 채무의 소멸시효가 중단되었는지 여부가 문제된 사안에서, 甲 회사 등의 소멸시효 완성 항변을 받아들인 원심을 수긍한 사례

【판결요지】
물상보증인 丙 소유의 부동산에 대하여 乙 은행의 신청으로 임의경매절차가 개시됨으로 인하여 甲 회사의 乙 은행에 대한 채무의 소멸시효가 중단되었는지 문제된 사안에서, 경매개시결정상의 압류사실에 관한 통지에는 은행여신거래기본약관에서 정한 도달간주조항이 적용된다고 할 수 없어 압류사실의 통지가 있었다고 볼 수 없다는 이유로 甲 회사 등의 소멸시효 완성 항변을 받아들인 원심을 수긍한 사례.

제177조 【승인과 시효중단】
시효중단의 효력있는 승인에는 상대방의 권리에 관한 처분의 능력이나 권한있음을 요하지 아니한다.

제178조 【중단후의 시효진행】
①시효가 중단된 때에는 중단까지에 경과한 시효기간은 이를 산입하지 아니하고 중단사유가 종료한 때로 부터 새로이 진행한다.
②재판상의 청구로 인하여 중단한 시효는 전항의 규정에 의하여 재판이 확정된 때로부터 새로이 진행한다.

제179조 【제한능력자의 시효정지】
소멸시효의 기간만료 전 6개월 내에 제한능력자에게 법정대리인이 없는 경우에는 그가 능력자가 되거나 법정대리인이 취임한 때부터 6개월 내에는 시효가 완성되지 아니한다.
[전문개정 2011.3.7]
[시행일 : 2013.7.1]

제180조 【재산관리자에 대한 제한능력자의 권리, 부부 사이의 권리와 시효정지】
①재산을 관리하는 아버지, 어머니 또는 후견인에 대한 제한능력자의 권리는 그가 능력자가 되거나 후임 법정대리인이 취임한 때부터 6개월 내에는 소멸시효가 완성되지 아니한다.
②부부 중 한쪽이 다른 쪽에 대하여 가지는 권리는 혼인관계가 종료된 때부터 6개월 내에는 소멸시효가 완성되지 아니한다.
[전문개정 2011.3.7]
[시행일 : 2013.7.1]

제181조 【상속재산에 관한 권리와 시효정지】 상속재산에 속한 권리나 상속재산에 대한 권리는 상속인의 확정, 관리인의 선임 또는 파산선고가 있는 때로부터 6월내에는 소멸시효가 완성하지 아니한다.

제182조 【천재 기타 사변과 시효정지】 천재 기타 사변으로 인하여 소멸시

효를 중단할 수 없을 때에는 그 사유가 종료한 때로부터 1월내에는 시효가 완성하지 아니한다.

제183조 【종속된 권리에 대한 소멸시효의 효력】 주된 권리의 소멸시효가 완성한 때에는 종속된 권리에 그 효력이 미친다.

제184조 【시효의 이익의 포기 기타】
①소멸시효의 이익은 미리 포기하지 못한다.
②소멸시효는 법률행위에 의하여 이를 배제, 연장 또는 가중할 수 없으나 이를 단축 또는 경감할 수 있다.

판례-근저당권말소등(시효의 이익 포기 사건)
[대법원 2015.6.11, 선고, 2015다200227, 판결]

【판시사항】
시효이익을 이미 포기한 자와의 법률관계를 통하여 비로소 시효이익을 원용할 이해관계를 형성한 자가 이미 이루어진 시효이익 포기의 효력을 부정할 수 있는지 여부(소극)

【판결요지】
소멸시효 이익의 포기는 상대적 효과가 있을 뿐이어서 다른 사람에게는 영향을 미치지 아니함이 원칙이나, 소멸시효 이익의 포기 당시에는 권리의 소멸에 의하여 직접 이익을 받을 수 있는 이해관계를 맺은 적이 없다가 나중에 시효이익을 이미 포기한 자와의 법률관계를 통하여 비로소 시효이익을 원용할 이해관계를 형성한 자는 이미 이루어진 시효이익 포기의 효력을 부정할 수 없다. 왜냐하면, 시효이익의 포기에 대하여 상대적인 효과만을 부여하는 이유는 포기 당시에 시효이익을 원용할 다수의 이해관계인이 존재하는 경우 그들의 의사와는 무관하게 채무자 등 어느 일방의 포기 의사만으로 시효이익을 원용할 권리를 박탈당하게 되는 부당한 결과의 발생을 막으려는 데 있는 것이지, 시효이익을 이미 포기한 자와의 법률관계를 통하여 비로소 시효이익을 원용할 이해관계를 형성한 자에게 이미 이루어진 시효이익 포기의 효력을 부정할 수 있게 하여 시효완성을 둘러싼 법률관계를 사후에 불안정하게 만들자는 데 있는 것은 아니기 때문이다.

제2편 물권
제1장 총칙

제185조 【물권의 종류】 물권은 법률 또는 관습법에 의하는 외에는 임의로 창설하지 못한다.

제186조 【부동산물권변동의 효력】
부동산에 관한 법률행위로 인한 물권의 득실변경은 등기하여야 그 효력이 생긴다.

제187조 【등기를 요하지 아니하는 부동산물권취득】
상속, 공용징수, 판결, 경매 기타 법률의 규정에 의한 부동산에 관한 물권의 취득은 등기를 요하지 아니한다. 그러나 등기를 하지 아니하면 이를 처분하지 못한다.

第188조 【동산물권양도의 효력, 간이인도】 ①동산에 관한 물권의 양도는 그 동산을 인도하여야 효력이 생긴다.
②양수인이 이미 그 동산을 점유한 때에는 당사자의 의사표시만으로 그 효력이 생긴다.

第189조 【점유개정】
동산에 관한 물권을 양도하는 경우에 당사자의 계약으로 양도인이 그 동산의 점유를 계속하는 때에는 양수인이 인도받은 것으로 본다.

第190조 【목적물반환청구권의 양도】
제삼자가 점유하고 있는 동산에 관한 물권을 양도하는경우에는 양도인이 그 제삼자에 대한 반환청구권을 양수인에게 양도함으로써 동산을 인도한 것으로 본다.

第191조 【혼동으로 인한 물권의 소멸】 ①동일한 물건에 대한 소유권과 다른 물권이 동일한 사람에게 귀속한 때에는 다른 물권은 소멸한다. 그러나 그 물권이 제삼자의 권리의 목적이 된때에는 소멸하지 아니한다.
②전항의 규정은 소유권이외의 물권과 그를 목적으로 하는 다른 권리가 동일한 사람에게 귀속한 경우에 준용한다.
③점유권에 관하여는 전2항의 규정을 적용하지 아니한다.

판례-부동산강제경매

[대법원 2013.11.19, 자, 2012마745, 결정]

【판시사항】
[1] 제한물권이 혼동에 의하여 소멸하지 않는 경우
[2] 집행채무자가 수 개의 공유지분을 순차로 취득하고, 압류채권자가 집행채무자의 공유지분 전부에 관하여 강제집행을 할 때, 공유지분 전부 중 일부 지분만을 매각한다면 남을 가망이 없더라도 압류채권자가 나머지 지분의 매각대금에서 일부라도 배당받을 가능성이 있는 경우, 공유지분 전부에 대한 경매가 남을 가망이 있는 경매에 해당하는지 여부(적극)

【판결요지】
[1] 어떠한 물건에 대한 소유권과 다른 물권이 동일한 사람에게 귀속한 경우 그 제한물권은 혼동에 의하여 소멸하는 것이 원칙이지만, 본인 또는 제3자의 이익을 위하여 그 제한물권을 존속시킬 필요가 있다고 인정되는 경우에는 혼동으로 소멸하지 않는다.
[2] 집행채무자가 수 개의 공유지분을 순차로 취득하고, 압류채권자가 집행채무자의 공유지분 전부에 관하여 강제집행을 하는 경우에는 그 수 개의 공유지분 각각에 대한 권리관계가 다르다고 하더라도 이는 하나의 목적물에 대한 강제집행이므로, 공유지분 전부 중 일부 지분만을 매각한다면 남을 가망이 없는 때에도 압류채권자가 나머지 지분의 매각대금에서 일부라도 배당받을 가능성이 있다면 공유지분 전부에 대한 경매가 남을 가망이 있는 경매라고 보아야 한다.

제2장 점유권

第192조 【점유권의 취득과 소멸】 ①물건을 사실상 지배하는 자는 점유권이 있다.
②점유자가 물건에 대한 사실상의 지배를 상실한 때에는 점유권이 소멸한다. 그

러나 제204조의 규정에 의하여 점유를 회수한 때에는 그러하지 아니하다.

판례-소유권이전등기

[대법원 2014.5.29, 선고, 2014다202622, 판결]

【판시사항】

[1] 물건에 대한 점유의 의미와 판단 기준

[2] 甲 등이 토지의 등기부상 소유자인 乙로부터 관리를 위탁받아 지적도에 소유관계를 표시한 도면을 보관하면서 토지에 낙엽송을 심었는데, 甲 등은 임야인 위 토지를 자신들의 관리 대상 토지로 인식하였으나 낙엽송에 대한 구체적인 관리행위를 할 필요가 없었던 사안에서, 甲 등의 행위는 사회관념상 토지를 사실적으로 지배한 행위로 평가할 수 있으므로 乙과 그 상속인이 甲 등을 통하여 토지를 점유한 것으로 봄이 타당하다고 한 사례

【이 유】

상고이유를 판단한다.

물건에 대한 점유란 사회관념상 어떤 사람의 사실적 지배에 있다고 보이는 객관적 관계를 말하는 것으로서 사실상의 지배가 있다고 하기 위하여는 반드시 물건을 물리적, 현실적으로 지배하는 것만을 의미하는 것이 아니고, 물건과 사람의 시간적, 공간적 관계와 본권 관계, 타인 지배의 배제 가능성 등을 고려하여 사회관념에 따라 합목적적으로 판단하여야 할 것이며, 특히 임야에 대한 점유의 이전이나 점유의 계속은 반드시 물리적이고 현실적인 지배를 요한다고 볼 것은 아니다(대법원 2012. 7. 5. 선고 2011다101353, 101360 판결 등 참조).

원심은, 이 사건 토지에 관한 망 소외 1 명의의 소유권보존등기와 피고 명의의 소유권이전등기가 원인무효로서 말소되어야 한다고 판단한 다음, 망 소외 1과 피고가 망 소외 2와 소외 3을 통하여 이 사건 토지를 점유하였다고 보기 어렵다는 이유로, 점유취득시효가 완성되어 위 각 등기가 실체관계에 부합하는 유효한 등기라는 피고의 항변을 배척하였다.

그러나 원심의 이러한 판단은 다음의 점에서 그대로 수긍하기 어렵다.

원심판결 이유와 기록에 의하면, 망 소외 1이 1975. 2. 10. 이 사건 토지에 관하여 소유권보존등기를 할 무렵 망 소외 2에게 이 사건 토지의 관리를 위탁한 사실, 이에 망 소외 2는 이 사건 토지의 관리를 위하여 지적도에 이 사건 토지를 포함하여 인근에 있는 망 소외 1 소유의 토지를 빨간색 동그라미로 표시한 도면을 작성하여 보관하였고, 소외 3의 도움을 받아 이 사건 토지에 낙엽송을 심은 사실, 망 소외 2는 망 소외 1이 1992년 사망한 후에도 1996년경 자신이 사망할 때까지 위 도면을 보관하고 있었고, 그 후에는 소외 3이 위 도면을 보관한 사실, 망 소외 2와 소외 3은 이 사건 토지를 망 소외 1과 피고 소유의 토지이자 자신들의 관리 대상 토지로 인식하면서도 낙엽송에 대한 별다른 관리가 필요하지 않아 이 사건 토지에 관한 구체적인 관리행위를 할 필요가 없었던 사실, 이 사건 토지는 그 지목이 전으로 되어 있으나 그 실질은 임야인 사실을 알 수 있다. 위 사실을 앞서 본 법리에 비추어 살펴보면, 망 소외 2, 소외 3이 이 사건 토지의 등기부상 소유자로부터 관리를 위탁받아 지적도에 소유관계를 표시한 도면을 보관하면서 이 사건 토지에 낙엽송을 심고 이 사건 토지를 자신들의 관리 대상으로 인식한 행위는, 사회관념상 이 사건 토지를 사실적으로 지배한 행위로 평가할 수 있으므로, 망 소외 1과 피고가 망 소외 2와 소외 3을 통하여 이 사건 토지를 점유한 것으로 봄이 타당하다.

그런데도 원심이 이와 달리 판단하여 피고의 항변을 배척하였으니, 이러한 원심판결에는 논리와 경험의 법칙에 위배하여 자유심증주의의 한계를 벗어나서 사실을 잘못 인정하거나, 점유취득시효에 관한 법리를 오해하여 판결 결과에 영향을 미친 잘못이 있고, 이를 지적하는 상고이유 주장은 이유 있다.

그러므로 원심판결을 파기하고, 사건을 다시 심리·판단하게 하기 위하여 원심법원에 환송하기로 하여, 관여 대법관의 일치된 의견으로 주문과 같이 판결한다.

제193조 【상속으로 인한 점유권의 이전】 점유권은 상속인에 이전한다.

판례-횡령(인정된죄명:절도)

[대법원 2012.4.26, 선고, 2010도6334, 판결]

【판시사항】

[1] 절도죄의 성립요건 중 타인의 '점유'의 의미와 판단 기준 및 재물을 점유하는 소유자의 사망에 따라 소유권을 취득한 상속인이 그 점유를 취득하여 상속인에 대한 절도죄가 성립할 수 있는 시기

[2] 피고인이 내연관계에 있는 甲과 아파트에서 동거하다가, 甲의 사망으로 상속인인 乙 및 丙 소유에 속하게 된 부동산 등기권리증 등이 들어 있는 가방을 위 아파트에서 가지고 가 절취하였다는 내용으로 기소된 사안에서, 피고인이 가방을 들고 나온 시점에 乙 등이 아파트에 있던 가방을 사실상 지배하여 점유하였다고 볼 수 없어 피고인의 행위가 절도죄를 구성한다고 할 수 없는데도, 이와 달리 보아 절도죄를 인정한 원심판결에 법리오해 등의 위법이 있다고 한 사례

【판결요지】

[1] 절도죄란 재물에 대한 타인의 점유를 침해함으로써 성립하는 것이다. 여기서의 '점유'라고 함은 현실적으로 어떠한 재물을 지배하는 순수한 사실상의 관계를 말하는 것으로서, 민법상의 점유와 반드시 일치하는 것이 아니다. 물론 이러한 현실적 지배라고 하여도 점유자가 반드시 직접 소지하거나 항상 감수(監守)하여야 하는 것은 아니고, 재물을 위와 같은 의미에서 사실상으로 지배하는지 여부는 재물의 크기·형상, 그 개성의 유무, 점유자와 재물과의 시간적·장소적 관계 등을 종합하여 사회통념에 비추어 결정되어야 한다. 그렇게 보면 종전 점유자의 점유가 그의 사망으로 인한 상속에 의하여 당연히 그 상속인에게 이전된다는 민법 제193조는 절도죄의 요건으로서의 '타인의 점유'와 관련하여서는 적용의 여지가 없고, 재물을 점유하는 소유자로부터 이를 상속받아 그 소유권을 취득하였다고 하더라도 상속인이 그 재물에 관하여 위에서 본 의미에서의 사실상의 지배를 가지게 되어야만 이를 점유하는 것으로서 그때부터 비로소 상속인에 대한 절도죄가 성립할 수 있다.

[2] 피고인이 내연관계에 있는 甲과 아파트에서 동거하다가, 甲의 사망으로 甲의 상속인인 乙 및 丙 소유에 속하게 된 부동산 등기권리증 등 서류들이 들어 있는 가방을 위 아파트에서 가지고 가 절취하였다는 내용으로 기소된 사안에서, 피고인이 甲의 사망 전부터 아파트에서 甲과 함께 거주하였고, 甲의 자식인 乙 및 丙은 위 아파트에서 전혀 거주한 일이 없이 다른 곳에서 거주·생활하다가 甲의 사망으로 아파트 등의 소유권을 상속하였으나, 乙 및 丙이 甲 사망 후 피고인이 가방을 가지고 가기까지 그들의 소유권 등에 기하여 아파트 또는 그곳에 있던 가방의 인도 등을 요구한 일이 전혀 없는 사정 등에 비추어, 피고인이 가방을 들고 나온 시점에 乙 및 丙이 아파트에 있던 가방을 사실상 지배하여 점유하고 있었다고 볼 수 없어 피고인의 행위가 乙 등의 가방에 대한 점유를 침해하여 절도죄를 구성한다고 할 수 없는데도, 이와 달리 보아 절도죄를 인정한 원심판결에 절도죄의 점유에 관한 법리오해 등의 위법이 있다고 한 사례.

제194조 【간접점유】

지상권, 전세권, 질권, 사용대차, 임대차, 임치 기타의 관계로 타인으로 하여금 물건을 점유하게 한 자는 간접으로 점유권이 있다.

제195조 【점유보조자】 가사상, 영업상 기타 유사한 관계에 의하여 타인의

지시를 받어 물건에 대한 사실상의 지배를 하는 때에는 그 타인만을 점유자로 한다.

제196조 【점유권의 양도】
①점유권의 양도는 점유물의 인도로 그 효력이 생긴다.
②전항의 점유권의 양도에는 제188조제2항, 제189조, 제190조의 규정을 준용한다.

제197조 【점유의 태양】
①점유자는 소유의 의사로 선의, 평온 및 공연하게 점유한 것으로 추정한다.
②선의의 점유자라도 본권에 관한 소에 패소한 때에는 그 소가 제기된 때로부터 악의의 점유자로 본다.

제198조 【점유계속의 추정】
전후양시에 점유한 사실이 있는 때에는 그 점유는 계속한 것으로 추정한다.

제199조 【점유의 승계의 주장과 그 효과】 ①점유자의 승계인은 자기의 점유만을 주장하거나 자기의 점유와 전점유자의 점유를 아울러 주장할 수 있다.
②전점유자의 점유를 아울러 주장하는 경우에는 그 하자도 계승한다.

제200조 【권리의 적법의 추정】
점유자가 점유물에 대하여 행사하는 권리는 적법하게 보유한 것으로 추정한다.

제201조 【점유자와 과실】
①선의의 점유자는 점유물의 과실을 취득한다.
②악의의 점유자는 수취한 과실을 반환하여야 하며 소비하였거나 과실로 인하여 훼손 또는 수취하지 못한 경우에는 그 과실의 대가를 보상하여야 한다.
③전항의 규정은 폭력 또는 은비에 의한 점유자에 준용한다.

제202조 【점유자의 회복자에 대한 책임】 점유물이 점유자의 책임있는 사유로 인하여 멸실 또는 훼손한 때에는 악의의 점유자는 그 손해의 전부를 배상하여야 하며 선의의 점유자는 이익이 현존하는 한도에서 배상하여야 한다. 소유의 의사가 없는 점유자는 선의인 경우에도 손해의 전부를 배상하여야 한다.

제203조 【점유자의 상환청구권】
①점유자가 점유물을 반환할 때에는 회복자에 대하여 점유물을 보존하기 위하여 지출한 금액 기타 필요비의 상환을 청구할 수 있다. 그러나 점유자가 과실을 취득한 경우에는 통상의 필요비는 청구하지 못한다.
②점유자가 점유물을 개량하기 위하여 지출한 금액 기타 유익비에 관하여는 그 가액의 증가가 현존한 경우에 한하여 회복자의 선택에 좇아 그 지출금액이나 증가액의 상환을 청구할 수 있다.
③전항의 경우에 법원은 회복자의 청구에 의하여 상당한 상환기간을 허여할 수 있다.

판례-건물명도

[대법원 2014.3.27, 선고, 2011다101209, 판결]

【판시사항】

점유자가 유익비를 지출할 당시 계약관계 등 적법한 점유권원을 가진 경우, 계약관계 등의 상대방이 아닌 점유회복 당시의 소유자에 대하여 민법 제203조 제2항에 따른 지출비용의 상환을 구할 수 있는지 여부(소극)

【이 유】

1. 원심판결 중 부당이득반환청구 부분에 관한 피고 1의 상고에 대한 직권판단

기록에 의하면, 원고가 피고 1을 상대로 이 사건 건물의 인도와 차임 상당 부당이득의 반환을 청구하였는데, 제1심은 그중 건물인도청구를 기각하고 부당이득반환청구를 일부 인용한 사실, 이에 대하여 피고 1은 항소하지 아니하고 원고만이 그 패소 부분에 대하여 항소하였는데, 원심은 건물인도청구에 관한 항소를 받아들여 그 부분에 관한 제1심판결을 취소하고 그 부분의 원고 청구를 인용하였으나, 부당이득반환청구 부분에 관하여는 원고의 항소를 기각한 사실, 피고 1은 원심판결 전부에 대하여 상고한 사실 등을 알 수 있다.

그렇다면 피고 1에 대한 부당이득반환청구에 관한 원심판결은 피고 1이 불복하지 아니한 제1심판결보다 위 피고에게 불리한 판결이 아니라고 할 것이고, 따라서 피고 1은 그 부분의 원심판결에 대하여 상고로써 다툴 이익이 없다. 피고 1의 이 부분 상고는 부적법하고 그 흠결을 보정할 수 없는 것이다.

2. 원심판결 중 건물인도청구 부분에 관한 피고 1의 상고이유에 대한 판단

가. 상고이유 제1점에 대하여 원심은 그 채택 증거에 의하여, 원고가 원심판결 별지 기재의 이 사건 부동산을 경매절차에서 낙찰받아 2009. 3. 6. 그 낙찰대금을 완납하고 그 앞으로 소유권이전등기를 마친 사실, 피고 1이 원심판결 주문 1. 가. 1)항 기재 건물 부분을 점유하고 있는 사실, 피고 1이 합계 2,950만 원을 들여 이 사건 건물의 지붕차양설치공사, 옥상방수공사 및 지붕강판공사, 전기설비공사, 수도 및 보일러 설치공사, 창틀공사 등을 하였고, 이는 이 사건 건물의 객관적 가치를 증가시키는 유익비에 해당하는 사실 등을 인정하였으면서도, 피고 1은 피고 2의 아들이고 원래 이 사건 건물을 소유한 소외인은 피고 2의 며느리인 점, 소외인과 피고 1 사이에 체결된 임대차계약들에 대하여 이 사건 부동산에 관한 최초의 경매개시결정이 있은 후에 확정일자를 받은 점 등 그 판시와 같은 사정에 비추어 피고들은 모두 가장 임차인이고, 따라서 피고 1이 적법한 임차인으로서 원고에 대하여 위 유익비의 상환을 청구할 수 없고, 그 유익비상환청구권을 피보전채권으로 하는 유치권 또한 성립되지 않는다는 취지로 판단하였다.

기록에 비추어 살펴보면, 원심의 이 부분 사실인정과 판단은 정당하고, 거기에 상고이유 주장과 같이 논리와 경험칙에 위배하고 자유심증주의 한계를 벗어나는 등의 위법이 없다.

나. 상고이유 제2점에 대하여 기록을 살펴보더라도, 원심의 소송절차에 상고이유 주장과 같이 위 피고의 재판받을 권리 또는 방어권을 침해하는 등의 위법이 있다고 볼 수 없다.

다. 상고이유 제3점에 대하여 1) 민법 제203조 제2항에 의한 점유자의 회복자에 대한 유익비상환청구권은 점유자가 계약관계 등 적법하게 점유할 권리를 가지지 않아 소유자의 소유물반환청구에 응하여야 할 의무가 있는 경우에 성립되는 것으로서, 이 경우 점유자는 그 비용을 지출할 당시의 소유자가 누구이었는지에 관계없이 점유회복 당시의 소유자 즉, 회복자에 대하여 비용상환청구권을 행사할 수 있다. 그러나 점유자가 유익비를 지출할 당시 계약관계 등 적법한 점유의 권원을 가진 경우에 그 지출비용의 상환에 관하여는 그 계약관계를 규율하는 법조항이나 법리 등이 적용되는 것이어서, 점유자는 그 계약관계 등의 상대방에 대하여 해당 법조항이나 법리에 따른 비용상환청구권을 행사할 수 있을 뿐 계약관계 등의 상대방이 아닌 점유회복 당시의 소유자에 대하여 민법 제203조 제2항에 따른 지출비용의 상환을 구할 수는 없다(대법원 2003. 7. 25. 선고 2001다64752 판결 등 참조). 한편 사용대차에 있어서 차주의 유익비상환청구에는 민법 제203조의 규정이 적용된다(민법 제611조 제2항, 제594조 제2항).

2) 기록에 의하면, 피고 1은 유익비상환청구의 근거가 되는 법률관계가 무엇인지를 특정하지 아니한 채 단순히 유익비상환청구권에 기한 유치권이 있다고 주장하거나(기록 35쪽) 사용대차에 터 잡은 유치권이 있다는 취지로 주장하였음(기록 389쪽)을 알 수 있다.
그렇다면 원심은 앞서 본 바와 같이 피고 1이 이 사건 건물에 관하여 유익비를 지출하였음을 인정하였으므로, 원심으로서는 위 법리에 비추어 피고 1이 사용대차관계에 기한 유익비상환청구권을 가지는지 여부 및 그에 기한 유치권이 인정되는지 여부를 심리, 판단하였어야 할 것이다.
그럼에도 이에 이르지 아니한 원심판결에는 원고의 주장에 대한 판단을 누락하여 판결 결과에 영향을 미친 위법이 있다고 할 것이다. 이 점에 관한 상고이유 주장은 이유있다.
3. 피고 2의 상고이유에 대한 판단
가. 피고 2가 이 사건 건물에 관한 정당한 임차인인지 여부에 대한 원심의 판단에 상고이유로 주장하는 바와 같은 잘못이 있다고 하더라도, 앞서 본 바와 같이 이 사건 건물에 관하여 유익비를 지출한 사람은 피고 1이지 피고 2가 아니므로, 피고 2는 그 유익비의 상환을 청구할 수 없고, 따라서 유치권이 인정될 여지도 없다.
결국 원심이 피고 2의 유치권에 관한 주장을 배척한 결론은 정당하고, 거기에 상고이유로 주장하는 것과 같은 위법이 없다.
나. 또한 기록을 살펴보더라도, 원심의 소송절차에 상고이유 주장과 같이 위 피고의 재판받을 권리 또는 방어권을 침해하는 등의 위법이 있다고 볼 수 없다.
4. 결론
그러므로 원심판결 중 부당이득반환 청구 부분에 관한 피고 1의 상고를 각하하며, 원심판결의 피고 1에 대한 부분 중 부동산 인도청구에 관한 부분을 파기하고, 이 부분 사건을 다시 심리·판단하도록 원심법원에 환송하되, 피고 2의 상고를 기각하고, 상고비용 중 피고 2의 상고로 인한 부분은 패소자인 피고 2가 부담하기로 하여, 관여 대법관의 일치된 의견으로 주문과 같이 판결한다.

제204조 【점유의 회수】
①점유자가 점유의 침탈을 당한 때에는 그 물건의 반환 및 손해의 배상을 청구할 수 있다.
②전항의 청구권은 침탈자의 특별승계인에 대하여는 행사하지 못한다. 그러나 승계인이 악의인 때에는 그러하지 아니하다.
③제1항의 청구권은 침탈을 당한 날로부터 1년내에 행사하여야 한다.

제205조 【점유의 보유】
①점유자가 점유의 방해를 받은 때에는 그 방해의 제거 및 손해의 배상을 청구할 수 있다.
②전항의 청구권은 방해가 종료한 날로부터 1년내에 행사하여야 한다.
③공사로 인하여 점유의 방해를 받은 경우에는 공사착수후 1년을 경과하거나 그 공사가 완성한 때에는 방해의 제거를 청구하지 못한다.

제206조 【점유의 보전】 ①점유자가 점유의 방해를 받을 염려가 있는 때에는 그 방해의 예방 또는 손해배상의 담보를 청구할 수 있다.
②공사로 인하여 점유의 방해를 받을 염려가 있는 경우에는 전조제3항의 규정을 준용한다.

제207조 【간접점유의 보호】 ①전3조의 청구권은 제194조의 규정에 의한 간접점유자도 이를 행사할 수 있다.

②점유자가 전유의 침탈을 당한 경우에 간접점유자는 그 물건을 점유자에게 반환할 것을 청구할 수 있고 점유자가 그 물건의 반환을 받을 수 없거나 이를 원하지 아니하는 때에는 자기에게 반환할 것을 청구할 수 있다.

제208조 【점유의 소와 본권의 소와의 관계】 ①점유권에 기인한 소와 본권에 기인한 소는 서로 영향을 미치지 아니한다.
②점유권에 기인한 소는 본권에 관한 이유로 재판하지 못한다.

제209조 【자력구제】
①점유자는 그 점유를 부정히 침탈 또는 방해하는 행위에 대하여 자력으로써 이를 방위할 수 있다.
②점유물이 침탈되었을 경우에 부동산일 때에는 점유자는 침탈후 직시 가해자를 배제하여이를 탈환할 수 있고 동산일 때에는 점유자는 현장에서 또는 추적하여 가해자로부터 이를 탈환할 수 있다.

판례-구상금

[대법원 1993.6.25, 선고, 93다13391, 판결]

【판시사항】
가. 대표이사가 이사회의 결의 없이 대외적 거래행위를 한 경우의 효력 및그 경우 상대방의 악의에 대한 주장 입증책임의 소재
나. 대표이사가 개인적 이익을 위하여 권한을 행사하고 상대방이 악의인 경우 그 행위의 회사에 대한 효력

【판결요지】
가. 주식회사의 대표이사가 이사회의 결의를 거쳐야 할 대외적 거래행위에 관하여 이를 거치지 아니하고 한 경우라도 이와 같은 이사회결의사항은 회사의 내부적 의사결정에 불과하다 할 것이므로 그 거래 상대방이 그와 같은 이사회결의가 없었음을 알거나 알 수 있었을 경우가 아니라면 그 거래행위는 유효하다고 해석되고 위와 같은 상대방의 악의는 이를 주장하는 회사측이 주장.입증하여야 할 것이다.
나. 주식회사의 대표이사가 회사의 이익을 위해서가 아니고 자기 또는 제3자의 이익을 도모할 목적으로 그 권한을 행사한 경우에 상대방이 대표이사의 진의를 알았거나 알 수 있었을 때에는 그 행위는 회사에 대하여 무효가 된다.

제210조 【준점유】
본장의 규정은 재산권을 사실상 행사하는 경우에 준용한다.

제3장 소유권

제1절 소유권의 한계

제211조 【소유권의 내용】
소유자는 법률의 범위내에서 그 소유물을 사용, 수익, 처분할 권리가 있다.

제212조 【토지소유권의 범위】
토지의 소유권은 정당한 이익있는 범위내에서 토지의 상하에 미친다.

第213조 【소유물반환청구권】
소유자는 그 소유에 속한 물건을 점유한 자에 대하여 반환을 청구할 수 있다. 그러나 점유자가 그 물건을 점유할 권리가 있는 때에는 반환을 거부할 수 있다.

판례-등기필증인도

[대법원 2014.12.24, 선고, 2011다62618, 판결]

【판시사항】
유치권자로부터 유치물을 유치하기 위한 방법으로 유치물의 점유나 보관을 위탁받은 자가 소유자의 소유물반환청구를 거부할 수 있는지 여부(원칙적 적극)

【판결요지】
소유자는 그 소유에 속한 물건을 점유한 자에 대하여 반환을 청구할 수 있다. 그러나 점유자가 그 물건을 점유할 권리가 있는 때에는 반환을 거부할 수 있다(민법 제213조). 여기서 반환을 거부할 수 있는 점유할 권리에는 유치권도 포함되고, 유치권자로부터 유치물을 유치하기 위한 방법으로 유치물의 점유 내지 보관을 위탁받은 자는 특별한 사정이 없는 한 점유할 권리가 있음을 들어 소유자의 소유물반환청구를 거부할 수 있다.

第214조 【소유물방해제거, 방해예방청구권】 소유자는 소유권을 방해하는 자에 대하여 방해의 제거를 청구할 수 있고 소유권을 방해할 염려있는 행위를 하는 자에 대하여 그 예방이나 손해배상의 담보를 청구할 수 있다.

판례-손해배상(건)

[대법원 2014.11.27, 선고, 2014다52612, 판결]

【판시사항】
소유자가 민법 제214조에 따라 침해자에 대하여 방해배제 비용 또는 방해예방 비용을 청구할 수 있는지 여부(소극)

【이 유】
상고이유를 판단한다.
1. 민법 제214조의 규정에 의하면, 소유자는 소유권을 방해하는 자에 대하여 그 방해제거 행위를 청구할 수 있고, 소유권을 방해할 염려가 있는 행위를 하는 자에 대하여 그 방해예방 행위를 청구하거나 소유권을 방해할 염려가 있는 행위로 인하여 발생하리라고 예상되는 손해의 배상에 대한 담보를 지급할 것을 청구할 수 있으나, 소유자가 침해자에 대하여 방해제거 행위 또는 방해예방 행위를 하는 데 드는 비용을 청구할 수 있는 권리는 위 규정에 포함되어 있지 않으므로, 소유자가 민법 제214조에 기하여 방해배제 비용 또는 방해예방 비용을 청구할 수는 없다.
2. 원심판결 이유에 의하면 원심은, 피고가 이 사건 축사 등을 건축하는 과정에서 원고 소유 토지에 연접한 이 사건 비탈면 부분의 토지를 수직으로 절토하는 바람에 원고 소유 토지가 붕괴되는 등의 피해가 발생하였거나 발생할 것으로 예상된다고 주장하면서 민법 제214조에 기하여 이 사건 비탈면 부분에 옹벽을 설치하는 데 드는 비용 상당의 지급을 구하는 원고의 청구에 대하여, 이미 피해가 발생하고 침해가 종결된 경우 피고의 귀책사유 유무에 따라 손해배상청구의 문제가 남을 뿐이고 방해배제청구권의 대상이 될 수는 없으며, 향후 소유권에 대한 방해가 예상되는 경우 소유자는 방해 제거나 예방을 위한 구체적인 행위를 명하는 집행권원을 받아 상대방이 이를 자발적으로 이행하지 않는 경우 이를 강제집행하고 그 집행비용을 상환받으면 되고, 물권적 청구권으로서의 소유물 방해예방청구권에 방해예방조치를 위한 비용을 본안소송으로 청구할 수 있는 권리까지 포함되는 것은 아니라는 등의 이유로, 위 청구를 기각하였다.

앞서 본 법리와 기록에 비추어 살펴보면, 이러한 원심의 판단은 정당한 것으로 수긍할 수 있고, 거기에 상고이유 주장과 같이 논리와 경험의 법칙을 위반하고 자유심증주의의 한계를 벗어나거나 민법 제214조의 해석에 관한 법리를 오해하고 필요한 심리를 다하지 아니하는 등의 위법이 없다.

3. 그러므로 상고를 기각하고 상고비용은 패소자가 부담하도록 하여, 관여 대법관의 일치된 의견으로 주문과 같이 판결한다.

사용권을 포기한 소유자의 불법점유자에 대한 부당이득 반환청구권

(대한법률구조공단 자료)

질문

甲소유 토지는 종전부터 자연발생적으로 사실상 일반 공중의 통행로로 사용되다가 새마을 사업이 한창일 무렵 지방자치단체에서 시멘트 포장을 하겠다고 하여 허락하여 시멘트 포장이 되었는데, 최근 乙이 위 토지에 간이판매대를 설치하고 물건을 판매하고 있는바, 토지등기부상 명의는 아직까지 甲으로 되어 있으므로 甲이 乙에게 간이판매대 철거 등을 청구하면서 토지불법점유로 인한 부당이득반환을 청구할 수 있는지요?

답변

「민법」 제 214조에서 소유자는 소유권을 방해하는 자에 대하여 방해제거를 청구할 수 있고 소유권을 방해할 염려 있는 행위를 하는 자에 대하여 그 예방이나 손해배상담보를 청구할 수 있다고 규정하고 「민법」 제 741조에서 법률상 원인없이 타인의 재산 또는 노무로 인하여 이익을 얻고 이로 인하여 타인에게 손해를 가한 자는 그 이익을 반환하여야 한다고 규정하고 있습니다.

그런데 위 사안에서 甲이 위 토지를 일반통행로로 사용할 수 있도록 허용하여 그 토지에 대한 배타적 사용·수익권을 포기한 것인지, 그렇다면 그 경우 소유권 방해배제청구 및 부당이득반환청구를 할 수 있는지 문제되는데 이에 관련된 판례를 보면, 어느 사유지가 종전부터 자연발생적으로 또는 도로예정지로 편입되어 사실상 일반 공중의 교통에 공용되는 도로로 사용되고 있는 경우, 그 토지소유자가 스스로 그 토지를 도로로 제공하여 인근 주민이나 일반 공중에게 무상으로 통행할 수 있는 권리를 부여하였거나 그 토지에 대한 독점적 배타적인 사용·수익권을 포기한 것으로 의사해석을 함에 있어서는, 그가 당해 토지를 소유하게 된 경위나 보유기간, 나머지 토지들을 분할하여 매도한 경위와 그 규모, 도로로 사용되는 당해 토지의 위치나 성상, 인근의 다른 토지들과의 관계, 주위환경 등 여러 가지 사정과 아울러 분할·매도된 나머지 토지들의 효과적인 사용·수익을 위하여 당해 토지가 기여하고 있는 정도 등을 종합적으로 고찰하여 판단하여야 하고(대법원 2009. 12. 10. 선고 2006다11708 판결), 그 경우 그 토지소유자가 독점적, 배타적인 사용·수익권을 포기한 것으로 보아도 일반 공중의 통행을 방해하지 않는 범위 내에서는 토지소유자로서 그 토지를 처분하거나 사용·수익할 권능을 상실하지 않으므로, 그 토지를 불법점유하고 있는 제3자에 대하여 물권적 청구권을 행사하여 토지반환 내지 방해의 제거, 예방을 청구할 수 있다고 할 것이나, 특별한 사정이 없는 한 토지소유자는 그 이후에도 토지를 독점적, 배타적으로 사용·수익할 수는 없으므로, 제3자가 그 토지를 불법점유 하였더라도 이로 인하여 토지소유자에게 어떠한 손실이 생긴다고 할 수 없어 그 점유로 인한 부당이득반환을 청구할 수는 없다고 하였습니다(대법원 2001. 4. 14. 선고 2001다8493 판결).

그렇다면 위 사안에서 甲이 위 토지의 사용·수익권을 포기한 것으로 보더라도 일반 공중의 통행을 방해하지 않는 범위 내에서는 토지소유자로서 위 토지를 처분하거나 사용·수익할 권능을 상실하지 않는다고 할 것이므로, 위 토지를 불법점유하고 있는 乙에 대하여 간이판매대철거 및 그 토지에서의 퇴거 등을 청구할 수 있다고 할 것이나, 乙의 불법점유로 인하여 甲에게 어떠한 손실이 생긴다고 할 수 없어 그 점유로 인한 부당이득반환청구는 할 수 없을 것으로 보입니다.

참고로 새마을농로확장공사로 인하여 자신소유 토지 중 도로에 편입되는 부분을 도로로 점유함을 허용함에 있어 손실보상금이 지급되지 않았으나 이의를 제기하지 않았고, 도로에 편입된 부분을 제외한 나머지 토지만을 처분한 점 등의 제반사정에 비추어, 토지소유자가 토지 중 도로로 제공한 부분에 대한 독점적이고 배타적인 사용·수익권을 포기한 것으로 봄이 상당하다고 한 사례가 있습니다(대법원 2006. 5. 12. 선고 2005다31736 판결).

"본 사례는 개인의 법률문제 해결에 도움을 주고자 게재되었으나, 이용자 여러분의 생활에서 발생하는 구체적 사안은 동일하지는 않을 것이므로 참고자료로 활용하시기 바랍니다."

제215조 【건물의 구분소유】
①수인이 한 채의 건물을 구분하여 각각 그 일부분을 소유한 때에는 건물과 그 부속물중 공용하는 부분은 그의 공유로 추정한다.
②공용부분의 보존에 관한 비용 기타의 부담은 각자의 소유부분의 가액에 비례하여 분담한다.

제216조 【인지사용청구권】
①토지소유자는 경계나 그 근방에서 담 또는 건물을 축조하거나 수선하기 위하여 필요한 범위내에서 이웃 토지의 사용을 청구할 수 있다. 그러나 이웃사람의 승낙이 없으면 그 주거에 들어가지 못한다.
②전항의 경우에 이웃 사람이 손해를 받은 때에는 보상을 청구할 수 있다.

제217조 【매연등에 의한 인지에 대한 방해금지】 ①토지소유자는 매연, 열기체, 액체, 음향, 진동 기타 이에 유사한 것으로 이웃토지의 사용을 방해하거나 이웃 거주자의 생활에 고통을 주지 아니하도록 적당한 조처를 할 의무가 있다.
②이웃 거주자는 전항의 사태가 이웃 토지의 통상의 용도에 적당한 것인 때에는 이를 인용할 의무가 있다.

판례-채무부존재확인

[대법원 2010.7.15, 선고, 2006다84126, 판결]

【판시사항】
[1] 적법하게 가동하거나 공용에 제공한 시설로부터 발생하는 유해배출물로 인하여 제3자가 손해를 입은 경우, 그 위법성의 판단 기준
[2] 국가가 공군 전투기 비행훈련장으로 설치·사용하고 있는 공군기지의 활주로 북쪽 끝으로부터 4.5km 떨어진 곳에 위치한 양돈장에서 모돈(母豚)이 유산하는 손해가 발생한 사안에서, 그 손해는 공군기지에서 발생한 소음으로 인한 것으로, 당시의 소음배출행위와 그 결과가 양돈업자의 수인한도를 넘는 위법행위라고 판단한 원심판결을 수긍한 사례

【판결요지】
[1] 불법행위 성립요건으로서의 위법성은 관련 행위 전체를 일체로만 판단하여 결정하여야 하는 것은 아니고, 문제가 되는 행위마다 개별적·상대적으로 판단하여야 할 것이므로 어느 시설을 적법하게 가동하거나 공용에 제공하는 경우에도 그로부터 발생하는 유해배출물로 인하여 제3자가 손해를 입은 경우에는 그 위법성을 별도로 판단하여야 하며, 이러한 경우의 판단 기준은 그 유해의 정도가 사회생활상 통상의 수인한도를 넘는 것인지 여부인데, 그 수인한도의 기준을 결정함에 있어서는 일반적으로 침해되는 권리나 이익의 성질과 침해의 정도뿐만 아니라 침해행위가 갖는 공공성의 내용과 정도, 그 지역환경의 특수성, 공법적인 규제에 의하여 확보하려는 환경기준, 침해를 방지 또는 경감시키거나 손해를 회피할 방안의 유무 및 그 난이 정도 등 여러 사정을 종합적으로 고려하여 구체적 사건에 따라 개별적으로 결정하여야 한다.
[2] 국가가 공군 전투기 비행훈련장으로 설치·사용하고 있는 공군기지의 활주로 북쪽 끝으로부터 4.5km 떨어진 곳에 위치한 양돈장에서 모돈(母豚)이 유산하는 손해가 발생한 사안에서, 위 공군기지에서 발생하는 소음의 순간 최대치가 양돈장 근처에서 모돈에 20~30% 정도의 유산을 일으킬 가능성이 있는 수치인 84 내지 94dB로 측정된 점, 역학조사 결과 모돈의 유산 원인은 질병이 아닌 환경요인에서 오는 스트레스로 추정되는데 위 소음 외에 양돈장에서 모돈에 스트레스를 줄 만한 다른 요인이 확인되지

않는 점 등에 비추어 위 손해는 공군기지에서 발생한 소음으로 인한 것으로, 당시의 소음배출행위와 그 결과가 양돈업자의 수인한도를 넘는 위법행위라고 판단한 원심판결을 수긍한 사례.

일조권침해로 인한 손해배상청구의 경우 그 손해배상의 범위

(대한법률구조공단 자료)

질문

저는 이웃의 고층건물로 인하여 일조권 침해는 물론 주거공간에서의 기본적인 생활에도 많은 불편을 겪고 있습니다. 제 마음 같아선 건물의 철거요구를 하고 싶은데, 만일 이로 인한 손해배상청구권을 행사할 경우 그 배상의 범위는 어떻게 되는지요?

답변

민법에서 소유자는 소유권을 방해하는 자에 대하여 방해제거를 청구할 수 있으며, 소유권을 방해할 염려 있는 행위를 하는 자에 대하여 그 예방이나 손해배상의 담보를 청구할 수 있고(민법 제214조) 또한, 토지소유자는 매연, 열기체, 액체, 음향, 진동 기타 이와 유사한 것으로 이웃토지사용을 방해하거나 이웃거주자 생활에 고통을 주지 아니하도록 적당한 조치를 할 의무가 있으며, 이웃거주자는 그러한 사태가 이웃토지의 통상용도에 적당한 것인 때에는 이를 인용할 의무가 있다고 규정하고 있으며(민법 제217조), 고의 또는 과실로 인한 위법행위로 타인에게 손해를 가한 자는 그 손해를 배상할 책임이 있다고 정하고 있습니다(민법 제750조).

그런데 일조권 침해 관련판례를 보면, 건물신축으로 그 이웃토지상의 거주자가 직사광선이 차단되는 불이익을 받은 경우, 그 신축행위가 정당한 권리행사범위를 벗어나 사법상 위법한 가해행위로 평가되려면 그 일조방해정도가 사회통념상 일반적으로 인용하는 서로 참아야 할 한도(수인한도)를 넘어야 하고, 일조방해행위가 사회통념상 서로 참아야 할 한도를 넘었는지는 피해정도, 피해이익의 성질 및 그에 대한 사회적 평가, 가해건물용도, 지역성, 토지이용 선후관계, 가해방지 및 피해회피가능성, 공법적 규제의 위반여부, 교섭경과 등 모든 사정을 종합적으로 고려하여 판단하여야 한다고 하였습니다(대법원 2007. 6. 28. 선고 2004다54282 판결).

또한, 일조방해 등과 같은 생활이익침해로 인하여 발생한 재산상손해 중 토지·가옥의 가격저하에 의한 손해산정방법에 관한 판례를 보면, 일조장해, 사생활침해, 시야차단으로 인한 압박감, 소음, 분진, 진동 등과 같은 생활이익침해로 인하여 발생한 계산적 손해의 항목 중 토지·가옥의 가격저하에 의한 손해를 산정함에 있어서는 광열비·건조비 등의 지출증대와는 별도로 일조장해 등과 상당인과관계가 있는 정상가격의 감소액을 부동산감정 등의 방법으로 평가하여야 할 것이고, 분양된 아파트가 일조피해를 입고 있는 경우 그 아파트시세가 분양대금에 물가상승률이나 예금금리를 감안한 금액보다 높게 유지된다고 하여 그 소유자에게 당해아파트의 가격저하로 인한 손해가 발생하지 아니하였다고 볼 수 없다고 하였으며(대법원 1999. 1. 26. 선고 98다23850 판결), 일조·조망 등이 침해되었으나 이를 반영한 거래가격이 형성되지 아니한 경우 재산상손해의 범위에 관한 하급심판례는, 상실된 환경성능의 금전적 가치와 추가로 부담하게 되는 난방비 및 조명비의 합계액상당의 가격이 하락한 상태로 거래하게 될 것임이 경험칙상 명백하므로 일조·조망 등이 침해되었으나 아직까지 이를 반영한 거래가격이 형성되지 아니한 경우의 재산상손해는 침해가 발생하기 전의 정상적인 주택가격에서 환경성능이 차지하는 비중과 침해된 환경성능상실률에 터 잡아 평가한 환경성능상실액과 추가 난방비 및 조명비의 합계액으로 봄이 상당하고, 사회통념상 서로 참아야 할 한도를 넘는 일조·조망 및 생활상 불편으로 인한 위자료청구는 침해를 받고 있는 건물에 거주하고 있는 자만이 행사 할 수 있다고 하였습니다(서울동부지법 2004. 2. 12. 선고 2002가합2919 판결).

따라서 일조권침해로 인한 손해배상청구권의 행사범위는 일조권침해로 인한 추가 난방비, 조명비, 건조비, 위 판례의 취지에 따른 부동산가격 가격저하로 인한 손해, 위자료 등이 될 것입니다. 다만, 건물철거청구는 그 요건을 매우 엄격하게 적용할 것으로 보입니다(대법원 1982. 9. 14. 선고 80다2859 판결).

참고로 고층아파트신축으로 비닐하우스에 일조방해가 발생하여 더 이상 정상적인 난 재배를 하기 어렵게 된 사안에서, 특별한 사정이 없는 한 비닐하우스와 그안에서 재배되는 난들에 대한 이전비용과 이전과정에서 불가피하게 발생하는 손해를 통상손해로서 청구할 수 있고, 만약 비닐하우스 등을 이전하는 것이 불가능하다는 등 특별한 사정이 있다면 그 교환가치상당액을 통상손해로서 청구할 수 있다고 한 사례가 있습니다(대법원 2011. 4. 28 선고 2009다98652 판결).

"본 사례는 개인의 법률문제 해결에 도움을 주고자 게재되었으나, 이용자 여러분의 생활에서 발생하는 구체

적 사안은 동일하지는 않을 것이므로 참고자료로 활용하시기 바랍니다."

제218조 【수도등 시설권】
①토지소유자는 타인의 토지를 통과하지 아니하면 필요한 수도, 소수관, 까스관, 전선등을 시설할 수 없거나 과다한 비용을 요하는 경우에는 타인의 토지를 통과하여 이를 시설할 수 있다. 그러나 이로 인한 손해가 가장 적은 장소와 방법을 선택하여 이를 시설할 것이며 타토지의 소유자의 청구에 의하여 손해를 보상하여야 한다.
②전항에 의한 시설을 한 후 사정의 변경이 있는 때에는 타토지의 소유자는 그 시설의 변경을 청구할 수 있다. 시설변경의 비용은 토지소유자가 부담한다.

판례-송전선로에 대한 소유권 확인등

[대법원 2012.12.27, 선고, 2010다103086, 판결]

【판시사항】
인접한 타인의 토지를 통과하지 않고도 전선 등 시설을 하고 물을 소통할 수 있는 경우, 스스로 그와 같은 시설을 하는 것이 타인의 토지 등을 이용하는 것보다 비용이 더 든다는 등의 이유만으로 상린관계에 관한 민법, 하수도법 등의 규정을 유추적용하여 토지소유자가 타인의 토지나 타인이 시설한 전선 등에 대한 사용권을 갖는다고 볼 수 있는지 여부(소극)

【판결요지】
인접하는 토지 상호간의 이용의 조절을 위한 상린관계에 관한 민법 등의 규정은 인접지 소유자에게 소유권에 대한 제한을 수인할 의무를 부담하게 하는 것이므로 적용 요건을 함부로 완화하거나 유추하여 적용할 수는 없고, 상린관계 규정에 의한 수인의무의 범위를 넘는 토지이용관계의 조정은 사적자치의 원칙에 맡겨야 한다. 그러므로 어느 토지소유자가 타인의 토지를 통과하지 아니하면 필요한 전선 등을 시설할 수 없거나 과다한 비용을 요하는 경우에는 타인은 자기 토지를 통과하여 시설을 하는 데 대하여 수인할 의무가 있고(민법 제218조 참조), 또한 소유지의 물을 소통하기 위하여 이웃토지 소유자가 시설한 공작물을 사용할 수 있지만(민법 제227조), 이는 타인의 토지를 통과하지 않고는 전선 등 불가피한 시설을 할 수가 없거나 타인의 토지를 통하지 않으면 물을 소통할 수 없는 합리적 사정이 있어야만 인정되는 것이다. 인접한 타인의 토지를 통과하지 않고도 시설을 하고 물을 소통할 수 있는 경우에는 스스로 그와 같은 시설을 하는 것이 타인의 토지 등을 이용하는 것보다 비용이 더 든다는 등의 사정이 있다는 이유만으로 이웃토지 소유자에게 그 토지의 사용 또는 그가 설치·보유한 시설의 공동사용을 수인하라고 요구할 수 있는 권리는 인정될 수 없다. 따라서 위와 같은 경우에는 주위토지통행권에 관한 민법 제219조나 유수용공작물(流水用工作物)의 사용권에 관한 민법 제227조 또는 타인의 토지 또는 배수설비의 사용에 관하여 규정한 하수도법 제29조 등 상린관계에 관한 규정의 유추적용에 의하여 타인의 토지나 타인이 시설한 전선 등에 대한 사용권을 갖게 된다고 볼 여지는 없다.

제219조 【주위토지통행권】 ①어느 토지와 공로사이에 그 토지의 용도에 필요한 통로가 없는경우에 그 토지소유자는 주위의 토지를 통행 또는 통로로 하지 아니하면 공로에 출입할 수 없거나 과다한 비용을 요하는 때에는 그 주위의 토지를 통행할 수 있고 필요한 경우에는 통로를 개설할 수 있다. 그러나 이로 인한 손해가 가장 적은 장소와 방법을 선택하여야 한다.
②전항의 통행권자는 통행지 소유자의 손해를 보상하여야 한다.

제220조 【분할, 일부양도와 주위통행권】 ①분할로 인하여 공로에 통하지 못하는 토지가 있는 때에는 그 토지소유자는 공로에 출입하기 위하여 다른 분할자의 토지를 통행할 수 있다. 이 경우에는 보상의 의무가 없다.
②전항의 규정은 토지소유자가 그 토지의 일부를 양도한 경우에 준용한다.

제221조 【자연유수의 승수의무와 권리】 ①토지소유자는 이웃 토지로부터 자연히 흘러오는 물을 막지 못한다.
②고지소유자는 이웃 저지에 자연히 흘러 내리는 이웃 저지에서 필요한 물을 자기의 정당한 사용범위를 넘어서 이를 막지 못한다.

판례-손해배상(기)

[대법원 2012.4.13, 선고, 2010다9320, 판결]

【판시사항】
[1] 甲 주식회사가 乙 주식회사 소유 매립장 부지에 폐기물 매립장을 설치하는 공사를 하던 중 인접 토지 소유자인 丙의 지시에 따라 丁 주식회사가 인접 토지에 있던 기존 배수로를 매립하고 현존 배수로를 새로 만들었는데, 현존 배수로가 기존 배수로보다 통수단면 면적이 감소한 탓에 수일간 내린 비로 월류(越流)가 발생하여 매립장이 침수되는 등 사고가 발생한 사안에서, 丙과 丁 회사의 위법행위가 사고발생의 원인이 되었다고 본 원심판단을 정당하다고 한 사례
[2] 민법 제229조 제2항의 취지 및 수류지 소유자가 수로와 수류의 폭을 임의로 변경하여 범람을 일으킨 경우에도 위 규정에 따라 면책되는지 여부(소극)

【판결요지】
[1] 甲 주식회사가 乙 주식회사 소유 매립장 부지에 폐기물 매립장을 설치하는 공사를 하던 중, 인접 토지 소유자인 丙의 지시에 따라 丁 주식회사가 인접 토지에 자연적으로 흐르는 물이 유입되면서 형성되어 오랫동안 배수로 역할을 해 온 기존 배수로를 매립하고 매립장 부지 경계 부근에 현존 배수로를 새로 만들었는데, 현존 배수로가 기존 배수로보다 통수단면 면적이 감소한 탓에 수일간 내린 비로 월류(越流)가 발생하여 매립장이 침수되는 1차 사고가 발생하였고, 그 후 甲 회사가 현존 배수로의 보수와 확장을 요청하였음에도 丙과 丁 회사가 이에 응하지 않아 다시 내린 비로 월류한 물이 매립장 안으로 유입되어 굴착사면이 붕괴하는 등 2차 사고가 발생한 사안에서, 기존 배수로를 매립하고 그보다 통수능력이 부족한 현존 배수로를 새로 설치함으로써 자연히 흘러오던 물의 일부를 막은 丙과 丁 회사의 행위는 민법 제221조 제1항을 위반한 것으로 위법하고, 1차 사고발생 후 후속사고 발생이 예상되는 상황에서 현존 배수로의 보수와 확장 요청을 거부한 채 사고발생 위험을 계속 방치한 행위 역시 위법하며, 이러한 위법행위가 1, 2차 사고발생의 한 원인이 되었다고 본 원심판단을 정당하다고 한 사례.
[2] 민법 제229조 제2항이 '양안(兩岸)의 토지가 수류지(水流地) 소유자의 소유인 때에는 소유자는 수로와 수류의 폭을 변경할 수 있다'고 규정한 것은 대안(對岸)의 수류지 소유자 관계에서 수류이용권(水流利用權)을 규정한 것으로서, 이는 위와 같은 경우 수류지 소유자는 수로와 수류의 폭을 변경하여 물을 가용 또는 농·공업용 등에 이용할 권리가 있다는 것을 의미함에 그치고, 더 나아가 수로와 수류의 폭을 임의로 변경하여 범람을 일으킴으로써 인지(隣地) 소유자에게 손해를 발생시킨 경우에도 면책된다는 취지를 규정한 것이라고 볼 수는 없다.

제222조 【소통공사권】
흐르는 물이 저지에서 폐색된 때에는 고지소유자는 자비로 소통에 필요한 공사를 할 수 있다.

제223조 【저수, 배수, 인수를 위한 공작물에 대한 공사청구권】
토지소유자가 저수, 배수 또는 인수 하기 위하여 공작물을 설치한 경우에 공작물의 파손 또는 폐색으로 타인의 토지에 손해를 가하거나 가할 염려가 있는 때에는 타인은 그 공작물의 보수, 폐색의 소통 또는 예방에 필요한 청구를 할 수 있다.

제224조 【관습에 의한 비용부담】
전2조의 경우에 비용부담에 관한 관습이 있으면 그 관습에 의한다.

제225조 【처마물에 대한 시설의무】 토지소유자는 처마물이 이웃에 직접 낙하하지 아니하도록 적당한 시설을 하여야 한다.

제226조 【여수소통권】
①고지소유자는 침수지를 건조하기 위하여 또는 가용이나 농, 공업용의 여수를 소통하기 위하여 공로, 공류 또는 하수도에 달하기까지 저지에 물을 통과하게 할 수 있다.
②전항의 경우에는 저지의 손해가 가장 적은 장소와 방법을 선택하여야 하며 손해를 보상하여야 한다.

판례-구상금

[대법원 2003.4.11, 선고, 2000다11645, 판결]

【판시사항】
[1] 민법 제226조 여수소통권의 적용 요건
[2] 민법 제227조 소정의 공작물의 시설자의 의미

【판결요지】
[1] 민법 제226조는 고지소유자에게 여수소통을 위하여 공로, 공류 또는 하수도에 달하기까지의 저지에 물을 소통할 권리를 인정하면서 동시에 고지소유자에게 그에 따른 저지소유자의 손해를 보상할 의무가 있음을 정하고 있는 규정이므로, 그 규정이 적용되기 위하여는 고지소유자가 여수소통을 위하여 저지소유자의 토지를 통과하여 사용할 것이 요구된다.
[2] 민법 제227조는 토지소유자가 소유지 상의 물을 소통하기 위하여 이웃 토지소유자 시설의 공작물을 사용할 수 있고 그 경우 토지소유자는 이웃 토지소유자에 대하여 그 이익을 받는 비율로 공작물의 설치보존 비용을 분담하여야 한다고 규정하고 있는바, 여기서 말하는 공작물의 시설자는 이웃 토지소유자로 한정되지는 않으나 단순히 공작물을 시설한 것만으로는 부족하고 이에 대한 정당한 권리를 갖는 자를 의미한다.

제227조 【유수용공작물의 사용권】
①토지소유자는 그 소유지의 물을 소통하기 위하여 이웃토지소유자의 시설한 공작물을 사용할 수 있다.
②전항의 공작물을 사용하는 자는 그 이익을 받는 비율로 공작물의 설치와 보존의 비용을 분담하여야 한다.

제228조 【여수급여청구권】
토지소유자는 과다한 비용이나 노력을 요하지 아니하고는 가용이나 토지이용에 필요한 물을 얻기 곤란한 때에는 이웃 토지소유자에게 보상하고 여수의 급여를 청구할 수 있다.

第229조 【수류의 변경】
①구거 기타 수류지의 소유자는 대안의 토지가 타인의 소유인 때에는 그 수로나 수류의 폭을 변경하지 못한다.
②양안의 토지가 수류지 소유자의 소유인 때에는 소유자는 수로와 수류의 폭을 변경할 수 있다. 그러나 하류는 자연의 수로와 일치하도록 하여야 한다.
③전2항의 규정은 다른 관습이 있으면 그 관습에 의한다.

第230조 【언의 설치, 이용권】
①수류지의 소유자가 언을 설치할 필요가 있는 때에는 그 언을 대안에 접촉하게 할 수 있다. 그러나 이로 인한 손해를 보상하여야 한다.
②대안의 소유자는 수류지의 일부가 자기소유인 때에는 그 언을 사용할 수 있다. 그러나 그 이익을 받는 비율로 언의 설치, 보존의 비용을 분담하여야 한다.

第231조 【공유하천용수권】
①공유하천의 연안에서 농, 공업을 경영하는 자는 이에 이용하기 위하여 타인의 용수를 방해하지 아니하는 범위내에서 필요한 인수를 할 수 있다.
②전항의 인수를 하기 위하여 필요한 공작물을 설치할 수 있다.

판례-손해배상(기)

[대법원 2009.6.11, 선고, 2006다13001, 판결]

【판시사항】
[1] 특수한 자연적 조건 아래 발생한 손해에 대하여 '자연력의 기여분'을 인정하여 가해자의 배상범위를 제한할 수 있는지 여부(원칙적 적극) 및 이때 자연력의 기여도에 관한 비율의 결정이 사실심의 전권사항인지 여부(적극)
[2] 공유하천 연안 농지의 경작자들이 공유하천을 농업용수로 이용하고 있던 상태에서 공유하천 하류에 방조제 등이 축조되어 농업기반시설이 만들어진 경우, 농업기반시설의 관리자가 위 연안 농지 중 '공사관리지역'으로 지정되지 아니한 농지의 경작자들에 대해서도 용수사용을 수인할 의무가 있는지 여부(적극) 및 위 관리자의 과실로 농업용수의 기능이 상실되어 공사관리지역 외 농지의 경작자들이 손해를 입은 경우, 손해배상책임을 부담하는지 여부(적극)
[3] 공작물의 설치·보존상의 하자와 자연재해의 경합에 의하여 피해를 입은 농·어민이 농어업재해대책법에 따른 재해복구비를 지원받은 경우, 이를 공작물의 점유자 혹은 소유자가 부담하여야 할 손해배상액에서 공제할 수 있는지 여부(소극)

【이 유】
각 상고이유를 함께 판단한다.
1. 소포호로의 해수유입 및 이와 관련한 피고의 과실에 대하여
원심은 그 채택 증거에 의하여 판시와 같은 사실을 인정한 다음, 피고가 이 사건 배수갑문의 조작시 그 개폐 여부를 제대로 확인하지 아니하고 정기적인 점검을 통하여 그 기능이 제대로 발휘될 수 있도록 유지, 관리하지 못한 과실로 인하여 이 사건 소포호로 바닷물이 유입되었고, 이는 이 사건 소포호 담수의 염도가 비정상적으로 상승한 하나의 원인이 되었다고 판단하였는바, 기록에 비추어 살펴보면 원심의 위와 같은 사실인정과 판단은 정당하고, 거기에 피고의 상고이유에서 주장하는 바와 같은 채증법칙과

관련된 법령 위반 또는 이유모순 등의 위법이 없다.

2. 자연력의 기여도에 대하여

피해자가 입은 손해가 통상의 손해와는 달리 특수한 자연적 조건 아래 발생한 것이라 하더라도 가해자가 그와 같은 자연적 조건이나 그에 따른 위험의 정도를 미리 예상할 수 있었고 또 과도한 노력이나 비용을 들이지 아니하고도 적절한 조치를 취하여 자연적 조건에 따른 위험의 발생을 사전에 예방할 수 있었다면 그러한 사고방지 조치를 소홀히 하여 발생한 사고로 인한 손해배상의 범위를 정함에 있어서 자연력의 기여분을 인정하여 가해자의 배상범위를 제한할 수 없다고 할 것이지만, 그렇지 아니한 경우에는 가해자의 배상범위는 손해의 공평한 부담이라는 견지에서 손해발생에 대하여 자연력이 기여하였다고 인정되는 부분을 공제한 나머지 부분으로 제한하여야 하며(대법원 2003. 6. 27. 선고 2001다734 판결, 대법원 2004. 6. 25. 선고 2003다69652 판결 등 참조), 이때 자연력의 기여 부분 및 그 정도에 관한 사실인정이나 비율을 정하는 것은 형평의 원칙에 비추어 현저히 불합리하다고 인정되지 아니하는 한 사실심의 전권사항에 속한다(대법원 2005. 4. 29. 선고 2004다66476 판결 참조).

원심이 적법하게 채택한 증거들에 비추어 원심판결 이유를 살펴보면, 원심은 해수유입과 고염도 저층수의 배수차단 등의 인위적 원인 이외에 가뭄과 태풍이라는 자연현상도 원고 및 선정자들(이하 '원고 등'이라 한다)이 입은 손해의 발생에 기여하였다고 본 다음, 원고 등의 손해가 전적으로 위와 같은 자연현상에 의하여 발생하였으므로 피고가 면책되어야 한다는 피고의 주장을 배척하고, 피고가 가뭄에 따른 피해를 미리 예상하거나 과도한 노력이나 비용을 들이지 아니하고 가뭄 피해를 사전에 예방할 수 있었다고 보기 어렵다고 판단하여 피고의 책임을 그 판시와 같은 범위 내로 제한하였는바, 이는 앞서 본 법리에 따른 것으로서 정당하고, 원심이 판단의 근거로 삼은 자연력의 기여 부분 및 그 정도에 관한 사실인정에 원고나 피고가 상고이유에서 주장하는 바와 같은 채증법칙과 관련된 법령 위반 등의 위법이 없으며, 위와 같은 자연력의 기여도에 관하여 원심이 인정한 책임제한 비율 또한 수긍이 가고, 그것이 형평의 원칙에 비추어 현저히 불합리하다고는 보이지 아니한다.

3. 과실상계에 대하여

(1) 과실상계사유에 관한 사실인정이나 그의 비율을 정하는 것은 그것이 형평의 원칙에 비추어 현저히 불합리하다고 인정되지 않는 한 사실심의 전권사항에 속한다 (대법원 2000. 6. 13. 선고 98다35389 판결, 대법원 2007. 10. 11. 선고 2006다14455 판결 등 참조). 원심이 적법하게 채택한 증거들에 비추어 원심판결 이유를 살펴보면, 원심이 판시와 같은 사정을 이유로 하여 피고의 영농지도에 따라 염해로 인한 피해를 줄일 수 있는 적절한 대비책을 강구하지 아니한 원고 등의 과실 또한 이 사건 손해발생 및 확대의 한 원인이 되었다고 보고 이를 과실상계사유로 삼은 것은 수긍할 수 있고, 또한 그 사유에 비추어 보면 원심이 인정한 과실상계비율이 형평의 원칙에 비추어 현저히 불합리하다고 보이지 아니하므로, 거기에 원고의 상고이유에서 주장하는 바와 같은 과실상계에 관한 법리오해나 이유불비 등의 위법이 없다.

(2) 또한 기록에 비추어 살펴보면 원심이 원고 등의 과실비율을 각자의 개별 요인에 따라 별도로 산정하여야 한다는 원고의 주장에 대하여 이를 인정할 만한 객관적 자료가 없다는 이유로 배척한 것은 정당하고, 거기에 원고의 상고이유에서 주장하는 바와 같은 과실상계에 관한 법리오해나 이유모순 등의 위법이 없다.

(3) 구 농업기반공사 및 농지관리기금법(1999. 2. 5. 법률 제5759호) 부칙 제9조에 의하면 피고는 농지개량조합의 재산과 기타 권리·의무를 포괄적으로 승계하였으므로 소포호의 관리자이던 진도농지개량조합의 관리·감독상의 과실로 인한 책임도 모두 피고가 승계하였다고 할 것이고, 진도농지개량조합의 조합원이었던 원고와 일부 선정자들이 진도농지개량조합의 책임을 승계한다고 볼 수는 없으므로, 남양건설이 소포호의 가물막이시설을 제거하지 아니하고 방치한 데 대하여 진도농지개량조합에게 관리·감독상의 과실이 있다고 하더라도 이로 인한 책임은 모두 피고에게 귀속된다고 보아야 하며, 위와 같은 진도농지개량조합의 과실에 기초하여 원고와 일부 선정자들에 대하여 피고

가 주장하는 바와 같은 과실상계가 이루어져야 한다고 볼 수는 없다.
원심이 피고가 주장하는 위 과실상계사유에 관하여 아무런 판단을 하지 아니하였다고 하더라도 그 주장은 위와 같은 이유로 배척될 것임이 명백하여 원심의 잘못은 판결 결과에 아무런 영향이 없으므로, 원심판결에는 피고의 상고이유에서 주장하는 바와 같이 이유를 명시하지 아니한 위법 등이 있다고 할 수 없다.
4. 공사관리지역 외 농지 소유자들에 대한 손해배상책임에 대하여
이 사건 기록에 의하면, 공유하천이던 이 사건 소포하천 연안 농지의 경작자들은 소포방조제 및 배수갑문이 준공된 1976년 이전부터 소포하천의 물을 농업용수로 이용하여 농사를 해 온 사실, 위 방조제 및 배수갑문의 준공으로 소포호가 생성되었고 진도농지개량조합이 농업기반시설인 위 소포호와 방조제 등을 관리하게 되었는데, 위 소포하천 연안 농지 가운데 그 경작자가 위 농지개량조합의 조합원으로 가입한 농지는 위 농업기반시설로부터 농업용수 공급을 받을 수 있는 '조합구역'으로 지정되었으나, 그 외의 농지는 조합구역으로 지정되지 아니한 채 그 경작자들이 이전과 같이 관행적으로 또는 위 농지개량조합과 급수계약을 체결하는 등의 방법으로 소포호의 물을 농업용수로 이용해 온 사실, 피고가 2000. 1. 1. 진도농지개량조합의 권리와 의무를 포괄적으로 승계함으로써 위 '조합구역'은 피고가 관리하는 '공사관리지역'으로 된 사실, 그런데 진도농지개량조합이나 피고는 소포방조제 및 배수갑문 축조 이래 이 사건 염해 발생 당시나 그 이후에도 소포호 연안 농지 가운데 공사관리지역으로 지정되지 아니한 농지의 경작자들이 소포호로부터 농업용수를 이용하는 것에 대하여 이의를 제기하거나 그 이용을 금지한 바는 없는 사실을 알 수 있다.
위와 같이 공유하천인 소포하천 연안 지역 농지의 경작자들이 소포방조제 및 배수갑문이 축조되기 이전부터 이미 소포하천을 농업용수로 이용해 오고 있었다면 위 경작자들은 민법상의 공유하천용수권이나 관습에 의한 용수권 또는 그와 유사한 용수권을 가지고 있었다고 봄이 타당하고, 그러한 상태에서 소포하천 하류에 방조제 등이 축조되어 이 사건 소포호 등 농업기반시설이 만들어졌다면, 이 사건 소포호의 관리자는 당초부터 존재해 오던 위 경작자들의 용수권을 방해할 수 없으므로, 소포호 연안 농지 가운데 '조합구역'으로 지정되지 아니한 농지의 경작자들에 대해서도 소포호로부터의 용수사용을 수인하여야 할 의무가 있다고 할 것이고(진도농지개량조합이나 피고가 소포방조제 및 배수갑문 축조 이래 이 사건 염해가 발생한 이후에도 공사관리지역 외 농지 경작자들의 농업용수이용에 이의를 제기하거나 이를 금지한 바 없는 점도 이를 뒷받침한다), 따라서 소포호의 관리자인 피고의 잘못으로 위 용수권의 대상이 되는 소포호의 담수가 농업용수로서의 기능이 상실됨으로써 이를 농업용수로 사용한 공사관리지역 외 농지의 경작자들이 수확량 감소의 손해를 입게 되었다면, 피고는 그 손해를 배상할 책임이 있다고 할 것이다.
원심의 이 부분에 관한 이유설시에 미흡한 점은 있으나, 이 부분 피고의 주장을 배척한 결론은 정당하고, 거기에 피고의 상고이유에서 주장하는 바와 같은 형평의 원칙에 관한 법리오해 등의 위법이 없으며, 또한 공사관리지역 외 농지 경작자들에 대한 책임비율을 공사관리지역 내 농지 경작자들에 대한 책임비율보다 경감하지 아니한 원심의 조치에도 형평의 원칙에 관한 법리오해 등의 위법이 없다.
5. 피해보상금 공제 주장에 대하여
구 농어업재해대책법(2001. 4. 7. 법률 제6568호) 제4조 및 관련 법령인 구 농어업재해대책법 시행규칙(2001. 10. 29. 해양수산부령 제1404호) 등에 근거하여 국가 및 지방자치단체의 재원으로 자연재해를 입은 농가 또는 어가에 대하여 지급되는 지원금은 국가 및 지방자치단체가 재해로부터 농·어민을 보호할 책무를 다하기 위하여 제한적 범위 내에서 재해복구비용을 지원하는 것으로서, 급여자의 대위권을 인정하거나 급여의무의 면제규정 등을 두고 있지 않다. 위와 같은 제도의 목적 및 법령의 취지에 비추어 볼 때 위 재해복구비 지원제도는 국가가 농업 및 어업생산에 대한 재해의 사후대책을 강구함으로써 농업 및 어업의 생산력을 증진하고 경영의 안정을 도모한다는 사회보상적 성격의 사회보장제도에 속하는 것으로서 손해를 배상하는 제도와는 그 취지나 목

적을 달리하는 것이므로, 공작물의 설치·보존상의 하자와 자연재해의 경합에 의하여 피해를 입은 농·어민이 위 재해복구비를 지원받았다 하더라도 이를 위 공작물의 점유자 혹은 소유자가 부담하여야 할 손해배상액에서 공제할 것은 아니다 (대법원 2005. 4. 29. 선고 2004다66476 판결 참조).

같은 취지에서 원심이 원고 및 선정자들이 국고 등으로부터 지급받은 생계비, 농약대, 대파대, 특별위로금 등 합계 2,300,742,240원을 이 사건 손해배상액에서 공제하여야 한다는 피고의 주장을 배척한 조치는 정당하고, 거기에 피고의 상고이유에서 주장하는 바와 같은 손해배상 또는 손실보상에 관한 법리오해 등의 위법이 없다.

6. 결론

그러므로 상고를 모두 기각하고, 상고비용은 각자 부담하기로 하여 관여 대법관의 일치된 의견으로 주문과 같이 판결한다.

제232조 【하류연안의 용수권보호】
전조의 인수나 공작물로 인하여 하류 연안의 용수권을 방해하는 때에는 그 용수권자는 방해의 제거 및 손해의 배상을 청구할 수 있다.

제233조 【용수권의 승계】
농, 공업의 경영에 이용하는 수로 기타 공작물의 소유자나 몽리자의 특별승계인은 그 용수에 관한 전소유자나 몽리자의 권리의무를 승계한다.

제234조 【용수권에 관한 다른 관습】
전3조의 규정은 다른 관습이 있으면 그 관습에 의한다.

제235조 【공용수의 용수권】
상린자는 그 공용에 속하는 원천이나 수도를 각 수요의 정도에 응하여 타인의 용수를 방해하지 아니하는 범위내에서 각각 용수할 권리가 있다.

제236조 【용수장해의 공사와 손해배상, 원상회복】 ①필요한 용도나 수익이 있는 원천이나 수도가 타인의 건축 기타 공사로 인하여 단수, 감수 기타 용도에 장해가 생긴 때에는 용수권자는 손해배상을 청구할 수 있다.
②전항의 공사로 인하여 음료수 기타 생활상 필요한 용수에 장해가 있을 때에는 원상회복을 청구할 수 있다.

인근지역의 지하수 개발로 인한 기존 지하수의 피해 구제방법

(대한법률구조공단 자료)

질문

저는 농민으로서 지하수를 이용하여 생활용수 및 농업용수 등으로 사용하였는데, 6년전부터 인근에 甲공장이 들어서면서 지하수를 대량으로 개발하여 공업용수로 사용하고 있고, 위 지하수개발지점으로부터 100미터 지점에서 그 이전부터 제가 사용하고 있었던 지하수가 나오지 않는 등 많은 피해를 보고 있습니다. 이 경우 구제받을 수 있는 방법이 있는지요?

답변

동력을 이용하여 지하수를 개발·이용하고자 하는 자는 미리 시장·군수·구청장의 허가를 받아야 하고, 시장·군수·구청장은 지하수채취로 인하여 인근지역의 수원고갈 또는 지반침하를 가져올 염려가 있거나 주변시설물안전을 해할 우려가 있는 경우, 허가를 하지 아니하거나 취수량을 제한할 수 있으며, 허가받은 자가 일정사유로 해당하는 경우 그 허가를 취소할 수 있습니다(지하수법 제7조 제1항, 제3항 제1호, 제10조 제1항 2호).

또한, 민법에서 필요한 용도나 수익이 있는 원천(源泉)이나 수도가 타인의 건축 기타 공사로 인하여 단수, 감수, 기타 용도에 장해가 생긴 때에는 용수권자는 손해배상을 청구할 수 있고, 그 공사로 인하여 음료수 기타 생활상 필요한 용수에 장해가 있을 때에는 원상회복을 청구할 수 있다고 규정하고 있습니다(민법 제236조).

새로운 지하수개발 및 취수로 인하여 인근토지소유자의 기존생활용수에 장해가 생기거나 장해의 염려가 있는 경우에 관한 판례를 보면, 토지소유권은 정당한 이익이 있는 범위 내에서 토지상하에 미치므로 토지소유자는 법률의 제한범위 내에서 그 소유토지의 지표면 아래에 있는 지하수를 개발하여 이용할 수 있을 것이나, 소유권방해제거·예방청구권에 관한 민법 제214조의 규정과 용수장해로 인한 용수권자의 손해배상청구권 및 원상회복청구권에 관한 민법 제236조의 규정을 종합해보면, 어느 토지 소유자가 새로이 지하수개발공사를 시행하여 설치한 취수공 등을 통하여 지하수를 취수함으로 말미암아 그 이전부터 인근 토지 내의 원천에서 나오는 지하수를 이용하고 있는 인근토지소유자의 음료수 기타 생활상 필요한 용수에 장해가 생기거나 그 장해의 염려가 있는 때에는, 생활용수방해를 정당화하는 사유가 없는 한 인근토지소유자는 그 생활용수방해의 제거(원상회복)나 예방을 청구할 수 있으며, 토지소유자의 새로운 원천개발 및 지하수이용으로 인하여 기존원천에서 나오는 지하수를 이용하고 있던 인근토지소유자의 생활용수에 장해가 생긴다면, 그와 같은 생활방해가 사회통념상 일반적으로 참고 인정하여야 할 정도를 넘어서지 않는다고 볼 만한 특별한 사정이 없는 한 그 생활방해는 위법하다고 할 것이고, 토지소유자가 지하수개발에 대하여 관할 행정청으로부터 먹는물관리법에 의한 허가를 받았다는 사유만으로는 생활방해가 정당화된다고 할 수 없고, 지하수개발공사 자체만으로는 인근토지소유자의 생활용수에 장해가 생기지 않더라도, 인근토지소유자는 지하수의 대량취수에 의한 생활방해의 예방을 위하여 필요한 한도 내에서 대량취수를 위한 지하수개발공사의 중지를 구할 수 있다고 하였습니다(대법원 1998. 4. 28. 선고 97다48913 판결).

따라서 귀하는 甲공장의 지하수개발로 인하여 그 인근토지의 수량이 고갈되었다는 등의 사실을 입증하여 자치단체장에게 지하수채취허가의 취소를 요청하는 민원을 제기해보거나, 민법에 의한 손해배상 및 원상회복을 청구해 볼 수 있을 것입니다.

만일, 甲공장의 지하수취수허가가 취소되는 경우에는 대통령령이 정하는 예외의 경우를 제외하고는 당해지역을 원상복구 하여야 하며, 그 원상복구의 기준과 방법, 기간 등에 대하여도 대통령령에서 규정하고 있습니다(지하수법 제15조, 같은 법 시행령 제24조).

"본 사례는 개인의 법률문제 해결에 도움을 주고자 게재되었으나, 이용자 여러분의 생활에서 발생하는 구체적 사안은 동일하지는 않을 것이므로 참고자료로 활용하시기 바랍니다."

제237조 【경계표, 담의 설치권】
①인접하여 토지를 소유한 자는 공동비용으로 통상의 경계표나 담을 설치할 수 있다.
②전항의 비용은 쌍방이 절반하여 부담한다. 그러나 측량비용은 토지의 면적에 비례하여 부담한다.
③전2항의 규정은 다른 관습이 있으면 그 관습에 의한다.

제238조 【담의 특수시설권】
인지소유자는 자기의 비용으로 담의 재료를 통상보다 양호한 것으로 할 수 있으며 그 높이를 통상 보다 높게 할 수 있고 또는 방화벽 기타 특수시설을 할 수 있다.

제239조 【경계표등의 공유추정】 경계에 설치된 경계표, 담, 구거등은 상린자의 공유로 추정한다. 그러나 경계표, 담, 구거등이 상린자일방의 단독비용으로 설치되었거나 담이 건물의 일부인 경우에는 그러하지 아니하다.

제240조 【수지, 목근의 제거권】 ①인접지의 수목가지가 경계를 넘은 때에는 그 소유자에 대하여 가지의 제거를 청구할 수 있다.
②전항의 청구에 응하지 아니한 때에는 청구자가 그 가지를 제거할 수 있다.
③인접지의 수목 뿌리가 경계를 넘은 때에는 임의로 제거할 수 있다.

제241조 【토지의 심굴금지】 토지소유자는 인접지의 지반이 붕괴할 정도로 자기의 토지를 심굴하지 못한다. 그러나 충분한 방어공사를 한 때에는 그러하지 아니하다.

판례-업무방해금지등

[대법원 2011.2.24, 선고, 2010다75754, 판결]

【판시사항】

[1] 사용자가 기업시설에 대한 방해배제 내지 방해예방청구권을 피보전권리로 하여 노동조합과 소속 조합원을 상대로 임시의 지위를 정하는 가처분을 구하거나 같은 내용의 본안소송을 제기할 수 있는지 여부(적극)

[2] 임시의 지위를 정하는 가처분의 집행에 의하여 임시의 이행상태가 작출된 경우, 본안소송의 심리에서 그와 같은 임시적, 잠정적 이행상태를 고려하여 본안소송의 당부를 판단하여야 하는지 여부(소극) 및 임시적, 잠정적 이행상태가 계속되는 동안 피보전권리에 관하여 가처분 집행과는 별개의 새로운 사태가 발생한 경우, 이를 본안소송의 심리에서 고려하여야 하는지 여부(원칙적 적극)

[3] 사용자가 기업시설에 대한 방해배제 내지 방해예방청구권을 피보전권리로 하여 노동조합과 그 소속 조합원을 상대로 업무방해금지가처분에 이어 같은 내용의 본안소송을 제기한 사안에서, 원심으로서는 가처분 집행의 결과로 작출된 상태를 고려할 필요 없이 가처분 집행과는 별개의 새로운 사태가 발생하였는지를 심리하여 본안청구의 당부를 판단하였어야 함에도, 이러한 판단에 나아가지 않은 원심판결을 파기한 사례

【판결요지】

[1] 사용자는 기업시설에 대한 방해배제 내지 방해예방청구권을 피보전권리로 하여 노동조합과 소속 조합원을 상대로 임시의 지위를 정하는 가처분을 구하거나 같은 내용의 본안소송을 제기할 수 있다. 이때 헌법이 근로자의 단결권·단체교섭권·단체행동권을 보장하고 있고, 노동쟁의의 유동성에 비추어 법적 간섭은 최소한도에 그치는 것이 분쟁해결에 도움이 될 수 있으며, 노사의 이해 대립은 노사대등의 원칙에 입각하여 자주적으로 해결되는 것이 바람직하다는 점에서, 보전의 필요성이나 방해배제 내지 방해예방청구의 필요성을 판단할 때에는 고도의 신중함을 요한다.

[2] 가처분의 피보전권리는 채무자가 소송과 관계없이 스스로 의무를 이행하거나 본안소송에서 피보전권리가 존재하는 것으로 판결이 확정됨에 따라 채무자가 의무를 이행한 때에 비로소 법률상 실현되는 것이어서, 민사집행법상 다툼이 있는 권리관계에 대하여 임시의 지위를 정하는 가처분의 집행에 의하여 피보전권리가 실현된 것과 마찬가지의 상태가 사실상 달성되었다 하더라도 그것은 어디까지나 임시적인 것에 지나지 않으므로, 가처분 집행에 의하여 임시의 이행상태가 작출되었다 하더라도 본안소송의 심리에서는 그와 같은 임시적, 잠정적 이행상태를 고려함이 없이 본안소송의 당부를 판단하여야 한다. 다만 그와 같은 임시적, 잠정적 이행상태가 계속되는 동안 피보전권리에 관하여 가처분 집행과는 별개의 새로운 사태가 발생한 경우에는 이를 본안소송의 심리에서 고려하여야 할 것이나, 그러한 사태가 당해 가처분 결정 당시부터 예정되어 있었던 것으로 사실상 가처분의 목적에 해당하여 이미 그 필요성에 대한 법원의 심리를 거쳤을 뿐만 아니라 당해 가처분 집행의 결과로 발생한 것이어서 실질적으로 당해 가처분 집행의 일부를 이룬다고 볼 만한 특별한 사정이 있는 때에는 그와 같은 새로운 사태를 고려함이 없이 본안청구의 당부를 판단하여야 한다.

[3] 사용자가 기업시설에 대한 방해배제 내지 방해예방청구권을 피보전권리로 하여 노동조합과 그 소속 조합원을 상대로 업무방해금지가처분에 이어 같은 내용의 본안소송을 제기한 사안에서, 원심으로서는 쟁의행위의 종료 등 가처분 집행의 결과로 작출된 상태를 고려할 필요 없이 가처분 집행과는 별개의 새로운 사태가 발생하였는지를 심리하여 본안청구의 당부를 판단하였어야 함에도, 이러한 판단에 나아가지 않고 원고의 주장을 배척한 원심판결을 파기한 사례.

제242조 【경계선부근의 건축】 ①건물을 축조함에는 특별한 관습이 없으면 경계로부터 반미터이상의 거리를 두어야 한다.
②인접지소유자는 전항의 규정에 위반한 자에 대하여 건물의 변경이나 철거를 청구할 수 있다. 그러나 건축에 착수한 후 1년을 경과하거나 건물이 완성된 후에는 손해배상만을 청구할 수 있다.

판례-건물철거

[대법원 2011.7.28, 선고, 2010다108883, 판결]

【판시사항】
[1] 민법 제242조 제1항에서 정한 '경계로부터 반 미터 이상의 거리'의 의미(=경계로부터 건물의 가장 돌출된 부분까지의 거리)
[2] 민법 제242조 제2항에서 정한 '건축의 착수' 및 '건물의 완성'의 의미

【판결요지】
[1] 민법 제242조 제1항이 건물을 축조하면서 특별한 관습이 없으면 경계로부터 반 미터 이상의 거리를 두어야 한다고 규정한 것은 서로 인접한 대지에 건물을 축조하는 경우에 각 건물의 통풍이나 채광 또는 재해방지 등을 꾀하려는 취지이므로, '경계로부터 반 미터'는 경계로부터 건물의 가장 돌출된 부분까지의 거리를 말한다.
[2] 민법 제242조 제1항에서 정한 이격거리를 위반한 경우라도 건축에 착수한 후 1년을 경과하거나 건물이 완성된 후에는 손해배상만을 청구할 수 있을 뿐 건물의 변경이나 철거를 청구할 수 없는데(제242조 제2항), 여기에서 '건축의 착수'는 인접지의 소유자가 객관적으로 건축공사가 개시되었음을 인식할 수 있는 상태에 이른 것을 말하고, '건물의 완성'은 사회통념상 독립한 건물로 인정될 수 있는 정도로 건축된 것을 말하며, 그것이 건축 관계 법령에 따른 건축허가나 착공신고 또는 사용승인 등 적법한 절차를 거친 것인지는 문제되지 아니한다.

건축법상 방화벽 축조 규정과 민법상 이격거리제한 규정의 관계

(대한법률구조공단 자료)

질문

건축법시행령 제81조에서 건축주는 ① 상업지역 ② 주거지역(건축물 및 토지의 소유자 간 맞벽건축을 합의한 경우에 한정한다) ③ 허가권자가 도시미관 또는 한옥 보전·진흥을 위하여 건축조례로 정하는 구역 ④ 건축협정구역에서 서로 맞벽을 건축하는 경우, 맞벽은 ① 주요구조부가 내화구조일 것 ② 마감재료가 불연재료일 것이라는 기준에 적합하여야 한다고 규정하고 있는데, 이에 위반한 경우에는 경계선부근의 건축에 관한 민법 제242조 이격거리 제한규정이 적용되는지요?

답변

민법에 따르면 건물을 축조함에는 특별한 관습이 없으면 경계로부터 반 미터 이상의 거리를 두어야 하고, 인접토지소유자는 이를 위반한 자에 대하여 건물의 변경이나 철거를 청구할 수 있으나, 건축에 착수한 후 1년을 경과하거나 건물이 완성된 후에는 손해배상만을 청구할 수 있습니다(민법 제242조).
그런데 「건축법」 제59조 제1항은, ①대통령령으로 정하는 지역에서 도시미관 등을 위하여 둘 이상의 건축물 벽을 맞벽(대지경계선으로부터 50센티미터 이내인 경우를 말함)으로 하여 건축하는 경우, ②대통령령으로 정하는 기준에 따라 인근건축물과 이어지는 연결복도나 연결통로를 설치하는 경우에는 건축법 제58조, 제61조 및 민법 제242조를 적용하지 아니한다고 규정하고 있으며, 건축법시행령 제81조 제1항은, 건축법 제59조 제1항 제1호에서 '대통령령으로 정하는 지역'이란 ① 상업지역 ② 주거지역(건축물 및 토지의 소유자 간 맞벽건축을 합의한 경우에 한정한다) ③ 허가권자가 도시미관 또는 한옥 보전·진흥을 위하여 건축조례로 정하는 구역 ④ 건축협정구역의 어느 하나에 해당하는 지역을 말한다고 정하

고 있으며, 건축법시행령 제81조 제3항은, 건축법 제59조 제1항 제1호에 따른 맞벽은 ① 주요구조부가 내화구조일 것 ② 마감재료가 불연재료일 것이라는 기준에 적합하여야 한다고 규정하고 있습니다.
그런데 건축법시행령 제81조 제3항의 맞벽은 방화벽으로 축조하여야 한다는 규정에 위반한 경우 민법 제242조가 적용되는지 판례를 보면, 구 건축법 제50조의2 제1항 제1호(현행 건축법 제59조 제1항 제1호)에서 말하는 '맞벽으로 하여 건축하는 경우'란 서로 마주 보는 건축물의 벽이 존재하는 경우뿐만 아니라, 상업지역에서 어느 일방 토지소유자가 나대지(裸垈地)인 인접토지와의 경계선으로부터 50cm의 이격거리를 두지 아니하고 건축물을 건축하는 경우도 포함된다고 봄이 합목적적이라고 할 것이고, 토지소유자는 그 소유권이 미치는 토지전부를 사용할 수 있음이 원칙이나 상린관계로 인하여 민법 제242조의 제한을 받게 된 것이므로, 국민의 재산권보장이라는 관점에서도 상업지역에서는 민법 제242조가 적용되지 아니하고, 구 건축법시행령 제81조 제3항에서 '맞벽은 방화벽으로 축조하여야 한다.'고 규정한 취지는 민법 제242조에 의한 이격거리제한을 폐지하는 대신 건축물의 유지·관리를 위한 방화목적을 고려하여 맞벽을 방화벽으로 건축하도록 제한을 가하고 있는 것으로 볼 것이어서 이에 위반한 경우 건축법에 따른 제재를 받는 것은 별론으로 하고 민법 제242조의 적용을 받게 되는 것은 아니라고 하였습니다(대법원 2001. 10. 23. 선고 2001다45195 판결).
그러므로 건축법시행령 제81조 제3항의 맞벽은 ① 주요구조부가 내화구조일 것 ② 마감재료가 불연재료일 것이라는 기준에 적합하여야 한다는 규정에 위반한 경우에도 민법 제242조의 이격거리제한규정은 적용되지 않을 것입니다.

"본 사례는 개인의 법률문제 해결에 도움을 주고자 게재되었으나, 이용자 여러분의 생활에서 발생하는 구체적 사안은 동일하지는 않을 것이므로 참고자료로 활용하시기 바랍니다."

제243조 【차면시설의무】 경계로부터 2미터이내의 거리에서 이웃 주택의 내부를 관망할 수 있는 창이나 마루를 설치하는 경우에는 적당한 차면시설을 하여야 한다.

제244조 【지하시설등에 대한 제한】 ①우물을 파거나 용수, 하수 또는 오물등을 저치할 지하시설을 하는 때에는 경계로부터 2미터이상의 거리를 두어야 하며 저수지, 구거 또는 지하실공사에는 경계로부터 그 깊이의 반이상의 거리를 두어야 한다.
②전항의 공사를 함에는 토사가 붕괴하거나 하수 또는 오액이 이웃에 흐르지 아니하도록 적당한 조처를 하여야 한다.

제2절 소유권의 취득

제245조 【점유로 인한 부동산소유권의 취득기간】 ①20년간 소유의 의사로 평온, 공연하게 부동산을 점유하는 자는 등기함으로써 그 소유권을 취득한다.
②부동산의 소유자로 등기한 자가 10년간 소유의 의사로 평온, 공연하게 선의이며 과실없이 그 부동산을 점유한 때에는 소유권을 취득한다.

등기부취득시효 완성 후 그 등기명의가 불법 말소된 경우 소유권 상실 여부

(대한법률구조공단 자료)

질문

甲은 乙소유 임야를 매수하여 소유권이전등기를 마치고 13년간 점유하다가 사망하였고, 그의 상속인들은 위 임야에 대한 상속등기를 하지 못한 상태로 1년이 지났는데, 위 임야는 甲이 매수하기 전 丙소유였으나 乙이 불법으로 소유권을 乙명의로 이전하였고, 甲은 이러한 사실을 모르고 乙로부터 위 임야를 매수한 것입니다. 그런데 丙은 乙에게로의 소유권이전등기가 원인무효임을 주장하면서 2년 전 서류를 위조하여 위 임야에 대한 점유자 甲의 등기명의를 임의로 말소시키고 제3차 丁에게로 소유권이전등기를 해 두었습니다. 이 경우 甲의 상속인들이 위 임야소유권을 회복할 수 있는지요?

답변

민법에서는 동기부취득시효에 관하여, 부동산의 소유자로 등기한 자가 10년간 소유의 의사로 평온, 공연하게 선의이며 과실 없이 그 부동산을 점유한때에는 소유권을 취득한다고 규정하고 있습니다(민법 제245조 제2항).

그런데 등기부취득시효완성 후 점유자명의등기가 말소되거나 적법한 원인 없이 다른 사람 앞으로 소유권이전등기가 된 경우, 점유자가 취득한 소유권을 상실하는지 판례를 보면, 등기부취득시효에 관한 민법 제245조 제2항에 의하여 소유권을 취득하는 자는 10년간 반드시 그의 명의로 등기되어 있어야 하는 것은 아니고, 앞사람의 등기까지 아울러 그 기간 동안 부동산소유자로 등기되어 있으면 된다고 할 것이고, 등기는 물권의효력발생요건이고 효력존속요건이 아니므로 물권에 관한 등기가 원인 없이 말소된 경우에 그 물권의 효력에는 아무런 영향을 미치지 않는 것이므로, 등기부취득시효완성 된 후 그 부동산에 관한 점유자명의등기가 말소되거나 적법한 원인 없이 다른 사람 앞으로 소유권이전등기가 되었더라도, 그 점유자는 등기부취득시효완성에 의하여 취득한 소유권을 상실하는 것은 아니라고 하였습니다(대법원 2001. 1. 16. 선고 98다 20110 판결).

또한, 부동산의 소유자로 등기한 자가 10년간 소유의 의사로 평온, 공연하게 선의이며 과실 없이 그 부동산을 점유한 때에는 민법 제 245조 제2항의 규정에 의하여 바로 그 부동산에 대한 소유권을 취득하는 것이고, 등기부취득시효가 완성된 경우에는 별도로 이를 원인으로 한 소유권이전등기청구권이 발생할 여지가 없으므로, 등기부취득시효완성 후에 그 부동산에 관한 점유자명의등기가 말소되거나 적법한 원인없이 다른 사람 앞으로 소유권이전등기가 되었더라도, 그 점유자는 등기부취득시효완성에 의하여 취득한 소유권에 기초하여 현재의 등기명의자를 상대로 방해배제청구를 할 수 있을 뿐이고, 등기부취득시효완성을 원인으로 현재의 등기명의자를 상대로 소유권이전등기를 구할 수는 없다고 하였습니다(대법원 1999. 12. 10 선고 99다 25785 판결).

그러므로 위 사안에서 위 임야의 소유권은 비록 丙으로부터 乙에게로의 소유권 이전등기가 원인무효라고 하여도 甲은 민법 제 245조 제2항에 의한 등기부취득시효가 완성되어 그 소유권을 취득하였으며, 등기명의가 丁에게로 불법적으로 이전되었다고 하여도 취득한 소유권을 상실하는 것은 아니라 할 것입니다. 또한, 상속에 의한 부동산의 취득은 등기를 요하지 아니하므로 비록 甲의 상속인들이 위 임야의 상속등기를 하지 않았더라도 그 소유권을 취득하지 못하는 것은 아닙니다(민법 제187조).

따라서 甲의 상속인들은 소유권에 기초한 방해배제로써 丁에게로의 불법적인 소유권이전등기의 말소청구소송을 하여 승소 후 그 등기를 말소시킨 다음 상속등기를 할 수 있을 것으로 보입니다;

"본 사례는 개인의 법률문제 해결에 도움을 주고자 게재되었으나, 이용자 여러분의 생활에서 발생하는 구체적 사안은 동일하지는 않을 것이므로 참고자료로 활용하시기 바랍니다."

제246조 【점유로 인한 동산소유권의 취득기간】 ①10년간 소유의 의사로 평온, 공연하게 동산을 점유한 자는 그 소유권을 취득한다.
②전항의 점유가 선의이며 과실없이 개시된 경우에는 5년을 경과함으로써 그 소유권을 취득한다.

제247조 【소유권취득의 소급효, 중단사유】 ①전2조의 규정에 의한 소유권취득의 효력은 점유를 개시한 때에 소급한다.
②소멸시효의 중단에 관한 규정은 전2조의 소유권취득기간에 준용한다.

제248조 【소유권이외의 재산권의 취득시효】 전3조의 규정은 소유권이외의 재산권의 취득에 준용한다.

제249조 【선의취득】 평온, 공연하게 동산을 양수한 자가 선의이며 과실없이 그 동산을 점유한 경우에는 양도인이 정당한 소유자가 아닌 때에도 즉시 그 동산의 소유권을 취득한다.

제250조 【도품, 유실물에 대한 특례】
전조의 경우에 그 동산이 도품이나 유실물인 때에는 피해자 또는 유실자는 도난 또는 유실한 날로부터 2년내에 그 물건의 반환을 청구할 수 있다. 그러나 도품이나 유실물이 금전인 때에는 그러하지 아니하다.

제251조 【도품, 유실물에 대한 특례】
양수인이 도품 또는 유실물을 경매나 공개시장에서 또는 동종류의 물건을 판매하는 상인에게서 선의로 매수한 때에는 피해자 또는 유실자는 양수인이 지급한 대가를 변상하고 그 물건의 반환을 청구할 수 있다.

제252조 【무주물의 귀속】
①무주의 동산을 소유의 의사로 점유한 자는 그 소유권을 취득한다.
②무주의 부동산은 국유로 한다.
③야생하는 동물은 무주물로 하고 사양하는 야생동물도 다시 야생상태로 돌아가면 무주물로 한다.

제253조 【유실물의 소유권취득】
유실물은 법률에 정한 바에 의하여 공고한 후 6개월 내에 그 소유자가 권리를 주장하지 아니하면 습득자가 그 소유권을 취득한다. [개정 2013.4.5]

제254조 【매장물의 소유권취득】
매장물은 법률에 정한 바에 의하여 공고한 후 1년내에 그 소유자가 권리를 주장하지 아니하면 발견자가 그 소유권을 취득한다. 그러나 타인의 토지 기타 물건으로부터 발견한 매장물은 그 토지 기타 물건의 소유자와 발견자가 절반하여 취득한다.

제255조 【문화재의 국유】
①학술, 기예 또는 고고의 중요한 재료가 되는 물건에 대하여는 제252조제1항 및 전2조의 규정에 의하지 아니하고 국유로 한다.
②전항의 경우에 습득자, 발견자 및 매장물이 발견된 토지 기타 물건의 소유자는 국가에 대하여 적당한 보상을 청구할 수 있다.

제256조 【부동산에의 부합】
부동산의 소유자는 그 부동산에 부합한 물건의 소유권을 취득한다. 그러나 타인의 권원에 의하여 부속된 것은 그러하지 아니하다.

제257조 【동산간의 부합】 동산과 동산이 부합하여 훼손하지 아니하면 분리할 수 없거나 그분리에 과다한 비용을 요할 경우에는 그 합성물의 소유권은 주된 동산의 소유자에게 속한다. 부합한 동산의 주종을 구별할 수 없는 때에는 동산의 소유자는 부합당시의 가액의 비율로 합성물을 공유한다.

판례-건물대금

[대법원 2010.2.25, 선고, 2009다83933, 판결]

【판시사항】
독립한 부동산인 건물로서의 요건을 아직 갖추지 못한 단계에서 중단된 건물 신축 공사를 제3자가 이어받아 진행함으로써 건물의 소유권을 원시취득한 경우, 애초의 신축 중 건물에 대한 소유권을 상실한 자가 원시취득자에 대하여 그 보상을 청구할 수 있는지 여부(적극)

【판결요지】
건물 신축의 공사가 진행되다가 독립한 부동산인 건물로서의 요건을 아직 갖추지 못한 단계에서 중지된 것을 제3자가 이어받아 계속 진행함으로써 별개의 부동산인 건물로 성립되어 그 소유권을 원시취득한 경우에 그로써 애초의 신축 중 건물에 대한 소유권을 상실한 사람은 민법 제261조, 제257조, 제259조를 준용하여 건물의 원시취득자에 대하여 부당이득 관련 규정에 기하여 그 소유권의 상실에 관한 보상을 청구할 수 있다.

제258조 【혼화】 전조의 규정은 동산과 동산이 혼화하여 식별할 수 없는 경우에 준용한다.

제259조 【가공】
①타인의 동산에 가공한 때에는 그 물건의 소유권은 원재료의 소유자에게 속한다. 그러나 가공으로 인한 가액의 증가가 원재료의 가액보다 현저히 다액인 때에는 가공자의 소유로 한다.
②가공자가 재료의일부를 제공하였을 때에는 그 가액은 전항의 증가액에 가산한다.

제260조 【첨부의 효과】
①전4조의 규정에 의하여 동산의 소유권이 소멸한 때에는 그 동산을 목적으로 한 다른 권리도 소멸한다.
②동산의 소유자가 합성물, 혼화물 또는 가공물의 단독소유자가 된 때에는 전항의 권리는 합성물, 혼화물 또는 가공물에 존속하고 그 공유자가 된 때에는 그 지분에 존속한다.

제261조 【첨부로 인한 구상권】
전5조의 경우에 손해를 받은 자는 부당이득에 관한 규정에 의하여 보상을 청구할 수 있다.

제3절 공동소유

제262조 【물건의 공유】
①물건이 지분에 의하여 수인의 소유로 된 때에는 공유로 한다.
②공유자의 지분은 균등한 것으로 추정한다.

판례-횡령

[대법원 2014.12.24, 선고, 2011도11084, 판결]

【판시사항】
구분소유적 공유관계에서 각 공유자가 자신의 특정 구분부분을 단독으로 처분하고 이에 해당하는 공유지분등기를 자유로이 이전할 수 있는지 여부(적극) / 구분소유하고 있는 특정 구분부분별로 독립한 필지로 분할되는 경우, 각 공유자가 특정 구분부분 필지가 아닌 나머지 각 필지 위에 전사된 자신 명의의 공유지분을 다른 공유자에 대한 관계에서 보관하는 자의 지위에 있는지 여부(원칙적 적극)

【판결요지】
구분소유적 공유관계에서 각 공유자 상호 간에는 각자의 특정 구분부분을 자유롭게 처분함에 서로 동의하고 있다고 볼 수 있으므로, 공유자 각자는 자신의 특정 구분부분을 단독으로 처분하고 이에 해당하는 공유지분등기를 자유로이 이전할 수 있는데, 이는 공유지분등기가 내부적으로 공유자 각자의 특정 구분부분을 표상하기 때문이다. 그러나 구분소유하고 있는 특정 구분부분별로 독립한 필지로 분할되는 경우에는 특별한 사정이 없는 한 각자의 특정 구분부분에 해당하는 필지가 아닌 나머지 각 필지에 전사된 공유자 명의의 공유지분등기는 더 이상 당해 공유자의 특정 구분부분에 해당하는 필지를 표상하는 등기라고 볼 수 없고, 각 공유자 상호 간에 상호명의신탁관계만이 존속하므로, 각 공유자는 나머지 각 필지 위에 전사된 자신 명의의 공유지분에 관하여 다른 공유자에 대한 관계에서 그 공유지분을 보관하는 자의 지위에 있다.

제263조 【공유지분의 처분과 공유물의 사용, 수익】 공유자는 그 지분을 처분할 수 있고 공유물 전부를 지분의 비율로 사용, 수익할 수 있다.

아파트 차량출입통제, 단지상가건물 구분소유자권리를 침해하는지

(대한법률구조공단 자료)

질문

저는 아파트 단지 내 상가건물의 구분소유자인데, 아파트 입주자대표회의에서 아파트 단지 내 외부 차량출입을 통제하는 차단기를 설치하여 외부차량출입을 통제하고, 비록 상가고객은 확인 후 통과시키고 있지만 그래도 상가고객이 상가에 접근하기 어려운 문제점이 있습니다. 이 경우 제가 아파트단지의 대지전체에 대한 대지사용권자로서 위 차단기철거 등을 청구할 수는 없는지요?

답변

'대지사용권'이란 구분소유자가 전유부분을 소유하기 위하여 건물의 대지에 대하여 가지는 권리를 말하므로(집합건물의 소유 및 관리에 관한 법률 제2조 제6호), 귀하는 단지 내 대지를 사용할 권리가 있으며 또한, 일반적으로 단지 내 건물의 구분소유자의 대지사용권은 소유권대지권이므로 귀하도 위 단지의 대지의 공유지분권을 가진 공유자일 것이고, 공유자는 공유물 전부를 지분의 비율로 사용, 수익할 수 있으므로(민법 제263조), 역시 단지 내 대지전체를 사용할 권리가 있습니다. 그리고 민법은 소유물방해제거 등에 관하여 소유자는 소유권을 방해하는 자에 대하여 방해제거를 청구할 수 있고, 소유권을 방해할 염려 있는 행위를 하는 자에 대하여 그 예방이나 손해배상담보를 청구할 수 있다고 규정하고 있습니다.(민법 제214조).

그렇다면 귀하가 위와 같은 단지 내 대지전체에 대한 사용권자로서 그 대지사용권을 방해하는 차단기 철거 등을 청구할 수 있는지 문제되는데, 아파트입주자대표회의의 외부차량 아파트단지 내 출입통제행위가 아파트단지 내 상가건물구분소유자들의 대지사용권 침해행위가 되는지에 관하여 판례는, 아파트단지를 관리하는 단체가 외부차량의 아파트단지 내 출입을 통제하는 행위가 아파트단지 내 상가건물구분소유자들의 대지사용권을 방해하는 침해행위가 되는지는, 아파트단지 내 상가건물과 상가건물부근의 지리적 상황, 아파트입주자들과 상가건물의 소유자 또는 이용자의 이해득실 기타 제반사정을 참작하여 사회통념에 따라 판단하여야 하고, 아파트입주자대표회의가 설치한 차단기는 아파트단지 내의 불법주차와 도난사고 및 과속으로 인한 교통사고를 막기 위한 조치로서 아파트입주자들뿐만 아니라 상가건물구분소유자들에게도 이익이 될 수 있는 점, 아파트입주자들과 상가건물구분소유자들은 자동차를 이용한 아파트단지 내외로의 출입을 위하여 자동카드를 받아 이용하고 있는데, 상가건물구분소유자들에게는 2개의 카드가 교부된 점, 상가건물지상주차장은 8대의 차량만이 주차할 수 있을 뿐이고, 상가건물 내에 설치된 지하주차장은 현재 폐쇄되어 이용할 수 없는 점, 차단기 옆에 설치된 경비실에는 경비원이 24시간 교대로 근무하면서 차량을 이용하여 상가건물을 방문하는 이용자의 차량번호를 확인하는 절차만 거칠 뿐 실질적으로 아무런 제한 없이 출입을 허용하고 있는 점, 차단기 바로옆에 설치되어 있는 간이경비실 상단에는 "아파트 상가 방문 환영"이라고 기재되어 있어 상가를 방문하는 사람들이 심리적인 거부감을 느낄 가능성이 거의 없는 점 등 제반사정상 이러한 차단기설치가 아파트단지 내 상가건물구분소유자들의 서로 참아야 할 한도(수인한도)를 넘어 그 대지사용권을 침해하였다고 볼 수 없다고 하였습니다(대법원 2009. 12. 10. 선고 2009다49971 판결).

그러므로 귀하도 아파트단지 내 차량출입통제의 방법 등 제반사정을 고려하여 상가건물구분소유자의 서로 참아야 할 한도를 넘었다고 볼 수 있는지 판단하여야 할 것으로 보입니다.

"본 사례는 개인의 법률문제 해결에 도움을 주고자 게재되었으나, 이용자 여러분의 생활에서 발생하는 구체적 사안은 동일하지는 않을 것이므로 참고자료로 활용하시기 바랍니다."

제264조 【공유물의 처분, 변경】
공유자는 다른 공유자의 동의없이 공유물을 처분하거나 변경하지 못한다.

제265조 【공유물의 관리, 보존】
공유물의 관리에 관한 사항은 공유자의 지분의 과반수로써 결정한다. 그러나 보존행위는 각자가 할 수 있다.

제266조 【공유물의 부담】
①공유자는 그 지분의 비율로 공유물의 관리비용 기타 의무를 부담한다.
②공유자가 1년이상 전항의 의무이행을 지체한 때에는 다른 공유자는 상당한 가액으로 지분을 매수할 수 있다.

판례-부당이득금

[대법원 2009.11.12, 선고, 2009다54034,54041, 판결]

【판시사항】
[1] 공유자가 공유물의 관리에 관하여 제3자와 계약을 체결한 경우, 그 계약에 기하여 제3자가 지출한 관리비용의 상환의무의 부담에 관하여 민법 제266조 제1항 또는 집합건물의 소유 및 관리에 관한 법률 제10조, 제12조, 제17조의 규정을 적용할 수 있는지 여부(소극)
[2] 상가건물의 일부에서 숙박업을 하는 공유자들이 건물의 관리를 담당한 단체와 체결한 위 숙박사업장의 관리에 관한 계약은 상법 제57조 제1항에서 규정하는 상행위에 해당하므로, 위 공유자들은 연대하여 관리비 전액의 지급의무를 부담한다고 한 사례

【판결요지】
[1] 공유자가 공유물의 관리에 관하여 제3자와 계약을 체결한 경우에 그 계약에 기하여 제3자가 지출한 관리비용의 상환의무를 누가 어떠한 내용으로 부담하는가는 일차적으로 당해 계약의 해석으로 정하여진다. 공유자들이 공유물의 관리비용을 각 지분의 비율로 부담한다는 내용의 민법 제266조 제1항은 공유자들 사이의 내부적인 부담관계에 관한 규정일 뿐이다. 한편, 집합건물의 소유 및 관리에 관한 법률 제10조, 제12조, 제17조는 집합건물의 공용부분을 구분소유자의 전유부분 면적비율에 의한 공유로 하고, 공용부분의 관리비용은 규약에 달리 정함이 없는 한 그 지분비율에 따라 부담한다는 내용으로서, 공용부분의 관리비용 부담에 관한 구분소유자들의 내부관계에 관한 규정일 뿐이고, 공유인 전유부분에 대한 관리비용의 부담에 관하여 제3자에 대한 대외적인 책임이 문제된 경우에 적용될 수 있는 규정이 아니다.
[2] 상가건물의 일부에서 숙박업을 하는 공유자들이 건물의 관리를 담당한 단체와 체결한 위 숙박사업장의 관리에 관한 계약은 상법 제57조 제1항에서 규정하는 상행위에 해당하므로, 위 공유자들은 연대하여 관리비 전액의 지급의무를 부담한다고 한 사례.

제267조 【지분포기등의 경우의 귀속】 공유자가 그 지분을 포기하거나 상속인없이 사망한 때에는 그 지분은 다른 공유자에게 각지분의 비율로 귀속한다.

제268조 【공유물의 분할청구】
①공유자는 공유물의 분할을 청구할 수 있다. 그러나 5년내의 기간으로 분할하지 아니할 것을 약정할 수 있다.

②전항의 계약을 갱신한 때에는 그 기간은 갱신한 날로부터 5년을 넘지 못한다.
③전2항의 규정은 제215조, 제239조의 공유물에는 적용하지 아니한다.

판례-공유물분할

[대법원 2014.8.20, 선고, 2013다41578, 판결]

【판시사항】
[1] 특허권이 공유인 경우 공유에 관한 민법의 일반규정이 적용되는지 여부(원칙적 적극)
[2] 특허법 제99조 제2항, 제4항의 규정 취지 / 특허권의 공유관계에 민법상 공유물분할청구에 관한 규정이 적용되는지 여부(적극) 및 특허권의 성질상 현물분할이 허용되는지 여부(소극) / 디자인권의 경우에도 마찬가지 법리가 적용되는지 여부(적극)

【판결요지】
[1] 특허권이 공유인 경우에 각 공유자는 다른 공유자의 동의를 얻지 아니하면 지분을 양도하거나 지분을 목적으로 하는 질권을 설정할 수 없고 또한 특허권에 대하여 전용실시권을 설정하거나 통상실시권을 허락할 수 없는 등[특허법(2014. 6. 11. 법률 12753호로 개정되기 전의 것) 제99조 제2항, 제4항 참조] 권리의 행사에 일정한 제약을 받아 그 범위에서는 합유와 유사한 성질을 가진다. 그러나 일반적으로는 특허권의 공유자들이 반드시 공동 목적이나 동업관계를 기초로 조합체를 형성하여 특허권을 보유한다고 볼 수 없을 뿐만 아니라 특허법에 특허권의 공유를 합유관계로 본다는 등의 명문의 규정도 없는 이상, 특허법의 다른 규정이나 특허의 본질에 반하는 등의 특별한 사정이 없는 한 공유에 관한 민법의 일반규정이 특허권의 공유에도 적용된다.
[2] 특허법(2014. 6. 11. 법률 12753호로 개정되기 전의 것) 제99조 제2항 및 제4항의 규정 취지는, 공유자 외의 제3자가 특허권 지분을 양도받거나 그에 관한 실시권을 설정받을 경우 제3자가 투입하는 자본의 규모·기술 및 능력 등에 따라 경제적 효과가 현저하게 달라지게 되어 다른 공유자 지분의 경제적 가치에도 상당한 변동을 가져올 수 있는 특허권의 공유관계의 특수성을 고려하여, 다른 공유자의 동의 없는 지분의 양도 및 실시권 설정 등을 금지한다는 데에 있다.
그렇다면 특허권의 공유자 상호 간에 이해관계가 대립되는 경우 등에 공유관계를 해소하기 위한 수단으로서 각 공유자에게 민법상의 공유물분할청구권을 인정하더라도 공유자 이외의 제3자에 의하여 다른 공유자 지분의 경제적 가치에 위와 같은 변동이 발생한다고 보기 어려워서 특허법 제99조 제2항 및 제4항에 반하지 아니하고, 달리 분할청구를 금지하는 특허법 규정도 없으므로, 특허권의 공유관계에 민법상 공유물분할청구에 관한 규정이 적용될 수 있다. 다만 특허권은 발명실시에 대한 독점권으로서 그 대상은 형체가 없을 뿐만 아니라 각 공유자에게 특허권을 부여하는 방식의 현물분할을 인정하면 하나의 특허권이 사실상 내용이 동일한 복수의 특허권으로 증가하는 부당한 결과를 초래하게 되므로, 특허권의 성질상 그러한 현물분할은 허용되지 아니한다. 그리고 위와 같은 법리는 디자인권의 경우에도 마찬가지로 적용된다.

제269조 【분할의 방법】

①분할의 방법에 관하여 협의가 성립되지 아니한 때에는 공유자는 법원에 그 분할을 청구할 수 있다.
②현물로 분할할 수 없거나 분할로 인하여 현저히 그 가액이 감손될 염려가 있는 때에는 법원은 물건의 경매를 명할 수 있다.

제270조 【분할로 인한 담보책임】

공유자는 다른 공유자가 분할로 인하여 취득한 물건에 대하여 그 지분의 비율로 매도인과 동일한 담보책임이 있다.

제271조 【물건의 합유】
①법률의 규정 또는 계약에 의하여 수인의 조합체로서 물건을 소유하는 때에는 합유로 한다. 합유자의 권리는 합유물 전부에 미친다.
②합유에 관하여는 전항의 규정 또는 계약에 의하는 외에 다음 3조의 규정에 의한다.

제272조 【합유물의 처분, 변경과 보존】 합유물을 처분 또는 변경함에는 합유자 전원의 동의가 있어야 한다. 그러나 보존행위는 각자가 할 수 있다.

판례-낙찰자 지위확인 등

[대법원 2013.11.28, 선고, 2011다80449, 판결]

【판시사항】
[1] 합유재산의 보존행위를 각 합유자 단독으로 할 수 있도록 한 취지 및 민법상 조합인 공동수급체가 경쟁입찰에 참가하였으나 다른 경쟁업체가 낙찰자로 선정되자 그 공동수급체의 구성원 중 1인이 낙찰자 선정 무효확인의 소를 제기하는 것이 합유재산의 보존행위에 해당하는지 여부(적극)
[2] 부제소 합의에 위배된 소의 적법 여부가 직권조사사항인지 여부(적극)
[3] 당사자들이 부제소 합의의 효력이나 범위에 관하여 다투지 않는데도 법원이 직권으로 부제소 합의에 위배되었다는 이유로 소가 부적법하다고 판단하기 위한 요건

【판결요지】
[1] 합유재산의 보존행위는 합유재산의 멸실·훼손을 방지하고 그 현상을 유지하기 위하여 하는 사실적·법률적 행위로서 이러한 합유재산의 보존행위를 각 합유자 단독으로 할 수 있도록 한 취지는 그 보존행위가 긴급을 요하는 경우가 많고 다른 합유자에게도 이익이 되는 것이 보통이기 때문이다. 민법상 조합인 공동수급체가 경쟁입찰에 참가하였다가 다른 경쟁업체가 낙찰자로 선정된 경우, 그 공동수급체의 구성원 중 1인이 그 낙찰자 선정이 무효임을 주장하며 무효확인의 소를 제기하는 것은 그 공동수급체가 경쟁입찰과 관련하여 갖는 법적 지위 내지 법률상 보호받는 이익이 침해될 우려가 있어 그 현상을 유지하기 위하여 하는 소송행위이므로 이는 합유재산의 보존행위에 해당한다.
[2] 특정한 권리나 법률관계에 관하여 분쟁이 있어도 제소하지 아니하기로 합의(이하 '부제소 합의'라고 한다)한 경우 이에 위배되어 제기된 소는 권리보호의 이익이 없고, 또한 당사자와 소송관계인은 신의에 따라 성실하게 소송을 수행하여야 한다는 신의성실의 원칙(민사소송법 제1조 제2항)에도 어긋나는 것이므로, 소가 부제소 합의에 위배되어 제기된 경우 법원은 직권으로 소의 적법 여부를 판단할 수 있다.
[3] 부제소 합의는 소송당사자에게 헌법상 보장된 재판청구권의 포기와 같은 중대한 소송법상의 효과를 발생시키는 것으로서 그 합의 시에 예상할 수 있는 상황에 관한 것이어야 유효하고, 그 효력의 유무나 범위를 둘러싸고 이견이 있을 수 있는 경우에는 당사자의 의사를 합리적으로 해석한 후 이를 판단하여야 한다. 따라서 당사자들이 부제소 합의의 효력이나 그 범위에 관하여 쟁점으로 삼아 소의 적법 여부를 다투지 아니하는데도 법원이 직권으로 부제소 합의에 위배되었다는 이유로 소가 부적법하다고 판단하기 위해서는 그와 같은 법률적 관점에 대하여 당사자에게 의견을 진술할 기회를 주어야 하고, 부제소 합의를 하게 된 동기 및 경위, 그 합의에 의하여 달성하려는 목적, 당사자의 진정한 의사 등에 관하여도 충분히 심리할 필요가 있다. 법원이 그와 같이 하지 않고 직권으로 부제소 합의를 인정하여 소를 각하하는 것은 예상외의 재판으로 당사자 일방에게 불의의 타격을 가하는 것으로서 석명의무를 위반하여 필요한 심리를 제대로 하지 아니하는 것이다.

제273조 【합유지분의 처분과 합유물의 분할금지】
①합유자는 전원의 동의없이 합유물에 대한 지분을 처분하지 못한다.
②합유자는 합유물의 분할을 청구하지 못한다.

제274조 【합유의 종료】
①합유는 조합체의 해산 또는 합유물의 양도로 인하여 종료한다.
②전항의 경우에 합유물의 분할에 관하여는 공유물의 분할에 관한 규정을 준용한다.

제275조 【물건의 총유】 ①법인이 아닌 사단의 사원이 집합체로서 물건을 소유할 때에는 총유로 한다.
②총유에 관하여는 사단의 정관 기타 계약에 의하는 외에 다음 2조의 규정에 의한다.

판례-근저당권말소·손해배상(기)

[대법원 2014.2.13, 선고, 2012다112299,112305, 판결]

【판시사항】
[1] 교회가 총유재산에 대한 보존행위로서 소송을 하는 경우, 교인 총회의 결의를 거치거나 정관이 정하는 바에 따른 절차를 거쳐야 하는지 여부(적극)
[2] 총유물 자체의 관리·처분이 따르지 아니하는 채무부담행위가 민법 제275조 등에서 말하는 총유물의 관리·처분에 해당하는지 여부(소극)
[3] 무효행위 또는 무권대리 행위의 추인이 묵시적으로 가능한지 여부(적극) 및 묵시적 추인을 인정하기 위한 요건
【판결요지】
[1] 총유물의 보존에 있어서는 공유물의 보존에 관한 민법 제265조의 규정이 적용될 수 없고, 민법 제276조 제1항의 규정에 따른 사원총회의 결의를 거치거나 정관이 정하는 바에 따른 절차를 거쳐야 하므로, 법인 아닌 사단인 교회가 총유재산에 대한 보존행위로서 소송을 하는 경우에도 교인 총회의 결의를 거치거나 정관이 정하는 바에 따른 절차를 거쳐야 한다.
[2] 민법 제275조, 제276조 제1항은 총유물의 관리 및 처분에 관하여는 정관이나 규약에 정한 바가 있으면 그에 의하되 정관이나 규약에서 정한 바가 없으면 사원총회의 결의에 의하도록 규정하고 있으므로, 이러한 절차를 거치지 아니한 총유물의 관리·처분행위는 무효라 할 것이고, 이 법리는 민법 제278조에 의하여 소유권 이외의 재산권에 대하여 준용되고 있다. 그런데 위 법조에서 말하는 총유물의 관리 및 처분이라 함은 총유물 자체에 관한 이용·개량행위나 법률적·사실적 처분행위를 의미하므로 총유물 자체의 관리·처분이 따르지 아니하는 채무부담행위는 이를 총유물의 관리·처분행위라고 볼 수 없다.
[3] 무효행위 또는 무권대리 행위의 추인은 무효행위 등이 있음을 알고 행위의 효과를 자기에게 귀속시키도록 하는 단독행위로서 의사표시의 방법에 관하여 일정한 방식이 요구되는 것이 아니므로 묵시적인 방법으로도 할 수 있지만, 묵시적 추인을 인정하기 위해서는 본인이 그 행위로 처하게 된 법적 지위를 충분히 이해하고 그럼에도 진의에 기하여 행위의 결과가 자기에게 귀속된다는 것을 승인한 것으로 볼 만한 사정이 있어야 할 것이다.

제276조 【총유물의 관리, 처분과 사용, 수익】 ①총유물의 관리 및 처분은 사원총회의 결의에 의한다.
②각사원은 정관 기타의 규약에 좇아 총유물을 사용, 수익할 수 있다.

第277條 【총유물에 관한 권리의무의 득상】 총유물에 관한 사원의 권리의무는 사원의 지위를 취득상실함으로써 취득상실된다.

第278條 【준공동소유】
본절의 규정은 소유권 이외의 재산권에 준용한다. 그러나 다른 법률에 특별한 규정이 있으면 그에 의한다.

판례-특허출원인명의변경·손해배상(지)

[대법원 2014.11.13, 선고, 2011다77313,77320, 판결]

【판시사항】

[1] 직무발명에 대한 특허를 받을 수 있는 권리 등을 사용자 등에게 승계시킨다는 취지를 정한 약정 또는 근무규정의 적용을 받는 종업원 등이 직무발명의 완성 사실을 사용자 등에게 통지하지 아니한 채 특허를 받을 수 있는 권리를 제3자에게 이중으로 양도하여 특허권 등록을 마치게 한 경우, 불법행위가 되는지 여부(적극)

[2] 2인 이상이 공동으로 발명을 하여 특허를 받을 수 있는 권리를 공유하는 경우, 공유자 사이의 지분 비율을 결정하는 기준

[3] 직무발명 사전승계 약정 등의 적용을 받는 종업원 등이 직무발명 완성사실을 사용자 등에게 알리지 아니한 채 특허를 받을 수 있는 권리를 제3자의 적극 가담 아래 이중으로 양도하여 제3자가 특허권 등록까지 마친 경우, 직무발명 완성사실을 알게 된 사용자 등이 종업원 등에게 권리 승계의 의사를 문서로 알리면 특허권이전등록청구권을 가지게 되는지 여부(적극) 및 위 청구권을 피보전채권으로 하여 종업원 등의 제3자에 대한 특허권이전등록청구권을 대위행사할 수 있는지 여부(적극)

【판결요지】

[1] 직무발명에 대한 특허를 받을 수 있는 권리 등을 사용자·법인 또는 국가나 지방자치단체(이하 '사용자 등'이라 한다)에 승계시킨다는 취지를 정한 약정 또는 근무규정의 적용을 받는 종업원, 법인의 임원 또는 공무원(이하 '종업원 등'이라 한다)은 사용자 등이 이를 승계하지 아니하기로 확정되기 전까지 임의로 위 약정 등의 구속에서 벗어날 수 없는 상태에 있는 것이고, 위 종업원 등은 사용자 등이 승계하지 아니하는 것으로 확정되기까지는 발명의 내용에 관한 비밀을 유지한 채 사용자 등의 특허권 등 권리의 취득에 협력하여야 할 신임관계에 있다고 봄이 타당하다. 따라서 종업원 등이 이러한 신임관계에 의한 협력의무에 위배하여 직무발명을 완성하고도 그 사실을 사용자 등에게 알리지 아니한 채 발명에 대한 특허를 받을 수 있는 권리를 제3자에게 이중으로 양도하여 제3자가 특허권 등록까지 마치도록 하였다면, 이는 사용자 등에 대한 배임행위로서 불법행위가 된다.

[2] 2인 이상이 공동으로 발명한 때에는 특허를 받을 수 있는 권리는 공유로 하는데 [특허법(2014. 6. 11. 법률 12753호로 개정되기 전의 것, 이하 같다) 제33조 제2항], 특허법상 위 공유관계의 지분을 어떻게 정할 것인지에 관하여는 아무런 규정이 없으나, 특허를 받을 수 있는 권리 역시 재산권이므로 성질에 반하지 아니하는 범위에서는 민법의 공유에 관한 규정을 준용할 수 있다(민법 제278조 참조). 따라서 특허를 받을 수 있는 권리의 공유자 사이에 지분에 대한 별도의 약정이 있으면 그에 따르되, 약정이 없는 경우에는 민법 제262조 제2항에 의하여 지분의 비율은 균등한 것으로 추정된다.

[3] 양도인이 특허를 받을 수 있는 권리를 양수인에게 양도하고, 그에 따라 양수인이 특허권의 설정등록을 받았으나 양도계약이 무효나 취소 등의 사유로 효력을 상실하게 된 경우에, 특허를 받을 수 있는 권리와 설정등록이 이루어진 특허권이 동일한 발명에 관한 것이라면, 양도계약에 의하여 양도인은 재산적 이익인 특허를 받을 수 있는 권리를 잃게 되고 양수인은 법률상 원인 없이 특허권을 얻게 되는 이익을 얻었다고 할 수 있으므로, 양도인은 양수인에 대하여 특허권에 관하여 이전등록을 청구할 수 있다.

한편 발명진흥법 제12조 전문, 제13조 제1항, 제3항 전문, 발명진흥법 시행령 제7조가 종업원, 법인의 임원 또는 공무원(이하 '종업원 등'이라 한다)으로 하여금 사용자·법인 또는 국가나 지방자치단체(이하 '사용자 등'이라 한다)에 직무발명 완성사실을 문서로 통지하도록 하고, 사용자 등이 위 통지를 받은 날부터 4개월 이내에 발명에 대한 권리의 승계 여부를 종업원 등에게 알리지 아니한 경우 승계를 포기한 것으로 간주되는 효과가 부여되는 점 등에 비추어 보면, 사용자 등이 종업원 등의 위 통지가 없음에도 다른 경위로 직무발명 완성사실을 알게 되어 직무발명 사전승계 약정 등에 따라 발명에 대한 권리를 승계한다는 취지를 종업원 등에게 문서로 알린 경우에는 종업원 등의 직무발명 완성사실 통지 없이도 같은 법 제13조 제2항에 따른 권리 승계의 효과가 발생한다.
그렇다면 직무발명 사전승계 약정 등의 적용을 받는 종업원 등이 직무발명을 완성하고도 그 사실을 사용자 등에게 알리지 아니한 채 발명에 대한 특허를 받을 수 있는 권리를 제3자의 적극 가담 아래 이중으로 양도하여 제3자가 특허권 등록까지 마친 경우에, 위 직무발명 완성사실을 알게 된 사용자 등으로서는 종업원 등에게 직무발명 사전승계 약정 등에 따라 권리 승계의 의사를 문서로 알림으로써 위 종업원 등에 대하여 특허권이전등록청구권을 가지게 된다. 그리고 위 이중양도는 민법 제103조에서 정한 반사회질서의 법률행위로서 무효이므로, 사용자 등은 위 특허권이전등록청구권을 피보전채권으로 하여 종업원 등의 제3자에 대한 특허권이전등록청구권을 대위행사할 수 있다.

제4장 지상권

제279조 【지상권의 내용】

지상권자는 타인의 토지에 건물 기타 공작물이나 수목을 소유하기 위하여 그 토지를 사용하는 권리가 있다.

제280조 【존속기간을 약정한 지상권】

①계약으로 지상권의 존속기간을 정하는 경우에는 그 기간은 다음 연한보다 단축하지 못한다.

1. 석조, 석회조, 연와조 또는 이와 유사한 견고한 건물이나 수목의 소유를 목적으로 하는 때에는 30년
2. 전호이외의 건물의 소유를 목적으로 하는 때에는 15년
3. 건물이외의 공작물의 소유를 목적으로 하는 때에는 5년

②전항의 기간보다 단축한 기간을 정한 때에는 전항의 기간까지 연장한다.

지상권의 존속기간을 영구로 약정할 수 있는지

(대한법률구조공단 자료)

질문

민법에서는 지상권의 존속기간에 관하여 최단기간만을 규정하고 있으며, 최장기간에 관하여는 규정한 바가 없는데, 지상권의 존속기간을 영구로 약정할 경우 그러한 약정이 유효한지요?

답변

민법에서 계약으로 지상권의 존속기간을 정하는 경우에는 그 기간은 ①석조, 석회조, 연와조 또는 이와 유사한 견고한 건물이나 수목의 소유를 목적으로 하는 때에는 30년, ②그 이외의 건물의 소유를 목적으로 하는 때에는 15년, ③건물 이외의 공작물의 소유를 목적으로 하는 때에는 5년보다 단축하지 못

하고(민법 제280조 제1항), 위 기간보다 단축한 기간을 정한 때에는 위 기간까지 연장한다고 규정하고 있으며(민법 제280조 제2항), 존속기간을 정하지 아니한 지상권에 관하여, 계약으로 지상권의 존속기간을 정하지 아니한 때에는 그 기간은 민법 제280조의 최단존속기간으로 하고, 지상권설정당시에 공작물의 종류와 구조를 정하지 아니한 때에는 지상권은 석조, 석회조, 연와조 또는 이와 유사한 견고한 건물 이외의 건물의 소유를 목적으로 한 것으로 본다고 규정하고 있습니다(민법 제281조).
이처럼 민법에서 지상권의 최단기간에 관해서만 규정하고 있을 뿐 그 최장기간에 관해서는 규정하고 있지 않으므로, 지상권의 존속기간을 영구(永久)로 약정할 수 있는지 문제되는데 이에 관련된 판례를 보면, 민법상 지상권의 존속기간은 최단기만이 규정되어 있을 뿐 최장기에 관하여는 아무런 제한이 없으며, 존속기간이 영구인 지상권을 인정할 실제의 필요성도 있고, 이러한 지상권을 인정하더라도 지상권제한이 없는 토지소유권을 회복할 방법이 있을 뿐만 아니라, 특히 구분지상권의 경우에는 존속기간이 영구일지라도 대지소유권을 전면적으로 제한하지 아니한다는 점 등에 비추어 보면, 지상권의 존속기간을 영구로 약정하는 것도 허용된다고 하였습니다(대법원 2001. 5. 29. 선고 99다66410 판결).
따라서 지상권의 존속기간을 영구로 약정하여도 그 약정은 유효하다고 볼 수 있을 것입니다.

"본 사례는 개인의 법률문제 해결에 도움을 주고자 게재되었으나, 이용자 여러분의 생활에서 발생하는 구체적 사안은 동일하지는 않을 것이므로 참고자료로 활용하시기 바랍니다."

제281조 【존속기간을 약정하지 아니한 지상권】 ①계약으로 지상권의 존속기간을 정하지 아니한 때에는 그 기간은 전조의 최단존속기간으로 한다.
②지상권설정당시에 공작물의 종류와 구조를 정하지 아니한 때에는 지상권은 전조제2호의 건물의 소유를 목적으로 한 것으로 본다.

제282조 【지상권의 양도, 임대】
지상권자는 타인에게 그 권리를 양도하거나 그 권리의 존속기간내에서 그 토지를 임대할 수 있다.

판례-손해배상(기)

[대법원 2001.5.29, 선고, 99다66410, 판결]

【판시사항】
[1] 상가아파트 건물의 1층 옥상 위에 일정 층수까지 건물을 추가로 신축하기 위한 공간을 사용할 수 있는 내용의 구분지상권을 가진 자가 건물 1층 위에 2·3층에 해당하는 건물을 준공하여 이를 분양하면서 수분양자에게 2·3층 건물의 존립 및 사용·수익에 필요한 구분지상권도 일체로서 양도한 것으로 본 사례
[2] 지상권의 존속기간을 영구로 약정할 수 있는지 여부(적극)

【판결요지】
[1] 상가아파트 건물의 1층 옥상 위에 일정 층수까지 건물을 추가로 신축하기 위한 공간을 사용할 수 있는 내용의 구분지상권을 가진 자가 건물 1층 위에 2·3층에 해당하는 건물을 준공하여 이를 분양하면서 수분양자에게 2·3층 건물의 존립 및 사용·수익에 필요한 구분지상권도 일체로서 양도한 것으로 본 사례.
[2] 민법상 지상권의 존속기간은 최단기만이 규정되어 있을 뿐 최장기에 관하여는 아무런 제한이 없으며, 존속기간이 영구(永久)인 지상권을 인정할 실제의 필요성도 있고, 이러한 지상권을 인정한다고 하더라도 지상권의 제한이 없는 토지의 소유권을 회복할 방법이 있을 뿐만 아니라, 특히 구분지상권의 경우에는 존속기간이 영구라고 할지라도 대지의 소유권을 전면적으로 제한하지 아니한다는 점 등에 비추어 보면, 지상권의 존속기간을 영구로 약정하는 것도 허용된다.

제283조 【지상권자의 갱신청구권, 매수청구권】 ①지상권이 소멸한 경우에 건물 기타 공작물이나 수목이 현존한 때에는 지상권자는 계약의 갱신을 청구할 수 있다.

②지상권설정자가 계약의 갱신을 원하지 아니하는 때에는 지상권자는 상당한 가액으로 전항의 공작물이나 수목의 매수를 청구할 수 있다.

제284조 【갱신과 존속기간】
당사자가 계약을 갱신하는 경우에는 지상권의 존속기간은 갱신한 날로부터 제280조의 최단존속기간보다 단축하지 못한다. 그러나 당사자는 이보다 장기의 기간을 정할 수 있다.

제285조 【수거의무, 매수청구권】
①지상권이 소멸한 때에는 지상권자는 건물 기타 공작물이나 수목을 수거하여 토지를 원상에 회복하여야 한다.
②전항의 경우에 지상권설정자가 상당한 가액을 제공하여 그 공작물이나 수목의 매수를 청구한 때에는 지상권자는 정당한 이유없이 이를 거절하지 못한다.

제286조 【지료증감청구권】
지료가 토지에 관한 조세 기타 부담의 증감이나 지가의 변동으로 인하여 상당하지 아니하게 된 때에는 당사자는 그 증감을 청구할 수 있다.

제287조 【지상권소멸청구권】
지상권자가 2년이상의 지료를 지급하지 아니한 때에는 지상권설정자는 지상권의 소멸을 청구할 수 있다.

지상권 소멸청구 시 종전소유자에 대한 지료연체기간 합산 가능한지

(대한법률구조공단 자료)

질문

甲은 乙로부터 토지를 매수하였는데, 그 토지 위에는 관습법상의 법정지상권을 취득한 丙의 건물이 있었고, 1년 전 乙의 청구로 법원에서 지료액에 대한 확정판결이 있었음에도 丙은 지료를 지급하지 않고 있습니다. 민법에 의하면 지상권자가 2년 이상의 지료를 지급하지 않으면 지상권소멸청구를 할 수 있다고 하는데, 이 경우 丙이 이후 1년분의 지료만 더 연체하면 토지매수인 甲이 지상권소멸청구를 할 수 있는지요?

답변

민법에서 지상권자가 2년 이상의 지료를 지급하지 아니한 때에는 지상권설정자는 지상권의 소멸을 청구할 수 있다고 규정하고 있습니다(민법 제287조).
그리고 법정지상권의 지료결정과 지상권소멸청구에 관하여 판례를 보면, 법정지상권의 경우 당사자 사이에 지료에 관한 협의가 있었다거나 법원에 의하여 지료가 결정되었다는 아무런 입증이 없다면, 법정지상권자가 지료를 지급하지 않았더라도 지료지급을 지체한 것으로는 볼 수 없지만(대법원 1996. 4. 26. 선고 95다52864 판결), 법정지상권이 성립되고 그 지료액수가 판결에 의하여 정해진 경우, 지상권자가 그 판결 확정 후 지료청구를 받고도 그 책임 있는 사유로 상당기간 동안 지료 지급을 지체한 때에는 그 지체된 지료가 판결확정의 전후에 걸쳐 2년분 이상일 경우에도 토지소유자는 민법 제287조에 의하여 지상권소멸청구 할 수 있고, 그 판결확정일로부터 2년 이상 지료지급을 지체해야만 지상권소멸청구 할 수 있는 것은 아니라고 하였습니다(대법원 2005. 10. 13. 선고 2005다37208 판결).
그런데 위 사안은 토지양수인이 지상권자의 지료지급이 2년 이상 연체되었음을 이유로 지상권소멸청구를 함에 있어서 종전소유자에 대한 연체기간의 합산을 주장할 수 있는지가 문제되는데 이에 관련된 판례를 보면, 민법 제287조가 토지소유자에게 지상권 소멸청구권을 부여하고 있는 이유는 지상권은 성질상 그 존속기간 동안은 당연히 존속하는 것을 원칙으로 하는 것이나, 지상권자가 2년 이상의 지료를 연체하는 때에는 토지소유자로 하여금 지상권 소멸을 청구할 수 있도록 함으로써 토지소유자의 이익을 보호하려는 취지에서 나온 것이라고 할 것이므로, 지상권자가 그 권리목적이 된 토지의 특정한 소유자에 대하여 2년분 이상의 지료를 지불하지 아니한 경우에 그 특정소유자는 선택에 따라 지상권소멸을 청구할 수 있으나, 지상권자의 지료지급연체가 토지소유권양도 전후에 걸쳐 이루어진 경우 토지양수인에 대한 연체기간이 2년이 되지 않는다면 양수인은 지상권소멸청구를 할 수 없다고 하였습니다(대법원 2001. 3. 13. 선고 99다17142 판결).

따라서 위 사안에서 甲도 자신이 위 토지를 취득한 이후 丙의 지료지급이 2년 이상 연체된 경우에야 지상권소멸청구가 가능할 것으로 보입니다.

참고로 판례는 "지상권자가 2년 이상의 지료를 지급하지 아니한 때에는 지상권설정자는 지상권의 소멸을 청구할 수 있으나(민법 제287조),지상권설정자가 지상권의 소멸을 청구하지 않고 있는 동안 지상권자로부터 연체된 지료의 일부를 지급받고 이를 이의 없이 수령하여 연체된 지료가 2년 미만으로 된 경우에는 지상권설정자는 종전에 지상권자가 2년분의 지료를 연체하였다는 사유를 들어 지상권자에게 지상권의 소멸을 청구할 수 없으며, 이러한 법리는 토지소유자와 법정지상권자 사이에서도 마찬가지이다(대법원 2014. 8. 28. 선고 2012다102384 판결)"라고 판시하기도 하였습니다. 따라서 사안의 경우 설령 2년이 넘는 기간 동안 연체를 하더라도 이후 지상권설정자가 그 소멸을 청구하기 전에 지료를 지급하고 이를 지상권설정자가 이의없이 수령한다면 역시 지상권을 유지할 수 있게 될 것입니다.

"본 사례는 개인의 법률문제 해결에 도움을 주고자 게재되었으나, 이용자 여러분의 생활에서 발생하는 구체적 사안은 동일하지는 않을 것이므로 참고자료로 활용하시기 바랍니다."

제288조 【지상권소멸청구와 저당권자에 대한 통지】 지상권이 저당권의 목적인 때 또는 그 토지에 있는 건물, 수목이 저당권의 목적이 된 때에는 전조의 청구는 저당권자에게 통지한 후 상당한 기간이 경과함으로써 그 효력이 생긴다.

제289조 【강행규정】 제280조 내지 제287조의 규정에 위반되는 계약으로 지상권자에게 불리한 것은 그 효력이 없다.

제289조의2 【구분지상권】 ①지하 또는 지상의 공간은 상하의 범위를 정하여 건물 기타 공작물을 소유하기 위한 지상권의 목적으로 할 수 있다. 이 경우 설정행위로써 지상권의 행사를 위하여 토지의 사용을 제한할 수 있다.
②제1항의 규정에 의한 구분지상권은 제3자가 토지를 사용·수익할 권리를 가진 때에도 그 권리자 및 그 권리를 목적으로 하는 권리를 가진 자 전원의 승낙이 있으면 이를 설정할 수 있다. 이 경우 토지를 사용·수익할 권리를 가진 제3자는 그 지상권의 행사를 방해하여서는 아니된다.
[본조신설 1984.4.10]

제290조 【준용규정】
①제213조, 제214조, 제216조 내지 제244조의 규정은 지상권자간 또는 지상권자와 인지소유자간에 이를 준용한다.
②제280조 내지 제289조 및 제1항의 규정은 제289조의2의 규정에 의한 구분지상권에 관하여 이를 준용한다.
[신설 1984.4.10]

판례-공사중지가처분

[대법원 2004.3.29, 자, 2003마1753, 결정]

【판시사항】
[1] 토지에 관하여 저당권과 함께 지상권을 취득하는 경우, 당해 지상권의 효용 및 방해배제청구권의 내용
[2] 토지 위에 건물을 신축중인 토지소유자가 토지에 관한 근저당권 및 지상권설정등

기를 경료한 후 제3자에게 위 건물에 대한 건축주 명의를 변경하여 준 경우, 제3자가 지상권자에게 대항할 수 있는 권원이 없는 한 지상권자는 제3자에 대하여 목적 토지 위에 건물을 축조하는 것을 중지하도록 요구할 수 있다고 한 사례

【판결요지】
[1] 토지에 관하여 저당권을 취득함과 아울러 그 저당권의 담보가치를 확보하기 위하여 지상권을 취득하는 경우, 특별한 사정이 없는 한 당해 지상권은 저당권이 실행될 때까지 제3자가 용익권을 취득하거나 목적 토지의 담보가치를 하락시키는 침해행위를 하는 것을 배제함으로써 저당 부동산의 담보가치를 확보하는 데에 그 목적이 있다고 할 것이므로, 그와 같은 경우 제3자가 비록 토지소유자로부터 신축중인 지상 건물에 관한 건축주 명의를 변경받았다 하더라도, 그 지상권자에게 대항할 수 있는 권원이 없는 한 지상권자로서는 제3자에 대하여 목적 토지 위에 건물을 축조하는 것을 중지하도록 요구할 수 있다.
[2] 토지 위에 건물을 신축중인 토지소유자가 토지에 관한 근저당권 및 지상권설정등기를 경료한 후 제3자에게 위 건물에 대한 건축주 명의를 변경하여 준 경우, 제3자가 지상권자에게 대항할 수 있는 권원이 없는 한 지상권자는 제3자에 대하여 목적 토지 위에 건물을 축조하는 것을 중지하도록 요구할 수 있다고 한 사례.

제5장 지역권

제291조 【지역권의 내용】 지역권자는 일정한 목적을 위하여 타인의 토지를 자기토지의 편익에 이용하는 권리가 있다.

제292조 【부종성】 ①지역권은 요역지소유권에 부종하여 이전하며 또는 요역지에 대한 소유권이외의 권리의 목적이 된다. 그러나 다른 약정이 있는 때에는 그 약정에 의한다.
②지역권은 요역지와 분리하여 양도하거나 다른 권리의 목적으로 하지 못한다.

제293조 【공유관계, 일부양도와 불가분성】 ①토지공유자의 1인은 지분에 관하여 그 토지를 위한 지역권 또는 그 토지가 부담한 지역권을 소멸하게 하지 못한다.
②토지의 분할이나 토지의 일부양도의 경우에는 지역권은 요역지의 각 부분을 위하여 또는 그 승역지의 각부분에 존속한다. 그러나 지역권이 토지의 일부분에만 관한 것인 때에는 다른 부분에 대하여는 그러하지 아니하다.

제294조 【지역권취득기간】
지역권은 계속되고 표현된 것에 한하여 제245조의 규정을 준용한다.

제295조 【취득과 불가분성】
①공유자의 1인이 지역권을 취득한 때에는 다른 공유자도 이를 취득한다.
②점유로 인한 지역권취득기간의 중단은 지역권을 행사하는 모든 공유자에 대한 사유가 아니면 그 효력이 없다.

제296조 【소멸시효의 중단, 정지와 불가분성】 요역지가 수인의 공유인 경우에 그 1인에 의한 지역권소멸시효의 중단 또는 정지는 다른 공유자를 위하여 효력이 있다.

제297조 【용수지역권】
①용수승역지의 수량이 요역지 및 승역지의 수요에 부족한 때에는 그 수요정도에 의하여 먼저 가용에 공급하고 다른 용도에 공급하여야 한다. 그러나 설정행위에 다른 약정이 있는 때에는 그 약정에 의한다.
②승역지에 수개의 용수지역권이 설정된 때에는 후순위의 지역권자는 선순위의 지역권자의 용수를 방해하지 못한다.

제298조 【승역지소유자의 의무와 승계】 계약에 의하여 승역지소유자가 자기의 비용으로 지역권의 행사를 위하여 공작물의 설치 또는 수선의 의무를 부담한 때에는 승역지소유자의 특별승계인도 그 의무를 부담한다.

제299조 【위기에 의한 부담면제】
승역지의 소유자는 지역권에 필요한 부분의 토지소유권을 지역권자에게 위기하여 전조의 부담을 면할 수 있다.

제300조 【공작물의 공동사용】
①승역지의 소유자는 지역권의 행사를 방해하지 아니하는 범위내에서 지역권자가 지역권의 행사를 위하여 승역지에 설치한 공작물을 사용할 수 있다.
②전항의 경우에 승역지의 소유자는 수익정도의 비율로 공작물의 설치, 보존의 비용을 분담하여야 한다.

제301조 【준용규정】 제214조의 규정은 지역권에 준용한다.

제302조 【특수지역권】 어느 지역의 주민이 집합체의 관계로 각자가 타인의 토지에서 초목, 야생물 및 토사의 채취, 방목 기타의 수익을 하는 권리가 있는 경우에는 관습에 의하는 외에 본장의 규정을 준용한다.

제6장 전세권

제303조 【전세권의 내용】
①전세권자는 전세금을 지급하고 타인의 부동산을 점유하여 그 부동산의 용도에 좇아 사용·수익하며, 그 부동산 전부에 대하여 후순위권리자 기타 채권자보다 전세금의 우선변제를 받을 권리가 있다. [개정 1984.4.10]
②농경지는 전세권의 목적으로 하지 못한다.

판례-채권양도등

[대법원 2014.12.24, 선고, 2012다60329, 판결]

【판시사항】
구 국세징수법상 공매절차에서 대항력 있는 전세권은 배분요구와 무관하게 매각으로 소멸하지 않고 매수인에게 인수되는지 여부(적극) 및 그 경우 같은 법 제81조 제1항 제3호에서 말하는 '전세권'의 범위

【판결요지】
구 국세징수법(2011. 4. 4. 법률 제9913호로 개정되기 전의 것, 이하 같다)에서는 매각

으로 전세권이 소멸하는지에 관하여는 명시적인 규정이 없는 점, 전세권의 용익물권으로서의 성질에 비추어 볼 때 대항력이 있는 전세권은 명문의 규정이 없는 이상 매수인에게 인수되는 것이 원칙인 점, 구 민사소송법(2002. 1. 26. 법률 제6626호로 전부 개정되기 전의 것)이나 민사집행법에 의한 강제집행절차에서도 대항력 있는 전세권은 매각으로 인하여 소멸하지 않고 매수인에게 인수되는 것이 원칙인 점, 구 국세징수법의 적용을 받는 사건에서 민사집행법의 규정이나 해석을 유추적용하거나 준용할 수는 없으므로 민사집행법의 규정에 의하여 배분요구권이 인정된다고 할 수도 없는 점 등을 종합하면, 대항력 있는 전세권은 전세권자가 공매절차에서 배분요구를 하였는지와 무관하게 매각으로 인하여 소멸하지 않고 매수인에게 인수된다고 해석하는 것이 옳다. 그 경우 '구 국세징수법 제81조 제1항 제3호에서의 전세권'은 존속기간이 만료되어 전세권의 용익물권적 권능이 소멸하고 단지 전세금반환채권을 담보하는 담보물권적 권능만 남은 전세권이나 대항할 수 없는 전세권만을 의미한다.

제304조 【건물의 전세권, 지상권, 임차권에 대한 효력】

①타인의 토지에 있는 건물에 전세권을 설정한 때에는 전세권의 효력은 그 건물의 소유를 목적으로 한 지상권 또는 임차권에 미친다.

②전항의 경우에 전세권설정자는 전세권자의 동의없이 지상권 또는 임차권을 소멸하게 하는 행위를 하지 못한다.

판례-건물퇴거

[대법원 2010.8.19, 선고, 2010다43801, 판결]

【판시사항】

[1] 건물이 그 존립을 위한 토지사용권을 갖추지 못하여 토지소유자가 건물소유자에 대하여 당해 건물의 철거 및 그 대지의 인도를 청구할 수 있는 상황에서 건물소유자가 아닌 사람이 건물을 점유하고 있는 경우, 토지소유자가 건물점유자에 대하여 퇴거청구를 할 수 있는지 여부(적극) 및 그 건물점유자가 대항력 있는 임차인인 경우 위 퇴거청구에 대항할 수 있는지 여부(소극)

[2] 전세권설정자가 건물의 존립을 위한 토지사용권을 가지지 못하여 토지소유자의 건물철거 등 청구에 대항할 수 없는 경우, 민법 제304조 등을 들어 전세권자 또는 대항력 있는 임차인이 토지소유자의 권리행사에 대항할 수 있는지 여부(소극) 및 건물에 대하여 전세권 또는 대항력 있는 임차권을 설정하여 준 지상권자가 지료를 지급하지 아니함을 이유로 토지소유자가 한 지상권소멸청구가 전세권자 또는 임차인의 동의 없이 행하여진 경우, 민법 제304조 제2항에 의하여 그 효과가 제한되는지 여부(소극)

【판결요지】

[1] 건물이 그 존립을 위한 토지사용권을 갖추지 못하여 토지의 소유자가 건물의 소유자에 대하여 당해 건물의 철거 및 그 대지의 인도를 청구할 수 있는 경우에라도 건물소유자가 아닌 사람이 건물을 점유하고 있다면 토지소유자는 그 건물 점유를 제거하지 아니하는 한 위의 건물 철거 등을 실행할 수 없다. 따라서 그때 토지소유권은 위와 같은 점유에 의하여 그 원만한 실현을 방해당하고 있다고 할 것이므로, 토지소유자는 자신의 소유권에 기한 방해배제로서 건물점유자에 대하여 건물로부터의 퇴출을 청구할 수 있다. 그리고 이는 건물점유자가 건물소유자로부터의 임차인으로서 그 건물임차권이 이른바 대항력을 가진다고 해서 달라지지 아니한다. 건물임차권의 대항력은 기본적으로 건물에 관한 것이고 토지를 목적으로 하는 것이 아니므로 이로써 토지소유권을 제약할 수 없고, 토지에 있는 건물에 대하여 대항력 있는 임차권이 존재한다고 하여도 이를 토지소유자에 대하여 대항할 수 있는 토지사용권이라고 할 수는 없다. 바꾸어 말하면, 건물에 관한 임차권이 대항력을 갖춘 후에 그 대지의 소유권을 취득한 사람은 민법 제622조 제1항이나 주택임대차보호법 제3조 제1항 등에서 그 임차권의 대

항을 받는 것으로 정하여진 '제3자'에 해당한다고 할 수 없다.
[2] 민법 제304조는 전세권을 설정하는 건물소유자가 건물의 존립에 필요한 지상권 또는 임차권과 같은 토지사용권을 가지고 있는 경우에 관한 것으로서, 그 경우에 건물전세권자로 하여금 토지소유자에 대하여 건물소유자, 즉 전세권설정자의 그러한 토지사용권을 원용할 수 있도록 함으로써 토지소유자 기타 토지에 대하여 권리를 가지는 사람에 대한 관계에서 건물전세권자를 보다 안전한 지위에 놓으려는 취지의 규정이다. 또한 지상권을 가지는 건물소유자가 그 건물에 전세권을 설정하였으나 그가 2년 이상의 지료를 지급하지 아니하였음을 이유로 지상권설정자, 즉 토지소유자의 청구로 지상권이 소멸하는 것(민법 제287조 참조)은 전세권설정자가 전세권자의 동의 없이는 할 수 없는 위 민법 제304조 제2항상의 "지상권 또는 임차권을 소멸하게 하는 행위"에 해당하지 아니한다. 위 민법 제304조 제2항이 제한하려는 것은 포기, 기간단축약정 등 지상권 등을 소멸하게 하거나 제한하여 건물전세권자의 지위에 불이익을 미치는 전세권설정자의 임의적인 행위이고, 그것이 법률의 규정에 의하여 지상권소멸청구권의 발생요건으로 정하여졌을 뿐인 지상권자의 지료 부지급 그 자체를 막으려고 한다거나 또는 지상권설정자가 취득하는 위의 지상권소멸청구권이 그의 일방적 의사표시로 행사됨으로 인하여 지상권이 소멸되는 효과를 제한하려고 하는 것이라고 할 수 없다. 따라서 전세권설정자가 건물의 존립을 위한 토지사용권을 가지지 못하여 그가 토지소유자의 건물철거 등 청구에 대항할 수 없는 경우에 민법 제304조 등을 들어 전세권자 또는 대항력 있는 임차권자가 토지소유자의 권리행사에 대항할 수 없음은 물론이다. 또한 건물에 대하여 전세권 또는 대항력 있는 임차권을 설정하여 준 지상권자가 그 지료를 지급하지 아니함을 이유로 토지소유자가 한 지상권소멸청구가 그에 대한 전세권자 또는 임차인의 동의가 없이 행하여졌다고 해도 민법 제304조 제2항에 의하여 그 효과가 제한된다고 할 수 없다.

제305조 【건물의 전세권과 법정지상권】 ①대지와 건물이 동일한 소유자에 속한 경우에 건물에 전세권을 설정한 때에는 그 대지소유권의 특별승계인은 전세권설정자에 대하여 지상권을 설정한 것으로 본다. 그러나 지료는 당사자의 청구에 의하여 법원이 이를 정한다.
②전항의 경우에 대지소유자는 타인에게 그 대지를 임대하거나 이를 목적으로 한 지상권 또는 전세권을 설정하지 못한다.

제306조 【전세권의 양도, 임대등】
전세권자는 전세권을 타인에게 양도 또는 담보로 제공할 수 있고 그 존속 기간 내에서 그 목적물을 타인에게 전전세 또는 임대할 수 있다. 그러나 설정행위로 이를 금지한 때에는 그러하지 아니하다.

제307조 【전세권양도의 효력】
전세권양수인은 전세권설정자에 대하여 전세권양도인과 동일한 권리의무가 있다.

제308조 【전전세등의 경우의 책임】
전세권의 목적물을 전전세 또는 임대한 경우에는 전세권자는 전전세 또는 임대하지 아니하였으면 면할 수 있는 불가항력으로 인한 손해에 대하여 그 책임을 부담한다.

제309조 【전세권자의 유지, 수선의무】
전세권자는 목적물의 현상을 유지하고 그 통상의 관리에 속한 수선을 하여야 한다.

제310조 【전세권자의 상환청구권】
①전세권자가 목적물을 개량하기 위하여 지출한 금액 기타 유익비에 관하여는 그 가액의 증가가 현존한 경우에 한하여 소유자의 선택에 좇아 그 지출액이나 증가액의 상환을 청구할 수 있다.
②전항의 경우에 법원은 소유자의 청구에 의하여 상당한 상환기간을 허여할 수 있다.

판례-전세보증금

[대법원 2006.5.11, 선고, 2006다6072, 판결]

【판시사항】
전세권이 성립한 후 전세목적물의 소유권이 이전된 경우, 전세권이 전세권자와 목적물의 소유권을 취득한 신 소유자 사이에서 계속 동일한 내용으로 존속하는지 여부(적극) 및 목적물의 신 소유자가 전세권이 소멸하는 때에 전세권설정자의 지위에서 전세금 반환의무를 부담하는지 여부(적극)

【판결요지】
전세권이 성립한 후 전세목적물의 소유권이 이전된 경우 민법이 전세권 관계로부터 생기는 상환청구, 소멸청구, 갱신청구, 전세금증감청구, 원상회복, 매수청구 등의 법률관계의 당사자로 규정하고 있는 전세권설정자 또는 소유자는 모두 목적물의 소유권을 취득한 신 소유자로 새길 수밖에 없다고 할 것이므로, 전세권은 전세권자와 목적물의 소유권을 취득한 신 소유자 사이에서 계속 동일한 내용으로 존속하게 된다고 보아야 할 것이고, 따라서 목적물의 신 소유자는 구 소유자와 전세권자 사이에 성립한 전세권의 내용에 따른 권리의무의 직접적인 당사자가 되어 전세권이 소멸하는 때에 전세권자에 대하여 전세권설정자의 지위에서 전세금 반환의무를 부담하게 된다.

제311조 【전세권의 소멸청구】
①전세권자가 전세권설정계약 또는 그 목적물의 성질에 의하여 정하여진 용법으로 이를 사용, 수익하지 아니한 경우에는 전세권설정자는 전세권의 소멸을 청구할 수 있다.
②전항의 경우에는 전세권설정자는 전세권자에 대하여 원상회복 또는 손해배상을 청구할 수 있다.

제312조 【전세권의 존속기간】
①전세권의 존속기간은 10년을 넘지 못한다. 당사자의 약정기간이 10년을 넘는 때에는 이를 10년으로 단축한다.
②건물에 대한 전세권의 존속기간을 1년미만으로 정한 때에는 이를 1년으로 한다. [신설 1984.4.10]
③전세권의 설정은 이를 갱신할 수 있다. 그 기간은 갱신한 날로부터 10년을 넘지 못한다.
④건물의 전세권설정자가 전세권의 존속기간만료전 6월부터 1월까지 사이에 전세권자에 대하여 갱신거절의 통지 또는 조건을 변경하지 아니하면 갱신하지 아니한다는 뜻의 통지를 하지 아니한 경우에는 그 기간이 만료된 때에 전전세권과 동일한 조건으로 다시 전세권을 설정한 것으로 본다. 이 경우 전세권의 존속기간은 그 정함이 없는 것으로 본다. [신설 1984.4.10]

제312조의2 【전세금 증감청구권】 전세금이 목적 부동산에 관한 조세·공과금

기타 부담의 증감이나 경제사정의 변동으로 인하여 상당하지 아니하게 된 때에는 당사자는 장래에 대하여 그 증감을 청구할 수 있다. 그러나 증액의 경우에는 대통령령이 정하는 기준에 따른 비율을 초과하지 못한다.
[본조신설 1984.4.10]

판례-전세보증금

[대법원 2006.5.11, 선고, 2006다6072, 판결]

【판시사항】
전세권이 성립한 후 전세목적물의 소유권이 이전된 경우, 전세권이 전세권자와 목적물의 소유권을 취득한 신 소유자 사이에서 계속 동일한 내용으로 존속하는지 여부(적극) 및 목적물의 신 소유자가 전세권이 소멸하는 때에 전세권설정자의 지위에서 전세금 반환의무를 부담하는지 여부(적극)

【판결요지】
전세권이 성립한 후 전세목적물의 소유권이 이전된 경우 민법이 전세권 관계로부터 생기는 상환청구, 소멸청구, 갱신청구, 전세금증감청구, 원상회복, 매수청구 등의 법률관계의 당사자로 규정하고 있는 전세권설정자 또는 소유자는 모두 목적물의 소유권을 취득한 신 소유자로 새길 수밖에 없다고 할 것이므로, 전세권은 전세권자와 목적물의 소유권을 취득한 신 소유자 사이에서 계속 동일한 내용으로 존속하게 된다고 보아야 할 것이고, 따라서 목적물의 신 소유자는 구 소유자와 전세권자 사이에 성립한 전세권의 내용에 따른 권리의무의 직접적인 당사자가 되어 전세권이 소멸하는 때에 전세권자에 대하여 전세권설정자의 지위에서 전세금 반환의무를 부담하게 된다.

제313조 【전세권의 소멸통고】
전세권의 존속기간을 약정하지 아니한 때에는 각당사자는 언제든지 상대방에 대하여 전세권의 소멸을 통고할 수 있고 상대방이 이 통고를 받은 날로부터 6월이 경과하면 전세권은 소멸한다.

제314조 【불가항력으로 인한 멸실】
①전세권의 목적물의 전부 또는 일부가 불가항력으로 인하여 멸실된 때에는 그 멸실된 부분의 전세권은 소멸한다.
②전항의 일부멸실의 경우에 전세권자가 그 잔존부분으로 전세권의 목적을 달성할 수 없는 때에는 전세권설정자에 대하여 전세권 전부의 소멸을 통고하고 전세금의 반환을 청구할 수 있다.

제315조 【전세권자의 손해배상책임】
①전세권의 목적물의 전부 또는 일부가 전세권자에 책임있는 사유로 인하여 멸실된 때에는 전세권자는 손해를 배상할 책임이 있다.
②전항의 경우에 전세권설정자는 전세권이 소멸된 후 전세금으로써 손해의 배상에 충당하고 잉여가 있으면 반환하여야 하며 부족이 있으면 다시 청구할 수 있다.

판례-전세권말소등·추심금

[대법원 2008.3.13, 선고, 2006다29372, 판결]

【판시사항】

[1] 실제로는 전세권설정계약이 없으면서도 임차보증금 반환채권을 담보할 목적으로 전세권설정등기를 마친 후 그 전세권에 대하여 근저당권이 설정된 경우, 임대인이 그와 같은 사정을 알지 못한 근저당권자에게 위 전세권설정계약이 통정허위표시에 해당함을 이유로 무효를 주장할 수 있는지 여부(소극)

[2] 전세권의 존속기간 만료 후 그 전세권에 설정되어 있던 저당권을 실행하는 방법 및 그 실행의 효과

[3] 전세권설정자가 전세권자에 대하여 민법 제315조의 손해배상채권 외 다른 채권을 가지고 있는 경우, 전세금반환채권에 대하여 물상대위권을 행사한 전세권저당권자에게 상계 등으로 대항할 수 있는지 여부(소극)

【판결요지】

[1] 실제로는 전세권설정계약이 없으면서도 임대차계약에 기한 임차보증금 반환채권을 담보할 목적으로 임차인과 임대인 사이의 합의에 따라 임차인 명의로 전세권설정등기를 경료한 후 그 전세권에 대하여 근저당권이 설정된 경우, 설령 위 전세권설정계약만 놓고 보아 그것이 통정허위표시에 해당하여 무효라 하더라도 이로써 위 전세권설정계약에 의하여 형성된 법률관계를 토대로 별개의 법률원인에 의하여 새로운 법률상 이해관계를 갖게 된 근저당권자에 대하여는 그와 같은 사정을 알고 있었던 경우에만 그 무효를 주장할 수 있다.

[2] 전세권의 존속기간이 만료하면 전세권의 용익물권적 권능이 소멸하기 때문에 그 전세권에 대한 저당권자는 더 이상 전세권 자체에 대하여 저당권을 실행할 수 없게 되고, 이러한 경우에는 민법 제370조, 제342조, 민사집행법 제273조에 의하여 저당권의 목적물인 전세권에 갈음하여 존속하는 것으로 볼 수 있는 전세금반환채권에 대하여 추심명령 또는 전부명령을 받거나, 제3자가 전세금반환채권에 대하여 실시한 강제집행절차에서 배당요구를 하는 등의 방법으로 자신의 권리를 행사할 수 있고, 민법 제370조, 제342조 단서가 저당권자는 물상대위권을 행사하기 위하여 저당권설정자가 받을 금전 기타 물건의 지급 또는 인도 전에 압류하여야 한다고 규정한 것은 물상대위의 목적인 채권의 특정성을 유지하여 그 효력을 보전함과 동시에 제3자에게 불측의 손해를 입히지 않으려는 데 그 목적이 있으므로, 적법한 기간 내에 적법한 방법으로 물상대위권을 행사한 저당권자는 전세권자에 대한 일반채권자보다 우선변제를 받을 수 있다.

[3] 전세금은 그 성격에 비추어 민법 제315조에 정한 전세권설정자의 전세권자에 대한 손해배상채권 외 다른 채권까지 담보한다고 볼 수 없으므로, 전세권설정자가 전세권자에 대하여 위 손해배상채권 외 다른 채권을 가지고 있더라도 다른 특별한 사정이 없는 한 이를 가지고 전세금반환채권에 대하여 물상대위권을 행사한 전세권저당권자에게 상계 등으로 대항할 수 없다.

제316조 【원상회복의무, 매수청구권】

①전세권이 그 존속기간의 만료로 인하여 소멸한 때에는 전세권자는 그 목적물을 원상에 회복하여야 하며 그 목적물에 부속시킨 물건은 수거할 수 있다. 그러나 전세권설정자가 그 부속물건의 매수를 청구한 때에는 전세권자는 정당한 이유없이 거절하지 못한다.

②전항의 경우에 그 부속물건이 전세권설정자의 동의를 얻어 부속시킨 것인 때에는 전세권자는 전세권설정자에 대하여 그 부속물건의 매수를 청구할 수 있다. 그 부속물건이 전세권설정자로부터 매수한 것인 때에도 같다.

제317조 【전세권의 소멸과 동시이행】
전세권이 소멸한 때에는 전세권설정자는 전세권자로부터 그 목적물의 인도 및 전세권설정등기의 말소등기에 필요한 서류의 교부를 받는 동시에 전세금을 반환하여야 한다.

전세계약기간이 만료되고 묵시적으로 갱신된 경우 전세권의 효력

(대한법률구조공단 자료)

질문

저는 甲소유주택을 전세금 5,000만원에 1년 기간으로 하는 전세계약을 체결하면서 전세권 등기를 설정하였습니다. 현재는 계약기간이 만료되고도 재계약 등의 아무런 조치 없이 수개월이 지난 상태인데, 이러한 경우 전세권의 효력은 어떻게 되는지요?

답변

전세권은 전세금을 지급하고 다른 사람의 부동산을 점유하여 그 부동산의 용도에 따라 사용·수익하고 그 부동산 전부에 대하여 후순위권리자 기타채권자보다 전세금에 관한 우선변제를 받을 수 있으며(민법 제303조 제1항), 전세금반환이 지체되면 경매를 요구할 수 있는 권리로서 용익물권적 성질과 담보물권적 성질을 겸유하고 있는 권리인데, 그 존속기간이 만료되면 당사자간에 계약갱신을 하지 않는 한 전세권은 소멸되는 것이 원칙입니다.

그런데 민법에서는, 건물의 전세권설정자가 전세권의 존속기간 만료 전 6월부터 1월까지 사이에 전세권자에 대하여 갱신거절의 통지 또는 조건을 변경하지 아니하면 갱신하지 아니한다는 뜻의 통지를 하지 아니한 경우에는 그 기간이 만료된 때에 전(前)전세권과 동일한 조건으로 다시 전세권을 설정한 것으로 본다고 하고, 이 경우 전세권의 존속기간은 그 정함이 없는 것으로 본다고 규정하고 있으며(민법 제312조 제4항), 전세권의 존속기간을 약정하지 아니한 때에는 각 당사자는 언제든지 상대방에 대하여 전세권의 소멸을 통고할 수 있고 상대방이 이 통고를 받은 날로부터 6개월이 경과하면 전세권은 소멸한다고 규정하고 있고(민법 제313조), 민법 제187조에서는 상속, 공용징수, 판결, 경매, 기타 법률의 규정에 의한 부동산의 취득은 등기를 요하지 아니하나, 등기를 하지 아니하면 이를 처분하지 못한다고 규정하고 있습니다.

그리고 관련판례를 보면, 전세권이 법정 갱신된 경우 이는 법률의 규정에 의한 물권의 변동이므로 전세권갱신에 관한 등기를 필요로 하지 아니하고, 전세권자는 등기없이도 전세권설정자나 그 목적물을 취득한 제3자에 대하여 갱신된 권리를 주장할 수 있다고 하였습니다(대법원 2010. 3. 25. 선고 2009다35743 판결).

그러므로 위 사안의 경우에 전세권등기의 존속기간에 관하여 변경등기를 하지 아니하였다고 하여도 귀하의 전세권은 보호될 것입니다. 다만, 전세권설정자가 전세권소멸통고를 하고 6월이 경과하면 전세권이 소멸될 수 있습니다.

그리고 전세권이 소멸한 때에는 전세권설정자는 전세권자로부터 그 목적물의 인도 및 전세권설정등기의 말소등기에 필요한 서류의 교부를 받는 동시에 전세금을 반환하여야 할 것입니다.(민법 제317조).

참고로 등기선례를 보면, 건물전세권은 존속기간이 만료되더라도 법정갱신으로 등기하지 않아도 전세권자는 전세권설정자 및 제3자에게 그 권리를 주장할 수 있지만, 위 등기의 처분 또는 내용을 변경하는 등기를 신청하기 위해서는 존속기간의 변경등기의 신청을 선행 또는 동시에 하여야 한다고 하였습니다(등기선례 8-247 2008. 2. 1. 제정).

"본 사례는 개인의 법률문제 해결에 도움을 주고자 게재되었으니, 이용자 여러분의 생활에서 발생하는 구체적 사안은 동일하지는 않을 것이므로 참고자료로 활용하시기 바랍니다."

제318조 【전세권자의 경매청구권】
전세권설정자가 전세금의 반환을 지체한 때에는 전세권자는 민사집행법의 정한 바에 의하여 전세권의 목적물의 경매를 청구할 수 있다.
[개정 1997.12.13, 2001.12.29]

제319조 【준용규정】 제213조, 제214조, 제216조 내지 제244조의 규정은 전세

권자간 또는 전세권자와 인지소유자 및 지상권자간에 이를 준용한다.

제7장 유치권

제320조 【유치권의 내용】

①타인의 물건 또는 유가증권을 점유한 자는 그 물건이나 유가증권에 관하여 생긴 채권이 변제기에 있는 경우에는 변제를 받을 때까지 그 물건 또는 유가증권을 유치할 권리가 있다.
②전항의 규정은 그 점유가 불법행위로 인한 경우에 적용하지 아니한다.

제321조 【유치권의 불가분성】

유치권자는 채권전부의 변제를 받을 때까지 유치물 전부에 대하여 그 권리를 행사할 수 있다.

판례-건물명도등

[서울동부지법 2009.6.26, 선고, 2008가합13140, 판결 : 항소]

【판시사항】

[1] 민법 제320조 제1항에서 유치권의 피담보채권으로 규정하는 '그 물건에 관하여 생긴 채권'의 범위 및 유치권의 불가분성이 그 목적물이 분할 가능하거나 수개의 물건인 경우에도 적용되는지 여부(원칙적 적극)
[2] 아파트 신축공사를 도급받은 시공사가 공사대금 잔액을 지급받기 위하여 아파트 한 세대를 점유하여 유치권을 행사한 사안에서, 아파트 공급계약 체결 당시 분양대금이 완납된 세대에 대하여 유치권을 행사하지 않기로 하는 묵시적인 특별 합의가 있었음이 인정되므로 위 유치권의 피담보채권의 범위는 해당 세대의 미지급 분양대금에 한정된다고 본 사례

【판결요지】

[1] 민법 제320조 제1항에서 규정하는 '그 물건에 관하여 생긴 채권'은 유치권 제도 본래의 취지인 공평의 원칙에 특히 반하지 않는 한 채권이 목적물 자체로부터 발생한 경우는 물론이고 채권이 목적물의 반환청구권과 동일한 법률관계나 사실관계로부터 발생한 경우도 포함하고, 민법 제321조는 "유치권자는 채권 전부의 변제를 받을 때까지 유치물 전부에 대하여 그 권리를 행사할 수 있다"고 규정하고 있으므로, 유치물은 그 각 부분으로써 피담보채권의 전부를 담보하며, 이와 같은 유치권의 불가분성은 그 목적물이 분할 가능하거나 수개의 물건인 경우에도 적용됨이 원칙이다. 그러나 한편, 유치권은 당사자 사이의 합의에 의하여 얼마든지 포기할 수 있으므로, 채권 발생이 여러 개의 물건과 사이에 견련관계가 인정된다 하더라도 당사자 사이에 그 물건의 하나에 관하여 직접 관련되어 발생한 채권에 한하여 유치권을 인정하기로 하는 특별한 합의가 있는 경우에는 유치권의 행사는 그 범위로 제한되고, 위와 같은 합의는 명시적인 것은 물론 묵시적인 것으로도 가능하다.
[2] 아파트 신축공사를 도급받은 시공사가 공사대금 잔액을 지급받기 위하여 아파트 한 세대를 점유하여 유치권을 행사한 사안에서, 아파트 공급계약 체결 당시 시공사가 각 수분양자로부터 해당 세대의 분양대금을 전액 지급받으면 그 세대를 인도하여 주기로 함으로써 다른 세대에 관하여 발생한 공사대금 채권을 확보한다는 명목으로 분양대금이 완납된 세대에 대하여 유치권을 행사하지 않기로 하는 묵시적인 특별 합의가 있었음이 인정되므로 위 유치권의 피담보채권의 범위는 해당 세대의 미지급 분양

대금에 한정된다고 본 사례.

제322조 【경매, 간이변제충당】

①유치권자는 채권의 변제를 받기 위하여 유치물을 경매할 수 있다.
②정당한 이유있는 때에는 유치권자는 감정인의 평가에 의하여 유치물로 직접변제에 충당할 것을 법원에 청구할 수 있다. 이 경우에는 유치권자는 미리 채무자에게 통지하여야 한다.

판례-건물 명도

[대법원 2011.8.18, 선고, 2011다35593, 판결]

【판시사항】

[1] 민법 제322조 제1항에 따른 유치권에 의한 경매가 목적부동산 위의 부담을 소멸시키는 것을 법정매각조건으로 하여 실시되는지 여부(적극)와 유치권자의 배당순위(=일반채권자와 동일한 순위) 및 집행법원이 매각조건 변경결정을 통해 목적부동산 위의 부담을 매수인이 인수하도록 정할 수 있는지 여부(적극)
[2] 유치권에 의한 경매절차가 정지된 상태에서 목적물에 대한 강제경매 또는 담보권 실행을 위한 경매절차가 진행되어 매각이 이루어진 경우, 유치권이 소멸하는지 여부(소극)
[3] 유치권자인 甲의 신청으로 점포 등에 대하여 유치권에 의한 경매절차가 개시되어 진행되던 중 근저당권자의 신청으로 점포 등에 대해 경매절차가 개시되어 유치권에 기한 경매절차는 정지되었고 乙이 담보권 실행 등을 위한 경매절차에서 점포를 낙찰받아 소유권을 취득하였는데, 이후 점포에 대하여 다시 개시된 경매절차에서 丙 등이 점포를 낙찰받아 소유권을 취득한 사안에서, 유치권에 의한 경매절차는 근저당권에 의한 경매절차가 개시됨으로써 정지되었고 乙이 경매절차에서 점포를 낙찰받아 유치권 부담까지 함께 인수받았다고 보아야 하므로, 유치권자인 甲은 공사대금 중 미변제된 부분을 모두 변제받을 때까지 점포를 유치할 권리가 있다고 본 원심판단을 수긍한 사례

【이 유】

상고이유를 판단한다.
1. 제1, 2점에 대하여
민법 제322조 제1항에 의하여 실시되는 유치권에 의한 경매도 강제경매나 담보권 실행을 위한 경매와 마찬가지로 목적부동산 위의 부담을 소멸시키는 것을 법정매각조건으로 하여 실시되고 우선채권자뿐만 아니라 일반채권자의 배당요구도 허용되며, 유치권자는 일반채권자와 동일한 순위로 배당을 받을 수 있다고 봄이 상당하다. 다만 집행법원은 부동산 위의 이해관계를 살펴 위와 같은 법정매각조건과는 달리 매각조건 변경결정을 통하여 목적부동산 위의 부담을 소멸시키지 않고 매수인으로 하여금 인수하도록 정할 수 있다 (대법원 2011. 6. 15.자 2010마1059 결정, 대법원 2011. 6. 17.자 2009마2063 결정 등 참조).
그런데 부동산에 관한 강제경매 또는 담보권 실행을 위한 경매절차에서의 매수인은 유치권자에게 그 유치권으로 담보하는 채권을 변제할 책임이 있고(민사집행법 제91조 제5항, 제268조), 유치권에 의한 경매절차는 목적물에 대하여 강제경매 또는 담보권 실행을 위한 경매절차가 개시된 경우에는 정지되도록 되어 있으므로(민사집행법 제274조 제2항), 유치권에 의한 경매절차가 정지된 상태에서 그 목적물에 대한 강제경매 또는 담보권 실행을 위한 경매절차가 진행되어 매각이 이루어졌다면, 유치권에 의한 경매절차가 소멸주의를 원칙으로 하여 진행된 경우와는 달리 그 유치권은 소멸하지 않는다고 봄이 상당하다.
원심은 그 채택 증거에 의하여 2004. 11. 16. 유치권자인 피고의 신청으로 이 사건 점포를 포함한 이 사건 건물에 대하여 서울남부지방법원 2004타경41559호로 유치권에 의한 경매절차가 개시된 사실, 위 경매절차의 진행 중 근저당권자 주식회사 우리은행

의 신청으로 이 사건 점포 등에 대해 위 법원 2004타경49041호로 임의경매절차가 개시되었고, 이에 따라 위 유치권에 기한 경매절차는 정지된 사실, 소외인은 위 2004타경49041호 임의경매절차에서 이 사건 점포를 낙찰받고 그 매각대금을 납부하여 소유권을 취득한 사실, 이후 이 사건 점포에 대하여 다시 위 법원 2008타경10829호로 임의경매절차가 개시되자 원고들이 그 임의경매절차에서 이 사건 점포를 낙찰받고 2009. 7. 16. 그 매각대금을 납부하여 소유권을 취득한 사실을 인정한 다음, 위 유치권에 의한 경매절차는 근저당권에 의한 임의경매절차가 개시됨으로써 정지되었고 소외인은 그 임의경매절차에서 이 사건 점포를 낙찰받아 그 유치권 부담까지 함께 인수받았다고 봄이 상당하므로, 유치권자인 피고는 이 사건 공사대금 중 미변제된 부분을 모두 변제받을 때까지 이 사건 점포를 유치할 권리가 있다고 판단하여 원고들의 인도청구를 배척하였다. 앞서 본 법리와 기록에 비추어 살펴보면 원심의 이러한 판단은 정당하여 수긍이 가고, 거기에 상고이유에서 주장하는 바와 같은 유치권에 의한 경매절차의 정지 및 유치권 소멸에 관한 법리오해나 판단누락 등의 위법이 있다고 할 수 없다. 이에 관한 상고이유의 주장은 모두 이유 없다.

2. 제3점에 대하여 원심은, 피고가 유치물의 보존행위를 벗어난 사용을 하였으므로 원고들의 유치권 소멸 청구의 의사표시에 따라 이 사건 점포에 대한 피고의 유치권이 소멸하였다는 취지의 원고들 주장에 대하여, 피고가 이 사건 점포를 훼손하거나 효용을 해하였음을 인정할 증거가 없고 그 판시와 같은 사정에 비추어 피고가 이 사건 점포를 본점소재지로 등기하고 사무실로 사용하고 있다는 사실만으로는 이 사건 점포의 보존에 필요한 범위를 넘어 사용하고 있다고 단정하기 어렵다고 판단하였는바, 기록에 비추어 살펴보면 이러한 원심의 인정 및 판단은 정당하고, 거기에 상고이유로 주장하는 바와 같은 유치권 소멸청구에 관한 법리오해 등의 위법이 없다.

3. 결론

그러므로 상고를 모두 기각하고 상고비용은 패소자들의 부담으로 하여, 관여 대법관의 일치된 의견으로 주문과 같이 판결한다.

제323조 【과실수취권】

①유치권자는 유치물의 과실을 수취하여 다른 채권보다 먼저 그 채권의 변제에 충당할 수 있다. 그러나 과실이 금전이 아닌 때에는 경매하여야 한다.

②과실은 먼저 채권의 이자에 충당하고 그 잉여가 있으면 원본에 충당한다.

제324조 【유치권자의 선관의무】

①유치권자는 선량한 관리자의 주의로 유치물을 점유하여야 한다.

②유치권자는 채무자의 승낙없이 유치물의 사용, 대여 또는 담보제공을 하지 못한다. 그러나 유치물의 보존에 필요한 사용은 그러하지 아니하다.

③유치권자가 전2항의 규정에 위반한 때에는 채무자는 유치권의 소멸을 청구할 수 있다.

제325조 【유치권자의 상환청구권】

①유치권자가 유치물에 관하여 필요비를 지출한 때에는 소유자에게 그 상환을 청구할 수 있다.

②유치권자가 유치물에 관하여 유익비를 지출한 때에는 그 가액의 증가가 현존한 경우에 한하여 소유자의 선택에 좇아 그 지출한 금액이나 증가액의 상환을 청구할 수 있다. 그러나 법원은 소유자의 청구에 의하여 상당한 상환기간을 허여할 수 있다.

제326조 【피담보채권의 소멸시효】
유치권의 행사는 채권의 소멸시효의 진행에 영향을 미치지 아니한다.

제327조 【타담보제공과 유치권소멸】 채무자는 상당한 담보를 제공하고 유치권의 소멸을 청구할 수 있다.

제328조 【점유상실과 유치권소멸】
유치권은 점유의 상실로 인하여 소멸한다.

제8장 질권

제1절 동산질권

제329조 【동산질권의 내용】 동산질권자는 채권의 담보로 채무자 또는 제삼자가 제공한 동산을 점유하고 그 동산에 대하여 다른 채권자보다 자기채권의 우선변제를 받을 권리가 있다.

제330조 【설정계약의 요물성】
질권의 설정은 질권자에게 목적물을 인도함으로써 그 효력이 생긴다.

제331조 【질권의 목적물】
질권은 양도할 수 없는 물건을 목적으로 하지 못한다.

제332조 【설정자에 의한 대리점유의 금지】 질권자는 설정자로 하여금 질물의 점유를 하게 하지 못한다.

제333조 【동산질권의 순위】
수개의 채권을 담보하기 위하여 동일한 동산에 수개의 질권을 설정한 때에는 그 순위는 설정의 선후에 의한다.

제334조 【피담보채권의 범위】
질권은 원본, 이자, 위약금, 질권실행의 비용, 질물보존의 비용 및 채무불이행 또는 질물의 하자로 인한 손해배상의 채권을 담보한다. 그러나 다른 약정이 있는 때에는 그 약정에 의한다.

제335조 【유치적 효력】
질권자는 전조의 채권의 변제를 받을 때까지 질물을 유치할 수 있다. 그러나 자기보다 우선권이 있는 채권자에게 대항하지 못한다.

제336조 【전질권】
질권자는 그 권리의 범위내에서 자기의 책임으로 질물을 전질할 수 있다. 이 경우에는 전질을 하지 아니하였으면 면할 수 있는 불가항력으로 인한 손해에 대하여도 책임을 부담한다.

第337条 【전질의 대항요건】
①전조의 경우에 질권자가 채무자에게 전질의 사실을 통지하거나 채무자가 이를 승낙함이 아니면 전질로써 채무자, 보증인, 질권설정자 및 그 승계인에게 대항하지 못한다.
②채무자가 전항의 통지를 받거나 승낙을 한 때에는 전질권자의 동의없이 질권자에게 채무를 변제하여도 이로써 전질권자에게 대항하지 못한다.

第338条 【경매, 간이변제충당】
①질권자는 채권의 변제를 받기 위하여 질물을 경매할 수 있다.
②정당한 이유있는 때에는 질권자는 감정인의 평가에 의하여 질물로 직접변제에 충당할 것을 법원에 청구할 수 있다. 이 경우에는 질권자는 미리 채무자 및 질권설정자에게 통지하여야 한다.

第339条 【유질계약의 금지】
질권설정자는 채무변제기전의 계약으로 질권자에게 변제에 가름하여 질물의 소유권을 취득하게 하거나 법률에 정한 방법에 의하지 아니하고 질물을 처분할 것을 약정하지 못한다.

판례-유치물변제충당허가

[대법원 2000.10.10, 자, 2000그41, 결정]

【판시사항】
채무자에게 자신의 외국 현지법인을 통하여 채무자에 대한 사전통지 또는 동의 없이 주간사에 대한 등록절차만으로 금융기관간의 채권양도를 예정하고 있는 양도성 대출계약에 따른 대출을 실행하였다가 그 현지법인이 폐지되면서 그 대출금채권의 관리를 채권양도 형식으로 이관받은 금융기관이 채무자로부터 별개의 대출금채무의 상환유예에 대한 담보로 질권설정받은 유가증권을 그 대출금채무가 변제된 이후에도 채무자의 요청에 따른 별도의 채권발행보증에 대한 담보로 계속하여 점유하고 있은 경우, 그 금융기관은 그 유가증권에 관하여 그 양도성 대출계약에 따른 대출금채권을 피담보채권으로 하는 상사유치권을 가진다고 한 사례

【판결요지】
채무자에게 자신의 외국 현지법인을 통하여 채무자에 대한 사전통지 또는 동의 없이 주간사에 대한 등록절차만으로 금융기관간의 채권양도를 예정하고 있는 양도성 대출계약에 따른 대출을 실행하였다가 그 현지법인이 폐지되면서 그 대출금채권의 관리를 채권양도 형식으로 이관받은 금융기관이 채무자로부터 별개의 대출금채무의 상환유예에 대한 담보로 질권설정받은 유가증권을 그 대출금채무가 변제된 이후에도 채무자의 요청에 따른 별도의 채권발행보증에 대한 담보로 계속하여 점유하고 있은 경우, 그 금융기관은 그 유가증권에 관하여 그 양도성 대출계약에 따른 대출금채권을 피담보채권으로 하는 상사유치권을 가진다고 한 사례.

第340条 【질물이외의 재산으로부터의 변제】 ①질권자는 질물에 의하여 변제를 받지 못한 부분의 채권에 한하여 채무자의 다른 재산으로부터 변제를 받을 수 있다
②전항의 규정은 질물보다 먼저 다른 재산에 관한 배당을 실시하는 경우에는 적용하지 아니한다. 그러나 다른 채권자는 질권자에게 그 배당금액의 공탁을 청구할 수 있다.

제341조 【물상보증인의 구상권】 타인의 채무를 담보하기 위한 질권설정자가 그 채무를 변제하거나 질권의 실행으로 인하여 질물의 소유권을 잃은 때에는 보증채무에 관한 규정에 의하여 채무자에 대한 구상권이 있다.

판례-양수금

[대법원 2014.12.24, 선고, 2012다49285, 판결]

【판시사항】

물상보증의 목적물인 저당부동산의 제3취득자가 채무를 변제하거나 저당권의 실행으로 저당부동산의 소유권을 잃은 경우, 채무자에 대한 구상권이 있는지 여부(원칙적 적극)

【판결요지】

타인의 채무를 담보하기 위하여 저당권을 설정한 부동산의 소유자인 물상보증인으로부터 저당부동산의 소유권을 취득한 제3취득자는 저당권이 실행되면 저당부동산에 대한 소유권을 잃는다는 점에서 물상보증인과 유사한 지위에 있다. 따라서 물상보증의 목적물인 저당부동산의 제3취득자가 채무를 변제하거나 저당권의 실행으로 인하여 저당부동산의 소유권을 잃은 때에는 특별한 사정이 없는 한 물상보증인의 구상권에 관한 민법 제370조, 제341조의 규정을 유추적용하여, 물상보증인으로부터 저당부동산을 양수한 제3취득자는 보증채무에 관한 규정에 의하여 채무자에 대한 구상권이 있다.

제342조 【물상대위】

질권은 질물의 멸실, 훼손 또는 공용징수로 인하여 질권설정자가 받을 금전 기타 물건에 대하여도 이를 행사할 수 있다. 이 경우에는 그 지급 또는 인도전에 압류하여야 한다.

판례-양수금

[대법원 2014.10.27, 선고, 2013다91672, 판결]

【판시사항】

저당권이 설정된 전세권의 존속기간이 만료된 경우, 저당권자가 전세금의 지급을 구하는 방법 / 전세권저당권자가 전세금반환채권에 대하여 물상대위권을 행사한 경우, 전세권설정자가 전세권자에 대한 반대채권으로 전세권저당권자에게 상계로써 대항할 수 있는지 여부(한정 적극)

【판결요지】

전세권을 목적으로 한 저당권이 설정된 경우, 전세권의 존속기간이 만료되면 전세권의 용익물권적 권능이 소멸하기 때문에 더 이상 전세권 자체에 대하여 저당권을 실행할 수 없게 되고, 저당권자는 저당권의 목적물인 전세권에 갈음하여 존속하는 것으로 볼 수 있는 전세금반환채권에 대하여 압류 및 추심명령 또는 전부명령을 받거나 제3자가 전세금반환채권에 대하여 실시한 강제집행절차에서 배당요구를 하는 등의 방법으로 물상대위권을 행사하여 전세금의 지급을 구하여야 한다.

전세권저당권자가 위와 같은 방법으로 전세금반환채권에 대하여 물상대위권을 행사한 경우, 종전 저당권의 효력은 물상대위의 목적이 된 전세금반환채권에 존속하여 저당권자가 전세금반환채권으로부터 다른 일반채권자보다 우선변제를 받을 권리가 있으므로, 설령 전세금반환채권이 압류된 때에 전세권설정자가 전세권자에 대하여 반대채권을 가지고 있고 반대채권과 전세금반환채권이 상계적상에 있다고 하더라도 그러한 사정만으로 전세권설정자가 전세권저당권자에게 상계로써 대항할 수는 없다.

그러나 전세금반환채권은 전세권이 성립하였을 때부터 이미 발생이 예정되어 있다고 볼 수 있으므로, 전세권저당권이 설정된 때에 이미 전세권설정자가 전세권자에 대하여 반대채권을 가지고 있고 반대채권의 변제기가 장래 발생할 전세금반환채권의 변제기와 동시에 또는 그보다 먼저 도래하는 경우와 같이 전세권설정자에게 합리적 기대 이익을 인정할 수 있는 경우에는 특별한 사정이 없는 한 전세권설정자는 반대채권을 자동채권으로 하여 전세금반환채권과 상계함으로써 전세권저당권자에게 대항할 수 있다.

제343조 【준용규정】 제249조 내지 제251조, 제321조 내지 제325조의 규정은 동산질권에 준용한다.

제344조 【타법률에 의한 질권】
본절의 규정은 다른 법률의 규정에 의하여 설정된 질권에 준용한다.

제2절 권리질권

제345조 【권리질권의 목적】 질권은 재산권을 그 목적으로 할 수 있다. 그러나 부동산의 사용, 수익을 목적으로 하는 권리는 그러하지 아니하다.

판례-질권확인

[대법원 2005.12.22, 선고, 2003다55059, 판결]

【판시사항】
[1] 확인의 소에 있어서의 확인의 이익
[2] 질권의 목적인 채권의 양도에 있어서 질권자의 동의가 필요한지 여부(소극)
[3] 신탁법 제42조에 규정하고 있는 수탁자의 비용상환청구권의 성질 및 위 비용상환청구권이 권리질의 목적이 될 수 있는지 여부(적극)
[4] 수탁자의 비용상환청구권에 관한 질권자가 신탁법 제42조 제1항에 의하여 신탁재산에 대하여 자조매각권을 직접 행사할 수 있는지 여부(소극)
[5] 수탁자의 충실의무의 내용 및 그 법적 근거
[6] 파산법상의 부인권 행사의 효력이 미치는 범위

【판결요지】
[1] 확인의 소는 원고의 법적 지위가 불안·위험할 때에 그 불안·위험을 제거함에 확인판결로 판단하는 것이 가장 유효·적절한 수단인 경우에 인정된다.
[2] 질권의 목적인 채권의 양도행위는 민법 제352조 소정의 질권자의 이익을 해하는 변경에 해당되지 않으므로 질권자의 동의를 요하지 아니한다.
[3] 신탁재산에 관한 조세, 공과(公課), 기타 신탁사무를 처리하기 위한 비용은 신탁재산의 명의자이자 관리자인 수탁자가 제3자에 대하여 부담하게 되는바, 수탁자로서는 위와 같은 채무를 신탁재산으로 변제할 수도 있고, 자신의 고유재산에 속하는 금전으로 변제할 수도 있는데, 신탁사무가 정당하게 행해진 한 위와 같은 비용은 실질적으로 신탁재산의 채무이기 때문에 자신의 고유재산으로써 이를 변제한 수탁자는 신탁재산으로부터 보상을 받을 수 있어야 할 것이므로, 신탁법 제42조에서 규정하고 있는 수탁자의 비용상환청구권은 수탁자가 신탁사무의 처리에 있어서 정당하게 부담하게 되는 비용 또는 과실 없이 입게 된 손해에 관하여 신탁재산 또는 수익자에 대하여 보상을 청구할 수 있는 권리라고 할 것인바, 수탁자가 재임중에는 신탁재산의 관리인이 수탁자 자신이어서 신탁재산에 대하여 비용상환청구권 강제집행과 같은 방법으로 행사할 수는 없고(수탁자의 임무가 종료한 후에는 신수탁자를 상대로 보상청구권을 행사하여 신탁재산에 대하여 강제집행을 할 수 있다.),
같은 조 제1항에서 규정하고 있는 바와 같이 신탁재산을 매각하여 그 매각대금으로 다른 권리자에 우선하여 비용상환청구권의 변제에 충당할 수 있을 뿐이지만, 수탁자의

신탁재산에 대한 비용상환청구권은 수탁자가 개인적으로 갖는 권리로서 독립성을 인정할 수 있으므로 양도될 수도 있고 권리질의 목적도 될 수 있다.
[4] 수탁자가 신탁법 제42조 제1항에 의하여 신탁재산에 대하여 행사하는 소위 자조매각권(自助賣却權)은 수탁자가 신탁재산의 명의인으로서 관리처분권을 가지는 데에 근거한 것이고, 수탁자가 자조매각권을 행사함에 있어서는 신탁재산의 관리인으로서 신탁의 목적에 따라 신탁재산을 처분하여야 하는 제한이 따르는 것이므로 개인으로서의 수탁자가 신탁재산에 대하여 가지는 비용상환청구권에 관한 질권자라고 하더라도 신탁재산에 대하여 자조매각권을 직접 행사할 수는 없다.
[5] 수탁자의 충실의무는 수탁자가 신탁목적에 따라 신탁재산을 관리하여야 하고 신탁재산의 이익을 최대한 도모하여야 할 의무로서, 일반적으로 수탁자의 신탁재산에 관한 권리취득을 제한하고 있는 신탁법 제31조를 근거로 인정되고 있다.
[6] 파산법상의 부인권은 파산채권자의 공동담보인 파산자의 일반재산을 파산재단에 원상회복시키기 위하여 인정되는 제도로서, 파산관재인이 부인권을 행사하면 그 부인권 행사의 효과는 파산재단과 상대방과의 사이에서 상대적으로 발생할 뿐이고 제3자에 대하여는 효력이 미치지 아니한다.

제346조 【권리질권의 설정방법】
권리질권의 설정은 법률에 다른 규정이 없으면 그 권리의 양도에 관한 방법에 의하여야 한다.

제347조 【설정계약의 요물성】
채권을 질권의 목적으로 하는 경우에 채권증서가 있는 때에는 질권의 설정은 그 증서를 질권자에게 교부함으로써 그 효력이 생긴다.

제348조 【저당채권에 대한 질권과 부기등기】 저당권으로 담보한 채권을 질권의 목적으로 한 때에는 그 저당권등기에 질권의 부기등기를 하여야 그 효력이 저당권에 미친다.

제349조 【지명채권에 대한 질권의 대항요건】 ①지명채권을 목적으로 한 질권의 설정은 설정자가 제450조의 규정에 의하여 제삼채무자에게 질권설정의 사실을 통지하거나 제삼채무자가 이를 승낙함이 아니면 이로써 제삼채무자 기타 제삼자에게 대항하지 못한다.
②제451조의 규정은 전항의 경우에 준용한다.

제350조 【지시채권에 대한 질권의 설정방법】 지시채권을 질권의 목적으로 한 질권의 설정은 증서에 배서하여 질권자에게 교부함으로써 그 효력이 생긴다.

제351조 【무기명채권에 대한 질권의 설정방법】 무기명채권을 목적으로한 질권의 설정은 증서를 질권자에게 교부함으로써 그 효력이 생긴다.

판례-양도성예금증서인도

[대법원 2002.5.28, 선고, 2001다10021, 판결]

【판시사항】

[1] 양도성예금증서를 취득함에 있어 중대한 과실이 있다고 볼 수 있는 경우 및 양도성예금증서의 양수인이 그 발행인이나 전 소지인에게 양도인의 실질적인 권리 여부를 확인한 다음 이를 취득하여야 할 주의의무가 있는지 여부(한정 소극)와 양도성예금증서에 대하여 질권을 설정받는 방법으로 취득하는 경우에도 동일한 법리가 적용되는지 여부(적극)

[2] 양도성예금증서에 대하여 질권을 설정받음에 있어 담보 제공자가 무권리자임을 알지 못한 데 중대한 과실이 없다고 한 사례

【판결요지】

[1] 양도성예금증서를 취득함에 있어서 통상적인 거래기준으로 판단하여 볼 때 양도인이나 그 양도성예금증서 자체에 의하여 양도인의 실질적 무권리성을 의심하게 할 만한 사정이 있는데도 불구하고 이에 대하여 상당하다고 인정될 만한 조사를 하지 아니하고 만연히 양수한 경우에는 중대한 과실이 있다고 할 것이지만, 한편 양도성예금증서란 원래 단순한 교부만으로써도 양도가 가능하므로 양수인이 할인의 방법으로 이를 취득함에 있어서 그 양도성예금증서가 잘못된 것이라는 의심이 가거나 양도인의 실질적인 무권리성을 의심하게 될 만한 특별한 사정이 없는 이상 위 양도성예금증서의 발행인이나 전 소지인에게 반드시 확인한 다음 취득하여야 할 주의의무가 있다고는 할 수 없고, 또한 양도성예금증서는 단순한 교부만으로써 담보 제공이 될 수 있고 질권의 목적물이 될 수도 있으므로, 위에서 본 법리는 양도성예금증서에 대하여 질권을 설정받는 방법으로 이를 취득하는 경우에도 마찬가지라고 보아야 한다.

[2] 양도성예금증서에 대하여 질권을 설정받음에 있어 담보 제공자가 무권리자임을 알지 못한 데 중대한 과실이 없다고 한 사례.

제352조 【질권설정자의 권리처분제한】 질권설정자는 질권자의 동의없이 질권의 목적된 권리를 소멸하게 하거나 질권자의 이익을 해하는 변경을 할 수 없다.

제353조 【질권의 목적이 된 채권의 실행방법】 ①질권자는 질권의 목적이 된 채권을 직접 청구할 수 있다.

②채권의 목적물이 금전인 때에는 질권자는 자기채권의 한도에서 직접 청구할 수 있다.

③전항의 채권의 변제기가 질권자의 채권의 변제기보다 먼저 도래한 때에는 질권자는 제삼채무자에 대하여 그 변제금액의 공탁을 청구할 수 있다. 이 경우에 질권은 그 공탁금에 존재한다.

④채권의 목적물이 금전이외의 물건인 때에는 질권자는 그 변제를 받은 물건에 대하여 질권을 행사할 수 있다.

판례-손해배상(기)등

[대법원 2015.5.29, 선고, 2012다92258, 판결]

【판시사항】

[1] 금전채권의 질권자가 자기채권의 범위 내에서 직접청구권을 행사하는 경우, 위 범위 내에서 제3채무자의 질권자에 대한 금전지급으로써 제3채무자의 질권설정자에 대한 급부뿐만 아니라 질권설정자의 질권자에 대한 급부도 이루어지는지 여부(적극) 및 이 때 입질채권의 발생원인인 계약관계에 무효 등의 흠이 있어 입질채권이 부존재하는 경우, 제3채무자가 질권자를 상대로 직접 부당이득반환을 구할 수 있는지 여부(원칙적 소극)

[2] 질권자가 제3채무자로부터 자기채권을 초과하여 금전을 지급받은 경우, 제3채무자가 질권자를 상대로 초과 지급 부분에 관하여 부당이득반환을 구할 수 있는지 여부(원칙적 적극) 및 질권자가 초과 지급 부분을 질권설정자에게 그대로 반환한 경우에도 마찬가지인지 여부(소극)

【판결요지】

[1] 금전채권의 질권자가 민법 제353조 제1항, 제2항에 의하여 자기채권의 범위 내에서 직접청구권을 행사하는 경우 질권자는 질권설정자의 대리인과 같은 지위에서 입질채권을 추심하여 자기채권의 변제에 충당하고 그 한도에서 질권설정자에 의한 변제가 있었던 것으로 보므로, 위 범위 내에서는 제3채무자의 질권자에 대한 금전지급으로써 제3채무자의 질권설정자에 대한 급부가 이루어질 뿐만 아니라 질권설정자의 질권자에 대한 급부도 이루어진다. 이러한 경우 입질채권의 발생원인인 계약관계에 무효 등의 흠이 있어 입질채권이 부존재한다고 하더라도 제3채무자는 특별한 사정이 없는 한 상대방 계약당사자인 질권설정자에 대하여 부당이득반환을 구할 수 있을 뿐이고 질권자를 상대로 직접 부당이득반환을 구할 수 없다. 이와 달리 제3채무자가 질권자를 상대로 직접 부당이득반환청구를 할 수 있다고 보면 자기 책임하에 체결된 계약에 따른 위험을 제3자인 질권자에게 전가하는 것이 되어 계약법의 원리에 반하는 결과를 초래할 뿐만 아니라 질권자가 질권설정자에 대하여 가지는 항변권 등을 침해하게 되어 부당하기 때문이다.

[2] 질권자가 제3채무자로부터 자기채권을 초과하여 금전을 지급받은 경우 초과 지급 부분에 관하여는 제3채무자의 질권설정자에 대한 급부와 질권설정자의 질권자에 대한 급부가 있다고 볼 수 없으므로, 제3채무자는 특별한 사정이 없는 한 질권자를 상대로 초과 지급 부분에 관하여 부당이득반환을 구할 수 있지만, 부당이득반환청구의 상대방이 되는 수익자는 실질적으로 그 이익이 귀속된 주체이어야 하는데, 질권자가 초과 지급 부분을 질권설정자에게 그대로 반환한 경우에는 초과 지급 부분에 관하여 질권설정자가 실질적 이익을 받은 것이지 질권자로서는 실질적 이익이 없다고 할 것이므로, 제3채무자는 질권자를 상대로 초과 지급 부분에 관하여 부당이득반환을 구할 수 없다.

제354조 【동전】 질권자는 전조의 규정에 의하는 외에 민사집행법에 정한 집행방법에 의하여 질권을 실행할 수 있다. [개정 2001.12.29]

제355조 【준용규정】 권리질권에는 본절의 규정외에 동산질권에 관한 규정을 준용한다.

제9장 저당권

제356조 【저당권의 내용】
저당권자는 채무자 또는 제삼자가 점유를 이전하지 아니하고 채무의 담보로 제공한 부동산에 대하여 다른 채권자보다 자기채권의 우선변제를 받을 권리가 있다.

판례-제3자이의

[대법원 2014.6.26, 선고, 2012다25944, 판결]

【판시사항】

1필지의 토지 중 특정 부분에 대한 구분소유적 공유관계를 표상하는 공유지분 위에 근저당권이 설정된 후 구분소유적 공유관계가 해소된 경우, 근저당권이 근저당권설정

자의 단독소유로 분할된 토지에 집중되는지 여부(소극)

【판결요지】
1필지의 토지의 위치와 면적을 특정하여 2인 이상이 구분소유하기로 하는 약정을 하고 구분소유자의 공유로 등기하는 이른바 구분소유적 공유관계에 있어서, 1필지의 토지 중 특정 부분에 대한 구분소유적 공유관계를 표상하는 공유지분을 목적으로 하는 근저당권이 설정된 후 구분소유하고 있는 특정 부분별로 독립한 필지로 분할되고 나아가 구분소유자 상호 간에 지분이전등기를 하는 등으로 구분소유적 공유관계가 해소되더라도 그 근저당권은 종전의 구분소유적 공유지분의 비율대로 분할된 토지들 전부의 위에 그대로 존속하는 것이고, 근저당권설정자의 단독소유로 분할된 토지에 당연히 집중되는 것은 아니다.

제357조 【근저당】 ①저당권은 그 담보할 채무의 최고액만을 정하고 채무의 확정을 장래에 보류하여 이를 설정할 수 있다. 이 경우에는 그 확정될 때까지의 채무의 소멸 또는 이전은 저당권에 영향을 미치지 아니한다.
②전항의 경우에는 채무의 이자는 최고액 중에 산입한 것으로 본다.

제358조 【저당권의 효력의 범위】
저당권의 효력은 저당부동산에 부합된 물건과 종물에 미친다. 그러나 법률에 특별한 규정 또는 설정행위에 다른 약정이 있으면 그러하지 아니하다.

제359조 【과실에 대한 효력】
저당권의 효력은 저당부동산에 대한 압류가 있은 후에 저당권설정자가 그 부동산으로부터 수취한 과실 또는 수취할 수 있는 과실에 미친다. 그러나 저당권자가 그 부동산에 대한 소유권, 지상권 또는 전세권을 취득한 제삼자에 대하여는 압류한 사실을 통지한 후가 아니면 이로써 대항하지 못한다.

제360조 【피담보채권의 범위】
저당권은 원본, 이자, 위약금, 채무불이행으로 인한 손해배상 및 저당권의 실행비용을 담보한다. 그러나 지연배상에 대하여는 원본의 이행기일을 경과한 후의 1년분에 한하여 저당권을 행사할 수 있다.

제361조 【저당권의 처분제한】 저당권은 그 담보한 채권과 분리하여 타인에게 양도하거나 다른 채권의 담보로 하지 못한다.

제362조 【저당물의 보충】
저당권설정자의 책임있는 사유로 인하여 저당물의 가액이 현저히 감소된 때에는 저당권자는 저당권설정자에 대하여 그 원상회복 또는 상당한 담보제공을 청구할 수 있다.

제363조 【저당권자의 경매청구권, 경매인】 ①저당권자는 그 채권의 변제를 받기 위하여 저당물의 경매를 청구할 수 있다.
②저당물의 소유권을 취득한 제삼자도 경매인이 될 수 있다.

제364조 【제삼취득자의 변제】
저당부동산에 대하여 소유권, 지상권 또는 전세권을 취득한 제삼자는 저당권자에게 그 부동산으로 담보된 채권을 변제하고 저당권의 소멸을 청구할 수 있다.

제365조 【저당지상의 건물에 대한 경매청구권】 토지를 목적으로 저당권을 설정한 후 그 설정자가 그 토지에 건물을 축조한 때에는 저당권자는 토지와 함께 그 건물에 대하여도 경매를 청구할 수 있다. 그러나 그 건물의 경매대가에 대하여는 우선변제를 받을 권리가 없다.

제366조 【법정지상권】
저당물의 경매로 인하여 토지와 그 지상건물이 다른 소유자에 속한 경우에는 토지소유자는 건물소유자에 대하여 지상권을 설정한 것으로 본다. 그러나 지료는 당사자의 청구에 의하여 법원이 이를 정한다.

제367조 【제삼취득자의 비용상환청구권】 저당물의 제삼취득자가 그 부동산의 보존, 개량을 위하여 필요비 또는 유익비를 지출한 때에는 제203조제1항, 제2항의 규정에 의하여 저당물의 경매대가에서 우선상환을 받을 수 있다.

제368조 【공동저당과 대가의 배당, 차순위자의 대위】 ①동일한 채권의 담보로 수개의 부동산에 저당권을 설정한 경우에 그 부동산의 경매대가를 동시에 배당하는 때에는 각부동산의 경매대가에 비례하여 그 채권의 분담을 정한다.
②전항의 저당부동산중 일부의 경매대가를 먼저 배당하는 경우에는 그 대가에서 그 채권전부의 변제를 받을 수 있다. 이 경우에 그 경매한 부동산의 차순위저당권자는 선순위저당권자가 전항의 규정에 의하여 다른 부동산의 경매대가에서 변제를 받을 수 있는 금액의 한도에서 선순위자를 대위하여 저당권을 행사할 수 있다.

판례-부당이득금반환

[대법원 2015.4.23, 선고, 2011다47534, 판결]

【판시사항】
[1] 납세의무자 소유의 일부 부동산에 관한 선행 공매절차에서 매각대금이 저당권자보다 선순위인 조세채권자에게 우선 배분되었으나 압류선착주의에 따라 압류일이 빠른 다른 조세채권에 흡수되어 실제로는 그 금액을 배분받지 못하는 결과가 된 경우, 납세의무자 소유의 다른 부동산에 관한 후행 경매절차 등에서 저당권자에 대하여 선순위 조세채권자에게 그와 같은 배분이 이루어지지 아니하였다고 주장할 수 있는지 여부(소극)
[2] 민법 제368조 제2항 후문에 따라 선순위 조세채권자를 대위하는 저당권자가 후행 경매절차 등에서 배당을 받기 위하여 갖추어야 할 요건

【판결요지】
[1] 조세채권자들 사이의 우선순위를 정하는 데 적용하는 압류선착주의로 말미암아 저당권자의 선순위 조세채권자에 대한 대위권이 침해될 수는 없으므로, 납세의무자 소유의 일부 부동산에 관한 선행 공매절차의 매각대금 배분과정에서 저당권자에 우선하는 조세채권자에 대하여 저당권자에 우선하여 배분절차를 진행한 이상, 비록 조세채권자에게 배분된 금액이 압류선착주의에 따라 압류일이 빠른 다른 조세채권에 흡수됨으로써 실제로는 그 금액을 배분받지 못하는 결과가 되었다 하더라도 실질적으로는 선순위 조세채권자의 우선변제권 행사에 의한 배분이 이루어진 것으로 보아야 하고, 납세의무자 소유의 다른 부동산에 관한 후행 경매절차 등에서 저당권자에 대하여 선순위 조세채권자에게 그와 같은 배분이 이루어지지 아니하였다고 주장할 수 없다.
[2] 민법 제368조 제2항 후문에 따라 선순위자인 조세채권자를 대위하는 저당권자는

민사집행법 제268조에 의하여 담보권의 실행을 위한 경매절차에 준용되는 민사집행법 제88조 제1항, 제84조 제1항에 의하여 배당요구의 종기까지 적법하게 배당요구를 하였다면 배당을 받을 수 있고, 선순위 조세채권자가 나중에 경매 또는 공매절차를 통하여 매각되는 부동산에 관하여 미리 압류를 해 두었거나 그 부동산의 경매 또는 공매절차에 참가하여 교부청구 또는 배분요구를 한 경우에만 후순위 저당권자가 선순위 조세채권자를 대위할 수 있는 것은 아니다.

동일채권으로 부동산 및 선박에 저당권 설정한 경우 민법상 공동저당인지

(대한법률구조공단 자료)

질문

甲은 乙에 대한 채권의 담보로 乙의 선박에 제2순위근저당권을 설정하였는데, 乙의 다른 채권자 丙은 乙의 토지와 위 선박에 각각 제1순위근저당권을 설정한 상태였습니다. 그 후 丙은 乙의 선박에 대하여서만 담보권 실행을 위한 경매를 신청하였고, 선박 매각대금의 배당절차에서 제1순위자로서 채권전액을 배당받았으나 후순위근저당권자인 甲은 채권의 2분의 1 정도만 배당받게 되었습니다. 이 경우 甲은 丙이 乙의 위 토지에 설정해둔 제1순위근저당권을 대위하여 행사할 수는 없는지요?

답변

민법 제368조 제1항은 "동일한 채권담보로 수개의 부동산에 저당권을 설정한 경우에 그 부동산의 경매대가를 동시에 배당하는 때에는 각 부동산의 경매대가에 비례하여 그 채권분담을 정한다."고 규정하고 있고, 같은 조 제2항은 "전항의 저당부동산 중 일부의 경매대가를 먼저 배당하는 경우에는 그 대가에서 그 채권전부변제를 받을 수 있으며, 이 경우 그 경매한 부동산의 차순위저당권자는 선순위저당권자가 위 규정에 의하여 다른 부동산의 경매대가에서 변제를 받을 수 있는 금액한도에서 선순위자를 대위하여 저당권을 행사할 수 있다."고 규정하고 있습니다.
그런데 사안의 경우는 동일채권담보로 부동산과 선박에 대하여 저당권이 설정된 경우 민법 제368조 제2항 후문이 적용 또는 유추적용 될 수 있는지 문제된다고 보입니다. 이와 관련하여 판례는 "동일한 채권의 담보로 부동산과 선박에 대하여 저당권이 설정된 경우에는 민법 제368조 제2항 후문의 규정이 적용 또는 유추적용 되지 아니하므로, 동일한 채권을 담보하기 위하여 부동산과 선박에 선순위저당권이 설정된 후 선박에 대하여서만 후순위저당권이 설정된 경우 먼저 선박에 대하여 담보권실행절차가 진행되어 선순위저당권자가 선박에 대한 경매대가에서 피담보채권전액을 배당받음으로써 선박에 대한 후순위저당권자가 부동산과 선박에 대한 담보권실행절차가 함께 진행되어 동시에 배당을 하였더라면 받을 수 있었던 금액보다 적은 금액만을 배당받게 되었더라도 선박에 대한 후순위저당권자는 민법 제368조 제2항 후문의 규정에 따라 부동산에 대한 선순위저당권자의 저당권을 대위할 수 없다고 할 것"이라고 하였습니다(대법원 2002. 7. 12. 선고 2001다53264 판결). 또한, 판례는 "근로자의 임금채권우선변제권이 선박경매절차에서 행사된 뒤 그 사용자의 부동산이 경매되는 경우에는 민법 제368조가 유추적용되지 아니하므로, 선박에 대한 경매절차가 먼저 진행되어 근로자들이 임금채권우선변제권에 따라 배당받음으로써 선박에 대한 저당권자가 부동산과 선박에 대한 경매절차가 함께 진행되어 동시에 배당이 이루어졌다면 받을 수 있었던 금액보다 적은 금액만을 배당 받거나 또는 배당을 받지 못하게 되었더라도 선박에 대한 저당권자는 사용자의 부동산에 대한 경매절차에서 그 근로자들의 임금채권우선변제권을 대위행사할 수 없다."고 하였습니다(대법원 2002. 10. 8. 선고 2002다34901 판결).
따라서 위 사안에서도 甲은 丙의 위 토지에 대한 제1순위근저당권을 대위하기는 어려워 보입니다.

"본 사례는 개인의 법률문제 해결에 도움을 주고자 게재되었으나, 이용자 여러분의 생활에서 발생하는 구체적 사안은 동일하지는 않을 것이므로 참고자료로 활용하시기 바랍니다."

제369조 【부종성】
저당권으로 담보한 채권이 시효의 완성 기타 사유로 인하여 소멸한 때에는 저당권도 소멸한다.

제370조 【준용규정】 제214조, 제321조, 제333조, 제340조, 제341조 및 제342

조의 규정은 저당권에 준용한다.

제371조 【지상권, 전세권을 목적으로 하는 저당권】 ①본장의 규정은 지상권 또는 전세권을 저당권의 목적으로 한 경우에 준용한다.
②지상권 또는 전세권을 목적으로 저당권을 설정한 자는 저당권자의 동의없이 지상권 또는 전세권을 소멸하게 하는 행위를 하지 못한다.

제372조 【타법률에 의한 저당권】 본장의 규정은 다른 법률에 의하여 설정된 저당권에 준용한다.

제3편 채권

제1장 총칙

제1절 채권의 목적

제373조 【채권의 목적】 금전으로 가액을 산정할 수 없는 것이라도 채권의 목적으로 할 수 있다.

제374조 【특정물인도채무자의 선관의무】 특정물의 인도가 채권의 목적인 때에는 채무자는 그 물건을 인도하기까지 선량한 관리자의 주의로 보존하여야 한다.

제375조 【종류채권】
①채권의 목적을 종류로만 지정한 경우에 법률행위의 성질이나 당사자의 의사에 의하여 품질을 정할 수 없는 때에는 채무자는 중등품질의 물건으로 이행하여야 한다.
②전항의 경우에 채무자가 이행에 필요한 행위를 완료하거나 채권자의 동의를 얻어 이행할 물건을 지정한 때에는 그때로부터 그 물건을 채권의 목적물로 한다.

판례-부당이득금반환

[대법원 2015.2.26, 선고, 2014다37040, 판결]

【판시사항】
甲이 乙에게서 丙 주식회사 주식을 매수한 후 乙에게 명의신탁하였는데, 丙 회사 주식이 제3자에게 매도된 후 甲이 명의신탁을 해지한 사안에서, 乙의 甲에 대한 주식반환의무는 종류채무에 해당하므로, 乙 보유 주식이 제3자에게 매도되어 보유하고 있지 않다는 사정만으로는 乙의 주식반환의무가 이행불능이 되었다고 할 수 없다고 한 사례

【판결요지】
甲이 乙에게서 丙 주식회사 주식을 매수한 후 乙에게 명의신탁하였는데, 丙 회사 주식이 제3자에게 매도된 후 甲이 명의신탁을 해지한 사안에서, 주식은 주주가 출자자로서 회사에 대하여 가지는 지분으로서 동일 회사의 동일 종류 주식 상호 간에는 개성이 중요하지 아니한 점, 乙이 甲에게 교부한 주식보관증에 乙이 보관하는 주권이 특정되어 있지 아니한 점을 고려하여 보면, 乙의 甲에 대한 주식반환의무는 특정물채무가 아니라 종류채무에 해당하므로, 乙 보유 주식이 제3자에게 매도되어 乙이 이를 보유하고 있지 않다는 사정만으로는 乙의 주식반환의무가 이행불능이 되었다고 할 수 없는데도, 이와 달리 본 원심판결에 법리오해의 잘못이 있다고 한 사례.

第376條 【금전채권】
채권의 목적이 어느 종류의 통화로 지급할 것인 경우에 그 통화가 변제기에 강제통용력을 잃은 때에는 채무자는 다른 통화로 변제하여야 한다.

第377條 【외화채권】
①채권의 목적이 다른 나라 통화로 지급할 것인 경우에는 채무자는 자기가 선택한 그 나라의 각 종류의 통화로 변제할 수 있다.
②채권의 목적이 어느 종류의 다른나라 통화로 지급할 것인 경우에 그 통화가 변제기에 강제통용력을 잃은 때에는 그 나라의 다른 통화로 변제하여야 한다.

第378條 【동전】
채권액이 다른나라 통화로 지정된 때에는 채무자는 지급할 때에 있어서의 이행지의 환금시가에 의하여 우리나라 통화로 변제할 수 있다.

국내통화로 외화채권에 변제충당할 경우 그 환산기준시점은 언제인지

(대한법률구조공단 자료)

질문

甲회사는 乙회사로부터 유류를 구입하면서 그 대금을 미국달러화로 지급하기로 정하였는데, 甲회사에서는 그 유류대금을 우리나라 통화로 지급하려고 합니다. 이 경우 우리나라 통화를 외화채권에 변제할 경우 그 환산기준시점은 어느 시점으로 하여야 하는지요?

답변

외화채권에 관하여 민법에서 채권액이 다른 나라 통화로 지정된 때에는 채무자는 지급할 때에 있어서의 이행지의 환금시가에 의하여 우리나라 통화로 변제할 수 있다고 규정하고 있습니다(민법 第378條).

그런데 채권액이 외국통화로 지정된 금전채권인 외화채권을 채권자가 우리나라통화로 환산하여 청구하는 경우의 환산기준시기에 관하여 판례를 보면, 채권액이 외국통화로 지정된 금전채권인 외화채권을 채권자가 대용급부의 권리를 행사하여 우리나라 통화로 환산하여 청구하는 경우 법원이 채무자에게 그 이행을 명함에 있어서는 채무자가 현실로 이행할 때에 가장 가까운 사실심 변론종결 당시의 외국환시세를 우리나라 통화로 환산하는 기준시로 삼아야 하고, 그와 같은 제1심 이행판결에 대하여 채무자만이 불복·항소한 경우, 항소심은 속심이므로 채무자가 항소이유로 삼거나 심리과정에서 내세운 주장이 이유 없다고 하더라도 법원으로서는 항소심변론종결 당시의 외국환시세를 기준으로 채권액을 다시 환산해 본 후 불이익변경금지 원칙에 반하지 않는 한 채무자의 항소를 일부 인용하여야 한다고 하였습니다(대법원 2007. 4. 12. 선고 2006다72765 판결).

그리고 우리나라 통화를 외화채권에 변제충당 할 경우에 그 환산기준시점을 어느 시점으로 하여야 할 것인지 판례를 보면, 채권액이 외국통화로 정해진 금전채권인 외화채권을 채무자가 우리나라 통화로 변제하는 경우에 그 환산시기는 이행기가 아니라 현실로 이행하는 때, 즉 현실이행시의 외국환시세에 의하여 환산한 우리나라통화로 변제하여야 하고, 우리나라 통화를 외화채권에 변제충당 할 때도 특별한 사정이 없는 한 현실로 변제충당 할 당시의 외국환시세에 의하여 환산하여야 한다고 하였으며(대법원 2000. 6. 9. 선고 99다56512 판결), 신용보증기금과 금융기관 사이에 외화채무인 주채무를 보증하기 위한 신용보증계약을 체결하면서 보증채무이행은 이행당일 은행이 최초로 고시하는 대고객 전신환 매도율에 의하여 환산한 원화로 지급하기로 특약한 경우, 위 특약에서 정한 우리나라 통화로의 환산시기는 이행기가 아니라 신용보증기금이 은행에 현실로 이행하는 날을 의미한다고 해석한 사례가 있습니다(대법원 2007. 7. 12. 선고 2007다13640 판결). 또한, 경매절차에서 외화채권자에게 배당을 하는 경우 외화채권의 환산기준시기에 관한 판례를 보면, 채권액이 외국통화로 정해진 금전채권인 외화채권을 채무자가 우리나라 통화로 변제하는 경우에 그 환산시기는 이행기가 아니라 현실로 이행하는 때, 즉 현실이행을 할 때의 외국환시세에 의하여 환산한 우리나라 통화로 변제하여야 하고, 이러한 법리는 외화채권자가 경매절차를 통하여 변제를 받는 경우에도 동일하게 적용되어야 할 것이므로, 집행법원이 경매절차에서 외화채권자에 대하여 배당을 할 때에는 특별한 사정이 없는 한 배당기일 당시의 외국환시세를 우리나라 통화로 환산하는 기준으로 삼아야 한다고 하였습니다(대법원 2011. 4. 14. 선고 2010다103642 판결).

따라서 甲회사는 현실로 이행할 때의 외국환시세로 유류대금을 우리나라 통화로 환산하여 乙회사에게 지급하여야 할 것입니다.

"본 사례는 개인의 법률문제 해결에 도움을 주고자 게재되었으나, 이용자 여러분의 생활에서 발생하는 구체적 사안은 동일하지는 않을 것이므로 참고자료로 활용하시기 바랍니다."

제379조 【법정이율】
이자있는 채권의 이율은 다른 법률의 규정이나 당사자의 약정이 없으면 연 5분으로 한다.

제380조 【선택채권】 채권의 목적이 수개의 행위 중에서 선택에 좇아 확정될 경우에 다른 법률의 규정이나 당사자의 약정이 없으면 선택권은 채무자에게 있다.

제381조 【선택권의 이전】 ①선택권행사의 기간이 있는 경우에 선택권자가 그 기간내에 선택권을 행사하지 아니하는 때에는 상대방은 상당한 기간을 정하여 그 선택을 최고할 수 있고 선택권자가 그 기간내에 선택하지 아니하면 선택권은 상대방에게 있다.
②선택권행사의 기간이 없는 경우에 채권의 기한이 도래한 후 상대방이 상당한 기간을 정하여 그 선택을 최고하여도 선택권자가 그 기간내에 선택하지 아니할 때에도 전항과 같다.

판례-손해배상(기)

[대법원 2009.1.30, 선고, 2006다37465, 판결]

【판시사항】
[1] 토지구획정리사업의 체비지를 이중매매한 경우, 이행불능이 성립하는 시기
[2] 제한종류채권에서 급부목적물의 특정 방법
[3] 토지구획정리사업의 체비지대장상 소유자 명의 변경을 금지하는 가처분 결정이 있었으나 제3자가 채무자인 토지구획정리조합으로부터 권리를 양수하고 체비지대장의 소유자 명의를 변경한 경우, 가처분권리자가 제3자의 권리취득 효력을 부인할 수 있는지 여부(소극)
[4] 법인 내부의 사원총회 등에서 의결에 참여한 사원 등이 불법행위책임을 부담하는지 여부의 판단 기준
[5] 토지구획정리조합의 대의원회가 구 토지구획정리사업법 제26조 제8호(체비지 등의 처분 방법)에 관한 총회의 권한을 대행할 수 있는지 여부(적극)

【판결요지】
[1] 구 토지구획정리사업법(2000. 1. 28. 법률 제6252호로 폐지) 제54조, 제57조 제4항, 제62조 제6항의 규정에 의하여 환지처분 전에 구획정리사업시행자가 체비지 지정을 하여 이를 제3자에게 처분하는 경우, 매수인이 토지를 인도받거나 체비지대장에 소유자로 등재되면, 매수인은 다른 이중 양수인에게 그 권리취득을 대항할 수 있으므로, 체비지를 이중매매한 경우에는 매도인이 매수인 앞으로 체비지대장의 소유자 명의를 변경하여 준 시점에 매도인의 다른 매수인에 대한 체비지에 관한 매도인으로서의 의무는 이행불능으로 된다.
[2] 제한종류채권에서 급부목적물의 특정은, 원칙적으로 종류채권의 급부목적물의 특정에 관한 민법 제375조 제2항이 적용되므로, 채무자가 이행에 필요한 행위를 완료하거나 채권자의 동의를 얻어 이행할 물건을 지정한 때에는 그 물건이 채권의 목적물이 되지만, 당사자 사이에 지정권의 부여 및 지정의 방법에 관한 합의가 없고, 채무자가

이행에 필요한 행위를 하지 아니하거나 지정권자로 된 채무자가 이행할 물건을 지정하지 아니하는 경우에는, 선택채권의 선택권 이전에 관한 민법 제381조를 준용하여, 채권의 기한이 도래한 후 채권자가 상당한 기간을 정하여 지정권이 있는 채무자에게 그 지정을 최고하여도 채무자가 이행할 물건을 지정하지 않으면 지정권이 채권자에게 이전한다.
[3] 토지구획정리조합이 보관하고 있는 체비지대장의 소유자 명의 변경을 금지하는 가처분이 있다고 하더라도 그와 같은 가처분은 결정을 송달하는 외에 현행법상 등기부에 이를 공시하는 방법이 없어 대물적 효력이 인정되지 아니하므로, 제3자가 채무자인 위 조합으로부터 실제로 권리를 양수하고 체비지대장의 소유자 명의를 변경함으로써 권리를 취득하였다면 가처분을 내세워 그 권리취득의 효력을 부인할 수 없다.
[4] 법인의 대표자가 그 직무에 관하여 타인에게 손해를 가함으로써 법인에 손해배상책임이 인정되는 경우에, 대표자의 행위가 제3자에 대한 불법행위를 구성한다면 그 대표자도 제3자에 대하여 손해배상책임을 면하지 못하며(민법 제35조 제1항), 또한 사원도 위 대표자와 공동으로 불법행위를 저질렀거나 이에 가담하였다고 볼 만한 사정이 있으면 제3자에 대하여 위 대표자와 연대하여 손해배상책임을 진다. 그러나 사원총회, 대의원 총회, 이사회의 의결은 원칙적으로 법인의 내부행위에 불과하므로 특별한 사정이 없는 한 그 사항의 의결에 찬성하였다는 이유만으로 제3자의 채권을 침해한다거나 대표자의 행위에 가공 또는 방조한 자로서 제3자에 대하여 불법행위책임을 부담한다고 할 수는 없다. 이 때 의결에 참여한 사원 등이 대표자와 공동으로 불법행위를 저질렀거나 이에 가담하였다고 볼 수 있는지 여부는, 그 의결에 참여한 법인의 기관이 당해 사항에 관하여 의사결정권한이 있는지 여부 및 대표자의 집행을 견제할 위치에 있는지 여부, 그 사원이 의결과정에서 대표자의 불법적인 집행행위를 적극적으로 요구하거나 유도하였는지 여부 및 그 의결이 대표자의 업무 집행에 구체적으로 미친 영향력의 정도, 침해되는 권리의 내용, 의결 내용, 의결행위의 태양을 비롯한 위법성의 정도를 종합적으로 평가하여 법인 내부행위를 벗어나 제3자에 대한 관계에서 사회상규에 반하는 위법한 행위라고 인정될 수 있는 정도에 이르러야 한다.
[5] 구 토지구획정리사업법 시행령(2000. 8. 2. 대통령령 제16933호로 폐지) 제18조와 토지구획정리조합의 정관이 구 토지구획정리사업법(2000. 1. 28. 법률 제6252호로 폐지) 제26조 제8호의 사항(제54조의 규정에 의한 체비지 등의 처분 방법)을 대의원회가 권한을 대행할 수 없는 사항으로 규정하지 않고 있는 이상, 대의원회는 같은 법 제27조 제3항에 따라 위 제8호의 사항에 관한 총회의 권한을 대행할 수 있다.

제382조 【당사자의 선택권의 행사】
①채권자나 채무자가 선택하는 경우에는 그 선택은 상대방에 대한 의사표시로 한다.
②전항의 의사표시는 상대방의 동의가 없으면 철회하지 못한다.

제383조 【제삼자의 선택권의 행사】
①제삼자가 선택하는 경우에는 그 선택은 채무자 및 채권자에 대한 의사표시로 한다.
②전항의 의사표시는 채권자 및 채무자의 동의가 없으면 철회하지 못한다.

제384조 【제삼자의 선택권의 이전】
①선택할 제삼자가 선택할 수 없는 경우에는 선택권은 채무자에게 있다.
②제삼자가 선택하지 아니하는 경우에는 채권자나 채무자는 상당한 기간을 정하여 그 선택을 최고할 수 있고 제삼자가 그 기간내에 선택하지 아니하면 선택권은 채무자에게 있다.

제385조 【불능으로 인한 선택채권의 특정】 ①채권의 목적으로 선택할 수개의 행위중에 처음부터 불능한 것이나 또는 후에 이행불능하게 된 것이 있으면 채권

의 목적은 잔존한 것에 존재한다.
②선택권없는 당사자의 과실로 인하여 이행불능이 된 때에는 전항의 규정을 적용하지 아니한다.

제386조 【선택의 소급효】
선택의 효력은 그 채권이 발생한 때에 소급한다. 그러나 제삼자의 권리를 해하지 못한다.

제2절 채권의 효력

제387조 【이행기와 이행지체】
①채무이행의 확정한 기한이 있는 경우에는 채무자는 기한이 도래한 때로부터 지체책임이 있다. 채무이행의 불확정한 기한이 있는 경우에는 채무자는 기한이 도래함을 안 때로부터 지체책임이 있다.
②채무이행의 기한이 없는 경우에는 채무자는 이행청구를 받은 때로부터 지체책임이 있다.

제388조 【기한의 이익의 상실】
채무자는 다음 각호의 경우에는 기한의 이익을 주장하지 못한다.
1. 채무자가 담보를 손상, 감소 또는 멸실하게 한 때
2. 채무자가 담보제공의 의무를 이행하지 아니한 때

판례-보험금

[대법원 2014.6.26, 선고, 2011다101599, 판결]

【판시사항】
매수인이 매도인으로부터 물품을 공급받은 다음 대금 지급을 위하여 지급기일이 물품공급일자 이후로 된 약속어음을 발행·교부한 경우, 물품대금 지급채무의 이행기(=약속어음의 지급기일) / 위 대금지급채무 등에 관한 이행보증보험계약이 '이행기일이 보험기간 안에 있는 채무'의 불이행에 따른 손해를 보장하는 내용인 경우, 약속어음이 지급기일 전 지급거절되는 등 사유가 발생하면 바로 보험계약에서 정한 '이행기일'이 도래하는지 여부

【판결요지】
매수인이 매도인으로부터 물품을 공급받은 다음 그들 사이의 물품대금 지급방법에 관한 약정에 따라 대금의 지급을 위하여 물품 매도인에게 지급기일이 물품공급일자 이후로 된 약속어음을 발행·교부한 경우, 물품대금 지급채무의 이행기는 다른 특별한 사정이 없는 한 약속어음의 지급기일이고, 위 약속어음이 발행인에게 발생한 지급정지사유로 지급기일이 도래하기 전에 지급거절되었더라도 지급거절된 때에 물품대금 지급채무의 이행기가 도래하는 것은 아니다. 그리고 위의 물품대금 지급채무 등과 같은 물품공급계약에서 정하여진 채무에 관하여 체결된 '이행보증보험계약'이 "이행기일이 보험기간 안에 있는 채무"의 불이행으로 인한 손해를 보장하는 내용인 경우에는 위와 같이 지급거절 등 사유의 발생으로 바로 보험계약에서 정하여진 '이행기일'이 도래한다고 할 수 없다.

第389条 【강제이행】
①채무자가 임의로 채무를 이행하지 아니한 때에는 채권자는 그 강제이행을 법원에 청구할 수 있다. 그러나 채무의 성질이 강제이행을 하지 못할 것인 때에는 그러하지 아니하다.
②전항의 채무가 법률행위를 목적으로 한 때에는 채무자의 의사표시에 가름할 재판을 청구할 수 있고 채무자의 일신에 전속하지 아니한 작위를 목적으로 한 때에는 채무자의 비용으로 제삼자에게 이를 하게 할 것을 법원에 청구할 수 있다.
③그 채무가 부작위를 목적으로 한 경우에 채무자가 이에 위반한 때에는 채무자의 비용으로써 그 위반한 것을 제각하고 장래에 대한 적당한 처분을 법원에 청구할 수 있다.
④전3항의 규정은 손해배상의 청구에 영향을 미치지 아니한다.

第390条 【채무불이행과 손해배상】
채무자가 채무의 내용에 좇은 이행을 하지 아니한 때에는채권자는 손해배상을 청구할 수 있다. 그러나 채무자의 고의나 과실없이 이행할 수 없게 된때에는 그러하지 아니하다.

第391条 【이행보조자의 고의, 과실】
채무자의 법정대리인이 채무자를 위하여 이행하거나 채무자가 타인을 사용하여 이행하는 경우에는 법정대리인 또는 피용자의 고의나 과실은 채무자의 고의나 과실로 본다.

판례-손해배상(기)

[대법원 2013.8.23, 선고, 2011다2142, 판결]

【판시사항】
[1] 채무자의 채권자에 대한 채무 이행행위에 속한다고 볼 수 없는 활동을 하는 사람을 민법 제391조의 이행보조자로 볼 수 있는지 여부(소극)
[2] 예술의전당이 甲 주식회사와 예술의전당이 관리·운영하는 오페라극장에 관한 대관계약을 체결한 후 오페라극장에서 국립오페라단의 공연 도중 발생한 화재로 무대와 조명 등이 소실되어 위 대관계약 이행이 불가능하게 된 사안에서, 국립오페라단이 위 대관계약에 관한 예술의전당의 이행보조자 지위에 있다고 하여 예술의전당에 위 대관계약의 이행불능으로 甲 회사가 입은 손해를 배상할 책임이 있다고 본 원심판결에 법리오해의 위법이 있다고 한 사례

【판결요지】
[1] 민법 제391조의 이행보조자로서 피용자라 함은 채무자의 의사 관여 아래 그 채무의 이행행위에 속하는 활동을 하는 사람을 의미하므로, 채무자의 채권자에 대한 채무 이행행위에 속한다고 볼 수 없는 활동을 하는 사람을 민법 제391조의 이행보조자에 해당한다고 볼 수는 없다.
[2] 예술의전당이 甲 주식회사와 예술의전당이 관리·운영하는 오페라극장에 관한 대관계약을 체결한 후 대관 기간 개시 전에 오페라극장에서 국립오페라단의 공연 도중 화재가 발생하여 무대와 조명 등이 소실되어 위 대관계약 이행이 불가능하게 된 사안에서, 국립오페라단은 위 대관계약과는 별도의 독립한 대관계약에 따라 점유·사용의 이익을 향유한 것이어서 국립오페라단이 화재 당시 오페라극장을 점유·사용한 행위는 예술의전당의 甲 회사에 대한 채무 이행 활동과는 아무런 관계가 없으므로, 甲 회사에 대한 관계에서 국립오페라단을 위 대관계약에 관한 예술의전당의 이행보조자라고 볼 수는 없다는 이유로, 국립오페라단이 이행보조자 지위에 있다고 단정하여 예술의전당

에 위 대관계약의 이행불능으로 甲 회사가 입은 손해를 배상할 책임이 있다고 본 원심판결에 법리오해의 위법이 있다고 한 사례.

제392조 【이행지체중의 손해배상】
채무자는 자기에게 과실이 없는 경우에도 그 이행지체중에 생긴 손해를 배상하여야 한다. 그러나 채무자가 이행기에 이행하여도 손해를 면할 수 없는 경우에는 그러하지 아니하다.

제393조 【손해배상의 범위】
①채무불이행으로 인한 손해배상은 통상의 손해를 그 한도로 한다.
②특별한 사정으로 인한 손해는 채무자가 그 사정을 알았거나 알 수 있었을 때에 한하여 배상의 책임이 있다.

제394조 【손해배상의 방법】
다른 의사표시가 없으면 손해는 금전으로 배상한다.

제395조 【이행지체와 전보배상】
채무자가 채무의 이행을 지체한 경우에 채권자가 상당한 기간을 정하여 이행을 최고하여도 그 기간내에 이행하지 아니하거나 지체후의 이행이 채권자에게 이익이 없는 때에는 채권자는 수령을 거절하고 이행에 가름한 손해배상을 청구할 수 있다.

판례-손해배상(기)
[대법원 2007.9.20, 선고, 2005다63337, 판결]

【판시사항】
[1] 채무자가 채무를 이행하지 아니할 의사를 명백히 표시하였는지 여부의 판단 기준
[2] 채무자의 이행거절로 인한 채무불이행에서의 손해액 산정의 기준시점
[3] 상품권의 발행인이 그 소지인으로부터 상품권을 제시받고도 제품제공의무의 이행을 거절한 경우에는 상품권의 최종 소지인은 이행의 최고 없이 곧바로 그 이행에 갈음한 손해배상을 청구할 수 있고, 그 손해액은 위 상품권의 액면금 상당이라고 본 사례
[4] 상품권 발행인이 상품권의 내용에 따른 제품제공의무를 이행하지 않음으로써 그 소지인에게 이행에 갈음한 손해배상책임을 지는 경우, 그 손해배상의무에 관한 이행지체 책임의 성립 시점

【판결요지】
[1] 채무자가 채무를 이행하지 아니할 의사를 명백히 표시한 경우에 채권자는 신의성실의 원칙상 이행기 전이라도 이행의 최고 없이 채무자의 이행거절을 이유로 계약을 해제하거나 채무자를 상대로 손해배상을 청구할 수 있고, 채무자가 채무를 이행하지 아니할 의사를 명백히 표시하였는지 여부는 채무 이행에 관한 당사자의 행동과 계약 전후의 구체적인 사정 등을 종합적으로 살펴서 판단하여야 한다.
[2] 이행지체에 의한 전보배상에 있어서의 손해액 산정은 본래의 의무이행을 최고한 후 상당한 기간이 경과한 당시의 시가를 표준으로 하고, 이행불능으로 인한 전보배상액은 이행불능 당시의 시가 상당액을 표준으로 할 것인바, 채무자의 이행거절로 인한 채무불이행에서의 손해액 산정은, 채무자가 이행거절의 의사를 명백히 표시하여 최고 없이 계약의 해제나 손해배상을 청구할 수 있는 경우에는 이행거절 당시의 급부목적

물의 시가를 표준으로 해야 한다.
[3] 상품권의 발행인은 상품권을 제시하며 상품권에 기재된 내용에 따라 제품의 공급을 요구하는 소지인에게 그 액면금 상당의 제품을 공급할 의무가 있으므로, 발행인이 상품권을 구입한 실수요자들로부터 상품권을 제시받고도 그 의무이행을 거절한 경우에는 상품권의 최종 소지인은 발행인에 대하여 제품제공의무에 대한 이행의 최고 없이 곧바로 그 이행에 갈음한 손해배상을 청구할 수 있고, 나아가 상품권 발행인이 위 의무를 이행하지 아니함으로써 그 소지인이 입은 손해는 통상의 경우 상품권의 액면금 상당이라고 본 사례.
[4] 상품권 발행인이 상품권의 내용에 따른 제품제공의무를 이행하지 않음으로 인하여 그 소지인에게 그 이행에 갈음한 손해배상책임을 지게 되는 경우에도 이중지급의 위험을 방지하기 위하여 공평의 관념과 신의칙상 발행인의 손해배상의무와 소지인의 상품권 반환의무 사이에 동시이행관계가 인정된다 할 것이나, 이는 민법 제536조에 정하는 쌍무계약상의 채권채무관계나 그와 유사한 대가관계가 있어서 그러는 것이 아니므로, 발행인의 손해배상의무에 관하여는 그 이행의 최고를 받은 다음부터 이행지체의 책임을 진다.

제396조 【과실상계】 채무불이행에 관하여 채권자에게 과실이 있는 때에는 법원은 손해배상의 책임 및 그 금액을 정함에 이를 참작하여야 한다.

제397조 【금전채무불이행에 대한 특칙】 ①금전채무불이행의 손해배상액은 법정이율에 의한다. 그러나 법령의 제한에 위반하지 아니한 약정이율이 있으면 그 이율에 의한다.
②전항의 손해배상에 관하여는 채권자는 손해의 증명을 요하지 아니하고 채무자는 과실없음을 항변하지 못한다.

제398조 【배상액의 예정】
①당사자는 채무불이행에 관한 손해배상액을 예정할 수 있다.
②손해배상의 예정액이 부당히 과다한 경우에는 법원은 적당히 감액할 수 있다.
③손해배상액의 예정은 이행의 청구나 계약의 해제에 영향을 미치지 아니한다.
④위약금의 약정은 손해배상액의 예정으로 추정한다.
⑤당사자가 금전이 아닌 것으로써 손해의 배상에 충당할 것을 예정한 경우에도 전4항의 규정을 준용한다.

제399조 【손해배상자의 대위】
채권자가 그 채권의 목적인 물건 또는 권리의 가액전부를 손해배상으로 받은 때에는 채무자는 그 물건 또는 권리에 관하여 당연히 채권자를 대위한다.

판례-약속어음양도배서및교부

[대법원 2007.10.12, 선고, 2006다42566, 판결]

【판시사항】
[1] 신탁재산의 멸실·훼손으로 인하여 수탁자가 부담하는 손해배상금이 신탁법 제19조에 따라 직접 신탁재산에 귀속하는 경우, 그 멸실·훼손된 재산이 물상대위에 의하여 수탁자에게 귀속되는지 여부(소극)
[2] 채권의 목적인 물건 또는 권리의 가액의 일부를 손해배상한 채무자가 채권자를 대위할 수 있는지 여부(원칙적 소극)

【판결요지】
[1] 신탁법 제19조는 "신탁재산의 관리·처분·멸실·훼손 기타의 사유로 수탁자가 얻은 재산은 신탁재산에 속한다"고 규정하고 있는바, 이는 신탁재산의 형태가 변하더라도 당초 신탁재산에 속하는 것은 물론 수탁자가 신탁재산의 권리주체라는 지위에서 얻게 되는 모든 재산도 신탁재산이 된다는 것을 밝힌 것이고, 이 규정에 따라 수탁자가 신탁재산의 관리를 적절히 하지 못하여 신탁재산이 멸실·훼손되는 등의 손해가 발생한 때에 수탁자가 부담하는 손해배상금이 직접 신탁재산에 귀속된다고 하더라도, 그 멸실·훼손된 재산이 물상대위에 의하여 수탁자에게 귀속되는 것이라고는 할 수 없다.
[2] 채권의 목적인 물건 또는 권리가 가분적인 것이라는 등의 특별한 사정이 있는 경우는 별론으로 하고 그 밖의 경우에는 성질상 채무자가 채권의 목적인 물건 또는 권리의 가액의 일부를 손해배상한 것만으로는 채권자를 대위할 수 없다.

제400조 【채권자지체】
채권자가 이행을 받을 수 없거나 받지 아니한 때에는 이행의 제공있는 때로부터 지체책임이 있다.

제401조 【채권자지체와 채무자의 책임】 채권자지체 중에는 채무자는 고의 또는 중대한 과실이 없으면 불이행으로 인한 모든 책임이 없다.

제402조 【동전】 채권자지체 중에는 이자있는 채권이라도 채무자는 이자를 지급할 의무가 없다.

제403조 【채권자지체와 채권자의 책임】 채권자지체로 인하여 그 목적물의 보관 또는 변제의 비용이 증가된 때에는 그 증가액은 채권자의 부담으로 한다.

제404조 【채권자대위권】
①채권자는 자기의 채권을 보전하기 위하여 채무자의 권리를 행사할 수 있다. 그러나 일신에 전속한 권리는 그러하지 아니하다.
②채권자는 그 채권의 기한이 도래하기 전에는 법원의 허가없이 전항의 권리를 행사하지 못한다. 그러나 보전행위는 그러하지 아니하다.

판례-매매대금반환·매매대금반환

[대법원 2015.7.23, 선고, 2013다30301,30325, 판결]

【판시사항】
채권자대위소송 계속 중 다른 채권자가 동일한 채무자를 대위하여 채권자대위권을 행사하면서 공동소송참가신청을 한 경우, 참가신청이 적법한지 여부(한정 적극) 및 이때 양 청구의 소송물이 동일한지 판단하는 기준 / 원고가 일부 청구임을 명시하여 피대위채권의 일부만을 청구한 것으로 볼 수 있는 경우, 참가인의 공동소송참가신청이 적법한지 여부(원칙적 적극)

【판결요지】
채권자대위소송이 계속 중인 상황에서 다른 채권자가 동일한 채무자를 대위하여 채권자대위권을 행사하면서 공동소송참가신청을 할 경우, 양 청구의 소송물이 동일하다면 민사소송법 제83조 제1항이 요구하는 '소송목적이 한쪽 당사자와 제3자에게 합일적으로 확정되어야 할 경우'에 해당하므로 참가신청은 적법하다. 이때 양 청구의 소송물이 동일한지는 채권자들이 각기 대위행사하는 피대위채권이 동일한지에 따라 결정되고,

채권자들이 각기 자신을 이행 상대방으로 하여 금전의 지급을 청구하였더라도 채권자들이 채무자를 대위하여 변제를 수령하게 될 뿐 자신의 채권에 대한 변제로서 수령하게 되는 것이 아니므로 이러한 채권자들의 청구가 서로 소송물이 다르다고 할 수 없다. 여기서 원고가 일부 청구임을 명시하여 피대위채권의 일부만을 청구한 것으로 볼 수 있는 경우에는 참가인의 청구금액이 원고의 청구금액을 초과하지 아니하는 한 참가인의 청구가 원고의 청구와 소송물이 동일하여 중복된다고 할 수 있으므로 소송목적이 원고와 참가인에게 합일적으로 확정되어야 할 필요성을 인정할 수 있어 참가인의 공동소송참가신청을 적법한 것으로 보아야 한다.

제405조 【채권자대위권행사의 통지】

①채권자가 전조제1항의 규정에 의하여 보전행위이외의 권리를 행사한 때에는 채무자에게 통지하여야 한다.

②채무자가 전항의 통지를 받은 후에는 그 권리를 처분하여도 이로써 채권자에게 대항하지 못한다.

판례-소유권이전등기

[대법원 2012.5.17, 선고, 2011다87235, 전원합의체 판결]

【판시사항】

채권자대위권행사 통지 후에 채무자의 채무불이행을 이유로 통지 전 체결된 약정에 따라 계약이 자동 해제되거나 제3채무자가 계약을 해제한 경우, 제3채무자가 계약해제로써 채권자에게 대항할 수 있는지 여부(원칙적 적극)

【판결요지】

민법 제405조 제2항은 '채무자가 채권자대위권행사의 통지를 받은 후에는 그 권리를 처분하여도 이로써 채권자에게 대항하지 못한다'고 규정하고 있다. 위 조항의 취지는 채권자가 채무자에게 대위권 행사사실을 통지하거나 채무자가 채권자의 대위권 행사사실을 안 후에 채무자에게 대위의 목적인 권리의 양도나 포기 등 처분행위를 허용할 경우 채권자에 의한 대위권행사를 방해하는 것이 되므로 이를 금지하는 데에 있다. 그런데 채무자의 채무불이행 사실 자체만으로는 권리변동의 효력이 발생하지 않아 이를 채무자가 제3채무자에 대하여 가지는 채권을 소멸시키는 적극적인 행위로 파악할 수 없는 점, 더구나 법정해제는 채무자의 객관적 채무불이행에 대한 제3채무자의 정당한 법적 대응인 점, 채권이 압류·가압류된 경우에도 압류 또는 가압류된 채권의 발생원인이 된 기본계약의 해제가 인정되는 것과 균형을 이룰 필요가 있는 점 등을 고려할 때 채무자가 자신의 채무불이행을 이유로 매매계약이 해제되도록 한 것을 두고 민법 제405조 제2항에서 말하는 '처분'에 해당한다고 할 수 없다. 따라서 채무자가 채권자대위권행사의 통지를 받은 후에 채무를 불이행함으로써 통지 전에 체결된 약정에 따라 매매계약이 자동적으로 해제되거나, 채권자대위권행사의 통지를 받은 후에 채무자의 채무불이행을 이유로 제3채무자가 매매계약을 해제한 경우 제3채무자는 계약해제로써 대위권을 행사하는 채권자에게 대항할 수 있다. 다만 형식적으로는 채무자의 채무불이행을 이유로 한 계약해제인 것처럼 보이지만 실질적으로는 채무자와 제3채무자 사이의 합의에 따라 계약을 해제한 것으로 볼 수 있거나, 채무자와 제3채무자가 단지 대위채권자에게 대항할 수 있도록 채무자의 채무불이행을 이유로 하는 계약해제인 것처럼 외관을 갖춘 것이라는 등의 특별한 사정이 있는 경우에는 채무자가 피대위채권을 처분한 것으로 보아 제3채무자는 계약해제로써 대위권을 행사하는 채권자에게 대항할 수 없다.

채권자대위권으로 부동산처분금지가처분 후 성립된 계약 합의해제의 효력

(대한법률구조공단 자료)

질문

甲은 乙에 대한 공사대금채권을 변제받지 못하고 있으며, 乙에게는 丙으로부터 매수한 대지와 건물이 유일한 재산인데, 乙은 그 소유권이전등기청구권보전을 위하여 丙을 상대로 부동산처분금지가처분신청을 하여 그 결정을 받았습니다. 그런데 乙은 甲이 위와 같은 부동산처분금지가처분을 해두자 丙과 합의하여 위 매매계약을 합의해제 하겠다고 합니다. 이 경우 그 합의해제가 위 가처분의 효력에 어떠한 영향이 있는지요?

답변

채권자대위권에 관하여 민법에서 채권자는 자기의 채권을 보전하기 위하여 채무자의 권리를 행사할 수 있으나, 일신에 전속한 권리는 그렇지 않고, 채권자는 그 채권의 기한이 도래하기 전에는 법원의 허가 없이 위의 권리를 행사하지 못하지만, 보존행위는 그렇지 않다고 규정하고 있으며(민법 제404조), 채권자가 민법 제404조 제1항의 규정에 의하여 보전행위 이외의 권리를 행사한 때에는 채무자에게 통지하여야 하고, 채무자가 위 통지를 받은 후에는 그 권리를 처분하여도 이로써 채권자에게 대항하지 못한다고 규정하고 있습니다(민법 제405조).

그런데 채권자가 채무자를 대위하여 제3채무자의 부동산에 대해 처분금지가처분 결정을 받은 후 채무자가 그 부동산매매계약의 합의해제로써 채권자에게 대항할 수 있는지 판례를 보면, 채권자가 채권자대위권에 기초하여 채무자의 권리를 행사하고 있다는 사실을 채무자가 알게 된 후에는 채무자가 그 권리를 처분하여도 이로써 채권자에게 대항하지 못하는 것인데, 채권자가 채무자와 제3채무자 사이에 체결된 부동산매매계약에 기초한 소유권이전등기청구권보전을 위해 채무자를 대위하여 제3채무자의 부동산에 대한 처분금지가처분을 신청하여 가처분결정을 받은 경우에는 피보전권리인 소유권이전등기청구권을 행사한 것과 같이 볼 수 있으므로, 채무자가 그러한 채권자대위권행사 사실을 알게 된 후에 그 매매계약을 합의해제 함으로써 채권자대위권객체인 부동산소유권이전등기청구권을 소멸시켰더라도 이로써 채권자에게 대항할 수 없고, 그 결과 제3채무자 또한 그 계약해제로써 채권자에게 대항할 수 없다고 하였습니다(대법원 2007. 6. 28. 선고 2006다85921 판결).

따라서 위 사안의 경우 乙과 丙이 위 부동산매매계약을 합의해제 하더라도 그로써 甲에게 대항할 수 없을 것으로 보입니다.

"본 사례는 개인의 법률문제 해결에 도움을 주고자 게재되었으나, 이용자 여러분의 생활에서 발생하는 구체적 사안은 동일하지는 않을 것이므로 참고자료로 활용하시기 바랍니다."

제406조 【채권자취소권】

①채무자가 채권자를 해함을 알고 재산권을 목적으로 한 법률행위를 한 때에는 채권자는 그 취소 및 원상회복을 법원에 청구할 수 있다. 그러나 그 행위로 인하여 이익을 받은 자나 전득한 자가 그 행위 또는 전득당시에 채권자를 해함을 알지 못한 경우에는 그러하지 아니하다.

②전항의 소는 채권자가 취소원인을 안 날로부터 1년, 법률행위있은 날로부터 5년내에 제기하여야 한다.

판례-사해행위취소

[대법원 2015.7.23, 선고, 2014다212438, 판결]

【판시사항】

예금주 명의신탁계약이 사해행위에 해당하여 취소될 경우, 원상회복은 명의인에 대하여 금융기관에 대한 예금채권을 출연자에게 양도하고 금융기관에 대하여 양도통지를 할 것을 명하는 방법으로 이루어져야 하는지 여부(원칙적 적극)

【판결요지】

명의수탁자는 명의신탁자와의 관계에서 상대방과의 계약으로 취득한 권리를 명의신탁자에게 이전하여 줄 의무를 지고, 출연자와 예금주인 명의인 사이에 예금주 명의신탁 계약이 체결된 경우 명의인은 출연자의 요구가 있을 때에는 금융기관에 대한 예금반환채권을 출연자에게 양도할 의무가 있으므로, 예금주 명의신탁계약이 사해행위에 해당하여 취소될 경우 취소에 따른 원상회복은 명의인이 예금계좌에서 예금을 인출하여 사용하였거나 예금계좌를 해지하였다는 등의 특별한 사정이 없는 한 명의인에 대하여 금융기관에 대한 예금채권을 출연자에게 양도하고 아울러 금융기관에 대하여 양도통지를 할 것을 명하는 방법으로 이루어져야 한다.

이혼의 경우 재산분할명목으로 증여한 부동산이 채권자취소대상이 되는지

(대한법률구조공단 자료)

질문

甲은 乙에 대한 7,000만원의 대여금채권을 가지고 있으나 변제기가 지난 뒤에도 변제를 받지 못하고 있었는데, 乙은 가정에 소홀하고 처인 丙을 폭행하는 등 가정불화를 일으켜 협의이혼을 하면서 乙의 유일한 재산인 아파트를 처인 丙에게 이혼에 따른 재산분할 등의 명목으로 증여하였습니다. 이 경우 甲이 위 증여행위를 사해행위로 보아 취소시킬 수 있는지요?

답변

채권자취소에 대해 민법에서 채무자가 채권자를 해함을 알고 재산권을 목적으로 한 법률행위(사해행위)를 한 때에는 채권자는 그 취소 및 원상회복을 법원에 청구할 수 있으나, 그 행위로 인하여 이익을 받은 자나 전득한 자가 그 행위 또는 전득당시에 채권자를 해함을 알지 못하는 경우에는 그렇지 않다고 정하고 있습니다(민법 제406조 제1항).

그런데 이혼에 따른 재산분할을 함에 있어 정신적 손해(위자료)를 배상하기 위한 급부로서의 성질까지 포함하여 분할할 수 있는지, 그 재산분할이 사해행위로서 채권자취소권대상이 되기 위한 요건 및 취소범위에 관하여 판례를 보면, 이혼에 있어서 재산분할은 부부가 혼인 중에 가지고 있었던 실질상의 공동재산을 청산하여 분배함과 동시에 이혼 후에 상대방의 생활유지에 이바지하는 데 있지만, 분할자의 유책행위에 의하여 이혼함으로 인하여 입게 되는 정신적 손해(위자료)를 배상하기 위한 급부로서의 성질까지 포함하여 분할할 수도 있고, 재산분할의 액수와 방법을 정함에 있어서는 당사자쌍방의 협력으로 이룩한 재산액수 기타사정을 참작하여야 하는 것이 민법 제839조의2 제2항의 규정상 명백하므로 재산분할자가 이미 채무초과상태에 있다거나 또는 어떤 재산을 분할한다면 무자력이 되는 경우에도 분할자가 부담하는 채무액 및 그것이 공동재산형성에 어느 정도 기여하고 있는지를 포함하여 재산분할의 액수와 방법을 정할 수 있으며, 재산분할자가 당해 재산분할에 의하여 무자력이 되어 일반채권자에 대한 공동담보를 감소시키는 결과가 되더라도 그러한 재산분할이 민법 제839조의2 제2항의 규정취지에 반하여 상당하다고 할 수 없을 정도로 과대하고, 재산분할을 구실로 이루어진 재산처분이라고 인정할 만한 특별한 사정이 없는 한 사해행위로서 채권자취소권대상이 되지 아니하고, 위와 같은 특별한 사정이 있어 사해행위로서 채권자취소권대상이 되는 경우에도 취소되는 범위는 그 상당한 부분을 초과하는 부분에 한정된다고 하였고(대법원 2005. 1. 28. 선고 2004다58963 판결), 이 경우 상당한 정도를 벗어나는 과대한 재산분할이라고 볼 만한 특별한 사정이 있다는 점에 관한 입증책임은 채권자에게 있다고 하였습니다(대법원 2006. 6. 29. 선고 2005다73105 판결).

따라서 위 사안에서도 甲은 위 판례취지에 비추어 재산분할의 상당한 정도를 벗어난 부분에 대하여는 丙을 상대로 사해행위취소의 소를 제기하여 그 가액의 배상을 청구해볼 수도 있을 것이지만, 재산분할의 상당한 정도를 벗어나는 과대한 재산분할이라고 볼 만한 특별한 사정이 있다는 점에 관한 입증책임은 甲에게 있습니다. 이 경우 법원은 乙과 丙의 혼인에서 이혼에 이르기까지의 경위, 혼인생활 중 乙명의로 아파트를 취득한 사정, 두 사람이 이혼 후 소유하게 되는 재산의 정도와 함께 乙이 丙에게 위 아파트전체를 재산분할로서 양도하는 것이 그 상당성을 넘는 것으로 보일 경우 협의이혼에 따른 위자료 상당액을 제외한 재산분할액수를 확정한 다음 그 초과부분에 한하여 사해행위로서 취소를 명하게 될 것으로 보입니다.

"본 사례는 개인의 법률문제 해결에 도움을 주고자 게재되었으나, 이용자 여러분의 생활에서 발생하는 구체적 사안은 동일하지는 않을 것이므로 참고자료로 활용하시기 바랍니다."

제407조 【채권자취소의 효력】 전조의 규정에 의한 취소와 원상회복은 모든 채권자의 이익을 위하여 그 효력이 있다.

제3절 수인의 채권자 및 채무자

제1관 총칙

제408조 【분할채권관계】
채권자나 채무자가 수인인 경우에 특별한 의사표시가 없으면 각채권자 또는 각채무자는 균등한 비율로 권리가 있고 의무를 부담한다.

1매의 어음을 각자의 임금액으로 나누어 할인받은 경우 채권관계

(대한법률구조공단 자료)

질문

甲·乙丙은 사용자 丁으로부터 3인의 임금합계액으로 액면금 600만원인 약속어음 1매를 교부받아 戊로부터 각자의 몫의 금액으로 나눈 여러 매의 약속어음으로 할인 받았으나, 丁으로부터 교부받은 최초의 어음이 지급거절 되었습니다. 이 경우 위 3인은 戊에 대하여 600만원의 채무전액을 부담하지 않고, 각자 자기 몫으로 받은 어음금액상당의 채무만 부담할 수는 없는지요?

답변

여러 명이 관련된 채권관계에 관하여 민법에서 채권자나 채무자가 수인인 경우에 특별한 의사표시가 없으면 각 채권자 또는 각 채무자가는 균등한 비율로 권리가 있고 의무를 부담한다고 규정하고 있으며(민법 제408조), 채권의 목적이 그 성질 또는 당사자의 의사표시에 의하여 불가분인 경우에 채권자가 수인인 때에는 각 채권자는 모든 채권자를 위하여 이행을 청구할 수 있고, 채무자는 모든 채권자를 위하여 각 채권자에게 이행할 수 있다고 규정하고 있습니다(민법 제409조). 그리고 민법상 다수당사자의 채권관계에 관한 판례를 보면, 민법상 다수당사자의 채권관계는 원칙적으로 분할채권관계이고, 채권의 성질상 또는 당사자약정에 기초하여 특히 불가분으로 하는 경우에 한하여 불가분채권관계로 되는 것이라고 하였습니다(대법원 1992. 10. 27. 선고 90다13628 판결).

그런데 위 사안과 같이 수인이 그 임금합계액으로 발행받은 1매의 어음을 각자 받을 몫의 임금액으로 나눈 여러 매의 어음으로 할인받은 경우 그 채권관계가 분할채권관계인지 불가분채권관계인지 문제되는데 이에 관하여 판례를 보면, 금전소비대차에 있어 수인의 채무자가 각기 일정한 돈을 빌리는 경우에 특별한 의사표시가 없으면 이 채무는 분할채무라 할 것이고, 이러한 특별한 의사표시가 있거나 채권목적이 그 성질상 불가분인 경우에 한하여 불가분채권이 성립되는 것이며, 이러한 법리는 수인의 채무자가 채무전부를 각자 이행할 의무가 있는 경우에도 또한 같다고 할것이므로, 수인의 골재운송업자들이 그 운임합계액으로 소외회사로부터 약속어음 1매를 발행 받아 그 어음을 각자 받을 몫의 금액으로 나눈 여러 매의 어음으로 할인받은 것이라면 위 소비대차관계는 그 성질상 불가분채무 또는 연대채무라고 볼 수 없어 당사자간에 특별한 의사표시가 없는 한 채무자 각자가 각각 자기 몫으로 받은 어음액면금액 상당의 채무변제책임만 지는 분할채무라고 함이 상당하다고 하였습니다(대법원 1985. 4. 23. 선고 84다카2159 판결).

따라서 위 사안의 경우 甲·乙·丙은 戊에 대하여 각자 자기 몫으로 받은 어음액면금액 상당의 채무변제책임만을 진다고 할 수 있을 것으로 보입니다.

"본 사례는 개인의 법률문제 해결에 도움을 주고자 게재되었으나, 이용자 여러분의 생활에서 발생하는 구체적 사안은 동일하지는 않을 것이므로 참고자료로 활용하시기 바랍니다."

제2관 불가분채권과 불가분채무

제409조 【불가분채권】
채권의 목적이 그 성질 또는 당사자의 의사표시에 의하여 불가분인 경우에 채권자가 수인인 때에는 각채권자는 모든 채권자를 위하여 이행을 청구할 수 있고 채무자는 모든 채권자를 위하여 각채권자에게 이행할 수 있다.

제410조 【1인의 채권자에 생긴 사항의 효력】 ①전조의 규정에 의하여 모든 채권자에게 효력이 있는 사항을 제외하고는 불가분채권자중 1인의 행위나 1인에 관한 사항은 다른 채권자에게 효력이 없다.
②불가분채권자 중의 1인과 채무자간에 경개나 면제있는 경우에 채무전부의 이행을 받은 다른 채권자는 그 1인이 권리를 잃지 아니하였으면 그에게 분급할 이익을 채무자에게 상환하여야 한다.

제411조 【불가분채무와 준용규정】
수인이 불가분채무를 부담한 경우에는 제413조 내지 제415조, 제422조, 제424조 내지 제427조 및 전조의 규정을 준용한다.

제412조 【가분채권, 가분채무에의 변경】 불가분채권이나 불가분채무가 가분채권 또는 가분채무로 변경된 때에는 각채권자는 자기부분만의 이행을 청구할 권리가 있고 각채무자는 자기부담부분만을 이행할 의무가 있다.

제3관 연대채무

제413조 【연대채무의 내용】
수인의 채무자가 채무전부를 각자 이행할 의무가 있고 채무자1인의 이행으로 다른 채무자도 그의무를 면하게 되는 때에는 그 채무는 연대채무로 한다.

판례-물품대금

[대법원 2013.3.14, 선고, 2012다85281, 판결]

【판시사항】
여러 명의 연대채무자 또는 연대보증인에 대하여 따로따로 소송이 제기되는 등으로 판결에 의하여 확정된 채무원본이나 지연손해금의 금액과 이율 등이 서로 달라져 원금이나 지연손해금에 채무자들이 공동으로 부담하는 부분과 공동으로 부담하지 않는 부분이 생긴 상태에서 어느 채무자가 채무 일부를 변제한 경우, 변제충당의 순서 및 위 변제 등으로 공동 부담 부분의 채무가 소멸되면 그 효과가 다른 채무자에게 미치는지 여부(적극)

【판결요지】
연대채무자 또는 연대보증인 중 1인이 채무의 일부를 변제한 경우에 당사자 사이에 특별한 합의가 없는 한 그 변제된 금액은 민법 제479조의 법정충당 순서에 따라 비용, 이자, 원본의 순서로 충당되어야 하므로 지연손해금 채무가 원본채무보다 먼저 충당된다. 한편 여러 명의 연대채무자 또는 연대보증인에 대하여 따로따로 소송이 제기되는 등으로 그 판결에 의하여 확정된 채무원본이나 지연손해금의 금액과 이율 등이 서로 달라지게 되어 원금이나 지연손해금에 채무자들이 공동으로 부담하는 부분과 공동으로 부담하지 않는 부분이 생긴 경우에 어느 채무자가 채무 일부를 변제한 때에는 그 변제자가 부담하는 채무 중 공동으로 부담하지 않는 부분의 채무 변제에 우선 충당되고 그 다음 공동 부담 부분의 채무 변제에 충당된다. 그리고 채권의 목적을 달성시키는 변제와 같은 사유는 연대채무자 또는 연대보증채무자 전원에 대하여 절대적 효력을 가지므로 어느 채무자의 변제 등으로 다른 채무자와 공동으로 부담하는 부분의 채무가 소멸되면 그 채무소멸의 효과는 다른 채무자 전원에 대하여 미친다.

제414조 【각연대채무자에 대한 이행청구】 채권자는 어느 연대채무자에 대하여 또는 동시나 순차로 모든 연대채무자에 대하여 채무의 전부나 일부의 이행을 청구할 수 있다.

제415조 【채무자에 생긴 무효, 취소】
어느 연대채무자에 대한 법률행위의 무효나 취소의 원인은 다른 연대채무자의 채무에 영향을 미치지 아니한다.

제416조 【이행청구의 절대적 효력】
어느 연대채무자에 대한 이행청구는 다른 연대채무자에게도 효력이 있다.

판례-양수금

[대법원 2001.8.21, 선고, 2001다22840, 판결]

【판시사항】
[1] 연대채무자 1인의 소유 부동산에 대한 경매개시결정에 따른 시효중단의 효력이 다른 연대채무자에게 미치는지 여부(소극)
[2] 채권자가 연대채무자 1인의 소유 부동산에 대하여 경매신청을 하고 6월 내에 다른 연대채무자를 상대로 재판상 청구를 한 경우, 그 다른 연대채무자에 대하여 시효중단의 효력이 발생하는지 여부(적극) 및 중단된 시효가 새로 진행되는 시점(=재판확정시)

【판결요지】
[1] 채권자의 신청에 의한 경매개시결정에 따라 연대채무자 1인의 소유 부동산이 압류된 경우, 이로써 위 채무자에 대한 채권의 소멸시효는 중단되지만, 압류에 의한 시효중단의 효력은 다른 연대채무자에게 미치지 아니하므로, 경매개시결정에 의한 시효중단의 효력을 다른 연대채무자에 대하여 주장할 수 없다.
[2] 채권자가 연대채무자 1인의 소유 부동산에 대하여 경매신청을 한 경우, 이는 최고로서의 효력을 가지고 있고, 연대채무자에 대한 이행청구는 다른 연대채무자에게도 효력이 있으므로, 채권자가 6월 내에 다른 연대채무자를 상대로 재판상 청구를 하였다면 그 다른 연대채무자에 대한 채권의 소멸시효가 중단되지만, 이로 인하여 중단된 시효는 위 경매절차가 종료된 때가 아니라 재판이 확정된 때로부터 새로 진행된다.

제417조 【경개의 절대적 효력】
어느 연대채무자와 채권자간에 채무의 경개가 있는 때에는 채권은 모든 연대채무자의 이익을 위하여 소멸한다.

제418조 【상계의 절대적 효력】
①어느 연대채무자가 채권자에 대하여 채권이 있는 경우에 그 채무자가 상계한 때에는 채권은 모든 연대채무자의 이익을 위하여 소멸한다.
②상계할 채권이 있는 연대채무자가 상계하지 아니한 때에는 그 채무자의 부담

부분에 한하여 다른 연대채무자가 상계할 수 있다.

판례-손해배상

[부산가법 2014.9.18, 선고, 2014르226, 판결 : 확정]

【판시사항】
甲이 乙과 丙의 부정행위 때문에 혼인관계가 파탄되었음을 이유로 乙을 상대로 이혼 소송을 제기하여 이혼 및 乙의 甲에 대한 위자료채무 등과 甲의 乙에 대한 재산분할금채무가 확정되었는데, 甲과 乙이 위 위자료채무 등과 재산분할금채무를 상계하는 계약을 체결한 상태에서 甲이 丙을 상대로 혼인관계 파탄을 이유로 손해배상을 구한 사안에서, 乙과 丙은 공동불법행위자로서 甲에게 부진정연대채무를 부담하고, 丙보다 책임이 큰 乙의 위자료채무가 상계로 소멸한 이상 그 효력은 丙의 위자료채무 전액에 미친다고 한 사례

【판결요지】
甲이 乙과 丙의 부정행위 때문에 혼인관계가 파탄되었음을 이유로 乙을 상대로 이혼 소송을 제기하여 이혼 및 乙의 甲에 대한 위자료채무 등과 甲의 乙에 대한 재산분할금채무가 확정되었는데, 甲과 乙이 위 위자료채무 등과 재산분할금채무를 상계하는 계약을 체결한 상태에서 甲이 丙을 상대로 혼인관계 파탄을 이유로 손해배상을 구한 사안에서, 부진정연대채무자 중 1인이 채권자와 상계계약을 체결한 경우 상계로 인한 채무소멸의 효력은 소멸한 채무 전액에 관하여 다른 부진정연대채무자에게도 미친다고 보아야 하는데, 乙과 丙은 공동불법행위자로서 甲에게 부진정연대채무를 부담하고, 丙보다 책임이 큰 乙의 위자료채무가 상계로 소멸한 이상 그 효력은 丙의 위자료채무 전액에 미쳐 丙의 위자료지급채무가 없다고 한 사례.

제419조 【면제의 절대적 효력】
어느 연대채무자에 대한 채무면제는 그 채무자의 부담부분에 한하여 다른 연대채무자의 이익을 위하여 효력이 있다.

판례-구상금

[대법원 2006.1.27, 선고, 2005다19378, 판결]

【판시사항】
[1] 부진정연대채무자 상호간의 구상관계의 존부
[2] 부진정연대채무자 중 1인에 대한 채무면제의 효력(=상대적 효력)

【판결요지】
[1] 이른바 부진정연대채무의 관계에 있는 복수의 책임주체 내부관계에 있어서는 형평의 원칙상 일정한 부담 부분이 있을 수 있으며, 그 부담 부분은 각자의 고의 및 과실의 정도에 따라 정하여지는 것으로서 부진정연대채무자 중 1인이 자기의 부담 부분 이상을 변제하여 공동의 면책을 얻게 하였을 때에는 다른 부진정연대채무자에게 그 부담 부분의 비율에 따라 구상권을 행사할 수 있다.
[2] 부진정연대채무자 상호간에 있어서 채권의 목적을 달성시키는 변제와 같은 사유는 채무자 전원에 대하여 절대적 효력을 발생하지만 그 밖의 사유는 상대적 효력을 발생하는 데에 그치는 것이므로 피해자가 채무자 중의 1인에 대하여 손해배상에 관한 권리를 포기하거나 채무를 면제하는 의사표시를 하였다 하더라도 다른 채무자에 대하여 그 효력이 미친다고 볼 수는 없다 할 것이고, 이러한 법리는 채무자들 사이의 내부관계에 있어 1인이 피해자로부터 합의에 의하여 손해배상채무의 일부를 면제받고도 사후에 면제받은 채무액을 자신의 출재로 변제한 다른 채무자에 대하여 다시 그 부담부분에 따라 구상의무를 부담하게 된다 하여 달리 볼 것은 아니다.

연대보증인 1인에 대한 채권포기의 효력이 주채무자 등에게 미치는지

(대한법률구조공단 자료)

질문

甲은 乙과 함께 丙의 丁에 대한 대여금채무에 대하여 연대보증을 하였는데 , 丙이 변제기간이 훨씬 지났음에도 위 채무를 변제하지 않았으므로 丁은 甲의 임금채권에 가압류를 하였고, 甲은 어려운 형편임에도 은행으로부터 대출을 받는 등의 방법으로 丁에게 변제제공하면서 가압류취소를 요청하였으며, 丁은 甲의 연대보증채무 중 이자채권을 포함한 채무일부를 면제해주고 임금채권에 대한 가압류를 취소해주었습니다. 이 경우 주채무자 丙과 다른 연대보증인 乙의 채무에도 위 면제의 효력이 미치는지요?

답변

민법에서는 어느 연대채무자에 대한 채무면제는 그 채무자의 부담부분에 한하여 다른 연대채무자의 이익을 위하여 효력이 있다고 규정하고 있는데(민법 제419조), 이 규정이 연대보증채무에도 적용되는지 의문이 있습니다.

그런데 채권자가 연대보증인에 대하여 한 채무면제효력이 주채무자에 대하여 미치는지 판례를 보면, 연대보증인도 주채무자에 대해서는 보증인에 불과하므로 연대채무에 관한 면제의 절대적 효력을 규정한 민법 제419조의 규정은 주채무자와 보증인 사이에는 적용되지 않으므로, 채권자가 연대보증인에 대하여 미치지 않을 것이고, 수인의 연대보증인이 있는 경우 연대보증인들 사이에 연대관계의 특약이 있는 경우가 아니면 채권자가 연대보증인의 1인에 대하여 채무의 전부 또는 일부를 면제하더라도 다른 연대 보증인에 대해서는 그 효력이 미치지 않는다고 하였으며(대법원 1994. 11. 8. 선고 94다 37202 판결), 또한 민법 제419조의 규정은 임의규정이라고 할 것이므로 채권자가 의사표시 등으로 위 규정의 적용을 배제하여 어느 한 연대채무자에 대해서만 채무면제를 할 수 있고, 연대보증인들 사이에 연대관계의 특약이 있는 경우에도 어느 한 연대채무자에 대해서만 채무면제를 한다는 의사를 명백히 한 경우에는 민법 제419조가 적용되지 않는다고 한 사례가 있습니다(대법원 1992. 9. 25. 선고 91다37553 판결).

따라서 위 사안에서 채권자 丁이 연대보증인 중 1인인 甲의 채무일부를 면제해주었더라도 주채무자인 丙과 다른 연대보증인 乙의 채무에는 면제효력이 미치지 않을 것이고, 丁은 丙과 乙에 대하여는 甲에게 면제해준 부분의 청구가 가능할 것으로 보입니다.

"본 사례는 개인의 법률문제 해결에 도움을 주고자 게재되었으나, 이용자 여러분의 생활에서 발생하는 구체적 사안은 동일하지는 않을 것이므로 참고자료로 활용하시기 바랍니다."

제420조 【혼동의 절대적 효력】

어느 연대채무자와 채권자간에 혼동이 있는 때에는 그 채무자의 부담부분에 한하여 다른 연대채무자도 의무를 면한다.

제421조 【소멸시효의 절대적 효력】

어느 연대채무자에 대하여 소멸시효가 완성한 때에는 그 부담부분에 한하여 다른 연대채무자도 의무를 면한다.

제422조 【채권자지체의 절대적 효력】 어느 연대채무자에 대한 채권자의 지체는 다른 연대채무자에게도 효력이 있다.

제423조 【효력의 상대성의 원칙】

전7조의 사항외에는 어느 연대채무자에 관한 사항은 다른 연대채무자에게 효력이 없다.

제424조 【부담부분의 균등】

연대채무자의 부담부분은 균등한 것으로 추정한다.

제425조 【출재채무자의 구상권】

①어느 연대채무자가 변제 기타 자기의 출재로 공동면책이 된 때에는 다른 연대채무자의 부담부분에 대하여 구상권을 행사할 수 있다.

②전항의 구상권은 면책된 날 이후의 법정이자 및 피할 수 없는 비용 기타 손해배상을 포함한다.

제426조 【구상요건으로서의 통지】

①어느 연대채무자가 다른 연대채무자에게 통지하지 아니하고 변제 기타 자기의 출재로 공동면책이 된 경우에 다른 연대채무자가 채권자에게 대항할 수 있는 사유가 있었을 때에는 그 부담부분에 한하여 이 사유로 면책행위를 한 연대채무자에게 대항할 수 있고 그 대항사유가 상계인 때에는 상계로 소멸할 채권은 그 연대채무자에게 이전된다.

②어느 연대채무자가 변제 기타 자기의 출재로 공동면책되었음을 다른 연대채무자에게 통지하지 아니한 경우에 다른 연대채무자가 선의로 채권자에게 변제 기타 유상의 면책행위를 한 때에는 그 연대채무자는 자기의 면책행위의 유효를 주장할 수 있다.

판례-구상금

[대법원 1998.6.26, 선고, 98다5777, 판결]

【판시사항】

구상요건으로서의 통지에 관한 민법 제426조를 부진정 연대채무자 상호간에 유추적용할 수 있는지 여부(소극)

【판결요지】

민법 제426조가 연대채무에 있어서의 변제에 관하여 채무자 상호간에 통지의무를 인정하고 있는 취지는, 연대채무에 있어서는 채무자들 상호간에 공동목적을 위한 주관적인 연관관계가 있고 이와 같은 주관적인 연관관계의 발생 근거가 된 대내적 관계에 터잡아 채무자 상호간에 출연분담에 관한 관련관계가 있게 되므로, 구상관계에 있어서도 상호 밀접한 주관적인 관련관계를 인정하고 변제에 관하여 상호 통지의무를 인정함으로써 과실 없는 변제자를 보다 보호하려는 데 있으므로, 이와 같이 출연분담에 관한 주관적인 밀접한 연관관계가 없고 단지 채권만족이라는 목적만을 공통으로 하고 있는 부진정 연대채무에 있어서는 그 변제에 관하여 채무자 상호간에 통지의무 관계를 인정할 수 없고, 변제로 인한 공동면책이 있는 경우에 있어서는 채무자 상호간에 어떤 대내적인 특별관계에서 또는 형평의 관점에서 손해를 분담하는 관계가 있게 되는데 불과하다고 할 것이므로, 부진정 연대채무에 해당하는 공동불법행위로 인한 손해배상채무에 있어서도 채무자 상호간에 구상요건으로서의 통지에 관한 민법의 위 규정을 유추 적용할 수는 없다.

제427조 【상환무자력자의 부담부분】

①연대채무자 중에 상환할 자력이 없는 자가 있는 때에는 그 채무자의 부담부분은 구상권자 및 다른 자력이 있는 채무자가 그 부담부분에 비례하여 분담한다. 그러나 구상권자에게 과실이 있는 때에는 다른 연대채무자에 대하여 분담을 청구하지 못한다.

②전항의 경우에 상환할 자력이 없는 채무자의 부담부분을 분담할 다른 채무자가 채권자로부터 연대의 면제를 받은 때에는 그 채무자의 분담할 부분은 채권자

의 부담으로 한다.

제4관 보증채무

제428조 【보증채무의 내용】
①보증인은 주채무자가 이행하지 아니하는 채무를 이행할 의무가 있다.
②보증은 장래의 채무에 대하여도 할 수 있다.

보증인 동의 없이 주채무의 목적이나 형태가 변경된 경우 보증채무의 범위

(대한법률구조공단 자료)

질문

甲은 乙이 丙회사와 계속적 물품거래계약을 하는데 연대보증을 해주었는데, 그 후 乙과 丙은 위 계약서내용이 공정거래위원회로부터 시정권고를 받을 염려가 있다는 이유로 甲도 모르게 새로운 양식의 거래신청서를 작성하였습니다. 그들은 당시 甲의 소재를 파악하지 못하여 연락이 되지 않았다고 하며, 그 약정내용을 보면 종전의 물품공급계약과 비교하여 채무의 발생원인, 채권자, 채무자, 채권의 목적 등 채무의 중요한 내용에 있어서는 변경이 없고, 오히려 거래신청인이나 연대보증인에게 유리한 내용의 신청서 양식을 바꾸었지만 위 새로운 계약서상에는 연대보증인인 甲의 서명날인이 없는데, 이 경우 甲의 보증책임은 소멸된 것이 아닌지요?

답변

민법에서 보증인은 주채무자가 이행하지 아니하는 채무를 이행할 의무가 있고, 보증채무는 주채무의 이자, 위약금, 손해배상, 기타 주채무에 종속한 채무를 포함하며, 보증인의 부담이 주채무의 목적이나 형태보다 중한 때에는 주채무의 한도도 감축한다고 규정하고 있습니다(민법 제428조 제1항, 제429조 및 제430조). 그러므로 연대보증인은 주채무의 한도 내에서 보증책임이 있을 것이나, 위 사안과 같이 보증계약이 성립한 후 그 내용의 일부를 변경하는 새로운 계약서를 작성하면서 보증인의 서명날인을 받지 아니한 경우에도 보증인의 책임을 그대로 인정할 수 있을 것인지 문제됩니다.

그런데 보증계약성립 후 보증인의 동의 없이 주채무의 목적이나 형태가 변경된 경우, 보증채무의 범위에 관한 판례를 보면, 보증계약이 성립한 후 보증인이 알지도 못하는 사이에 주채무의 목적이나 형태가 변경되었다면, 그 변경으로 주채무의 실질적 동일성이 상실된 경우 당초의 주채무는 경개로 소멸하였다고 할 것이므로 보증채무도 당연히 소멸하고, 그 변경으로 주채무의 실질적 동일성이 상실되지 아니하고 동시에 주채무의 부담내용이 축소·감경된 경우에는 보증인은 그처럼 축소·감경된 주채무의 내용에 따라 보증책임을 질 것이지만, 그 변경으로 주채무의 실질적 동일성이 상실되지는 아니하고 주채무의 부담내용이 확장·가중된 경우에는 보증인은 그처럼 확장·가중된 주채무의 내용에 따른 보증책임은지지 아니하고, 다만 변경되기 전의 주채무의 내용에 따른 보증책임만을 진다고 하였습니다(대법원 2000. 1. 21. 선고 97다1013 판결, 2001. 3. 23. 선고 2001다628 판결).

따라서 甲의 경우에도 乙과 丙회사간에 새로이 작성된 거래신청서의 내용으로 보아 기존의 거래신청서와 그 실질적인 동일성을 유지하는 것으로 볼 수 있는 것이라면, 甲의 서명날인이 누락되었더라도 기존 거래신청서상의 보증책임도 소멸되지 않고 그대로 존재한다고 볼 수 있을 것입니다.

"본 사례는 개인의 법률문제 해결에 도움을 주고자 게재되었으나, 이용자 여러분의 생활에서 발생하는 구체적 사안은 동일하지는 않을 것이므로 참고자료로 활용하시기 바랍니다."

제428조의2 【보증의 방식】 ① 보증은 그 의사가 보증인의 기명날인 또는 서명이 있는 서면으로 표시되어야 효력이 발생한다. 다만, 보증의 의사가 전자적 형태로 표시된 경우에는 효력이 없다.
② 보증채무를 보증인에게 불리하게 변경하는 경우에도 제1항과 같다.
③ 보증인이 보증채무를 이행한 경우에는 그 한도에서 제1항과 제2항에 따른

방식의 하자를 이유로 보증의 무효를 주장할 수 없다.
[본조신설 2015.2.3.]
[시행일 : 2016.2.4.] 제428조의2

제428조의3 【근보증】 ① 보증은 불확정한 다수의 채무에 대해서도 할 수 있다. 이 경우 보증하는 채무의 최고액을 서면으로 특정하여야 한다.
② 제1항의 경우 채무의 최고액을 제428조의2제1항에 따른 서면으로 특정하지 아니한 보증계약은 효력이 없다.
[본조신설 2015.2.3.]
[시행일 : 2016.2.4.] 제428조의3

제429조 【보증채무의 범위】
①보증채무는 주채무의 이자, 위약금, 손해배상 기타 주채무에 종속한 채무를 포함한다.
②보증인은 그 보증채무에 관한 위약금 기타 손해배상액을 예정할 수 있다.

제430조 【목적, 형태상의 부종성】
보증인의 부담이 주채무의 목적이나 형태보다 중한 때에는 주채무의 한도로 감축한다.

판례-채무부존재확인

[대법원 2012.7.12, 선고, 2010다51192, 판결]

【판시사항】
[1] 주채무의 소멸시효 완성으로 보증채무가 소멸된 상태에서 보증인이 보증채무를 이행하거나 승인한 경우, 보증인이 주채무의 시효소멸을 이유로 보증채무의 소멸을 주장할 수 있는지 여부(원칙적 적극)
[2] 甲이 주채무자 乙 주식회사의 채권자 丙 주식회사에 대한 채무를 연대보증하였는데, 乙 회사의 주채무가 소멸시효 완성으로 소멸한 상태에서 丙 회사가 甲의 보증채무에 기초하여 甲 소유 부동산에 관한 강제경매를 신청하여 배당금을 수령하는 것에 대하여 甲이 아무런 이의를 제기하지 않은 사안에서, 甲이 여전히 보증채무의 부종성에 따라 주채무의 소멸시효 완성을 주장할 수 있는데도, 이와 달리 본 원심판결에 법리오해의 위법이 있다고 한 사례

【판결요지】
[1] 보증채무에 대한 소멸시효가 중단되는 등의 사유로 완성되지 아니하였다고 하더라도 주채무에 대한 소멸시효가 완성된 경우에는 시효완성 사실로써 주채무가 당연히 소멸되므로 보증채무의 부종성에 따라 보증채무 역시 당연히 소멸된다. 그리고 주채무에 대한 소멸시효가 완성되어 보증채무가 소멸된 상태에서 보증인이 보증채무를 이행하거나 승인하였다고 하더라도, 주채무자가 아닌 보증인의 행위에 의하여 주채무에 대한 소멸시효 이익의 포기 효과가 발생된다고 할 수 없으며, 주채무의 시효소멸에도 불구하고 보증채무를 이행하겠다는 의사를 표시한 경우 등과 같이 부종성을 부정하여야 할 다른 특별한 사정이 없는 한 보증인은 여전히 주채무의 시효소멸을 이유로 보증채무의 소멸을 주장할 수 있다고 보아야 한다.
[2] 甲이 주채무자 乙 주식회사의 채권자 丙 주식회사에 대한 채무를 연대보증하였는데, 乙 회사의 주채무가 소멸시효 완성으로 소멸한 상태에서 丙 회사가 甲의 보증채무에 기초하여 甲 소유 부동산에 관한 강제경매를 신청하여 경매절차에서 배당금을 수령하는 것에 대하여 甲이 아무런 이의를 제기하지 않은 사안에서, 변제 충당 등에 따른 보증채무에 대한 소멸시효 이익의 포기 효과가 발생할 수 있다는 사정만으로는 주

채무에 대한 소멸시효 이익의 포기 효과가 발생하였다거나 甲이 주채무의 시효소멸에도 불구하고 보증채무를 이행하겠다는 의사를 표시한 것으로 보기 부족하고 달리 보증채무의 부종성을 부정하여야 할 특별한 사정도 없으므로, 甲이 여전히 보증채무의 부종성에 따라 주채무의 소멸시효 완성을 이유로 보증채무의 소멸을 주장할 수 있는데도, 이와 달리 본 원심판결에 보증채무의 부종성과 보증인의 주채무 시효소멸 원용에 관한 법리오해의 위법이 있다고 한 사례.

제431조 【보증인의 조건】
①채무자가 보증인을 세울 의무가 있는 경우에는 그 보증인은 행위능력 및 변제자력이 있는 자로 하여야 한다.
②보증인이 변제자력이 없게 된 때에는 채권자는 보증인의 변경을 청구할 수 있다.
③채권자가 보증인을 지명한 경우에는 전2항의 규정을 적용하지 아니한다.

제432조 【타담보의 제공】
채무자는 다른 상당한 담보를 제공함으로써 보증인을 세울 의무를 면할 수 있다.

제433조 【보증인과 주채무자 항변권】
①보증인은 주채무자의 항변으로 채권자에게 대항할 수 있다.
②주채무자의 항변포기는 보증인에게 효력이 없다.

제434조 【보증인과 주채무자 상계권】
보증인은 주채무자의 채권에 의한 상계로 채권자에게 대항할 수 있다.

판례-보험금

[대법원 2002.10.25, 선고, 2000다16251, 판결]

【판시사항】
이행보증보험의 법적 성질 및 이행보증보험에 있어 보험자가 민법 제434조를 준용하여 보험계약자의 채권에 의한 상계로 피보험자에게 대항할 수 있는지 여부(적극)

【판결요지】
이행보증보험은 보험계약자인 채무자의 주계약상 채무불이행으로 인하여 피보험자인 채권자가 입게 되는 손해의 전보를 보험자가 인수하는 것을 내용으로 하는 손해보험으로서 실질적으로는 보증의 성격을 가지고 보증계약과 같은 효과를 목적으로 하는 점에서 보험자와 채무자 사이에는 민법상의 보증에 관한 규정이 준용되므로, 이행보증보험의 보험자는 민법 제434조를 준용하여 보험계약자의 채권에 의한 상계로 피보험자에게 대항할 수 있고, 그 상계로 피보험자의 보험계약자에 대한 채권이 소멸되는 만큼 보험자의 피보험자에 대한 보험금 지급채무도 소멸된다

제435조 【보증인과 주채무자의 취소권등】 주채무자가 채권자에 대하여 취소권 또는 해제권이나 해지권이 있는 동안은 보증인은 채권자에 대하여 채무의 이행을 거절할 수 있다.

제436조 【취소할 수 있는 채무의 보증】 취소의 원인있는 채무를 보증한 자가 보증계약당시에 그 원인있음을 안 경우에 주채무의 불이행 또는 취소가 있는 때에는 주채무와 동일한 목적의 독립채무를 부담한 것으로 본다.

第436조 삭제 <2015.2.3.>
[시행일 : 2016.2.4.] 제436조

第436조의2 【채권자의 정보제공의무와 통지의무등】 ① 채권자는 보증계약을 체결할 때 보증계약의 체결 여부 또는 그 내용에 영향을 미칠 수 있는 주채무자의 채무 관련 신용정보를 보유하고 있거나 알고 있는 경우에는 보증인에게 그 정보를 알려야 한다. 보증계약을 갱신할 때에도 또한 같다.

② 채권자는 보증계약을 체결한 후에 다음 각 호의 어느 하나에 해당하는 사유가 있는 경우에는 지체 없이 보증인에게 그 사실을 알려야 한다.

1. 주채무자가 원본, 이자, 위약금, 손해배상 또는 그 밖에 주채무에 종속한 채무를 3개월 이상 이행하지 아니하는 경우
2. 주채무자가 이행기에 이행할 수 없음을 미리 안 경우
3. 주채무자의 채무 관련 신용정보에 중대한 변화가 생겼음을 알게 된 경우

③ 채권자는 보증인의 청구가 있으면 주채무의 내용 및 그 이행 여부를 알려야 한다.

④ 채권자가 제1항부터 제3항까지의 규정에 따른 의무를 위반하여 보증인에게 손해를 입힌 경우에는 법원은 그 내용과 정도 등을 고려하여 보증채무를 감경하거나 면제할 수 있다.

[본조신설 2015.2.3.]
[시행일 : 2016.2.4.] 제436조의2

第437조 【보증인의 최고, 검색의 항변】 채권자가 보증인에게 채무의 이행을 청구한 때에는 보증인은 주채무자의 변제자력이 있는 사실 및 그 집행이 용이할 것을 증명하여 먼저 주채무자에게 청구할 것과 그 재산에 대하여 집행할 것을 항변할 수 있다. 그러나 보증인이 주채무자와 연대하여 채무를 부담한 때에는 그러하지 아니하다.

판례-사해행위취소등

[대법원 1998.4.14, 선고, 97다54420, 판결]

【판시사항】
[1] 연대보증 채무자의 사해행위에 있어서 사해의 의사가 있었는지 여부의 판단 기준
[2] 채무자가 유일한 재산을 매각하여 소비하기 쉬운 금전으로 바꾼 경우, 사해행위의 성부(적극) 및 사해의사 추정 여부(적극)와 수익자의 악의에 관한 입증책임

【판결요지】
[1] 연대보증인에게 부동산의 매도행위 당시 사해의 의사가 있었는지 여부는 연대보증인이 자신의 자산상태가 채권자에 대한 연대보증채무를 담보하는 데 부족이 생기게 되리라는 것을 인식하였는가 하는 점에 의하여 판단하여야 하고, 연대보증인이 주채무자의 자산상태가 채무를 담보하는 데 부족이 생기게 되리라는 것까지 인식하였어야만 사해의 의사를 인정할 수 있는 것은 아니다.
[2] 채무자가 자기의 유일한 재산인 부동산을 매각하여 소비하기 쉬운 금전으로 바꾸는 행위는 특별한 사정이 없는 한 항상 채권자에 대하여 사해행위가 된다고 볼 것이므로 채무자의 사해의 의사는 추정되는 것이고, 이를 매수한 자가 악의가 없었다는 입증책임은 수익자에게 있다.

第438조 【최고, 검색의 해태의 효과】 전조의 규정에 의한 보증인의 항변에 불구

하고 채권자의 해태로 인하여 채무자로부터 전부나 일부의 변제를 받지 못한 경우에는 채권자가 해태하지 아니하였으면 변제받았을 한도에서 보증인은 그 의무를 면한다.

제439조 【공동보증의 분별의 이익】
수인의 보증인이 각자의 행위로 보증채무를 부담한 경우에도 제408조의 규정을 적용한다.

제440조 【시효중단의 보증인에 대한 효력】 주채무자에 대한 시효의 중단은 보증인에 대하여 그 효력이 있다.

제441조 【수탁보증인의 구상권】
①주채무자의 부탁으로 보증인이 된 자가 과실없이 변제 기타의 출재로 주채무를 소멸하게 한 때에는 주채무자에 대하여 구상권이 있다.
②제425조제2항의 규정은 전항의 경우에 준용한다.

제442조 【수탁보증인의 사전구상권】
①주채무자의 부탁으로 보증인이 된 자는 다음 각호의 경우에 주채무자에 대하여 미리 구상권을 행사할 수 있다.
1. 보증인이 과실없이 채권자에게 변제할 재판을 받은 때
2. 주채무자가 파산선고를 받은 경우에 채권자가 파산재단에 가입하지 아니한 때
3. 채무의 이행기가 확정되지 아니하고 그 최장기도 확정할 수 없는 경우에 보증계약후 5년을 경과한 때
4. 채무의 이행기가 도래한 때
②전항제4호의 경우에는 보증계약후에 채권자가 주채무자에게 허여한 기한으로 보증인에게 대항하지 못한다.

판례-사해행위취소·소유권말소등기

[대법원 2009.7.23, 선고, 2009다19802,19819, 판결]

【판시사항】
물상보증인이 사전구상권을 행사할 수 있는지 여부(원칙적 소극)

【판결요지】
민법 제370조에 의하여 민법 제341조가 저당권에 준용되는데, 민법 제341조는 타인의 채무를 담보하기 위한 저당권설정자가 그 채무를 변제하거나 저당권의 실행으로 인하여 저당물의 소유권을 잃은 때에 채무자에 대하여 구상권을 취득한다고 규정하여 물상보증인의 구상권 발생 요건을 보증인의 경우와 달리 규정하고 있는 점, 물상보증은 채무자 아닌 사람이 채무자를 위하여 담보물권을 설정하는 행위이고 채무자를 대신해서 채무를 이행하는 사무의 처리를 위탁받는 것이 아니므로 물상보증인은 담보물로서 물적 유한책임만을 부담할 뿐 채권자에 대하여 채무를 부담하는 것이 아닌 점, 물상보증인이 채무자에게 구상할 구상권의 범위는 특별한 사정이 없는 한 채무를 변제하거나 담보권의 실행으로 담보물의 소유권을 상실하게 된 시점에 확정된다는 점 등을 종합하면, 원칙적으로 수탁보증인의 사전구상권에 관한 민법 제442조는 물상보증인에게 적용되지 아니하고 물상보증인은 사전구상권을 행사할 수 없다.

第443조 【주채무자의 면책청구】
전조의 규정에 의하여 주채무자가 보증인에게 배상하는 경우에 주채무자는 자기를 면책하게 하거나 자기에게 담보를 제공할 것을 보증인에게 청구할 수 있고 또는 배상할 금액을 공탁하거나 담보를 제공하거나 보증인을 면책하게 함으로써 그 배상의무를 면할 수 있다.

판례-보험금

[대법원 2004.5.28, 선고, 2001다81245, 판결]

【판시사항】
[1] 수탁보증인의 주채무자에 대한 사전구상권을 자동채권으로 하는 상계의 허용 여부(소극) 및 주채무자가 사전에 담보제공청구권의 항변권을 포기한 경우 상계의 가능 여부(적극)
[2] 민사소송법 제424조 제1항 제6호에 규정된 절대적 상고이유인 '판결에 이유를 명시하지 아니한 경우'의 의미

【판결요지】
[1] 항변권이 붙어 있는 채권을 자동채권으로 하여 다른 채무(수동채권)와의 상계를 허용한다면 상계자 일방의 의사표시에 의하여 상대방의 항변권 행사의 기회를 상실시키는 결과가 되므로 그러한 상계는 허용될 수 없고, 특히 수탁보증인이 주채무자에 대하여 가지는 민법 제442조의 사전구상권에는 민법 제443조의 담보제공청구권이 항변권으로 부착되어 있는 만큼 이를 자동채권으로 하는 상계는 허용될 수 없으며, 다만 민법 제443조는 임의규정으로서 주채무자가 사전에 담보제공청구권의 항변권을 포기한 경우에는 보증인은 사전구상권을 자동채권으로 하여 주채무자에 대한 채무와 상계할 수 있다.
[2] 민사소송법 제424조 제1항 제6호 소정의 절대적 상고이유인 '판결에 이유를 명시하지 아니한 경우'라 함은 판결에 이유를 전혀 기재하지 아니하거나 이유의 일부를 빠뜨리는 경우 또는 이유의 어느 부분이 명확하지 아니하여 법원이 어떻게 사실을 인정하고 법규를 해석·적용하여 주문에 이르렀는지가 불명확한 경우를 일컫는 것이다.

第444조 【부탁없는 보증인의 구상권】
①주채무자의 부탁없이 보증인이 된 자가 변제 기타 자기의 출재로 주채무를 소멸하게 한 때에는 주채무자는 그 당시에 이익을 받은 한도에서 배상하여야 한다.
②주채무자의 의사에 반하여 보증인이 된 자가 변제 기타 자기의 출재로 주채무를 소멸하게 한 때에는 주채무자는 현존이익의 한도에서 배상하여야 한다.
③전항의 경우에 주채무자가 구상한 날 이전에 상계원인이 있음을 주장한 때에는 그 상계로 소멸할 채권은 보증인에게 이전된다.

第445조 【구상요건으로서의 통지】
①보증인이 주채무자에게 통지하지 아니하고 변제 기타 자기의 출재로 주채무를 소멸하게 한 경우에 주채무자가 채권자에게 대항할 수 있는 사유가 있었을 때에는 이 사유로 보증인에게 대항할 수 있고 그 대항사유가 상계인 때에는 상계로 소멸할 채권은 보증인에게 이전된다.
②보증인이 변제 기타 자기의 출재로 면책되었음을 주채무자에게 통지하지 아니한 경우에 주채무자가 선의로 채권자에게 변제 기타 유상의 면책행위를 한 때에는 주채무자는 자기의 면책행위의 유효를 주장할 수 있다.

第446조 【주채무자의 보증인에 대한 면책통지의무】 주채무자가 자기의 행

위로 면책하였음을 그 부탁으로 보증인이 된 자에게 통지하지 아니한 경우에 보증인이 선의로 채권자에게 변제 기타 유상의 면책행위를 한 때에는 보증인은 자기의 면책행위의 유효를 주장할 수 있다.

제447조 【연대, 불가분채무의 보증인의 구상권】 어느 연대채무자나 어느 불가분채무자를 위하여 보증인이 된 자는 다른 연대채무자나 다른 불가분채무자에 대하여 그 부담부분에 한하여 구상권이 있다.

제448조 【공동보증인간의 구상권】
①수인의 보증인이 있는 경우에 어느 보증인이 자기의 부담부분을 넘은 변제를 한 때에는 제444조의 규정을 준용한다.
②주채무가 불가분이거나 각보증인이 상호연대로 또는 주채무자와 연대로 채무를 부담한 경우에 어느 보증인이 자기의 부담부분을 넘은 변제를 한 때에는 제425조 내지 제427조의 규정을 준용한다.

판례-소송비용

[대법원 2013.11.14, 선고, 2013다46023, 판결]

【판시사항】
[1] 연대채무자 사이의 구상권행사에서 '부담부분'의 의미 및 일부 공동면책되게 한 연대채무자가 일부 공동면책되게 한 다른 연대채무자를 상대로 자신의 공동면책액 중 다른 연대채무자의 분담비율에 해당하는 금액이 다른 연대채무자의 공동면책액 중 자신의 분담비율에 해당하는 금액을 초과하는 범위에서 구상권을 행사할 수 있는지 여부(적극)
[2] 상계항변이 이유 있고 일견하여 자동채권의 수액이 수동채권의 수액을 초과한 것이 명백해 보이며, 상계적상 시점 이전에 수동채권의 변제기가 이미 도래하여 지체가 발생한 경우, 법원이 판결 이유에 밝혀 주어야 할 사항

【판결요지】
[1] 연대보증인들 사이의 내부관계에서는 연대보증인 각자가 자신의 분담금액을 한도로 일부 보증을 한 것과 같이 볼 수 있어서 그 분담금액 범위 내의 출재에 관한 구상관계는 주채무자만을 상대로 해결할 것을 예정하고 있는 반면, 연대채무자들 사이에서는 연대채무자 각자가 행한 모든 출재에 관하여 다른 연대채무자의 공동부담을 기대하는 것이 보통이다. 그리하여 민법은 연대보증인 중의 한 사람이 공동면책을 이유로 다른 연대보증인에게 구상권을 행사하려면 '자기의 부담부분을 넘은' 변제를 하였을 것을 그 요건으로 규정하였으나(제448조 제2항), 연대채무자 중의 한 사람이 공동면책을 이유로 다른 연대채무자에게 구상권을 행사하는 데 있어서는 그러한 제한 없이 '부담부분'에 대하여 구상권을 행사할 수 있는 것으로 규정하고 있다(제425조 제1항). 따라서 연대채무자 사이의 구상권행사에 있어서 '부담부분'이란 연대채무자가 그 내부관계에서 출재를 분담하기로 한 비율을 말한다고 봄이 타당하다. 그 결과 변제 기타 자기의 출재로 일부 공동면책되게 한 연대채무자는 역시 변제 기타 자기의 출재로 일부 공동면책되게 한 다른 연대채무자를 상대로 하여서도 자신의 공동면책액 중 다른 연대채무자의 분담비율에 해당하는 금액이 다른 연대채무자의 공동면책액 중 자신의 분담비율에 해당하는 금액을 초과한다면 그 범위에서 여전히 구상권을 행사할 수 있다고 보아야 한다.
[2] 상계의 의사표시가 있는 경우, 채무는 상계적상 시에 소급하여 대등액에서 소멸한 것으로 보게 되므로, 상계에 의한 양 채권의 차액 계산 또는 상계충당은 상계적상의 시점을 기준으로 하게 된다. 따라서 그 시점 이전에 수동채권의 변제기가 이미 도래하여 지체가 발생한 경우에는 상계적상 시점까지의 수동채권의 지연손해금을 계산한 다

음 자동채권으로 그 지연손해금을 먼저 소각하고 잔액을 가지고 원본을 소각하여야 한다. 그리고 상계를 주장하면 그것이 받아들여지든 아니하든 상계하자고 대항한 액수에 대하여 기판력이 생기므로(민사소송법 제216조 제2항), 상계의 항변이 이유 있고 일견하여 자동채권의 수액이 수동채권의 수액을 초과한 것이 명백해 보이는 경우라도, 상계적상의 시점 이전에 수동채권의 변제기가 이미 도래하여 지체가 발생한 상태라고 인정된다면, 법원으로서는 상계에 의하여 소멸되는 채권의 금액을 일일이 계산할 것까지는 없다고 하더라도, 최소한 상계적상의 시점 및 수동채권의 지연손해금 기산일과 이율 등을 구체적으로 특정해 줌으로써 자동채권에 대하여 어느 범위에서 상계의 기판력이 미치는지 판결 이유 자체로 당사자가 분명하게 알 수 있을 정도까지는 밝혀 주어야 한다.

제4절 채권의 양도

제449조 【채권의 양도성】 ①채권은 양도할 수 있다. 그러나 채권의 성질이 양도를 허용하지 아니하는 때에는 그러하지 아니하다.
②채권은 당사자가 반대의 의사를 표시한 경우에는 양도하지 못한다. 그러나 그 의사표시로써 선의의 제삼자에게 대항하지 못한다.

판례-추심금(채권양도금지 특약 사건)

[대법원 2015.4.9, 선고, 2012다118020, 판결(채권양도금지 특약 사건)]

【판시사항】
채권양도금지 특약으로 악의 또는 중과실의 제3자에게 대항할 수 있는지 여부(적극) 및 제3자의 악의 내지 중과실에 대한 주장·증명책임의 소재(=양수인에게 대항하려는 자) / 악의의 양수인으로부터 다시 선의로 양수한 전득자가 민법 제449조 제2항 단서의 '선의의 제3자'에 해당하는지 여부(적극) 및 선의의 양수인으로부터 다시 채권을 양수한 전득자는 선의·악의를 불문하고 채권을 유효하게 취득하는지 여부(적극)

【판결요지】
당사자의 의사표시에 의한 채권양도금지 특약은 제3자가 악의인 경우는 물론 제3자가 채권양도금지 특약을 알지 못한 데에 중대한 과실이 있는 경우에도 채권양도금지 특약으로써 대항할 수 있고, 제3자의 악의 내지 중과실은 채권양도금지 특약으로 양수인에게 대항하려는 자가 이를 주장·증명하여야 한다. 그리고 민법 제449조 제2항 단서는 채권양도금지 특약으로써 대항할 수 없는 자를 '선의의 제3자'라고만 규정하고 있어 채권자로부터 직접 양수한 자만을 가리키는 것으로 해석할 이유는 없으므로, 악의의 양수인으로부터 다시 선의로 양수한 전득자도 위 조항에서의 선의의 제3자에 해당한다. 또한 선의의 양수인을 보호하고자 하는 위 조항의 입법 취지에 비추어 볼 때, 이러한 선의의 양수인으로부터 다시 채권을 양수한 전득자는 선의·악의를 불문하고 채권을 유효하게 취득한다.

채권양도 승낙 후 취득한 채권으로 양도된 채권과 상계할 수 있는지

(대한법률구조공단 자료)

질문

저는 甲에게 제 소유 주택을 보증금 3,000만원에 임대하고 있던 중 甲이 그의 채권자 乙에게 위 보증금을 양도하겠다고 하여 이를 승낙한 사실이 있고, 그 후 甲이 아들의 병원치료비가 없다고 사정하여 500만원을 빌려준 적이 잇습니다. 이 경우 위 보증금에서 채권양도 승낙 후 빌려준 500만원을 공제할 수 있는지요?

답변

민법에서 채권양도를 허용하고 있으며, 지명채권양도의 경우에 그 양도사실을 양도인이 확정일자 있는 증서에 의하여 채무자에게 통지하거나, 채무자가 승낙한 때에는 채무자 기타 제3자에게도 대항력이 있음을 규정하고 있으므로(민법 제449조, 제450조), 위 사안에서 乙은 귀하의 승낙에 의하여 유효하게 임차보증금반환채권을 양수받았다고 할 것입니다. 그런데 위 사안에서 귀하가 甲과 乙사이에 이루어진 임차보증금반환채권의 양도·양수행위에 대하여 승낙을 하였으나 아직 양수금을 지급하지 아니한 상태에서 양도인 甲에 대하여 새로운 대여금 채권이 발생한 경우, 귀하가 이 대여금채권을 임차보증금반환채권과 상계 한 후 나머지만 양수인 乙에게 지급하여도 되는지가 문제됩니다.

그러나 민법 제 451조에서 채권양도의 경우에 양도인이 양도통지만을 하였을 경우에는 양도통지를 받을 때까지 양도인에 대하여 발생한 사유로써, 채무자가 승낙을 한 경우에는 승낙을 할 때 이의를 유보한 경우에 한하여 양도인에 대하여 발생한 사유로써 양수인에게 대항할 수 있다고 규정하고 있습니다. 그리고 이에 관련된 판례를 보면, 승낙 당시 이미 상계를 할 수 있는 원인이 있었던 경우에는 아직 상계적상에 있지 아니하였더라도 그 후에 상계적상이 생기면 채무자는 양수인에 대하여 상계로 대항할 수 있으나(대법원 1999. 8. 20. 선고 99다18039 판결), 채무자가 채권양도를 승낙한 후에 취득한 양도인에 대한 채권으로 양수인에 대하여 상계로써 대항하지 못한다고 하였습니다(대법원 1984. 9. 11. 선고 83다카2288 판결).

따라서 귀하는 채권양도 승낙 후에 발생한 甲에 대한 대여금채권을 가지고 위 임차보증금과 상계할 수는 없다고 할 것입니다.

참고로 민법 제451조 제1항의 규정취지 등에 관한 판례를 보면, 민법 제 451조 제1항이 이의를 보류하지 않은 승낙에 대하여 항변사유를 제한한 취지는 이의를 보류하지 않은 승낙이 이루어진 경우 양수인은 양수한 채권에 아무런 항변권도 부착되지 아니한 것으로 신뢰하는 것이 보통이므로 채무자의 '승낙'이라는 사실에 공신력을 주어 양수인의 신뢰를 보호하고 채권양도나 질권설정과 같은 거래안전을 꾀하기 위한 규정이라 할 것이므로, 채권양도나 질권설정에 관하여 이의를 보류하지 아니하고 승낙을 하였더라도 양수인 또는 질권자가 악의 또는 중과실의 경우에 해당하는 한 채무자의 승낙 당시까지 양도인 또는 질권설정자에 대하여 생긴 사유로써도 양수인 또는 질권자에게 대항할 수 있다고 하였습니다(대법원 2002. 3. 29. 선고 2000다13887 판결).

"본 사례는 개인의 법률문제 해결에 도움을 주고자 게재되었으나, 이용자 여러분의 생활에서 발생하는 구체적 사안은 동일하지는 않을 것이므로 참고자료로 활용하시기 바랍니다."

제450조 【지명채권양도의 대항요건】

①지명채권의 양도는 양도인이 채무자에게 통지하거나 채무자가 승낙하지 아니하면 채무자 기타 제삼자에게 대항하지 못한다.

②전항의 통지나 승낙은 확정일자 있는 증서에 의하지 아니하면 채무자이외의 제삼자에게 대항하지 못한다.

제451조 【승낙, 통지의 효과】

①채무자가 이의를 보류하지 아니하고 전조의 승낙을 한 때에는 양도인에게 대항할 수 있는 사유로써 양수인에게 대항하지 못한다. 그러나 채무자가 채무를 소멸하게 하기 위하여 양도인에게 급여한 것이 있으면 이를 회수할 수 있고 양도인에 대하여 부담한 채무가 있으면 그 성립되지 아니함을 주장할 수 있다.

②양도인이 양도통지만을 한 때에는 채무자는 그 통지를 받은 때까지 양도인에 대하여 생긴 사유로써 양수인에게 대항할 수 있다.

판례-양수금

[대법원 2015.4.9, 선고, 2014다80945, 판결]

【판시사항】

채무자의 채권양도인에 대한 자동채권이 발생하는 기초가 되는 원인이 양도 전에 이미 성립하여 존재하고 자동채권이 수동채권인 양도채권과 동시이행의 관계에 있는 경우, 채권양도의 대항요건이 갖추어진 후에 자동채권이 발생하였다고 하더라도 채무자가 동시이행의 항변권을 주장할 수 있는지 여부(적극) 및 그 채권에 의한 상계로 양수인에게 대항할 수 있는지 여부(적극)

【판결요지】
채권양도에 의하여 채권은 그 동일성을 유지하면서 양수인에게 이전되고, 채무자는 양도통지를 받은 때까지 양도인에 대하여 생긴 사유로써 양수인에게 대항할 수 있다(민법 제451조 제2항). 따라서 채무자의 채권양도인에 대한 자동채권이 발생하는 기초가 되는 원인이 양도 전에 이미 성립하여 존재하고 자동채권이 수동채권인 양도채권과 동시이행의 관계에 있는 경우에는, 양도통지가 채무자에게 도달하여 채권양도의 대항요건이 갖추어진 후에 자동채권이 발생하였다고 하더라도 채무자는 동시이행의 항변권을 주장할 수 있고, 따라서 그 채권에 의한 상계로 양수인에게 대항할 수 있다.

제452조 【양도통지와 금반언】 ①양도인이 채무자에게 채권양도를 통지한 때에는 아직 양도하지 아니하였거나 그 양도가 무효인 경우에도 선의인 채무자는 양수인에게 대항할 수 있는 사유로 양도인에게 대항할 수 있다.
②전항의 통지는 양수인의 동의가 없으면 철회하지 못한다.

다른 채무담보로 채권양도, 피담보채무소멸로 양수금청구 거절가능한지

(대한법률구조공단 자료)

질문

甲은 乙에게 대여금채무 5,000만원의 담보조로 甲의 주택임차보증금반환채권 5,000만원을 乙에게 양도하고, 그 채권양도통지를 내용증명우편으로 임대인 丙에게 하였으나, 그 후 乙에게 위 대여금채무를 변제하였으며, 임차주택의 임대차기간이 만료되어 임차주택을 丙에게 명도하고 임차보증금 5,000만원의 반환을 丙에게 요구하였으나, 丙은 5,000만원의 변제영수증을 확인하고서도 위 채권이 乙에게 양도되었으므로 甲에게 위 임차보증금을 지급할 수 없다고 합니다. 이 경우 甲은 어떻게 하여야 하는지요?

답변

채권양도가 다른 채무의 담보조로 이루어진 경우, 양도채권의 채무자가 그 피담보채무가 변제로 소멸되었다는 이유로 채권양수인의 양수금청구를 거절할 수 있는지 판례를 보면, 채권양도가 다른 채무의 담보조로 이루어졌으며 또한 그 채무가 변제되었더라도 이것은 채권양도인과 양수인간의 문제일 뿐이고, 양도채권의 채무자는 채권양도·양수인 사이의 채무소멸여부에 관계없이 양도된 채무를 양수인에게 변제하여야 하는 것이므로, 설령 그 피담보채무가 변제로 소멸되었더라도 양도채권의 채무자로서는 이를 이유로 채권양수인의 양수금청구를 거절 할 수 없다고 하였습니다(대법원 1999. 11. 26. 선고 99다23093 판결). 그러므로 위 사안에서 丙은 乙이 양수금을 청구해온다면 5,000만원을 지급할 수밖에 없을 것입니다.

그런데 민법에서 양도인이 채무자에게 채권양도를 통지한 때에 그 통지는 양수인의 동의가 없으면 철회하지 못한다고 규정하고 있고(민법 제 452조 제2항), 채권양도통지를 한 양도인이 양수인의 동의 없이 한 채권양도통지철회의 효력에 관하여 판례를 보면, 채권양도인이 양수인에게 전대차계약상 차임채권 중 일부를 양도하고 전차인인 채무자에게 그 양도사실을 통지한 후 채무자에게 위 채권양도통지를 취소한다는 통지를 하였더라도 양수인이 양도인의 위 채권양도통지철회에 동의하였다고 볼 증거가 없다면 위 채권양도통지철회는 효력이 없다고 하였습니다(대법원 1993. 7. 13. 선고 92다4178 판결). 또한, 채권양도통지 후 양도계약이 해제된 경우 양도인이 채무자에게 대항하기 위한 요건에 관하여도 판례를 보면, 지명채권양도통지를 한 후 그 양도계약이 해제된 경우, 양도인이 그 해제를 이유로 다시 원래의 채무자에 대하여 양도채권으로 대항하려면 양수인이 채무자에게 그와 같은 해제사실을 통지하여야 한다고 하였습니다(대법원 1993. 8. 27. 선고 93다 17379 판결).

따라서 甲은 채권자 乙의 동의를 얻어 위 채권양도통지를 철회한 후 임대인 丙으로부터 위 임차보증금의 반환을 받아야 할 것으로 보입니다.

"본 사례는 개인의 법률문제 해결에 도움을 주고자 게재되었으나, 이용자 여러분의 생활에서 발생하는 구체

적 사안은 동일하지는 않을 것이므로 참고자료로 활용하시기 바랍니다."

제5절 채무의 인수

제453조 【채권자와의 계약에 의한 채무인수】 ①제삼자는 채권자와의 계약으로 채무를 인수하여 채무자의 채무를 면하게 할 수 있다. 그러나 채무의 성질이 인수를 허용하지 아니하는 때에는 그러하지 아니하다.
②이해관계없는 제삼자는 채무자의 의사에 반하여 채무를 인수하지 못한다.

제454조 【채무자와의 계약에 의한 채무인수】 ①제삼자가 채무자와의 계약으로 채무를 인수한 경우에는 채권자의 승낙에 의하여 그 효력이 생긴다.
②채권자의 승낙 또는 거절의 상대방은 채무자나 제삼자이다.

판례-임대차보증금반환

[대법원 2015.5.29, 선고, 2012다84370, 판결]

【판시사항】
[1] 부동산 매수인이 매매목적물에 관한 임대차보증금 반환채무 등을 인수하면서 채무액을 매매대금에서 공제하기로 약정한 경우, 채무인수의 법적 성질
[2] 임차인의 행위가 임대차보증금 반환채무의 면책적 인수에 대한 묵시적 승낙의 의사표시에 해당하는지 판단하는 방법

【판결요지】
[1] 부동산의 매수인이 매매목적물에 관한 임대차보증금 반환채무 등을 인수하는 한편 그 채무액을 매매대금에서 공제하기로 약정한 경우, 그 인수는 특별한 사정이 없는 이상 매도인을 면책시키는 면책적 채무인수가 아니라 이행인수로 보아야 하고, 면책적 채무인수로 보기 위해서는 이에 대한 채권자 즉 임차인의 승낙이 있어야 한다.
[2] 임대차보증금 반환채무의 면책적 인수에 대한 임차인의 승낙은 반드시 명시적 의사표시에 의하여야 하는 것은 아니고 묵시적 의사표시에 의하여서도 가능하다. 그러나 임차인이 채무자인 임대인을 면책시키는 것은 그의 채권을 처분하는 행위이므로, 만약 임대차보증금 반환채권의 회수가능성 등이 의문시되는 상황이라면 임차인의 어떠한 행위를 임대차보증금 반환채무의 면책적 인수에 대한 묵시적 승낙의 의사표시에 해당한다고 쉽게 단정하여서는 아니 된다.

제455조 【승낙여부의 최고】
①전조의 경우에 제삼자나 채무자는 상당한 기간을 정하여 승낙여부의 확답을 채권자에게 최고할 수 있다.
②채권자가 그 기간내에 확답을 발송하지 아니한 때에는 거절한 것으로 본다.

제456조 【채무인수의 철회, 변경】
제삼자와 채무자간의 계약에 의한 채무인수는 채권자의 승낙이 있을 때까지 당사자는 이를 철회하거나 변경할 수 있다.

제457조 【채무인수의 소급효】 채권자의 채무인수에 대한 승낙은 다른 의사표시가 없으면 채무를 인수한 때에 소급하여 그 효력이 생긴다. 그러나 제삼자의 권리를 침해하지 못한다.

第458조 【전채무자의 항변사유】
인수인은 전채무자의 항변할 수 있는 사유로 채권자에게 대항할 수 있다.

第459조 【채무인수와 보증, 담보의 소멸】 전채무자의 채무에 대한 보증이나 제삼자가 제공한 담보는 채무인수로 인하여 소멸한다. 그러나 보증인이나 제삼자가 채무인수에 동의한 경우에는 그러하지 아니하다.

채무자가 변경 된 근저당권이 신채무자의 새로운 채무도 담보하는지

(대한법률구조공단 자료)

질문

甲은 乙이 丙으로부터 돈을 빌리는데 자기소유 부동산을 담보로 제공하여 물상보증인이 되었다가 乙의 채무를 인수하여 채무자를 바꾸는 근저당권변경의 부기등기를 하였습니다. 그 후 甲은 경제사정악화로 같은 부동산에 관하여 丁에게 근저당권을 설정해 주었고, 다시 丙으로부터 돈을 빌려 새로운 채무를 발생시켰습니다. 그런데 甲은 乙로부터 인수한 채무는 변제하였으나, 丁과 丙에 대한 새로운 채무는 변제하지 못하던 중 丁이 위 부동산에 대한 근저당권을 실행하여 경매를 신청하였습니다. 이 경우 甲과 丙간의 새로운 채무부분이 丁보다 우선하여 배당을 받을 수 있는지요?

답변

채무인수와 보증, 담보의 소멸에 관하여 민법은 전채무자의 채무에 대한 보증이나 제3자가 제공한 담보는 채무인수로 인하여 소멸하지만, 보증인이나 제3자가 채무인수에 동의한 경우에는 그러하지 아니하다고 규정하고 있습니다(민법 제 459조).

이와 관련하여 판례는 "채무가 인수되는 경우에 구채무자의 채무에 관하여 제3자가 제공한 담보는 채무인수로 인하여 소멸하되 다만 그 제3자(물상보증인)가 채무인수에 동의한 경우에 한하여 소멸하지 아니하고 신채무자를 위하여 존속하게 되는데, 이 경우 물상보증인이 채무인수에 관하여 하는 동의는 채무인수인을 위하여 새로운 담보를 설정하겠다는 의사표시가 아니라 기존담보를 채무인수인을 위하여 계속 유지하겠다는 의사표시에 불과하여 그 동의에 의하여 유지되는 담보는 기존담보와 동일한 내용을 갖는 것이므로, 근저당권에 관하여 채무인수를 원인으로 채무자를 교체하는 변경등기(부기등기)가 마쳐진 경우 특별한 사정이 없는 한 그 근저당권은 당초 구채무자가 부담하고 있다가 신채무자가 인수하게 된 채무만을 담보하는 것이지, 그 후 신채무자(채무인수인)가 다른 원인으로 부담하게 된 새로운 채무까지 담보하는 것으로 볼 수는 없다고 하였습니다(대법원 2000. 12. 26. 선고 2000다56204판결).

즉, 이 경우 물상보증인이 근저당권의 채무자의 계약상의 지위를 인수한 것이 아니라, 다만 그 채무만을 면책적으로 인수한바, 이를 원인으로 하여 마쳐진 근저당권변경의 부기등기는 당초 채무자가 근저당권자에 대하여 부담하고 있던 것으로서 물상보증인이 인수한 채무만을 담보한다고 보아야 하기 때문입니다(대법원 2002. 11. 26. 선고 2001다73022 판결).

따라서 위 사안의 경우 甲이 乙의 채무를 인수한 후 채무자를 교체하는 근저당권 변경등기를 하였다고 하더라도, 甲이 丙으로부터 새롭게 돈을 빌려 발생시킨 채무는 애초부터 근저당권이 담보하는 채무에 포함되지 않는다 할 것이므로, 丙은 우선변제권을 주장할 수는 없을 것으로 보입니다.

"본 사례는 개인의 법률문제 해결에 도움을 주고자 게재되었으나, 이용자 여러분의 생활에서 발생하는 구체적 사안은 동일하지는 않을 것이므로 참고자료로 활용하시기 바랍니다."

제6절 채권의 소멸

제1관 변제

第460조 【변제제공의 방법】
변제는 채무내용에 좇은 현실제공으로 이를 하여야 한다. 그러나 채권자가 미리 변제 받기를 거절하거나 채무의 이행에 채권자의 행위를 요하는 경우에는 변제

준비의 완료를 통지하고 그 수령을 최고하면 된다.

제461조 【변제제공의 효과】
변제의 제공은 그 때로부터 채무불이행의 책임을 면하게 한다.

판례-공사대금

[대법원 2013.5.9, 선고, 2012다40998, 판결]

【판시사항】
[1] 채무자가 채권자에게 채무변제와 관련하여 다른 채권을 양도한 경우, 채권양도만 있으면 바로 원래의 채권이 소멸한다고 볼 수 있는지 여부(원칙적 소극)
[2] 채무자가 채권자에게 채무변제에 '갈음하여' 다른 채권을 양도하기로 한 경우, 채권양도의 요건을 갖추어 대체급부가 이루어지면 원래의 채무가 소멸하는지 여부(원칙적 적극) 및 대체급부로서 채권을 양도한 양도인이 그 채무자의 변제자력까지 담보하는지 여부(원칙적 소극)

【판결요지】
[1] 채무자가 채권자에게 채무변제와 관련하여 다른 채권을 양도하는 것은 특단의 사정이 없는 한 채무변제를 위한 담보 또는 변제의 방법으로 양도되는 것으로 추정할 것이지 채무변제에 갈음한 것으로 볼 것은 아니어서, 그 경우 채권양도만 있으면 바로 원래의 채권이 소멸한다고 볼 수는 없고 채권자가 양도받은 채권을 변제받은 때에 비로소 그 범위 내에서 채무자가 면책된다.
[2] 채무자가 채권자에게 채무변제에 '갈음하여' 다른 채권을 양도하기로 한 경우에는 특별한 사정이 없는 한 채권양도의 요건을 갖추어 대체급부가 이루어짐으로써 원래의 채무는 소멸하는 것이고 그 양수한 채권의 변제까지 이루어져야만 원래의 채무가 소멸한다고 할 것은 아니다. 이 경우 대체급부로서 채권을 양도한 양도인은 양도 당시 양도대상인 채권의 존재에 대해서는 담보책임을 지지만 당사자 사이에 별도의 약정이 있다는 등 특별한 사정이 없는 한 그 채무자의 변제자력까지 담보하는 것은 아니다.

제462조 【특정물의 현상인도】
특정물의 인도가 채권의 목적인 때에는 채무자는 이행기의 현상대로 그 물건을 인도하여야 한다.

제463조 【변제로서의 타인의 물건의 인도】 채무의 변제로 타인의 물건을 인도한 채무자는 다시 유효한 변제를 하지 아니하면 그 물건의 반환을 청구하지 못한다.

제464조 【양도능력없는 소유자의 물건인도】 양도할 능력없는 소유자가 채무의 변제로 물건을 인도한 경우에는 그 변제가 취소된 때에도 다시 유효한 변제를 하지 아니하면 그 물건의 반환을 청구하지 못한다.

제465조 【채권자의 선의소비, 양도와 구상권】 ①전2조의 경우에 채권자가 변제로 받은 물건을 선의로 소비하거나 타인에게 양도한 때에는 그 변제는 효력이 있다.
②전항의 경우에 채권자가 제삼자로부터 배상의 청구를 받은 때에는 채무자에 대하여 구상권을 행사할 수 있다.

제466조 【대물변제】 채무자가 채권자의 승낙을 얻어 본래의 채무이행에 가름하여 다른 급여를 한 때에는 변제와 같은 효력이 있다.

제467조 【변제의 장소】
①채무의 성질 또는 당사자의 의사표시로 변제장소를 정하지 아니한 때에는 특정물의 인도는 채권성립당시에 그 물건이 있던 장소에서 하여야 한다.
②전항의 경우에 특정물인도 이외의 채무변제는 채권자의 현주소에서 하여야 한다. 그러나 영업에 관한 채무의 변제는 채권자의 현영업소에서 하여야 한다.

제468조 【변제기전의 변제】 당사자의 특별한 의사표시가 없으면 변제기전이라도 채무자는 변제할 수 있다. 그러나 상대방의 손해는 배상하여야 한다.

제469조 【제삼자의 변제】
①채무의 변제는 제삼자도 할 수 있다. 그러나 채무의 성질 또는 당사자의 의사표시로 제삼자의 변제를 허용하지 아니하는 때에는 그러하지 아니하다.
②이해관계없는 제삼자는 채무자의 의사에 반하여 변제하지 못한다.

판례-구상금

[대법원 2014.8.20, 선고, 2012다54478, 판결]

【판시사항】
[1] 공무원이 직무수행 중 불법행위로 타인에게 손해를 입힌 경우, 피해자에게 손해를 직접 배상한 경과실이 있는 공무원이 국가에 대하여 구상권을 취득하는지 여부(원칙적 적극)
[2] 공중보건의인 甲에게 치료를 받던 乙이 사망하자 乙의 유족들이 甲 등을 상대로 손해배상청구의 소를 제기하였고, 甲의 의료과실이 인정된다는 이유로 甲 등의 손해배상책임을 인정한 판결이 확정되어 甲이 乙의 유족들에게 판결금 채무를 지급한 사안에서, 직무 수행 중 경과실로 타인에게 손해를 입힌 甲은 국가에 대하여 구상권을 취득한다고 한 사례

【판결요지】
[1] 공무원이 직무수행 중 불법행위로 타인에게 손해를 입힌 경우에 국가 등이 국가배상책임을 부담하는 외에 공무원 개인도 고의 또는 중과실이 있는 경우에는 불법행위로 인한 손해배상책임을 지고, 공무원에게 경과실이 있을 뿐인 경우에는 공무원 개인은 손해배상책임을 부담하지 아니한다. 이처럼 경과실이 있는 공무원이 피해자에 대하여 손해배상책임을 부담하지 아니함에도 피해자에게 손해를 배상하였다면 그것은 채무자 아닌 사람이 타인의 채무를 변제한 경우에 해당하고, 이는 민법 제469조의 '제3자의 변제' 또는 민법 제744조의 '도의관념에 적합한 비채변제'에 해당하여 피해자는 공무원에 대하여 이를 반환할 의무가 없고, 그에 따라 피해자의 국가에 대한 손해배상청구권이 소멸하여 국가는 자신의 출연 없이 채무를 면하게 되므로, 피해자에게 손해를 직접 배상한 경과실이 있는 공무원은 특별한 사정이 없는 한 국가에 대하여 국가의 피해자에 대한 손해배상책임의 범위 내에서 공무원이 변제한 금액에 관하여 구상권을 취득한다고 봄이 타당하다.
[2] 공중보건의인 甲에게 치료를 받던 乙이 사망하자 乙의 유족들이 甲 등을 상대로 손해배상청구의 소를 제기하였고, 甲의 의료과실이 인정된다는 이유로 甲 등의 손해배상책임을 인정한 판결이 확정되어 甲이 乙의 유족들에게 판결금 채무를 지급한 사안에서, 甲은 공무원으로서 직무 수행 중 경과실로 타인에게 손해를 입힌 것이어서 乙과 유족들에 대하여 손해배상책임을 부담하지 아니함에도 乙의 유족들에 대한 패소판결에 따라 그들에게 손해를 배상한 것이고, 이는 민법 제744조의 도의관념에 적합한 비

채변제에 해당하여 乙과 유족들의 국가에 대한 손해배상청구권은 소멸하고 국가는 자신의 출연 없이 채무를 면하였으므로, 甲은 국가에 대하여 변제금액에 관하여 구상권을 취득한다고 한 사례.

제470조 【채권의 준점유자에 대한 변제】 채권의 준점유자에 대한 변제는 변제자가 선의이며 과실없는 때에 한하여 효력이 있다.

판례-구상금

[대법원 2013.12.12, 선고, 2013다54055, 판결]

【판시사항】

甲의 乙 은행에 대한 대출금 채무에 대하여 丙 주식회사가 근보증, 丁 주식회사 등이 연대보증한 후 丙 회사가 乙 은행에 대출금 채무를 대위변제하였는데, 甲이 乙 은행으로부터 '대출금이 이미 상환되었으니 丁 회사와 상의하라'고 안내받고 丁 회사의 요청으로 丁 회사 명의 계좌로 대출금 상당액을 송금한 사안에서, 甲의 丁 회사에 대한 대출금 상당액 지급이 채권의 준점유자에 대한 변제로서 유효하다고 본 원심판결에 법리오해의 위법이 있다고 한 사례

【판결요지】

甲의 乙 은행에 대한 대출금 채무에 대하여 丙 주식회사가 근보증, 丁 주식회사 등이 연대보증한 후 丙 회사가 乙 은행에 대출금 채무를 대위변제하였는데, 甲이 乙 은행으로부터 '대출금이 이미 상환되었으니 丁 회사와 상의하라'고 안내받고 丁 회사의 요청에 따라 丁 회사 명의 계좌로 대출금 상당액을 송금한 사안에서, 丁 회사가 대출금의 대위변제에 따른 구상금 채권을 행사할 정당한 권한을 가진 것으로 믿을 만한 외관을 구비하였다고 보기 어렵고, 甲이 선의·무과실이라고 보기도 어려운데도, 甲의 丁 회사에 대한 대출금 상당액 지급이 채권의 준점유자에 대한 변제로서 유효하다고 본 원심판결에 법리오해의 위법이 있다고 한 사례.

제471조 【영수증소지자에 대한 변제】 영수증을 소지한 자에 대한 변제는 그 소지자가 변제를 받을 권한이 없는 경우에도 효력이 있다. 그러나 변제자가 그 권한없음을 알았거나 알 수 있었을 경우에는 그러하지 아니하다.

제472조 【권한없는 자에 대한 변제】 전2조의 경우외에 변제받을 권한없는 자에 대한 변제는 채권자가 이익을 받은 한도에서 효력이 있다.

제473조 【변제비용의 부담】
변제비용은 다른 의사표시가 없으면 채무자의 부담으로한다. 그러나 채권자의 주소이전 기타의 행위로 인하여 변제비용이 증가된 때에는 그 증가액은 채권자의 부담으로 한다.

제474조 【영수증청구권】 변제자는 변제를 받는 자에게 영수증을 청구할 수 있다.

판례-대여금

[대법원 2011.11.24, 선고, 2011다74550, 판결]

【판시사항】

[1] 채권자가 채무자에게서 교부받은 채권증서를 다시 채무자에게 반환한 경우, 채권이 변제 등의 사유로 소멸하였다고 추정할 수 있는지 여부(원칙적 적극)

[2] 당사자가 소송절차에 관한 규정에 위배됨을 알았거나 알 수 있었음에도 지체없이 이의를 하지 않은 경우, 책문권이 상실되는지 여부(적극)

【판결요지】
[1] 지불각서와 같은 채권증서는 채무자가 작성하여 채권자에게 교부하는 것이고, 채무자가 채무 전부를 변제하거나 그 밖의 사유로 채권이 소멸한 때에는 채권자에게 채권증서의 반환을 청구할 수 있고(민법 제475조 참조), 이러한 채권증서 반환청구권은 채무 전부를 변제하는 등 채권이 소멸한 경우에 인정되므로, 채권자가 채무자로부터 채권증서를 교부받은 후 이를 다시 채무자에게 반환하였다면 특별한 사정이 없는 한 그 채권은 변제 등의 사유로 소멸하였다고 추정할 수 있다.
[2] 당사자가 소송절차에 관한 규정에 위배됨을 알았거나 알 수 있었음에도 지체없이 이의를 하지 않은 때에는 책문권이 상실된다.

제475조 【채권증서반환청구권】 채권증서가 있는 경우에 변제자가 채무전부를 변제한 때에는 채권증서의 반환을 청구할 수 있다. 채권이 변제이외의 사유로 전부소멸한 때에도 같다.

제476조 【지정변제충당】
①채무자가 동일한 채권자에 대하여 같은 종류를 목적으로 한 수개의 채무를 부담한 경우에 변제의 제공이 그 채무전부를 소멸하게 하지 못하는 때에는 변제자는 그 당시 어느 채무를 지정하여 그 변제에 충당할 수 있다.
②변제자가 전항의 지정을 하지 아니할 때에는 변제받는 자는 그 당시 어느 채무를 지정하여 변제에 충당할 수 있다. 그러나 변제자가 그 충당에 대하여 즉시 이의를 한 때에는 그러하지 아니하다.
③전2항의 변제충당은 상대방에 대한 의사표시로써 한다.

판례-구상금

[대법원 2015.6.11, 선고, 2012다10386, 판결]

【판시사항】
[1] 재보험자가 원보험자에게 재보험금을 지급한 경우, 원보험자가 취득한 제3자에 대한 권리가 다시 재보험자에게 이전되는지 여부 / 재보험자가 원보험자에게 재보험금을 지급함으로써 보험자대위에 의하여 원보험자가 제3자에 대하여 가지는 권리를 취득하였는데, 원보험자가 제3자와 기업개선약정을 체결하여 제3자가 발행한 주식의 신주인수대금채무와 제3자의 채무를 상계계약 방식으로 출자전환을 함으로써 제3자에 대한 채권을 소멸시키고 출자전환주식을 취득한 경우, 재보험자의 보험자대위에 의한 권리가 원보험자가 제3자에 대한 권리행사의 결과로 취득한 출자전환주식에 대하여 미치는지 여부(적극) 및 이는 재재보험관계에서도 마찬가지인지 여부(적극)
[2] 변제자인 채무자와 변제수령자인 채권자가 약정에 의하여 변제충당에 관한 민법 제476조 내지 제479조의 규정을 배제하고 제공된 급부를 어느 채무에 어떤 방법으로 충당할 것인가를 결정할 수 있는지 여부(적극) 및 이는 상계의 경우에도 마찬가지인지 여부(적극)
[3] 변제수령권자인 채권자가 채무자와 미리 정한 변제충당 약정에 따라 스스로 적당하다고 인정하는 순서와 방법으로 변제충당을 한 경우, 변제자에 대한 의사표시와 관계없이 충당의 효력이 있는지 여부(적극) 및 이러한 법리는 상계의 경우에도 마찬가지로 적용되는지 여부(적극)

【판결요지】
[1] 보험자가 피보험자에게 보험금을 지급하면 보험자대위의 법리에 따라 피보험자가

보험사고의 발생에 책임이 있는 제3자에 대하여 가지는 권리는 지급한 보험금의 한도에서 보험자에게 당연히 이전되고(상법 제682조), 이는 재보험자가 원보험자에게 재보험금을 지급한 경우에도 마찬가지이다. 따라서 재보험관계에서 재보험자가 원보험자에게 재보험금을 지급하면 원보험자가 취득한 제3자에 대한 권리는 지급한 재보험금의 한도에서 다시 재보험자에게 이전된다.
그리고 재보험자가 보험자대위에 의하여 취득한 제3자에 대한 권리의 행사는 재보험자가 이를 직접 하지 아니하고 원보험자가 재보험자의 수탁자의 지위에서 자기 명의로 권리를 행사하여 그로써 회수한 금액을 재보험자에게 재보험금의 비율에 따라 교부하는 방식에 의하여 이루어지는 것이 상관습이다. 따라서 재보험자가 원보험자에게 재보험금을 지급함으로써 보험자대위에 의하여 원보험자가 제3자에 대하여 가지는 권리를 취득한 경우에 원보험자가 제3자와 기업개선약정을 체결하여 제3자가 원보험자에게 주식을 발행하여 주고 원보험자의 신주인수대금채무와 제3자의 채무를 같은 금액만큼 소멸시키기로 하는 내용의 상계계약 방식에 의하여 출자전환을 함으로써 재보험자가 취득한 제3자에 대한 채권을 소멸시키고 출자전환주식을 취득하였다면, 이는 원보험자가 재보험자의 수탁자의 지위에서 재보험자가 취득한 제3자에 대한 권리를 행사한 것이라 할 것이므로, 재보험자의 보험자대위에 의한 권리는 원보험자가 제3자에 대한 권리행사의 결과로 취득한 출자전환주식에 대하여도 미친다. 그리고 이러한 법리 및 상관습은 재재보험관계에서도 마찬가지로 적용된다.
[2] 변제충당에 관한 민법 제476조 내지 제479조의 규정은 임의규정이므로 변제자인 채무자와 변제수령자인 채권자는 약정에 의하여 이를 배제하고 제공된 급부를 어느 채무에 어떤 방법으로 충당할 것인가를 결정할 수 있고, 이는 민법 제499조에 의하여 위 규정이 준용되는 상계의 경우에도 마찬가지이다.
[3] 변제충당지정은 상대방에 대한 의사표시로써 하여야 하는 것이기는 하나, 채권자와 채무자 사이에 미리 변제충당에 관한 약정이 있고, 약정내용이 변제가 채권자에 대한 모든 채무를 소멸시키기에 부족한 때에는 채권자가 적당하다고 인정하는 순서와 방법에 의하여 충당하기로 한 것이라면, 변제수령권자인 채권자가 약정에 터 잡아 스스로 적당하다고 인정하는 순서와 방법에 좇아 변제충당을 한 이상 변제자에 대한 의사표시와 관계없이 충당의 효력이 있다. 그리고 이러한 법리는 민법 제499조에 의하여 변제충당에 관한 규정이 준용되는 상계의 경우에도 마찬가지로 적용된다.

제477조 【법정변제충당】 당사자가 변제에 충당할 채무를 지정하지 아니한 때에는 다음 각호의 규정에 의한다.

1. 채무중에 이행기가 도래한 것과 도래하지 아니한 것이 있으면 이행기가 도래한 채무의 변제에 충당한다.
2. 채무전부의 이행기가 도래하였거나 도래하지 아니한 때에는 채무자에게 변제이익이 많은 채무의 변제에 충당한다.
3. 채무자에게 변제이익이 같으면 이행기가 먼저 도래한 채무나 먼저 도래할 채무의 변제에 충당한다.
4. 전2호의 사항이 같은 때에는 그 채무액에 비례하여 각채무의 변제 에 충당한다.

제478조 【부족변제의 충당】
1개의 채무에 수개의 급여를 요할 경우에 변제자가 그 채무전부를 소멸하게 하지 못한 급여를 한 때에는 전2조의 규정을 준용한다.

제479조 【비용, 이자, 원본에 대한 변제충당의 순서】 ①채무자가 1개 또는 수개의 채무의 비용 및 이자를 지급할 경우에 변제자가 그 전부를 소멸하게 하지 못한 급여를 한 때에는 비용, 이자, 원본의 순서로 변제에 충당하여야 한다.

②전항의 경우에 제477조의 규정을 준용한다.

제480조 【변제자의 임의대위】

①채무자를 위하여 변제한 자는 변제와 동시에 채권자의 승낙을 얻어 채권자를 대위할 수 있다.
②전항의 경우에 제450조 내지 제452조의 규정을 준용한다.

제481조 【변제자의 법정대위】

변제할 정당한 이익이 있는 자는 변제로 당연히 채권자를 대위한다.

공동저당 부동산 중 일부만 경매할 경우 경매부동산의 후순위 저당권자 보호

(대한법률구조공단 자료)

질문

甲은 乙의 丙에 대한 채무에 대하여 자신이 소유한 토지를 乙소유 토지와 공동담보로 근저당권을 설정해주었고, 甲소유 토지에는 제2순위로 丁의 근저당권이 설정되었으며, 乙소유 토지에도 戊의 제2순위 근저당권이 설정되었습니다. 그런데 乙이 채무의 변제기가 지났음에도 변제를 하지 않자 丙은 공동담보 중 고가인 甲의 토지에 관하여만 경매신청을 하여 그 매각 대금으로 채무를 전액 변제받았습니다. 한편, 甲소유 토지의 제2순위 근저당권자인 丁은 매각대금에서 경매비용과 丙의 채권을 공제하고 남는 잔액이 없어 전혀 배당을 받지 못하였습니다. 이 경우 丁이 구제받을 방법은 없는지요?

답변

민법은 질권과 관련하여 제341조에서 물상보증인의 구상권을, 제342조에서 물상대위권을 각 규정하고 있으며 이 규정들은 저당권에 준용됩니다(민법 제370조). 그리고 민법 제368조 제1항은 '동일한 채권담보로 수개의 부동산에 저당권을 설정한 경우에 그 부동산의 경매대가를 동시에 배당하는 때에는 각 부동산의 경매대가에 비례하여 그 채권분담을 정한다.'고 규정하고 있고 같은 조 제2항은 '전항의 저당부동산중 일부의 경매대가를 먼저 배당하는 경우에는 그 대가에서 그 채권전부변제를 받을 수 있으며, 이 경우 그 경매한 부동산의 차순위저당권자는 선순위저당권자가 전항의 규정에 의하여 다른 부동산의 경매대가에서 변제를 받을 수 있는 금액한도에서 선순위자를 대위하여 저당권을 행사할 수 있다.'고 규정하고 있습니다. 또한, 민법은 변제할 정당한 이익이 있는 자는 변제로 당연히 채권자를 대위한다고 하였으며(민법 제481조), 변제자대위규정에 따라서 채권자를 대위한 자는 자기권리에 의하여 구상할 수 있는 범위에서 채권 및 그 담보에 관한 권리를 행사할 수 있다고 하고 있습니다(민법 제482조).

그런데 공동저당부동산 중 일부에 대하여 경매가 실행된 경우에 관한 판례를 보면, 공동저당목적인 채무자소유 부동산과 물상보증인소유 부동산에 각각 채권자를 달리하는 후순위저당권이 설정되어 있는 경우, 물상보증인소유 부동산에 대하여 먼저 경매가 이루어져 그 경매대금의 교부에 의하면 1번 저당권자가 변제를 받은 때에는 물상보증인은 채무자에 대하여 구상권을 취득함과 동시에 민법 제481조, 제482조의 규정에 의한 변제자대위에 의하여 채무자소유 부동산에 대한 1번 저당권을 취득하고, 이 경우 물상보증인소유 부동산에 대한 후순위저당권자는 물상보증인에게 이전한 1번 저당권으로 우선하여 변제를 받을 수 있으며, 이러한 법리는 수인의 물상보증인이 제공한 부동산 중 일부에 대하여 경매가 실행된 경우에도 마찬가지로 적용되어야 하므로(이 경우 물상보증인들 사이의 변제자대위의 관계는 민법 제482조 제2항 제4호, 제3호에 의하여 규율된 것임), 자기소유 부동산이 먼저 경매되어 1번 저당권자에게 대위변제를 한 물상보증인은 다른 물상보증인의 부동산에 대한 1번 저당권을 대위취득하고, 그 물상보증인소유 부동산의 후순위저당권자는 1번 저당권에 대하여 물상대위를 할 수 있으므로, 물상보증인이 대위취득 한 선순위저당권설정등기에 대하여는 말소등기가 행해질 것이 아니라 물상보증인 앞으로 대위에 의한 저당권이전부등기가 행해져야 하고, 아직 경매되지 아니한 공동저당물소유자로서는 1번 저당권자에 대한 피담보채무가 소멸하였다는 사정만으로 말소등기를 청구 할 수 없으며(대법원 2001. 3. 1. 선고 2001다21854 판결), 물상보증인소유 부동산의 후순위저당권자는 자신의 채권을 보전하기 위하여 물상보증인을 대위하여 선순위저당권자에게 그 부기등기를 할 것을 청구할 수 있다고 하였습니다(대법원 2009. 5. 28. 자 2008마109 결정).

따라서 위 사안에 있어서도 甲은 乙소유 위 부동산에 설정된 丙의 제1순위 근저당권을 취득하고, 丁

은 甲에게 이전한 위 제1순위 근저당권에 대하여 물상대위를 할 수 있으므로, 丁은 甲에게 이전한 위 제1순위 근저당권에 대하여 물상대위를 할 수 있으므로, 甲을 대위하여 위 제1순위 근저당권을 甲에게로 이전하는 부기등기를 신청하여 우선변제를 받을 수 있을 것으로 보입니다.

그리고 등기선례는, 민법 제481조의 규정에 의하여 채무를 대위변제한 자가 채권자가 가진 채권 및 근저당권을 이전받아 근저당권이전등기를 신청함에 있어서 근저당권설정자가 물상보증인이거나 소유자가 제3취득자인 경우에도 그의 승낙서를 첨부할 필요가 없다고 하였으므로(등기선례5-446 1997. 9. 12. 제정), 위 사안에서 丁이 甲을 대위하여 乙소유 위 부동산에 설정된 丙의 1번 근저당권을 甲에게 이전하는 부기등기를 신청할 경우에 乙의 승낙서는 첨부할 필요가 없을 것으로 보입니다.

"본 사례는 개인의 법률문제 해결에 도움을 주고자 게재되었으나, 이용자 여러분의 생활에서 발생하는 구체적 사안은 동일하지는 않을 것이므로 참고자료로 활용하시기 바랍니다."

제482조 【변제자대위의 효과, 대위자간의 관계】 ①전2조의 규정에 의하여 채권자를 대위한 자는 자기의 권리에 의하여 구상할 수 있는 범위에서 채권 및 그 담보에 관한 권리를 행사할 수 있다.

②전항의 권리행사는 다음 각호의 규정에 의하여야 한다.

1. 보증인은 미리 전세권이나 저당권의 등기에 그 대위를 부기하지 아니하면 전세물이나 저당물에 권리를 취득한 제삼자에 대하여 채권자를 대위하지 못한다.
2. 제삼취득자는 보증인에 대하여 채권자를 대위하지 못한다.
3. 제삼취득자중의 1인은 각부동산 의 가액에 비례하여 다른 제삼취득자에 대하여 채권자를 대위한다.
4. 자기의 재산을 타인의 채무의 담보로 제공한 자가 수인인 경우에는 전호의 규정을 준용한다.
5. 자기의 재산을 타인의 채무의 담보로 제공한 자와 보증인간에는 그 인원수에 비례하여 채권자를 대위한다. 그러나 자기의 재산을 타인의 채무의 담보로 제공한 자가 수인인 때에는 보증인의 부담부분을 제외하고 그 잔액에 대하여 각재산의 가액에 비례하여 대위한다. 이 경우에 그 재산이 부동산인 때에는 제1호의 규정을 준용한다.

제483조 【일부의 대위】

①채권의 일부에 대하여 대위변제가 있는 때에는 대위자는 그 변제한 가액에 비례하여 채권자와 함께 그 권리를 행사한다.

②전항의 경우에 채무불이행을 원인으로 하는 계약의 해지 또는 해제는 채권자만이 할 수 있고 채권자는 대위자에게 그 변제한 가액과 이자를 상환하여야 한다.

제484조 【대위변제와 채권증서, 담보물】 ①채권전부의 대위변제를 받은 채권자는 그 채권에 관한 증서 및 점유한 담보물을 대위자에게 교부하여야 한다.

②채권의 일부에 대한 대위변제가 있는 때에는 채권자는 채권증서에 그 대위를 기입하고 자기가 점유한 담보물의 보존에 관하여 대위자의 감독을 받아야 한다.

제485조 【채권자의 담보상실, 감소행위와 법정대위자의 면책】 제481조의 규정에 의하여 대위할 자가 있는 경우에 채권자의 고의나 과실로 담보가 상실되거나 감소된 때에는 대위할 자는 그 상실 또는 감소로 인하여 상환을 받을 수 없는 한도에서 그 책임을 면한다.

채권자의 잘못으로 배당받지 못한 금액에 대한 연대보증인의 면책 여부

(대한법률구조공단 자료)

질문

甲은 乙에 대한 근저당권부 채권이 있는데 담보목적물의 경매절차에서 착오로 실제 채권액보다 적은 금액을 채권계산서에 기재하여 제출함으로써 그 차액부분을 배당받지 못하였습니다. 이 경우 甲의 위 차액채권이 소멸되는지, 만약 소멸되지 않는다면 乙의 연대보증인 丙에 대하여 위 차액채권을 청구할 수 있는지요?

답변

「민법」 제 481조에서 변제할 정당한 이익이 있는 자는 변제로 당연히 채권자를 대위한다고 정하고 있으며, 「민법」 제485조에서는 민법 제481조의 규정에 의하여 대위할 자가 있는 경우에 채권자의 고의나 과실로 담보가 상실되거나 감소된 때에는 대위할 자는 그 상실 또는 감소로 인하여 상환을 받을 수 없는 한도에서 그 책임을 면한다고 규정하고 있습니다. 그리고 연대보증인은 피보증인채무를 변제할 정당한 이익이 있는 자로서 그 변제로 인하여 당연히 채권자를 대위할 법정대위권이 있는 것이므로, 다른 특단의 사정이 없는 한 채권자가 고의, 과실로 담보를 상실되게 하거나 감소되게 한 때에는 연대보증인의 대위권을 침해한 것이 되어 연대보증인은 민법 제 485조에 따라 그 상실 또는 감소로 인하여 상환을 받을 수 없는 한도에서 면책주장을 할 수 있습니다(대법원 2009. 10. 29. 선고 2009다60527 판결).

그런데 위 사안과 관련된 판례를 보면, 경매절차에서 채권자가 실제 채권액보다 적은 금액을 채권계산서에 기재하여 경매법원에 제출하였다고 하여 채권자의 나머지 채권액이 소멸되는 것은 아니고, 한편 담보권실행을 위한 경매에서 배당된 배당금이 담보권자가 가지는 여러 개의 피담보채권전부를 소멸시키기에 부족한 경우에는 민법 제 476조에 의한 지정변제충당은 허용될 수 없고, 채권자와 채무자 사이에 변제충당에 관한 합의가 있었다고 하여 그 합의에 따른 변제충당도 허용될 수 없으며, 획일적으로 가장 공평·타당한 충당방법인 민법 제477조 및 제 479조의 규정에 의한 법정변제충당의 방법에 따라 충당하여야 하는 것이고, 이러한 법정변제충당은 이자 혹은 지연손해금과 원본 사이에는 이자 혹은 지연손해금과 원본의 순으로 이루어지고 원본 상호간에는 그 이행기의 도래여부와 도래시기, 그리고 이율의 고저와 같은 변제이익의 다과에 따라 순차적으로 이루어지나, 다만 그 이행기나 변제이익의 다과에 있어 아무런 차등이 없을 경우에는 각 원본 채무액에 비례하여 안분하게 되는 것인데, 경매절차에서 채권자가 착오로 실제 채권액보다 적은 금액을 채권계산서에 기재하여 경매법원에 제출함으로써 배당받을 수 있었던 채권액을 배당받지 못한 경우, 채권자가 채권계산서를 제대로 작성하였다면 배당을 받을 수 있었는데 이를 잘못 작성하는 바람에 배당을 받지 못한 금액 중 연대보증인이 연대 보증한 채무에 충당되었어야 할 금액에 대하여는 채권자의 담보상실, 감소에 관한 민법 제 485조를 유추하여 연대보증인으로 하여금 면책하게 함이 상당할 것이므로, 이러한 경우 연대보증인이 채권자에게 부담할 채무액은, 채권자가 채권계산서를 제대로 작성하였더라면 배당을 받을 수 있었던 금액을 법정충당의 방법으로 채권자의 각 채권에 충당한 다음 연대보증인이 연대 보증한 채권 중 회수되지 못한 잔액이 있다면 그 금액이 된다고 할 것이라고 하였습니다.(대법원 2000. 12. 8. 선고 2000다 51339판결).

따라서 위 사안에서 채권자 甲이 채권계산서를 제대로 작성하였다면 배당을 받을 수 있었는데 이를 잘못 작성하는 바람에 배당 받지 못한 금액 중 연대보증인 丙이 연대보증 한 채무에 충당되었어야 할 금액에 대해서는 甲의 담보상실, 감소에 관한 민법 제 485조가 유추적용 된다 할 것이므로 甲은 연대보증인 丙에게 청구할 수 없을 것으로 보입니다.

"본 사례는 개인의 법률문제 해결에 도움을 주고자 게재되었으나, 이용자 여러분의 생활에서 발생하는 구체적 사안은 동일하지는 않을 것이므로 참고자료로 활용하시기 바랍니다."

제486조 【변제이외의 방법에 의한 채무소멸과 대위】 제삼자가 공탁 기타 자기의 출재로 채무자의 채무를 면하게 한 경우에도 전6조의 규정을 준용한다.

제2관 공탁

제487조 【변제공탁의 요건, 효과】
채권자가 변제를 받지 아니하거나 받을 수 없는 때에는 변제자는 채권자를 위하여 변제의 목적물을 공탁하여 그 채무를 면할 수 있다. 변제자가 과실없이 채권자를 알 수 없는 경우에도 같다.

제488조 【공탁의 방법】 ①공탁은 채무이행지의 공탁소에 하여야 한다.
②공탁소에 관하여 법률에 특별한 규정이 없으면 법원은 변제자의 청구에 의하여 공탁소를 지정하고 공탁물보관자를 선임하여야 한다.
③공탁자는 지체없이 채권자에게 공탁통지를 하여야 한다.

제489조 【공탁물의 회수】 ①채권자가 공탁을 승인하거나 공탁소에 대하여 공탁물을 받기를 통고하거나 공탁유효의 판결이 확정되기까지는 변제자는 공탁물을 회수할 수 있다. 이 경우에는 공탁하지 아니한 것으로 본다.
②전항의 규정은 질권 또는 저당권이 공탁으로 인하여 소멸한 때에는 적용하지 아니한다.

판례-대표권및업무집행권한상실선고

[대법원 2014.5.29, 선고, 2013다212295, 판결]

【판시사항】

[1] 변제공탁자가 공탁물 회수권을 행사하여 공탁물을 회수한 경우, 공탁에 따른 채권소멸의 효력이 소급하여 없어지는지 여부(적극) 및 그 공탁물의 회수에 제3자가 공탁자의 공탁물 회수청구권에 대한 압류 및 추심명령을 받아 그 집행으로 공탁물을 회수한 경우도 포함되는지 여부(적극)
[2] 정관으로 수인의 사원이 공동으로 회사를 대표할 것을 정하고도 이를 등기하지 않은 경우, 공동대표사원 중 1인이 단독으로 한 대표행위가 정관에 위배된다는 점을 들어 선의의 제3자에게 대항할 수 있는지 여부(소극)
[3] 상법 제224조 제1항에서 정한 사원의 지분 압류채권자의 '퇴사청구권'의 법적 성질(=형성권) / 퇴사의 효력 발생 후 사원 또는 채권자가 일방적으로 퇴사의 의사표시를 철회할 수 있는지 여부(소극)와 이는 퇴사의 효력 발생 후 사원이 채권자에게 채무를 변제한 경우에도 마찬가지인지 여부(적극)

【판결요지】

[1] 변제공탁이 적법한 경우에는 채권자가 공탁물 출급청구를 하였는지 여부와는 관계없이 공탁을 한 때에 변제의 효력이 발생하나, 변제공탁자가 공탁물 회수권의 행사에 의하여 공탁물을 회수한 경우에는 공탁하지 아니한 것으로 보아 채권소멸의 효력은 소급하여 없어진다. 이와 같이 채권소멸의 효력을 소급적으로 소멸시키는 공탁물의 회수에는 공탁자에 의하여 이루어진 경우뿐만 아니라, 제3자가 공탁자에게 대하여 가지는 별도 채권의 집행권원으로써 공탁자의 공탁물 회수청구권에 대하여 압류 및 추심명령을 받아 그 집행으로 공탁물을 회수한 경우도 포함된다.
[2] 상법 제269조, 제180조 제5호, 제209조, 제37조에 의하면, 회사를 대표하는 사원은 회사의 영업에 관하여 재판상 또는 재판 외의 모든 행위를 할 권한이 있고, 정관으로 수인의 사원이 공동으로 회사를 대표할 것을 정하고도 이를 등기하지 아니한 경우, 공동대표사원 중 1인이 단독으로 회사를 대표하여 행위하였더라도 그 대표행위가 정관에 위배된다는 점을 들어 위 대표행위의 유효를 주장하는 선의의 제3자에게 대항하지 못한다.
[3] 상법 제269조에 의하여 합자회사에 준용되는 상법 제224조 제1항은 "사원의 지분을 압류한 채권자는 영업연도말에 그 사원을 퇴사시킬 수 있다. 그러나 회사와 그 사원에 대하여 6월 전에 그 예고를 하여야 한다."라고 규정하고 있고, 제2항은 "전항 단서의 예고는 사원이 변제를 하거나 상당한 담보를 제공한 때에는 그 효력을 잃는다."라고 규정하고 있다. 상법 제224조 제1항의 규정 취지는, 사원의 채권자가 사원의 지분을 압류하여도 상법 제197조의 규정에 따라 다른 사원의 동의를 얻어야만 이를 환

가할 수 있는 점 등을 감안하여, 사원의 지분을 압류한 채권자에게 퇴사청구권을 인정하고 지분환급에 의하여 채권의 변제를 받을 수 있게 한 것으로서, 위 퇴사청구권은 사원 지분의 압류채권자가 직접 일방적 의사표시로 사원을 퇴사시킬 수 있도록 한 형성권이다. 이에 따라 채권자가 예고기간을 정하여 예고를 한 이상 다른 의사표시 없이도 영업연도말에 당연히 퇴사의 효력이 발생하고, 사원이 이를 저지하기 위하여서는 영업연도말이 되기 전에 변제를 하거나 상당한 담보를 제공하여야 하며, 변제 또는 담보제공이 없이 영업연도말이 도래하여 일단 퇴사의 효력이 발생하였다면 그 후 사원 또는 채권자가 일방적으로 위 퇴사의 의사표시를 철회할 수 없고, 이는 퇴사의 효력이 발생한 후 사원이 채권자에게 채무를 변제한 경우에도 마찬가지이다.

제490조 【자조매각금의 공탁】
변제의 목적물이 공탁에 적당하지 아니하거나 멸실 또는 훼손될 염려가 있거나 공탁에 과다한 비용을 요하는 경우에는 변제자는 법원의 허가를 얻어 그 물건을 경매하거나 시가로 방매하여 대금을 공탁할 수 있다.

제491조 【공탁물수령과 상대의무이행】 채무자가 채권자의 상대의무이행과 동시에 변제할 경우에는 채권자는 그 의무이행을 하지 아니하면 공탁물을 수령하지 못한다.

제3관 상계

제492조 【상계의 요건】
①쌍방이 서로 같은 종류를 목적으로 한 채무를 부담한 경우에 그 쌍방의 채무의 이행기가 도래한 때에는 각채무자는 대등액에 관하여 상계할 수 있다. 그러나 채무의 성질이 상계를 허용하지 아니할 때에는 그러하지 아니하다.
②전항의 규정은 당사자가 다른 의사를 표시한 경우에는 적용하지 아니한다. 그러나 그 의사표시로써 선의의 제삼자에게 대항하지 못한다.

제493조 【상계의 방법, 효과】
①상계는 상대방에 대한 의사표시로 한다. 이 의사표시에는 조건 또는 기한을 붙이지 못한다.
②상계의 의사표시는 각채무가 상계할 수 있는 때에 대등액에 관하여 소멸한 것으로 본다.

제494조 【이행지를 달리하는 채무의 상계】 각채무의 이행지가 다른 경우에도 상계할 수 있다. 그러나 상계하는 당사자는 상대방에게 상계로 인한 손해를 배상하여야 한다.

제495조 【소멸시효완성된 채권에 의한 상계】 소멸시효가 완성된 채권이 그 완성전에 상계할 수 있었던 것이면 그 채권자는 상계할 수 있다.

제496조 【불법행위채권을 수동채권으로 하는 상계의 금지】
채무가 고의의 불법행위로 인한 것인 때에는 그 채무자는 상계로 채권자에게 대항하지 못한다.

판례-사해행위취소등·주식매수대금

[대법원 2011.6.10, 선고, 2011다8980,8997, 판결]

【판시사항】

고의의 불법행위로 인한 손해배상채권의 양도가 사해행위에 해당하는 경우 그 손해배상채권의 채무자가 채권양도인에 대한 별도의 채권자 지위에서 채권양수인에게 채권자취소권을 행사하여 채권양도의 취소를 구함과 아울러 원상회복 방법으로 직접 자신 앞으로 가액배상의 지급을 구할 수 있는지 여부(적극)

【판결요지】

고의의 불법행위로 인한 손해배상채권의 채무자는 그 채권을 수동채권으로 한 상계로 채권자에게 대항하지 못하고(민법 제496조), 그 결과 채권이 양도된 경우에 양수인에게도 상계로 대항할 수 없게 되나(민법 제451조 제2항 참조), 채권양도가 사해행위에 해당하는 경우 불법행위로 인한 손해배상채권의 채무자가 채권양도인에 대한 별도의 채권자 지위에서 채권양수인에게 채권자취소권을 행사하여 채권양도의 취소를 구함과 아울러 취소에 따른 원상회복 방법으로 직접 자신 앞으로 가액배상의 지급을 구하는 것 자체는 민법 제496조에 반하지 않으므로 허용된다.

第497條 【압류금지채권을 수동채권으로 하는 상계의 금지】

채권이 압류하지 못할 것인 때에는 그 채무자는 상계로 채권자에게 대항하지 못한다.

第498條 【지급금지채권을 수동채권으로 하는 상계의 금지】

지급을 금지하는 명령을 받은 제삼채무자는 그 후에 취득한 채권에 의한 상계로 그 명령을 신청한 채권자에게 대항하지 못한다.

판례-추심금

[대법원 2015.1.29, 선고, 2012다108764, 판결]

【판시사항】

[1] 영국 보통법상 상계가 상계의 요건과 효과에 관한 준거법으로 적용될 수 있는지 여부(적극)

[2] 채권압류명령 또는 채권가압류명령을 받은 제3채무자가 압류채무자에게 반대채권을 가지고 있는 경우, 상계로써 가압류채권자에게 대항하기 위한 요건

[3] 외국적 요소가 있는 채권들 사이에서 상계의 요건과 효과에 관한 법률관계가 상계의 준거법에 따라 해석·적용된다고 하더라도 채권가압류명령 또는 채권압류명령을 받은 제3채무자가 채무자에 대한 반대채권을 가지고 상계로써 가압류채권자 등에게 대항할 수 있는지를 대한민국의 민사집행법 등에 따라 판단하여야 하는 경우

【판결요지】

[1] 영국법상의 상계 제도는 보통법상 상계(legal set-off, 법률상 상계라고도 한다)와 형평법상 상계(equitable set-off)가 있는데, 그중 보통법상 상계는 양 채권 사이의 견련관계를 요구하지 않는 등 형평법상 상계와 비교하여 상계의 요건을 완화하고 있지만 소송상 항변권으로만 행사할 수 있어 절차법적인 성격을 가진다고 해석된다. 그러나 영국 보통법상 상계 역시 상계권의 행사에 의하여 양 채권이 대등액에서 소멸한다는 점에서는 실체법적인 성격도 아울러 가진다고 할 것이므로 상계의 요건과 효과에 관하여 준거법으로 적용될 수 있다.

[2] 상계제도의 목적 및 기능, 채무자의 채권이 압류된 경우 관련 당사자들의 이익 상황 등에 비추어 보면, 민사집행법에 의하여 채권압류명령 또는 채권가압류명령(이하 채권압류명령의 경우만을 두고 논의하기로 한다)을 받은 제3채무자가 압류채무자에 대한 반대채권을 가지고 있는 경우에, 가압류의 효력 발생 당시에 대립하는 양 채권이

모두 변제기가 도래하였거나, 그 당시 반대채권(자동채권)의 변제기가 도래하지 아니한 때에는 그것이 피가압류채권(수동채권)의 변제기와 동시에 또는 그보다 먼저 도래하면, 상계로써 가압류채권자에게 대항할 수 있다.
[3] 외국적 요소가 있는 채권들 사이에서의 상계의 요건과 효과에 관한 법률관계가 상계의 준거법에 따라 해석·적용된다고 하더라도, 채권자가 대한민국의 민사집행법에 의하여 가압류명령 또는 채권압류명령 및 추심명령을 받아 채권집행을 한 경우에, 채권가압류명령 또는 채권압류명령을 받은 제3채무자가 채무자에 대한 반대채권을 가지고 상계로써 가압류채권자 또는 압류채권자에게 대항할 수 있는지는 집행절차인 채권가압류나 채권압류의 효력과 관련된 문제이므로, 특별한 사정이 없는 한 대한민국의 민사집행법 등에 의하여 판단함이 원칙이고 상계의 준거법에 의할 것은 아니다.

제499조 【준용규정】
제476조 내지 제479조의 규정은 상계에 준용한다.

제4관 경개

제500조 【경개의 요건, 효과】
당사자가 채무의 중요한 부분을 변경하는 계약을 한 때에는 구채무는 경개로 인하여 소멸한다.

제501조 【채무자변경으로 인한 경개】
채무자의 변경으로 인한 경개는 채권자와 신채무자간의 계약으로 이를 할 수 있다. 그러나 구채무자의 의사에 반하여 이를 하지 못한다.

제502조 【채권자변경으로 인한 경개】
채권자의 변경으로 인한 경개는 확정일자있는 증서로 하지 아니하면 이로써 제삼자에게 대항하지 못한다.

제503조 【채권자변경의 경개와 채무자승낙의 효과】 제451조제1항의 규정은 채권자의 변경으로 인한 경개에 준용한다.

제504조 【구채무불소멸의 경우】
경개로 인한 신채무가 원인의 불법 또는 당사자가 알지 못한 사유로 인하여 성립되지 아니하거나 취소된 때에는 구채무는 소멸되지 아니한다.

제505조 【신채무에의 담보이전】
경개의 당사자는 구채무의 담보를 그 목적의 한도에서 신채무의 담보로 할 수 있다. 그러나 제삼자가 제공한 담보는 그 승낙을 얻어야 한다.

제5관 면제

제506조 【면제의 요건, 효과】
채권자가 채무자에게 채무를 면제하는 의사를 표시한 때에는 채권은 소멸한다. 그러나 면제로써 정당한 이익을 가진 제삼자에게 대항하지 못한다.

제6관 혼동

제507조 【혼동의 요건, 효과】
채권과 채무가 동일한 주체에 귀속한 때에는 채권은 소멸한다. 그러나 그 채권이 제삼자의 권리의 목적인 때에는 그러하지 아니하다.

제7절 지시채권

제508조 【지시채권의 양도방식】
지시채권은 그 증서에 배서하여 양수인에게 교부하는 방식으로 양도할 수 있다.

제509조 【환배서】
①지시채권은 그 채무자에 대하여도 배서하여 양도할 수 있다.
②배서로 지시채권을 양수한 채무자는 다시 배서하여 이를 양도할 수 있다.

제510조 【배서의 방식】
①배서는 증서 또는 그 보충지에 그 뜻을 기재하고 배서인이 서명 또는 기명날인함으로써 이를 한다.
②배서는 피배서인을 지정하지 아니하고 할 수 있으며 또 배서인의 서명 또는 기명날인만으로 할 수 있다.

제511조 【약식배서의 처리방식】
배서가 전조제2항의 약식에 의한 때에는 소지인은 다음 각호의 방식으로 처리할 수 있다.
1. 자기나 타인의 명칭을 피배서인으로 기재할 수 있다.
2. 약식으로 또는 타인을 피배서인으로 표시하여 다시 증서에 배서할 수 있다.
3. 피배서인을 기재하지 아니하고 배서없이 증서를 제삼자에게 교부하여 양도할 수 있다.

제512조 【소지인출급배서의 효력】
소지인출급의 배서는 약식배서와 같은 효력이 있다.

제513조 【배서의 자격수여력】
①증서의 점유자가 배서의 연속으로 그 권리를 증명하는 때에는 적법한 소지인으로 본다. 최후의 배서가 약식인 경우에도 같다.
②약식배서 다음에 다른 배서가 있으면 그 배서인은 약식배서로 증서를 취득한 것으로 본다.
③말소된 배서는 배서의 연속에 관하여 그 기재가 없는 것으로 본다.

제514조 【동전-선의취득】
누구든지 증서의 적법한 소지인에 대하여 그 반환을 청구하지 못한다. 그러나 소지인이 취득한 때에 양도인이 권리없음을 알았거나 중대한 과실로 알지 못한 때에는 그러하지 아니하다.

第515조 【이전배서와 인적항변】
지시채권의 채무자는 소지인의 전자에 대한 인적관계의 항변으로 소지인에게 대항하지 못한다. 그러나 소지인이 그 채무자를 해함을 알고 지시채권을 취득한 때에는 그러하지 아니하다.

第516조 【변제의 장소】
증서에 변제장소를 정하지 아니한 때에는 채무자의 현영업소를 변제장소로 한다. 영업소가 없는 때에는 현주소를 변제장소로 한다.

第517조 【증서의 제시와 이행지체】
증서에 변제기한이 있는 경우에도 그 기한이 도래한 후에 소지인이 증서를 제시하여 이행을 청구한 때로부터 채무자는 지체책임이 있다.

第518조 【채무자의 조사권리의무】 채무자는 배서의 연속여부를 조사할 의무가 있으며 배서인의 서명 또는 날인의 진위나 소지인의 진위를 조사할 권리는 있으나 의무는 없다. 그러나 채무자가 변제하는 때에 소지인이 권리자 아님을 알았거나 중대한 과실로 알지 못한 때에는 그 변제는 무효로 한다.

第519조 【변제와 증서교부】
채무자는 증서와 교환하여서만 변제할 의무가 있다.

第520조 【영수의 기입청구권】
①채무자는 변제하는 때에 소지인에 대하여 증서에 영수를 증명하는 기재를 할 것을 청구할 수 있다.
②일부변제의 경우에 채무자의 청구가 있으면 채권자는 증서에 그 뜻을 기재하여야 한다.

第521조 【공시최고절차에 의한 증서의 실효】 멸실한 증서나 소지인의 점유를 이탈한 증서는 공시최고의 절차에 의하여 무효로 할 수 있다.

第522조 【공시최고절차에 의한 공탁, 변제】 공시최고의 신청이 있는 때에는 채무자로 하여금 채무의 목적물을 공탁하게 할 수 있고 소지인이 상당한 담보를 제공하면 변제하게 할 수 있다.

판례-예금반환

[대법원 2009.3.12, 선고, 2007다52942, 판결]

【판시사항】
[1] 고객이 금융기관과 무기명식 양도성예금증서의 발행조건에 관하여 합의한 후 그 발행자금을 입금하여 담당직원의 확인을 받은 경우, 거치식 예금계약이 성립하는지 여부(적극) 및 그 후 금융기관의 직원이 위 돈을 횡령하거나 양도성예금증서를 발행하지 않은 사정이 위 예금계약의 효력에 영향을 미치는지 여부(소극)
[2] 예금거래기본약관 및 거치식 예금 약관이 적용되는 양도성예금증서를 발행받고자 하는 고객이 같은 금융기관의 지점 간의 '전금'의 방식으로 자금을 이체하여 입금한 경우, 거치식 예금계약의 성립시기

[3] 고객과 금융기관이 기존 예금계약의 만기지급금을 입금하여 양도성예금증서를 발행하기로 합의하는 방식으로 거치식 예금계약을 체결할 수 있는지 여부(적극) 및 그 경우 금융기관의 담당직원이 이미 만기지급금 상당액을 인출·횡령한 사정이 위 예금계약의 성립을 인정하는 데 장애가 되는지 여부(원칙적 소극)

【판결요지】
[1] 예금거래기본약관 및 거치식예금약관이 적용되는 무기명식 양도성예금증서는 거치식 예금의 수신은행이 발행하는 증서로서 거치식 예금계약에 기한 예금반환청구권을 표창하고 있고 그 예금반환청구권의 이전 및 행사에 증서의 소지가 필요하다는 점에서 유가증권의 일종으로 볼 수 있지만, 양도성예금증서가 표창하고 있는 권리는 위와 같이 거치식 예금계약에 기하여 발생하는 것이므로 그 권리의 발생에 양도성예금증서의 발행이 필요한 것은 아니다. 무기명식 양도성예금증서를 발행받고자 하는 고객은 금융기관과 사이에 고객의 입금액, 만기일, 이자율, 만기지급금액 등 양도성예금증서의 발행조건에 관하여 합의한 다음, 금융기관에 소정의 금원을 입금하여 담당직원의 확인을 받음으로써 거치식 예금계약이 성립하게 되고, 금융기관은 그 예금계약에 기한 예금반환청구권을 표창하는 무기명식 양도성예금증서를 발행하기로 하는 약정에 따라 그 증서를 고객에게 발행할 의무를 부담하게 되며, 특별한 사정이 없는 한 그 증서에 기재된 내용은 거치식 예금계약의 내용을 반영하는 것이라고 봄이 상당하다. 한편, 금융기관의 직원이 위와 같은 과정에서 고객으로부터 수령한 금원을 관련 계좌에 입금하지 않고 횡령하거나 고객에게 양도성예금증서를 발행할 의무를 이행하지 아니하였다 하더라도 그와 같은 사정은 일단 성립한 거치식 예금계약의 효력에 영향을 미칠 수 없으며, 이러한 경우 고객으로서는 거치식 예금계약에 기한 예금반환청구권을 계속 보유·행사하거나, 그 예금반환청구권을 표창하는 양도성예금증서를 금융기관으로부터 발행받지 못하였음을 이유로 그 예금계약을 해제할 수 있다.
[2] 예금거래기본약관에서 '계좌이체'에 의한 예금의 성립시기를 '예금원장에 입금의 기록이 된 때'라고 규정하고 있다고 하더라도 이는 거래처의 신청에 따라 은행이 특정 계좌에서 자금을 출금하여 다른 계좌로 자금을 이체하는 경우에 그러하다는 것이므로, 동일 금융기관의 지점 간에 계좌이체가 아닌 '전금'의 방식으로 자금을 이체하는 경우에는 위와 같은 약관 규정이 그대로 적용된다고 보기 어렵다. 예금거래기본약관 및 거치식 예금 약관이 적용되는 양도성예금증서를 발행받고자 하는 고객이 금융기관의 어느 지점에서 예금의 의사로 입금을 함에 있어서, 아직 양도성예금증서 발행계좌가 개설되어 있지 아니한 관계로 그 금융기관의 다른 지점에 개설된 자신의 예금계좌에서 전금의 방식으로 입금지점에 자금이체를 하고 그 입금지점의 담당직원이 그러한 입금사실을 확인한 때에는 그 때 거치식 예금계약이 성립하고, 담당직원이 위와 같이 입금사실을 확인하고 그에 따라 발생한 예금반환청구권을 표창하는 양도성예금증서를 발행한 후 그에 맞추어 양도성예금증서 발행계좌를 개설하고 그 원장에 입금기록을 하였을 때 비로소 거치식 예금계약이 성립하는 것은 아니다.
[3] 금융기관이 고객에게 기존 예금계약의 만기가 도래함에 따라 만기지급금을 반환할 채무를 부담하고 있는 경우, 고객과 금융기관은 그 기존 예금계약의 만기지급금을 입금하여 예금거래기본약관 및 거치식예금약관이 적용되는 양도성예금증서를 발행하기로 합의하는 방식으로 거치식 예금계약을 체결할 수 있다. 한편, 위 합의 당시 금융기관의 담당직원이 기존 예금계약의 계정에서 만기에 지급할 금원 상당액을 이미 인출·횡령한 상태라 하더라도 소비임치의 일종인 예금계약의 성질상 이는 금융기관의 자금을 인출·횡령한 것일 뿐이므로, 그로 인하여 금융기관의 고객에게 대한 만기지급금 반환채무가 이행불능되거나 소멸된다고 볼 사정이 없는 이상, 그와 같은 사정은 위와 같은 방식으로 체결된 거치식 예금계약의 성립을 인정하는 데 장애가 되지 아니한다.

제8절 무기명채권

제523조 【무기명채권의 양도방식】
무기명채권은 양수인에게 그 증서를 교부함으로써 양도의 효력이 있다.

제524조 【준용규정】
제514조 내지 제522조의 규정은 무기명채권에 준용한다.

제525조 【지명소지인출급채권】
채권자를 지정하고 소지인에게도 변제할 것을 부기한 증서는 무기명채권과 같은 효력이 있다.

제526조 【면책증서】
제516조, 제517조 및 제520조의 규정은 채무자가 증서소지인에게 변제하여 그 책임을 면할 목적으로 발행한 증서에 준용한다.

제2장 계약

제1절 총칙

제1관 계약의 성립

제527조 【계약의 청약의 구속력】 계약의 청약은 이를 철회하지 못한다.

제528조 【승낙기간을 정한 계약의 청약】 ①승낙의 기간을 정한 계약의 청약은 청약자가 그 기간내에 승낙의 통지를 받지 못한 때에는 그 효력을 잃는다.
②승낙의 통지가 전항의 기간후에 도달한 경우에 보통 그 기간내에 도달할 수 있는 발송인 때에는 청약자는 지체없이 상대방에게 그 연착의 통지를 하여야 한다. 그러나 그 도달전에 지연의 통지를 발송한 때에는 그러하지 아니하다.
③청약자가 전항의 통지를 하지 아니한 때에는 승낙의 통지는 연착되지 아니한 것으로 본다.

제529조 【승낙기간을 정하지 아니한 계약의 청약】
승낙의 기간을 정하지 아니한 계약의 청약은 청약자가 상당한 기간내에 승낙의 통지를 받지 못한 때에는 그 효력을 잃는다.

판례-구상금

[대법원 1999.1.29, 선고, 98다48903, 판결]

【판시사항】
[1] 화해계약을 체결하기 위한 청약이 실효되는 경우
[2] 청약자가 미리 정한 기간 내에 이의를 하지 아니하면 승낙한 것으로 간주한다는 뜻을 청약시 표시한 경우 그 효력

【판결요지】
[1] 민법 제527조, 제528조 제1항 및 상법 제52조의 규정에 의하면, 각기 다른 보험회

사의 보험에 가입한 피보험차량들이 일으킨 교통사고로 제3의 피해자가 손해를 입어 어느 한 보험회사가 손해 전액을 배상한 경우에 그 보험회사가 함께 손해배상책임을 부담하는 다른 피보험차량의 운행자나 그 보험회사와 사이에 쌍방의 손해분담비율에 관하여 화해계약을 체결하기 위한 청약을 함에 있어서도 그 청약은 원칙적으로 철회하지 못하는 것이나, 청약시 승낙기간을 정한 경우에는 그 승낙기간, 그렇지 아니한 경우에는 상당한 기간이 도과하면 그 청약은 실효되고, 이 때의 상당한 기간은 청약이 상대방에게 도달하여 상대방이 그 내용을 받아들일지 여부를 결정하여 회신을 함에 필요한 기간을 가리키는 것으로, 이는 구체적인 경우에 청약과 승낙의 방법, 계약 내용의 중요도, 거래상의 관행 등의 여러 사정을 고려하여 객관적으로 정하여지는 것이다.
[2] 청약이 상시거래관계에 있는 자 사이에 그 영업부류에 속한 계약에 관하여 이루어진 것이어서 상법 제53조가 적용될 수 있는 경우가 아니라면, 청약의 상대방에게 청약을 받아들일 것인지 여부에 관하여 회답할 의무가 있는 것은 아니므로, 청약자가 미리 정한 기간 내에 이의를 하지 아니하면 승낙한 것으로 간주한다는 뜻을 청약시 표시하였다고 하더라도 이는 상대방을 구속하지 아니하고 그 기간은 경우에 따라 단지 승낙기간을 정하는 의미를 가질 수 있을 뿐이다.

제530조 【연착된 승낙의 효력】
전2조의 경우에 연착된 승낙은 청약자가 이를 새 청약으로 볼 수 있다.

제531조 【격지자간의 계약성립시기】
격지자간의 계약은 승낙의 통지를 발송한 때에 성립한다.

제532조 【의사실현에 의한 계약성립】 청약자의 의사표시나 관습에 의하여 승낙의 통지가 필요하지 아니한 경우에는 계약은 승낙의 의사표시로 인정되는 사실이 있는 때에 성립한다.

제533조 【교차청약】 당사자간에 동일한 내용의 청약이 상호교차된 경우에는 양청약이 상대방에게 도달한 때에 계약이 성립한다.

제534조 【변경을 가한 승낙】
승낙자가 청약에 대하여 조건을 붙이거나 변경을 가하여 승낙한 때에는 그 청약의 거절과 동시에 새로 청약한 것으로 본다.

제535조 【계약체결상의 과실】
①목적이 불능한 계약을 체결할 때에 그 불능을 알았거나 알수 있었을 자는 상대방이 그 계약의 유효를 믿었음으로 인하여 받은 손해를 배상하여야 한다. 그러나 그 배상액은 계약이 유효함으로 인하여 생길 이익액을 넘지 못한다.
②전항의 규정은 상대방이 그 불능을 알았거나 알 수 있었을 경우에는 적용하지 아니한다.

제2관 계약의 효력

제536조 【동시이행의 항변권】 ①쌍무계약의 당사자 일방은 상대방이 그 채무이행을 제공할때 까지 자기의 채무이행을 거절할 수 있다. 그러나 상대방의 채무가 변제기에 있지 아니하는 때에는 그러하지 아니하다.

②당사자 일방이 상대방에게 먼저 이행하여야 할 경우에 상대방의 이행이 곤란할 현저한 사유가 있는 때에는 전항 본문과 같다.

임가공료는 안주면서 추가납품만 요구할 때 선이행의무를 거절할 수 있는지

(대한법률구조공단 자료)

질문

저는 甲으로부터 의류임가공을 하도급 받아 납품키로 하면서 임가공료는 매월말일에 정산하여 60일 이내 지급키로 약정하였는데, 甲은 처음 4개월분 임가공료만 제대로 지급하고 그 후 5개월분의 임가공료를 연체하면서 임가공제품의 납품만을 요구하고 있습니다. 이 경우에도 저는 임가공품의 납품을 계속하여야만 되는지요?

답변

쌍무계약 당사자 일방은 상대방이 그 채무이행을 제공할 때까지 자기채무이행을 거절할 수 있고, 당사자일방이 상대방에게 먼저 이행하여야 할 경우에 상대방의 이행이 곤란할 현저한 사유가 있는 때에도 자기채무이행을 거절할 수 있는데(민법 제536조), 여기의 '상대방의 채무이행이 곤란할 현저한 사유가 있는 때'의 의미에 관하여 판례를 보면, 민법 제536조 제2항에서 정한 선이행의무를 지고 있는 당사자가 상대방의 이행이 곤란할 현저한 사유가 있는 때에 자기의 채무이행을 거절할 수 있는 '불안의 항변권'이란, 선이행의무를 지게 된 채권자가 계약성립 후 채무자의 신용불안이나 재산상태 악화 등 사정으로 반대급부를 이행 받을 수 없는 사정변경이 생기고 이로 인하여 당초의 계약내용에 따른 선이행의무를 이행하게 하는 것이 공평과 신의칙에 반하게 되는 경우를 말하는 것으로, 이러한 사유는 당사자 쌍방의 사정을 종합하여 신중히 판단해야 한다고 하였습니다(대법원 2005. 6. 24. 선고 2005다17501 판결).

그리고 계속적 거래관계에서 불안의 항변에 관한 판례를 보면 계속적 거래관계에서 재화나 용역을 먼저 공급한 후 일정기간마다 거래대금을 정산하여 일정기일후에 지급받기로 약정한 경우 공급자가 선이행의 자기채무를 이행하고 이미 정산이 완료되어 이행기가 지난 앞선 기간의 대금을 지급받지 못하였거나 후이행의 상대방 채무가 아직 이행기가 되지 아니하였지만 이행기의 이행이 현저히 불안한 사유가 있는 경우에는 민법 제536조 제2항 및 신의성실의 원칙에 비추어 볼 때 공급자는 이미 이행기가 지난 앞선 기간의 대금을 지급받을 때 또는 앞선 기간에 대한 상대방의 이행기미도래채무의 이행불안사유가 해소될 때까지 선이행의무가 있는 다음기간의 자기채무이행을 거절할 수 있다고 하였습니다(대법원 2002. 9. 4. 선고 2001다1386 판결).

또한, 계속적 임가공거래에서 피고가 이미 정산완료 되어 변제기가 지난 기간의 임가공비를 지급받지 못하였고, 이미 정산을 완료하였으나 변제기에 이르지는 아니한 기간의 임가공비에 대하여도 그 지급을 위한 아무런 유가증권도 교부하지 아니한 상태였으므로, 원고로서는 피고와의 사이에 계속적 거래관계에 있어서의 신뢰관계가 깨어져 정산완료 된 이후의 임가공비를 그 변제기에 지급 받을 수 있을지가 현저히 불확실한 불안상태에 빠졌다고 할 것이어서 민법 제536조 제2항 및 신의성실의 원칙에 비추어 볼 때 이에 대하여 변제기·내의 지급을 보장할 수 있는 수단을 확보할 수 있을 때까지는 선이행의무가 있는 자기채무를 거절할 수 있는 동시이행의 항변권(불안의 항변권)을 취득하였다고 하였습니다(대법원 1995. 2. 28. 선고 93다53887 판결).

따라서 귀하는 甲이 연체된 5개월분의 임가공료를 지급하기 전까지는 임가공제품의 납품을 거절할 수 있을 것으로 보입니다.

참고로 아파트수분양자가 자신을 아파트에 입주시켜 주어야 할 아파트분양회사의 의무보다 선이행하여야 하는 중도금지급의무이행을 아파트분양회사의 신용불안등을 이유로 거절할 수 있고, 이때 아파트수분양자가 중도금지급의무의 이행지체책임을 지지 않는다고 한 사례(대법원 2006. 10. 26. 선고 2004다24106, 24113 판결), 일반적으로 건축공사도급계약에서 공사대금지급의무와 공사완공의무가 반드시 동시이행관계에 있는 것은 아니지만, 도급인이 계약상 의무를 부담하는 공사기성부분에 대한 공사대금지급의무를 지체하고 있고, 수급인이 공사를 완공하더라도 도급인이 공사대금지급채무를 이행하기 곤란한 현저한 사유가 있는 경우에는 수급인은 그러한 사유가 해소될 때까지 자신의 공사완공의무를 거절할 수 있다고 한 사례가 있습니다(대법원 2005. 11. 25. 선고 2003다60136 판결).

"본 사례는 개인의 법률문제 해결에 도움을 주고자 게재되었으나, 이용자 여러분의 생활에서 발생하는 구체적 사안은 동일하지는 않을 것이므로 참고자료로 활용하시기 바랍니다."

第537条 【채무자위험부담주의】
쌍무계약의 당사자 일방의 채무가 당사자쌍방의 책임없는 사유로 이행할 수 없게 된 때에는 채무자는 상대방의 이행을 청구하지 못한다.

판례-소유권이전등기등

[대법원 2009.5.28, 선고, 2008다98655,98662, 판결]

【판시사항】
[1] 쌍무계약에서 당사자 쌍방의 귀책사유 없이 채무가 이행불능되어 계약관계가 소멸한 경우 적용되는 법리(=부당이득)
[2] 매매 목적물이 경매절차에서 매각됨으로써 당사자 쌍방의 귀책사유 없이 이행불능에 이르러 매매계약이 종료된 사안에서, 위험부담의 법리에 따라 매도인은 이미 지급받은 계약금을 반환하여야 하고 매수인은 목적물을 점유·사용함으로써 취득한 임료 상당의 부당이득을 반환할 의무가 있다고 한 사례

【판결요지】
[1] 민법 제537조는 채무자위험부담주의를 채택하고 있는바, 쌍무계약에서 당사자 쌍방의 귀책사유 없이 채무가 이행불능된 경우 채무자는 급부의무를 면함과 더불어 반대급부도 청구하지 못하므로, 쌍방 급부가 없었던 경우에는 계약관계는 소멸하고 이미 이행한 급부는 법률상 원인 없는 급부가 되어 부당이득의 법리에 따라 반환청구할 수 있다.
[2] 매매 목적물이 경매절차에서 매각됨으로써 당사자 쌍방의 귀책사유 없이 이행불능에 이르러 매매계약이 종료된 사안에서, 위험부담의 법리에 따라 매도인은 이미 지급받은 계약금을 반환하여야 하고 매수인은 목적물을 점유·사용함으로써 취득한 임료 상당의 부당이득을 반환할 의무가 있다고 한 사례.

第538条 【채권자귀책사유로 인한 이행불능】 ①쌍무계약의 당사자 일방의 채무가 채권자의 책임있는 사유로 이행할 수 없게 된 때에는 채무자는 상대방의 이행을 청구할 수 있다. 채권자의 수령지체중에 당사자 쌍방의 책임없는 사유로 이행할 수 없게 된 때에도 같다.
②전항의 경우에 채무자는 자기의 채무를 면함으로써 이익을 얻은 때에는 이를 채권자에게 상환하여야 한다.

판례-급여등

[대법원 2014.11.27, 선고, 2013다94701, 판결]

【판시사항】
[1] 쌍무계약의 위험부담에 관한 채무자주의 원칙의 예외를 규정하고 있는 민법 제538조 제1항에서 정한 '채권자의 책임 있는 사유'의 의미
[2] 새마을금고연합회장이 甲 새마을금고에 대한 검사 실시 후 甲 금고에 이사장 乙에 대한 개선을 명하면서 부이사장이 직무를 대행하고 보궐선거를 실시할 것을 지시하였고, 乙의 甲 금고와 새마을금고연합회를 상대로 한 지위보전 및 임원선거중지 가처분 신청이 기각되자 甲 금고가 임시총회를 개최하여 후임 이사장을 선출한 사안에서, 甲 금고의 귀책사유로 乙이 이사장 직무를 수행하지 못하였다고 보아 甲 금고는 乙에게 보수와 퇴직금을 지급할 의무가 있다고 본 원심판결에 법리오해의 위법이 있다고 한 사례

【판결요지】
[1] 민법 제538조 제1항은 쌍무계약의 위험부담에 관한 채무자주의 원칙의 예외로서 "쌍무계약의 당사자 일방의 채무가 채권자의 책임 있는 사유로 이행할 수 없게 된 때

에는 채무자는 상대방의 이행을 청구할 수 있다."고 규정하고 있다. 여기에서 '채권자의 책임 있는 사유'란 채권자의 어떤 작위나 부작위가 채무자의 이행의 실현을 방해하고 그 작위나 부작위는 채권자가 이를 피할 수 있었다는 점에서 신의칙상 비난받을 수 있는 경우를 의미한다.
[2] 새마을금고연합회장이 甲 새마을금고에 대한 검사 실시 후 甲 금고에 이사장 乙에 대한 개선을 명하면서 부이사장이 직무를 대행하고 보궐선거를 실시할 것을 지시하였고, 乙의 甲 금고와 새마을금고연합회를 상대로 한 지위보전 및 임원선거중지 가처분 신청이 기각되자 甲 금고가 임시총회를 개최하여 후임 이사장을 선출한 사안에서, 위 개선명령이 구 새마을금고법(2011. 3. 8. 법률 제10437호로 개정되기 전의 것) 제79조의 요건을 충족하지 못하여 위법하다고 하더라도 새마을금고연합회장의 감독을 받는 지위에 있는 甲 금고가 개선명령과 새마을금고연합회장의 지시에 불응할 수 있다고 보기 어렵고, 乙의 가처분 신청이 기각된 상태에서 임시총회를 개최하여 후임 이사장을 선임한 것이 乙의 이사장 직무 이행을 방해한 결과가 되었더라도 그것이 甲 금고의 책임 있는 사유로 인한 것이라고 보기 어려운데도, 甲 금고의 귀책사유로 乙이 이사장 직무를 수행하지 못하였다고 보아 甲 금고는 乙에게 보수와 퇴직금을 지급할 의무가 있다고 본 원심판결에 법리오해의 위법이 있다고 한 사례.

제539조 【제삼자를 위한 계약】
①계약에 의하여 당사자 일방이 제삼자에게 이행할 것을 약정한 때에는 그 제삼자는 채무자에게 직접 그 이행을 청구할 수 있다.
②전항의 경우에 제삼자의 권리는 그 제삼자가 채무자에 대하여 계약의 이익을 받을 의사를 표시한 때에 생긴다.

제540조 【채무자의 제삼자에 대한 최고권】 전조의 경우에 채무자는 상당한 기간을 정하여 계약의 이익의 향수여부의 확답을 제삼자에게 최고할 수 있다. 채무자가 그 기간내에 확답을 받지 못한 때에는 제삼자가 계약의 이익을 받을 것을 거절한 것으로 본다.

제541조 【제삼자의 권리의 확정】
제539조의 규정에 의하여 제삼자의 권리가 생긴 후에는 당사자는 이를 변경 또는 소멸 시키지 못한다.

제542조 【채무자의 항변권】
채무자는 제539조의 계약에 기한 항변으로 그 계약의 이익을 받을 제삼자에게 대항할 수 있다.

제3관 계약의 해지, 해제

제543조 【해지, 해제권】 ①계약 또는 법률의 규정에 의하여 당사자의 일방이나 쌍방이 해지 또는 해제의 권리가 있는 때에는 그 해지 또는 해제는 상대방에 대한 의사표시로 한다.
②전항의 의사표시는 철회하지 못한다.

제544조 【이행지체와 해제】
당사자 일방이 그 채무를 이행하지 아니하는 때에는 상대방은 상당한 기간을 정하여 그 이행을 최고하고 그 기간내에 이행하지 아니한 때에는 계약을 해제할 수 있다. 그러나 채무자가 미리 이행하지 아니할 의사를 표시한 경우에는 최고를 요하지 아니한다.

판례-손해배상(기)

[대법원 2015.2.12, 선고, 2014다227225, 판결]

【판시사항】

이행거절이라는 채무불이행이 인정되기 위해서 채무를 이행하지 아니할 채무자의 명백한 의사표시가 위법한 것으로 평가되어야 하는지 여부(적극)

【판결요지】

채무자가 채무를 이행하지 아니할 의사를 명백히 표시한 경우에 채권자는 신의성실의 원칙상 이행기 전이라도 이행의 최고 없이 채무자의 이행거절을 이유로 계약을 해제하거나 채무자를 상대로 손해배상을 청구할 수 있지만, 이러한 이행거절이라는 채무불이행이 인정되기 위해서는 채무를 이행하지 아니할 채무자의 명백한 의사표시가 위법한 것으로 평가되어야 한다.

매수인의 자금이행지체로 인한 계약해지의 법률관계

(대한법률구조공단 자료)

질문

저는 한 달 전 甲에게 저의 주택을 1억원에 매도하기로 계약을 하면서 계약당일 계약금 1,000만원을 받았고, 중도금 3,000만원은 계약 10일 후, 잔금은 계약 25일 후에 소유권이전 및 주택인도와 동시에 지급받기로 하였으나, 甲은 중도금만 지급하고 잔금지급기일에 이르러, 당초 자기의 주택을 매도하여 저에게 지급할 잔금을 마련하려고 했는데 개인사정이 생겨 당장 잔금을 지급키 어렵다면서 저에게 기다려 달라고만 하고 있습니다. 계약서상으로는 甲이 위약하면 계약금을 몰수당하고 제가 위약하면 교부받은 계약금배액을 상환하기로 하는 특약을 하였습니다. 저도 급히 돈이 필요하여 주택을 매도하기로 한 것이라 난감한 상태인데, 이 경우 제가 취할 수 있는 구제방법은 무엇인지요?

답변

위 사안에서 甲의 이행지체로 인한 계약해제 또는 잔금지급청구가 문제됩니다. 계약해제란 계약효력을 소급적으로 소멸시켜 계약이 처음부터 존재하지 않았던 상태로 복귀시키는 것을 말하고, 계약해제권은 당사자가 계약에 의해 해제권을 유보하는 약정해제권과 법률규정에 의해 발생하는 법정해제권의 두 가지가 있는데, 이행지체로 인한 해제권은 계약일반의 공통적인 법정해제권이며, 이는 계약당사자일방이 채무를 이행하지 않을 경우에 상대방에게 계약의 구속을 받게 함은 부당하므로 계약을 파기해서 그 구속으로부터 벗어나게 하는데 의의가 있는 것입니다.

따라서 귀하는 甲의 잔금이행지체를 이유로 계약을 해제하고 다른 사람에게 다시 매도할 수 있습니다. 여기서 잔금지급기일에 그 이행이 없다고 하여 바로 계약을 해제할 수 있는 것은 아니고, 귀하는 상당기간을 정하여 甲에게 잔금이행의 최고를 하고 甲이 그 기간 내에 이행하지 아니하면 계약을 해제할 수 있는 것입니다(민법 제544조). 최고방법에는 특별한 제한이 없고, 채무의 동일성을 표시하여 일정한 시일 또는 일정한 기간 내에 이행할 것을 요구하는 것으로 충분한데, 향후 이러한 최고여부가 당사자 사이에 다툼이 될 경우를 대비하여 그 증거로 삼기 위해 배달증명부 내용증명우편을 보내는 경우가 많습니다. 그리고 여기서 '상당기간'이란 채무자가 이행을 준비하고 또 이를 이행하는데 필요한 기간으로, 채무의 내용·성질 기타 객관적 사정을 토대로 결정하고 채무자의 주관적 사정은 고려되지 않습니다. 최고에서 정한 기간이 상당하지 아니한 때에도 최고로서 유효하며, 다만 상당한 기간이 경과한 후에 해제권이 발생할 뿐입니다. 또한, 기간을 전혀 정하지 않고 단지 추상적으로 상당한 기간 내에 이행하라는 식으로 한 최고도 역시 유효합니다(대법원 1979. 9. 25. 선고 79다1135, 1136 판결).

예외적으로 최고가 필요하지 않은 경우도 있는데, 채무자가 미리 이행하지 아니할 의사를 표시한 경우(민법 제 544조 단서), 정기행위(계약의 성질 또는 당사자의 의사표시에 의하여 일정한 시일 또는 일정기간 내에 이행하지 않으면 계약목적을 달성할 수 없는 것으로서 각종 초대장의 주문, 결혼식에 착용하기 위한 예복의 주문 등)의 이행지체로 해제하는 경우(민법 제545조), 당사자 사이에 최고를 필요로 하지 않는다는 특약을 한 경우가 그렇고, 나아가 최고를 하여도 채무자가 이행할 의사가 없으리라는 것이 명백하다면 현실로 채무자의 불이행의 의사표시가 없더라도 최고 없이 해제할 수 있습니다(대법원 1963. 3. 7. 선고 62다684 판결). 또한, 부동산매매계약에서 매수인이 잔금지급기일까지 그 대금을 지급하지 못하면 매도인이 그 계약을 해제할 수 있다는 취지의 약정을 하였더라도 매도인이 이행제공을 하여 매수인을 이행지체에 빠뜨리지 않는 한 그러한 해제통지만으로는 매매계약이 해제된 것으로 볼 수 없으나, 그러한 약정이 매도인이 소유권이전등기 등 소요서류를 갖추었는지를 묻지않고 매수인의 지급기한 도과 및 매도인의 해제통지만으로 계약을 해제시키기로 하는 특약이라고 볼 특별한 사정이 있는 경우에는 매수인의 지급기한 도과 및 매도인의 해제통지로써 위 매매계약은 해제된다고 보아야 할 것입니다(대법원 2007. 11. 29. 선고 2007다576 판결).

귀하의 이행최고에도 불구하고 甲이 잔금을 지급하지 않아 귀하가 매매계약을 해제하면 계약효력은 소급적으로 소멸하여 계약이 처음부터 존재하지 않았던 것과 같은 상태로 복귀되며, 원상회복의무(민법 제548조) 및 손해배상청구권(민법 제551조)이 발생합니다. 즉, 귀하는 위약금으로 약정한 계약금 1,000만원을 제외한 중도금 3,000만원 및 그 받은 날로부터의 이자를 더하여 甲에게 반환해야 합니다. 계약해제는 손해배상청구에 영향을 미치지 아니하고(민법 제551조), 이행지체의 경우에 채권자는 이행에 갈음한 손해배상을 청구할 수 있으나(민법 제395조), 귀하와 甲간에 계약금을 수수하면서 위약금약정을 하였고, 위약금약정은 손해배상액예정으로 추정되므로(민법 제 398조 제4항), 甲의 이행지체로 인한 손해액이 이미 지급 받은 계약금 1,000만원을 초과하여도 그 초과액을 청구할 수 없으며(대법원 2007. 7. 27. 선고 2007다18478 판결), 마찬가지 이유로 귀하는 실제 손해액을 증명할 필요없이 계약금을 위약금으로 몰수할 수 있는 것입니다(대법원 2007. 8. 23. 선고 2006다15755 판결).

한편, 귀하는 계약을 해제하지 않고 甲을 상대로 소유권이전과 상환으로 잔금을 지급하라는 소송을 제기하여 승소판결을 얻은 뒤 강제집행을 하면 본래의 매매계약의 목적을 달성할 수도 있습니다.

"본 사례는 개인의 법률문제 해결에 도움을 주고자 게재되었으나, 이용자 여러분의 생활에서 발생하는 구체적 사안은 동일하지는 않을 것이므로 참고자료로 활용하시기 바랍니다."

제545조 【정기행위와 해제】

계약의 성질 또는 당사자의 의사표시에 의하여 일정한 시일 또는 일정한 기간내에 이행하지 아니하면 계약의 목적을 달성할 수 없을 경우에 당사자 일방이 그 시기에 이행하지 아니한 때에는 상대방은 전조의 최고를 하지 아니하고 계약을 해제할 수 있다.

제546조 【이행불능과 해제】

채무자의 책임있는 사유로 이행이 불능하게 된 때에는 채권자는 계약을 해제할 수 있다.

제547조 【해지, 해제권의 불가분성】

①당사자의 일방 또는 쌍방이 수인인 경우에는 계약의 해지나 해제는 그 전원으로부터 또는 전원에 대하여 하여야 한다.

②전항의 경우에 해지나 해제의 권리가 당사자1인에 대하여 소멸한 때에는 다른 당사자에 대하여도 소멸한다.

판례-계약금 및 중도금 반환

[대법원 2013.11.28, 선고, 2013다22812, 판결]

【판시사항】

매매계약의 일방 당사자가 사망하여 여러 명의 상속인이 있는 경우, 상속인들이 계약을 해제하기 위한 요건

【판결요지】

민법 제547조 제1항은 '당사자의 일방 또는 쌍방이 수인인 경우에는 계약의 해지나 해

제는 그 전원으로부터 또는 전원에 대하여 하여야 한다'고 규정하고 있다. 따라서 매매계약의 일방 당사자가 사망하였고 그에게 여러 명의 상속인이 있는 경우에 그 상속인들이 위 계약을 해제하려면, 상대방과 사이에 다른 내용의 특약이 있다는 등의 특별한 사정이 없는 한, 상속인들 전원이 해제의 의사표시를 하여야 한다.

제548조 【해제의 효과, 원상회복의무】
①당사자 일방이 계약을 해제한 때에는 각당사자는 그 상대방에 대하여 원상회복의 의무가 있다. 그러나 제삼자의 권리를 해하지 못한다.
②전항의 경우에 반환할 금전에는 그 받은 날로부터 이자를 가하여야 한다.

판례-부당이득반환등

[대법원 2015.7.23, 선고, 2012다15336,15343,15350,15367,15374,15381,15398,15404, 판결]

【판시사항】
[1] 구 표시·광고의 공정화에 관한 법률상 허위·과장광고로 인한 손해배상청구권을 가지고 있던 아파트 수분양자가 수분양자의 지위를 제3자에게 양도한 경우 양수인이 당연히 손해배상청구권을 행사할 수 있는지 여부(소극) 및 양수인이 손해배상청구권을 행사할 수 있는 경우
[2] 아파트 분양과 관련된 구 표시·광고의 공정화에 관한 법률상 허위·과장광고로 인한 손해배상청구에서 손해의 산정 방법 / 수분양자가 허위·과장광고로 인한 손해배상청구권을 보유하던 중 분양계약이 해제로 소급하여 소멸한 경우, 손해가 없어지는지 여부(적극)

【판결요지】
[1] 구 표시·광고의 공정화에 관한 법률(2011. 9. 15. 법률 제11050호로 개정되기 전의 것, 이하 '표시광고법'이라 한다)상 허위·과장광고로 인한 손해배상청구권은 불법행위에 기한 손해배상청구권의 성격을 가지는데, 계약상 지위의 양도에 의하여 계약당사자로서의 지위가 제3자에게 이전되는 경우 계약상 지위를 전제로 한 권리관계만이 이전될 뿐 불법행위에 기한 손해배상청구권은 별도의 채권양도절차 없이 제3자에게 당연히 이전되는 것이 아니므로, 표시광고법상 허위·과장광고로 인한 손해배상청구권을 가지고 있던 아파트 수분양자가 수분양자의 지위를 제3자에게 양도하였다는 사정만으로 양수인이 당연히 위 손해배상청구권을 행사할 수 있다고 볼 수는 없고, 다만 허위·과장광고를 그대로 믿고 허위·과장광고로 높아진 가격에 수분양자 지위를 양수하는 등으로 양수인이 수분양자 지위를 양도받으면서 허위·과장광고로 인한 손해를 입었다는 등의 특별한 사정이 있는 경우에만 양수인이 손해배상청구권을 행사할 수 있다.
[2] 아파트 분양과 관련된 구 표시·광고의 공정화에 관한 법률(2011. 9. 15. 법률 제11050호로 개정되기 전의 것)상 허위·과장광고로 인한 손해배상청구에서 손해는 수분양권의 실제 가격과 허위·과장광고가 없었을 경우 수분양권의 적정한 가격의 차액인데, 수분양자가 허위·과장광고로 인한 손해배상청구권을 보유하고 있던 중 분양계약이 해제로 소급하여 소멸하게 되면 해제의 효과로서 당시까지 납입하였던 분양대금에 대하여는 반환청구권을 가지게 되고 향후의 분양대금 지급채무는 소멸하게 되므로, 분양계약이 유효하게 존재함을 전제로 하는 차액 상당의 손해도 없어지게 된다.

제549조 【원상회복의무와 동시이행】
제536조의 규정은 전조의 경우에 준용한다.

제550조 【해지의 효과】 당사자 일방이 계약을 해지한 때에는 계약은 장래에 대하여 그 효력을 잃는다.

第551조 【해지, 해제와 손해배상】
계약의 해지 또는 해제는 손해배상의 청구에 영향을 미치지 아니한다.

第552조 【해제권행사여부의 최고권】
①해제권의 행사의 기간을 정하지 아니한 때에는 상대방은 상당한 기간을 정하여 해제권행사여부의 확답을 해제권자에게 최고할 수 있다.
②전항의기간내에 해제의 통지를 받지 못한 때에는 해제권은 소멸한다.

판례-소유권이전등기

[대법원 2005.12.8, 선고, 2003다41463, 판결]

【판시사항】
[1] 청약의 의사표시의 방법 및 내용
[2] 민법 제552조에 의하여 해제권이 소멸된 경우, 그 후 새로운 사유에 의하여 발생한 해제권도 행사할 수 없게 되는지 여부(소극)
[3] 매매대금을 전액 수납한 경우 토지의 소유권을 이전하기로 한 매매계약상의 약정 내용 및 매도인인 한국토지공사의 용지규정 등에 비추어, 매수인의 매매대금지급의무가 매도인의 소유권이전등기의무와 동시이행의 관계에 있는 것이 아니라 선이행의 관계에 있다고 한 사례

【판결요지】
[1] 계약이 성립하기 위한 법률요건인 청약은 그에 응하는 승낙만 있으면 곧 계약이 성립하는 구체적, 확정적 의사표시여야 하므로 청약은 계약의 내용을 결정할 수 있을 정도의 사항을 포함시키는 것이 필요하다.
[2] 민법 제552조에 의하여, 해제권의 행사의 기간을 정하지 아니한 때에는 상대방은 상당한 기간을 정하여 해제권 행사 여부의 확답을 해제권자에게 최고할 수 있고, 그 기간 내에 해제의 통지를 받지 못한 때에는 해제권은 소멸하는 것이지만, 이로 인하여 그 후 새로운 사유에 의하여 발생한 해제권까지 행사할 수 없게 되는 것은 아니다.
[3] 매매대금을 전액 수납한 경우 토지의 소유권을 이전하기로 한 매매계약상의 약정 내용 및 매도인인 한국토지공사의 용지규정 등에 비추어, 매수인의 매매대금지급의무가 매도인의 소유권이전등기의무와 동시이행의 관계에 있는 것이 아니라 선이행의 관계에 있다고 한 사례.

第553조 【훼손등으로 인한 해제권의 소멸】 해제권자의 고의나 과실로 인하여 계약의 목적물이 현저히 훼손되거나 이를 반환할 수 없게 된 때 또는 가공이나 개조로 인하여 다른 종류의 물건으로 변경된 때에는해제권은 소멸한다.

제2절 증여

第554조 【증여의 의의】
증여는 당사자 일방이 무상으로 재산을 상대방에 수여하는 의사를 표시하고 상대방이 이를 승낙함으로써 그 효력이 생긴다.

第555조 【서면에 의하지 아니한 증여와 해제】 증여의 의사가 서면으로 표시되지 아니한 경우에는 각당사자는 이를 해제할 수 있다.

第556条 【수증자의 행위와 증여의 해제】 ①수증자가 증여자에 대하여 다음 각호의 사유가 있는 때에는 증여자는 그 증여를 해제할 수 있다.
1. 증여자 또는 그 배우자나 직계혈족에 대한 범죄행위가 있는 때
2. 증여자에 대하여 부양의무있는 경우에 이를 이행하지 아니하는 때

②전항의 해제권은 해제원인있음을 안 날로부터 6월을 경과하거나 증여자가 수증자에 대하여 용서의 의사를 표시한 때에는 소멸한다.

第557条 【증여자의 재산상태변경과 증여의 해제】 증여계약후에 증여자의 재산상태가 현저히 변경되고 그 이행으로 인하여 생계에 중대한 영향을 미칠 경우에는 증여자는 증여를 해제할 수 있다.

第558条 【해제와 이행완료부분】
전3조의 규정에 의한 계약의 해제는 이미 이행한 부분에 대하여는 영향을 미치지 아니한다.

第559条 【증여자의 담보책임】
①증여자는 증여의 목적인 물건 또는 권리의 하자나 흠결에 대하여 책임을 지지 아니한다. 그러나 증여자가 그 하자나 흠결을 알고 수증자에게 고지하지 아니한 때에는 그러하지 아니하다.
②상대부담있는 증여에 대하여는 증여자는 그 부담의 한도에서 매도인과 같은 담보의 책임이 있다.

第560条 【정기증여와 사망으로 인한 실효】 정기의 급여를 목적으로 한 증여는 증여자 또는 수증자의 사망으로 인하여 그 효력을 잃는다.

第561条 【부담부증여】 상대부담있는 증여에 대하여는 본절의 규정외에 쌍무계약에 관한 규정을 적용한다.

第562条 【사인증여】 증여자의 사망으로 인하여 효력이 생길 증여에는 유증에 관한 규정을 준용한다.

제3절 매매

제1관 총칙

第563条 【매매의 의의】
매매는 당사자 일방이 재산권을 상대방에게 이전할 것을 약정하고 상대방이 그 대금을 지급할 것을 약정함으로써 그 효력이 생긴다.

第564条 【매매의 일방예약】
①매매의 일방예약은 상대방이 매매를 완결할 의사를 표시하는 때에 매매의 효력이 생긴다.
②전항의 의사표시의 기간을 정하지 아니한 때에는 예약자는 상당한 기간을 정하여 매매완결여부의 확답을 상대방에게 최고할 수 있다.

③예약자가 전항의 기간내에 확답을 받지 못한 때에는 예약은 그 효력을 잃는다.

제565조 【해약금】 ①매매의 당사자 일방이 계약당시에 금전 기타 물건을 계약금, 보증금등의 명목으로 상대방에게 교부한 때에는 당사자간에 다른 약정이 없는 한 당사자의 일방이 이행에 착수할 때까지 교부자는 이를 포기하고 수령자는 그 배액을 상환하여 매매계약을 해제할 수 있다.
②제551조의 규정은 전항의 경우에 이를 적용하지 아니한다.

판례-손해배상(기)

[대법원 2015.4.23, 선고, 2014다231378, 판결]

【판시사항】
매도인이 '계약금 일부만 지급된 경우 지급받은 금원의 배액을 상환하고 매매계약을 해제할 수 있다'고 주장한 사안에서, 매도인이 계약금의 일부로서 지급받은 금원의 배액을 상환하는 것으로는 매매계약을 해제할 수 없다고 한 사례

【판결요지】
매도인이 '계약금 일부만 지급된 경우 지급받은 금원의 배액을 상환하고 매매계약을 해제할 수 있다'고 주장한 사안에서, '실제 교부받은 계약금'의 배액만을 상환하여 매매계약을 해제할 수 있다면 이는 당사자가 일정한 금액을 계약금으로 정한 의사에 반하게 될 뿐 아니라, 교부받은 금원이 소액일 경우에는 사실상 계약을 자유로이 해제할 수 있어 계약의 구속력이 약화되는 결과가 되어 부당하기 때문에, 계약금 일부만 지급된 경우 수령자가 매매계약을 해제할 수 있다고 하더라도 해약금의 기준이 되는 금원은 '실제 교부받은 계약금'이 아니라 '약정 계약금'이라고 봄이 타당하므로, 매도인이 계약금의 일부로서 지급받은 금원의 배액을 상환하는 것으로는 매매계약을 해제할 수 없다고 한 사례.

제566조 【매매계약의 비용의 부담】
매매계약에 관한 비용은 당사자쌍방이 균분하여 부담한다.

제567조 【유상계약에의 준용】
본절의 규정은 매매이외의 유상계약에 준용한다. 그러나 그 계약의 성질이 이를 허용하지 아니하는 때에는 그러하지 아니하다.

제2관 매매의 효력

제568조 【매매의 효력】
①매도인은 매수인에 대하여 매매의 목적이 된 권리를 이전하여야 하며 매수인은 매도인에게 그 대금을 지급하여야 한다.
②전항의 쌍방의무는 특별한 약정이나 관습이 없으면 동시에 이행하여야 한다.

제569조 【타인의 권리의 매매】
매매의 목적이 된 권리가 타인에게 속한 경우에는 매도인은 그 권리를 취득하여 매수인에게 이전하여야 한다.

제570조 【동전-매도인의 담보책임】 전조의 경우에 매도인이 그 권리를 취득하

여 매수인에게 이전할 수 없는 때에는 매수인은 계약을 해제할 수 있다. 그러나 매수인이 계약당시 그 권리가 매도인에게 속하지 아니함을 안 때에는 손해배상을 청구하지 못한다.

판례-매매대금등 반환

[대법원 2013.6.13, 선고, 2012다100890, 판결]

【판시사항】

리스이용자가 금융리스로 이용하는 자동차를 제3자에게 매도하고 리스계약관계를 승계하도록 하면서 매매대금과 장래 리스료 채무의 차액 상당을 매수인으로부터 지급받은 경우, 리스이용자가 매수인에 대한 소유권이전의무와 매도인으로서의 담보책임을 여전히 부담하는지 여부(적극)

【판결요지】

리스회사가 리스물건인 자동차의 구입대금 중 일부를 리스이용자에게 금융리스의 형태로 제공하고 리스회사 명의로 자동차소유권 등록을 해 둔 다음 공여된 리스자금을 리스료로 분할 회수하는 리스계약관계에서, 리스이용자가 그 자동차를 제3자에게 매도하고 리스계약관계를 승계하도록 하면서 매매대금과 장래 리스료 채무의 차액 상당을 매수인으로부터 지급받은 경우, 그 리스이용자는 리스회사와의 리스계약관계에서는 탈퇴하지만 매수인에 대한 소유권이전의무 및 매도인으로서의 담보책임은 여전히 부담한다.

제571조 【동전-선의의 매도인의 담보책임】 ①매도인이 계약당시에 매매의 목적이 된 권리가 자기에게 속하지 아니함을 알지 못한 경우에 그 권리를 취득하여 매수인에게 이전할 수 없는 때에는 매도인은 손해를 배상하고 계약을 해제할 수 있다.
②전항의 경우에 매수인이 계약당시 그 권리가 매도인에게 속하지 아니함을 안 때에는 매도인은 매수인에 대하여 그 권리를 이전할 수 없음을 통지하고 계약을 해제할 수 있다.

제572조 【권리의 일부가 타인에게 속한 경우와 매도인의 담보책임】
①매매의 목적이 된 권리의 일부가 타인에게 속함으로 인하여 매도인이 그 권리를 취득하여 매수인에게 이전할 수 없는 때에는 매수인은 그 부분의 비율로 대금의 감액을 청구할 수 있다.
②전항의 경우에 잔존한 부분만이면 매수인이 이를 매수하지 아니하였을 때에는 선의의 매수인은 계약전부를 해제할 수 있다.
③선의의 매수인은 감액청구 또는 계약해제외에 손해배상을 청구할 수 있다.

제573조 【전조의 권리행사의 기간】
전조의 권리는 매수인이 선의인 경우에는 사실을 안 날로부터, 악의인 경우에는 계약한 날로부터 1년내에 행사하여야 한다.

제574조 【수량부족, 일부멸실의 경우와 매도인의 담보책임】 전2조의 규정은 수량을 지정한 매매의 목적물이 부족되는 경우와 매매목적물의 일부가 계약당시에 이미 멸실된 경우에 매수인이 그 부족 또는 멸실을 알지 못한 때에 준용한다.

판례-손해배상(기)

[대법원 2003.1.24, 선고, 2002다65189, 판결]

【판시사항】

[1] 민법 제574조에서 규정하는 '수량을 지정한 매매'의 의미

[2] 경매법원의 토지에 대한 임의경매를 '수량을 지정한 매매'로 볼 수 있는지 여부(소극)

【판결요지】

[1] 민법 제574조에서 규정하는 '수량을 지정한 매매'라 함은 당사자가 매매의 목적인 특정물이 일정한 수량을 가지고 있다는 데 주안을 두고 대금도 그 수량을 기준으로 하여 정한 경우를 말하는 것이므로, 토지의 매매에 있어 목적물을 등기부상의 면적에 따라 특정한 경우라도 당사자가 그 지정된 구획을 전체로서 평가하였고 면적에 의한 계산이 하나의 표준에 지나지 아니하여 그것이 당사자들 사이에 대상토지를 특정하고 그 대금을 결정하기 위한 방편이었다고 보일 때에는 이를 가리켜 수량을 지정한 매매라 할 수 없다.

[2] 일반적으로 담보권실행을 위한 임의경매에 있어 경매법원이 경매목적인 토지의 등기부상 면적을 표시하는 것은 단지 토지를 특정하여 표시하기 위한 방법에 지나지 아니한 것이고, 그 최저경매가격을 결정함에 있어 감정인이 단위면적당 가액에 공부상의 면적을 곱하여 산정한 가격을 기준으로 삼았다 하여도 이는 당해 토지 전체의 가격을 결정하기 위한 방편에 불과하다 할 것이어서, 특별한 사정이 없는 한 이를 민법 제574조 소정의 '수량을 지정한 매매'라고 할 수 없다.

第575조 【제한물권있는 경우와 매도인의 담보책임】 ①매매의 목적물이 지상권, 지역권, 전세권, 질권 또는 유치권의 목적이 된 경우에 매수인이 이를 알지 못한 때에는 이로 인하여 계약의 목적을 달성할 수 없는 경우에 한하여 매수인은 계약을 해제할 수 있다. 기타의 경우에는 손해배상만을 청구할 수 있다.
②전항의 규정은 매매의 목적이 된 부동산을 위하여 존재할 지역권이 없거나 그 부동산에 등기된 임대차계약이 있는 경우에 준용한다.
③전2항의 권리는 매수인이 그 사실을 안 날로부터 1년내에 행사하여야 한다.

第576조 【저당권, 전세권의 행사와 매도인의 담보책임】 ①매매의 목적이 된 부동산에 설정된 저당권 또는 전세권의 행사로 인하여 매수인이 그 소유권을 취득할 수 없거나 취득한 소유권을 잃은 때에는 매수인은 계약을 해제할 수 있다.
②전항의 경우에 매수인의 출재로 그 소유권을 보존한 때에는 매도인에 대하여 그 상환을 청구할 수 있다.
③전2항의 경우에 매수인이 손해를 받은 때에는 그 배상을 청구할 수 있다.

경락받은 부동산을 가등기에 기한 본등기로 상실한 경우 매도인의 담보책임

(대한법률구조공단 자료)

질문

甲은 乙로부터 乙이 경매절차에서 매수한 부동산을 매수하였으나, 그 부동산은 乙이 매수하기 이전부터 丙의 매매예약에 의한 소유권이전청구권가등기가 되어 있었으며, 매각으로 인하여도 말소되지 아니한 것을 甲과 乙이 모두 알지 못하였습니다. 그런데 최근에 丙은 위 가등기에 기한 본등기절차이행청구의 소에서 승소하여 위 가등기에 기한 본등기를 마쳤으므로 甲은 위 부동산의 소유권을 상실하게 되었습니다. 이 경우 甲이 매도인 乙에 대하여 담보책임을 물어 손해배상을 청구하고자 하는데, 「민법」의 어느 규정에 의하여 담보책임을 물을 수 있는지요?

답변

「민법」 제569조에서 매매의 목적이 된 권리가 타인에게 속한 경우에는 매도인은 그 권리를 취득하여 매수인에게 이전하여야 한다고 규정하고 있으며, 「민법」 제570조에서는 위의 경우에 매도인이 그 권리를 취득하여 매수인에게 이전할 수 없는 때에는 매수인은 계약을 해제할 수 있고, 다만 매수인이 계약당시 그 권리가 매도인에게 속하지 아니함을 안 때에는 손해배상을 청구하지 못한다고 규정하고 있습니다. 또한, 「민법」 제576조에서는 매매의 목적이 된 부동산에 설정된 저당권 또는 전세권의 행사로 인하여 매수인이 그 소유권을 취득할 수 없거나 취득한 소유권을 잃은 때에는 매수인은 계약을 해제할 수 있고, 이 경우에 매수인의 출재(出財)로 그 소유권을 보존한 때에는 매도인에 대하여 그 상환을 청구할 수 있으며, 이 경우에 매수인이 손해를 받은 때에는 그 배상을 청구할 수 있다고 규정하고 있습니다.

그런데 가등기의 목적이 된 부동산의 매수인이 그 뒤 가등기에 기한 본등기가 마쳐짐으로써 소유권을 상실하게 된 경우 담보책임에 관하여 준용되는 법조항은 어느 것인지 판례를 보면, 가등기의 목적이 된 부동산을 매수한 사람이 그 뒤 가등기에 기한 본등기가 마쳐짐으로써 그 부동산의 소유권을 상실하게 된 때에는 매매의 목적부동산에 설정된 저당권 또는 전세권의 행사로 인하여 매수인이 취득한 소유권을 상실한 경우와 유사하므로, 이러한 경우 「민법」 제576조의 규정이 준용된다고 보아 「민법」 제576조에서 정한 담보책임을 진다고 보는 것이 상당하고 「민법」 제570조에 의한 담보책임을 진다고 할 수 없다고 하였습니다(대법원 1992. 10. 27. 선고 92다21784 판결, 1997. 11. 11.자 96그64 결정).

따라서 위 사안에서 甲은 乙에게 민법 제576조에 의한 담보책임을 물어 손해배상청구를 해볼 수 있을 것입니다.

그런데 위와 같은 경우 乙이 甲에게 배상하여야 할 손해의 범위에 관하여 살펴보면, ①「민법」 제576조에 의한 매도인의 담보책임은 매도인의 귀책사유와 상관없이 매매의 목적인 권리에 하자가 있어서 그 매매계약이 결과적으로 원시적 불능에 해당하는 계약이 되어 무효로 되거나 실효되는 경우에 해당하는 법정의 무과실책임이므로, 매도인이 매수인에게 배상하여야 할 손해의 범위는 상대방이 그 계약의 유효로 믿었음으로 인하여 받은 손해, 즉 이른바 '신뢰이익의 배상'에 한정된다고 봄이 상당하고, 위 사안에 있어서 甲이 위 매매계약이 유효하다고 믿음으로 인하여 입게 된 손해는 매매대금 및 그에 대한 법정이자 상당액이라 할 것인데, ②「민법」 제569조, 제570조에 의할 경우에는 '이행이익의 배상' 즉 이행불능이 된 당시의 시가상당액을 배상하여야 하게 되는바, 「민법」 제569조의 타인의 권리매매는 애초부터 매도인이 타인으로부터 권리를 취득하여 매수인에게 이전해야 할 것을 전제로 하고 있어 그 경우의 매도인의 담보책임은 채무불이행책임으로서 이행이익의 배상이 인정됩니다.

그러나 위 사안은 일단 매매계약에 따라 소유권의 이전이 적법하게 이루어졌으나, 그 권리에 대한 원래부터의 하자에 의하여 사후적으로 소유권이 상실된 경우로 「민법」 제569조와 제570조에 의한 담보책임과는 그 법률적 성질을 달리하므로 「민법」 제576조에 의하여 甲이 위 매매계약이 유효하다고 믿음으로 인하여 입게 된 손해로써 매매대금 및 그에 대한 법정이자 상당액을 청구할 수 있다고 할 것입니다.

참고로 가압류목적이 된 부동산을 매수한 이후 가압류에 기초한 강제집행으로 부동산 소유권을 상실한 경우에 관한 판례를 보면, 가압류목적이 된 부동산을 매수한 사람이 그 후 가압류에 기초한 강제집행으로 부동산소유권을 상실하게 되었다면 이는 매매목적부동산에 설정된 저당권 또는 전세권의 행사로 인하여 매수인이 취득한 소유권을 상실한 경우와 유사하므로, 이러한 경우 매도인의 담보책임에 관한 「민법」 제576조의 규정이 준용된다고 보아 매수인은 같은 조 제1항에 따라 매매계약을 해제할 수 있고, 같은 조 제3항에 따라 손해배상을 청구할 수 있다고 보아야 한다고 하였습니다(대법원 2011. 5. 13. 선고 2011다1941 판결).

"본 사례는 개인의 법률문제 해결에 도움을 주고자 게재되었으나, 이용자 여러분의 생활에서 발생하는 구체적 사안은 동일하지는 않을 것이므로 참고자료로 활용하시기 바랍니다."

제577조 【저당권의 목적이된 지상권, 전세권의 매매와 매도인의 담보책임】

전조의 규정은 저당권의 목적이 된 지상권 또는 전세권이 매매의 목적이 된 경우에 준용한다.

제578조 【경매와 매도인의 담보책임】

①경매의 경우에는 경락인은 전8조의 규정에 의하여 채무자에게 계약의 해제 또는 대금감액의 청구를 할 수 있다.

②전항의 경우에 채무자가 자력이 없는 때에는 경락인은 대금의 배당을 받은 채권자에 대하여 그 대금전부나 일부의 반환을 청구할 수 있다.

③전2항의 경우에 채무자가 물건 또는 권리의 흠결을 알고 고지하지 아니하거나

채권자가 이를 알고 경매를 청구한 때에는 경락인은 그 흠결을 안 채무자나 채권자에 대하여 손해배상을 청구할 수 있다.

매각부동산에 대한 가등기권자의 본등기 전에 담보책임을 물을 수 있는지

(대한법률구조공단 자료)

질문

甲은 乙소유부동산을 乙의 채권자 丙이 신청한 강제경매절차에서 매수하여 매각대금을 완납한 후 소유권이전등기를 마치고, 배당절차까지 종료되었는데, 위 부동산에는 丁의 소유권이전등기청구권보전의 가등기가 남아 있습니다. 甲은 위 가등기가 담보가등기로서 말소될 것으로 알고서 매수하였으나, 위 가등기는 말소되지 않았고 현재 丁은 乙을 상대로 가등기에 기초한 본등기이행청구소송을 진행 중에 있습니다. 이 경우 甲은 위 소송에서 丁이 승소하면 소유권 상실할 처지에 있으므로 지금이라도 乙, 丙을 상대로 위 부동산의 소유권상실에 따른 손해배상 등을 청구할 수는 없는지요?

답변

민법에서 경매의 경우 매수인은 민법 제570조 내지 제577조의 규정에 따라서 채무자에게 계약해제 또는 대금감액청구를 할 수 있고, 채무자가 자력이 없는 때에는 매수인은 대금배당을 받은 채권자에 대하여 그 대금전부나 일부의 반환을 청구할 수 있으며, 채무자가 물건 또는 권리의 흠결을 알고 고지하지 아니하거나 채권자가 이를 알고 경매를 청구한 때에는 매수인은 그 흠결을 안 채무자나 채권자에 대하여 손해배상을 청구할 수 있다고 규정하고 있습니다(민법 제578조).

그런데 위 사안과 같이 경매절차매수인이 가등기가 마쳐진 부동산을 매수하였으나 아직 가등기에 기초한 본등기가 행해지지 않은 경우, 매수인이 경매신청채권자에 대하여 민법 제578조에 따른 담보책임을 물을 수 있는지에 관하여 판례를 보면, 민법 제 578조에 의하여 경매신청채권자가 매수인에게 부담하는 손해배상책임은 반드시 신청채권자의 위법한 것임을 전제로 하는 것은 아니지만, 경매절차에서 소유권이전청구권가등기가 행해진 부동산을 낙찰 받았으나 가등기에 기초한 본등기가 행해지지 않은 경우에는 아직 매수인이 그 부동산의 소유권을 상실한 것이 아니므로 민법 제578조에 의한 손해배상책임이 성립되었다고 볼 여지가 없다고 하였습니다(대법원 1999. 9. 17 선고 97다54024 판결).

그러나 경매절차에서 매각대금납부 후 매각부동산에 관해 가등기에 기초한 소유권이전의 본등기가 행해져 매수인이 소유권을 상실한 경우에 관하여 판례를 보면, 소유권에 관한 가등기의 목적이 된 부동산을 낙찰 받아 낙찰대금까지 납부하여 소유권을 취득한 낙찰인이 그 뒤 가등기에 기초한 본등기가 행해짐으로써 일단 취득한 소유권을 상실하게 된 때에는 매각으로 인하여 소유권이전이 불가능하였던 것이 아니므로, 구 민사소송법 제613조(현행 민사집행법 제96조)에 따라 집행법원으로부터 그 경매절차의 취소결정을 받아 납부한 낙찰대금을 반환 받을 수는 없다고 할 것이나, 이는 매매목적부동산에 설정된 저당권 또는 전세권의 행사로 인하여 매수인이 취득한 소유권을 상실한 경우와 유사하므로, 민법 제578조, 제 576조를 유추적용하여 담보책임을 추급할 수는 있다고 할 것인데, 이러한 담보책임은 낙찰인의 경매절차 밖에서 별도의 소송에 의하여 채무자 또는 채권자를 상대로 추급하는 것이 원칙이라고 하였습니다(대법원 1997. 11. 11. 자 96그64 결정).

따라서 위 사안에서도 경매절차의 매수인 甲은 丁이 가등기에 기초한 본등기를 하기 이전에는 아직 그 부동산의 소유권을 상실한 것이 아니므로 매도인의 담보책임을 묻기는 어려울 것입니다. 다만, 丁이 본등기를 함으로써 경매로 취득한 소유권을 상실한 경우에는 乙또는 丙에게 민법 제578조, 제576조에 의한 매도인의 담보책임을 물을 수 잇을 것입니다.

참고로 낙찰허가결정 확정 후 낙찰대금지급기일이 지정되기 전에 낙찰목적물일부가 멸실된 경우에 관하여 판례를 보면, 임의경매절차가 진행되어 그 낙찰허가결정이 확정되었는데 그 낙찰대금지급기일이 지정되기 전에 그 낙찰목적물에 대한 소유자 내지 채무자 또는 그 매수인의 책임으로 돌릴 수 없는 사유로 말미암아 그 낙찰목적물일부가 멸실되었고, 그 낙찰인이 나머지 부분이라도 매수할 의사가 있어서 경매법원에 대하여 그 낙찰대금감액신청을 하여 왔을 때에는 경매법원으로서는 민법상의 쌍무계약에 있어서의 위험부담 내지 하자담보책임의 이론을 적용하여 그 감액결정을 허용하는 것이 상당하고(대법원 2004. 12. 24. 자 2003마1665 판결) 한편, 낙찰목적물일부가 '멸실'될 때란 물리적인 멸실 뿐만 아니라 경매개시결정이 취소되는 등의 사유로 낙찰인이 당해 목적물의 소유권을 취득할 수 없게 된 경우도 이에 포함된다고 하였습니다(대법원 2005. 3. 29. 자 2005마58 결정). 그리고 민법 제578조 제1항, 제2항의 입법취지에 관하여, 민법 제578조 제1항, 제2항은 매매의 일종인 경매에 있어서 그 목적물의 하자로 인하여 경락인이 경락목적인 재산권을 완전히 취득할 수 없을 때에 매매의 경우에 준하여 매도인의 위치에 있는 경매의 채무자나 채권자에게 담보책임을 부담시켜 경락인을 보호하기 위한 규정으로서, 그 담보책임은 매매의 경우와 마찬가지로 경매절차는 유효하게 이루어졌으나 경매목적이 된 권리의 전부 또는 일부가 타인에게 속하는 등의 하자로 경락인이 완전한 소유권을 취득할 수 없거나 이를 잃게 되는 경우에 인정되는 것이고, 경매절차 자체가 무효인 경우에는 경매의 채무자나 채권자의 담보책임은 인정될 여지가 없고(대법원 1991. 10. 11. 선고 91다21640 판결). 경락인이 강제경매절차를 통하여 부동산을 경락받아 대금을 완납하고 그 앞으로 소유권이전등기까지 마쳤으나, 그 후 강제경매절차의 기초가 된 채무자명의의 소유권이전등기가 원인무효의 등기이어서 경매부동산에 대한 소유권을 취득하지 못하게 된 경우, 이러한 강제경매는 무효라고 할 것이므로 경락인은 경매채권자에게 경매대금 중 그가 배당받은 금액에 대하여 일반 부당이득의 법리에 따라 반환을 청구할 수 있고, 민법 제578조 제1항, 제2항에 따른 경매의 채무자나 채권자의 담보책임은 인정될 여지가 없다고 하였습니다(대법원 2004. 6. 24. 선고 2003다59259 판결).

"본 사례는 개인의 법률문제 해결에 도움을 주고자 게재되었으나, 이용자 여러분의 생활에서 발생하는 구체적 사안은 동일하지는 않을 것이므로 참고자료로 활용하시기 바랍니다."

제579조 【채권매매와 매도인의 담보책임】 ①채권의 매도인이 채무자의 자력을 담보한 때에는 매매계약당시의 자력을 담보한 것으로 추정한다.
②변제기에 도달하지 아니한 채권의 매도인이 채무자의 자력을 담보한 때에는 변제기의 자력을 담보한 것으로 추정한다.

제580조 【매도인의 하자담보책임】
①매매의 목적물에 하자가 있는 때에는 제575조제1항의 규정을 준용한다. 그러나 매수인이 하자있는 것을 알았거나 과실로 인하여 이를 알지 못한 때에는 그러하지 아니하다.
②전항의 규정은 경매의 경우에 적용하지 아니한다.

판례-손해배상(기)

[대법원 2014.10.15, 선고, 2012다18762, 판결]

【판시사항】
아파트에 하자가 발생하였는지 판단하는 기준 및 아파트가 사업승인도면이나 착공도면과 달리 시공되었으나 준공도면에 따라 시공된 경우 이를 하자라고 볼 수 있는지 여부(원칙적 소극)

【판결요지】
사업승인도면은 사업주체가 주택건설사업계획의 승인을 받기 위하여 사업계획승인권자에게 제출하는 기본설계도서에 불과하고 대외적으로 공시되는 것이 아니어서 별도의 약정이 없는 한 사업주체와 수분양자 사이에 사업승인도면을 기준으로 분양계약이 체결되었다고 보기 어려운 점, 실제 건축과정에서 공사의 개별적 특성이나 시공 현장의 여건을 감안하여 공사 항목 간의 대체시공이나 가감시공 등 설계변경이 빈번하게 이루어지고 있는 점, 이러한 설계변경의 경우 원칙적으로 사업주체는 주택 관련 법령에 따라 사업계획승인권자로부터 사업계획의 변경승인을 받아야 하고, 경미한 설계변경에 해당하는 경우에는 사업계획승인권자에 대한 통보절차를 거치도록 하고 있는 점, 이처럼 설계변경이 이루어지면 변경된 내용이 모두 반영된 최종설계도서에 의하여 사용검사를 받게 되는 점, 사용검사 이후의 하자보수는 준공도면을 기준으로 실시하게 되는 점, 아파트 분양계약서에 통상적으로 목적물의 설계변경 등에 관한 조항을 두고 있고, 주택 관련 법령이 이러한 설계변경절차를 예정하고 있어 아파트 분양계약에서의 수분양자는 당해 아파트가 사업승인도면에서 변경이 가능한 범위 내에서 설계변경이 이루어진 최종설계도서에 따라 하자 없이 시공될 것을 신뢰하고 분양계약을 체결하고, 사업주체도 이를 계약의 전제로 삼아 분양계약을 체결하였다고 볼 수 있는 점 등을 종합하여 보면, 사업주체가 아파트 분양계약 당시 사업승인도면이나 착공도면에 기재된 특정한 시공내역과 시공방법대로 시공할 것을 수분양자에게 제시 내지 설명하거나 분양안내서 등 분양광고나 견본주택 등을 통하여 그러한 내용을 별도로 표시하여 분양계약의 내용으로 편입하였다고 볼 수 있는 등 특별한 사정이 없는 한 아파트에 하자가 발생하였는지는 원칙적으로 준공도면을 기준으로 판단함이 타당하다. 따라서 아파트가 사업승인도면이나 착공도면과 달리 시공되었더라도 준공도면에 따라 시공되었다면 특별한 사정이 없는 한 이를 하자라고 볼 수 없다.

제581조 【종류매매와 매도인의 담보책임】 ①매매의 목적물을 종류로 지정한 경우에도 그 후 특정된 목적물에 하자가 있는 때에는 전조의 규정을 준용한다.
②전항의 경우에 매수인은 계약의 해제 또는 손해배상의 청구를 하지 아니하고 하자없는 물건을 청구할 수 있다.

제582조 【전2조의 권리행사기간】
전2조에 의한 권리는 매수인이 그 사실을 안 날로부터 6월내에 행사하여야 한다.

제583조 【담보책임과 동시이행】
제536조의 규정은 제572조 내지 제575조, 제580조 및 제581조의 경우에 준용한다.

제584조 【담보책임면제의 특약】
매도인은 전15조에 의한 담보책임을 면하는 특약을 한 경우에도 매도인이 알고 고지하지 아니한 사실 및 제삼자에게 권리를 설정 또는 양도한 행위에 대하여는 책임을 면하지 못한다.

제585조 【동일기한의 추정】
매매의 당사자 일방에 대한 의무이행의 기한이 있는 때에는 상대방의 의무이행에 대하여도 동일한 기한이 있는 것으로 추정한다.

제586조 【대금지급장소】
매매의 목적물의 인도와 동시에 대금을 지급할 경우에는 그 인도장소에서 이를 지급하여야 한다.

제587조 【과실의 귀속, 대금의 이자】
매매계약 있은 후에도 인도하지 아니한 목적물로부터 생긴 과실은 매도인에게 속한다. 매수인은 목적물의 인도를 받은 날로부터 대금의 이자를 지급하여야 한다. 그러나 대금의 지급에 대하여 기한이 있는 때에는 그러하지 아니하다.

판례-소유권이전등기등

[대법원 2004.4.23, 선고, 2004다8210, 판결]

【판시사항】
매수인이 매매대금을 완제하지 않은 상태에서 매도인의 매매목적물의 인도지체를 이유로 손해배상을 청구할 수 있는지 여부(소극)

【판결요지】
민법 제587조에 의하면, 매매계약 있은 후에도 인도하지 아니한 목적물로부터 생긴 과실은 매도인에게 속하고, 매수인은 목적물의 인도를 받은 날로부터 대금의 이자를 지급하여야 한다고 규정하고 있는바, 이는 매매당사자 사이의 형평을 꾀하기 위하여 매매목적물이 인도되지 아니하더라도 매수인이 대금을 완제한 때에는 그 시점 이후의 과실은 매수인에게 귀속되지만, 매매목적물이 인도되지 아니하고 또한 매수인이 대금을 완제하지 아니한 때에는 매도인의 이행지체가 있더라도 과실은 매도인에게 귀속되는 것이므로 매수인은 인도의무의 지체로 인한 손해배상금의 지급을 구할 수 없다.

제588조 【권리주장자가 있는 경우와 대금지급거절권】
매매의 목적물에 대하여 권리를 주장하는 자가 있는 경우에 매수인이 매수한 권리의 전부나 일부를 잃을 염려가 있는 때에는 매수인은 그 위험의 한도에서 대금의 전부나 일부의 지급을 거절할 수 있다. 그러나 매도인이 상당한 담보를 제공한 때에는 그러하지 아니하다.

판례-소유권말소등기등

[대법원 2008.5.29, 선고, 2007다4356, 판결]

【판시사항】
건물에 근저당권이 설정되어 있는 경우에도 토지임차인의 건물매수청구권이 인정되는지 여부(적극) 및 그 경우 건물 매수가격의 산정 방법

【판결요지】
건물의 소유를 목적으로 한 토지임대차계약의 기간이 만료함에 따라 지상건물 소유자가 임대인에 대하여 행사하는 민법 제643조 소정의 매수청구권은 매수청구의 대상이 되는 건물에 근저당권이 설정되어 있는 경우에도 인정된다. 이 경우에 그 건물의 매수가격은 건물 자체의 가격 외에 건물의 위치, 주변 토지의 여러 사정 등을 종합적으로 고려하여 매수청구권 행사 당시 건물이 현존하는 대로의 상태에서 평가된 시가 상당액을 의미하고, 여기에서 근저당권의 채권최고액이나 피담보채무액을 공제한 금액을 매수가격으로 정할 것은 아니다. 다만, 매수청구권을 행사한 지상건물 소유자가 위와 같은 근저당권을 말소하지 않는 경우 토지소유자는 민법 제588조에 의하여 위 근저당권의 말소등기가 될 때까지 그 채권최고액에 상당한 대금의 지급을 거절할 수 있다.

제589조 【대금공탁청구권】
전조의 경우에 매도인은 매수인에 대하여 대금의 공탁을 청구할 수 있다.

제3관 환매

제590조 【환매의 의의】
①매도인이 매매계약과 동시에 환매할 권리를 보류한 때에는 그 영수한 대금 및 매수인이 부담한 매매비용을 반환하고 그 목적물을 환매할 수 있다.
②전항의 환매대금에 관하여 특별한 약정이 있으면 그 약정에 의한다.
③전2항의 경우에 목적물의 과실과 대금의 이자는 특별한 약정이 없으면 이를 상계한 것으로 본다.

판례-환매약정금

[대법원 2002.11.13, 선고, 2000다46450, 판결]

【판시사항】

[1] 외국회사 발행의 환어음에 관한 환매계약체결시 거래확인서에 'This confirmation is issued in accordance with the rules of international securities market association.'이라는 문구가 기재되어 있다는 것만으로, 그 거래확인서가 국제증권시장협회가 제시하고 있는 각 규정에 따르지 아니할 경우 그 약정이 무효가 되는지 여부(소극)

[2] 환어음의 매매 후 매수인이 부당한 이유로 인수를 거절하고 있는 동안 금융환경이 급격히 변한 경우, 매도인이 그 환어음을 타에 매도하는 등의 조치를 취할 의무가 있는지 여부(소극)

[3] 환율변동위험 방지를 위한 스왑계약이 붙어 있는 외국회사 발행의 환어음을 매도하면서 스왑계약의 당사자는 변동되지 않으나 그로 인한 이익은 매수인에게 귀속되는 것으로 합의한 경우, 매도인은 그 환어음을 매도한 다음에는 그 스왑계약을 적극적으로 운용할 권한이나 의무를 갖는 것은 아니라고 해석함이 상당하다고 한 사례

【판결요지】

[1] 외국회사 발행의 환어음에 관한 환매계약체결시 거래확인서에 'This confirmation is issued in accordance with the rules of international securities market association.'이라는 문구가 기재되어 있다는 사실만으로, 그 거래확인서가 국제증권시장협회(International Securities Market Association, ISMA)가 제시하고 있는 각 규정에 따르지 아니할 경우 그 약정이 무효가 된다고 볼 수 없다.

[2] 환어음의 매매계약이 체결된 후 매수인이 부당한 이유로 그 인수를 거절하고 있는 동안 금융환경이 급격히 변하였다고 하더라도 매도인이 매수인의 이익을 위하여 그 환어음을 적당한 가격에 매도하는 등의 조치를 취할 의무가 있다고 볼 수 없다.

[3] 환율변동위험 방지를 위한 스왑계약이 붙어 있는 외국회사 발행의 환어음을 매도하면서 스왑계약의 당사자는 변동되지 않으나 그로 인한 이익은 매수인에게 귀속되는 것으로 합의한 경우, 매도인은 그 환어음을 매도한 다음에는 그 스왑계약에 관하여는 더 이상의 이해관계를 갖지 않게 되지만, 여전히 그 당사자로 남게 되므로 매수인을 위하여 그 스왑계약을 적절히 관리하여야 할 선량한 관리자의 지위에 서게 되나, 다만 그것은 매수인의 지시가 있으면 그에 따르고, 매수인의 지시가 없거나 그러한 지시를 할 것을 거부할 경우 가급적 위험을 부담하지 않거나 확대하지 않는 쪽으로 대처하여 의외의 손실을 방지함에 그쳐야 하는 것이지, 더 나아가 이를 적극적으로 운용할 권한이나 의무를 갖는 것은 아니라고 해석함이 상당하다고 한 사례.

제591조 【환매기간】

①환매기간은 부동산은 5년, 동산은 3년을 넘지 못한다. 약정기간이 이를 넘는 때에는 부동산은 5년, 동산은 3년으로 단축한다.

②환매기간을 정한 때에는 다시 이를 연장하지 못한다.

③환매기간을 정하지 아니한 때에는 그 기간은 부동산은 5년, 동산은 3년으로한다.

제592조 【환매등기】 매매의 목적물이 부동산인 경우에 매매등기와 동시에 환매권의 보류를 등기한 때에는 제삼자에 대하여 그 효력이 있다.

판례-부동산소유권이전등기등

[대법원 2002.9.27, 선고, 2000다27411, 판결]

【판시사항】

[1] 부동산에 관하여 환매특약부 소유권이전등기가 경료된 후 근저당권이 설정되었다

가 환매권 행사 후 그 근저당권자가 파산선고를 받은 경우, 그 근저당권설정등기의 말소등기청구권이 파산채권에 해당하는지 여부(소극)
[2] 국가가 사인과 사이에 국유림을 사유림과 교환하는 계약을 체결하면서 환매특약을 한 경우, 산림법에 환매특약에 관한 근거 규정이 없다는 이유만으로 그 환매특약이 무효가 되는지 여부(소극)
[3] 국가가 사인과 사이에 국유림을 사유림과 교환하는 계약을 체결하면서 환매특약을 한 것이 약관의규제에관한법률 제6조에 위반되는지 여부(소극)

【판결요지】
[1] 부동산의 매매계약에 있어 당사자 사이의 환매특약에 따라 소유권이전등기와 함께 민법 제592조에 따른 환매등기가 마쳐진 경우 매도인이 환매기간 내에 적법하게 환매권을 행사하면 환매등기 후에 마쳐진 제3자의 근저당권 등 제한물권은 소멸하는 것이므로, 환매권 행사 후 근저당권자가 파산선고를 받았다고 하더라도 매도인이 파산자에 대하여 갖는 근저당권설정등기 등의 말소등기청구권은 파산법 제14조에 규정된 파산채권에 해당하지 아니하며, 매도인은 파산법 제79조 소정의 환취권 규정에 따라 파산절차에 의하지 아니하고 직접 파산관재인에게 말소등기절차의 이행을 청구할 수 있다.
[2] 구 산림법(1997. 4. 10. 법률 제5323호로 개정되기 전의 것)상 국유림의 교환의 경우에도 환매특약을 할 수 있도록 하는 명문 규정이 없었다고 하더라도 구 산림법시행규칙(1996. 12. 31. 농림부2령 제1248호로 개정되기 전의 것) 제69조에 환매특약을 하도록 하는 규정을 두고 있어 그에 따라 국가가 사경제주체로서 사법상 계약인 교환계약을 체결하면서 사인과의 의사합치로 환매특약을 계약의 내용으로 넣게 되었다면 산림법에 환매특약에 관한 근거 규정이 없다는 이유만으로 교환계약상의 환매특약이 무효라고 할 수는 없다.
[3] 국가가 그 소유의 국유림을 사인과 사이에서 그의 사유림과 교환하는 계약을 체결함에 있어서 사인이 그 교환계약에 의하여 취득하는 국유림을 5년 이내에 허가 없이 교환 목적 이외의 용도로 전용하거나 제3자에게 양도하고자 하는 경우 교환 당시의 가격으로 환매할 수 있기로 특약을 한 경우, 이러한 환매특약은 산림법에 정하여진 수의계약에 의한 매각이나 교환을 악용하여 산림의 무분별한 개발과 훼손을 막기 위한 것으로서 산림의 보호육성을 통한 국토의 보전을 위하여 제정된 산림법의 입법 취지에 부합하는 것인 점과 수급자에게 선택의 여지가 없는 독점적인 용역의 제공과 달리 교환계약을 체결하는 사인은 이미 환매특약의 부담을 알면서도 국유림을 취득하기를 원하여 교환계약을 체결한 점 등에 비추어 볼 때, 위 환매특약이 약관의규제에관한법률 제6조 제2항 제1호, 제3호가 정하는 고객에 대하여 부당하게 불리한 조항 또는 약관의 목적을 달성할 수 없을 정도로 본질적 권리를 제한하는 조항이라고 볼 수 없다.

제593조 【환매권의 대위행사와 매수인의 권리】 매도인의 채권자가 매도인을 대위하여 환매하고자 하는 때에는 매수인은 법원이 선정한 감정인의 평가액에서 매도인이 반환할 금액을 공제한 잔액으로 매도인의 채무를 변제하고 잉여액이 있으면 이를 매도인에게 지급하여 환매권을 소멸시킬 수 있다.

제594조 【환매의 실행】
①매도인은 기간내에 대금과 매매비용을 매수인에게 제공하지 아니하면 환매할 권리를 잃는다.
②매수인이나 전득자가 목적물에 대하여 비용을 지출한 때에는 매도인은 제203조의 규정에 의하여 이를 상환하여야 한다. 그러나 유익비에 대하여는 법원은 매도인의 청구에 의하여 상당한 상환기간을 허여할 수 있다.

第595條 【공유지분의 환매】
공유자의 1인이 환매할 권리를 보류하고 그 지분을 매도한 후 그 목적물의 분할이나 경매가 있는 때에는 매도인은 매수인이 받은 또는 받을 부분이나 대금에 대하여 환매권을 행사할 수 있다. 그러나 매도인에게 통지하지 아니한 매수인은 그 분할이나 경매로써 매도인에게 대항하지 못한다.

第4節 교환

第596條 【교환의 의의】 교환은 당사자쌍방이 금전이외의 재산권을 상호이전할 것을 약정함으로써 그 효력이 생긴다.

第597條 【금전의 보충지급의 경우】 당사자 일방이 전조의 재산권이전과 금전의 보충지급을 약정한 때에는 그 금전에 대하여는 매매대금에 관한 규정을 준용한다.

第5節 소비대차

第598條 【소비대차의 의의】
소비대차는 당사자 일방이 금전 기타 대체물의 소유권을 상대방에게 이전할 것을 약정하고 상대방은 그와 같은 종류, 품질 및 수량으로 반환할 것을 약정함으로써 그 효력이 생긴다.

第599條 【파산과 소비대차의 실효】
대주가 목적물을 차주에게 인도하기 전에 당사자 일방이 파산선고를 받은 때에는 소비대차는 그 효력을 잃는다.

第600條 【이자계산의 시기】
이자있는 소비대차는 차주가 목적물의 인도를 받은 때로부터 이자를 계산하여야 하며 차주가 그 책임있는 사유로 수령을 지체할 때에는 대주가 이행을 제공한 때로부터 이자를 계산하여야 한다.

판례-부당이득금

[대법원 2003.5.16, 선고, 2002다65745, 판결]

【판시사항】
금융기관이 대출금을 자기앞수표로 지급한 후 피사취신고를 하여 차용인이 위 수표를 금융기관에게 반환한 경우, 대출 당일부터 수표 반환시까지 이자발생을 인정한 사례

【판결요지】
상호신용금고가 대출일에 대출금을 금융기관이 발행한 자기앞수표로 교부한 경우, 거래통념상 자기앞수표는 현금과 다름없이 취급되는 것이므로 위 자기앞수표의 교부로서 대출은 실행되어 당연히 약정이자가 발생된다 할 것이고, 그 후 위 상호신용금고에 의하여 위 수표에 대한 피사취신고가 있었다고 하더라도 이는 원래 의미로서의 수표의 지급위탁 취소가 아니라 단지 사고신고에 불과한 것으로서 특별한 사정이 없는 한 그와 같은 피사취신고가 있었다는 사정만으로 수표금 상당의 대출에 대한 이자발생을 부정할 수는 없다고 한 사례.

제601조 【무이자소비대차와 해제권】
이자없는 소비대차의 당사자는 목적물의 인도전에는 언제든지 계약을 해제할 수 있다. 그러나 상대방에게 생긴 손해가 있는 때에는 이를 배상하여야 한다.

제602조 【대주의 담보책임】
①이자 있는 소비대차의 목적물에 하자가 있는 경우에는 제580조 내지 제582조의 규정을 준용한다.
②이자없는 소비대차의 경우에는 차주는 하자있는 물건의 가액으로 반환할 수 있다. 그러나 대주가 그 하자를 알고 차주에게 고지하지 아니한 때에는 전항과 같다.

제603조 【반환시기】
①차주는 약정시기에 차용물과 같은 종류, 품질 및 수량의 물건을 반환하여야 한다.
②반환시기의 약정이 없는 때에는 대주는 상당한 기간을 정하여 반환을 최고하여야 한다. 그러나 차주는 언제든지 반환할 수 있다.

제604조 【반환불능으로 인한 시가상환】 차주가 차용물과 같은 종류, 품질 및 수량의 물건을 반환할 수 없는 때에는 그 때의 시가로 상환하여야 한다. 그러나 제376조 및 제377조제2항의 경우에는 그러하지 아니하다.

제605조 【준소비대차】
당사자쌍방이 소비대차에 의하지 아니하고 금전 기타의 대체물을 지급할 의무가 있는 경우에 당사자가 그 목적물을 소비대차의 목적으로 할 것을 약정한 때에는 소비대차의 효력이 생긴다.

제606조 【대물대차】
금전대차의 경우에 차주가 금전에 갈음하여 유가증권 기타 물건의 인도를 받은 때에는 그 인도시의 가액으로써 차용액으로 한다.

판례-보증채무금

[대법원 1999.3.23, 선고, 97다54406, 판결]

【판시사항】
주택건설사업자의 채권자가 그 채권에 대한 대물변제조로 위 사업자가 분양하는 아파트에 관한 분양계약을 체결한 경우, 주택건설촉진법시행령 소정의 주택분양을 보증한 주택사업공제조합이 보증책임을 부담하는지 여부(소극)

【판결요지】
주택사업공제조합의 주택분양보증제도는 주택건설촉진법 및 같은법시행령에 기하여 주택공급에관한규칙 소정의 절차와 방법에 따라 분양계약을 체결하고 분양대금을 납부한 선의의 수분양자들을 보호하는 데에 그 취지가 있는 것이므로, 주택분양보증을 한 주택사업공제조합은 '특별한 사정이 없는 한' 주택건설사업자로부터 주택을 분양받은 수분양자들이 계약금 및 중도금을 납부할 것을 전제로 그들이 납부한 분양대금의 환급 또는 주택의 분양에 대하여 보증책임을 부담한다고 봄이 상당하다 할 것인바, 주택건설사업자에 대한 채권자가 그 채권을 담보하거나 회수하기 위한 방편으로 주택건설사업자와의 사이에 공개모집의 방법에 의하여 분양되지 아니하고 남은 주택에 관한 분양계약을 체결하면서 기존의 채권으로 분양계약에 따른 분양대금의 지급에 충당하기로 약정한 경우에는 주택분양보증을 한 주택사업공제조합이 기존의 채권으로 충당된 분양대금 상당액의 환급이나 분양에 대한 보증책임을 부담한다고 할 수 없다.

제607조 【대물반환의 예약】
차용물의 반환에 관하여 차주가 차용물에 갈음하여 다른 재산권을 이전할 것을 예약한 경우에는 그 재산의 예약당시의 가액이 차용액 및 이에 붙인 이자의 합산액을 넘지 못한다.

제608조 【차주에 불이익한 약정의 금지】 전2조의 규정에 위반한 당사자의 약정으로서 차주에 불리한 것은 환매 기타 여하한 명목이라도 그 효력이 없다.

판례-소유권이전등기

[대법원 1999.2.9, 선고, 98다51220, 판결]

【판시사항】
민법 제607조, 제608조에 위반한 대물변제약정을 하였으나 그에 기한 소유권이전등기를 경료하지 않은 경우, 가등기담보등에관한법률 제3조의 적용 여부(소극) 및 채권자가 양도담보약정을 원인으로 하여 담보목적물에 대한 소유권이전등기절차의 이행을 청구할 수 있는지 여부(적극)

【판결요지】
민법 제607조, 제608조에 위반된 대물변제의 약정은 대물변제의 예약으로서는 무효가 되지만 약한 의미의 양도담보를 설정하기로 하는 약정으로서는 유효하되, 다만 그에 기한 소유권이전등기를 미처 경료하지 아니한 경우에는 아직 양도담보가 설정되기 이전의 단계이므로 가등기담보등에관한법률 제3조 소정의 담보권 실행에 관한 규정이 적용될 여지가 없는 한편, 채권자는 양도담보의 약정을 원인으로 하여 담보목적물에 관하여 소유권이전등기절차의 이행을 청구할 수 있다.

제6절 사용대차

제609조 【사용대차의 의의】
사용대차는 당사자 일방이 상대방에게 무상으로 사용, 수익하게 하기 위하여 목적물을 인도할 것을 약정하고 상대방은 이를 사용, 수익한 후 그 물건을 반환할 것을 약정함으로써 그 효력이 생긴다.

제610조 【차주의 사용, 수익권】
①차주는 계약 또는 그 목적물의 성질에 의하여 정하여진 용법으로 이를 사용, 수익하여야 한다.
②차주는 대주의 승낙이 없으면 제삼자에게 차용물을 사용, 수익하게 하지 못한다.
③차주가 전2항의 규정에 위반한 때에는 대주는 계약을 해지할 수 있다.

판례-건물명도

[대법원 1999.5.11, 선고, 98다61746, 판결]

【판시사항】
[1] 집합건물의 구분소유자들이 공용 부분 중 일부에 대하여 제3자에게 무상사용권을 부여한 경우, 그 사용권의 성질(=사용대차)

[2] 사용대차에 있어서 대주의 승낙 없이 차주의 권리를 양도받은 자가 대주에게 대항할 수 있는지 여부(소극)
[3] 집합건물의 구분소유자가 공용 부분에 대한 보존행위를 단독으로 할 수 있는지 여부(적극) 및 그 보존행위에는 지분권에 기한 방해배제청구권과 공유물반환청구권도 포함되는지 여부(적극)

【판결요지】
[1] 집합건물의 구분소유자들이 공용 부분 중 일부에 대하여 제3자에게 무상사용권을 부여한 경우, 이는 민법상 사용대차의 성질을 갖는 것으로 보아야 한다.
[2] 사용대차에 있어서 차주의 권리를 양도받은 자는 그 양도에 관한 대주의 승낙이 없으면 대주에게 대항할 수 없다.
[3] 집합건물의 구분소유자는 집합건물의소유및관리에관한법률 제16조 제1항에 의하여 공용 부분에 대한 보존행위를 단독으로 할 수 있고, 그 보존행위의 내용에는 지분권에 기한 방해배제청구권과 공유물의 반환청구권도 포함된다.

제611조 【비용의 부담】
①차주는 차용물의 통상의 필요비를 부담한다.
②기타의 비용에 대하여는 제594조제2항의 규정을 준용한다.

제612조 【준용규정】 제559조, 제601조의 규정은 사용대차에 준용한다.

제613조 【차용물의 반환시기】
①차주는 약정시기에 차용물을 반환하여야 한다.
②시기의 약정이 없는 경우에는 차주는 계약 또는 목적물의 성질에 의한 사용, 수익이 종료한 때에 반환하여야 한다. 그러나 사용, 수익에 족한 기간이 경과한 때에는 대주는 언제든지 계약을 해지할 수 있다.

판례-부당이득금

[대법원 2001.7.24, 선고, 2001다23669, 판결]

【판시사항】
[1] 민법 제613조 제2항 소정의 사용수익에 충분한 기간이 경과하였는지 여부의 판단 기준
[2] [1]의 기준을 적용하여 사용수익에 충분한 기간이 경과하였다고 인정한 사례

【판결요지】
[1] 민법 제613조 제2항에 의하면, 사용대차에 있어서 그 존속기간을 정하지 아니한 경우에는, 차주는 계약 또는 목적물의 성질에 의한 사용수익이 종료한 때에 목적물을 반환하여야 하나, 현실로 사용수익이 종료하지 아니한 경우라도 사용수익에 충분한 기간이 경과한 때에는 대주는 언제든지 계약을 해지하고 그 차용물의 반환을 청구할 수 있는 것인바, 민법 제613조 제2항 소정의 사용수익에 충분한 기간이 경과하였는지의 여부는 사용대차계약 당시의 사정, 차주의 사용기간 및 이용상황, 대주가 반환을 필요로 하는 사정 등을 종합적으로 고려하여 공평의 입장에서 대주에게 해지권을 인정하는 것이 타당한가의 여부에 의하여 판단하여야 할 것이다
[2] 무상으로 사용을 계속한 기간이 40년 이상의 장기간에 이르렀고 최초의 사용대차계약 당시의 대주가 이미 사망하여 대주와 차주간의 친분 관계의 기초가 변하였을 뿐더러, 차주측에서 대주에게 무상사용 허락에 대한 감사의 뜻이나 호의를 표시하기는 커녕 오히려 자주점유에 의한 취득시효를 주장하는 민사소송을 제기하여 상고심에 이르기까지 다툼을 계속하는 등의 상황에 이를 정도로 쌍방의 신뢰관계 내지 우호관계

가 허물어진 경우, 공평의 견지에서 대주의 상속인에게 사용대차의 해지권을 인정한 사례.

第614조 【차주의 사망, 파산과 해지】
차주가 사망하거나 파산선고를 받은 때에는 대주는 계약을 해지할 수 있다.

第615조 【차주의 원상회복의무와 철거권】 차주가 차용물을 반환하는 때에는 이를 원상에 회복하여야 한다. 이에 부속시킨 물건은 철거할 수 있다.

판례-양수금

[대법원 2012.9.27, 선고, 2012다49490, 판결]

【판시사항】
부동산 임대인이 임차인을 상대로 차임연체로 인한 임대차계약의 해지를 원인으로 임대차목적물인 부동산의 인도 및 연체차임의 지급을 구하는 소송을 제기한 경우, 그 소송비용을 반환할 임대차보증금에서 당연히 공제할 수 있는지 여부(적극) 및 임차인이 이미 다른 사람에게 임대차보증금 반환채권을 양도하고 임대인에게 양도통지를 한 경우에도 마찬가지인지 여부(적극)

【판결요지】
부동산임대차에서 임차인이 임대인에게 지급하는 임대차보증금은 임대차관계가 종료되어 목적물을 반환하는 때까지 임대차관계에서 발생하는 임차인의 모든 채무를 담보하는 것으로서, 임대인이 임차인을 상대로 차임연체로 인한 임대차계약의 해지를 원인으로 임대차목적물인 부동산의 인도 및 연체차임의 지급을 구하는 소송비용은 임차인이 부담할 원상복구비용 및 차임지급의무 불이행으로 인한 것이어서 임대차관계에서 발생하는 임차인의 채무에 해당하므로 이를 반환할 임대차보증금에서 당연히 공제할 수 있고, 한편 임대인의 임대차보증금 반환의무는 임대차관계가 종료되는 경우에 임대차보증금 중에서 목적물을 반환받을 때까지 생긴 임차인의 모든 채무를 공제한 나머지 금액에 관하여서만 비로소 이행기에 도달하는 것이므로, 임차인이 다른 사람에게 임대차보증금 반환채권을 양도하고, 임대인에게 양도통지를 하였어도 임차인이 임대차목적물을 인도하기 전까지는 임대인이 위 소송비용을 임대차보증금에서 당연히 공제할 수 있다.

第616조 【공동차주의 연대의무】
수인이 공동하여 물건을 차용한 때에는 연대하여 그 의무를 부담한다.

第617조 【손해배상, 비용상환청구의 기간】 계약 또는 목적물의 성질에 위반한 사용, 수익으로 인하여 생긴 손해배상의 청구와 차주가 지출한 비용의 상환청구는 대주가 물건의 반환을 받은 날로부터 6월내에 하여야 한다.

第7절 임대차

第618조 【임대차의 의의】
임대차는 당사자 일방이 상대방에게 목적물을 사용, 수익하게 할 것을 약정하고 상대방이 이에 대하여 차임을 지급할 것을 약정함으로써 그 효력이 생긴다.

판례-임대료

[대법원 2015.3.26, 선고, 2013다77225, 판결]

【판시사항】

보증금이 수수된 임대차계약에서 차임채권이 양도된 경우, 임차인이 임대차계약이 종료되어 목적물을 반환할 때까지 연체한 차임 상당액을 보증금에서 공제할 것을 주장할 수 있는지 여부(적극)

【판결요지】

부동산 임대차에서 수수된 보증금은 차임채무, 목적물의 멸실·훼손 등으로 인한 손해배상채무 등 임대차에 따른 임차인의 모든 채무를 담보하는 것으로서 피담보채무 상당액은 임대차관계의 종료 후 목적물이 반환될 때에 특별한 사정이 없는 한 별도의 의사표시 없이 보증금에서 당연히 공제되므로, 보증금이 수수된 임대차계약에서 차임채권이 양도되었다고 하더라도, 임차인은 임대차계약이 종료되어 목적물을 반환할 때까지 연체한 차임 상당액을 보증금에서 공제할 것을 주장할 수 있다.

제619조 【처분능력, 권한없는 자의 할 수 있는 단기임대차】 처분의 능력 또는 권한없는 자가 임대차를 하는 경우에는 그 임대차는 다음 각호의 기간을 넘지 못한다.

1. 식목, 채염 또는 석조, 석회조, 연와조 및 이와 유사한 건축을 목적으로 한 토지의 임대차는 10년
2. 기타 토지의 임대차는 5년
3. 건물 기타 공작물의 임대차는 3년
4. 동산의 임대차는 6월

제620조 【단기임대차의 갱신】

전조의 기간은 갱신할 수 있다. 그러나 그 기간만료전 토지에 대하여는 1년, 건물 기타 공작물에 대하여는 3월, 동산에 대하여는 1월내에 갱신하여야 한다.

제621조 【임대차의 등기】

①부동산임차인은 당사자간에 반대 약정이 없으면 임대인에 대하여 그 임대차등기절차에 협력할 것을 청구할 수 있다.

②부동산임대차를 등기한 때에는 그때부터 제삼자에 대하여 효력이 생긴다.

판례-배당이의

[대법원 2007.6.28, 선고, 2004다69741, 판결]

【판시사항】

[1] 전세권과 임대차의 법적 성질

[2] 주택임차인이 그 지위를 강화하고자 별도로 전세권설정등기를 마친 경우, 주택임차인이 주택임대차보호법 제3조 제1항의 대항요건을 상실하면 이미 취득한 주택임대차보호법상의 대항력 및 우선변제권을 상실하는지 여부(적극)

【판결요지】

[1] 전세권은 전세금을 지급하고 타인의 부동산을 점유하여 그 부동산의 용도에 좇아 사용·수익하며 그 부동산 전부에 대하여 후순위권리자 기타 채권자보다 전세금의 우선변제를 받을 권리를 내용으로 하는 물권이지만, 임대차는 당사자 일방이 상대방에게 목적물을 사용·수익하게 할 것을 약정하고 상대방이 이에 대하여 차임을 지급할 것을

약정함으로써 그 효력이 발생하는 채권계약으로서, 주택임차인이 주택임대차보호법 제3조 제1항의 대항요건을 갖추거나 민법 제621조의 규정에 의한 주택임대차등기를 마치더라도 채권계약이라는 기본적인 성질에 변함이 없다.
[2] 주택임차인이 그 지위를 강화하고자 별도로 전세권설정등기를 마치더라도 주택임대차보호법상 주택임차인으로서의 우선변제를 받을 수 있는 권리와 전세권자로서 우선변제를 받을 수 있는 권리는 근거 규정 및 성립요건을 달리하는 별개의 것이라는 점, 주택임대차보호법 제3조의3 제1항에서 규정한 임차권등기명령에 의한 임차권등기와 동법 제3조의4 제2항에서 규정한 주택임대차등기는 공통적으로 주택임대차보호법상의 대항요건인 '주민등록일자', '점유개시일자' 및 '확정일자'를 등기사항으로 기재하여 이를 공시하지만 전세권설정등기에는 이러한 대항요건을 공시하는 기능이 없는 점, 주택임대차보호법 제3조의4 제1항에서 임차권등기명령에 의한 임차권등기의 효력에 관한 동법 제3조의3 제5항의 규정은 민법 제621조에 의한 주택임대차등기의 효력에 관하여 이를 준용한다고 규정하고 있을 뿐 주택임대차보호법 제3조의3 제5항의 규정을 전세권설정등기의 효력에 관하여 준용할 법적 근거가 없는 점 등을 종합하면, 주택임차인이 그 지위를 강화하고자 별도로 전세권설정등기를 마쳤더라도 주택임차인이 주택임대차보호법 제3조 제1항의 대항요건을 상실하면 이미 취득한 주택임대차보호법상의 대항력 및 우선변제권을 상실한다.

第622조 【건물등기있는 차지권의 대항력】 ①건물의 소유를 목적으로 한 토지임대차는 이를 등기하지 아니한 경우에도 임차인이 그 지상건물을 등기한 때에는 제삼자에 대하여 임대차의 효력이 생긴다.
②건물이 임대차기간 만료전에 멸실 또는 후폐한 때에는 전항의 효력을 잃는다.

第623조 【임대인의 의무】 임대인은 목적물을 임차인에게 인도하고 계약존속중 그 사용, 수익에 필요한 상태를 유지하게 할 의무를 부담한다.

판례-손해배상(기)·건물명도

[대법원 2012.6.14, 선고, 2010다89876,89883, 판결]

【판시사항】
[1] 임대인이 수선의무를 부담하는 임대 목적물의 파손·장해 정도
[2] 임차인 甲이 가구전시장으로 임차하여 사용하던 건물 바닥에 결로현상이 발생하자 임대인 乙을 상대로 임대목적물 하자에 따른 손해배상을 청구한 사안에서, 건물이 일반적 용도로 사용하는 데 하자가 없다고 단정하여 청구를 배척한 원심판결에 법리오해 등 위법이 있다고 한 사례

【판결요지】
[1] 임대차계약에서 임대인은 목적물을 계약 존속 중 사용·수익에 필요한 상태를 유지할 의무를 부담하므로, 목적물에 파손 또는 장해가 생긴 경우 그것이 임차인이 별비용을 들이지 아니하고도 손쉽게 고칠 수 있을 정도의 사소한 것이어서 임차인의 사용·수익을 방해할 정도의 것이 아니라면 임대인은 수선의무를 부담하지 않지만, 그것을 수선하지 아니하면 임차인이 계약에 의하여 정해진 목적에 따라 사용·수익할 수 없는 상태로 될 정도의 것이라면 임대인은 수선의무를 부담한다.
[2] 임차인 甲이 가구전시장으로 임차하여 사용하던 건물 바닥에 결로현상이 발생하자 임대인 乙을 상대로 임대목적물 하자에 따른 손해배상을 청구한 사안에서, 감정인의 감정서 등에 비추어 위 건물에는 구조상 바닥 밑 단열과 방습조치가 되어 있지 않은 하자가 있어 여름형 결로현상이 발생할 수밖에 없고, 乙은 임대차계약 체결 당시 甲이 건물을 가구전시장으로 임차한 사실을 알고 있었으므로, 甲의 요구에 따라 건물 바닥에 나타난 습기의 발생 원인을 조사하고 이를 제거하기 위하여 제습기 또는 공조시설

등을 설치하거나 바닥 공사를 하여 주는 등 조치를 취함으로써 甲이 사용·수익할 수 있는 상태를 유지하여 줄 의무가 있는데도, 이와 달리 건물이 일반적 용도로 사용하는데 하자가 없다고 단정하여 위 청구를 배척한 원심판결에 임대차 목적물에 대한 임대인의 수선의무에 관한 법리오해 등 위법이 있다고 한 사례.

第624조 【임대인의 보존행위, 인용의무】 임대인이 임대물의 보존에 필요한 행위를 하는 때에는 임차인은 이를 거절하지 못한다.

第625조 【임차인의 의사에 반하는 보존행위와 해지권】 임대인이 임차인의 의사에 반하여 보존행위를 하는 경우에 임차인이 이로 인하여 임차의 목적을 달성할 수 없는 때에는 계약을 해지할 수 있다.

第626조 【임차인의 상환청구권】

①임차인이 임차물의 보존에 관한 필요비를 지출한 때에는 임대인에 대하여 그 상환을 청구할 수 있다.

②임차인이 유익비를 지출한 경우에는 임대인은 임대차종료시에 그 가액의 증가가 현존한때에 한하여 임차인의 지출한 금액이나 그 증가액을 상환하여야 한다. 이 경우에 법원은 임대인의 청구에 의하여 상당한 상환기간을 허여할 수 있다.

판례-임대차보증금

[대법원 2002.12.6, 선고, 2002다42278, 판결]

【판시사항】

[1] 임대인의 귀책사유로 임대차계약이 해지된 경우에도 임차인이 원상회복의무를 부담하는지 여부(적극)

[2] 임차인이 임대인에게 시설비 등을 청구하지 않기로 약정한 사정만으로 원상복구의무를 부담하지 아니하기로 하는 합의가 있었다고 볼 수 없다고 한 사례

【판결요지】

[1] 임대차계약이 중도에 해지되어 종료하면 임차인은 목적물을 원상으로 회복하여 반환하여야 하는 것이고, 임대인의 귀책사유로 임대차계약이 해지되었다고 하더라도 임차인은 그로 인한 손해배상을 청구할 수 있음은 별론으로 하고 원상회복의무를 부담하지 않는다고 할 수는 없다.

[2] 임차인이 자신의 영업을 위하여 설치한 시설에 관한 비용을 임대인에게 청구하지 않기로 약정한 사정만으로 원상복구의무를 부담하지 아니하기로 하는 합의가 있었다고 볼 수 없고, 임대차계약서상 기재된 임차인의 원상복구의무에 관한 조항이 단지 부동문자로 남아 있는 무의미한 내용에 불과하다고 볼 수 없다고 한 사례.

第627조 【일부멸실등과 감액청구, 해지권】 ①임차물의 일부가 임차인의 과실없이 멸실 기타 사유로 인하여 사용, 수익할 수 없는 때에는 임차인은 그 부분의 비율에 의한 차임의 감액을 청구할 수 있다.

②전항의 경우에 그 잔존부분으로 임차의 목적을 달성할 수 없는 때에는 임차인은 계약을 해지할 수 있다.

第628조 【차임증감청구권】

임대물에 대한 공과부담의 증감 기타 경제사정의 변동으로 인하여 약정한 차임

이 상당하지 아니하게 된 때에는 당사자는 장래에 대한 차임의 증감을 청구할 수 있다.

판례-임대료

[대법원 2004.1.15, 선고, 2001다12638, 판결]

【판시사항】

[1] 구 한국공항공단법 제17조에 의하여 한국공항공단이 정부로부터 무상사용허가를 받은 행정재산을 전대하는 행위가 사법상의 임대차에 해당하는지 여부(한정 적극)

[2] 한국공항공단이 정부로부터 무상사용허가를 받은 행정재산을 전대하는 법률관계에 차임증감청구권에 관한 민법 제628조가 적용되나 그 사용료 약정이 경제사정 등의 변경으로 인하여 현저히 부당하게 된 것은 아니라고 한 사례

【판결요지】

[1] 한국공항공단이 정부로부터 무상사용허가를 받은 행정재산을 구 한국공항공단법(2002. 1. 4. 법률 제6607호로 폐지) 제17조에서 정한 바에 따라 전대하는 경우에 미리 그 계획을 작성하여 건설교통부장관에게 제출하고 승인을 얻어야 하는 등 일부 공법적 규율을 받고 있다고 하더라도, 한국공항공단이 그 행정재산의 관리청으로부터 국유재산관리사무의 위임을 받거나 국유재산관리의 위탁을 받지 않은 이상, 한국공항공단이 무상사용허가를 받은 행정재산에 대하여 하는 전대행위는 통상의 사인간의 임대차와 다를 바가 없고, 그 임대차계약이 임차인의 사용승인신청과 임대인의 사용승인의 형식으로 이루어졌다고 하여 달리 볼 것은 아니다.

[2] 한국공항공단이 정부로부터 무상사용허가를 받은 행정재산을 전대하는 법률관계에 차임증감청구권에 관한 민법 제628조가 적용되나 그 사용료 약정이 경제사정 등의 변경으로 인하여 현저히 부당하게 된 것은 아니라고 한 사례.

약정인세의 감액청구의 경우 민법상 차임증감청구규정의 유추적용여부

(대한법률구조공단 자료)

질문

甲은 乙과 乙의 저작물의 출판허락계약을 체결하였습니다. 그런데 그 약정인세가 출판계의 불황 등 경제사정의 변동에 비추어 부당하게 높다고 생각되어 그 감액을 청구하려고 합니다. 이 경우 사정변경의 원칙을 규정한 민법 제628조의 차임증감청구규정을 출판허락계약상 약정인세감액청구에 유추적용 할 수 있는지요?

답변

임대차에 관한 차임증감청구권에 대하여 「민법」 제628조에서 임대물에 대한 공과부담의 증감 기타 경제사정의 변동으로 인하여 약정한 차임이 상당하지 아니하게 된 때에는 당사자는 장래에 대한 차임의 증감을 청구할 수 있다고 규정하고 있습니다.

그런데 출판허락계약상 약정인세의 감액청구소송에 민법 제628조에서 정한 차임증감청구에 관한 규정을 유추적용할 수 있는지 판례를 보면, 출판허락계약상 약정인세의 감액을 청구하는 소송은 그 성질상 법률에 규정이 있는 경우에 한하여 허용되는 형성의 소에 해당하는데, 이를 허용하는 아무런 법률상의 근거가 없고, 명문의 근거규정이 없는 경우에도 특정 형성소송에 관한 규정을 유추적용 하여 일정한 요건에서 최소한의 범위 내에서 그와 유사한 법률관계에 관하여 형성의 소를 허용하여야 할 경우가 있다고 하더라도, 출판허락계약의 특성과 사회적 기능 특히 출판허락계약상 저작물의 발행·보급의 목적 등 모든 사정을 고려해보면, 임대차계약에 관한 민법 제628조 소정의 차임증감청구에 관한 규정을 출판허락계약상의 인세에 유추적용 할 수 없다고 하였습니다(대법원 2000. 5. 26. 선고 2000다2375,2382 판결).

따라서 단순히 출판계의 불황이라는 이유로 민법 제628조를 유추적용 하여 약정인세의 감액을 청구하여 승소하기는 어려울 것으로 보입니다.

참고로 사정변경으로 인한 계약해제가 인정되는 경우에 관하여 판례를 보면, 이른바 사정변경으로 인한 계약해제는, 계약성립 당시 당사자가 예견할 수 없었던 현저한 사정의 변경이 발생하였고 그러한 사정의 변경이 해제권을 취득하는 당사자에게 책임 없는 사유로 생긴 것으로서, 계약내용대로의 구속

력을 인정한다면 신의칙에 현저히 반하는 결과가 생기는 경우에 계약준수원칙의 예외로서 인정되는 것이고, 여기에서 말하는 사정이라 함은 계약의 기초가 되었던 객관적인 사정으로서, 일방당사자의 주관적 또는 개인적인 사정을 의미하는 것은 아니고 또한, 계약의 성립에 기초가 되지 아니한 사정이 그 후 변경되어 일방당사자가 계약당시 의도한 계약목적을 달성할 수 없게 됨으로써 손해를 입게 되었더라도 특별한 사정이 없는 한 그 계약내용의 효력을 그대로 유지하는 것이 신의칙에 반한다고 볼 수도 없다고 하였습니다(대법원 2007. 3. 29. 선고 2004다31302 판결).

"본 사례는 개인의 법률문제 해결에 도움을 주고자 게재되었으나, 이용자 여러분의 생활에서 발생하는 구체적 사안은 동일하지는 않을 것이므로 참고자료로 활용하시기 바랍니다."

제629조 【임차권의 양도, 전대의 제한】 ①임차인은 임대인의 동의없이 그 권리를 양도하거나 임차물을 전대하지 못한다.
②임차인이 전항의 규정에 위반한 때에는 임대인은 계약을 해지할 수 있다.

판례-권리양도금

[대법원 2013.5.9, 선고, 2012다115120, 판결]

【판시사항】

[1] 영업용 건물의 임대차에 수반하여 지급되는 권리금의 법적 성질 및 권리금계약이 임대차계약 등과는 별개의 계약인지 여부(적극)
[2] 여러 개의 계약이 체결된 경우, 그 계약 전부가 불가분의 관계에 있는지 판단하는 기준 및 하나의 계약에 대한 기망 취소의 의사표시가 전체 계약에 대한 취소의 효력이 있는 경우
[3] 임차권의 양수인 甲이 양도인 乙의 기망행위를 이유로 乙과 체결한 임차권양도계약 및 권리금계약을 각 취소 또는 해제한다고 주장한 사안에서, 임차권양도계약과 분리하여 권리금계약만이 취소되었다고 본 원심판결에 법리오해 등 위법이 있다고 한 사례

【판결요지】

[1] 영업용 건물의 임대차에 수반되어 행하여지는 권리금의 지급은 임대차계약의 내용을 이루는 것은 아니고 권리금 자체는 거기의 영업시설·비품 등 유형물이나 거래처, 신용, 영업상의 노하우(know-how) 혹은 점포 위치에 따른 영업상 이점 등 무형의 재산적 가치의 양도 또는 일정 기간 동안의 이용대가라고 볼 것인바, 권리금계약은 임대차계약이나 임차권양도계약 등에 수반되어 체결되지만 임대차계약 등과는 별개의 계약이다.
[2] 여러 개의 계약이 체결된 경우에 그 계약 전부가 하나의 계약인 것과 같은 불가분의 관계에 있는 것인지는 계약체결의 경위와 목적 및 당사자의 의사 등을 종합적으로 고려하여 판단하여야 하고, 각 계약이 전체적으로 경제적, 사실적으로 일체로서 행하여진 것으로 그 하나가 다른 하나의 조건이 되어 어느 하나의 존재 없이는 당사자가 다른 하나를 의욕하지 않았을 것으로 보이는 경우 등에는, 하나의 계약에 대한 기망 취소의 의사표시는 법률행위의 일부무효이론과 궤를 같이하는 법률행위 일부취소의 법리에 따라 전체 계약에 대한 취소의 효력이 있다.
[3] 임차권의 양수인 甲이 양도인 乙의 기망행위를 이유로 乙과 체결한 임차권양도계약 및 권리금계약을 각 취소 또는 해제한다고 주장한 사안에서, 임차권양도계약과 권리금계약의 체결 경위와 계약 내용 등에 비추어 볼 때, 위 권리금계약은 임차권양도계약과 결합하여 전체가 경제적·사실적으로 일체로 행하여진 것으로서, 어느 하나의 존재 없이는 당사자가 다른 하나를 의욕하지 않았을 것으로 보이므로 권리금계약 부분만을 따로 떼어 취소할 수 없는데도, 임차권양도계약과 분리하여 권리금계약만이 취소되었다고 본 원심판결에 임차권양도계약에 관한 판단누락 또는 계약의 취소 범위에 관한 법리오해 등 위법이 있다고 한 사례.

대항력 있는 주택임차인이 임대인의 동의 하에 임차권 양도한 경우

(대한법률구조공단 자료)

질문

저는 주택을 임차하여 주민등록을 마치고 입주하여 살고 있던 친구로부터 임차권을 양도받았는데, 집주인도 임차권양도에 동의를 하였습니다. 그런데 제 친구가 대항력을 취득한 후 제가 임차권을 양도받기 전 위 주택에 근저당권이 설정되었고, 그에 기한 경매절차가 지금 진행되고 있습니다. 저는 위 경매절차의 매수인에게 대항할 수 있는지요?

답변

「민법」 제629조는 "임차인은 임대인의 동의 없이 그 권리를 양도하거나 임차물을 전대하지 못한다. 임차인이 이 규정에 위반한 때에는 임대인은 계약을 해지할 수 있다."라고 규정하고 있으므로, 임대인의 동의를 얻지 못한 주택임차권의 양도나 전대차의 경우에는 그 양수인이나 전차인이 「주택임대차보호법」 상의 보호를 받지 못할 것입니다.

그러나 임대인의 동의를 얻은 주택임차권의 양도나 전대차에 관하여 「주택임대차보호법」 상의 대항력 등이 존속되는지 문제됩니다.

이에 관하여 판례는 "주택임대차보호법 제3조 제1항에 의한 대항력을 갖춘 주택임차인이 임대인의 동의를 얻어 임차권을 양도하거나 전대차한 경우에 양수인이나 전차인이 임차인의 주민등록퇴거일로부터 주민등록법상의 전입신고기간 내에 전입신고를 마치고 주택을 인도 받아 점유를 계속하고 있다면 비록 위 임차권의 양도나 전대에 의하여 임차권의 공시방법인 점유와 주민등록이 변경되었다 하더라도 원래의 임차인이 갖는 임차권의 대항력은 소멸되지 아니하고 동일성을 유지한 채로 존속한다고 보아야 하고, 그 이유는 주택임대차보호법 제3조 제1항에 의한 임차권의 대항력은 그 공시방법인 점유와 주민등록의 계속을 그 존속요건으로 하고 있는데, 임대인의 동의가 있는 양수인이나 전차인은 그 점유와 주민등록으로 원래의 임차권에 대한 공시방법에 갈음할 수 있어 그 임대차자체에 대한 공시방법은 계속된다고 보지 못할 바 아니고, 또 위와 같이 공시방법의 변경에 따른 대항력의 존속을 인정한다 하여 이미 원래의 임대차에 의한 대항을 받고 있는 제3자에게 그 이상의 불이익을 주는 것이 아닌 반면에, 위와 같이 해석하는 것이 임차인으로 하여금 양도나 전대에 의한 임차보증금 등의 회수를 용이하게 할 수 있어 주택임차인의 주거생활의 안정을 보호하려고 하는 주택임대차보호법의 취지에도 부합하는 것이기 때문이다."라고 하였습니다(대법원 1988. 4. 25. 선고 87다카2509 판결, 1994. 6. 24. 선고 94다3155 판결, 2007. 11. 29 선고 2005다64255 판결).

따라서 임대인의 동의를 받은 주택임차권의 양수인인 귀하가 위의 판례에서 제시하고 있는 바와 같이 전 임차인의 주민등록 퇴거일로부터 주민등록법상의 전입신고를 마치고 주택을 인도받아 점유하고 있다면, 양도인인 전 임차인의 대항력을 승계한 자로서 제3자에 대하여 직접 대항력을 행사할 수 있다고 하여야 할 것으로 보입니다.

"본 사례는 개인의 법률문제 해결에 도움을 주고자 게재되었으나, 이용자 여러분의 생활에서 발생하는 구체적 사안은 동일하지는 않을 것이므로 참고자료로 활용하시기 바랍니다."

제630조 【전대의 효과】

①임차인이 임대인의 동의를 얻어 임차물을 전대한 때에는 전차인은 직접 임대인에 대하여 의무를 부담한다. 이 경우에 전차인은 전대인에 대한 차임의 지급으로써 임대인에게 대항하지 못한다.

②전항의 규정은 임대인의 임차인에 대한 권리행사에 영향을 미치지 아니한다.

제631조 【전차인의 권리의 확정】

임차인이 임대인의 동의를 얻어 임차물을 전대한 경우에는 임대인과 임차인의 합의로 계약을 종료한 때에도 전차인의 권리는 소멸하지 아니한다.

제632조 【임차건물의 소부분을 타인에게 사용케 하는 경우】

전3조의 규정은 건물의 임차인이 그 건물의 소부분을 타인에게 사용하게 하는 경우에 적용하지 아니한다.

第633조 【차임지급의 시기】
차임은 동산, 건물이나 대지에 대하여는 매월말에, 기타 토지에 대하여는 매년말에 지급하여야 한다. 그러나 수확기 있는 것에 대하여는 그 수확후 지체없이 지급하여야 한다.

第634조 【임차인의 통지의무】
임차물의 수리를 요하거나 임차물에 대하여 권리를 주장하는 자가 있는 때에는 임차인은 지체없이 임대인에게 이를 통지하여야 한다. 그러나 임대인이 이미 이를 안 때에는 그러하지 아니하다.

第635조 【기간의 약정없는 임대차의 해지통고】 ①임대차기간의 약정이 없는 때에는 당사자는 언제든지 계약해지의 통고를 할 수 있다.
②상대방이 전항의 통고를 받은 날로부터 다음 각호의 기간이 경과하면 해지의 효력이 생긴다.
1. 토지, 건물 기타 공작물에 대하여는 임대인이 해지를 통고한 경우에는 6월, 임차인이 해지를 통고한 경우에는 1월
2. 동산에 대하여는 5일

판례-건물인도 등

[대법원 2012.10.11, 선고, 2012다55860, 판결]

【판시사항】
임차인의 차임연체액이 2기의 차임액에 달한다는 이유로 임대인이 임대차계약을 해지하는 경우, 그 사유를 전차인에게 통지하여야만 해지로써 전차인에게 대항할 수 있는지 여부(소극) 및 이 경우 임대차계약이 종료하는 시점(=해지의 의사표시가 임차인에게 도달한 즉시)

【판결요지】
민법 제638조 제1항, 제2항 및 제635조 제2항에 의하면 임대차계약이 해지 통고로 인하여 종료된 경우에 그 임대물이 적법하게 전대되었을 때에는 임대인은 전차인에 대하여 그 사유를 통지하지 아니하면 해지로써 전차인에게 대항하지 못하고, 전차인이 통지를 받은 때에는 토지, 건물 기타 공작물에 대하여는 임대인이 해지를 통고한 경우에는 6월, 임차인이 해지를 통고한 경우에는 1월, 동산에 대하여는 5일이 경과하면 해지의 효력이 생긴다고 할 것이지만 민법 제640조에 터 잡아 임차인의 차임연체액이 2기의 차임액에 달함에 따라 임대인이 임대차계약을 해지하는 경우에는 전차인에 대하여 그 사유를 통지하지 않더라도 해지로써 전차인에게 대항할 수 있고, 해지의 의사표시가 임차인에게 도달하는 즉시 임대차관계는 해지로 종료된다.

第636조 【기간의 약정 있는 임대차의 해지통고】 임대차기간의 약정이 있는 경우에도 당사자 일방 또는 쌍방이 그 기간내에 해지할 권리를 보류한 때에는 전조의 규정을 준용한다.

第637조 【임차인의 파산과 해지통고】
①임차인이 파산선고를 받은 경우에는 임대차기간의 약정이 있는 때에도 임대인

또는 파산관재인은 제635조의 규정에 의하여 계약해지의 통고를 할 수 있다.
②전항의 경우에 각당사자는 상대방에 대하여 계약해지로 인하여 생긴 손해의 배상을 청구하지 못한다.

第638조 【해지통고의 전차인에 대한 통지】 ①임대차계약이 해지의 통고로 인하여 종료된 경우에 그 임대물이 적법하게 전대되었을 때에는 임대인은 전차인에 대하여 그 사유를 통지하지 아니하면 해지로써 전차인에게 대항하지 못한다.
②전차인이 전항의 통지를 받은 때에는 제635조제2항의 규정을 준용한다.

第639조 【묵시의 갱신】
①임대차기간이 만료한 후 임차인이 임차물의 사용, 수익을 계속하는 경우에 임대인이 상당한 기간내에 이의를 하지 아니한 때에는 전임대차와 동일한 조건으로 다시 임대차한 것으로 본다. 그러나 당사자는 제635조의 규정에 의하여 해지의 통고를 할 수 있다.
②전항의 경우에 전임대차에 대하여 제삼자가 제공한 담보는 기간의 만료로 인하여 소멸한다.

판례-임대차보증금

[대법원 2005.4.14, 선고, 2004다63293, 판결]

【판시사항】
민법 제639조 제2항이 당사자들의 합의에 따른 임대차 기간연장의 경우에도 적용되는지 여부(소극)

【판결요지】
민법 제639조 제1항의 묵시의 갱신은 임차인의 신뢰를 보호하기 위하여 인정되는 것이고, 이 경우 같은 조 제2항에 의하여 제3자가 제공한 담보는 소멸한다고 규정한 것은 담보를 제공한 자의 예상하지 못한 불이익을 방지하기 위한 것이라 할 것이므로, 민법 제639조 제2항은 당사자들의 합의에 따른 임대차 기간연장의 경우에는 적용되지 않는다.

第640조 【차임연체와 해지】
건물 기타 공작물의 임대차에는 임차인의 차임연체액이 2기의 차임액에 달하는 때에는 임대인은 계약을 해지할 수 있다.

판례-건물명도등

[대법원 2014.7.24, 선고, 2012다28486, 판결]

【판시사항】
[1] 상가건물 임대차보호법의 적용을 받는 상가건물의 임대차에 민법 제640조에서 정한 계약해지 규정이 적용되는지 여부(적극) 및 민법 제640조와 동일한 내용을 정한 약정이 상가건물 임대차보호법 제15조에 의하여 효력이 없다고 할 수 있는지 여부(소극)
[2] 상가건물의 임차인이 갱신 전부터 차임을 연체하기 시작하여 갱신 후에 차임연체액이 2기의 차임액에 이른 경우, 임대인이 2기 이상의 차임연체를 이유로 갱신된 임대차계약을 해지할 수 있는지 여부(원칙적 적극)

【판결요지】
[1] 상가건물 임대차보호법에서 정한 임대인의 갱신요구거절권은 계약해지권과 행사시기, 효과 등이 서로 다를 뿐만 아니라, 상가건물 임대차보호법 제10조 제1항이 민법

제640조에서 정한 계약해지에 관하여 별도로 규정하고 있지 아니하므로, 상가건물 임대차보호법 제10조 제1항 제1호가 민법 제640조에 대한 특례에 해당한다고 할 수 없다.
그러므로 상가건물 임대차보호법의 적용을 받는 상가건물의 임대차에도 민법 제640조가 적용되고, 상가건물의 임대인이라도 임차인의 차임연체액이 2기의 차임액에 이르는 때에는 임대차계약을 해지할 수 있다. 그리고 같은 이유에서 민법 제640조와 동일한 내용을 정한 약정이 상가건물 임대차보호법의 규정에 위반되고 임차인에게 불리한 것으로서 위 법 제15조에 의하여 효력이 없다고 할 수 없다.
[2] 갱신 전후 상가건물 임대차계약의 내용과 성질, 임대인과 임차인 사이의 형평, 상가건물 임대차보호법 제10조와 민법 제640조의 입법 취지 등을 종합하여 보면, 상가건물의 임차인이 갱신 전부터 차임을 연체하기 시작하여 갱신 후에 차임연체액이 2기의 차임액에 이른 경우에도 임대차계약의 해지사유인 '임차인의 차임연체액이 2기의 차임액에 달하는 때'에 해당하므로, 이러한 경우 특별한 사정이 없는 한 임대인은 2기 이상의 차임연체를 이유로 갱신된 임대차계약을 해지할 수 있다.

제641조 【동전】 건물 기타 공작물의 소유 또는 식목, 채염, 목축을 목적으로 한 토지임대차의 경우에도 전조의 규정을 준용한다.

제642조 【토지임대차의 해지와 지상건물등에 대한 담보물권자에의 통지】 전조의 경우에 그 지상에 있는 건물 기타 공작물이 담보물권의 목적이 된 때에는 제288조의 규정을 준용한다.

제643조 【임차인의 갱신청구권, 매수청구권】 건물 기타 공작물의 소유 또는 식목, 채염, 목축을 목적으로 한 토지임대차의 기간이 만료한 경우에 건물, 수목 기타 지상시설이 현존한 때에는 제283조의 규정을 준용한다.

판례-토지인도 및 건물철거등·매매대금

[대법원 2013.11.28, 선고, 2013다48364,48371, 판결]

【판시사항】
건물 소유를 목적으로 하는 토지 임대차에서 종전 임차인으로부터 미등기 무허가건물을 매수하여 점유하고 있는 임차인이 임대인에 대하여 지상물매수청구권을 행사할 수 있는지 여부(원칙적 적극)

【판결요지】
민법 제643조가 정하는 건물 소유를 목적으로 하는 토지 임대차에서 임차인이 가지는 지상물매수청구권은 건물의 소유를 목적으로 하는 토지 임대차계약이 종료되었음에도 그 지상 건물이 현존하는 경우에 임대차계약을 성실하게 지켜온 임차인이 임대인에게 상당한 가액으로 그 지상 건물의 매수를 청구할 수 있는 권리로서 국민경제적 관점에서 지상 건물의 잔존 가치를 보존하고, 토지 소유자의 배타적 소유권 행사로 인하여 희생당하기 쉬운 임차인을 보호하기 위한 제도이므로, 특별한 사정이 없는 한 행정관청의 허가를 받은 적법한 건물이 아니더라도 임차인의 지상물매수청구권의 대상이 될 수 있다. 그리고 건물을 매수하여 점유하고 있는 사람은 소유자로서의 등기명의가 없다 하더라도 그 권리의 범위 내에서는 그 점유 중인 건물에 대하여 법률상 또는 사실상의 처분권을 가지고 있다. 위와 같은 지상물매수청구청구권 제도의 목적, 미등기 매수인의 법적 지위 등에 비추어 볼 때, 종전 임차인으로부터 미등기 무허가건물을 매수하여 점유하고 있는 임차인은 특별한 사정이 없는 한 비록 소유자로서의 등기명의가 없어 소유권을 취득하지 못하였다 하더라도 임대인에 대하여 지상물매수청구권을 행사할 수 있는 지위에 있다.

임차인의 건물매수청구권을 포기하기로 한 약정이 유효한지

(대한법률구조공단 자료)

질문

저는 甲이 건물소유를 목적으로 乙소유 토지를 임차하여 신축한 미등기건물을 위 임차권을 포함하여 甲으로부터 매수하였습니다. 그런데 乙은 자기의 동의없이 위 토지임차권을 무단양도 하였다는 이유로 甲에게 계약해지를 통고하였으므로 甲과 저는 乙에게 사정하여 3년 후에는 위 건물을 철거하겠다는 조건으로 乙과 제가 임대차계약을 체결하였습니다. 그런데 민법상 건물매수청구권에 관한 임차인에게 불리한 약정은 효력이 없다고 하는바, 3년이 만료된 후 제가 위 건물의 매수청구를 할 수 없는지요?

답변

「민법」 제652조에서 건물소유를 목적으로 한 토지임차인의 건물매수청구권에 관한 같은 법 제643조의 규정에 위반한 약정으로 임차인이나 전차인에게 불리한 것은 효력이 없다고 규정하고 있으며, 같은 법 제629조에서는 임차인은 임대인의 동의 없이 그 권리를 양도하거나 임차물을 전대하지 못하며 임차인이 이를 위반한 때에는 임대인은 계약을 해지할 수 있다고 규정하고 있습니다.

그런데 임차인의 매수청구권에 관한 「민법」 제643조를 위반하는 약정으로서 임차인 등에게 불리한 것인지에 관한 판단기준에 관한 판례를 보면, 임차인의 매수청구권에 관한 「민법」 제643조는 강행규정이므로 이를 위반하는 약정으로서 임차인이나 전차인에게 불리한 것은 효력이 없는데, 임차인 등에게 불리한 약정인지는 우선 당해계약의 조건자체에 의하여 가려져야 하지만, 계약체결경위와 제반사정 등을 종합적으로 고려하여 실질적으로 임차인 등에게 불리하다고 볼 수 없는 특별한 사정을 인정할 수 있을 때에는 강행규정에 저촉되지 않는 것으로 보아야 한다고 하였습니다(대법원 2011. 5. 26. 선고 2011다1231 판결). 그리고 무단양도 등으로 토지를 점유할 권원이 없어 건물을 철거하여야 할 처지에 있는 건물소유자에게 토지소유자가 은혜적으로 명목상 차임만을 받고 토지의 사용을 일시적으로 허용하는 취지에서 토지임대차계약이 체결된 경우라면, 임대인의 요구시 언제든지 건물을 철거하고 토지를 인도한다는 특약이 임차인에게 불리한 약정에 해당되지 않는다고 하였습니다(대법원 1997. 4. 8. 선고 96다45443 판결, 2002. 5. 31. 선고 2001다42080 판결).

따라서 위 사안의 경우 귀하도 乙에 대하여 위 주택의 매수청구권을 행사하기 어렵다고 할 것입니다.

참고로 임차인의 매수청구권포기약정에 관한 사례를 보면, 건물이 경제적 가치가 별로 없었던 것으로서 건물의 전소유자의 조건 없는 철거약정이 있었고, 또한 건물소유자가 법정지상권이 없으면 건물을 철거할 수밖에 없는 처지에서 대지에 법정지상권이 없으면 건물을 철거하기로 약정하고 대지를 임차하였다면 그와 같은 철거약정은 대지임차인에게 일방적으로 불리한 약정이라고 볼 수 없으므로 대지소유자에 대하여 「민법」 제643조에서 정한 건물매수청구권을 행사할 수 없다고 한 사례도 있습니다(대법원 1993. 12. 28. 선고 93다26687 판결).

"본 사례는 개인의 법률문제 해결에 도움을 주고자 게재되었으나, 이용자 여러분의 생활에서 발생하는 구체적 사안은 동일하지는 않을 것이므로 참고자료로 활용하시기 바랍니다."

제644조 【전차인의 임대청구권, 매수청구권】 ①건물 기타 공작물의 소유 또는 식목, 채염, 목축을 목적으로 한 토지임차인이 적법하게 그 토지를 전대한 경우에 임대차 및 전대차의 기간이 동시에 만료되고 건물, 수목 기타 지상시설이 현존한 때에는 전차인은 임대인에 대하여 전전대차와 동일한 조건으로 임대할 것을 청구할 수 있다.

②전항의 경우에 임대인이 임대할 것을 원하지 아니하는 때에는 제283조제2항의 규정을 준용한다.

제645조 【지상권목적토지의 임차인의 임대청구권, 매수청구권】 전조의 규정은 지상권자가 그 토지를 임대한 경우에 준용한다.

제646조 【임차인의 부속물매수청구권】 ①건물 기타 공작물의 임차인이 그

사용의 편익을 위하여 임대인의 동의를 얻어 이에 부속한 물건이 있는 때에는 임대차의 종료시에 임대인에 대하여 그 부속물의 매수를 청구할 수 있다.
②임대인으로부터 매수한 부속물에 대하여도 전항과 같다.

제647조 【전차인의 부속물매수청구권】 ①건물 기타 공작물의 임차인이 적법하게 전대한 경우에 전차인이 그 사용의 편익을 위하여 임대인의 동의를 얻어 이에 부속한 물건이 있는 때에는 전대차의 종료시에 임대인에 대하여 그 부속물의 매수를 청구할 수 있다.
②임대인으로부터 매수하였거나 그 동의를 얻어 임차인으로부터 매수한 부속물에 대하여도 전항과 같다.

제648조 【임차지의 부속물, 과실등에 대한 법정질권】 토지임대인이 임대차에 관한 채권에 의하여 임차지에 부속 또는 그 사용의 편익에 공용한 임차인의 소유동산 및 그 토지의 과실을 압류한 때에는 질권과 동일한 효력이 있다.

제649조 【임차지상의 건물에 대한 법정저당권】 토지임대인이 변제기를 경과한 최후 2년의 차임채권에 의하여 그 지상에 있는 임차인소유의 건물을 압류한 때에는 저당권과 동일한 효력이 있다.

제650조 【임차건물등의 부속물에 대한 법정질권】 건물 기타 공작물의 임대인이 임대차에 관한 채권에 의하여 그 건물 기타 공작물에 부속한 임차인소유의 동산을 압류한 때에는 질권과 동일한 효력이 있다.

제651조 【임대차존속기간】
①석조, 석회조, 연와조 또는 이와 유사한 견고한 건물 기타 공작물의 소유를 목적으로 하는 토지임대차나 식목, 채염을 목적으로 하는 토지임대차의 경우를 제한 외에는 임대차의 존속기간은 20년을 넘지 못한다. 당사자의 약정기간이 20년을 넘는 때에는 이를 20년으로 단축한다.
②전항의 기간은 이를 갱신할 수 있다. 그 기간은 갱신한 날로부터 10년을 넘지 못한다.

판례-임대료

[대법원 2003.8.22, 선고, 2003다19961, 판결]

【판시사항】
[1] 민법 제651조 제1항이 강행규정인지 여부(적극)
[2] 신의성실의 원칙의 의미와 그 위배를 이유로 권리행사를 부정하기 위한 요건

【판결요지】
[1] 민법 제651조 제1항은 그 입법취지가 너무 오랜 기간에 걸쳐 임차인에게 임차물의 이용을 맡겨 놓으면 임차물의 관리가 소홀하여지고 임차물의 개량이 잘 이루어지지 않아 발생할 수 있는 사회경제적인 손실을 방지하는 데에 있는 점 및 약정기간이 20년을 넘을 때는 그 기간을 20년으로 단축한다는 규정형식에 비추어 볼 때, 위 규정은 개인의 의사에 의하여 그 적용을 배제할 수 없는 강행규정이라고 봄이 상당하며, 민법 제651조 제1항이 민법 제652조에 포함되어 있지 않다거나, 임차물이 견고한 철근콘크리트 건물이고 임대인이 임차인으로부터 관리비를 징수하면서 임차물을 관리하고 있다거나, 민법 제651조 제1항이 제정될 당시에 비하여 현재 건축기술이 발달하여 건물

이 훨씬 견고해졌다는 사유만으로 달리 해석할 것은 아니다.
[2] 민법상 신의성실의 원칙은 법률관계의 당사자는 상대방의 이익을 배려하여 형평에 어긋나거나, 신뢰를 저버리는 내용 또는 방법으로 권리를 행사하거나 의무를 이행하여서는 아니된다는 추상적 규범으로서, 신의성실의 원칙에 위배된다는 이유로 그 권리의 행사를 부정하기 위하여는 상대방에게 신의를 공여하였다거나, 객관적으로 보아 상대방이 신의를 가짐이 정당한 상태에 있어야 하고, 이러한 상대방의 신의에 반하여 권리를 행사하는 것이 정의관념에 비추어 용인될 수 없는 정도의 상태에 이르러야 하며, 또한 특별한 사정이 없는 한, 법령에 위반되어 무효임을 알고서도 그 법률행위를 한 자가 강행법규 위반을 이유로 무효를 주장한다 하여 신의칙 또는 금반언의 원칙에 반하거나 권리남용에 해당한다고 볼 수는 없다.

第652조 【강행규정】
제627조, 제628조, 제631조, 제635조, 제638조, 제640조, 제641조, 제643조 내지 제647조의 규정에 위반하는 약정으로 임차인이나 전차인에게 불리한 것은 그 효력이 없다.

第653조 【일시사용을 위한 임대차의 특례】 제628조, 제638조, 제640조, 제646조 내지 제648조, 제650조 및 전조의 규정은 일시사용하기 위한 임대차 또는 전대차인 것이 명백한 경우에는 적용하지 아니한다.

第654조 【준용규정】
제610조제1항, 제615조 내지 제617조의 규정은 임대차에 이를 준용한다.

제8절 고용

第655조 【고용의 의의】
고용은 당사자 일방이 상대방에 대하여 노무를 제공할 것을 약정하고 상대방이 이에 대하여 보수를 지급할 것을 약정함으로써 그 효력이 생긴다.

판례-전속계약금등반환(사이닝 보너스 사건)

[대법원 2015.6.11, 선고, 2012다55518, 판결]

【판시사항】
기업이 근로계약 등을 체결하면서 일회성의 인센티브 명목으로 지급하는 이른바 사이닝보너스가 이직에 따른 보상이나 근로계약 등의 체결에 대한 대가로서의 성격만 가지는지, 나아가 의무근무기간 동안의 이직금지 내지 전속근무 약속에 대한 대가 및 임금 선급으로서의 성격도 함께 가지는지 판단하는 기준 / 사이닝보너스가 이직에 따른 보상이나 근로계약 등의 체결에 대한 대가로서의 성격에 그치는 경우, 근로계약 등의 체결로 사이닝보너스의 반대급부가 이행된 것인지 여부(적극)

【판결요지】
기업이 경력 있는 전문 인력을 채용하기 위한 방법으로 근로계약 등을 체결하면서 일회성의 인센티브 명목으로 지급하는 이른바 사이닝보너스가 이직에 따른 보상이나 근로계약 등의 체결에 대한 대가로서의 성격만 가지는지, 더 나아가 의무근무기간 동안의 이직금지 내지 전속근무 약속에 대한 대가 및 임금 선급으로서의 성격도 함께 가지는지는 해당 계약이 체결된 동기 및 경위, 당사자가 계약에 의하m 여 달성하려고 하는 목적과 진정한 의사, 계약서에 특정 기간 동안의 전속근무를 조건으로 사이닝보너스를 지급한다거나 기간의 중간에 퇴직하거나 이직할 경우 이를 반환한다는 등의 문언이 기재되어 있는지 및 거래의 관행 등을 종합적으로 고려하여 판단하여야 한다. 만약 해당 사이닝보너스가 이직에 따른 보상이나 근로계약 등의 체결에 대한 대가로서의 성격에 그칠 뿐이라면 계약 당사자 사이에 근로계약 등이 실제로 체결된 이상 근로자 등이 약정근무기간을 준수하지 아니하였더라도 사이닝보너스가 예정하는 대가적 관계에 있는 반대급부는 이행된 것으로 볼 수 있다.

제656조 【보수액과 그 지급시기】

①보수 또는 보수액의 약정이 없는 때에는 관습에 의하여 지급하여야 한다.
②보수는 약정한 시기에 지급하여야 하며 시기의 약정이 없으면 관습에 의하고 관습이 없으면 약정한 노무를 종료한 후 지체없이 지급하여야 한다.

제657조 【권리의무의 전속성】

①사용자는 노무자의 동의없이 그 권리를 제삼자에게 양도하지 못한다.
②노무자는 사용자의 동의없이 제삼자로하여금 자기에 가름하여 노무를 제공하게 하지 못한다.
③당사자 일방이 전2항의 규정에 위반한 때에는 상대방은 계약을 해지할 수 있다.

판례-퇴직금

[대법원 2012.5.10, 선고, 2011다45217, 판결]

【판시사항】

[1] 영업양도가 이루어진 경우, 근로자가 근로관계 승계에 반대하는 의사를 표시하여 양도기업에 잔류하거나 양도기업과 양수기업 모두에서 퇴직할 수 있는지 여부(적극) 및 근로자가 근로관계 승계에 반대하는 의사를 상당한 기간 내에 표시하였는지에 관한 판단 기준
[2] 甲 병원을 운영하던 乙 학교법인이 丙 의료법인을 새로 설립하여 甲 병원 영업을 양도하면서 甲 병원 근로자들에게 그 사실을 고지하지 않았는데, 나중에 영업양도 사실을 알게 된 丁 등 甲 병원 근로자 일부가 乙 법인을 상대로 퇴직금 지급을 구한 사안에서, 乙 법인은 丁 등에게 퇴직금 지급의무가 있다고 본 원심판결의 결론을 정당하다고 한 사례

【판결요지】

[1] 영업의 양도란 일정한 영업목적에 의하여 조직화된 업체 즉, 인적·물적 조직을 동일성은 유지하면서 일체로서 이전하는 것이어서 영업 일부만의 양도도 가능하고, 이러한 영업양도가 이루어진 경우에는 원칙적으로 해당 근로자들의 근로관계가 양수하는 기업에 포괄적으로 승계되지만 근로자가 반대 의사를 표시함으로써 양수기업에 승계되는 대신 양도기업에 잔류하거나 양도기업과 양수기업 모두에서 퇴직할 수도 있다. 또한 이와 같은 경우 근로자가 자의에 의하여 계속근로관계를 단절할 의사로 양도기업에서 퇴직하고 양수기업에 새로이 입사할 수도 있다. 이때 근로관계 승계에 반대하는 의사는 근로자가 영업양도가 이루어진 사실을 안 날부터 상당한 기간 내에 양도기업 또는 양수기업에 표시하여야 하고, 상당한 기간 내에 표시하였는지는 양도기업 또는 양수기업이 근로자에게 영업양도 사실, 양도 이유, 양도가 근로자에게 미치는 법적·경제적·사회적 영향, 근로자와 관련하여 예상되는 조치 등을 고지하였는지 여부, 그와 같은 고지가 없었다면 근로자가 그러한 정보를 알았거나 알 수 있었던 시점, 통상적인 근로자라면 그와 같은 정보를 바탕으로 근로관계 승계에 대한 자신의 의사를 결정하는 데 필요한 시간 등 제반 사정을 고려하여 판단하여야 한다.
[2] 甲 병원을 운영하던 乙 학교법인이 丙 의료법인을 새로 설립하여 甲 병원 영업을

양도하면서 甲 병원 근로자들에게 그 사실을 고지하지 않았는데, 나중에 영업양도 사실을 알게 된 丁 등 甲 병원 근로자 일부가 乙 법인을 상대로 퇴직금 지급을 구한 사안에서, 제반 사정에 비추어 乙 법인과 丙 법인 사이에 丁 등에 대한 근로관계 승계가 이루어지지 않았고 乙 법인과 丁 등의 근로관계도 종료되었으므로, 乙 법인은 丁 등에게 퇴직금을 지급할 의무가 있다고 본 원심판결의 결론을 정당하다고 한 사례.

第658조 【노무의 내용과 해지권】
①사용자가 노무자에 대하여 약정하지 아니한 노무의 제공을 요구한 때에는 노무자는 계약을 해지할 수 있다.
②약정한 노무가 특수한 기능을 요하는 경우에 노무자가 그 기능이 없는 때에는 사용자는 계약을 해지할 수 있다.

판례-해고무효확인

[대법원 2001.6.12, 선고, 2001다13044, 판결]

【판시사항】
[1] 선원이 건강진단 합격판정기준에 미달하여 선박에 승무할 수 없게 된 경우, 선원근로계약이 자동 종료되는지 여부(소극)
[2] 선원법 제34조에 의하여 해고가 금지되는 기간 중 선원을 해고한 경우의 효력(=무효) 및 무효였던 해고가 위 기간의 경과로써 유효로 되는지 여부(소극)

【판결요지】
[1] 선원이 선원법시행규칙 [별표 3] 선원건강진단판정기준표에서 규정하고 있는 건강진단 합격판정기준에 미달하여 선박에 승무할 수 없게 되었다는 사정만으로는 선원근로계약이 자동 종료된다고 볼 수 없다.
[2] 선원법 제34조 제2항 제1호는 선박소유자는 선원이 직무상 부상 또는 질병의 요양을 위하여 직무에 종사하지 아니하는 기간 및 그 후 30일간은 선원근로계약을 해지할 수 없다고 규정하고 있는바, 위와 같이 선원근로계약의 해지를 제한하는 취지는 선원이 업무상의 재해로 인하여 노동력을 상실하고 있는 기간과 노동력을 회복하기에 상당한 그 후의 30일간은 선원을 실직의 위협으로부터 절대적으로 보호하고자 함에 있는 것이므로 선박소유자가 이에 위반하여 선원을 해고한 경우에는 위법한 해고로서 무효라고 할 것이고, 해고 후 위 기간의 경과로 인하여 무효였던 해고가 유효로 될 수도 없다.

第659조 【3년이상의 경과와 해지통고권】 ①고용의 약정기간이 3년을 넘거나 당사자의 일방 또는 제삼자의 종신까지로 된 때에는 각당사자는 3년을 경과한 후 언제든지 계약해지의 통고를 할 수 있다.
②전항의 경우에는 상대방이 해지의 통고를 받은 날로부터 3월이 경과하면 해지의 효력이 생긴다.

第660조 【기간의 약정이 없는 고용의 해지통고】 ①고용기간의 약정이 없는 때에는 당사자는 언제든지 계약해지의 통고를 할 수 있다.
②전항의 경우에는 상대방이 해지의 통고를 받은 날로부터 1월이 경과하면 해지의 효력이 생긴다.
③기간으로 보수를 정한 때에는 상대방이 해지의 통고를 받은 당기후의 일기를 경과함으로써 해지의 효력이 생긴다.

판례-해고무효확인

[대법원 2008.3.14, 선고, 2007다1418, 판결]

【판시사항】

[1] 상시 4인 이하의 근로자를 사용하는 사업 또는 사업장의 사용자가 근로자와 기간의 정함이 없는 근로계약을 체결한 경우 그 근로계약의 해지에 적용되는 법규(=민법 제660조 제1항) 및 위 근로계약의 체결시 해고제한의 특약을 한 경우 그 특약을 위반한 해고의 효력(무효)

[2] 상시 4인 이하의 근로자를 사용하는 사업장의 사용자인 대구광역시 태권도협회의 사무규정에서 해임과 징계면직으로 직원의 해고를 제한하고 있고 이 규정이 근로계약의 한 내용으로 편입되었다면, 위 협회가 직원에게 한 면직통고는 민법 제660조 제1항에 의한 고용계약의 해지통고로 볼 수 없다고 한 사례

[3] 상시 4인 이하의 근로자를 사용하는 사업장의 사용자인 대구광역시 태권도협회가 직원에 대하여 면직통고를 하면서 그 사유로 삼은 채용 전의 유죄판결확정 사실이 위 협회의 사무규정에 해임사유의 하나로 정한 '형사상 유죄판결이 확정된 경우'에 해당하지 않고 그 밖의 다른 해임사유 또는 징계사유에도 해당하지 않아, 위 면직통고가 사무규정의 해고제한을 위반한 것으로 무효라고 한 사례

【판결요지】

[1] 구 근로기준법(2007. 4. 11. 법률 8372호로 전문 개정되기 전의 것)상 상시 4인 이하의 근로자를 사용하는 사업 또는 사업장에 대하여는 사용자가 정당한 이유 없이 근로자를 해고하지 못한다는 같은 법 제30조 제1항이 적용되지 않고, 이 경우 그 근로계약이 기간의 정함이 없는 것이라면 민법 제660조 제1항을 적용할 수 있게 되어 사용자는 사유를 불문하고 언제든지 근로계약의 해지를 통고할 수 있다. 그러나 민법 제660조 제1항은 당사자의 의사에 의하여 그 적용을 배제할 수 있는 임의규정이므로, 상시 4인 이하의 근로자를 사용하는 사업 또는 사업장의 사용자가 근로자와 기간의 정함이 없는 근로계약을 체결하면서 해고의 사유를 열거하고 그 사유에 의해서만 근로자를 해고할 수 있도록 하는 해고제한의 특약을 하였다면, 근로자에 대한 해고는 민법 제660조 제1항이 아닌 위 해고제한의 특약에 따라야 하고 이러한 제한을 위반한 해고는 무효라고 보아야 한다.

[2] 대구광역시 태권도협회의 사무규정에서 협회가 직원의 의사에 반하여 일방적으로 근로관계를 종료시킬 수 있는 경우로 해임과 징계면직의 두 가지 유형만을 정하여 두고 그 해임과 징계의 사유를 열거하는 등 직원의 해고를 제한하고 있고 이 규정이 근로계약의 한 내용으로 편입되었다면, 위 협회가 4인 이하 사업장의 사용자라서 구 근로기준법(2007. 4. 11. 법률 8372호로 전문 개정되기 전의 것) 제30조 제1항에 의한 해고제한의 적용을 받지 않는다 하더라도 근로계약의 내용을 이루는 사무규정의 해고제한에 관한 규정에 구속되고 민법 제660조 제1항의 적용이 배제되므로, 위 협회가 직원에게 한 면직통고는 사무규정에서 정한 해임 또는 징계면직으로서 적법한지 여부가 문제될 뿐 이를 민법 제660조 제1항에 의한 고용계약의 해지통고로 볼 수 없다고 한 사례.

[3] 상시 4인 이하의 근로자를 사용하는 사업장의 사용자인 대구광역시 태권도협회가 직원에 대하여 면직통고를 하면서 그 사유로 삼은 채용 전의 유죄판결확정 사실이 위 협회의 사무규정에 해임사유의 하나로 정한 '형사상 유죄판결이 확정된 경우'에 해당하지 않고 그 밖의 다른 해임사유 또는 징계사유에도 해당하지 않아, 위 면직통고가 사무규정의 해고제한을 위반한 것으로 무효라고 한 사례.

第661조 【부득이한 사유와 해지권】

고용기간의 약정이 있는 경우에도 부득이한 사유있는 때에는 각당사자는 계약을 해지할 수 있다. 그러나 그 사유가 당사자 일방의 과실로 인하여 생긴 때에는 상대방에 대하여 손해를 배상하여야 한다.

第662条 【묵시의 갱신】
①고용기간이 만료한 후 노무자가 계속하여 그 노무를 제공하는 경우에 사용자가 상당한 기간내에 이의를 하지 아니한 때에는 전고용과 동일한 조건으로 다시 고용한 것으로 본다. 그러나 당사자는 제660조의 규정에 의하여 해지의 통고를 할 수 있다.
②전항의 경우에는 전고용에 대하여 제삼자가 제공한 담보는 기간의 만료로 인하여 소멸한다.

第663条 【사용자파산과 해지통고】
①사용자가 파산선고를 받은 경우에는 고용기간의 약정이 있는 때에도 노무자 또는 파산관재인은 계약을 해지할 수 있다.
②전항의 경우에는 각당사자는 계약해지로 인한 손해의 배상을 청구하지 못한다.

제9절 도급

第664条 【도급의 의의】
도급은 당사자 일방이 어느 일을 완성할 것을 약정하고 상대방이 그 일의 결과에 대하여 보수를 지급할 것을 약정함으로써 그 효력이 생긴다.

第665条 【보수의 지급시기】
①보수는 그 완성된 목적물의 인도와 동시에 지급하여야 한다. 그러나 목적물의 인도를 요하지 아니하는 경우에는 그 일을 완성한 후 지체없이 지급하여야 한다.
②전항의 보수에 관하여는 제656조제2항의 규정을 준용한다.

판례-공사대금

[대법원 2007.10.11, 선고, 2007다31914, 판결]

【판시사항】
수급인의 하수급인에 대한 하도급 공사대금채무를 인수한 도급인이 수급인의 하수급인에 대한 하자보수청구권 내지 하자에 갈음한 손해배상채권 등에 기한 동시이행의 항변으로 하수급인에게 대항할 수 있는지 여부(적극)

【판결요지】
도급계약에 있어서 완성된 목적물에 하자가 있는 때에는 도급인은 수급인에 대하여 하자의 보수를 청구할 수 있고 그 하자의 보수에 갈음하여 또는 보수와 함께 손해배상을 청구할 수 있는바, 이들 청구권은 수급인의 공사대금채권과 동시이행관계에 있으므로 수급인의 하수급인에 대한 하도급 공사대금채무를 인수한 도급인은 수급인이 하수급인과 사이의 하도급계약상 동시이행의 관계에 있는 수급인의 하수급인에 대한 하자보수청구권 내지 하자에 갈음한 손해배상채권 등에 기한 동시이행의 항변으로써 하수급인에게 대항할 수 있다.

第666条 【수급인의 목적 부동산에 대한 저당권설정청구권】 부동산공사의 수급인은 전조의 보수에 관한 채권을 담보하기 위하여 그 부동산을 목적으로 한 저당권의 설정을 청구할 수 있다.

판례-사해행위취소·배당이의

[대법원 2008.3.27, 선고, 2007다78616, 판결]

【판시사항】

수급인의 저당권설정청구권에 관한 민법 제666조의 입법 취지 및 수급인의 저당권설정청구권 행사에 따라 도급인이 저당권을 설정하는 행위가 사해행위에 해당하는지 여부(소극)

【판결요지】

수급인의 저당권설정청구권을 규정하는 민법 제666조는 부동산공사에서 그 목적물이 보통 수급인의 자재와 노력으로 완성되는 점을 감안하여 그 목적물의 소유권이 원시적으로 도급인에게 귀속되는 경우 수급인에게 목적물에 대한 저당권설정청구권을 부여함으로써 수급인이 사실상 목적물로부터 공사대금을 우선적으로 변제받을 수 있도록 하는 데 그 취지가 있고, 이러한 수급인의 지위가 목적물에 대하여 유치권을 행사하는 지위보다 더 강화되는 것은 아니어서 도급인의 일반 채권자들에게 부당하게 불리해지는 것도 아닌 점 등에 비추어, 신축건물의 도급인이 민법 제666조가 정한 수급인의 저당권설정청구권의 행사에 따라 공사대금채무의 담보로 그 건물에 저당권을 설정하는 행위는 특별한 사정이 없는 한 사해행위에 해당하지 아니한다.

第667조 【수급인의 담보책임】

①완성된 목적물 또는 완성전의 성취된 부분에 하자가 있는 때에는 도급인은 수급인에 대하여 상당한 기간을 정하여 그 하자의 보수를 청구할 수 있다. 그러나 하자가 중요하지 아니한 경우에 그 보수에 과다한 비용을 요할 때에는 그러하지 아니하다.

②도급인은 하자의 보수에 가름하여 또는 보수와 함께 손해배상을 청구할 수 있다.

③전항의 경우에는 제536조의 규정을 준용한다.

판례-구상금

[대법원 2015.4.23, 선고, 2011다109388, 판결]

【판시사항】

[1] 채무자의 연대보증인이 회생절차개시 후에 주채권자인 회생채권자에게 변제 등으로 연대보증채무를 이행함으로써 구상권을 취득하였고, 연대보증계약이 회생절차개시 전에 체결된 경우, 연대보증계약 등에 근거한 구상권이 회생채권에 해당하는지 여부(적극)

[2] 건축공사 도급계약의 수급인이 회생절차개시 전에 이미 건물을 완공하여 인도하는 등으로 도급계약에 관하여 이행을 완료하였는데, 수급인에 대한 회생절차개시 후에 완성된 목적물의 하자로 인한 손해가 현실적으로 발생한 경우, 도급인의 하자보수에 갈음하는 손해배상청구권이 회생채권에 해당하는지 여부(원칙적 적극)

【판결요지】

[1] 회생채권에는 채무자 회생 및 파산에 관한 법률 제138조 제2항이 규정하는 장래의 청구권도 포함되는데, 채무자의 연대보증인이 회생절차개시 후에 주채권자인 회생채권자에게 변제 등으로 연대보증채무를 이행함으로써 구상권을 취득한 경우, 연대보증계약이 채무자에 대한 회생절차개시 전에 체결되었다면 구상권 발생의 주요한 원인인 연대보증관계는 회생절차개시 전에 갖추어져 있는 것이므로, 연대보증계약 등에 근거한 구상권은 장래의 청구권으로서 회생채권에 해당한다.

[2] 건축공사의 도급계약에서 이미 공사가 완성되었다면 특별한 사정이 있는 경우를 제외하고는 이제 더 이상 공사도급계약을 해제할 수는 없고, 회생절차개시 전에 이미 건물을 완공하여 인도하는 등으로 건축공사 도급계약을 해제할 수 없게 되었다면 수급인은 회생절차개시 전에 도급계약에 관하여 이행을 완료한 것으로 보아야 하는바,

이러한 경우 수급인에 대한 회생절차개시 후에 완성된 목적물의 하자로 인한 손해가 현실적으로 발생하였더라도, 특별한 사정이 없는 한 하자보수에 갈음하는 손해배상청구권의 주요한 발생원인은 회생절차개시 전에 갖추어져 있다고 봄이 타당하므로, 도급인의 하자보수에 갈음하는 손해배상청구권은 회생채권에 해당한다.

第668조 【동전-도급인의 해제권】
도급인이 완성된 목적물의 하자로 인하여 계약의 목적을 달성할 수 없는 때에는 계약을 해제할 수 있다. 그러나 건물 기타 토지의 공작물에 대하여는 그러하지 아니하다.

第669조 【동전-하자가 도급인의 제공한 재료 또는 지시에 기인한 경우의 면책】
전2조의 규정은 목적물의 하자가 도급인이 제공한 재료의 성질 또는 도급인의 지시에 기인한 때에는 적용하지 아니한다. 그러나 수급인이 그 재료 또는 지시의 부적당함을 알고 도급인에게 고지하지 아니한 때에는 그러하지 아니하다.

第670조 【담보책임의 존속기간】
①전3조의 규정에 의한 하자의 보수, 손해배상의 청구 및 계약의 해제는 목적물의 인도를 받은 날로부터 1년내에 하여야 한다.
②목적물의 인도를 요하지 아니하는 경우에는 전항의 기간은 일의 종료한 날로부터 기산한다.

판례-부당이득금반환

[대법원 2012.11.15, 선고, 2011다56491, 판결]

【판시사항】
수급인의 담보책임에 기한 하자보수에 갈음하는 손해배상청구권에 대하여 소멸시효 규정이 적용되는지 여부(적극)

【판결요지】
수급인의 담보책임에 기한 하자보수에 갈음하는 손해배상청구권에 대하여는 민법 제670조 또는 제671조의 제척기간이 적용되고, 이는 법률관계의 조속한 안정을 도모하고자 하는 데에 취지가 있다. 그런데 이러한 도급인의 손해배상청구권에 대하여는 권리의 내용·성질 및 취지에 비추어 민법 제162조 제1항의 채권 소멸시효의 규정 또는 도급계약이 상행위에 해당하는 경우에는 상법 제64조의 상사시효의 규정이 적용되고, 민법 제670조 또는 제671조의 제척기간 규정으로 인하여 위 각 소멸시효 규정의 적용이 배제된다고 볼 수 없다.

第671조 【수급인의 담보책임-토지, 건물등에 대한 특칙】 ①토지, 건물 기타 공작물의 수급인은 목적물 또는 지반공사의 하자에 대하여 인도후 5년간 담보의 책임이 있다. 그러나 목적물이 석조, 석회조, 연와조, 금속 기타 이와 유사한 재료로 조성된 것인 때에는 그 기간을 10년으로 한다.
②전항의 하자로 인하여 목적물이 멸실 또는 훼손된 때에는 도급인은 그 멸실 또는 훼손된 날로부터 1년내에 제667조의 권리를 행사하여야 한다.

판례-하자보수금·손해배상(기)

[대법원 2012.4.13, 선고, 2011다72301,72318, 판결]

【판시사항】

임대아파트가 분양전환된 경우에도 하자담보책임에 관한 구 집합건물의 소유 및 관리에 관한 법률 제9조 제1항이 적용되는지 여부(적극) 및 그 하자담보책임기간(=최초 임차인들에게 인도된 때부터 10년간)

【판결요지】

구 집합건물의 소유 및 관리에 관한 법률(2005. 5. 26. 법률 제7502호로 개정되기 전의 것, 이하 '구 집합건물법'이라 한다) 제9조는 집합건물을 건축하여 분양한 자로 하여금 견고한 건물을 짓도록 유도하고 부실하게 건축된 집합건물의 소유자를 두텁게 보호하기 위하여 집합건물을 건축하여 분양한 자의 담보책임에 관하여 민법상 수급인의 담보책임에 관한 규정을 준용하도록 함으로써 담보책임의 내용을 명확히 하는 한편 이를 강행규정으로 하였고, 위 규정에 의한 하자담보추급권은 현재의 집합건물 소유자에게 귀속하는 점, 분양전환가격을 결정할 때 아파트의 노후 정도는 이미 평가에 반영되었다고 하더라도 부실시공으로 인한 아파트 하자까지 모두 반영하여 가격을 결정하였다고 보기는 어려운 점, 분양전환 전의 임차기간 동안 입주자들이 임대차계약에 기해 하자보수를 요구할 수 있다고는 하나 임차인의 지위에서 인정되는 하자보수청구권과 분양받은 소유자의 지위에서 인정되는 하자담보추급권은 법적 성질과 기능이 동일하다고 볼 수 없는 점 등에 비추어 볼 때, 분양전환된 임대아파트의 경우에도 구 집합건물법 제9조 제1항 및 그에 의하여 준용되는 민법 제667조 내지 제671조가 적용되고 하자담보책임기간은 민법 제671조 제1항 단서에 의하여 최초 임차인들에게 인도된 때부터 10년간이라고 보아야 한다.

제672조 【담보책임면제의 특약】

수급인은 제667조, 제668조의 담보책임이 없음을 약정한 경우에도 알고 고지하지 아니한 사실에 대하여는 그 책임을 면하지 못한다.

판례-하자보수비

[대법원 1999.9.21, 선고, 99다19032, 판결]

【판시사항】

[1] 민법 제672조의 규정은 수급인의 담보책임기간을 단축하는 등 법에 규정된 담보책임을 제한하는 약정을 한 경우에도 유추적용되는지 여부(한정 적극)

[2] 수급인이 설계도에 PC판으로 시공하도록 되어 있는 신축 아파트 지붕 배수로 상부를 합판으로 시공함으로 인하여 약정 하자담보책임기간인 2년이 경과한 후 합판 부식으로 기와가 함몰된 손해가 발생한 경우, 수급인이 그러한 시공상의 하자를 알고 도급인에게 고지하지 않은 이상 약정 담보책임기간이 경과하였다는 이유만으로는 수급인의 담보책임이 면제되지 않는다고 한 사례

【판결요지】

[1] 민법 제672조가 수급인이 담보책임이 없음을 약정한 경우에도 알고 고지하지 아니한 사실에 대하여는 그 책임을 면하지 못한다고 규정한 취지는 그와 같은 경우에도 담보책임을 면하게 하는 것은 신의성실의 원칙에 위배된다는 데 있으므로, 담보책임을 면제하는 약정을 한 경우뿐만 아니라 담보책임기간을 단축하는 등 법에 규정된 담보책임을 제한하는 약정을 한 경우에도, 수급인이 알고 고지하지 아니한 사실에 대하여 그 책임을 제한하는 것이 신의성실의 원칙에 위배된다면 그 규정의 취지를 유추하여 그 사실에 대하여는 담보책임이 제한되지 않는다고 보아야 한다.

[2] 수급인이 도급받은 아파트 신축공사 중 지붕 배수로 상부 부분을 시공함에 있어

설계도에 PC판으로 시공하도록 되어 있는데도 합판으로 시공하였기 때문에 도급계약 시 약정한 2년의 하자담보책임기간이 경과한 후에 합판이 부식되어 기와가 함몰되는 손해가 발생한 경우, 그와 같은 시공상의 하자는 외부에서 쉽게 발견할 수 없는 것이고, 하자로 인한 손해가 약정담보책임기간이 경과한 후에 발생하였다는 점을 감안하면, 도급인과 수급인 사이에 하자담보책임기간을 준공검사일부터 2년 간으로 약정하였다 하더라도 수급인이 그와 같은 시공상의 하자를 알고 도급인에게 고지하지 않은 이상, 약정담보책임기간이 경과하였다는 이유만으로 수급인의 담보책임이 면제된다고 보는 것은 신의성실의 원칙에 위배된다고 볼 여지가 있고, 이 경우 민법 제672조를 유추적용하여 수급인은 그 하자로 인한 손해에 대하여 담보책임을 면하지 못한다고 봄이 옳다고 한 사례.

제673조 【완성전의 도급인의 해제권】
수급인이 일을 완성하기 전에는 도급인은 손해를 배상하고 계약을 해제할 수 있다.

제674조 【도급인의 파산과 해제권】
①도급인이 파산선고를 받은 때에는 수급인 또는 파산관재인은 계약을 해제할 수 있다. 이 경우에는 수급인은 일의 완성된 부분에 대한 보수 및 보수에 포함되지 아니한 비용에 대하여 파산재단의 배당에 가입할 수 있다.
②전항의 경우에는 각당사자는 상대방에 대하여 계약해제로 인한 손해의 배상을 청구하지 못한다.

제9절의2 여행계약 <신설 2015.2.3.>

제674조의2 【여행계약의 의의】 여행계약은 당사자 한쪽이 상대방에게 운송, 숙박, 관광 또는 그 밖의 여행 관련 용역을 결합하여 제공하기로 약정하고 상대방이 그 대금을 지급하기로 약정함으로써 효력이 생긴다.
[본조신설 2015.2.3.]
[시행일 : 2016.2.4.] 제674조의2

제674조의3 【여행 개시 전의 계약 해제】 여행자는 여행을 시작하기 전에는 언제든지 계약을 해제할 수 있다. 다만, 여행자는 상대방에게 발생한 손해를 배상하여야 한다.
[본조신설 2015.2.3.]
[시행일 : 2016.2.4.] 제674조의3

제674조의4 【부득이한 사유로 인한 계약 해지】 ① 부득이한 사유가 있는 경우에는 각 당사자는 계약을 해지할 수 있다. 다만, 그 사유가 당사자 한쪽의 과실로 인하여 생긴 경우에는 상대방에게 손해를 배상하여야 한다.
② 제1항에 따라 계약이 해지된 경우에도 계약상 귀환운송(歸還運送) 의무가 있는 여행주최자는 여행자를 귀환운송할 의무가 있다.
③ 제1항의 해지로 인하여 발생하는 추가 비용은 그 해지 사유가 어느 당사자의 사정에 속하는 경우에는 그 당사자가 부담하고, 누구의 사정에도 속하지 아니하는 경우에는 각 당사자가 절반씩 부담한다.
[본조신설 2015.2.3.]

[시행일 : 2016.2.4.] 제674조의4

제674조의5 【대금의 지급시기】 여행자는 약정한 시기에 대금을 지급하여야 하며, 그 시기의 약정이 없으면 관습에 따르고, 관습이 없으면 여행의 종료 후 지체 없이 지급하여야 한다.
[본조신설 2015.2.3.]
[시행일 : 2016.2.4.] 제674조의5

제674조의6 【여행주최자의 담보책임】 ① 여행에 하자가 있는 경우에는 여행자는 여행주최자에게 하자의 시정 또는 대금의 감액을 청구할 수 있다. 다만, 그 시정에 지나치게 많은 비용이 들거나 그 밖에 시정을 합리적으로 기대할 수 없는 경우에는 시정을 청구할 수 없다.
② 제1항의 시정 청구는 상당한 기간을 정하여 하여야 한다. 다만, 즉시 시정할 필요가 있는 경우에는 그러하지 아니하다.
③ 여행자는 시정 청구, 감액 청구를 갈음하여 손해배상을 청구하거나 시정 청구, 감액 청구와 함께 손해배상을 청구할 수 있다.
[본조신설 2015.2.3.]
[시행일 : 2016.2.4.] 제674조의6

제674조의7 【여행주최자의 담보책임과 여행자의 해지권】 ① 여행자는 여행에 중대한 하자가 있는 경우에 그 시정이 이루어지지 아니하거나 계약의 내용에 따른 이행을 기대할 수 없는 경우에는 계약을 해지할 수 있다.
② 계약이 해지된 경우에는 여행주최자는 대금청구권을 상실한다. 다만, 여행자가 실행된 여행으로 이익을 얻은 경우에는 그 이익을 여행주최자에게 상환하여야 한다.
③ 여행주최자는 계약의 해지로 인하여 필요하게 된 조치를 할 의무를 지며, 계약상 귀환운송 의무가 있으면 여행자를 귀환운송하여야 한다. 이 경우 상당한 이유가 있는 때에는 여행주최자는 여행자에게 그 비용의 일부를 청구할 수 있다.
[본조신설 2015.2.3.]
[시행일 : 2016.2.4.] 제674조의7

제674조의8 【담보책임의 존속기간】 제674조의6과 제674조의7에 따른 권리는 여행 기간 중에도 행사할 수 있으며, 계약에서 정한 여행 종료일부터 6개월 내에 행사하여야 한다.
[본조신설 2015.2.3.]
[시행일 : 2016.2.4.] 제674조의8

제674조의9 【강행규정】 제674조의3, 제674조의4 또는 제674조의6부터 제674조의8까지의 규정을 위반하는 약정으로서 여행자에게 불리한 것은 효력이 없다.
[본조신설 2015.2.3.]
[시행일 : 2016.2.4.] 제674조의9

제10절 현상광고

제675조 【현상광고의 의의】
현상광고는 광고자가 어느 행위를 한 자에게 일정한 보수를 지급할 의사를 표시하고 이에 응한 자가 그 광고에 정한 행위를 완료함으로써 그 효력이 생긴다.

판례-현상금

[서울남부지법 2007.3.2, 선고, 2006가단70282, 판결 : 확정]

【판시사항】
전투경찰이 검문근무를 하다가 현상광고의 대상인물을 검거한 경우, 현상금의 지급을 청구할 수 있는지 여부(소극)

【판결요지】
전투경찰은 국가공무원이자 경찰공무원이고, 지방경찰청장의 지휘를 받아 작전경비임무 및 치안업무보조임무를 수행하도록 되어 있으며, 임무수행상 필요하다고 인정할 때에는 경비지역 안에서 검문을 할 수 있는바, 전투경찰이 지휘에 따라 치안업무보조임무를 수행하면서 검문을 실시하다가 지명수배중인 사람을 발견하고 검거한 것은 그 직무행위를 수행한 것에 해당하므로 비록 현상광고에서 지정한 행위를 하였다고 하더라도 현상광고계약의 효력을 주장하여 현상금의 지급을 구할 수 없다.

제676조 【보수수령권자】
①광고에 정한 행위를 완료한 자가 수인인 경우에는 먼저 그 행위를 완료한 자가 보수를 받을 권리가 있다.
②수인이 동시에 완료한 경우에는 각각 균등한 비율로 보수를 받을 권리가 있다. 그러나 보수가 그 성질상 분할할 수 없거나 광고에 1인만이 보수를 받을 것으로 정한 때에는 추첨에 의하여 결정한다.

제677조 【광고부지의 행위】
전조의 규정은 광고있음을 알지 못하고 광고에 정한 행위를 완료한 경우에 준용한다.

제678조 【우수현상광고】
①광고에 정한 행위를 완료한 자가 수인인 경우에 그 우수한 자에 한하여 보수를 지급할 것을 정하는 때에는 그 광고에 응모기간을 정한 때에 한하여 그 효력이 생긴다.
②전항의 경우에 우수의 판정은 광고 중에 정한 자가 한다. 광고 중에 판정자를 정하지 아니한 때에는 광고자가 판정한다.
③우수한 자 없다는 판정은 이를 할 수 없다. 그러나 광고 중에 다른 의사표시가 있거나 광고의 성질상 판정의 표준이 정하여져 있는 때에는 그러하지 아니하다.
④응모자는 전2항의 판정에 대하여 이의를 하지 못한다.
⑤수인의 행위가 동등으로 판정된 때에는 제676조제2항의 규정을 준용한다.

제679조 【현상광고의 철회】
①광고에 그 지정한 행위의 완료기간을 정한 때에는 그 기간만료전에 광고를 철회하지 못한다.

②광고에 행위의 완료기간을 정하지 아니한 때에는 그 행위를 완료한 자 있기 전에는 그 광고와 동일한 방법으로 광고를 철회할 수 있다.
③전광고와 동일한 방법으로 철회할 수 없는 때에는 그와 유사한 방법으로 철회할 수 있다. 이 철회는 철회한 것을 안 자에 대하여만 그 효력이 있다.

제11절 위임

제680조 【위임의 의의】
위임은 당사자 일방이 상대방에 대하여 사무의 처리를 위탁하고 상대방이 이를 승낙함으로써 그 효력이 생긴다.

제681조 【수임인의 선관의무】
수임인은 위임의 본지에 따라 선량한 관리자의 주의로써 위임사무를 처리하여야 한다.

제682조 【복임권의 제한】 ①수임인은 위임인의 승낙이나 부득이한 사유없이 제삼자로 하여금 자기에 갈음하여 위임사무를 처리하게 하지 못한다.
②수임인이 전항의 규정에 의하여 제삼자에게 위임사무를 처리하게한 경우에는 제121조,제123조의 규정을 준용한다.

제683조 【수임인의 보고의무】
수임인은 위임인의 청구가 있는 때에는 위임사무의 처리상황을 보고하고 위임이 종료한 때에는 지체없이 그 전말을 보고하여야 한다.

제684조 【수임인의 취득물등의 인도, 이전의무】 ①수임인은 위임사무의 처리로 인하여 받은 금전 기타의 물건 및 그 수취한 과실을 위임인에게 인도하여야 한다.
②수임인이 위임인을 위하여 자기의 명의로 취득한 권리는 위임인에게 이전하여야 한다.

판례-외화 대납금 반환등

[대법원 2012.2.9, 선고, 2009다72094, 판결]

【판시사항】
[1] 甲 주식회사가 乙 증권회사의 주선에 따라 丙 은행에 주식매수청구권을 부여하는 것을 전제로 보유주식을 매각하면서 丁 주식회사에 甲 회사 대신 주식매수청구권 부여계약의 상대방이 되어 달라고 부탁하자, 丁 회사가 甲 회사 등에게서 '주식환매계약상 의무가 丁 회사에 부담을 주지 않도록 책임질 것'이라는 내용의 각서를 교부받고 丙 은행과 주식매수청구권 부여계약을 체결한 후 丙 은행의 주식매수청구권 행사에 따라 주식을 재매수한 다음 피공탁자를 甲 회사로 하여 공탁한 사안에서, 甲 회사는 위임관계에 있는 丁 회사에 '주식재매수대금 상당'을 상환하기로 약정하였다고 보아야 하는데도, 이와 달리 본 원심판결에 법리오해의 위법이 있다고 한 사례
[2] 부진정연대채무자 중 소액 채무자가 자신의 채무 중 일부를 변제한 경우, 다액 채무자의 채무도 같은 범위에서 소멸하는지 여부(적극)

【판결요지】
[1] 甲 주식회사가 乙 증권회사의 주선에 따라 丙 은행에 주식매수청구권을 부여하는 것을 전제로 보유주식을 외화로 매각하는 주식매매계약을 체결한 다음, 외국환관리법

등 규제를 회피하기 위해 동일 기업집단 내 계열회사인 丁 주식회사에 甲 회사 대신 주식매수청구권 부여계약의 상대방이 되어 달라고 부탁하자, 丁 회사가 甲 회사와 乙 회사에게서 '丁 회사가 丙 은행과 매도주식을 3년 후에 미리 정한 가격으로 되사주기로 하는 주식환매계약을 체결하는데, 甲 회사와 乙 회사는 주식환매계약상 丁 회사의 의무가 丁 회사에 부담을 주지 않도록 책임질 것을 연대하여 각서한다'는 내용의 각서를 교부받고 丙 은행과 주식매수청구권 부여계약을 체결하였는데, 그 후 丙 은행의 주식매수청구권 행사에 따라 丁 회사가 위 주식을 재매수한 다음 피공탁자를 甲 회사로 하여 공탁한 사안에서, 丁 회사는 甲 회사의 위탁에 따라 주식매수청구권 부여계약의 상대방인 매수의무자가 된 것으로 甲 회사와 丁 회사 사이에는 위임관계가 존재하는 것으로 보아야 하고, 위 각서는 위임관계에서 위임인과 수임인 사이에 법률상 발생하는 법정채무를 문서로 만든 것으로서 丁 회사가 장래 丙 은행이 주식매수청구권을 행사하는 경우 이에 응하여 주식을 재매수한 후 甲 회사에 이전하고, 甲 회사는 丁 회사가 위임받은 사무를 처리하는 과정에서 지출하는 '주식재매수대금 상당의 비용'을 상환하는 취지의 약정으로 보아야 함에도, 이와 달리 위 각서를 손실보상책임을 인정하는 취지의 약정으로 보아 甲 회사가 丁 회사에 지급하여야 할 금액을 '주식재매수대금에서 주식의 당시 시가를 공제한 금액'이라고 본 원심판결에 민법 제684조 또는 계약 내용의 해석에 관한 법리오해의 위법이 있다고 한 사례.
[2] 부진정연대채무자 중 소액 채무자가 자신의 채무 중 일부를 변제한 경우, 변제된 금액은 소액 채무자가 다액 채무자와 공동으로 부담하는 부분에 관하여 민법의 변제충당 일반원칙에 따라 지연손해금, 원본의 순서로 변제에 충당되고 이로써 공동 부담 부분의 채무 중 지연손해금과 일부 원금채무가 변제로 소멸하게 된다. 그리고 부진정연대채무자 상호 간에 채권의 목적을 달성시키는 변제와 같은 사유는 채무자 전원에게 절대적 효력이 있으므로, 이로써 다액 채무자의 채무도 지연손해금과 원금이 같은 범위에서 소멸하게 된다.

제685조 【수임인의 금전소비의 책임】 수임인이 위임인에게 인도할 금전 또는 위임인의 이익을 위하여 사용할 금전을 자기를 위하여 소비한 때에는 소비한 날 이후의 이자를 지급하여야 하며 그 외의 손해가 있으면 배상하여야 한다.

제686조 【수임인의 보수청구권】
①수임인은 특별한 약정이 없으면 위임인에 대하여 보수를 청구하지 못한다.
②수임인이 보수를 받을 경우에는 위임사무를 완료한 후가 아니면 이를 청구하지 못한다. 그러나 기간으로 보수를 정한 때에는 그 기간이 경과한 후에 이를 청구할 수 있다.
③수임인이 위임사무를 처리하는 중에 수임인의 책임없는 사유로 인하여 위임이 종료된 때에는 수임인은 이미 처리한 사무의 비율에 따른 보수를 청구할 수 있다.

제687조 【수임인의 비용선급청구권】 위임사무의 처리에 비용을 요하는 때에는 위임인은 수임인의 청구에 의하여 이를 선급하여야 한다.

제688조 【수임인의 비용상환청구권등】 ①수임인이 위임사무의 처리에 관하여 필요비를 지출한 때에는 위임인에 대하여 지출한 날 이후의 이자를 청구할 수 있다.
②수임인이 위임사무의 처리에 필요한 채무를 부담한 때에는 위임인에게 자기에 갈음하여 이를 변제하게 할 수 있고 그 채무가 변제기에 있지 아니한 때에는 상당한 담보를 제공하게 할 수 있다.
③수임인이 위임사무의 처리를 위하여 과실없이 손해를 받은 때에는 위임인에

대하여 그 배상을 청구할 수 있다.

제689조 【위임의 상호해지의 자유】 ①위임계약은 각당사자가 언제든지 해지할 수 있다.
②당사자 일방이 부득이한 사유없이 상대방의 불리한 시기에 계약을 해지한 때에는 그 손해를 배상하여야 한다.

판례-결의무효확인

[대법원 2015.2.26, 선고, 2014다70368, 판결]

【판시사항】
지역농업협동조합과 감사의 법률관계(=위임 유사의 관계) 및 지역농업협동조합은 특별한 해임사유가 없더라도 언제든지 농업협동조합법 등에서 정한 절차에 따라 감사를 해임할 수 있는지 여부(원칙적 적극)

【판결요지】
농업협동조합법 제45조 제1항, 제55조, 상법 제382조 제2항의 내용 및 농업협동조합법에 따라 설립된 지역농업협동조합(이하 '지역농협'이라고 한다)에 있어서 감사의 지위와 역할 등을 고려하면, 지역농협과 감사의 법률관계는 신뢰를 기초로 한 위임 유사의 관계로 보아야 한다. 한편 위임계약은 각 당사자가 언제든지 해지할 수 있고, 다만 당사자 일방이 부득이한 사유없이 상대방의 불리한 시기에 계약을 해지한 때에는 그 손해를 배상할 책임을 부담할 뿐이다(민법 제689조). 따라서 정관 등에서 감사의 해임사유를 정하고 있는 등 특별한 사정이 없는 한, 지역농협은 특별한 사유가 없더라도 언제든지 농업협동조합법 등에서 정한 절차에 따라 감사를 해임할 수 있고, 다만 부득이한 사유없이 감사에게 불리한 시기에 해임한 때에는 그로 인한 손해를 배상할 책임을 부담할 뿐이다.

제690조 【사망·파산 등과 위임의 종료】 위임은 당사자 한쪽의 사망이나 파산으로 종료된다. 수임인이 성년후견개시의 심판을 받은 경우에도 이와 같다.
[전문개정 2011.3.7]
[시행일 : 2013.7.1]

제691조 【위임종료시의 긴급처리】
위임종료의 경우에 급박한 사정이 있는 때에는 수임인, 그 상속인이나 법정대리인은 위임인, 그 상속인이나 법정대리인이 위임사무를 처리할 수 있을 때까지 그 사무의 처리를 계속하여야 한다. 이 경우에는 위임의 존속과 동일한 효력이 있다.

제692조 【위임종료의 대항요건】
위임종료의 사유는 이를 상대방에게 통지하거나 상대방이 이를 안 때가 아니면 이로써 상대방에게 대항하지 못한다.

제12절 임치

제693조 【임치의 의의】 임치는 당사자 일방이 상대방에 대하여 금전이나 유가증권 기타 물건의 보관을 위탁하고 상대방이 이를 승낙함으로써 효력이 생긴다.

第694조 【수치인의 임치물사용금지】
수치인은 임치인의 동의없이 임치물을 사용하지 못한다.

第695조 【무상수치인의 주의의무】
보수없이 임치를 받은 자는 임치물을 자기재산과 동일한 주의로 보관하여야 한다.

第696조 【수치인의 통지의무】
임치물에 대한 권리를 주장하는 제삼자가 수치인에 대하여 소를 제기하거나 압류한 때에는 수치인은 지체없이 임치인에게 이를 통지하여야 한다.

第697조 【임치물의 성질, 하자로 인한 임치인의 손해배상의무】
임치인은 임치물의 성질 또는 하자로 인하여 생긴 손해를 수치인에게 배상하여야 한다. 그러나 수치인이 그 성질 또는 하자를 안 때에는 그러하지 아니하다.

第698조 【기간의 약정있는 임치의 해지】 임치기간의 약정이 있는 때에는 수치인은 부득이한 사유없이 그 기간만료전에 계약을 해지하지 못한다. 그러나 임치인은 언제든지 계약을 해지할 수 있다.

第699조 【기간의 약정없는 임치의 해지】 임치기간의 약정이 없는 때에는 각당사자는 언제든지 계약을 해지할 수 있다.

第700조 【임치물의 반환장소】
임치물은 그 보관한 장소에서 반환하여야 한다. 그러나 수치인이 정당한 사유로 인하여 그 물건을 전치한 때에는 현존하는 장소에서 반환할 수 있다.

第701조 【준용규정】
제682조, 제684조 내지 제687조 및 제688조제1항, 제2항의 규정은 임치에 준용한다.

第702조 【소비임치】
수치인이 계약에 의하여 임치물을 소비할 수 있는 경우에는 소비대차에 관한 규정을 준용한다. 그러나 반환시기의 약정이 없는 때에는 임치인은 언제든지 그 반환을 청구할 수 있다.

제13절 조합

第703조 【조합의 의의】
①조합은 2인 이상이 상호출자하여 공동사업을 경영할 것을 약정함으로써 그 효력이 생긴다.
②전항의 출자는 금전 기타 재산 또는 노무로 할 수 있다.

동업계약 후 일방만 실질적으로 회사를 운영한 경우 다른 동업자의 책임

(대한법률구조공단 자료)

질문

저는 친구 甲과 함께 공장을 동업하기로 하고, 저는 전무라는 직함으로 내부적인 자금관리만을 수행하고 甲은 사장이라는 직함으로 사업자등록증의 대표자명의를 가지고 자기명의로 어음거래를 하며 실질적으로 회사를 운영하였습니다. 그런데 우리 공장의 근로자들이 저와 甲을 상대로 임금 및 퇴직금지급청구를 해왔고, 또한 甲의 채무를 보증한 사람이 저를 상대로 구상권을 행사해왔는데 저에게 책임이 있는지요?

답변

「민법」 제 703조에서는 조합은 2인 이상이 상호 출자하여 공동사업을 경영할 것을 약정함으로써 그 효력이 생기고, 위 출자는 금전 기타 재산 또는 노무로 할 수 있다고 규정하고, 같은 법 제711조에서는 당사자가 손익분배의 비율을 정하지 아니한 때에는 각 조합원의 출자가액에 비례하여 이를 정하고, 이익 또는 손실에 대하여 분배의 비율을 정한 때에는 그 비율은 이익과 손실에 공통된 것으로 추정한다고 규정하고 있으며, 같은 법 제712조에서는 조합채권자는 그 채권발생당시에 조합원의 손실부담의 비율을 알지 못한 때에는 각 조합원에게 균분하여 그 권리를 행사할 수 있다고 규정하고, 같은 법 제713조에서는 조합원 중에 변제할 자력없는 자가 있는 때에는 그 변제할 수 없는 부분은 다른 조합원이 균분하여 변제할 책임이 있다고 규정하고 있습니다.

그런데 동업자의 1인이 단독명의로 대외적인 사무집행을 한 경우에 관한 판례를 보면, "甲과 乙이 공장을 동업하기로 하되 甲은 전무라는 직함으로 내부적인 자금관리만을 수행하고 乙은 사장이라는 직함으로 사업자등록상의 대표자명의를 가지고 대외적으로 어음 거래를 함에 있어서도 자신의 명의로 약속어음을 발행하는 등 실질적으로 회사를 운영한 경우, 甲과 乙사이의 동업조합은 민법상의 조합과 구별되는 일종의 특수한 조합으로서 대외적으로는 乙만이 권리를 취득하고 의무를 부담하는 것이어서 조합의 규정이 적용되지 않고 甲은 공장의 근로자들에 대해 임금 및 퇴직금 지급의무를 부담하지 않는다."라고 하였습니다(대법원 1997. 9. 26. 선고 96다 14838 판결). 또한, "甲은 일정액의 자금을 투자하고 乙은 기존시설을 투자하여 자동차정비공장을 동업함에 있어, 乙이 사업체의 실제운영을 전담하면서 이익이 난 액수에 관계없이 甲에게 매월 일정액을 지급하거나 차량을 정비하여 주었으며, 합유인 조합재산이 없고, 乙이 사무집행등 대외적인 법률행위를 함에 있어서는 甲을 대리할 필요 없이 자기 명의로 단독으로 하여 왔다면, 이들의 동업관계는 오직 영업을 경영하는 乙만이 권리를 취득하고 의무를 부담한다 할 것이어서 乙의 채무를 보증한 사람의 보증채무이행에 따른 구상채권은 甲에 대하여서는 행사할 수 없다."라고 하였습니다(대법원 1984. 12. 11. 선고 83다카1996 판결).

따라서 위 사안에서 甲이 귀하를 대리할 필요 없이 단독명의로 대외적인 사무집행을 해왔고, 귀하는 내부적인 업무만을 담당하였다면 임금채무와 구상금채무에 대하여 귀하에게 책임을 묻기 어려워 보입니다.

"본 사례는 개인의 법률문제 해결에 도움을 주고자 게재되었으나, 이용자 여러분의 생활에서 발생하는 구체적 사안은 동일하지는 않을 것이므로 참고자료로 활용하시기 바랍니다."

제704조 【조합재산의 합유】

조합원의 출자 기타 조합재산은 조합원의 합유로 한다.

제705조 【금전출자지체의 책임】

금전을 출자의 목적으로 한 조합원이 출자시기를 지체한 때에는 연체이자를 지급하는 외에 손해를 배상하여야 한다.

제706조 【사무집행의 방법】

①조합계약으로 업무집행자를 정하지 아니한 경우에는 조합원의 3분의 2이상의 찬성으로써 이를 선임한다.

②조합의 업무집행은 조합원의 과반수로써 결정한다. 업무집행자수인인 때에는

그 과반수로써 결정한다.
③조합의 통상사무는 전항의 규정에 불구하고 각 조합원 또는 각 업무집행자가 전행할 수 있다. 그러나 그 사무의 완료전에 다른 조합원 또는 다른 업무집행자의 이의가 있는 때에는 즉시 중지하여야 한다.

판례-분양대금반환

[대법원 2010.4.29, 선고, 2007다18911, 판결]

【판시사항】
조합재산의 처분·변경행위에 대하여 민법 제706조 제2항이 민법 제272조에 우선하여 적용되는지 여부(적극) 및 조합재산의 처분·변경에 관한 의사결정 방법

【판결요지】
민법 제272조에 따르면 합유물을 처분 또는 변경함에는 합유자 전원의 동의가 있어야 하나, 합유물 가운데서도 조합재산의 경우 그 처분·변경에 관한 행위는 조합의 특별사무에 해당하는 업무집행으로서, 이에 대하여는 특별한 사정이 없는 한 민법 제706조 제2항이 민법 제272조에 우선하여 적용되므로, 조합재산의 처분·변경은 업무집행자가 없는 경우에는 조합원의 과반수로 결정하고, 업무집행자가 수인 있는 경우에는 그 업무집행자의 과반수로써 결정하며, 업무집행자가 1인만 있는 경우에는 그 업무집행사가 단독으로 결정한다.

제707조 【준용규정】 조합업무를 집행하는 조합원에는 제681조 내지 제688조의 규정을 준용한다.

판례-특정경제범죄가중처벌등에관한법률위반(배임)·모해위증·무고

[대법원 2011.4.28, 선고, 2009도14268, 판결]

【판시사항】
[1] 피고인이 甲과 공동으로 토지를 매수하여 그 지상에 창고사업을 하는 내용의 동업약정을 하고 동업재산이 될 토지에 관한 매매계약을 체결하였는데, 이후 甲 몰래 제3자 명의로 소유권이전등기를 마치는 배임행위를 한 사안에서, 배임죄의 피해자를 동업체인 '조합'이 아닌 '甲'이라고 본 원심판단에 법리오해의 위법이 있다고 한 사례
[2] 배임죄나 업무상배임죄에서 재산상의 손실을 야기한 임무위배행위가 동시에 그 손실을 보상할 만한 재산상의 이익을 준 경우, '재산상 손해'의 유무(소극)
[3] 피고인이 甲과 공동으로 토지를 매수하여 그 지상에 창고사업을 하는 내용의 동업약정을 하고 동업재산이 될 토지에 관한 매매계약을 체결한 다음 매도인에게 계약금을 지급하였는데, 이후 甲 몰래 제3자 명의로 소유권이전등기를 마치는 배임행위를 한 사안에서, 이로 인해 피고인이 얻은 이득액 및 피해자인 조합이 입은 손해액을 위 토지의 매수대금 상당액으로 본 원심판단에 법리오해의 위법이 있다고 한 사례

【판결요지】
[1] 피고인이 甲과 공동으로 토지를 매수하여 그 지상에 창고사업을 하는 내용의 동업약정을 하고 동업재산이 될 토지에 관한 매매계약을 체결하였는데, 이후 소유권이전등기 업무를 처리하면서 甲 몰래 매도인과 사이에 위 매매계약을 해제하고 甲을 배제하는 내용의 새로운 매매계약을 체결한 다음 제3자 명의로 소유권이전등기를 마친 사안에서, 피고인과 甲은 2인 이상이 상호출자 하여 공동사업을 경영할 것을 내용으로 하는 민법 제703조가 정한 조합계약을 체결한 것이고, 피고인은 부동산의 소유권이전등기 등 업무에 관하여 동업체인 조합에 대하여 선량한 관리자의 주의로 사무를 처리해야 할 의무가 있으므로(민법 제707조, 제681조), '조합의 사무를 처리하는 자'의 지위에

있다고 할 것인데도 그 임무에 위배하여 위와 같이 소유권이전등기를 마침으로써 위 '조합'에 대한 배임행위를 한 것으로 보아야 한다는 이유로, 피해자를 '甲'이라고 본 원심판단에 배임죄의 피해자 특정에 관한 법리오해의 위법이 있다고 한 사례.
[2] 배임죄나 업무상배임죄에서 '재산상의 손해를 가한 때'란 현실적인 손해를 가한 경우뿐만 아니라 재산상 실해 발생의 위험을 초래한 경우도 포함되고, 재산상 손해의 유무에 대한 판단은 법률적 판단에 의하지 아니하고 경제적 관점에서 파악하여야 하지만, 여기서 재산상의 손해를 가한다는 것은 총체적으로 보아 본인의 재산상태에 손해를 가하는 경우, 즉 본인의 전체적 재산가치의 감소를 가져오는 것을 말하므로 재산상의 손실을 야기한 임무위배행위가 동시에 그 손실을 보상할 만한 재산상의 이익을 준 경우, 예컨대 배임행위로 인한 급부와 반대급부가 상응하고 다른 재산상 손해(현실적인 손해 또는 재산상 실해 발생의 위험)도 없는 때에는 전체적 재산가치의 감소, 즉 재산상 손해가 있다고 할 수 없다.
[3] 피고인이 甲과 공동으로 토지를 매수하여 그 지상에 창고사업을 하는 내용의 동업약정을 하고 동업재산이 될 토지에 관한 매매계약을 체결한 다음 매도인에게 계약금을 지급하였는데, 이후 소유권이전등기 업무를 처리하면서 甲 몰래 매도인과 사이에 위 매매계약을 해제하고 甲을 배제하는 내용의 새로운 매매계약을 체결한 다음 제3자 명의로 소유권이전등기를 마친 사안에서, 피해자인 조합으로서는 장차 취득할 것이 기대되었던 토지의 가치에 상응하는 재산이 감소되었지만 다른 한편으로는 토지의 잔금 지급의무를 면하게 되었으므로 토지의 매수대금 상당액이 위 배임행위로 인하여 조합이 입게 된 재산상 손해액에 해당한다고 할 수는 없는데도, 피고인이 얻은 이득액 및 피해자가 입은 손해액을 토지의 매수대금 상당액으로 인정하여 피고인을 특정경제범죄 가중처벌 등에 관한 법률 위반(배임)죄로 의율한 원심판단에 배임죄의 재산상 손해액에 관한 법리오해의 위법이 있다고 한 사례.

제708조 【업무집행자의 사임, 해임】 업무집행자인 조합원은 정당한 사유없이 사임하지 못하며 다른 조합원의 일치가 아니면 해임하지 못한다.

판례-업무집행사원의권한상실선고

[대법원 2015.5.29, 선고, 2014다51541, 판결]

【판시사항】
[1] 합명회사의 내부관계에 관한 상법 규정이 임의규정인지 여부(원칙적 적극) 및 합명회사의 정관에서 내부관계에 관하여 상법과 달리 정한 경우, 해당 정관 규정이 관련 상법 규정의 적용을 배제하는지 판단하는 기준
[2] 상법상 합명회사의 사원 또는 업무집행사원의 업무집행권한을 상실시키는 방법 / 합명회사의 사원이 상법 제205조 제1항에 따른 방법과 상법 제195조에 의하여 준용되는 민법 제708조에 따른 방법 중 어느 하나의 방법으로 다른 사원 또는 업무집행사원의 업무집행권한을 상실시킬 수 있는지 여부(원칙적 적극)
[3] 합명회사의 사원 또는 업무집행사원의 업무집행권한 상실에 관한 정관이나 관련 법률 규정을 해석할 때 고려하여야 할 사항
[4] 甲 합명회사의 정관에서 "업무집행사원이 업무를 집행함에 현저하게 부적임하거나 중대한 업무에 위반한 행위가 있는 때에는 총사원의 결의로써 업무집행권한을 상실하게 할 수 있다."라고 규정한 사안에서, 정관 규정이 상법 제205조 제1항의 적용을 배제하는 규정이라고 본 원심판단에 법리오해의 잘못이 있다고 한 사례

【판결요지】
[1] 상법 제195조에 비추어 볼 때, 합명회사의 내부관계에 관한 상법 규정은 원칙적으로 임의규정이고, 정관에서 상법 규정과 달리 정하는 것이 허용된다. 이와 같이 합명회사의 정관에서 내부관계에 관하여 상법과 달리 정한 경우, 해당 정관 규정이 관련

상법 규정의 적용을 배제하는지는 해당 정관 규정의 내용, 관련 상법 규정의 목적, 합명회사의 특징 등 여러 사정을 종합적으로 고려하여 판단하여야 한다.
[2] 상법상 합명회사의 사원 또는 업무집행사원의 업무집행권한을 상실시키는 방법으로는 다음의 두 가지를 상정할 수 있다. 첫째, 상법 제205조 제1항에 따라 다른 사원의 청구에 의하여 법원의 선고로써 권한을 상실시키는 방법이다. 둘째, 상법 제195조에 의하여 준용되는 민법 제708조에 따라 법원의 선고절차를 거치지 않고 총사원이 일치하여 업무집행사원을 해임함으로써 권한을 상실시키는 방법이다. 위 두 가지 방법은 요건과 절차가 서로 다르므로, 상법 제205조 제1항이 민법 제708조의 준용을 배제하고 있다고 보기 어렵다. 따라서 정관에서 달리 정하고 있지 않는 이상, 합명회사의 사원은 두 가지 방법 중 어느 하나의 방법으로 다른 사원 또는 업무집행사원의 업무집행권한을 상실시킬 수 있다.
[3] 합명회사의 사원은 회사채권자에 대하여 직접·연대·무한책임을 진다. 만약 다른 사원 또는 업무집행사원이 업무집행에 현저히 부적합하거나 중대하게 의무를 위반하는 경우에는 그로 인하여 자신의 책임이 발생·중대될 우려가 있으므로, 다른 사원 또는 업무집행사원을 업무집행에서 배제할 수 있는지는 각 사원의 이해관계에 큰 영향을 미친다. 합명회사의 사원은 업무집행권한 상실제도를 통하여 업무집행에 현저히 부적합하거나 중대하게 의무를 위반한 사원이나 업무집행사원을 업무집행에서 배제함으로써 자신의 책임이 부당하게 발생·증대되는 것으로부터 자신을 보호할 수 있다. 따라서 업무집행권한 상실에 관한 정관이나 관련 법률 규정을 해석할 때에는 위와 같은 사원의 권리가 합리적 근거 없이 제한되지 않도록 신중하게 해석하여야 한다.
[4] 甲 합명회사의 정관에서 "업무집행사원이 업무를 집행함에 현저하게 부적임하거나 중대한 업무에 위반한 행위가 있는 때에는 총사원의 결의로써 업무집행권한을 상실하게 할 수 있다."라고 규정한 사안에서, 정관에서 명시적으로 상법 제205조 제1항의 적용을 배제하고 있지 않는 한 업무집행권한 상실과 관련하여 상법이 부여한 사원의 권리를 제한할 합리적 근거를 찾을 수 없고, 법원의 선고절차 없는 업무집행권한 상실방법과 유사한 정관 규정이 신설되었다고 하여 법원의 선고에 의한 업무집행권한 상실방법을 배제한 것이라고 해석하기는 어려우므로, 상법 제205조 제1항은 위 정관 규정의 신설에도 불구하고 여전히 적용된다고 보아야 하는데도, 위 정관 규정이 상법 제205조 제1항의 적용을 배제하는 규정이라고 본 원심판단에 법리오해의 잘못이 있다고 한 사례.

제709조 【업무집행자의 대리권추정】
조합의 업무를 집행하는 조합원은 그 업무집행의 대리권있는 것으로 추정한다.

제710조 【조합원의 업무, 재산상태검사권】 각 조합원은 언제든지 조합의 업무 및 재산상태를 검사할 수 있다.

제711조 【손익분배의 비율】
①당사자가 손익분배의 비율을 정하지 아니한 때에는 각 조합원의 출자가액에 비례하여 이를 정한다.
②이익 또는 손실에 대하여 분배의 비율을 정한 때에는 그 비율은 이익과 손실에 공통된 것으로 추정한다.

제712조 【조합원에 대한 채권자의 권리행사】 조합채권자는 그 채권발생당시에 조합원의 손실부담의 비율을 알지 못한 때에는 각 조합원에게 균분하여 그 권리를 행사할 수 있다.

제713조 【무자력조합원의 채무와 타조합원의 변제책임】 조합원중에 변제할

자력없는 자가 있는 때에는 그 변제할 수 없는 부분은 다른 조합원이 균분하여 변제할 책임이 있다.

第714조 【지분에 대한 압류의 효력】
조합원의 지분에 대한 압류는 그 조합원의 장래의 이익배당 및 지분의 반환을 받을 권리에 대하여 효력이 있다.

第715조 【조합채무자의 상계의 금지】
조합의 채무자는 그 채무와 조합원에 대한 채권으로 상계하지 못한다.

第716조 【임의탈퇴】
①조합계약으로 조합의 존속기간을 정하지 아니하거나 조합원의 종신까지 존속할 것을 정한 때에는 각 조합원은 언제든지 탈퇴할 수 있다. 그러나 부득이한 사유없이 조합의 불리한 시기에 탈퇴하지 못한다.
②조합의 존속기간을 정한 때에도 조합원은 부득이한 사유가 있으면 탈퇴할 수 있다.

第717조 【비임의 탈퇴】
제716조의 경우 외에 조합원은 다음 각 호의 어느 하나에 해당하는 사유가 있으면 탈퇴된다.
1. 사망
2. 파산
3. 성년후견의 개시
4. 제명(除名)

[전문개정 2011.3.7]
[시행일 : 2013.7.1]

第718조 【제명】 ①조합원의 제명은 정당한 사유있는 때에 한하여 다른 조합원의 일치로써 이를 결정한다.
②전항의 제명결정은 제명된 조합원에게 통지하지 아니하면 그 조합원에게 대항하지 못한다.

판례-소유권이전등기말소

[대법원 1997.7.25, 선고, 96다29816, 판결]

【판시사항】
[1] 출자의무 불이행을 이유로 조합원을 제명하는 경우, 상당한 기간을 정하여 그 이행을 최고해야 하는지 여부(소극)
[2] 출자의무 불이행으로 제명 통보를 받은 상태에서 동업약정상의 분양대금을 수령한 조합원은 악의의 수익자로서 그 이익의 현존 여부와 관계없이 이를 반환할 의무가 있다고 한 사례

【판결요지】
[1] 조합원이 출자의무를 이행하지 않는 것은 민법 제718조 제1항에서 정한 조합원을 제명할 정당한 사유에 해당한다고 할 것인바, 그와 같은 출자의무의 불이행을 이유로 조합원을 제명함에 있어 출자의무의 이행을 지체하고 있는 당해 조합원에게 다시 상당한 기간을 정하여 출자의무의 이행을 최고하여야 하는 것은 아니다.

[2] 출자의무를 불이행한 조합원을 제명하기로 한 결의가 적법한 이상 그 무렵 다른 조합원들로부터 제명통보를 받은 그 조합원으로서는 자신에게 동업약정에 따른 건물의 분양대금을 수령할 권한이 없다는 것을 알았다고 할 것이어서 악의의 수익자에 해당한다고 할 것인바, 악의의 수익자는 받은 이익이 현존하는지 여부와 관계없이 그 받은 이득에 이자를 붙여 반환하여야 하므로, 결국 제명된 조합원은 권한 없이 분양대금으로 수령한 금원 전부를 그 이익의 현존 여부와 상관 없이 다른 조합원들에게 반환할 의무가 있다고 한 사례.

제719조 【탈퇴조합원의 지분의 계산】 ①탈퇴한 조합원과 다른 조합원간의 계산은 탈퇴당시의 조합재산상태에 의하여 한다.
②탈퇴한 조합원의 지분은 그 출자의 종류여하에 불구하고 금전으로 반환할 수 있다.
③탈퇴당시에 완결되지 아니한 사항에 대하여는 완결후에 계산할 수 있다.

제720조 【부득이한 사유로 인한 해산청구】 부득이한 사유가 있는 때에는 각조합원은 조합의 해산을 청구할 수 있다.

제721조 【청산인】
①조합이 해산한 때에는 청산은 총조합원 공동으로 또는 그들이 선임한 자가 그 사무를 집행한다.
②전항의 청산인의 선임은 조합원의 과반수로써 결정한다.

제722조 【청산인의 업무집행방법】
청산인이 수인인 때에는 제706조제2항 후단의 규정을 준용한다.

제723조 【조합원인 청산인의 사임, 해임】 조합원중에서 청산인을 정한 때에는 제708조의 규정을 준용한다.

제724조 【청산인의 직무, 권한과 잔여재산의 분배】
①청산인의 직무 및 권한에 관하여는 제87조의 규정을 준용한다.
②잔여재산은 각조합원의 출자가액에 비례하여 이를 분배한다.

제14절 종신정기금

제725조 【종신정기금계약의 의의】 종신정기금계약은 당사자 일방이 자기, 상대방 또는 제삼자의 종신까지 정기로 금전 기타의 물건을 상대방 또는 제삼자에게 지급할 것을 약정함으로써 그 효력이 생긴다.

제726조 【종신정기금의 계산】
종신정기금은 일수로 계산한다.

제727조 【종신정기금계약의 해제】
①정기금채무자가 정기금채무의 원본을 받은 경우에 그 정기금채무의 지급을 해태하거나 기타 의무를 이행하지 아니한 때에는 정기금채권자는 원본의 반환을 청구할 수 있다. 그러나 이미 지급을 받은 채무액에서 그 원본의 이자를 공제한

잔액을 정기금채무자에게 반환하여야 한다.
②전항의 규정은 손해배상의 청구에 영향을 미치지 아니한다.

第728조 【해제와 동시이행】 제536조의 규정은 전조의 경우에 준용한다.

第729조 【채무자귀책사유로 인한 사망과 채권존속선고】 ①사망이 정기금채무자의 책임있는사유로 인한 때에는 법원은 정기금채권자 또는 그 상속인의 청구에 의하여 상당한 기간 채권의 존속을 선고할 수 있다.
②전항의 경우에도 제727조의 권리를 행사할 수 있다.

第730조 【유증에 의한 종신정기금】
본절의 규정은 유증에 의한 종신정기금채권에 준용한다.

제15절 화해

第731조 【화해의 의의】
화해는 당사자가 상호양보하여 당사자간의 분쟁을 종지할 것을 약정함으로써 그 효력이 생긴다.

판례-회사채원리금청구

[대법원 2007.4.27, 선고, 2004다41996, 판결]

【판시사항】
[1] 부실징후가 발생한 기업과 주채권은행 사이에 사적 정리에 관한 사전합의가 이루어진 상태에서 기업개선작업약정이 체결된 경우, 그에 따른 채권재조정 등 권리변경의 효력이 채권금융기관협의회의 구성원으로서 결의에 참여하여 기업개선작업안에 반대한 채권금융기관에도 당연히 미치는지 여부(적극)
[2] 사적 정리절차에 따른 기업개선작업약정의 법적 성질 및 기업개선작업이 중단되었다는 사정만으로 채권금융기관들이 위 약정에서 종전에 양보한 권리가 당연히 되살아나는지 여부(소극)

【판결요지】
[1] 금융기관들 사이에 채무자인 기업에 부실징후가 발생할 경우 법원이 관여하는 법정 회생절차에 들어가는 대신 주채권은행 주도하에 기업개선작업에 착수하여 당해 기업에 대한 채권금융기관들로 구성된 협의회를 소집하여 채권액 기준 3/4 이상의 채권을 보유한 채권금융기관의 찬성으로 채권재조정 등을 내용으로 하는 기업개선작업안을 의결하고, 나아가 주채권은행이 협의회 소속 다른 채권금융기관들의 대리인 겸 본인으로서 당해 기업과 위와 같이 확정된 의결 내용을 이행하기 위한 기업개선작업약정을 체결하는 방식의 일종의 사적 정리에 관한 사전합의가 이루어진 상태에서, 채무자인 특정 기업에 대하여 부실징후가 발생하여 주채권은행이 사전합의된 바에 따라 관련된 채권금융기관들의 협의회를 소집하여 기업개선작업안을 의결하고 이어 주채권은행과 당해 기업 사이에 그 의결 사항의 이행을 위한 기업개선작업약정이 체결되었다면, 이는 위와 같은 사전합의에 따른 것이어서 달리 무효로 볼 만한 특별한 사정이 없는 한 그 약정에 따른 채권재조정 등 권리변경의 효력은 채권금융기관협의회의 구성원으로서 결의에 참여하여 기업개선작업안에 반대한 채권금융기관에도 당연히 미친다.
[2] 사적 정리절차에 따른 기업개선작업약정은 민법상 화해계약에 유사한 성질을 갖는 것이어서 채권금융기관들이 양보한 권리는 기업개선작업약정의 효력이 발생한 시점에

소멸하고 당해 기업 등은 그에 갈음하여 그 약정에 따른 새로운 권리를 취득하게 되는 것이므로, 보통 채권금융기관들이 기업개선작업의 성공을 기대하면서 양보를 하기 마련이라고 하더라도 채권금융기관들과 당해 기업 사이에 기업개선작업의 중단이 기존 양보한 권리에 미치는 효과에 관하여 달리 특별한 합의를 하였던 경우를 제외하고는 기업개선작업이 중단되었다는 사정만으로 채권금융기관들이 종전에 양보한 권리가 당연히 되살아난다고 할 수는 없고, 이처럼 양보한 권리가 되살아나지 아니하여 채권금융기관들이 그만큼 손해를 보게 되어 채권금융기관협의회의 구성원이 아닌 다른 채권자들과의 사이에 불균형이 발생한다고 하더라도 이는 법원이 관여하는 법정 정리절차 대신 사적 정리절차를 선택할 때에 이미 감수하기로 한 위험이 현실화된 것에 불과하여 결론을 달리할 만한 사정이 되지 못한다.

第732조 【화해의 창설적 효력】

화해계약은 당사자 일방이 양보한 권리가 소멸되고 상대방이 화해로 인하여 그 권리를 취득하는 효력이 있다.

第733조 【화해의 효력과 착오】

화해계약은 착오를 이유로 하여 취소하지 못한다. 그러나 화해당사자의 자격 또는 화해의 목적인 분쟁이외의 사항에 착오가 있는 때에는 그러하지 아니하다.

제3장 사무관리

第734조 【사무관리의 내용】

①의무없이 타인을 위하여 사무를 관리하는 자는 그 사무의 성질에 좇아 가장 본인에게 이익되는 방법으로 이를 관리하여야 한다.

②관리자가 본인의 의사를 알거나 알 수 있는 때에는 그 의사에 적합하도록 관리하여야 한다.

③관리자가 전2항의 규정에 위반하여 사무를 관리한 경우에는 과실없는 때에도 이로 인한 손해를 배상할 책임이 있다. 그러나 그 관리행위가 공공의 이익에 적합한 때에는 중대한 과실이 없으면 배상할 책임이 없다.

판례-용역비

[대법원 2014.12.11, 선고, 2012다15602, 판결]

【판시사항】

[1] 사인이 국가의 사무를 처리한 경우, 사무관리가 성립하기 위한 요건

[2] 甲 주식회사 소유의 유조선에서 원유가 유출되는 사고가 발생하자 乙 주식회사가 피해 방지를 위해 해양경찰의 직접적인 지휘를 받아 방제작업을 보조한 사안에서, 乙 회사는 사무관리에 근거하여 국가에 방제비용을 청구할 수 있다고 한 사례

【판결요지】

[1] 사무관리가 성립하기 위하여는 우선 사무가 타인의 사무이고 타인을 위하여 사무를 처리하는 의사, 즉 관리의 사실상 이익을 타인에게 귀속시키려는 의사가 있어야 하며, 나아가 사무의 처리가 본인에게 불리하거나 본인의 의사에 반한다는 것이 명백하지 아니할 것을 요한다. 다만 타인의 사무가 국가의 사무인 경우, 원칙적으로 사인이 법령상 근거 없이 국가의 사무를 수행할 수 없다는 점을 고려하면, 사인이 처리한 국가의 사무가 사인이 국가를 대신하여 처리할 수 있는 성질의 것으로서, 사무 처리의 긴급성 등 국가의 사무에 대한 사인의 개입이 정당화되는 경우에 한하여 사무관리가

성립하고, 사인은 그 범위 내에서 국가에 대하여 국가의 사무를 처리하면서 지출된 필요비 내지 유익비의 상환을 청구할 수 있다.
[2] 甲 주식회사 소유의 유조선에서 원유가 유출되는 사고가 발생하자 해상 방제업 등을 영위하는 乙 주식회사가 피해 방지를 위해 해양경찰의 직접적인 지휘를 받아 방제작업을 보조한 사안에서, 甲 회사의 조치만으로는 원유 유출사고에 따른 해양오염을 방지하기 곤란할 정도로 긴급방제조치가 필요한 상황이었고, 위 방제작업은 乙 회사가 국가를 위해 처리할 수 있는 국가의 의무 영역과 이익 영역에 속하는 사무이며, 乙 회사가 방제작업을 하면서 해양경찰의 지시·통제를 받았던 점 등에 비추어 乙 회사는 국가의 사무를 처리한다는 의사로 방제작업을 한 것으로 볼 수 있으므로, 乙 회사는 사무관리에 근거하여 국가에 방제비용을 청구할 수 있다고 본 원심판단을 수긍한 사례.

제735조 【긴급사무관리】 관리자가 타인의 생명, 신체, 명예 또는 재산에 대한 급박한 위해를 면하게 하기 위하여 그 사무를 관리한 때에는 고의나 중대한 과실이 없으면 이로 인한 손해를 배상할 책임이 없다.

제736조 【관리자의 통지의무】
관리자가 관리를 개시한 때에는 지체없이 본인에게 통지하여야 한다. 그러나 본인이 이미 이를 안 때에는 그러하지 아니하다.

제737조 【관리자의 관리계속의무】
관리자는 본인, 그 상속인이나 법정대리인이 그 사무를 관리하는 때까지 관리를 계속하여야 한다. 그러나 관리의 계속이 본인의 의사에 반하거나 본인에게 불리함이 명백한 때에는 그러하지 아니하다.

제738조 【준용규정】
제683조 내지 제685조의 규정은 사무관리에 준용한다.

제739조 【관리자의 비용상환청구권】
①관리자가 본인을 위하여 필요비 또는 유익비를 지출한 때에는 본인에 대하여 그 상환을 청구할 수 있다.
②관리자가 본인을 위하여 필요 또는 유익한 채무를 부담한 때에는 제688조제2항의 규정을 준용한다.
③관리자가 본인의 의사에 반하여 관리한 때에는 본인의 현존이익의 한도에서 전2항의 규정을 준용한다.

판례-대위변제금

[대법원 2013.9.26, 선고, 2012다43539, 판결]

【판시사항】
제3자와 약정에 따라 타인의 사무를 처리한 경우, 그 타인과의 관계에서 사무관리가 성립하는지 여부(원칙적 소극)

【판결요지】
의무 없이 타인의 사무를 처리한 자는 그 타인에 대하여 민법상 사무관리 규정에 따라 비용상환 등을 청구할 수 있으나, 제3자와의 약정에 따라 타인의 사무를 처리한 경우에는 의무 없이 타인의 사무를 처리한 것이 아니므로 이는 원칙적으로 그 타인과의 관계에서는 사무관리가 된다고 볼 수 없다.

第740条 【관리자의 무과실손해보상청구권】 관리자가 사무관리를 함에 있어서 과실없이 손해를 받은 때에는 본인의 현존이익의 한도에서 그 손해의 보상을 청구할 수 있다.

제4장 부당이득

第741条 【부당이득의 내용】
법률상 원인없이 타인의 재산 또는 노무로 인하여 이익을 얻고 이로 인하여 타인에게 손해를 가한 자는 그 이익을 반환하여야 한다.

第742条 【비채변제】 채무없음을 알고 이를 변제한 때에는 그 반환을 청구하지 못한다.

第743条 【기한전의 변제】 변제기에 있지 아니한 채무를 변제한 때에는 그 반환을 청구하지 못한다. 그러나 채무자가 착오로 인하여 변제한 때에는 채권자는 이로 인하여 얻은 이익을 반환하여야 한다.

第744条 【도의관념에 적합한 비채변제】 채무없는 자가 착오로 인하여 변제한 경우에 그 변제가 도의관념에 적합한 때에는 그 반환을 청구하지 못한다.

第745条 【타인의 채무의 변제】
①채무자아닌 자가 착오로 인하여 타인의 채무를 변제한 경우에 채권자가 선의로 증서를 훼멸하거나 담보를 포기하거나 시효로 인하여 그 채권을 잃은 때에는 변제자는 그 반환을 청구하지 못한다.
②전항의 경우에 변제자는 채무자에 대하여 구상권을 행사할 수 있다.

第746条 【불법원인급여】
불법의 원인으로 인하여 재산을 급여하거나 노무를 제공한 때에는 그 이익의 반환을 청구하지 못한다. 그러나 그 불법원인이 수익자에게만 있는 때에는 그러하지 아니하다.

판례-부당이득금 반환

[대법원 2013.8.22, 선고, 2013다35412, 판결]

【판시사항】
불법의 원인으로 재산을 급여한 사람이 불법의 원인에 가공한 상대방 수령자에 대하여 불법행위를 이유로 재산 급여로 말미암아 발생한 자신의 손해를 배상할 것을 주장할 수 있는지 여부(원칙적 소극)

【판결요지】
불법의 원인으로 재산을 급여한 사람은 상대방 수령자가 그 '불법의 원인'에 가공하였다고 하더라도 상대방에게만 불법의 원인이 있거나 그의 불법성이 급여자의 불법성보다 현저히 크다고 평가되는 등으로 제반 사정에 비추어 급여자의 손해배상청구를 인정하지 아니하는 것이 오히려 사회상규에 명백히 반한다고 평가될 수 있는 특별한 사정이 없는 한 상대방의 불법행위를 이유로 그 재산의 급여로 말미암아 발생한 자신의 손해를 배상할 것을 주장할 수 없다고 할 것이다. 그와 같은 경우에 급여자의 위와 같은 손해배상청구를 인용한다면, 이는 급여자는 결국 자신이 행한 급부 자체 또는 그 경제적 동일물을 환수하는 것과 다름없는 결과가 되어, 민법 제746조에서 실정법적으로 구체화된 법이념에 반하게 되는 것이다.

도박채무의 양도담보로 넘긴 소유권이전등기의 말소청구 가능한지

(대한법률구조공단 자료)

질문

甲은 도박장에서 도박자금으로 乙로부터 4,000만원을 빌리면서 그 채무를 담보하기 위하여 甲소유의 부동산에 소유권이전청구권보전의 가등기를 설정하였다가 다시 그 채무담보목적으로 乙앞으로 소유권이전등기를 해주었지만, 도박채무는 무효라고 하는데 甲이 위 부동산소유권이전등기의 말소를 청구할 수는 없는지요?

답변

불법원인급여에 관하여 「민법」 제746조에서 불법의 원인으로 인하여 재산을 급여하거나 노무를 제공한 때에는 그 이익의 반환을 청구하지 못하고, 다만 그 불법원인이 수익자에게만 있는 때에는 그렇지 않다고 규정하고 있으며, 반사회질서의 법률행위에 관하여 「민법」 제 103조에서 선량한 풍속 기타 사회질서에 위반한 사항을 내용으로 하는 법률행위는 무효로 한다고 규정하고 있습니다.

그런데 도박채무에 대한 양도담보조로 마쳐진 소유권이전등기의 말소청구가 가능한지에 관하여 판례를 보면, 민법 제746조의 규정취지는 민법 제103조와 함께 사법의 기본이념으로 사회적 타당성이 없는 행위를 한 사람은 그 형식여하를 불문하고 스스로 한 불법행위의 무효를 주장하여 그 복구를 소송으로 청구할 수 없다는 법의 이상을 표현한 것이고 부당이득반환청구만을 제한하는 규정이 아니므로, 불법의 원인으로 급여를 한 사람이 그 원인행위가 무효라고 주장하고 그 결과 급여물의 소유권이 자기에게 있다는 주장으로 소유권에 기초한 반환청구를 하는 것도 허용할 수 없는 것이다. 도박채무가 불법무효로 존재하지 않는다는 이유로 양도담보조로 이전해준 소유권 이전등기의 말소를 청구하는 것은 허용되지 않는다고 하였습니다(대법원 1989. 9. 29. 선고 89다카5994 판결).

따라서 위 사안에서도 사기도박 등과 같이 그 불법원인이 어느 일방에게만 있는 경우가 아닌 한 甲은 乙에게 도박채무에 대한 양도담보조로 해준 위 부동산의 소유권이전등기를 도박채무가 불법무효로 존재하지 않는다는 이유만으로 말소청구를 하기는 어려울 것으로 보입니다.

"본 사례는 개인의 법률문제 해결에 도움을 주고자 게재되었으나, 이용자 여러분의 생활에서 발생하는 구체적 사안은 동일하지는 않을 것이므로 참고자료로 활용하시기 바랍니다."

제747조 【원물반환불능한 경우와 가액반환, 전득자의 책임】 ①수익자가 그 받은 목적물을 반환할 수 없는 때에는 그 가액을 반환하여야 한다.
②수익자가 그 이익을 반환할 수 없는 경우에는 수익자로부터 무상으로 그 이익의 목적물을 양수한 악의의 제삼자는 전항의 규정에 의하여 반환할 책임이 있다.

제748조 【수익자의 반환범위】
①선의의 수익자는 그 받은 이익이 현존한 한도에서 전조의 책임이 있다.
②악의의 수익자는 그 받은 이익에 이자를 붙여 반환하고 손해가 있으면 이를 배상하여야 한다.

제749조 【수익자의 악의인정】
①수익자가 이익을 받은 후 법률상 원인 없음을 안 때에는 그때부터 악의의 수익자로서 이익반환의 책임이 있다.
②선의의 수익자가 패소한 때에는 그 소를 제기한 때부터 악의의 수익자로 본다.

제5장 불법행위

제750조 【불법행위의 내용】
고의 또는 과실로 인한 위법행위로 타인에게 손해를 가한 자는 그 손해를 배상할 책임이 있다.

판례-손해배상(의)

[대법원 2015.7.9, 선고, 2014다233190, 판결]

【판시사항】
甲이 대장내시경 검사를 받은 지 이틀째 되는 날 심한 복통과 구토 증상으로 乙 병원에 입원하였는데, 乙 병원 의료진이 CT 검사를 하기 위해서는 금식이 필요하다는 이유로 약 15시간 동안 진통제만 처방하다가, 다음 날 오전 CT 검사를 실시한 결과 복막염이 의심되어 응급수술을 시행하였으나 패혈증으로 사망한 사안에서, 乙 병원 의료진에게 CT 검사가 가능해진 이후에도 이를 실시하지 아니함으로써 신속한 수술 등의 조치를 받지 못하게 한 과실이 있다고 한 사례

【판결요지】
甲이 대장내시경 검사를 받은 지 이틀째 되는 날 심한 복통과 구토 증상으로 乙 병원에 입원하였는데, 乙 병원 의료진이 CT 검사를 하기 위해서는 금식이 필요하다는 이유로 약 15시간 동안 진통제만 처방하다가, 다음 날 오전 CT 검사를 실시한 결과 복막염이 의심되어 응급수술을 시행하였으나 패혈증으로 사망한 사안에서, CT 검사에 일반적으로 요구되는 6시간의 금식시간이 지났고, 거듭된 진통제 투여에도 극심한 통증을 계속 호소하는 상황이었으므로 乙 병원 의사로서는 甲의 상태를 직접 확인하고 압통 여부 등 이학적 검사를 실시하여 CT 검사 등 추가적인 응급검사와 조치가 필요한지 검토할 의무가 있는데, 甲에 대한 경과관찰 등의 의료조치를 소홀히 하여 CT 검사가 가능해진 이후에도 이를 실시하지 아니함으로써 결장 천공 등을 조기에 발견하지 못하고 신속한 수술 등의 조치를 받지 못하게 한 과실이 있음에도, 이와 달리 본 원심판결에 법리오해 등의 잘못이 있다고 한 사례.

제751조 【재산 이외의 손해의 배상】 ①타인의 신체, 자유 또는 명예를 해하거나 기타 정신상고통을 가한 자는 재산 이외의 손해에 대하여도 배상할 책임이 있다.
②법원은 전항의 손해배상을 정기금채무로 지급할 것을 명할 수 있고 그 이행을 확보하기 위하여 상당한 담보의 제공을 명할 수 있다.

제752조 【생명침해로 인한 위자료】 타인의 생명을 해한 자는 피해자의 직계존속, 직계비속 및 배우자에 대하여는 재산상의 손해없는 경우에도 손해배상의 책임이 있다.

판례-손해배상(기)

[서울중앙지법 2015.2.5, 선고, 2013가합20507, 판결 : 항소]

【판시사항】
국군기무사령부 사령관실 당번병으로 근무하던 甲이 우울증 등의 문제로 군 생활에 적응하지 못하고 자살하자, 甲의 유족들이 소속 부대에 병사 관리를 소홀히 한 잘못이 있다고 주장하면서 국가를 상대로 손해배상을 구한 사안에서, 소속 부대가 甲에 대한 보호·배려의무를 위반하였다고 보아 국가의 손해배상책임을 인정한 다음, 甲이 본래 가지고 있던 우울증적 소인이 자살에 주된 영향을 미친 점 등을 고려하여 국가의 책

임을 30%로 제한한 사례

【판결요지】
국군기무사령부 사령관실 당번병으로 근무하던 甲이 우울증 등의 문제로 군 생활에 적응하지 못하고 자살하자, 甲의 유족들이 소속 부대에 병사 관리를 소홀히 한 잘못이 있다고 주장하면서 국가를 상대로 손해배상을 구한 사안에서, 甲이 우울증 등 여러 문제로 부대 적응에 심각한 장애를 겪고 있는 데다가 자살 징후까지 있었으므로, 소속 부대는 甲의 성향과 적성, 군의관의 진단 결과, 甲의 요구사항 등을 고려하여 우울증에 대한 전문적인 진단과 치료를 받도록 하여야 할 뿐만 아니라 甲이 우울증에서 회복할 수 있도록 적극적인 조치를 하는 등 좀 더 세심하게 보호와 배려를 하여야 할 의무가 있는데도 이를 위반한 잘못이 있으므로, 국가는 甲과 그의 유족들이 입은 손해를 배상할 책임이 있다고 한 다음, 甲이 본래 가지고 있던 우울증적 소인이 자살에 주된 영향을 미친 점 등을 고려하여 국가의 책임을 30%로 제한한 사례.

제753조 【미성년자의 책임능력】

미성년자가 타인에게 손해를 가한 경우에 그 행위의 책임을 변식할 지능이 없는 때에는 배상의 책임이 없다.

제754조 【심신상실자의 책임능력】

심신상실중에 타인에게 손해를 가한 자는 배상의 책임이 없다. 그러나 고의 또는 과실로 인하여 심신상실을 초래한 때에는 그러하지 아니하다.

제755조 【감독자의 책임】

①다른 자에게 손해를 가한 사람이 제753조 또는 제754조에 따라 책임이 없는 경우에는 그를 감독할 법정의무가 있는 자가 그 손해를 배상할 책임이 있다. 다만, 감독의무를 게을리하지 아니한 경우에는 그러하지 아니하다.
②감독의무자를 갈음하여 제753조 또는 제754조에 따라 책임이 없는 사람을 감독하는 자도 제1항의 책임이 있다.
[전문개정 2011.3.7]
[시행일 : 2013.7.1]

판례-손해배상(기)(집단따돌림 자살 사건)

[대법원 2007.11.15, 선고, 2005다16034, 판결]

【판시사항】
[1] 이른바 집단따돌림의 의미
[2] 집단따돌림으로 인하여 피해 학생이 자살한 경우, 자살의 결과에 대하여 교장이나 교사에게 보호감독의무 위반 책임을 묻기 위한 요건 및 그 판단 기준
[3] 중학교 3학년 여학생이 급우들 사이의 집단따돌림으로 인하여 자살한 사안에서, 따돌림의 정도와 행위의 태양, 피해 학생의 평소 행동 등에 비추어 담임교사에게 피해 학생의 자살에 대한 예견가능성이 있었다고 인정하지 아니하여 자살의 결과에 대한 손해배상책임을 부정한 사례

【판결요지】
[1] 집단따돌림이란 학교 또는 학급 등 집단에서 복수의 학생들이 한 명 또는 소수의 학생들을 대상으로 의도와 적극성을 가지고, 지속적이면서도 반복적으로 관계에서 소외시키거나 괴롭히는 현상을 의미한다.

[2] 집단따돌림으로 인하여 피해 학생이 자살한 경우, 자살의 결과에 대하여 학교의 교장이나 교사의 보호감독의무 위반의 책임을 묻기 위하여는 피해 학생이 자살에 이른 상황을 객관적으로 보아 교사 등이 예견하였거나 예견할 수 있었음이 인정되어야 한다. 다만, 사회통념상 허용될 수 없는 악질, 중대한 집단따돌림이 계속되고 그 결과 피해 학생이 육체적 또는 정신적으로 궁지에 몰린 상황에 있었음을 예견하였거나 예견할 수 있었던 경우에는 피해 학생이 자살에 이른 상황에 대한 예견가능성도 있는 것으로 볼 수 있을 것이나, 집단따돌림의 내용이 이와 같은 정도에까지 이르지 않은 경우에는 교사 등이 집단따돌림을 예견하였거나 예견할 수 있었다고 하더라도 이것만으로 피해 학생의 자살에 대한 예견이 가능하였던 것으로 볼 수는 없으므로, 교사 등이 집단따돌림 자체에 대한 보호감독의무 위반의 책임을 부담하는 것은 별론으로 하고 자살의 결과에 대한 보호감독의무 위반의 책임을 부담한다고 할 수는 없다.
[3] 중학교 3학년 여학생이 급우들 사이의 집단따돌림으로 인하여 자살한 사안에서, 따돌림의 정도와 행위의 태양, 피해 학생의 평소 행동 등에 비추어 담임교사에게 피해 학생의 자살에 대한 예견가능성이 있었다고 인정하지 아니하여 자살의 결과에 대한 손해배상책임은 부정하면서, 다만 학생들 사이의 갈등에 대한 대처를 소홀히 한 과실을 인정하여 교사의 직무상 불법행위로 발생한 집단따돌림의 피해에 대하여 지방자치단체의 손해배상책임을 긍정한 사례.

第756조 【사용자의 배상책임】

①타인을 사용하여 어느 사무에 종사하게 한 자는 피용자가 그 사무집행에 관하여 제삼자에게 가한 손해를 배상할 책임이 있다. 그러나 사용자가 피용자의 선임 및 그 사무감독에 상당한 주의를 한 때 또는 상당한 주의를 하여도 손해가 있을 경우에는 그러하지 아니하다.
②사용자에 가름하여 그 사무를 감독하는 자도 전항의 책임이 있다.
③전2항의 경우에 사용자 또는 감독자는 피용자에 대하여 구상권을 행사할 수 있다.

피용자의 폭행행위로 인한 손해에도 민법상 사용자책임이 인정되는지

(대한법률구조공단 자료)

질문

甲회사에 근무하는 저는 동료직원인 乙과 업무문제로 언쟁을 하던 중 폭행을 당하여 다리골절상 등을 입고 입원치료중인데, 이러한 경우 甲회사의 사용자책임이 인정되는지요?

답변

사용자배상책임에 관하여 「민법」에서 타인을 사용하여 어느 사무에 종사하게 한 자는 피용자가 그 사무집행에 관하여 제3자에게 가한 손해를 배상할 책임이 있고, 다만 사용자가 피용자의 선임 및 그 사무감독에 상당한 주의를 한 때 또는 상당한 주의를 하여도 손해가 있을 경우에는 그렇지 않다고 규정하고 있습니다(민법 제756조 제1항).
그리고 피용자가 고의로 다른 사람에게 가해행위를 한 경우 사용자책임의 성립요건에 관한 판례를 보면, 「민법」 제756조에 규정된 사용자 책임의 요건인 '사무집행에 관하여'라는 뜻은 피용자의 불법행위가 외형상 객관적으로 사용자의 사업활동 내지 사무집행행위 또는 그와 관련된 것이라고 보일 때에는 행위자의 주관적 사정을 고려함이 없이 이를 사무집행에 관하여 한 행위로 본다는 것으로, 피용자가 고의에 기하여 다른 사람에게 가해행위를 한 경우, 그 행위가 피용자의 사무집행 그 자체는 아니더라도 사용자의 사업과 시간적, 장소적으로 근접하고, 피용자의 사무의 전부 또는 일부를 수행하는 과정에서 이루어지거나 가해행위의 동기가 업무처리와 관련된 것일 경우에는 외형적, 객관적으로 사용자의 사무집행행위와 관련된 것이라고 보아 사용자책임이 성립하고, 이 경우 사용자가 위험발생 및 방지조치를 결여하였는지도 손해의 공평한 부담을 위하여 부가적으로 고려할 수 있다고 하면서, 피용자가 다른 피용자를 성추행 또는 간음하는 등 고의적인 가해행위를 한 경우, 그 행위가 피용자의 사무집행 자체는 아니더라도, 피해자로 하여금 성적 굴욕감 또는 혐오감을 느끼게 하는 방법으로 업무를 수행하도록 하는 과정에서 피해자를 성추행하는 등 그 가해행위가 외형상 객관적으로 업무수행에 수반되거나 업무수행과 밀접한 관련 아래 이루어지는 경우뿐만 아니라, 피용자가 사용자로부터 채용, 계속고용, 승진, 근무평정과 같은 다른 근로자에 대한 고용조건을 결정할 수 있는 권한을 부여받고 있음을 이용하여 그 업무수행과 시간적, 장소적인 근접성이 인정되는 상황에서 피해자를 성추행하는 등과 같이 외형상 객관적으로 사용자의 사무집행행위와 관련된 것이라고 볼 수 있는 사안에서도 사용자책임이 성립할 수 있다고 한 사례가 있습니다(대법원 2009. 2. 26. 선고 2008다89712 판결).
또한, 호텔종업원의 손님에 대한 상해행위가 「민법」 제756조에서 정한 사무집행에 관한 것이라고 보아 사용자책임을 인정한 사례(대법원 2000. 2. 11. 선고 99다47297 판결), 회사원이 밤늦게 귀가하기 위하여 승강기를 타고 내려오다가 회사경비원과 늦게 퇴근하는데 대하여 시비가 되어 싸우던 중 그에게 상해를 입게 한 경우 회사의 사용자책임을 인정한 사례(대법원 1993. 9. 24. 선고 93다15694 판결), 甲회사소속 중기기사 乙이 甲회사의 작업지시를 받고 丙의 작업현장에서 甲회사의 굴삭기로 작업을 하다가 덤프트럭에 돌을 싣는 과정에서 덤프트럭 운전사 丁과 시비가 되어 싸우던 중 주위에 있던 사람들이 丁을 병원으로 데리고 가자 흥분하여 굴삭기로 丙의 현장사무실 막사와 식당, 기물들을 부수어 버렸다면 이는 외형상 객관적으로 甲회사의 사무집행과 밀접하게 관련된 것이므로 甲회사는 乙의 사용자로서 위 불법행위로 인하여 丙이 입은 손해를 배상할 책임이 있다고 한 사례(대법원 1992. 9. 22. 선고 92다25939 판결), 버스회사소속운전사가 버스를 운전하다가 승객을 다치게 한 사고에 대하여 회사사무실에서 회사운영부장 등에게 회사가 치료비를 부담할 것을 요구하던 중 말다툼 끝에 위 운영부장 등이 운전사를 폭행한데 대하여 회사의 사용자책임을 인정한 사례가 있습니다(대법원 1992. 3. 31. 선고 90다8763 판결).
그러나 사적인 전화를 받던 레스토랑종업원이 지배인으로부터 욕설과 구타를 당한 후 레스토랑을 나가 약 8시간 동안 배회하다가 과도를 사가지고 레스토랑에 들어왔는데, 다시 지배인으로부터 욕설과 구타를 당하자 이에 대항하여 지배인을 과도로 찔러 사망에 이르게 한 경우, 종업원의 위 불법행위가 레스토랑의 영업시간 중에 사용자의 사업장소에서 이루어진 것이기는 하나, 그 종업원은 사용자에게 고용되어 담당하게 된 사무의 집행과는 관련이 없이 자기개인의 인격과 신체에 대한 침해행위에 대항하여 살해행위를 저질렀다고 봄이 상당하고, 종업원의 위 불법행위를 외형적, 객관적으로 보아도 이를 사용자의 사무집행과 관련된 행위로 볼 수는 없다고 한 사례도 있습니다(대법원 1994. 11. 18. 선고 94다34272 판결).
따라서 위 사안에서도 귀하와 乙간의 폭행사건이 업무와 관련하여 발생된 경우라면 귀하는 甲회사에 대하여도 손해배상청구를 해볼 수 있을 듯합니다.
참고로 사용자의 배상책임을 규정한 「민법」 제756조에서 정한 '그 사무집행에 관하여'라 함은 사용자의 사업집행자체 또는 이에 필요한 행위뿐만 아니라 이와 관련된 것이라고 일반적으로 보이는 행위는 설사 그것이 피용자의 이익을 도모하기 위한 경우라도 이에 포함된다고 보아야 할 것이므로, 택시회사의 운전수가 택시의 승객을 태우고 운행 중 차 속에서 부녀를 강간한 경우 택시회사는 사용자로서 손해배상책임이 있다고 한 바 있습니다(대법원 1991. 1. 11. 선고 90다8954 판결).

"본 사례는 개인의 법률문제 해결에 도움을 주고자 게재되었으나, 이용자 여러분의 생활에서 발생하는 구체적 사안은 동일하지는 않을 것이므로 참고자료로 활용하시기 바랍니다."

第757조 【도급인의 책임】 도급인은 수급인이 그 일에 관하여 제삼자에게 가한 손해를 배상할 책임이 없다. 그러나 도급 또는 지시에 관하여 도급인에게 중대한 과실이 있는 때에는 그러하지 아니하다.

하수급인에게 고용된 근로자의 산재사고 시 도급인의 책임

(대한법률구조공단 자료)

질문

저는 甲회사로부터 5층 건물의 신축공사를 하도급 받은 건축업자 乙에게 고용되어 5층 난간에서 작업을 하던 중, 乙이 고용한 丙이 작업받침대를 잘못 설치하는 바람에 지상으로 추락하여 중상을 입게 되었습니다. 乙은 현재 자산이 전혀 없는 상태인바, 甲회사를 상대로 손해배상을 청구할 수 있는지요?

답변

사용자가 근로계약상 부수적 의무로서 피용자의 안전에 대한 보호 의무를 지는지 판례를 보면, 사용자는 근로계약에 수반되는 신의칙상의 부수적 의무로서 피용자가 노무를 제공하는 과정에서 생명, 신체, 건강을 해치는 일이 없도록 인적·물적 환경을 정비하는 등 필요한 조치를 강구하여야 할 보호의무를 부담하고, 이러한 보호의무를 위반함으로써 피용자가 손해를 입는 경우 이를 배상할 책임이 있으나, 보호의무위반을 이유로 사용자에게 손해배상책임을 인정하기 위해서는 특별한 사정이 없는 한 그 사고가 피용자의 업무와 관련성을 가지고 있을 뿐만 아니라 또한 그 사고가 통상 발생할 수 있다고 하는 것이 예측되거나 예측할 수 있는 경우라야 할 것이고, 그 예측가능성은 사고가 발생한 때와 장소, 사고가 발생한 경위 기타 여러 사정을 고려하여 판단하여야 한다고 하였습니다(대법원 2006. 9. 28. 선고 2004다44506 판결).

그런데 도급인은 도급 또는 지시에 관하여 중대한 과실이 없는 한 수급인이 그일에 관하여 제3자에게 가한 손해를 배상할 책임이 없으나(민법 제757조), 도급인이 수급인에 대하여 특정한 행위를 지휘하거나, 특정한 사업을 도급시키는 경우와 같은 이른바 노무도급의 경우에는 도급인도 책임이 있으며(대법원 2005. 11. 10. 선고 2004다37676 판결), 또한 도급인이 수급인의 일의 진행 및 방법에 관하여 구체적인 지휘·감독권을 유보한 경우에는 도급인과 수급인의 관계는 실질적으로 사용자 및 피용자의 관계와 다를 바 없으므로, 수급인이 고용한 제3자의 불법행위로 인한 손해에 대하여 도급인은 민법 제756조에 의한 사용자 책임을 면할 수 없는데(대법원 1993. 5. 27. 선고 92다48109 판결), 사용자 및 피용자 관계 인정의 기초가 되는 도급인의 수급인에 대한 지휘감독은 건설공사의 경우에는 현장에서 구체적인 공사의 운영 및 시행을 직접 지시·지시도하고 감시·독려함으로써 시공자체를 관리함을 말하는 것이고, 단순히 공사의 운영 및 시공의 정도가 설계도 또는 시방서대로 시행되고 있는가를 확인하여 공정을 감독하는 데에 불과한 이른바 감리는 여기에 해당하지 않습니다(대법원 1992. 6. 23. 선고 92다2615 판결).

따라서 귀하의 경우 甲회사가 乙에게 공사일체를 맡기고 일의 진행 및 방법에 관하여 전혀 관여하지 않았다면, 귀하는 甲회사에 대하여 손해배상을 청궁할 수 없을 것이나, 甲회사가 乙에 대하여 특정한 사업을 도급시킨 노무도급에 해당하는 경우, 또는 공사현장에 공사감독원으로 현장소장을 두고 공사의 진행 및 방법에 관하여 구체적으로 지시·감독한 경우라면, 귀하는 甲회사에 대하여도 손해배상을 청구할 수 있다 할 것입니다. 다만, 손해배상액에 있어서는 위 사고가 귀하 본인의 과실이 경합되어 발생했다면 귀하가 받을 손해배상액도 그 과실비율만큼 줄어들게 됩니다.

그리고 도급인과 수급인이 공사도급계약을 체결하면서 수급인의 부주의로 인하여 인명피해 등의 손해가 발생하였을 경우 수급인이 배상한다는 특약이 있었더라도 그것은 도급인과 수급인 사이에만 효력이 있는 것이고, 대외적으로 반드시 도급인의 손해배상책임이 면제된다고 할 수는 없으며, 도급인의 지시·감독의 정도에 뜨라 도급인의 손해배상여부가 결정됩니다(대법원 1994. 9. 13. 선고 94다20037 판결).

"본 사례는 개인의 법률문제 해결에 도움을 주고자 게재되었으나, 이용자 여러분의 생활에서 발생하는 구체적 사안은 동일하지는 않을 것이므로 참고자료로 활용하시기 바랍니다."

제758조 【공작물등의 점유자, 소유자의 책임】 ①공작물의 설치 또는 보존의 하자로 인하여 타인에게 손해를 가한 때에는 공작물점유자가 손해를 배상할 책임이 있다. 그러나 점유자가 손해의 방지에 필요한 주의를 해태하지 아니한 때에는 그 소유자가 손해를 배상할 책임이 있다.
②전항의 규정은 수목의 재식 또는 보존에 하자있는 경우에 준용한다.
③전2항의 경우에 점유자 또는 소유자는 그 손해의 원인에 대한 책임있는 자에 대하여 구상권을 행사할 수 있다.

판례-손해배상(기)

[대법원 2013.3.28, 선고, 2010다71318, 판결]

【판시사항】
2009. 5. 8. 법률 제9648호로 전부 개정된 실화책임에 관한 법률하에서 공작물의 설치·보존상의 하자에 의하여 발생한 화재로부터 연소한 부분에 대한 손해배상책임에 관하여 민법 제758조 제1항이 적용되는지 여부(적극)

【판결요지】
2009. 5. 8. 법률 제9648호로 전부 개정된 실화책임에 관한 법률(이하 '개정 실화책임법'이라고 한다)은 구 실화책임에 관한 법률(2009. 5. 8. 법률 제9648호로 전부 개정되기 전의 것)과 달리 손해배상액의 경감에 관한 특례 규정만을 두었을 뿐 손해배상의무의 성립을 제한하는 규정을 두고 있지 아니하므로, 공작물의 점유자 또는 소유자가

공작물의 설치·보존상의 하자로 인하여 생긴 화재에 대하여 손해배상책임을 지는지는 다른 법률에 달리 정함이 없는 한 일반 민법의 규정에 의하여 판단하여야 한다. 따라서 공작물의 설치·보존상의 하자에 의하여 직접 발생한 화재로 인한 손해배상책임뿐만 아니라 그 화재로부터 연소한 부분에 대한 손해배상책임에 관하여도 공작물의 설치·보존상의 하자와 손해 사이에 상당인과관계가 있는 경우에는 민법 제758조 제1항이 적용되고, 실화가 중대한 과실로 인한 것이 아닌 한 그 화재로부터 연소한 부분에 대한 손해의 배상의무자는 개정 실화책임법 제3조에 의하여 손해배상액의 경감을 받을 수 있다.

제759조 【동물의 점유자의 책임】

①동물의 점유자는 그 동물이 타인에게 가한 손해를 배상할 책임이 있다. 그러나 동물의 종류와 성질에 따라 그 보관에 상당한 주의를 해태하지 아니한 때에는 그러하지 아니하다.

②점유자에 가름하여 동물을 보관한 자도 전항의 책임이 있다.

제760조 【공동불법행위자의 책임】

①수인이 공동의 불법행위로 타인에게 손해를 가한 때에는 연대하여 그 손해를 배상할 책임이 있다.

②공동 아닌 수인의 행위중 어느 자의 행위가 그 손해를 가한 것인지를 알 수 없는 때에도 전항과 같다.

③교사자나 방조자는 공동행위자로 본다.

판례-예금

[대법원 2015.6.24, 선고, 2014다231224, 판결]

【판시사항】

甲이 인감도장에 乙 은행 예금계좌의 비밀번호를 표시하여 놓았고 丙에게 비밀번호를 알려주면서 예금인출 심부름을 시킨 적이 있는데, 丁이 丙 등과 공모하여 甲의 주민등록증 등을 위조하고 戊로 하여금 甲을 사칭하도록 하여 甲 명의의 예금통장을 재발급받아 인감을 변경한 후 예금을 인출한 사안에서, 甲의 행위가 丁 등의 사기행위와 객관적으로 관련 공동되어 乙 은행에 대하여 공동불법행위를 구성한다고 본 원심판결에 법리오해의 잘못이 있다고 한 사례

【판결요지】

甲이 인감도장에 乙 은행 예금계좌의 비밀번호를 표시하여 놓았고 丙에게 비밀번호를 알려주면서 예금인출 심부름을 시킨 적이 있는데, 丁이 丙 등과 공모하여 甲의 주민등록증 등을 위조하고 戊로 하여금 甲을 사칭하도록 하여 甲 명의의 예금통장을 재발급받아 인감을 변경한 후 예금을 인출한 사안에서, 甲이 다른 사람에게 예금인출 심부름을 시킨 일이 있다거나 인감도장에 비밀번호를 표시해 두는 등의 행위를 하였더라도 이러한 행위로 인하여 자신이 알지도 못하는 丁 등이 사기행위를 저지를 것으로 구체적으로 예견할 수 있었다고 인정하기 어렵고, 오히려 위 사기행위는 乙 은행이 거래상대방의 본인확인의무를 다하지 못한 과실로 인하여 초래되었다고 보일 뿐이므로 乙 은행이 입은 손해와 甲의 행위 사이에 상당인과관계가 있다고 보기도 어려운데도, 甲의 행위가 丁 등의 사기행위와 객관적으로 관련 공동되어 乙 은행에 대하여 공동불법행위를 구성한다고 본 원심판결에 법리오해의 잘못이 있다고 한 사례.

제761조 【정당방위, 긴급피난】

①타인의 불법행위에 대하여 자기 또는 제삼자의 이익을 방위하기 위하여 부득

이 타인에게 손해를 가한 자는 배상할 책임이 없다. 그러나 피해자는 불법행위에 대하여 손해의 배상을 청구할 수 있다.
②전항의 규정은 급박한 위난을 피하기 위하여 부득이 타인에게 손해를 가한 경우에 준용한다.

제762조 【손해배상청구권에 있어서의 태아의 지위】 태아는 손해배상의 청구권에 관하여는 이미 출생한 것으로 본다.

제763조 【준용규정】 제393조, 제394조, 제396조, 제399조의 규정은 불법행위로 인한 손해배상에 준용한다.

제764조 【명예훼손의 경우의 특칙】
타인의 명예를 훼손한 자에 대하여는 법원은 피해자의 청구에 의하여 손해배상에 가름하거나 손해배상과 함께 명예회복에 적당한 처분을 명할 수 있다.

판례-기사삭제등

[대법원 2013.3.28, 선고, 2010다60950, 판결]

【판시사항】
[1] 명예를 위법하게 침해당한 자가 인격권으로서 명예권에 기초하여 가해자에게 현재 이루어지고 있는 침해행위의 배제 또는 장래 침해행위의 금지를 구할 수 있는지 여부(적극)
[2] 인격권 침해를 이유로 한 방해배제청구권으로서 기사삭제 청구의 당부를 판단하는 방법 및 기사가 진실이라고 믿은 데 상당한 이유가 있었다는 등 사정이 기사삭제를 구하는 방해배제청구권을 저지하는 사유가 되는지 여부(소극)
[3] 허위 기사로 명예를 훼손당하였다고 주장하며 기사삭제를 청구하는 경우, 기사의 허위성에 관한 증명책임의 소재(=피해자) 및 주장 사실이 특정되지 아니한 기간과 공간에서의 구체화되지 아니한 사실인 경우, 피해자가 허위성을 증명하는 방법

【판결요지】
[1] 명예는 생명, 신체와 함께 매우 중대한 보호법익이고 인격권으로서의 명예권은 물권의 경우와 마찬가지로 배타성을 가지는 권리라고 할 것이므로, 사람의 품성, 덕행, 명성, 신용 등의 인격적 가치에 관하여 사회로부터 받는 객관적인 평가인 명예를 위법하게 침해당한 자는 손해배상(민법 제751조) 또는 명예회복을 위한 처분(민법 제764조)을 구할 수 있는 이외에 인격권으로서 명예권에 기초하여 가해자에 대하여 현재 이루어지고 있는 침해행위를 배제하거나 장래에 생길 침해를 예방하기 위하여 침해행위의 금지를 구할 수도 있다
[2] 인격권 침해를 이유로 한 방해배제청구권으로서 기사삭제 청구의 당부를 판단할 때는 그 표현내용이 진실이 아니거나 공공의 이해에 관한 사항이 아닌 기사로 인해 현재 원고의 명예가 중대하고 현저하게 침해받고 있는 상태에 있는지를 언론의 자유와 인격권이라는 두 가치를 비교·형량하면서 판단하면 되는 것이고, 피고가 그 기사가 진실이라고 믿은 데 상당한 이유가 있었다는 등의 사정은 형사상 명예훼손죄나 민사상 손해배상책임을 부정하는 사유는 될지언정 기사삭제를 구하는 방해배제청구권을 저지하는 사유로는 될 수 없다.
[3] 허위 기사로 자신의 명예를 훼손당하였다고 주장하며 기사삭제를 청구하는 피해자는 그 기사가 진실하지 아니하다는 데에 대한 증명책임을 부담한다. 한편 사실적 주장이 진실한지 아닌지를 판단함에 있어서 그것이 특정되지 아니한 기간과 공간에서의 구체화되지 아니한 사실인 경우에, 그 부존재를 증명하는 것은 사회통념상 불가능에 가까운 반면 그 사실이 존재한다고 주장·증명하는 것이 보다 용이한 것이어서 이러한

사정은 증명책임을 다하였는지를 판단할 때 고려되어야 하는 것이므로, 의혹을 받을 일을 한 사실이 없다고 주장하는 자에 대하여 의혹을 받을 사실이 존재한다고 적극적으로 주장하는 자는 그러한 사실의 존재를 수긍할 만한 소명자료를 제시할 부담을 지고 피해자는 제시된 자료의 신빙성을 탄핵하는 방법으로 허위성의 증명을 할 수 있다.

종중이 명예를 훼손당한 경우 명예회복에 적당한 처분을 구할 수 있는지

(대한법률구조공단 자료)

질문

명예훼손의 경우의 특칙에 관하여 「민법」 제764조는 "타인의 명예를 훼손한 자에 대하여는 법원은 피해자의 청구에 의하여 손해배상에 갈음하거나 손해배상과 함께 명예회복에 적당한 처분을 명할 수 있다."라고 규정하고 있는데, 이 규정이 종중 등 법인 아닌 사단에도 적용되는 것인지요?

답변

명예훼손의 경우에 관하여 「민법」 제764조는 "타인의 명예를 훼손한 자에 대하여는 법원은 피해자의 청구에 의하여 손해배상에 갈음하거나 손해배상과 함께 명예회복에 적당한 처분을 명할 수 있다."라고 규정하고 있습니다.

그런데 이러한 규정이 종중 등 법인 아닌 사단에도 적용되어 종중이 명예를 훼손당한 경우 위 규정에 의하여 손해배상을 청구하거나 명예회복에 적당한 처분을 청구할 수 있는지 문제됩니다.

이에 관하여 판례는 "민법 제764조에서 말하는 명예라 함은 사람의 품성, 덕행, 명예, 신용 등 세상으로부터 받는 객관적인 평가를 말하는 것이고, 특히 법인의 경우에는 그 사회적 명예, 신용을 가리키는데 다름없는 것으로 명예를 훼손한다는 것은 그 사회적 평가를 침해하는 것을 말하고, 이와 같은 법인의 명예가 훼손된 경우에 그 법인은 상대방에 대하여 불법행위로 인한 손해배상과 함께 명예회복에 적당한 처분을 청구할 수 있고, 종중과 같이 소송상 당사자능력이 있는 비법인사단 역시 마찬가지이다."라고 하였으며, "사람(종중 등의 경우에도 마찬가지이다.)이 갖는 명예에 관한 권리는 일종의 인격권으로 볼 수 있는 것으로서, 그 성질상 일단 침해된 후에는 금전배상이나 명예회복에 필요한 처분 등의 구제수단만으로는 그 피해의 완전한 회복이 어렵고 손해전보의 실효성을 기대하기 어려우므로, 이와 같은 인격권의 침해에 대하여는 사전예방적 구제수단으로 침해행위의 정지·방지 등의 금지청구권이 인정될 수 있다."라고 하였습니다(대법원 1997. 10. 24. 선고 96다17851 판결).

또한, "법인의 목적사업 수행에 영향을 미칠 정도로 법인의 사회적 명성, 신용을 훼손하여 법인의 사회적 평가가 침해된 경우에는 그 법인에 대하여 불법행위를 구성한다."라고 하였습니다(대법원 1999. 10. 22. 선고 98다6381 판결).

따라서 종중 등 비법인 사단도 명예가 훼손될 경우에는 그 손해배상 및 명예회복에 적당한 처분을 청구할 수 있다고 할 것입니다.

"본 사례는 개인의 법률문제 해결에 도움을 주고자 게재되었으나, 이용자 여러분의 생활에서 발생하는 구체적 사안은 동일하지는 않을 것이므로 참고자료로 활용하시기 바랍니다."

제765조 【배상액의 경감청구】
①본장의 규정에 의한 배상의무자는 그 손해가 고의 또는 중대한 과실에 의한 것이 아니고 그 배상으로 인하여 배상자의 생계에 중대한 영향을 미치게 될 경우에는 법원에 그 배상액의 경감을 청구할 수 있다.
②법원은 전항의 청구가 있는 때에는 채권자 및 채무자의 경제상태와 손해의 원인 등을 참작하여 배상액을 경감할 수 있다.

제766조 【손해배상청구권의 소멸시효】 ①불법행위로 인한 손해배상의 청구권은 피해자나 그 법정대리인이 그 손해 및 가해자를 안 날로부터 3년간 이를 행사하지 아니하면 시효로 인하여 소멸한다.
②불법행위를 한 날로부터 10년을 경과한 때에도 전항과 같다.

제4편 친족
제1장 총칙

제767조 【친족의 정의】 배우자, 혈족 및 인척을 친족으로 한다.

판례-사기

[대법원 2011.4.28, 선고, 2011도2170, 판결]

【판시사항】

[1] 친족상도례가 적용되는 '친족'의 범위 및 사기죄의 피고인과 피해자가 사돈지간인 경우 친족에 해당하는지 여부(소극)

[2] 피고인이 자신과 사돈지간인 피해자를 속여 돈을 편취하였다며 사기로 기소된 사안에서, 피고인과 피해자가 2촌의 인척인 친족이라는 이유로 위 범죄를 친족상도례가 적용되는 친고죄라고 판단한 후 피해자의 고소가 고소기간을 경과하여 부적법하다고 보아 공소를 기각한 원심판결 및 제1심판결을 모두 파기한 사례

【판결요지】

[1] 친족상도례가 적용되는 친족의 범위는 민법의 규정에 의하여야 하는데, 민법 제767조는 배우자, 혈족 및 인척을 친족으로 한다고 규정하고 있고, 민법 제769조는 혈족의 배우자, 배우자의 혈족, 배우자의 혈족의 배우자만을 인척으로 규정하고 있을 뿐, 구 민법(1990. 1. 13. 법률 제4199호로 개정되기 전의 것) 제769조에서 인척으로 규정하였던 '혈족의 배우자의 혈족'을 인척에 포함시키지 않고 있다. 따라서 사기죄의 피고인과 피해자가 사돈지간이라고 하더라도 이를 민법상 친족으로 볼 수 없다.

[2] 피고인이 백화점 내 점포에 입점시켜 주겠다고 속여 피해자로부터 입점비 명목으로 돈을 편취하였다며 사기로 기소된 사안에서, 피고인의 딸과 피해자의 아들이 혼인하여 피고인과 피해자가 사돈지간이라고 하더라도 민법상 친족으로 볼 수 없는데도, 2촌의 인척인 친족이라는 이유로 위 범죄를 친족상도례가 적용되는 친고죄라고 판단한 후 피해자의 고소가 고소기간을 경과하여 부적법하다고 보아 공소를 기각한 원심판결 및 제1심판결에 친족의 범위에 관한 법리오해의 위법이 있다고 하여 모두 파기한 사례.

제768조 【혈족의 정의】 자기의 직계존속과 직계비속을 직계혈족이라 하고 자기의 형제자매와 형제자매의 직계비속, 직계존속의 형제자매 및 그 형제자매의 직계비속을 방계혈족이라 한다. [개정 1990.1.13]

제769조 【인척의 계원】 혈족의 배우자, 배우자의 혈족, 배우자의 혈족의 배우자를 인척으로 한다.
[개정 1990.1.13]

제770조 【혈족의 촌수의 계산】
①직계혈족은 자기로부터 직계존속에 이르고 자기로부터 직계비속에 이르러 그 세수를 정한다.
②방계혈족은 자기로부터 동원의 직계존속에 이르는 세수와 그 동원의 직계존속으로부터 그 직계비속에 이르는 세수를 통산하여 그 촌수를 정한다.

제771조 【인척의 촌수의 계산】
인척은 배우자의 혈족에 대하여는 배우자의 그 혈족에 대한 촌수에 따르고, 혈

족의 배우자에 대하여는 그 혈족에 대한 촌수에 따른다.
[전문개정 1990.1.13]

제772조 【양자와의 친계와 촌수】
①양자와 양부모 및 그 혈족, 인척사이의 친계와 촌수는 입양한 때로부터 혼인 중의 출생자와 동일한 것으로 본다.
②양자의 배우자, 직계비속과 그 배우자는 전항의 양자의 친계를 기준으로 하여 촌수를 정한다.

판례-일제강점하강제동원피해자위로금지급기각결정취소

[대법원 2010.11.25, 선고, 2010두16127, 판결]

【판시사항】
[1] 구 태평양전쟁 전후 국외 강제동원희생자 등 지원에 관한 법률 제8조의 규정 취지 및 친족관계에 있는 일정한 경우 유족으로 결정하지 아니함으로써 위로금 등의 지급 대상에서 제외할 수 있는 권한을 태평양전쟁 전후 국외 강제동원희생자 지원위원회에 부여한 것이라고는 할 수 있는지 여부(소극)
[2] 태평양전쟁 전후 국외 강제동원희생자의 사후양제(死後養弟)가 구 태평양전쟁 전후 국외 강제동원희생자 등 지원에 관한 법률 제4조에 규정된 위로금 지급신청을 한 사안에서, 사후양제라는 이유로 유족에 해당하지 않는다고 본 원심판결에 법리오해의 위법이 있다고 한 사례

【판결요지】
[1] 구 태평양전쟁 전후 국외 강제동원희생자 등 지원에 관한 법률(2010. 3. 22. 법률 제10143호 대일항쟁기 강제동원 피해조사 및 국외강제동원 희생자 등 지원에 관한 특별법 부칙 제6조로 폐지) 제1조, 제3조의 규정을 종합하여 보면, 같은 법 제8조에서 태평양전쟁 전후 국외 강제동원희생자 지원위원회로 하여금 강제동원희생자 및 유족에 해당하는지 여부 등을 심의·결정하도록 하고 있는 취지는, 위 법상 유족임을 주장하여 위로금 지급을 신청하는 자가 위 법 제3조에서 규정하고 있는 강제동원희생자의 배우자 및 자녀, 부모, 손자녀, 형제자매의 관계에 있는지 여부 및 신청인보다 앞서는 선순위자가 있는지 여부 등을 확인하여 신청인이 위로금을 지급받을 유족에 해당하는지 여부를 결정하도록 한 것으로 보이고, 위와 같은 친족관계에 있는 자의 경우에도 일정한 경우에는 위 법 제3조 소정의 유족으로 결정하지 아니함으로써 위로금 등의 지급 대상에서 제외할 수 있는 권한을 태평양전쟁 전후 국외 강제동원희생자 지원위원회에 부여한 것이라고는 보이지 않는다.
[2] 태평양전쟁 전후 국외 강제동원희생자의 사후양제(死後養弟)가 구 태평양전쟁 전후 국외 강제동원희생자 등 지원에 관한 법률(2010. 3. 22. 법률 제10143호 대일항쟁기 강제동원 피해조사 및 국외강제동원 희생자 등 지원에 관한 특별법 부칙 제6조로 폐지) 제4조에 규정된 위로금 지급신청을 한 사안에서, 사후양제는 민법 제772조에 따라 입양된 때로부터 형제의 지위를 갖게 되었고, 사후양제라는 이유로 구 태평양전쟁 전후 국외 강제동원희생자 등 지원에 관한 법률 제3조 규정의 유족으로 결정하지 아니함으로써 위로금 등의 지급 대상에서 제외할 수 없음에도 위 법 제3조에서 정한 유족에 해당하지 않는다고 본 원심판결에 유족의 범위에 관한 법리오해의 위법이 있다고 한 사례.

제773조 삭제 <1990.1.13>

제774조 삭제 <1990.1.13>

第775条 【인척관계등의 소멸】
①인척관계는 혼인의 취소 또는 이혼으로 인하여 종료한다.
[개정 1990.1.13]
②부부의 일방이 사망한 경우 생존배우자가 재혼한 때에도 제1항과 같다.
[개정 1990.1.13]

第776条 【입양으로 인한 친족관계의 소멸】 입양으로 인한 친족관계는 입양의 취소 또는 파양으로 인하여 종료한다.

이혼으로 양부의 가를 떠난 양모와 양자관계의 소멸 여부

(대한법률구조공단 자료)

질문

甲은 乙남과 丙녀의 양자로 입양되었는데, 應남과 丙녀가 불화로 인하여 이혼하게 되었는바, 이러한 경우 甲과 丙녀의 양친자관계는 어떻게 되는지요?

답변

위 사안과 관련하여 판례는 "민법 세776조는 '입양으로 인한 친족관계는 입양의 취소 또는 파양으로 인하여 종료한다.'라고 규정하고 있을 뿐 '양부모의 이혼'을 입양으로 인한 친족관계의 종료사유로 들고 있지 않고, 구관습시대에는 오로지 가계계승(家系繼承)을 위하여만 양자가 인정되었기 때문에 입양을 할 때 처는 전혀 입양당사자가 되지 못하였으므로 양부모가 이혼하여 양모가 부(夫)의 가(家)를 떠났을 때에는 입양당사자가 아니었던 양모와 양자의 친족관계가 소멸하는 것은 논리상 가능하였으나, 처를 부와 함께 입양당사자로 하는 현행 민법 아래에서는(1990. 1. 13. 개정 전 민법 제874조 제1항은 '처가 있는 자는 공동으로 함이 아니면 양자를 할 수 없고 양자가 되지 못한다.'고 규정하였고, 개정 후 현행 민법 제874조 제1항은 '배우자 있는 자가 양자를 할 때에는 배우자와 공동으로 하여야 한다.'고 규정하고 있다.) 부부공동입양제가 되어 처도 부와 마찬가지로 입양당사자가 되기 때문에 양부모가 이혼하였다고 하여 양모를 양부와 다르게 취급하여 양모자관계만 소멸한다고 볼 수는 없는 것이다."라고 하면서(대법원 2001. 5. 24. 선고 2000므1493 전원합의체 판결), "생부모가 이혼하였을 경우에 자식의 입장에서 볼 때 여전히 생부관계 및 생모관계가 유지되지만, 양부모가 이혼하여 양모가 양부의 가를 떠났을 경우에는 양부관계는 존속하지만 양모관계는 소멸된다."고 한 종전판례(대법원 1979. 9. 11. 선고 79므35 판결)를 폐기한 바 있습니다.
따라서 위 사안의 경우에도 乙남과 丙녀의 이혼에도 불구하고 甲과 그들과의 양친자관계는 입양취소 또는 파양의 사유가 없다면 소멸되지 않고 그대로 유지된다고 할 것입니다.

"본 사례는 개인의 법률문제 해결에 도움을 주고자 게재되었으나, 이용자 여러분의 생활에서 발생하는 구체적 사안은 동일하지는 않을 것이므로 참고자료로 활용하시기 바랍니다."

第777条 【친족의 범위】 친족관계로 인한 법률상 효력은 이 법 또는 다른 법률에 특별한 규정이 없는 한 다음 각호에 해당하는 자에 미친다.
1. 8촌이내의 혈족
2. 4촌 이내의 인척
3. 배우자
[전문개정 1990.1.13]

제2장 가족의 범위와 자의 성과 본

第778条 삭제 <2005.3.31>

제779조 【가족의 범위】

①다음의 자는 가족으로 한다.

1. 배우자, 직계혈족 및 형제자매
2. 직계혈족의 배우자, 배우자의 직계혈족 및 배우자의 형제자매

②제1항제2호의 경우에는 생계를 같이 하는 경우에 한한다.

[전문개정 2005.3.31]

제780조 삭제 <2005.3.31>

제781조 【자의 성과 본】

①자는 부의 성과 본을 따른다. 다만, 부모가 혼인신고시 모의 성과 본을 따르기로 협의한 경우에는 모의 성과 본을 따른다.

②부가 외국인인 경우에는 자는 모의 성과 본을 따를 수 있다.

③부를 알 수 없는 자는 모의 성과 본을 따른다.

④부모를 알 수 없는 자는 법원의 허가를 받아 성과 본을 창설한다. 다만, 성과 본을 창설한 후 부 또는 모를 알게 된 때에는 부 또는 모의 성과 본을 따를 수 있다.

⑤혼인외의 출생자가 인지된 경우 자는 부모의 협의에 따라 종전의 성과 본을 계속 사용할 수 있다. 다만, 부모가 협의할 수 없거나 협의가 이루어지지 아니한 경우에는 자는 법원의 허가를 받아 종전의 성과 본을 계속 사용할 수 있다.

⑥자의 복리를 위하여 자의 성과 본을 변경할 필요가 있을 때에는 부, 모 또는 자의 청구에 의하여 법원의 허가를 받아 이를 변경할 수 있다. 다만, 자가 미성년자이고 법정대리인이 청구할 수 없는 경우에는 제777조의 규정에 따른 친족 또는 검사가 청구할 수 있다.

[전문개정 2005.3.31]

판례-자의성과본의변경허가

[대법원 2009.12.11, 자, 2009스23, 결정]

【판시사항】

민법 제781조 제6항에 정한 '자의 복리를 위하여 자의 성과 본을 변경할 필요가 있을 때'에 해당하는지 여부의 판단 기준 및 방법

【판결요지】

민법 제781조 제6항에 정한 '자의 복리를 위하여 자의 성과 본을 변경할 필요가 있을 때'에 해당하는지 여부는 자의 나이와 성숙도를 감안하여 자 또는 친권자·양육자의 의사를 고려하되, 먼저 자의 성·본 변경이 이루어지지 아니할 경우에 내부적으로 가족 사이의 정서적 통합에 방해가 되고 대외적으로 가족 구성원에 관련된 편견이나 오해 등으로 학교생활이나 사회생활에서 겪게 되는 불이익의 정도를 심리하고, 다음으로 성·본 변경이 이루어질 경우에 초래되는 정체성의 혼란이나 자와 성·본을 함께 하고 있는 친부나 형제자매 등과의 유대 관계의 단절 및 부양의 중단 등으로 인하여 겪게 되는 불이익의 정도를 심리한 다음, 자의 입장에서 위 두 가지 불이익의 정도를 비교형량하여 자의 행복과 이익에 도움이 되는 쪽으로 판단하여야 한다. 이와 같이 자의 주관적·개인적인 선호의 정도를 넘어 자의 복리를 위하여 성·본의 변경이 필요하다고 판단되고, 범죄를 기도 또는 은폐하거나 법령에 따른 각종 제한을 회피하려는 불순한 의도나 목적이 개입되어 있는 등 성·본 변경권의 남용으로 볼 수 있는 경우가 아니라면, 원칙적으로 성·본 변경을 허가함이 상당하다.

제782조 삭제 <2005.3.31>
제783조 삭제 <2005.3.31>
제784조 삭제 <2005.3.31>
제785조 삭제 <2005.3.31>
제786조 삭제 <2005.3.31>
제787조 삭제 <2005.3.31>
제788조 삭제 <2005.3.31>
제789조 삭제 <2005.3.31>
제790조 삭제 <1990.1.13>
제791조 삭제 <2005.3.31>
제792조 삭제 <1990.1.13>
제793조 삭제 <2005.3.31>
제794조 삭제 <2005.3.31>
제795조 삭제 <2005.3.31>
제796조 삭제 <2005.3.31>
제797조 삭제 <1990.1.13>
제798조 삭제 <1990.1.13>
제799조 삭제 <1990.1.13>

제3장 혼인

제1절 약혼

제800조 【약혼의 자유】 성년에 달한 자는 자유로 약혼할 수 있다.

판례-사실혼부당파기로인한손해배상

[대법원 1998.12.8, 선고, 98므961, 판결]

【판시사항】
[1] 약혼과 사실혼의 성립요건
[2] 당사자가 결혼식을 올린 후 신혼여행까지 다녀왔으나 부부공동생활을 하기에까지 이르지 아니한 단계에서 일방 당사자의 귀책사유로 파탄에 이른 경우, 사실혼 부당파기에 있어서와 마찬가지로 귀책 당사자에게 정신적 손해배상을 청구할 수 있는지 여부(적극)

【판결요지】
[1] 일반적으로 약혼은 특별한 형식을 거칠 필요 없이 장차 혼인을 체결하려는 당사자 사이에 합의가 있으면 성립하는 데 비하여, 사실혼은 주관적으로는 혼인의 의사가 있고, 또 객관적으로는 사회통념상 가족질서의 면에서 부부공동생활을 인정할 만한 실체가 있는 경우에 성립한다.
[2] 일반적으로 결혼식(또는 혼례식)이라 함은 특별한 사정이 없는 한 혼인할 것을 전제로 한 남녀의 결합이 결혼으로서 사회적으로 공인되기 위하여 거치는 관습적인 의식이라고 할 것이므로, 당사자가 결혼식을 올린 후 신혼여행까지 다녀온 경우라면 단순히 장래에 결혼할 것을 약속한 정도인 약혼의 단계는 이미 지났다고 할 수 있으나, 이어 부부공동생활을 하기에까지 이르지 못하였다면 사실혼으로서도 아직 완성되지 않았다고 할 것이나, 이와 같이 사실혼으로 완성되지 못한 경우라고 하더라도 통상의 경우라면 부부공동생활로 이어지는 것이 보통이고, 또 그 단계에서의 남녀 간의 결합의 정도는 약혼 단계와는 확연히 구별되는 것으로서 사실혼에 이른 남녀 간의 결합과

크게 다를 바가 없다고 할 것이므로, 이러한 단계에서 일방 당사자에게 책임 있는 사유로 파탄에 이른 경우라면 다른 당사자는 사실혼의 부당 파기에 있어서와 마찬가지로 책임 있는 일방 당사자에 대하여 그로 인한 정신적인 손해의 배상을 구할 수 있다.

제801조 【약혼연령】 18세가 된 사람은 부모나 미성년후견인의 동의를 받아 약혼할 수 있다. 이 경우 제808조를 준용한다.
[전문개정 2011.3.7.] [시행일 : 2013.7.1.]

제802조 【성년후견과 약혼】 피성년후견인은 부모나 성년후견인의 동의를 받아 약혼할 수 있다. 이 경우 제808조를 준용한다.
[전문개정 2011.3.7]
[시행일 : 2013.7.1]

제803조 【약혼의 강제이행금지】
약혼은 강제이행을 청구하지 못한다.

제804조 【약혼해제의 사유】
당사자 한쪽에 다음 각 호의 어느 하나에 해당하는 사유가 있는 경우에는 상대방은 약혼을 해제할 수 있다.
1. 약혼 후 자격정지 이상의 형을 선고받은 경우
2. 약혼 후 성년후견개시나 한정후견개시의 심판을 받은 경우
3. 성병, 불치의 정신병, 그 밖의 불치의 병질(病疾)이 있는 경우
4. 약혼 후 다른 사람과 약혼이나 혼인을 한 경우
5. 약혼 후 다른 사람과 간음(姦淫)한 경우
6. 약혼 후 1년 이상 생사(生死)가 불명한 경우
7. 정당한 이유없이 혼인을 거절하거나 그 시기를 늦추는 경우
8. 그 밖에 중대한 사유가 있는 경우

[전문개정 2011.3.7]
[시행일 : 2013.7.1]

제805조 【약혼해제의 방법】 약혼의 해제는 상대방에 대한 의사표시로 한다. 그러나 상대방에 대하여 의사표시를 할 수 없는 때에는 그 해제의 원인있음을 안 때에 해제된 것으로 본다.

판례-위자료등

[서울가법 1995.7.13, 선고, 94드37503, 판결 : 확정]

【판시사항】
묵시적인 의사의 합치에 의한 약혼 성립을 인정하여 이를 파기한 자에게 약혼해제로 인한 손해배상책임을 인정한 사례

【판결요지】
직접적이고 명시적으로 당사자의 일방이 타방에게 약혼의 의사를 표시하지 않았다고 하더라도 약 2년간에 걸친 교제 및 계속되는 성적 교섭에 의하여 상대방에게 약혼의 성립에 대한 신뢰를 주었다면, 이러한 신뢰의 보호를 위하여 당사자 사이에 약혼이 성립되었다고 보는 것이 상당하고, 따라서 당사자의 일방이 그 약혼을 부당하게 파기하

였다면 그로 인한 손해배상책임을 면할 수 없다고 한 사례.

第806조 【약혼해제와 손해배상청구권】 ①약혼을 해제한 때에는 당사자 일방은 과실있는 상대방에 대하여 이로 인한 손해의 배상을 청구할 수 있다.
②전항의 경우에는 재산상 손해외에 정신상 고통에 대하여도 손해배상의 책임이 있다.
③정신상 고통에 대한 배상청구권은 양도 또는 승계하지 못한다. 그러나 당사자간에 이미 그 배상에 관한 계약이 성립되거나 소를 제기한 후에는 그러하지 아니하다.

제2절 혼인의 성립

第807조 【혼인적령】 만 18세가 된 사람은 혼인할 수 있다.
[전문개정 2007.12.21]

第808조 【동의가 필요한 혼인】
①미성년자가 혼인을 하는 경우에는 부모의 동의를 받아야 하며, 부모 중 한쪽이 동의권을 행사할 수 없을 때에는 다른 한쪽의 동의를 받아야 하고, 부모가 모두 동의권을 행사할 수 없을 때에는 미성년후견인의 동의를 받아야 한다.
②피성년후견인은 부모나 성년후견인의 동의를 받아 혼인할 수 있다.
[전문개정 2011.3.7]
[시행일 : 2013.7.1]

第809조 【근친혼 등의 금지】
①8촌 이내의 혈족(친양자의 입양 전의 혈족을 포함한다) 사이에서는 혼인하지 못한다.
②6촌 이내의 혈족의 배우자, 배우자의 6촌 이내의 혈족, 배우자의 4촌 이내의 혈족의 배우자인 인척이거나 이러한 인척이었던 자 사이에서는 혼인하지 못한다.
③6촌 이내의 양부모계(養父母系)의 혈족이었던 자와 4촌 이내의 양부모계의 인척이었던 자 사이에서는 혼인하지 못한다.
[전문개정 2005.3.31]

第810조 【중혼의 금지】 배우자있는 자는 다시 혼인하지 못한다.

판례-채무부존재확인

[대법원 2010.3.25, 선고, 2009다84141, 판결]

【판시사항】
[1] 법률상 혼인을 한 부부가 별거하고 있는 상태에서 그 다른 한쪽이 제3자와 혼인의 의사로 실질적인 부부생활을 하고 있는 경우 이를 사실혼으로 인정하여 법률혼에 준하는 보호를 할 수 있는지 여부(소극) 및 이러한 법리가 자동차종합보험의 부부운전자한정운전 특별약관에서 규정하는 '사실혼 관계에 있는 배우자'의 해석에도 적용되는지 여부(적극)
[2] 자동차종합보험의 부부운전자한정운전 특별약관과 관련하여 보험자가 법률혼이 존속중인 부부 중 일방이 제3자와 맺은 사실혼의 경우를 상정하여 '사실혼 관계에 있는 배우자'에 해당하는지 여부까지 명시·설명할 의무를 지는지 여부(소극)

【판결요지】
[1] 사실혼이란 당사자 사이에 주관적으로 혼인의 의사가 있고, 객관적으로도 사회관

념상 가족질서적인 면에서 부부공동생활을 인정할 만한 혼인생활의 실체가 있는 경우라야 하고, 법률상 혼인을 한 부부가 별거하고 있는 상태에서 그 다른 한쪽이 제3자와 혼인의 의사로 실질적인 부부생활을 하고 있다고 하더라도, 특별한 사정이 없는 한, 이를 사실혼으로 인정하여 법률혼에 준하는 보호를 할 수는 없는 것이다. 이러한 법리는 자동차종합보험의 부부운전자한정운전 특별약관에서 규정하는 '사실혼 관계에 있는 배우자'의 해석에도 적용되고, 이 경우 특별한 사정이 있다는 사실은 이를 주장하는 보험계약자에게 증명책임이 있다고 할 것이다.
[2] 자동차종합보험의 부부운전자한정운전 특별약관은 보험자의 면책과 관련되는 중요한 내용에 해당하는 사항으로서 일반적으로 보험자의 구체적이고 상세한 명시·설명의무의 대상이 되는 약관이라고 할 것이나, 법률상 혼인을 한 부부가 별거하고 있는 상태에서 그 다른 한쪽이 제3자와 혼인의 의사로 실질적인 부부생활을 하는 경우를 상정하여 '사실혼 관계에 있는 배우자'에 해당하는지 여부까지 명시·설명의무의 대상이 된다고 볼 수는 없다.

제811조 삭제 <2005.3.31>

제812조 【혼인의 성립】
①혼인은 「가족관계의 등록 등에 관한 법률」에 정한 바에 의하여 신고함으로써 그 효력이 생긴다.
[개정 2007.5.17]
②전항의 신고는 당사자쌍방과 성년자인 증인2인의 연서한 서면으로 하여야 한다.

제813조 【혼인신고의 심사】
혼인의 신고는 그 혼인이 제807조 내지 제810조 및 제812조제2항의 규정 기타 법령에 위반함이 없는 때에는 이를 수리하여야 한다. [개정 2005.3.31.]

판례-사실상혼인관계존재확인
[대법원 1995.11.14, 선고, 95므694, 판결]

【판시사항】
[1] 사망자와의 혼인신고 가부
[2] 사망자와 사이의 사실상혼인관계존부확인청구에 있어서 확인의 이익 유무

【판결요지】
[1] 사망자 사이 또는 생존하는 자와 사망한 자 사이에서는 혼인이 인정될 수 없고, 혼인신고특례법과 같이 예외적으로 혼인신고의 효력의 소급을 인정하는 특별한 규정이 없는 한 그러한 혼인신고가 받아들여질 수도 없다.
[2] 사실혼 배우자의 일방이 사망한 경우 생존하는 당사자가 혼인신고를 하기 위한 목적으로서는 사망자와의 과거의 사실혼관계 존재확인을 구할 소의 이익이 있다고는 할 수 없고, 이러한 과거의 사실혼관계가 생존하는 당사자와 사망자와 제3자 사이의 현재적 또는 잠재적 분쟁의 전제가 되어 있어 그 존부확인청구가 이들 수많은 분쟁을 일거에 해결하는 유효 적절한 수단일 수 있는 경우에는 확인의 이익이 인정될 수 있는 것이지만, 그러한 유효 적절한 수단이라고 할 수 없는 경우에는 확인의 이익이 부정되어야 한다.

제814조 【외국에서의 혼인신고】
①외국에 있는 본국민사이의 혼인은 그 외국에 주재하는 대사, 공사 또는 영사에게 신고할 수 있다.

②제1항의 신고를 수리한 대사, 공사 또는 영사는 지체없이 그 신고서류를 본국의 등록기준지를 관할하는 가족관계등록관서에 송부하여야 한다.
[개정 2005.3.31, 2007.5.17]

판례-혼인무효확인

[대법원 1994.6.28, 선고, 94므413, 판결]

【판시사항】
혼인거행지인 외국에서 외국법에 의한 혼인신고를 마친 경우 우리 나라 법에 의한 별도의 혼인신고의 요부

【판결요지】
섭외사법 제15조 제1항의 규정은 우리 나라 사람들 사이 또는 우리 나라 사람과 외국인 사이의 혼인이 외국에서 거행되는 경우 그 혼인의 방식 즉 형식적 성립요건은 그 혼인거행지의 법에 따라 정하여야 한다는 취지라고 해석되므로, 그 나라의 법이 정하는 방식에 따른 혼인절차를 마친 경우에는 혼인이 유효하게 성립하는 것이고 별도로 우리 나라의 법에 따른 혼인신고를 하지 않더라도 혼인의 성립에 영향이 없으며, 당사자가 호적법 제39조, 제40조에 의하여 혼인신고를 한다 하더라도 이는 창설적 신고가 아니라 이미 유효하게 성립한 혼인에 관한 보고적 신고에 불과하다.

제3절 혼인의 무효와 취소

제815조 【혼인의 무효】
혼인은 다음 각 호의 어느 하나의 경우에는 무효로 한다. [개정 2005.3.31]
1. 당사자간에 혼인의 합의가 없는 때
2. 혼인이 제809조제1항의 규정을 위반한 때
3. 당사자간에 직계인척관계(直系姻戚關係)가 있거나 있었던 때
4. 당사자간에 양부모계의 직계혈족관계가 있었던 때

제816조 【혼인취소의 사유】 혼인은 다음 각 호의 어느 하나의 경우에는 법원에 그 취소를 청구할 수 있다.
[개정 1990.1.13, 2005.3.31]
1. 혼인이 제807조 내지 제809조(제815조의 규정에 의하여 혼인의 무효사유에 해당하는 경우를 제외한다. 이하 제817조 및 제820조에서 같다) 또는 제810조의 규정에 위반한 때
2. 혼인당시 당사자 일방에 부부생활을 계속할 수 없는 악질 기타 중대사유있음을 알지 못한 때
3. 사기 또는 강박으로 인하여 혼인의 의사표시를 한 때

판례-혼인의취소·이혼등(혼인취소 사유에 관한 사건)

[대법원 2015.2.26, 선고, 2014므4734,4741, 판결]

【판시사항】
[1] 임신가능 여부가 민법 제816조 제2호의 혼인취소 사유인 '부부생활을 계속할 수 없는 악질 기타 중대한 사유'에 해당하는지 여부(원칙적 소극) 및 위 '부부생활을 계속할 수 없는 중대한 사유'의 해석 방법
[2] 甲이 배우자인 乙을 상대로 乙의 성기능 장애 등을 이유로 민법 제816조 제2호에

따른 혼인취소를 구한 사안에서, 乙의 성염색체 이상과 불임 등의 문제가 민법 제816조 제2호에서 정한 '부부생활을 계속할 수 없는 악질 기타 중대한 사유'에 해당한다고 보기 어렵다고 한 사례

【판결요지】
[1] 혼인은 남녀가 일생의 공동생활을 목적으로 하여 도덕 및 풍속상 정당시되는 결합을 이루는 법률상, 사회생활상 중요한 의미를 가지는 신분상의 계약으로서 본질은 양성 간의 애정과 신뢰에 바탕을 둔 인격적 결합에 있다고 할 것이고, 특별한 사정이 없는 한 임신가능 여부는 민법 제816조 제2호의 부부생활을 계속할 수 없는 악질 기타 중대한 사유에 해당한다고 볼 수 없다. 그리고 '혼인을 계속하기 어려운 중대한 사유'에 관한 민법 제840조 제6호의 이혼사유와는 다른 문언내용 등에 비추어 민법 제816조 제2호의 '부부생활을 계속할 수 없는 중대한 사유'는 엄격히 제한하여 해석함으로써 그 인정에 신중을 기하여야 한다.
[2] 甲이 배우자인 乙을 상대로 乙의 성기능 장애 등을 이유로 민법 제816조 제2호에 따른 혼인취소를 구한 사안에서, 제반 사정에 비추어 甲의 부부생활에 乙의 성기능 장애는 크게 문제 되지 않았다고 볼 여지가 많고, 설령 乙에게 성염색체 이상과 불임 등의 문제가 있다고 하더라도 이를 들어 민법 제816조 제2호에서 정한 '부부생활을 계속할 수 없는 악질 기타 중대한 사유'에 해당한다고 보기 어려운데도, 이와 달리 본 원심판결에 법리오해 등의 잘못이 있다고 한 사례.

제817조 【연령위반혼인등의 취소청구권자】 혼인이 제807조, 제808조의 규정에 위반한 때에는 당사자 또는 그 법정대리인이 그 취소를 청구할 수 있고 제809조의 규정에 위반한 때에는 당사자, 그 직계존속 또는 4촌 이내의 방계혈족이 그 취소를 청구할 수 있다. [개정 2005.3.31]

제818조 【중혼의 취소청구권자】
혼인이 제810조의 규정을 위반한 때에는 당사자 및 그 배우자, 직계존속, 4촌 이내의 방계혈족 또는 검사가 그 취소를 청구할 수 있다.
[전문개정 2005.3.31]
[헌법불합치, 2009헌가8, 2010. 7. 29. 민법 제818조(2005. 3. 31. 법률 제7427호로 개정된 것)는 헌법에 합치되지 아니한다. 위 법률조항은 2011. 12. 31.을 시한으로 입법자가 개정할 때까지 계속 적용된다.]

제819조 【동의 없는 혼인의 취소청구권의 소멸】 제808조를 위반한 혼인은 그 당사자가 19세가 된 후 또는 성년후견종료의 심판이 있은 후 3개월이 지나거나 혼인 중에 임신한 경우에는 그 취소를 청구하지 못한다.
[전문개정 2011.3.7]
[시행일 : 2013.7.1]

제820조 【근친혼등의 취소청구권의 소멸】 제809조의 규정에 위반한 혼인은 그 당사자간에 혼인 중 포태(胞胎)한 때에는 그 취소를 청구하지 못한다. [개정 2005.3.31]

제821조 삭제 <2005.3.31>

제822조 【악질등 사유에 의한 혼인취소청구권의 소멸】 제816조제2호의 규

정에 해당하는 사유있는 혼인은 상대방이 그 사유있음을 안 날로부터 6월을 경과한 때에는 그 취소를 청구하지 못한다.

第823조 【사기, 강박으로 인한 혼인취소청구권의 소멸】 사기 또는 강박으로 인한 혼인은 사기를 안 날 또는 강박을 면한 날로부터 3월을 경과한 때에는 그 취소를 청구하지 못한다.

판례-친생자관계존부확인

[대법원 2010.3.11, 선고, 2009므4099, 판결]

【판시사항】

[1] 당사자가 입양의 의사로 친생자 출생신고를 한 경우, 입양신고로서의 효력이 발생하기 위한 요건

[2] 부(父) 乙이 丙을 입양의 의사로 친생자출생신고를 한 것이 아니라는 취지로 자(子) 甲이 다툰 사안에서, 민법 제884조 제3호가 규정하는 '사기 또는 강박으로 인하여 입양의 의사표시를 한 때'의 입양취소는 그 성질상 그 입양의 의사를 표시한 자에 한하여 원고 적격이 있고, 사기를 안 날 또는 강박을 면한 날로부터 3월을 경과한 때에는 그 취소를 청구하지 못하며, 입양의 취소의 효력은 기왕에 소급하지 않는바, 그 원인 사유 및 효력 등에 있어서 친생자관계존부확인의 소와는 구별되는 것이므로, 甲이 입양의 취소를 구하는 의미에서 친생자관계부존재확인을 구할 수는 없다고 한 사례

【판결요지】

[1] 당사자가 양친자관계를 창설할 의사로 친생자 출생신고를 하고 거기에 입양의 실질적 요건이 모두 구비되어 있다면 그 형식에 다소 잘못이 있더라도 입양의 효력이 발생하고, 양친자관계는 파양에 의하여 해소될 수 있는 점을 제외하고는 법률적으로 친생자관계와 똑같은 내용을 갖게 되므로 이 경우의 허위의 친생자 출생신고는 법률상의 친자관계인 양친자관계를 공시하는 입양신고의 기능을 발휘하게 되는 것이지만, 여기서 입양의 실질적 요건이 구비되어 있다고 하기 위하여는 입양의 합의가 있을 것, 15세 미만자는 법정대리인의 대낙이 있을 것, 양자는 양부모의 존속 또는 연장자가 아닐 것 등 민법 제883조 각 호 소정의 입양의 무효사유가 없어야 함은 물론 감호·양육 등 양친자로서의 신분적 생활사실이 반드시 수반되어야 하는 것으로서, 입양의 의사로 친생자 출생신고를 하였다 하더라도 위와 같은 요건을 갖추지 못한 경우에는 입양신고로서의 효력이 생기지 아니한다.

[2] 부(父) 乙이 丙을 입양의 의사로 친생자출생신고를 한 것이 아니라는 취지로 자(子) 甲이 다툰 사안에서, 민법 제884조 제3호가 규정하는 '사기 또는 강박으로 인하여 입양의 의사표시를 한 때'의 입양취소는 그 성질상 그 입양의 의사를 표시한 자에 한하여 원고 적격이 있고, 사기를 안 날 또는 강박을 면한 날로부터 3월을 경과한 때에는 그 취소를 청구하지 못하며(민법 제897조, 제823조), 입양의 취소의 효력은 기왕에 소급하지 않는바(민법 제897조, 제824조), 그 원인 사유 및 효력 등에 있어서 친생자관계존부확인의 소와는 구별되는 것이므로, 甲이 입양의 취소를 구하는 의미에서 친생자관계부존재확인을 구할 수는 없다고 한 사례.

第824조 【혼인취소의 효력】

혼인의 취소의 효력은 기왕에 소급하지 아니한다.

第824조의2 【혼인의 취소와 자의 양육 등】 제837조 및 제837조의2의 규정은 혼인의 취소의 경우에 자의 양육책임과 면접교섭권에 관하여 이를 준용한다. [본조신설 2005.3.31]

제825조 【혼인취소와 손해배상청구권】 제806조의 규정은 혼인의 무효 또는 취소의 경우에 준용한다.

제4절 혼인의 효력

제1관 일반적 효력

제826조 【부부간의 의무】
①부부는 동거하며 서로 부양하고 협조하여야 한다. 그러나 정당한 이유로 일시적으로 동거하지 아니하는 경우에는 서로 인용하여야 한다.
②부부의 동거장소는 부부의 협의에 따라 정한다. 그러나 협의가 이루어지지 아니하는 경우에는 당사자의 청구에 의하여 가정법원이 이를 정한다.
[개정 1990.1.13]
③삭제 <2005.3.31>
④삭제 <2005.3.31>

제826조의2 【성년의제】 미성년자가 혼인을 한 때에는 성년자로 본다.
[본조신설 1977.12.31]

제827조 【부부간의 가사대리권】
①부부는 일상의 가사에 관하여 서로 대리권이 있다.
②전항의 대리권에 가한 제한은 선의의 제삼자에게 대항하지 못한다.

제828조 【부부간의 계약의 취소】
부부간의 계약은 혼인 중 언제든지 부부의 일방이 이를 취소할 수 있다. 그러나 제삼자의 권리를 해하지 못한다.

사실상 파탄에 이른 부부간 계약취소의 효력

(대한법률구조공단 자료)

질문

저는 남편 甲과 행복한 결혼생활을 하던 중 우연히 甲과 乙女의 간통사실을 알게 되었고, 이에 甲은 저에게 사죄하는 뜻으로 자신의 모든 재산을 제 명의로 이전해주었습니다. 그런데 甲과 乙은 아직까지도 관계를 청산하지 못하였고 급기야 甲은 저와 이혼하고 乙과 결혼하겠다면서 동거생활에 들어갔습니다. 저는 甲과 乙을 간통죄로 고소하면서 이혼소송을 제기할 수밖에 없었는데, 화가 난 甲은 부부간의 계약은 언제든지 취소할 수 있다고 하면서 제 앞으로 명의이전 해주었던 자신의 부동산을 돌려달라고 합니다. 甲의 주장대로 부부간의 계약은 언제든지 취소할 수 있는지요?

답변

부부간의 계약은 혼인 중에는 언제든지 부부의 일방이 이를 취소할 수 있습니다(민법 제828조). 위 규정을 형식적으로 해석한다면 귀하의 경우에는 남편 甲과의 사이에 법률적인 의미에서는 여전히 부부관계를 유지하고 있는 것이므로 위 규정상 '혼인 중'에 해당하고, 따라서 甲의 계약취소는 유효한 것으로 볼 수 있습니다.

그러나 판례는 "민법 제828조는 부부간의 계약은 '혼인 중' 언제든지 부부의 일방이 이를 취소할 수 있다고 규정하고 있는바, 여기에서 혼인 중이라 함은 단지 형식적으로 혼인관계가 계속되고 있는 상태를 의미하는 것이 아니라, 형식적으로는 물론 실질적으로도 원만한 혼인관계가 계속되고 있는 상태를 뜻한다고 보아야 할 것이고, 따라서 혼인관계가 비록 형식적으로는 계속되고 있다고 하더라도 실질적으로 파탄에 이른 상태라면 위 규정에 의한 계약의 취소는 이를 할 수 없는 것이다."라고 하였습니다(대법원 1979. 10. 30. 선고 79다1344 판결, 1993. 11. 26. 선고 93다40072 판결).

따라서 귀하와 같이 이미 혼인생활이 사실상 파탄에 이른 경우에도 법률상 이혼을 한 경우와 마찬가지로 보아 혼인 중에 체결한 계약에 대하여 부부일방이 취소할 수 없는 것이라 할 것이므로, 위 사안에서 원만한 혼인기간 중 성립한 증여계약을 사실상 파탄에 이른 후에는 더 이상 이를 취소할 수 없는 것이라 할 것입니다.

"본 사례는 개인의 법률문제 해결에 도움을 주고자 게재되었으나, 이용자 여러분의 생활에서 발생하는 구체적 사안은 동일하지는 않을 것이므로 참고자료로 활용하시기 바랍니다."

제2관 재산상 효력

제829조 【부부재산의 약정과 그 변경】 ①부부가 혼인성립전에 그 재산에 관하여 따로 약정을 하지 아니한 때에는 그 재산관계는 본관중 다음 각조에 정하는 바에 의한다.
②부부가 혼인성립전에 그 재산에 관하여 약정한 때에는 혼인 중 이를 변경하지 못한다. 그러나 정당한 사유가 있는 때에는 법원의 허가를 얻어 변경할 수 있다.
③전항의 약정에 의하여 부부의 일방이 다른 일방의 재산을 관리하는 경우에 부적당한 관리로 인하여 그 재산을 위태하게 한 때에는 다른 일방은 자기가 관리할 것을 법원에 청구할 수 있고 그 재산이 부부의 공유인 때에는 그 분할을 청구할 수 있다.
④부부가 그 재산에 관하여 따로 약정을 한 때에는 혼인성립까지에 그 등기를 하지 아니하면 이로써 부부의 승계인 또는 제삼자에게 대항하지 못한다.
⑤제2항, 제3항의 규정이나 약정에 의하여 관리자를 변경하거나 공유재산을 분할하였을 때에는 그 등기를 하지 아니하면 이로써 부부의 승계인 또는 제삼자에게 대항하지 못한다.

제830조 【특유재산과 귀속불명재산】
①부부의 일방이 혼인전부터 가진 고유재산과 혼인 중 자기의 명의로 취득한 재산은 그 특유재산으로 한다.
②부부의 누구에게 속한 것인지 분명하지 아니한 재산은 부부의 공유로 추정한다. [개정 1977.12.31]

제831조 【특유재산의 관리등】
부부는 그 특유재산을 각자관리, 사용, 수익한다.

제832조 【가사로 인한 채무의 연대책임】 부부의 일방이 일상의 가사에 관하여 제삼자와 법률행위를 한 때에는 다른 일방은 이로 인한 채무에 대하여 연대책임이 있다. 그러나 이미 제삼자에 대하여 다른 일방의 책임없음을 명시한 때에는 그러하지 아니하다.

처가 남편명의의 차용증을 작성·교부한 경우 남편의 책임

(대한법률구조공단 자료)

질문

이웃에 사는 甲이 제가 500만원을 빌려 쓰고 갚지 않는다고 대여금청구소송을 제기해 왔는데, 알고 보니 제 인감도장을 관리하던 처가 남편의 사업자금으로 사용한다면서 제 명의의 차용증을 작성해주었고 빌린 돈은 도박으로 탕진하였습니다. 저는 법원으로부터 대여금청구소장을 송달받기 전까지 처가 甲으로부터 돈을 빌렸는지, 어떤 용도로 사용하였는지 전혀 몰랐었는데, 이 경우 처가 빌린 돈을 제가 甲에게 갚아줄 의무가 있는지요?

답변

민법상 부부간에는 일상가사에 관하여 서로 대리권이 있으므로(민법 제827조 제1항), 부부일방이 일상가사에 관하여 채무를 부담한 경우에는 다른 일방도 이로 인한 채무에 대하여 연대책임이 있습니다(민법 제832조).

판례를 보면, 일상가사에 관한 법률행위란 부부공동생활에 필요로 하는 통상의 사무에 관한 법률행위를 말하는 것으로, 그 구체적인 범위는 부부공동체의 사회적 지위·직업·재산·수입능력 등 현실적 생활상태 뿐만 아니라 그 부부의 생활장소인 지역사회의 관습 등에 의하여 정하여지나, 구체적인 법률행위가 일상가사에 관한 법률행위인지를 판단함에 있어서는 그 법률행위를 한 부부공동체의 내부사정이나 그 행위의 개별적이 목적만을 중시할 것이 아니라, 그 법률행위의 객관적인 종류나 성질 등도 충분히 고려하여 판단하여야 한다고 하였습니다(대법원 2009. 2. 12. 선고 2007다77712 판결).

그러므로 위 사안처럼 금전차용행위도 금액, 차용목적, 실제의 지출용도 , 기타의 사정 등을 고려하여 그것이 부부의 공동생활에 필요한 자금조달을 목적으로 하는 것이라면 일상가사에 속한다고 보아야 할 것이나(대법원 1999. 3. 9. 선고 98다46877 판결), 귀하의 처가 귀하의 사업자금명목으로 빌린 금 500만원을 도박자금으로 사용한 것은 일반적으로 혼인공동체의 통상사무에 포함되는 일상가사로 인한 채무로 보기 어려워 일상가사대리권으로 인한 책임이 성립되기는 어려울 것으로 보입니다.

다만, 일상가사대리의 범위에 포함되지 않아 무권대리에 해당하여 무효라 하여도 무권대리의 경우에도 상대방이 그 권한이 있다고 믿을만한 정당한 사정이 있는 경우에는 표현대리가 성립되어 본인에게 책임이 인정될 여지가 있는바(민법 제126조), 이 사건의 경우에도 도벽이 있는 귀하의 처에게 인감도장을 관리토록한 관례나 그 차용액수 등에 비추어 대리권이 있는 것으로 보일만한 특별사정이 있다면, 민법 제126조의 권한을 넘은 표현대리책임이 성립될 수도 있으므로(대법원 1966. 5. 10. 선고 66다279 판결), 귀하에게 책임이 인정될 여지도 있을 것입니다.

참고로 권한을 넘은 표현대리에서 정당한 이유가 있는지의 정당한 이유의 유무에 관한 판단기준시기는 대리행위 당시를 기준으로 판단하여야 하고, 그 이후의 사정은 고려할 것이 아닙니다(대법원 1997. 6. 27. 선고 97다3828 판결).

"본 사례는 개인의 법률문제 해결에 도움을 주고자 게재되었으나, 이용자 여러분의 생활에서 발생하는 구체적 사안은 동일하지는 않을 것이므로 참고자료로 활용하시기 바랍니다."

제833조 【생활비용】
부부의 공동생활에 필요한 비용은 당사자간에 특별한 약정이 없으면 부부가 공동으로 부담한다.
[전문개정 1990.1.13]

제5절 이혼

제1관 협의상 이혼

제834조 【협의상 이혼】 부부는 협의에 의하여 이혼할 수 있다.

제835조 【성년후견과 협의상 이혼】 피성년후견인의 협의상 이혼에 관하여는

제808조제2항을 준용한다.
[전문개정 2011.3.7.] [시행일 : 2013.7.1]

第836조 【이혼의 성립과 신고방식】
①협의상 이혼은 가정법원의 확인을 받아 「가족관계의 등록 등에 관한 법률」의 정한 바에 의하여 신고함으로써 그 효력이 생긴다.
[개정 1977.12.31, 2007.5.17]
②전항의 신고는 당사자쌍방과 성년자인 증인 2인의 연서한 서면으로 하여야 한다.

第836조의2 【이혼의 절차】
①협의상 이혼을 하려는 자는 가정법원이 제공하는 이혼에 관한 안내를 받아야 하고, 가정법원은 필요한 경우 당사자에게 상담에 관하여 전문적인 지식과 경험을 갖춘 전문상담인의 상담을 받을 것을 권고할 수 있다.
②가정법원에 이혼의사의 확인을 신청한 당사자는 제1항의 안내를 받은 날부터 다음 각 호의 기간이 지난 후에 이혼의사의 확인을 받을 수 있다.
1. 양육하여야 할 자(포태 중인 자를 포함한다. 이하 이 조에서 같다)가 있는 경우에는 3개월
2. 제1호에 해당하지 아니하는 경우에는 1개월
③가정법원은 폭력으로 인하여 당사자 일방에게 참을 수 없는 고통이 예상되는 등 이혼을 하여야 할 급박한 사정이 있는 경우에는 제2항의 기간을 단축 또는 면제할 수 있다.
④양육하여야 할 자가 있는 경우 당사자는 제837조에 따른 자(子)의 양육과 제909조제4항에 따른 자(子)의 친권자결정에 관한 협의서 또는 제837조 및 제909조제4항에 따른 가정법원의 심판정본을 제출하여야 한다.
⑤가정법원은 당사자가 협의한 양육비부담에 관한 내용을 확인하는 양육비부담조서를 작성하여야 한다. 이 경우 양육비부담조서의 효력에 대하여는 「가사소송법」 제41조를 준용한다.
[신설 2009.5.8]
[본조신설 2007.12.21]

협의이혼신고 및 철회신고

(대한법률구조공단 자료)

질문

저는 가정불화로 결혼생활을 지속하기 어려워 남편과 협의이혼을 하려고 합니다. 협의이혼신고절차는 어떻게 되는지요? 만약, 협의이혼의사를 확인을 받은 후 생각이 달라진다면 협의이혼을 철회할 수도 있는지요?

답변

협의이혼은 당사자의 자유로운 의사에 기한 합의에 의하여 혼인관계를 해소시키는 것을 말합니다. 협의이혼을 하려고 하면 당사자 쌍방의 이혼의사가 존재하여야 하며, 만일 그러한 의사가 없는 경우에는 그 협의이혼의 무효 또는 취소의 사유가 됩니다.

협의이혼을 하려는 당사자는 협의이혼의사확인신청서를 작성하고 서명 또는 기명날인하여 이에 부부 양쪽의 가족관계증명서와 혼인관계증명서 각 1통과 협의이혼의사확인신청서 1통, 그리고 주민등록등본 1통(주소지 관할법원에 신청할 경우에만 필요)을 첨부하여 등록기준지 또는 주소지를 관할하는 법원(가정법원 또는 지방법원, 지원, 시·군법원)에 부부가 함께 출석하여 제출합니다(가족관계 등록 등에 관

한 규칙 제73조).

법원의 담임판사는 당사자 쌍방의 진술을 들은 후 이혼의사의 합치가 있는 것이 확인되면 확인서에 기명날인을 합니다.

그리고 당사자 사이에 미성년자인 자(子)가 있는 경우에는 반드시 친권자 지정의 협의 또는 가정법원에의 지정 청구 여부도 확인하므로 미리 이에 대해 협의 또는 지정 청구를 해둘 필요가 있습니다(같은 규칙 제74조 제1항).

법원직원은 위 확인서에 의하여 등본 2통을 작성한 다음 이미 제출되어 있는 이혼신고서와 같이 각 당사자에게 교부하게 됩니다. 각 당사자는 위 확인서를 첨부하여 시(구)·읍·면장에게 단독으로 협의이혼신고를 할 수 있습니다. 그러나 위 확인서를 교부 또는 송달받은 날로부터 3개월이 경과하면 다시 확인을 받아야 합니다(가족관계의 등록 등에 관한 법률 제75조, 동법 규칙 제79조).

그러나 협의이혼확인서를 발급받은 다음이라도 이혼신고 전에 어느 일방이 이혼할 생각이 없어지면 자신의 등록기준지, 주소지 또는 현재지 시(구)·읍·면장에게 '이혼의사철회'의 신고를 할 수 있습니다. 그리고 위 '이혼의사철회'의 의사표시 이후에는 다른 일방배우자가 이혼신고를 하더라도 수리가 되지 않습니다(가족관계 등록 등에 관한 규칙 제80조).

「가족관계의 등록 등에 관한 법률」 시행으로 폐지된 구 「호적법」 상의 판례도 "부부가 이혼하기로 협의하고 가정법원의 협의이혼의사확인을 받았다고 하더라도 호적법에 정한 바에 의하여 신고함으로써 협의이혼의 효력이 생기기 전에는 부부의 일방이 언제든지 협의이혼의사를 철회할 수 있는 것이어서, 협의이혼신고서가 수리되기전에 협의이혼의사의 철회신고서가 제출되면 협의이혼신고서는 수리할 수 ㅇ벗는 것이므로, 설사 호적공무원이 착오로 협의이혼의사철회신고서가 제출된 사실을 간파한 나머지 그 후에 제출된 협의이혼신고서를 수리하였다고 하더라도 협의상 이혼의 효력이 생길 수 없다."라고 하였습니다(대법원 1994. 2. 8. 선고 93도2869 판결).

참고로 2008. 6. 22.부터 시행되는 개정민법은 이혼숙려기간을 도입하고 협의이혼시 자녀 양육사항 합의를 의무화 하였습니다(민법 제836조의2, 제 837조).

이에 따라 협의상 이혼을 하려는 자는 가정법원이 제공하는 이혼에 관한 안내 또는 전문상담인의 상담을 권고 받을 수 있고, 위 안내를 받은 날부터 양육하여야 할 자(포태중인 자를 포함)가 있는 경우에는 3개월, 그 외의 경우에는 1개월의 기간이 지난 후에 이혼의사의 확인을 받을 수 있습니다.

또한, 양육하여야 할 자가 있는 경우 당사자는 자의 양육사항과 친권자결정에 관한 협의서 또는 이에 관한 가정법원의 심판정본을 이혼의사 확인시 의무적으로 제출하여야 합니다.

"본 사례는 개인의 법률문제 해결에 도움을 주고자 게재되었으나, 이용자 여러분의 생활에서 발생하는 구체적 사안은 동일하지는 않을 것이므로 참고자료로 활용하시기 바랍니다."

제837조 【이혼과 자의 양육책임】

①당사자는 그 자의 양육에 관한 사항을 협의에 의하여 정한다.
[개정 1990.1.13]

②제1항의 협의는 다음의 사항을 포함하여야 한다. [개정 2007.12.21]

1. 양육자의 결정
2. 양육비용의 부담
3. 면접교섭권의 행사 여부 및 그 방법

③제1항에 따른 협의가 자(子)의 복리에 반하는 경우에는 가정법원은 보정을 명하거나 직권으로 그 자(子)의 의사(意思)·연령과 부모의 재산상황, 그 밖의 사정을 참작하여 양육에 필요한 사항을 정한다. [개정 2007.12.21]

④양육에 관한 사항의 협의가 이루어지지 아니하거나 협의할 수 없는 때에는 가정법원은 직권으로 또는 당사자의 청구에 따라 이에 관하여 결정한다. 이 경우 가정법원은 제3항의 사정을 참작하여야 한다.
[신설 2007.12.21]

⑤가정법원은 자(子)의 복리를 위하여 필요하다고 인정하는 경우에는 부·모·자(子) 및 검사의 청구 또는 직권으로 자(子)의 양육에 관한 사항을 변경하거나 다른 적당한 처분을 할 수 있다. [신설 2007.12.21]

⑥제3항부터 제5항까지의 규정은 양육에 관한 사항 외에는 부모의 권리의무에

변경을 가져오지 아니한다.
[신설 2007.12.21]

판례-혼인의무효

[대법원 2015.6.23, 선고, 2013므2397, 판결]

【판시사항】
재판상 이혼의 경우, 당사자의 청구가 없더라도 법원이 직권으로 미성년자인 자녀에 대한 친권자 및 양육자를 정하여야 하는지 여부(적극) / 법원이 이혼 판결을 선고하면서 미성년자인 자녀에 대한 친권자 및 양육자를 정하지 않은 경우, 재판의 누락이 있는지 여부(적극)

【판결요지】
이혼 과정에서 친권자 및 자녀의 양육책임에 관한 사항을 의무적으로 정하도록 한 민법 제837조 제1항, 제2항, 제4항 전문, 제843조, 제909조 제5항의 문언 내용 및 이혼 과정에서 자녀의 복리를 보장하기 위한 위 규정들의 취지와 아울러, 이혼 시 친권자 지정 및 양육에 관한 사항의 결정에 관한 민법 규정의 개정 경위와 변천 과정, 친권과 양육권의 관계 등을 종합하면, 재판상 이혼의 경우에 당사자의 청구가 없다 하더라도 법원은 직권으로 미성년자인 자녀에 대한 친권자 및 양육자를 정하여야 하며, 따라서 법원이 이혼 판결을 선고하면서 미성년자인 자녀에 대한 친권자 및 양육자를 정하지 아니하였다면 재판의 누락이 있다.

第837조의2 【면접교섭권】 ①자(子)를 직접 양육하지 아니하는 부모의 일방과 자(子)는 상호 면접교섭할 수 있는 권리를 가진다.
[개정 2007.12.21]
②가정법원은 자의 복리를 위하여 필요한 때에는 당사자의 청구 또는 직권에 의하여 면접교섭을 제한하거나 배제할 수 있다. [개정 2005.3.31]
[본조신설 1990.1.13.]

第838조 【사기, 강박으로 인한 이혼의 취소청구권】 사기 또는 강박으로 인하여 이혼의 의사표시를 한 자는 그 취소를 가정법원에 청구할 수 있다.
[개정 1990.1.13]

第839조 【준용규정】 제823조의 규정은 협의상 이혼에 준용한다.

第839조의2 【재산분할청구권】
①협의상 이혼한 자의 일방은 다른 일방에 대하여 재산분할을 청구할 수 있다.
②제1항의 재산분할에 관하여 협의가 되지 아니하거나 협의할 수 없는 때에는 가정법원은 당사자의 청구에 의하여 당사자 쌍방의 협력으로 이룩한 재산의 액수 기타 사정을 참작하여 분할의 액수와 방법을 정한다.
③제1항의 재산분할청구권은 이혼한 날부터 2년을 경과한 때에는 소멸한다.
[본조신설 1990.1.13]

부부일방이 명의신탁한 부동산도 재산분할청구의 대상인지

(대한법률구조공단 자료)

질문

甲은 남편 乙이 부정행위를 하여 협의이혼을 한 후 재산분할청구를 하려고 합니다. 그런데 乙은 甲과 乙이 공동으로 마련한 부동산 중 주택 1동 및 그 대지를 그의 형 丙의 명의로 명의신탁 해둔 사실이 있습니다. 이 경우 甲이 재산분할청구를 하였을 경우 丙 명의로 명의신탁된 부동산도 고려하여 재산분할이 될 수 있는지요?

답변

재산분할청구권에 관하여 「민법」 제839조의2는 "①협의상 이혼한 자의 일방은 다른 일방에 대하여 재산분할을 청구할 수 있다. ②제1항의 재산분할에 관하여 협의가 되지 아니하거나 협의할 수 없는 때에는 가정법원은 당사자의 청구에 의하여 당사자 쌍방의 협력으로 이룩한 재산의 액수 기타 사정을 참작하여 분할의 액수와 방법을 정한다. ③제1항의 재산분할청구권은 이혼한 날부터 2년을 경과한 때에는 소멸한다."라고 규정하고 있고, 위 규정은 같은 법 제 843조에 의하여 재판상 이혼의 경우에도 준용되고 있습니다.

그런데 부부일방이 제3자에게 명의신탁한 부동산도 재산분할청구의 대상이 되는지에 관하여 판례는 "제3자 명의의 재산이더라도 그것이 부부 중 일방에 의하여 명의신탁된 재산 또는 부부의 일방이 실질적으로 지배하고 있는 재산으로서 부부 쌍방의 협력에 의하여 형성된 것이나 부부 쌍방의 협력에 의하여 형성된 유형, 무형의 자원에 기한 것이라면 그와 같은 사정도 참작하여야 한다는 의미에서 재산분할의 대상이 된다."고 하였습니다(대법원 1998. 4. 10. 선고 96므1434 판결).

이것은 재산분할제도의 목적이 부부 중 누구 명의로 되어 있건 간에 쌍방의 협력으로 이룩한 실질적인 부부의 공동재산을 청산하는데 있다고 할 것이므로 나아가 부부 이외의 제3자 명의의 재산이라고 하더라도 그것이 부부의 협력으로 이룩한 실질적인 공동재산으로 인정되는 경우에는 재산분할의 대상으로 삼을 수 있다는 취지로 보입니다. 다만, 제3자 명의의 재산이 순수한 의미에서 부부의 일방이 명의신탁한 재산이라고 하더라도 그에 대하여 직접 재산분할을 명하는 경우 제3자는 당해소송의 피고가 아니므로 그 재산을 직접 분할하는 현물분할이나 경매분할을 명하면 집행불능에 이르게 될 것입니다. 결국 제3자 명의의 재산도 재산분할의 대상이 된다는 것은 그 재산형성에 대한 부부 일방의 기여도를 「민법」 제839조의2 제2항 소정의 기타의 사정으로 참작하여야 한다는 의미로 이해할 수 있을 듯합니다.

따라서 위 사안에서도 甲이 청구한 재산분할청구사건에 있어서 丙명의로 명의신탁된 부동산도 甲과 乙의 재산형성에 대한 기여도를 정함에 있어서 참작할 사유로 될 수 있을 것으로 보입니다.

"본 사례는 개인의 법률문제 해결에 도움을 주고자 게재되었으나, 이용자 여러분의 생활에서 발생하는 구체적 사안은 동일하지는 않을 것이므로 참고자료로 활용하시기 바랍니다."

제839조의3 【재산분할청구권 보전을 위한 사해행위취소권】

①부부의 일방이 다른 일방의 재산분할청구권 행사를 해함을 알면서도 재산권을 목적으로 하는 법률행위를 한 때에는 다른 일방은 제406조제1항을 준용하여 그 취소 및 원상회복을 가정법원에 청구할 수 있다.

②제1항의 소는 제406조제2항의 기간내에 제기하여야 한다.

[본조신설 2007.12.21]

제2관 재판상 이혼

제840조 【재판상 이혼원인】

부부의 일방은 다음 각호의 사유가 있는 경우에는 가정법원에 이혼을 청구할 수 있다. [개정 1990.1.13]

1. 배우자에 부정한 행위가 있었을 때
2. 배우자가 악의로 다른 일방을 유기한 때

3. 배우자 또는 그 직계존속으로부터 심히 부당한 대우를 받았을 때
4. 자기의 직계존속이 배우자로부터 심히 부당한 대우를 받았을 때
5. 배우자의 생사가 3년이상 분명하지 아니한 때
6. 기타 혼인을 계속하기 어려운 중대한 사유가 있을 때

부정행위를 한 남편이 협의이혼을 해주지 않을 경우

(대한법률구조공단 자료)

질문

남편이 같은 회사의 여사원과 불륜관계를 맺고 있습니다. 그래서 저는 남편에게 이혼을 제의했으나, 남편은 이혼을 못하겠다고 합니다. 어떻게 하면 이혼할 수 있는지요?

답변

「민법」 제840조에 의하면 부부일방은 ①배우자의 부정한 행위가 있었을 때, ②배우자가 악의로 다른 일방을 유기한 때, ③배우자 또는 그 직계존속으로부터 심히 부당한 대우를 받았을 때, ④자기의 직계존속이 배우자로부터 심히 부당한 대우를 받았을 때, ⑤배우자의 생사가 3년 이상 분명하지 아니한 때, ⑥기타 혼인을 계속하기 어려운 중대한 사유가 있을 때에는 가정법원에 이혼을 청구할 수 있다고 규정하고 있습니다.

이와 같이 부부는 동거하면서 서로 부양하고 협조하여야 하며(같은 법 제826조 제1항) 정조를 지킬 의무가 있는데, 다른 여자와 불륜관계를 맺은 것은 부정한 행위로서 재판상 이혼사유가 되므로 남편이 협의이혼에 불응하면 남편의 부정한 행위를 원인으로 하는 이혼소송을 관할 가정법원에 하면 될 것입니다.

그리고 부정행위를 안 날로부터 6개월, 그 사실이 있은 날로부터 2년 내에 이혼청구소송을 제기하여야 합니다(같은 법 제841조).

"본 사례는 개인의 법률문제 해결에 도움을 주고자 게재되었으나, 이용자 여러분의 생활에서 발생하는 구체적 사안은 동일하지는 않을 것이므로 참고자료로 활용하시기 바랍니다."

제841조 【부정으로 인한 이혼청구권의 소멸】 전조제1호의 사유는 다른 일방이 사전동의나 사후용서를 한 때 또는 이를 안 날로부터 6월, 그 사유있은 날로부터 2년을 경과한 때에는 이혼을 청구하지 못한다.

제842조 【기타 원인으로 인한 이혼청구권의 소멸】 제840조제6호의 사유는 다른 일방이 이를 안 날로부터 6월, 그 사유있은 날로부터 2년을 경과하면 이혼을 청구하지 못한다.

판례-이혼등

[대법원 2001.2.23, 선고, 2000므1561, 판결]

【판시사항】
민법 제842조의 제소기간의 적용 범위

【판결요지】
민법 제840조 제6호 소정의 '기타 혼인을 계속하기 어려운 중대한 사유'가 이혼청구 당시까지도 계속 존재하는 것으로 보아야 할 경우에는 이혼청구권의 제척기간에 관한 민법 제842조가 적용되지 아니한다.

제843조 【준용규정】
제806조, 제837조, 제837조의2 및 제839조의2의 규정은 재판상 이혼의 경우에 준용한다. [개정 1990.1.13]

제4장 부모와 자

제1절 친생자

제844조 【부의 친생자의 추정】

①처가 혼인 중에 포태한 자는 부의 자로 추정한다.
②혼인성립의 날로부터 2백일후 또는 혼인관계종료의 날로부터 3백일내에 출생한 자는 혼인 중에 포태한 것으로 추정한다.

판례-친생부인

[대법원 2014.12.11, 선고, 2013므4591, 판결]

【판시사항】
[1] 법 해석의 방법과 한계
[2] 민법 제846조, 제847조 제1항에서 정한 친생부인의 소의 원고적격이 있는 '부(婦), 처(妻)'는 자의 생모에 한정되는지 여부(적극) 및 여기에 '재혼한 처(妻)'가 포함되는지 여부(소극)

【판결요지】
[1] 법 해석은 어디까지나 법적 안정성을 해치지 않는 범위 내에서 구체적 타당성을 찾는 방향으로 이루어져야 한다. 이를 위해서는 가능한 한 원칙적으로 법률에 사용된 문언의 통상적인 의미에 충실하게 해석하는 것을 원칙으로 하면서, 법률의 입법 취지와 목적, 제정·개정 연혁, 법질서 전체와의 조화, 다른 법령과의 관계 등을 고려하는 체계적·논리적 해석방법을 추가적으로 동원함으로써, 위와 같은 타당성 있는 법 해석의 요청에 부응하여야 한다.
[2] 민법 제846조에서의 '부부의 일방'은 제844조의 경우에 해당하는 '부부의 일방', 즉 제844조 제1항에서의 '부'와 '자를 혼인 중에 포태한 처'를 가리키고, 그렇다면 이 경우의 처는 '자의 생모'를 의미하며, 제847조 제1항에서의 '처'도 제846조에 규정된 '부부의 일방으로서의 처'를 의미한다고 해석되므로, 결국 친생부인의 소를 제기할 수 있는 처는 자의 생모를 의미한다.
우리 민법은 부자(父子)관계를 결정함에 있어 '가정의 평화' 또는 '자의 복리'를 위하여 혼인 중 출생자를 부의 친생자로 강하게 추정하면서도, '혈연진실주의'를 채택하여 일정한 경우에 친생자임을 부인하는 소를 제기할 수 있도록 하고 있다. 구 민법(2005. 3. 31. 법률 제7427호로 개정되기 전의 것) 당시에는 부(夫)만 친생부인의 소를 제기할 수 있도록 규정하였으나, 위 민법 개정으로 부 외에 처도 친생부인의 소를 제기할 수 있게 되었는데, 개정 이유는 부만 친생부인의 소를 제기할 수 있도록 하는 것은 혈연진실주의 및 부부평등의 이념에 부합되지 아니한다는 취지에서였다. 즉 부부가 이혼하여 처가 자의 생부와 혼인한 경우, 부부가 화해의 전망 없이 상당한 기간 별거하고 있는 경우, 부가 친생부인은 하지 않은 채 단지 보복적 감정에서 자를 학대하는 경우 등에는 생모도 친생부인을 할 수 있도록 하는 것이 주된 개정 이유였다. 이러한 개정 이유에 비추어 보아도 친생부인의 소를 제기할 수 있는 '처'는 '자의 생모'만을 의미한다.
위와 같은 민법 규정의 입법 취지, 개정 연혁과 체계 등에 비추어 보면, 민법 제846조, 제847조 제1항에서 정한 친생부인의 소의 원고적격이 있는 '부(婦), 처(妻)'는 자의 생모에 한정되고, 여기에 친생부인이 주장되는 대상자의 법률상 부(父)와 '재혼한 처(妻)'는 포함되지 않는다.

이혼 전 출생한 혼인 외의 자(子)의 출생신고 방법

(대한법률구조공단 자료)

질문

甲녀는 乙남과 이혼신고 없이 사실상의 이혼으로 장기간 별거하던 중 丙남과 사이에서 丁을 낳은 후 乙과 이혼신고하고 丙과 재혼하였습니다. 현재까지 가족관계등록이 되어 있지 않은 丁을 丙을 父로 하는 출생신고에 의해 가족관계등록부를 작성 할 수 있는지요?

답변

위 사안에서 丁은 甲과 乙의 혼인 중 출생한 자이므로 법률상 乙의 친생자로 추정되기 때문에(민법 제844조 제1항), 설령 甲과 乙이 사실상 이혼으로 장기간 별거상태에 있었다고 하더라도 친생추정은 판결에 의해서만 번복될 수 있으므로 소송을 거치지 않고 출생신고에 의해 곧바로 丁을 丙의 가족관계등록부 또는 甲의 친가의 가족관계등록부에 등재할 수는 없습니다.

「민법」(2005. 3. 31. 법률 제7427호로 개정되기 전의 것) 제 847조는 법률상 친생추정을 받은 자(子)에 대하여는 부(父)만이 친생부인의 소(訴)를 제기할 수 있도록 규정하고 있었으나, 판례는 '사실상 이혼으로 장기간 별거상태'에 있어 처(妻)가 부(夫)의 자(子)를 포태할 수 없음이 외관상 명백한 경우에는 친생추정이 미치지 않으므로 다른 사람도 친생자관계부존재확인소송을 제기할 수 있다고 하였습니다(대법원 1988. 5. 10. 선고 88므85 판결, 1997. 2. 25. 선고 96므1663 판결, 2000. 8. 22. 선고2000므292 판결). 그러나 위 판례와 같은 특별한 사정이 있는 경우를 제외한 일반적인 경우에 만일 부가 친생부인의소를 제기하지 않으면 어느 누구도 친생자가 아님을 다툴 수가 없어서 혈연진실주의에 반하는 결과가 초래될 수 밖에 없는 문제점이 있어 이에 2005. 3. 31. 법률 제7427호로 개정된 「민법」 제847조에서는 친생부인의 사유가 있음을 안날부터 2년내에 부와 처 모두에게 친생부인의 소를 제기할 수 있도록 하였습니다.

따라서 우선 甲은 법률상 남편인 乙을 丁의 父로 하는 출생신고에 의하여 가족관계등록부를 작성한 다음, 乙을 상대로 친생부인의 소를 제기하여야 합니다(가족관계의 등록 등에 관한 법률 제47조).

친생부인의 판결이 승소확정 되면 확정된 날로부터 1개월 이내에 친생부인판결의 등본 및 확정 증명서를 첨부하여 등록부의 정정신청을 하여야 합니다(같은 법 제107조). 정정신청에 의하여 등록부가 폐쇄된 후 丙이 丁을 자신의 친생자로 출생신고를 하여 가족관계등록부를 새로이 작성할 수 있으며, 이 경우의 출생신고는 인지(認知)의 효력이 있습니다(같은 법 제57조).

다만, 丁이 출생한지 2년이 지났다면 甲은 친생부인의 소를 제기할 수 없으므로 친생추정이 미치지 않음을 주장하여 친생자관계부존재확인소송을 제기하여야 할 것으로 보입니다.

"본 사례는 개인의 법률문제 해결에 도움을 주고자 게재되었으나, 이용자 여러분의 생활에서 발생하는 구체적 사안은 동일하지는 않을 것이므로 참고자료로 활용하시기 바랍니다."

제845조 【법원에 의한 부의 결정】
재혼한 여자가 해산한 경우에 제844조의 규정에 의하여 그 자의 부를 정할 수 없는 때에는 법원이 당사자의 청구에 의하여 이를 정한다. [개정 2005.3.31.]

제846조 【자의 친생부인】 부부의 일방은 제844조의 경우에 그 자가 친생자임을 부인하는 소를 제기할 수 있다. [개정 2005.3.31]

제847조 【친생부인의 소】 ①친생부인(親生否認)의 소(訴)는 부(夫) 또는 처(妻)가 다른 일방 또는 자(子)를 상대로 하여 그 사유가 있음을 안 날부터 2년내에 이를 제기하여야 한다.
②제1항의 경우에 상대방이 될 자가 모두 사망한 때에는 그 사망을 안 날부터 2년내에 검사를 상대로 하여 친생부인의 소를 제기할 수 있다.
[전문개정 2005.3.31]

판례-친생부인

[대법원 2014.12.11, 선고, 2013므4591, 판결]

【판시사항】
[1] 법 해석의 방법과 한계
[2] 민법 제846조, 제847조 제1항에서 정한 친생부인의 소의 원고적격이 있는 '부(婦), 처(妻)'는 자의 생모에 한정되는지 여부(적극) 및 여기에 '재혼한 처(妻)'가 포함되는지 여부(소극)

【판결요지】
[1] 법 해석은 어디까지나 법적 안정성을 해치지 않는 범위 내에서 구체적 타당성을 찾는 방향으로 이루어져야 한다. 이를 위해서는 가능한 한 원칙적으로 법률에 사용된 문언의 통상적인 의미에 충실하게 해석하는 것을 원칙으로 하면서, 법률의 입법 취지와 목적, 제정·개정 연혁, 법질서 전체와의 조화, 다른 법령과의 관계 등을 고려하는 체계적·논리적 해석방법을 추가적으로 동원함으로써, 위와 같은 타당성 있는 법 해석의 요청에 부응하여야 한다.
[2] 민법 제846조에서의 '부부의 일방'은 제844조의 경우에 해당하는 '부부의 일방', 즉 제844조 제1항에서의 '부'와 '자를 혼인 중에 포태한 처'를 가리키고, 그렇다면 이 경우의 처는 '자의 생모'를 의미하며, 제847조 제1항에서의 '처'도 제846조에 규정된 '부부의 일방으로서의 처'를 의미한다고 해석되므로, 결국 친생부인의 소를 제기할 수 있는 처는 자의 생모를 의미한다.
우리 민법은 부자(父子)관계를 결정함에 있어 '가정의 평화' 또는 '자의 복리'를 위하여 혼인 중 출생자를 부의 친생자로 강하게 추정하면서도, '혈연진실주의'를 채택하여 일정한 경우에 친생자임을 부인하는 소를 제기할 수 있도록 하고 있다. 구 민법(2005. 3. 31. 법률 제7427호로 개정되기 전의 것) 당시에는 부(夫)만 친생부인의 소를 제기할 수 있도록 규정하였으나, 위 민법 개정으로 부 외에 처도 친생부인의 소를 제기할 수 있게 되었는데, 개정 이유는 부만 친생부인의 소를 제기할 수 있도록 하는 것은 혈연진실주의 및 부부평등의 이념에 부합되지 아니한다는 취지에서였다. 즉 부부가 이혼하여 처가 자의 생부와 혼인한 경우, 부부가 화해의 전망 없이 상당한 기간 별거하고 있는 경우, 부가 친생부인은 하지 않은 채 단지 보복적 감정에서 자를 학대하는 경우 등에는 생모도 친생부인을 할 수 있도록 하는 것이 주된 개정 이유였다. 이러한 개정 이유에 비추어 보아도 친생부인의 소를 제기할 수 있는 '처'는 '자의 생모'만을 의미한다.
위와 같은 민법 규정의 입법 취지, 개정 연혁과 체계 등에 비추어 보면, 민법 제846조, 제847조 제1항에서 정한 친생부인의 소의 원고적격이 있는 '부(婦), 처(妻)'는 자의 생모에 한정되고, 여기에 친생부인이 주장되는 대상자의 법률상 부(父)와 '재혼한 처(妻)'는 포함되지 않는다.

제848조 【성년후견과 친생부인의 소】
①남편이나 아내가 피성년후견인인 경우에는 그의 성년후견인이 성년후견감독인의 동의를 받아 친생부인의 소를 제기할 수 있다. 성년후견감독인이 없거나 동의할 수 없을 때에는 가정법원에 그 동의를 갈음하는 허가를 청구할 수 있다.
②제1항의 경우 성년후견인이 친생부인의 소를 제기하지 아니하는 경우에는 피성년후견인은 성년후견종료의 심판이 있은 날부터 2년 내에 친생부인의 소를 제기할 수 있다.
[전문개정 2011.3.7]
[시행일 : 2013.7.1]

第849조 【자사망후의 친생부인】
자가 사망한 후에도 그 직계비속이 있는 때에는 그 모를 상대로, 모가 없으면 검사를 상대로 하여 부인의 소를 제기할 수 있다.

第850조 【유언에 의한 친생부인】
부(夫) 또는 처(妻)가 유언으로 부인의 의사를 표시한 때에는 유언집행자는 친생부인의 소를 제기하여야 한다.
[개정 2005.3.31]

第851조 【부의 자 출생 전 사망 등과 친생부인】 부(夫)가 자(子)의 출생 전에 사망하거나 부(夫) 또는 처(妻)가 제847조제1항의 기간내에 사망한 때에는 부(夫) 또는 처(妻)의 직계존속이나 직계비속에 한하여 그 사망을 안 날부터 2년내에 친생부인의 소를 제기할 수 있다. [전문개정 2005.3.31]

第852조 【친생부인권의 소멸】
자의 출생 후에 친생자(親生子)임을 승인한 자는 다시 친생부인의 소를 제기하지 못한다.
[전문개정 2005.3.31]

第853조 삭제 <2005.3.31>

第854조 【사기, 강박으로 인한 승인의 취소】 제852조의 승인이 사기 또는 강박으로 인한 때에는 이를 취소할 수 있다. [개정 2005.3.31]

第855조 【인지】 ①혼인외의 출생자는 그 생부나 생모가 이를 인지할 수 있다. 부모의 혼인이 무효인 때에는 출생자는 혼인외의 출생자로 본다.
②혼인외의 출생자는 그 부모가 혼인한 때에는 그때로부터 혼인 중의 출생자로 본다.

第856조 【피성년후견인의 인지】 아버지가 피성년후견인인 경우에는 성년후견인의 동의를 받아 인지할 수 있다.
[전문개정 2011.3.7]
[시행일 : 2013.7.1]

第857조 【사망자의 인지】
자가 사망한 후에도 그 직계비속이 있는 때에는 이를 인지할 수 있다.

第858조 【포태중인 자의 인지】
부는 포태중에 있는 자에 대하여도 이를 인지할 수 있다.

第859조 【인지의 효력발생】
①인지는 「가족관계의 등록 등에 관한 법률」의 정하는 바에 의하여 신고함으로써 그 효력이 생긴다.
[개정 2007.5.17]

②인지는 유언으로도 이를 할 수 있다. 이 경우에는 유언집행자가 이를 신고하여야 한다.

第860조 【인지의 소급효】
인지는 그 자의 출생시에 소급하여 효력이 생긴다. 그러나 제삼자의 취득한 권리를 해하지 못한다.

第861조 【인지의 취소】
사기, 강박 또는 중대한 착오로 인하여 인지를 한 때에는 사기나 착오를 안 날 또는 강박을 면한 날로부터 6월내에 가정법원에 그 취소를 청구할 수 있다.
[개정 2005.3.31]

第862조 【인지에 대한 이의의 소】
자 기타 이해관계인은 인지의 신고있음을 안 날로부터 1년내에 인지에 대한 이의의 소를 제기할 수 있다.

第863조 【인지청구의 소】
자와 그 직계비속 또는 그 법정대리인은 부 또는 모를 상대로 하여 인지청구의 소를 제기할 수 있다.

第864조 【부모의 사망과 인지청구의 소】 제862조 및 제863조의 경우에 부 또는 모가 사망한 때에는 그 사망을 안 날로부터 2년내에 검사를 상대로 하여 인지에 대한 이의 또는 인지청구의 소를 제기할 수 있다.
[개정 2005.3.31]

판례-친생자관계부존재확인및인지청구

[대법원 2015.2.12, 선고, 2014므4871, 판결]

【판시사항】
인지청구의 소와 친생자관계부존재확인의 소에서 제소기간의 기산점이 되는 '사망을 안 날'의 의미(=사망이라는 객관적 사실을 안 날)

【판결요지】
인지청구의 소와 친생자관계부존재확인의 소(이하 '인지청구 등의 소'라고 한다)에서 제소기간을 둔 것은 친생자관계를 진실에 부합시키고자 하는 사람의 이익과 친생자관계의 신속한 확정을 통하여 법적 안정을 찾고자 하는 사람의 이익을 조화시킨다는 의미가 있는데, 당사자가 사망함과 동시에 상속이 개시되어 신분과 재산에 대한 새로운 법률관계가 형성되는데, 오랜 시간이 지난 후에 인지청구 등의 소를 허용하게 되면 상속에 따라 형성된 법률관계를 불안정하게 할 우려가 있는 점, 친생자관계의 존부에 관하여 알게 된 때를 제소기간의 시점으로 삼을 경우에는 사실상 이해관계인이 주장하는 시기가 제소기간의 기산점이 되어 제소기간을 두는 취지를 살리기 어렵게 되는 점 등을 고려할 때, 인지청구 등의 소에서 제소기간의 기산점이 되는 '사망을 안 날'은 사망이라는 객관적 사실을 아는 것을 의미하고, 사망자와 친생자관계에 있다는 사실까지 알아야 하는 것은 아니라고 해석함이 타당하다.

第864조의2 【인지와 자의 양육책임 등】 제837조 및 제837조의2의 규정은

자가 인지된 경우에 자의 양육책임과 면접교섭권에 관하여 이를 준용한다. [본조신설 2005.3.31]

第865조 【다른 사유를 원인으로 하는 친생자관계존부확인의 소】
①제845조, 제846조, 제848조, 제850조, 제851조, 제862조와 제863조의 규정에 의하여 소를 제기할 수 있는 자는 다른 사유를 원인으로 하여 친생자관계존부의 확인의 소를 제기할 수 있다.
②제1항의 경우에 당사자 일방이 사망한 때에는 그 사망을 안 날로부터 2년내에 검사를 상대로 하여 소를 제기할 수 있다. [개정 2005.3.31]

판례-친생자관계부존재확인

[대법원 2015.6.11, 선고, 2014므8217, 판결]

【판시사항】
인지청구의 소에서 당사자의 증명이 충분하지 못할 경우, 법원이 직권으로 사실조사와 증거조사를 하여야 하는지 여부(적극) 및 혈연상 친생자관계를 증명하는 방법 / 혈연상 친생자관계가 인정된 확정판결의 효과(=친자관계 창설) 및 확정판결에 반하여 친생자관계부존재확인의 소로써 친자관계가 존재하지 않는다고 다툴 수 있는지 여부(소극)

【판결요지】
인지청구의 소는 부와 자 사이에 사실상의 친자관계의 존재를 확정하고 법률상의 친자관계를 창설함을 목적으로 하는 소송으로서, 당사자의 증명이 충분하지 못할 때에는 법원이 직권으로 사실조사와 증거조사를 하여야 하고, 친자관계를 증명할 때는 부와 자 사이의 혈액형검사, 유전자검사 등 과학적 증명방법이 유력하게 사용되며, 이러한 증명에 의하여 혈연상 친생자관계가 인정되어 확정판결을 받으면 당사자 사이에 친자관계가 창설된다. 이와 같은 인지청구의 소의 목적, 심리절차와 증명방법 및 법률적 효과 등을 고려할 때, 인지의 소의 확정판결에 의하여 일단 부와 자 사이에 친자관계가 창설된 이상, 재심의 소로 다투는 것은 별론으로 하고, 확정판결에 반하여 친생자관계부존재확인의 소로써 당사자 사이에 친자관계가 존재하지 않는다고 다툴 수는 없다.

제2절 양자(養子)

제1관 입양의 요건과 효력

第866조 【입양을 할 능력】 성년이 된 사람은 입양(入養)을 할 수 있다.
[전문개정 2012.2.10]
[시행일 : 2013.7.1.]

第867조 【미성년자의 입양에 대한 가정법원의 허가】 ①미성년자를 입양하려는 사람은 가정법원의 허가를 받아야 한다.
②가정법원은 양자가 될 미성년자의 복리를 위하여 그 양육 상황, 입양의 동기, 양부모(養父母)의 양육능력, 그 밖의 사정을 고려하여 제1항에 따른 입양의 허가를 하지 아니할 수 있다.
[본조신설 2012.2.10]
[시행일 : 2013.7.1]

第868조 삭제 <1990.1.13.>

第869조 【입양의 의사표시】
①양자가 될 사람이 13세 이상의 미성년자인 경우에는 법정대리인의 동의를 받아 입양을 승낙한다.
②양자가 될 사람이 13세 미만인 경우에는 법정대리인이 그를 갈음하여 입양을 승낙한다.
③가정법원은 다음 각 호의 어느 하나에 해당하는 경우에는 제1항에 따른 동의 또는 제2항에 따른 승낙이 없더라도 제867조제1항에 따른 입양의 허가를 할 수 있다.
1. 법정대리인이 정당한 이유없이 동의 또는 승낙을 거부하는 경우. 다만, 법정대리인이 친권자인 경우에는 제870조제2항의 사유가 있어야 한다.
2. 법정대리인의 소재를 알 수 없는 등의 사유로 동의 또는 승낙을 받을 수 없는 경우
④제3항제1호의 경우 가정법원은 법정대리인을 심문하여야 한다.
⑤제1항에 따른 동의 또는 제2항에 따른 승낙은 제867조제1항에 따른 입양의 허가가 있기 전까지 철회할 수 있다.
[전문개정 2012.2.10]
[시행일 : 2013.7.1.]

미성년자가 낳은 자에 대한 친권자는 누가 되는지

(대한법률구조공단 자료)

질문

저희 딸은 18세의 미성년자인데 부(父)를 알 수 없는 아이를 분만하였습니다. 딸의 장래를 위하여 분만한 아이를 다른 집에 양자로 보내려고 하였으나 딸의 반대가 심하여 보내지 못하고 있습니다. 제가 딸의 반대에도 불구하고 딸이 낳은 아이를 양자로 보낼 수 있는지요?

답변

「민법」 제869조는 "양자가 될 자가 15세 미만인 때에는 법정대리인이 그에 갈음하여 입양의 승낙을 한다. 다만 후견인이 입양을 승낙하는 경우에는 가정법원의 허가를 받아야 한다."라고 규정하고 있고(이른바 대락권-代諾權), 미성년자의 법정대리인은 친권을 행사하는 부모 또는 후견인이라고 규정하고 있으므로(민법 제911조, 제938조), 위 사안의 경우 원칙적으로 현재 입양보낼 아이의 법정대리인은 그 자와 친모관계에 있는 귀하의 딸이라 할 수 있습니다.

그러나 한편으로 귀하의 딸은 미성년자이므로 귀하의 친권에 복속하는 관계에 있는 바, 「민법」은 이러한 경우 친권자는 그 친권에 따르는 자(子)에 갈음하여 그 자의 자(子)에 대한 친권을 행사할 수 있도록 하고 있으므로(민법 제909조 제1항, 제910조), 귀하는 미성년자인 귀하의 딸에 갈음하여 그 자(子), 즉 귀하의 손자에 대한 친권을 행사할 수 잇으며 15세 미만의 자를 양자로 보내는 경우의 대락권(代諾權)도 귀하가 딸에 갈음하여 행사할 수 있습니다.

"본 사례는 개인의 법률문제 해결에 도움을 주고자 게재되었으나, 이용자 여러분의 생활에서 발생하는 구체적 사안은 동일하지는 않을 것이므로 참고자료로 활용하시기 바랍니다."

第870조 【미성년자 입양에 대한 부모의 동의】 ①양자가 될 미성년자는 부모의 동의를 받아야 한다. 다만, 다음 각 호의 어느 하나에 해당하는 경우에는 그러하지 아니하다.
1. 부모가 제869조제1항에 따른 동의를 하거나 같은 조 제2항에 따른 승낙을 한 경우
2. 부모가 친권상실의 선고를 받은 경우
3. 부모의 소재를 알 수 없는 등의 사유로 동의를 받을 수 없는 경우
②가정법원은 다음 각 호의 어느 하나에 해당하는 사유가 있는 경우에는 부모가

동의를 거부하더라도 제867조제1항에 따른 입양의 허가를 할 수 있다. 이 경우 가정법원은 부모를 심문하여야 한다.

1. 부모가 3년 이상 자녀에 대한 부양의무를 이행하지 아니한 경우
2. 부모가 자녀를 학대 또는 유기(遺棄)하거나 그 밖에 자녀의 복리를 현저히 해친 경우

③제1항에 따른 동의는 제867조제1항에 따른 입양의 허가가 있기 전까지 철회할 수 있다.
[전문개정 2012.2.10]
[시행일 : 2013.7.1]

제871조 【성년자 입양에 대한 부모의 동의】 ①양자가 될 사람이 성년인 경우에는 부모의 동의를 받아야 한다. 다만, 부모의 소재를 알 수 없는 등의 사유로 동의를 받을 수 없는 경우에는 그러하지 아니하다.
②가정법원은 부모가 정당한 이유없이 동의를 거부하는 경우에 양부모가 될 사람이나 양자가 될 사람의 청구에 따라 부모의 동의를 갈음하는 심판을 할 수 있다. 이 경우 가정법원은 부모를 심문하여야 한다.
[전문개정 2012.2.10]
[시행일 : 2013.7.1]

제872조 삭제 <2012.2.10>
[시행일 : 2013.7.1]

제873조 【피성년후견인의 입양】 ①피성년후견인은 성년후견인의 동의를 받아 입양을 할 수 있고 양자가 될 수 있다.
②피성년후견인이 입양을 하거나 양자가 되는 경우에는 제867조를 준용한다.
③가정법원은 성년후견인이 정당한 이유없이 제1항에 따른 동의를 거부하거나 피성년후견인의 부모가 정당한 이유없이 제871조제1항에 따른 동의를 거부하는 경우에 그 동의가 없어도 입양을 허가할 수 있다. 이 경우 가정법원은 성년후견인 또는 부모를 심문하여야 한다.
[전문개정 2012.2.10]
[시행일 : 2013.7.1]

제874조 【부부의 공동 입양 등】 ①배우자가 있는 사람은 배우자와 공동으로 입양하여야 한다.
②배우자가 있는 사람은 그 배우자의 동의를 받아야만 양자가 될 수 있다.
[전문개정 2012.2.10]
[시행일 : 2013.7.1]

제875조 삭제 <1990.1.13>

제876조 삭제 <1990.1.13>

제877조 【입양의 금지】
①존속이나 연장자를 입양할 수 없다.
[전문개정 2012.2.10.] [시행일 : 2013.7.1.]

第878조 【입양의 성립】
입양은 「가족관계의 등록 등에 관한 법률」에서 정한 바에 따라 신고함으로써 그 효력이 생긴다.
[전문개정 2012.2.10]
[시행일 : 2013.7.1]

판례-친생자관계부존재확인
[대법원 2014.7.24, 선고, 2012므806, 판결]

【판시사항】
[1] 당시의 민법 규정에 따라 적법하게 입양신고를 마친 사람이 동성애자로서 자신의 성과 다른 성 역할을 하는 사람이라는 이유만으로 입양이 무효라고 할 수 있는지 여부(소극) 및 이는 입양의 의사로 친생자 출생신고를 한 경우에도 마찬가지인지 여부(적극)
[2] 여성인 甲과 동성애관계에 있던 乙이 입양의 의사로 丙을 자신의 친생자로 출생신고하고 甲과 함께 丙을 양육하였는데, 이후 丙이 甲의 양자로 입양신고를 마치고도 甲, 乙과 함께 생활한 사안에서, 乙과 丙의 친생자관계부존재확인을 구하는 소는 확인의 이익이 없어 부적법하다고 본 사례

【판결요지】
[1] 2013. 7. 1. 민법 개정으로 입양허가제도가 도입되기 전에는 성년에 달한 사람은 성별, 혼인 여부 등을 불문하고 당사자들의 입양 합의와 부모의 동의 등만 있으면 입양을 할 수 있었으므로, 당시의 민법 규정에 따라 적법하게 입양신고를 마친 사람이 단지 동성애자로서 동성과 동거하면서 자신의 성과 다른 성 역할을 하는 사람이라는 이유만으로는 입양이 선량한 풍속에 반하여 무효라고 할 수 없고, 이는 그가 입양의 의사로 친생자 출생신고를 한 경우에도 마찬가지이다.
[2] 여성인 甲과 동성애관계에 있던 乙이 입양의 의사로 丙을 자신의 친생자로 출생신고하고 甲과 함께 丙을 양육하였는데, 이후 丙이 甲의 양자로 입양신고를 마치고도 甲, 乙과 함께 생활한 사안에서, 丙이 甲의 양자로 입양신고를 마쳤다는 사정만으로 乙과 丙 사이의 양친자관계가 파양되었다고 보기 어려워 뒤에 이루어진 甲과 丙 사이의 입양의 효력이 문제 될 뿐이므로, 乙과 丙의 친생자관계부존재확인을 구하는 소는 확인의 이익이 없어 부적법하다고 본 사례.

第879조 삭제 <1990.1.13>

第880조 삭제 <1990.1.13>

第881조 【입양 신고의 심사】
제866조 내지 제877제866조, 제867조, 제869조부터 제871조까지, 제873조, 제874조, 제877조, 그 밖의 법령을 위반하지 아니한 입양 신고는 수리하여야 한다.
[전문개정 2012.2.10]
[시행일 : 2013.7.1]

第882조 【외국에서의 입양 신고】
외국에서 입양 신고를 하는 경우에는 제814조를 준용한다.
[전문개정 2012.2.10]
[시행일 : 2013.7.1]

제882조의2 【입양의 효력】
①양자는 입양된 때부터 양부모의 친생자와 같은 지위를 가진다.
②양자의 입양 전의 친족관계는 존속한다.
[본조신설 2012.2.10]
[시행일 : 2013.7.1]

제2관 입양의 무효와 취소

제883조 【입양 무효의 원인】
다음 각 호의 어느 하나에 해당하는 입양은 무효이다.
1. 당사자 사이에 입양의 합의가 없는 경우
2. 제867조제1항(제873조제2항에 따라 준용되는 경우를 포함한다), 제869조제2항, 제877조를 위반한 경우
[전문개정 2012.2.10]
[시행일 : 2013.7.1]

제884조 【입양 취소의 원인】
①입양이 다음 각 호의 어느 하나에 해당하는 경우에는 가정법원에 그 취소를 청구할 수 있다.
1. 제866조, 제869조제1항, 같은 조 제3항제2호, 제870조제1항, 제871조제1항, 제873조제1항, 제874조를위반한 경우
2. 입양 당시 양부모와 양자 중 어느 한쪽에게 악질(惡疾)이나 그밖에 중대한 사유가 있음을 알지 못한 경우
3. 사기 또는 강박으로 인하여 입양의 의사표시를 한 경우
②입양 취소에 관하여는 제867조제2항을 준용한다.
[전문개정 2012.2.10]
[시행일 : 2013.7.1]

제885조 【입양 취소 청구권자】 양부모, 양자와 그 법정대리인 또는 직계혈족은 제866조를 위반한 입양의 취소를 청구할 수 있다.
[전문개정 2012.2.10.]
[시행일 : 2013.7.1.]

제886조 【입양 취소 청구권자】
양자나 동의권자는 제869조제1항, 같은 조 제3항제2호, 제870조제1항을 위반한 입양의 취소를 청구할 수 있고, 동의권자는 제871조제1항을 위반한 입양의 취소를 청구할 수 있다.
[전문개정 2012.2.10]
[시행일 : 2013.7.1]

제887조 【입양 취소 청구권자】 피성년후견인이나 성년후견인은 제873조제1항을 위반한 입양의 취소를 청구할 수 있다.
[전문개정 2012.2.10]

[시행일 : 2013.7.1]

제888조 【입양 취소 청구권자】
배우자는 제874조를 위반한 입양의 취소를 청구할 수 있다.
[전문개정 2012.2.10]
[시행일 : 2013.7.1]

제889조 【입양 취소 청구권의 소멸】
양부모가 성년이 되면 제866조를 위반한 입양의 취소를 청구하지 못한다.
[전문개정 2012.2.10]
[시행일 : 2013.7.1]

제890조 삭제 <1990.1.13>

제891조 【입양 취소 청구권의 소멸】 ①양자가 성년이 된 후 3개월이 지나거나 사망하면 제869조제1항, 같은 조 제3항제2호, 제870조제1항을 위반한 입양의 취소를 청구하지 못한다.
②양자가 사망하면 제871조제1항을 위반한 입양의 취소를 청구하지 못한다.
[전문개정 2012.2.10]
[시행일 : 2013.7.1]

제892조 삭제 <2012.2.10>
[시행일 : 2013.7.1]

제893조 【입양 취소 청구권의 소멸】 성년후견개시의 심판이 취소된 후 3개월이 지나면 제873조제1항을 위반한 입양의 취소를 청구하지 못한다.
[전문개정 2012.2.10]
[시행일 : 2013.7.1]

제894조 【입양 취소 청구권의 소멸】 제869조제1항, 같은 조 제3항제2호, 제870조제1항, 제871조제1항, 제873조제1항, 제874조를 위반한 입양은 그 사유가 있음을 안 날부터 6개월, 그 사유가 있었던 날부터 1년이 지나면 그 취소를 청구하지 못한다.
[전문개정 2012.2.10]
[시행일 : 2013.7.1]

제895조 삭제 <1990.1.13>

제896조 【입양 취소 청구권의 소멸】 제884조제1항제2호에 해당하는 사유가 있는 입양은 양부모와 양자 중 어느 한 쪽이 그 사유가 있음을 안 날부터 6개월이 지나면 그 취소를 청구하지 못한다.
[전문개정 2012.2.10.] [시행일 : 2013.7.1.]

第897条 【준용규정】
입양의 무효 또는 취소에 따른 손해배상책임에 관하여는 제806조를 준용하고, 사기 또는 강박으로 인한 입양 취소 청구권의 소멸에 관하여는 제823조를 준용하며, 입양 취소의 효력에 관하여는 제824조를 준용한다.
[전문개정 2012.2.10]
[시행일 : 2013.7.1]

제3관 파양

제1항 협의상 파양

第898条 【협의상 파양】
양부모와 양자는 협의하여 파양(罷養)할 수 있다. 다만, 양자가 미성년자 또는 피성년후견인인 경우에는 그러하지 아니하다.
[전문개정 2012.2.10]
[시행일 : 2013.7.1]

第899条 삭제 <2012.2.10>
[시행일 : 2013.7.1]

第900条 삭제 <2012.2.10>
[시행일 : 2013.7.1]

第901条 삭제 <2012.2.10>
[시행일 : 2013.7.1]

第902条 【피성년후견인의 협의상 파양】 피성년후견인인 양부모는 성년후견인의 동의를 받아 파양을 협의할 수 있다.
[전문개정 2012.2.10]
[시행일 : 2013.7.1]

第903条 【파양 신고의 심사】
제898조, 제902조, 그 밖의 법령을 위반하지 아니한 파양 신고는 수리하여야 한다.
[전문개정 2012.2.10]
[시행일 : 2013.7.1.]

第904条 【준용규정】 사기 또는 강박으로 인한 파양 취소 청구권의 소멸에 관하여는 제823조를 준용하고, 협의상 파양의 성립에 관하여는 제878조를 준용한다.
[전문개정 2012.2.10]
[시행일 : 2013.7.1]

제2항 재판상 파양

第905条 【재판상 파양의 원인】 양부모, 양자 또는 제906조에 따른 청구권자

는 다음 각 호의 어느 하나에 해당하는 경우에는 가정법원에 파양을 청구할 수 있다.

1. 양부모가 양자를 학대 또는 유기하거나 그 밖에 양자의 복리를 현저히 해친 경우
2. 양부모가 양자로부터 심히 부당한 대우를 받은 경우
3. 양부모나 양자의 생사가 3년 이상 분명하지 아니한 경우
4. 그 밖에 양친자관계를 계속하기 어려운 중대한 사유가 있는 경우

[전문개정 2012.2.10]
[시행일 : 2013.7.1]

제906조 【파양 청구권자】 ①양자가 13세 미만인 경우에는 제869조제2항에 따른 승낙을 한 사람이 양자를 갈음하여 파양을 청구할 수 있다. 다만, 파양을 청구할 수 있는 사람이 없는 경우에는 제777조에 따른 양자의 친족이나 이해관계인이 가정법원의 허가를 받아 파양을 청구할 수 있다.
②양자가 13세 이상의 미성년자인 경우에는 제870조제1항에 따른 동의를 한 부모의 동의를 받아 파양을 청구할 수 있다. 다만, 부모가 사망하거나 그 밖의 사유로 동의할 수 없는 경우에는 동의 없이 파양을 청구할 수 있다.
③양부모나 양자가 피성년후견인인 경우에는 성년후견인의 동의를 받아 파양을 청구할 수 있다.
④검사는 미성년자나 피성년후견인인 양자를 위하여 파양을 청구할 수 있다.
[전문개정 2012.2.10]
[시행일 : 2013.7.1]

제907조 【파양 청구권의 소멸】
파양 청구권자는 제905조제1호·제2호·제4호의 사유가 있음을 안 날부터 6개월, 그 사유가 있었던 날부터 3년이 지나면 파양을 청구할 수 없다.
[전문개정 2012.2.10]
[시행일 : 2013.7.1]

판례-재판상파양

[대법원 2002.12.26, 선고, 2002므852, 판결]

【판시사항】
[1] 주위적 청구를 기각하고 예비적 청구만을 인용한 제1심판결에 대하여 피고만이 항소한 경우 상소심의 심판 범위
[2] 항소심이 심판의 대상이 아닌 주위적청구에 대하여 판단하여 이를 배척하는 취지의 판결을 한 경우, 이 부분에 관한 상고의 적법 여부(소극)
[3] 양친자관계가 회복할 수 없을 정도로 파탄된 것이 양자에게 주된 책임이 있는 사유로 인한 것이라고 보기 어렵다고 한 원심판결을 수긍한 사례

【판결요지】
[1] 제1심법원이 주위적 청구인 입양무효확인청구와 예비적 청구인 파양 및 위자료청구를 병합심리한 끝에 주위적 청구는 기각하고 예비적 청구만을 인용하는 판결을 선고한 데 대하여 피고만이 항소한 경우, 항소제기에 의한 이심의 효력은 당연히 사건 전체에 미쳐 주위적 청구에 관한 부분도 항소심에 이심되지만, 항소심의 심판범위는 피고가 불복신청한 범위, 즉 예비적 청구를 인용한 제1심판결의 당부에 한정되는 것이므로, 원고의 부대항소가 없는 한 주위적 청구는 심판대상이 될 수 없고, 그 판결에

대한 상고심의 심판대상도 예비적 청구 부분에 한정된다.
[2] 항소심이 심판의 대상이 아닌 주위적청구인 입양무효확인청구에 대하여도 판단하여 이 부분을 배척하는 취지의 판결을 하였다고 하더라도, 원고가 그에 대하여 상고함으로써 입양무효확인청구 부분이 상고심의 심판대상이 되는 것은 아니므로, 이 부분에 관한 원고의 상고는 심판대상이 되지 않은 부분에 대한 상고로서 불복의 이익이 없어 부적법하다.
[3] 양친자관계가 회복할 수 없을 정도로 파탄된 것이 양자에게 주된 책임이 있는 사유로 인한 것이라고 보기 어렵다고 한 원심판결을 수긍한 사례.

제908조 【준용규정】
재판상 파양에 따른 손해배상책임에 관하여는 제806조를 준용한다.
[전문개정 2012.2.10]
[시행일 : 2013.7.1]

제4관 친양자

제908조의2 【친양자 입양의 요건 등】 ①친양자(親養子)를 입양하려는 사람은 다음 각 호의 요건을 갖추어 가정법원에 친양자 입양을 청구하여야 한다.
1. 3년 이상 혼인 중인 부부로서 공동으로 입양할 것. 다만, 1년 이상 혼인 중인 부부의 한쪽이 그 배우자의 친생자를 친양자로 하는 경우에는 그러하지 아니하다.
2. 친양자가 될 사람이 미성년자일 것
3. 친양자가 될 사람의 친생부모가 친양자 입양에 동의할 것. 다만, 부모가 친권상실의 선고를 받거나 소재를 알 수 없거나 그 밖의 사유로 동의할 수 없는 경우에는 그러하지 아니하다.
4. 친양자가 될 사람이 13세 이상인 경우에는 법정대리인의 동의를 받 아 입양을 승낙할 것
5. 친양자가 될 사람이 13세 미만인 경우에는 법정대리인이 그를 갈음하여 입양을 승낙할 것
②가정법원은 다음 각 호의 어느 하나에 해당하는 경우에는 제1항제3호·제4호에 따른 동의 또는 같은 항 제5호에 따른 승낙이 없어도 제1항의 청구를 인용할 수 있다. 이 경우 가정법원은 동의권자 또는 승낙권자를 심문하여야 한다.
1. 법정대리인이 정당한 이유없이 동의 또는 승낙을 거부하는 경우. 다만, 법정대리인이 친권자인 경우에는 제2호 또는 제3호의 사유가 있어야 한다.
2. 친생부모가 자신에게 책임이 있는 사유로 3년 이상 자녀에 대한 부양의무를 이행하지 아니하고 면접교섭을 하지 아니한 경우
3. 친생부모가 자녀를 학대 또는 유기하거나 그 밖에 자녀의 복리를 현저히 해친 경우
③가정법원은 친양자가 될 사람의 복리를 위하여 그 양육상황, 친양자 입양의 동기, 양부모의 양육능력, 그 밖의 사정을 고려하여 친양자 입양이 적당하지 아니하다고 인정하는 경우에는 제1항의 청구를 기각할 수 있다.
[전문개정 2012.2.10]
[시행일 : 2013.7.1]

제908조의3 【친양자 입양의 효력】 ①친양자는 부부의 혼인 중 출생자로 본다.

②친양자의 입양 전의 친족관계는 제908조의2제1항의 청구에 의한 친양자 입양이 확정된 때에 종료한다. 다만, 부부의 일방이 그 배우자의 친생자를 단독으로 입양한 경우에 있어서의 배우자 및 그 친족과 친생자간의 친족관계는 그러하지 아니하다.
[본조신설 2005.3.31]

제908조의4 【친양자 입양의 취소 등】 ①친양자로 될 사람의 친생(親生)의 아버지 또는 어머니는 자신에게 책임이 없는 사유로 인하여 제908조의2제1항제3호 단서에 따른 동의를 할 수 없었던 경우에 친양자 입양의 사실을 안 날부터 6개월 안에 가정법원에 친양자 입양의 취소를 청구할 수 있다.
②친양자 입양에 관하여는 제883조, 제884조를 적용하지 아니한다.
[전문개정 2012.2.10]
[시행일 : 2013.7.1]

제908조의5 【친양자의 파양】
①양친, 친양자, 친생의 부 또는 모나 검사는 다음 각호의 어느 하나의 사유가 있는 경우에는 가정법원에 친양자의 파양(罷養)을 청구할 수 있다.
1. 양친이 친양자를 학대 또는 유기(遺棄)하거나 그 밖에 친양자의 복리를 현저히 해하는 때
2. 친양자의 양친에 대한 패륜(悖倫)행위로 인하여 친양자관계를 유지시킬 수 없게 된 때
②제898조 및 제905조의 규정은 친양자의 파양에 관하여 이를 적용하지 아니한다.
[본조신설 2005.3.31]

제908조의6 【준용규정】
제908조의2제3항은 친양자 입양의 취소 또는 제908조의5제1항제2호에 따른 파양의 청구에 관하여 이를 준용한다.
[개정 2012.2.10]
[본조신설 2005.3.31]
[시행일 : 2013.7.1]

제908조의7 【친양자 입양의 취소·파양의 효력】 ①친양자 입양이 취소되거나 파양된 때에는 친양자관계는 소멸하고 입양 전의 친족관계는 부활한다.
②제1항의 경우에 친양자 입양의 취소의 효력은 소급하지 아니한다.
[본조신설 2005.3.31]

제908조의8 【준용규정】 친양자에 관하여 이 관에 특별한 규정이 있는 경우를 제외하고는 그 성질에 반하지 아니하는 범위 안에서 양자에 관한 규정을 준용한다. [본조신설 2005.3.31]

제3절 친권

제1관 총칙

제909조 【친권자】 ①부모는 미성년자인 자의 친권자가 된다. 양자의 경우에

는 양부모(養父母)가 친권자가 된다. [개정 2005.3.31]
②친권은 부모가 혼인 중인 때에는 부모가 공동으로 이를 행사한다. 그러나 부모의 의견이 일치하지 아니하는 경우에는 당사자의 청구에 의하여 가정법원이 이를 정한다.
③부모의 일방이 친권을 행사할 수 없을 때에는 다른 일방이 이를 행사한다.
④혼인외의 자가 인지된 경우와 부모가 이혼하는 경우에는 부모의 협의로 친권자를 정하여야 하고, 협의할 수 없거나 협의가 이루어지지 아니하는 경우에는 가정법원은 직권으로 또는 당사자의 청구에 따라 친권자를 지정하여야 한다. 다만, 부모의 협의가 자(子)의 복리에 반하는 경우에는 가정법원은 보정을 명하거나 직권으로 친권자를 정한다.
[개정 2005.3.31, 2007.12.21]
⑤가정법원은 혼인의 취소, 재판상 이혼 또는 인지청구의 소의 경우에는 직권으로 친권자를 정한다.
[개정 2005.3.31]
⑥가정법원은 자의 복리를 위하여 필요하다고 인정되는 경우에는 자의 4촌 이내의 친족의 청구에 의하여 정하여진 친권자를 다른 일방으로 변경할 수 있다.
[신설 2005.3.31]
[전문개정 1990.1.13]

판례-인지및친권행사자지정등청구의소·친권행사자및양육자지정청구의소

[서울가법 2015.6.5, 선고, 2014드단311253,316302, 판결 : 항소]

【판시사항】
필리핀 여성 甲이 한국인 남성 乙과 필리핀에서 만나 丙을 출산하고, 乙을 상대로 인지 및 친권행사자 지정 등을 구한 사안에서, 乙은 丙을 친생자로 인지할 의무가 있고, 丙의 친권자 및 양육자로 甲을 지정하는 것이 적합하며, 乙은 丙이 성년에 이를 때까지 양육비를 분담할 의무가 있다고 한 사례

【판결요지】
필리핀 여성 甲이 한국인 남성 乙과 필리핀에서 만나 丙을 출산하고, 乙을 상대로 丙에 대한 인지 및 친권행사자 지정 등을 구한 사안에서, 丙은 甲의 친생자이므로 乙은 丙을 친생자로 인지할 의무가 있고, 甲과 乙의 관계 및 丙을 출산하게 된 경위 등에 비추어 丙의 친권자 및 양육자로 甲을 지정하는 것이 丙의 성장과 복지에 적합하며, 甲이 丙을 양육하는 이상 乙은 丙의 아버지로서 丙이 성년에 이를 때까지 양육비를 분담할 의무가 있다고 한 사례.

남편이 가정을 돌보지 않고 아내를 유기한 경우

(대한법률구조공단 자료)

질문

저는 3년 전 남편과 결혼하여 혼인신고를 하고 딸 1명을 두고 있는데, 지난해 가을부터 남편의 외박이 잦아지더니 몇 달 전부터는 집에 거의 들어오지 않고 시댁에서 잠을 자고 아침에 회사로 곧바로 출근을 하고 있습니다. 남편은 저와는 성격이 맞지 않다느니 정이 떨어졌다느니 하면서 더 이상 같이 살 수 없으니 이혼을 해달라고 하면서 생활비조차 주지 않고 있습니다. 저는 하는 수 없이 딸을 데리고 친정에 와 있는데, 저로서는 어떻게 하면 되는지요?

답변

부부는 동거하면서 부양하고 협조해야 하며(민법 제826조), 또한 정조를 지키고 자녀양육비를 비롯하여 부부공동생활에 필요한 비용은 특별한 약정이 없는 한 부부가 공동으로 부담하여야 합니다(민법 제833조, 제974조).

그런데 부부일방이 이러한 의무를 저버린 경우에는 다음 두 가지 선택의 길이 있습니다. 우선, 귀하의 경우 남편이 정당한 이유 없이 성격차이와 사랑이 식었다는 핑계 등으로 처자식을 돌보지 않아 남편으로서의 의무를 저버렸으므로, 그 의무이행을 법으로 강제하는 길이 있습니다.

즉, 남편을 상대로 법원에 부양료청구소송을 제기하여 승소판결을 받아 남편의 월급에서 매월 생활비를 받아내는 방법입니다.

다음으로는 부부일방이 정당한 이유 없이 고의로 다른 일방을 돌보지 않고 유기(遺棄)하거나, 부정한 행위를 한 때, 기타 혼인을 계속하기 어려운 중대한 사유가 있어 결혼생활이 파탄에 이르게 되면 이는 재판상 이혼사유가 됩니다(민법 제 840조).

귀하의 경우 남편이 정당한 이유 없이 아내를 저버림으로써 결혼생활이 파탄에 이른 것이므로 그 책임이 남편에게 있다고 할 것이고, 따라서 귀하는 남편을 상대로 이혼소송을 제기하고 동시에 위자료 및 재산분할을 청구할 수도 있습니다.

그리고 딸의 양육관계에 대하여는 당사자간의 협의로 결정하여야 하나, 협의가 되지 않거나 협의할 수 없는 때에는 당사자는 가정법원에 친권자 지정을 청구하여야 합니다(민법 제909조 제4항).

"본 사례는 개인의 법률문제 해결에 도움을 주고자 게재되었으나, 이용자 여러분의 생활에서 발생하는 구체적 사안은 동일하지는 않을 것이므로 참고자료로 활용하시기 바랍니다."

제909조의2 【친권자의 지정 등】 ①제909조제4항부터 제6항까지의 규정에 따라 단독 친권자로 정하여진 부모의 일방이 사망한 경우 생존하는 부 또는 모, 미성년자, 미성년자의 친족은 그 사실을 안 날부터 1개월, 사망한 날부터 6개월 내에 가정법원에 생존하는 부 또는 모를 친권자로 지정할 것을 청구할 수 있다.
②입양이 취소되거나 파양된 경우 또는 양부모가 모두 사망한 경우 친생부모 일방 또는 쌍방, 미성년자, 미성년자의 친족은 그 사실을 안 날부터 1개월, 입양이 취소되거나 파양된 날 또는 양부모가 모두 사망한 날부터 6개월 내에 가정법원에 친생부모 일방 또는 쌍방을 친권자로 지정할 것을 청구할 수 있다. 다만, 친양자의 양부모가 사망한 경우에는 그러하지 아니하다.
③제1항 또는 제2항의 기간내에 친권자 지정의 청구가 없을 때에는 가정법원은 직권으로 또는 미성년자, 미성년자의 친족, 이해관계인, 검사, 지방자치단체의 장의 청구에 의하여 미성년후견인을 선임할 수 있다. 이 경우 생존하는 부 또는 모, 친생부모 일방 또는 쌍방의 소재를 모르거나 그가 정당한 사유 없이 소환에 응하지 아니하는 경우를 제외하고 그에게 의견을 진술할 기회를 주어야 한다.
④가정법원은 제1항 또는 제2항에 따른 친권자 지정 청구나 제3항에 따른 후견인 선임 청구가 생존하는 부 또는 모, 친생부모 일방 또는 쌍방의 양육의사 및 양육능력, 청구 동기, 미성년자의 의사, 그 밖의 사정을 고려하여 미성년자의 복리를 위하여 적절하지 아니하다고 인정하면 청구를 기각할 수 있다. 이 경우 가정법원은 직권으로 미성년후견인을 선임하거나 생존하는 부 또는 모, 친생부모 일방 또는 쌍방을 친권자로 지정하여야 한다.
⑤가정법원은 다음 각 호의 어느 하나에 해당하는 경우에 직권으로 또는 미성년자, 미성년자의 친족, 이해관계인, 검사, 지방자치단체의 장의 청구에 의하여 제1항부터 제4항까지의 규정에 따라 친권자가 지정되거나 미성년후견인이 선임될 때까지 그 임무를 대행할 사람을 선임할 수 있다. 이 경우 그 임무를 대행할 사람에 대하여는 제25조 및 제954조를 준용한다.

1. 단독 친권자가 사망한 경우
2. 입양이 취소되거나 파양된 경우

3. 양부모가 모두 사망한 경우
⑥가정법원은 제3항 또는 제4항에 따라 미성년후견인이 선임된 경우라도 미성년후견인 선임 후 양육상황이나 양육능력의 변동, 미성년자의 의사, 그 밖의 사정을 고려하여 미성년자의 복리를 위하여 필요하면 생존하는 부 또는 모, 친생부모 일방 또는 쌍방, 미성년자의 청구에 의하여 후견을 종료하고 생존하는 부 또는 모, 친생부모 일방 또는 쌍방을 친권자로 지정할 수 있다.
[본조신설 2011.5.19]
[시행일 : 2013.7.1]

제910조 【자의 친권의 대행】 친권자는 그 친권에 따르는 자에 갈음하여 그 자에 대한 친권을 행사한다. [개정 2005.3.31]

제911조 【미성년자인 자의 법정대리인】 친권을 행사하는 부 또는 모는 미성년자인 자의 법정대리인이 된다.

판례-약정금

[대법원 2000.4.11, 선고, 2000다3095, 판결]

【판시사항】
모(母)와 미성년자인 딸이 함께 있는 자리에서 주민등록등본을 첨부하여 도피중이던 부(父)의 채무를 연대하여 지급하기로 하는 지불각서를 작성·교부해 준 경우, 모(母)가 딸의 위 의사표시에 대하여 법정대리인으로서 묵시적으로 동의한 것으로 본 사례

【판결요지】
모(母)와 미성년자인 딸이 함께 있는 자리에서 주민등록등본을 첨부하여 도피중이던 부(父)의 채무를 연대하여 지급하기로 하는 지불각서를 작성·교부해 준 경우, 모(母)가 딸의 위 의사표시에 대하여 법정대리인으로서 묵시적으로 동의한 것으로 본 사례.

친권자인 부(父) 사망 시 재혼한 모(母)가 친권자로 되는지

(대한법률구조공단 자료)

질문

甲은 乙女와 협의이혼을 하면서 미성년자인 아들 丙의 친권을 甲으로 하기로 합의하였는데, 甲이 갑자기 교통사고로 사망하였으며 그 손해배상금을 교통사고의 가해차량이 가입한 보험회사로부터 수령하여야 하는바, 미성년자 丙은 조부모가 양육하고 있고 乙은 재혼하였으므로 이러한 경우 위 손해배상금은 누가 수령하여야 하는지요?

답변

위 사안의 경우 甲의 사망으로 아들 丙은 甲의 피해자에 대한 손해배상청구권을 단독으로 상속받게 되었습니다.
그러나 丙은 미성년자로서 법률행위 무능력자이므로 손해배상금의 적법한 수령은 丙의 법정대리인이 하여야 합니다.
미성년자의 법정대리인은 친권자·후견인 순으로 결정되고(민법 제 911조, 제928조), 그 일순위권자인 친권자는 미성년자의 부모가 됩니다(민법 제909조), 따라서 일견 미성년자 丙의 모(母)인 乙이 친권자로서 丙의 법정대리인이 된다고도 할수 있으나 乙과 甲이 이혼하면서 甲을 단독친권자로 협의결정한 이상 乙의 친권은 소멸하고 나아가 단독친권자였던 甲이 사망하였으므로 친권자가 없는 상태가 되어 후견이 개시되는 것이 아니냐 하는 문제가 제기될 수 있습니다.
이에 관하여 비록 하급심이긴 하나 판례는 "협의이혼시 부모의 일방이 친권을 행사할 자로 지정된 경우, 다른 일방이 가졌던 친권은 그 행사가 정지될 뿐이고 친권자로 지정되었던 일방이 친권을 행사할 수 없게 되면 정지되었던 타방의 친권행사가 당연히 부활된다."(서울지법 1994. 5. 10. 선고 93가합81276 판결)라고 하였고, 가족관계등록예규 역시 "친권행사자로 지정된 자가 사망·실종선고·대리권과

관리권의 상실(사퇴)로 인하여 친권을 행사할 수 없는 경우에도 다른 부 또는 모가 있는 때에는 후견이 개시되지 않으므로 후견개시신고를 할 수 없다."라고 하고 있으며(2007. 12. 10. 대법원 가족관계등록예규 제177호), 또한 구 「호적법」 시행 당시 호적선례도 "미성년자의 부(父)가 사망한 때에는 그에 대한 친권은 그의 생모(이혼, 친가복적, 재혼여부를 불문함)가 행사하게 되는 것이다."라고 하고 있습니다(호적선례 3-323).

따라서 위 사안의 경우 甲의 손해배상금(위자료 포함) 및 丙의 위자료는 乙이 친권상실 또는 재산관리권의 상실사유가 없다면 미성년자 丙의 법정대리인으로서 乙이 수령하여야 할 것이고, 다만 甲의 부모의 고유의 위자료는 보험금과는 별개의 것이므로 甲의 부모가 수령하여야 할 것입니다.

"본 사례는 개인의 법률문제 해결에 도움을 주고자 게재되었으나, 이용자 여러분의 생활에서 발생하는 구체적 사안은 동일하지는 않을 것이므로 참고자료로 활용하시기 바랍니다."

제912조 【친권 행사와 친권자 지정의 기준】 ①친권을 행사함에 있어서는 자의 복리를 우선적으로 고려하여야 한다. [개정 2011.5.19]
②가정법원이 친권자를 지정함에 있어서는 자(子)의 복리를 우선적으로 고려하여야 한다. 이를 위하여 가정법원은 관련 분야의 전문가나 사회복지기관으로부터 자문을 받을 수 있다. [신설 2011.5.19]
[본조신설 2005.3.31]
[제목개정 2011.5.19]
[시행일 : 2013.7.1]

제2관 친권의 효력

제913조 【보호, 교양의 권리의무】
친권자는 자를 보호하고 교양할 권리의무가 있다.

모가 양육비포기각서를 작성한 경우 그 자(子)의 양육비청구권

(대한법률구조공단 자료)

질문

저희 어머니는 3년 전 이혼을 하면서 아버지에게 양육비를 청구하지 않겠다는 각서를 교부하였고, 이후 저를 혼자서 양육해왔습니다. 그러나 어머니는 최근에 병을 얻어 그 동안 해오던 일을 할 수가 없게 되었으며, 아버지는 그 각서를 이유로 현재까지 단 한 푼도 양육비를 지급하지 않고 있습니다. 저는 고등학교 2학년에 재학 중이므로 아버지가 양육비 등을 지급하지 않으면 학업을 중단해야만 할 처지에 놓여 있습니다. 이 경우 양육비를 아버지에게 청구할 수 없는지요?

답변

미성년자인 자녀에 대하여 부모는 모두 부양의 의무가 있으며, 부양을 할 자 또는 부양을 받을 자의 순위, 부양의 정도 또는 방법에 관한 당사자의 협정이나 법원의 판결이 있은 후 이에 관한 사정변경이 있는 때에는 법원은 당사자의 청구에 의하여 그 협정이나 판결을 취소 또는 변경할 수 있습니다(민법 제913조, 제978조).

그러므로 이혼의 당사자가 자의 양육에 관한 사항을 협의에 의하여 정하였더라도 필요한 경우 가정법원은 당사자의 청구에 의하여 언제든지 그 사항을 변경할 수 있는 것입니다(대법원 1991. 6. 25. 선고 90므699 판결, 1992. 12. 30.자 92스17,18 결정).

그런데 위 사안은 부양의무자인 부모 사이에 그 일방이 다른 일방에 대하여 양육비를 청구하지 않겠다고 각서를 교부한 것이 부양권리자인 귀하의 양육비청구에 어떤 영향을 미칠 수 있는가 문제입니다.

만일, 어머니가 아버지에 대하여 귀하의 친권자로서 귀하를 대리하여 귀하에게 생길 부양청구권을 포기한 것이라면, 사정변경을 이유로 법원에 그 취소 또는 변경을 청구할 수 있을 것이고, 어머니가 부담하는 양육비를 아버지에게 구상하지 않을 것을 정한 것이라면, 그것은 부양의무자간에서 이른바 채권적 효력을 가지는데 불과하기 때문에 부양권리자인 귀하가 구체적 필요에 의하여 양육비의 청구를 함에는 아무런 지장이 없다고 할 것입니다.

또한, 판례는 "미성년자라 하더라도 권리만을 얻은 행위는 법정대리인의 동의가 필요 없으며, 친권자와 자 사이에 이해상반 되는 행위를 함에는 그 자의 특별대리인을 선임하도록 하는 규정이 있는 점에 비추어 볼 때 청구인(미성년자인 혼인외의자)은 피청구인(생부)이 인지를 함으로써 청구인의 친권자가 되어 법정대리인이 된다 하더라도 피청구인이 청구인을 부양하고 있지 않은 이상 그 부양료를 피청구인에게 직접 청구할 수 있다."라고 한 바 있습니다(대법원 1972. 7. 11. 선고 72므5 판결, 대법원 1986. 6. 10. 선고 86므46 판결).

따라서 위 사안의 경우 귀하의 아버지에 대한 양육비청구는 권리만을 얻는 행위가 되므로 귀하가 어머니의 동의 없이 직접 양육비청구를 할 수 있을 것으로 보입니다.

"본 사례는 개인의 법률문제 해결에 도움을 주고자 게재되었으나, 이용자 여러분의 생활에서 발생하는 구체적 사안은 동일하지는 않을 것이므로 참고자료로 활용하시기 바랍니다."

제914조 【거소지정권】
자는 친권자의 지정한 장소에 거주하여야 한다.

제915조 【징계권】 친권자는 그 자를 보호 또는 교양하기 위하여 필요한 징계를 할 수 있고 법원의 허가를 얻어 감화 또는 교정기관에 위탁할 수 있다.

판례-협박

[대법원 2002.2.8, 선고, 2001도6468, 판결]

【판시사항】
친권자가 자에게 야구방망이로 때릴 듯한 태도를 취하면서 "죽여 버린다."고 말한 경우, 협박죄를 구성하는지 여부(적극)

【판결요지】
친권자는 자를 보호하고 교양할 권리의무가 있고(민법 제913조) 그 자를 보호 또는 교양하기 위하여 필요한 징계를 할 수 있기는 하지만(민법 제915조) 인격의 건전한 육성을 위하여 필요한 범위 안에서 상당한 방법으로 행사되어야만 할 것인데, 스스로의 감정을 이기지 못하고 야구방망이로 때릴 듯이 피해자에게 "죽여 버린다."고 말하여 협박하는 것은 그 자체로 피해자의 인격 성장에 장해를 가져올 우려가 커서 이를 교양권의 행사라고 보기도 어렵다.

제916조 【자의 특유재산과 그 관리】 자가 자기의 명의로 취득한 재산은 그 특유재산으로 하고 법정대리인인 친권자가 이를 관리한다.

제917조 삭제 <1990.1.13>

제918조 【제삼자가 무상으로 자에게 수여한 재산의 관리】
①무상으로 자에게 재산을 수여한 제삼자가 친권자의 관리에 반대하는 의사를 표시한 때에는 친권자는 그 재산을 관리하지 못한다.
②전항의 경우에 제삼자가 그 재산관리인을 지정하지 아니한 때에는 법원은 재산의 수여를 받은 자 또는 제777조의 규정에 의한 친족의 청구에 의하여 관리인을 선임한다.
③제삼자의 지정한 관리인의 권한이 소멸하거나 관리인을 개임할 필요있는 경우에 제삼자가 다시 관리인을 지정하지 아니한 때에도 전항과 같다.
④제24조제1항, 제2항, 제4항, 제25조 전단 및 제26조제1항, 제2항의 규정은 전2항의 경우에 준용한다.

제919조 【위임에 관한 규정의 준용】 제691조, 제692조의 규정은 전3조의 재산관리에 준용한다.

제920조 【자의 재산에 관한 친권자의 대리권】 법정대리인인 친권자는 자의 재산에 관한 법률행위에 대하여 그 자를 대리한다. 그러나 그 자의 행위를 목적으로 하는 채무를 부담할 경우에는 본인의 동의를 얻어야 한다.

판례-소유권이전등기말소등기

[대법원 2009.1.30, 선고, 2008다73731, 판결]

【판시사항】

[1] 친권자가 자(子)를 대리하여 행한 자(子) 소유 재산의 처분행위가 친권자에 의한 대리권 남용에 해당하기 위한 요건

[2] 망인 명의의 토지가 명의신탁된 것이었을 가능성이 있다는 점 등을 고려하여, 친권자(망인의 처)가 미성년자인 딸과 공동으로 상속받은 토지를 망인의 형에게 증여한 행위가 친권의 남용에 해당하지 않는다고 한 사례

【판결요지】

[1] 친권자가 자(子)를 대리하는 법률행위는 친권자와 자(子) 사이의 이해상반행위에 해당하지 않는 한, 그것을 할 것인가 아닌가는 자(子)를 위하여 친권을 행사하는 친권자가 자(子)를 둘러싼 여러 사정을 고려하여 행할 수 있는 재량에 맡겨진 것으로 보아야 하므로, 이와 같이 친권자가 자(子)를 대리하여 행한 자(子) 소유의 재산에 대한 처분행위에 대해서는 그것이 사실상 자(子)의 이익을 무시하고 친권자 본인 혹은 제3자의 이익을 도모하는 것만을 목적으로 하여 이루어졌다고 하는 등 친권자에게 자(子)를 대리할 권한을 수여한 법의 취지에 현저히 반한다고 인정되는 사정이 존재하지 않는 한 친권자에 의한 대리권의 남용에 해당한다고 쉽게 단정할 수 없다.

[2] 망인 명의의 토지가 명의신탁된 것이었을 가능성이 있다는 점 등을 고려하여, 친권자(망인의 처)가 미성년자인 딸과 공동으로 상속받은 토지를 망인의 형에게 증여한 행위가 친권의 남용에 해당하지 않는다고 한 사례.

제920조의2 【공동친권자의 일방이 공동명의로 한 행위의 효력】
부모가 공동으로 친권을 행사하는 경우 부모의 일방이 공동명의로 자를 대리하거나 자의 법률행위에 동의한 때에는 다른 일방의 의사에 반하는 때에도 그 효력이 있다. 그러나 상대방이 악의인 때에는 그러하지 아니한다.
[본조신설 1990.1.13.]

제921조 【친권자와 그 자간 또는 수인의 자간의 이해상반행위】
①법정대리인인 친권자와 그 자사이에 이해상반되는 행위를 함에는 친권자는 법원에 그 자의 특별대리인의 선임을 청구하여야 한다.
②법정대리인인 친권자가 그 친권에 따르는 수인의 자 사이에 이해상반되는 행위를 함에는 법원에 그 자 일방의 특별대리인의 선임을 청구하여야 한다.
[개정 2005.3.31]

판례-증여세 연대납세의무자 지정처분 취소

[대법원 2013.1.24, 선고, 2010두27189, 판결]

【판시사항】

[1] 증여를 원인으로 한 소유권이전등기가 경료되었더라도 등기원인이 된 증여행위가

부존재하거나 무효인 경우 증여세 과세대상이 되는지 여부(소극)
[2] 친권자가 미성년자와 이행상반되는 행위를 특별대리인에 의하지 않고 한 경우의 효력
[3] 부(父)의 사망으로 상속된 토지 중 미성년자 甲과 乙 명의의 각 2/7 지분에 관하여 이모인 丙에게 소유권이전등기 되었다가 다시 乙 및 모(母) 丁에게 각 2/7 지분에 관하여 매매를 원인으로 한 소유권이전등기가 경료되자 과세관청이 위 취득을 甲의 丁에 대한 증여로 추정하여 丁에게 증여세를 부과하였다가 구 상속세 및 증여세법 제4조 제4항 제2호에 따라 甲을 증여세연대납부의무자로 지정통지처분을 한 사안에서, 丁이 甲의 2/7 지분을 자신 명의로 이전한 행위는 민법 제921조 제1항의 친권자와 그 자 사이의 이해상반행위이므로 특별대리인에 의하여 행하지 아니한 이상 무효임에도 이와 달리 본 원심판결에 법리오해의 위법이 있다고 한 사례

【판결요지】
[1] 증여를 원인으로 한 소유권이전등기가 경료되었더라도 그 등기원인이 된 증여행위가 부존재하거나 무효인 경우라면 그로 인한 소유권이전의 효력이 처음부터 발생하지 아니하므로 소유권이전등기의 말소를 명하는 판결의 유무와 관계없이 증여세의 과세대상이 될 수 없다.
[2] 친권자가 미성년자와 이행상반되는 행위를 특별대리인에 의하지 않고 한 경우에는 특별한 사정이 없는 한 그 행위는 무효이다.
[3] 부(父)의 사망으로 상속된 토지 중 미성년자 甲과 乙 명의의 각 2/7 지분에 관하여 이모인 丙에게 소유권이전등기가 되었다가 다시 乙 및 모(母) 丁에게 각 2/7 지분에 관하여 매매를 원인으로 한 소유권이전등기가 경료되자 과세관청이 위 취득을 甲의 丁에 대한 증여로 추정하여 丁에게 증여세를 부과하였다가 구 상속세 및 증여세법(2010. 1. 1. 법률 제9916호로 개정되기 전의 것) 제4조 제4항 제2호에 따라 甲을 증여세연대납부의무자로 지정통지처분을 한 사안에서, 丙이 甲의 2/7 지분을 취득한 것은 丁이 甲의 법정대리인으로서 한 명의신탁약정에 의한 것이어서 구 부동산 실권리자명의 등기에 관한 법률(2011. 5. 19. 법률 제10682호로 개정되기 전의 것) 제4조 제2항에 의하여 무효이므로 甲이 여전히 2/7 지분의 소유자인데, 甲의 법정대리인으로서 甲이 丙에 대하여 가지는 진정명의회복을 원인으로 한 소유권이전등기청구권을 행사하여 위 토지 중 2/7 지분을 甲 앞으로 이전등기하여야 할 의무가 있는 丁이 그 지분을 자신의 명의로 이전한 행위는 민법 제921조 제1항의 친권자와 그 자 사이의 이해상반되는 행위여서, 특별대리인에 의하여 행하지 아니한 이상 무효임에도 이와 달리 본 원심판결에 법리오해의 위법이 있다고 한 사례.

제922조 【친권자의 주의의무】
친권자가 그 자에 대한 법률행위의 대리권 또는 재산관리권을 행사함에는 자기의 재산에 관한 행위와 동일한 주의를 하여야 한다.

제923조 【재산관리의 계산】
①법정대리인인 친권자의 권한이 소멸한 때에는 그 자의 재산에 대한 관리의 계산을 하여야 한다.
②전항의 경우에 그 자의 재산으로부터 수취한 과실은 그 자의 양육, 재산관리의 비용과 상계한 것으로 본다. 그러나 무상으로 자에게 재산을 수여한 제삼자가 반대의 의사를 표시한 때에는 그 재산에 관하여는 그러하지 아니하다.

제3관 친권의 상실, 일시 정지 및 일부 제한

제924조 【친권상실의 선고】 부 또는 모가 친권을 남용하거나 현저한 비행

기타 친권을 행사시킬 수 없는 중대한 사유가 있는 때에는 법원은 제777조의 규정에 의한 자의 친족 또는 검사의 청구에 의하여 그 친권의 상실을 선고할 수 있다.

제924조 【친권의 상실 또는 일시 정지의 선고】 ① 가정법원은 부 또는 모가 친권을 남용하여 자녀의 복리를 현저히 해치거나 해칠 우려가 있는 경우에는 자녀, 자녀의 친족, 검사 또는 지방자치단체의 장의 청구에 의하여 그 친권의 상실 또는 일시 정지를 선고할 수 있다.
② 가정법원은 친권의 일시 정지를 선고할 때에는 자녀의 상태, 양육상황, 그 밖의 사정을 고려하여 그 기간을 정하여야 한다. 이 경우 그 기간은 2년을 넘을 수 없다.
③ 가정법원은 자녀의 복리를 위하여 친권의 일시 정지 기간의 연장이 필요하다고 인정하는 경우에는 자녀, 자녀의 친족, 검사, 지방자치단체의 장, 미성년후견인 또는 미성년후견감독인의 청구에 의하여 2년의 범위에서 그 기간을 한 차례만 연장할 수 있다.
[전문개정 2014.10.15]
[시행일 : 2015.10.16]

제924조의2 【친권의 일부 제한의선고】 가정법원은 거소의 지정이나 징계, 그 밖의 신상에 관한 결정 등 특정한 사항에 관하여 친권자가 친권을 행사하는 것이 곤란하거나 부적당한 사유가 있어 자녀의 복리를 해치거나 해칠 우려가 있는 경우에는 자녀, 자녀의 친족, 검사 또는 지방자치단체의 장의 청구에 의하여 구체적인 범위를 정하여 친권의 일부 제한을 선고할 수 있다.
[본조신설 2014.10.15.]
[시행일 : 2015.10.16]

제925조 【대리권, 재산관리권 상실의 선고】 가정법원은 법정대리인인 친권자가 부적당한 관리로 인하여 자녀의 재산을 위태롭게 한 경우에는 제777조에 따른 자녀의 친족 또는 검사의 청구에 따라 그 법률행위의 대리권과 재산관리권의 상실을 선고할 수 있다. [전문개정 2012.2.10.]

제925조 【대리권,재산관리권상실의선고】
가정법원은 법정대리인인 친권자가 부적당한 관리로 인하여 자녀의 재산을 위태롭게 한 경우에는 자녀의 친족, 검사 또는 지방자치단체의 장의 청구에 의하여 그 법률행위의 대리권과 재산관리권의 상실을 선고할 수 있다.
[전문개정 2014.10.15]
[시행일 : 2015.10.16]

제925조2 【친권상실선고등의판단기준】
① 제924조에 따른 친권 상실의 선고는 같은 조에 따른 친권의 일시 정지, 제924조의2에 따른 친권의 일부 제한, 제925조에 따른 대리권·재산관리권의 상실 선고 또는 그 밖의 다른 조치에 의해서는 자녀의 복리를 충분히 보호할 수 없는 경우에만 할 수 있다.
② 제924조에 따른 친권의 일시 정지, 제924조의2에 따른 친권의 일부 제한 또

는 제925조에 따른 대리권·재산관리권의 상실 선고는 제922조의2에 따른 동의를 갈음하는 재판 또는 그 밖의 다른 조치에 의해서는 자녀의 복리를 충분히 보호할 수 없는 경우에만 할 수 있다.
[본조신설 2014.10.15]
[시행일 : 2015.10.16]

제925조3【부모의 권리와 의무】
제924조와 제924조의2, 제925조에 따라 친권의 상실, 일시 정지, 일부 제한 또는 대리권과 재산관리권의 상실이 선고된 경우에도 부모의 자녀에 대한 그 밖의 권리와 의무는 변경되지 아니한다.
[본조신설 2014.10.15]
[시행일 : 2015.10.16]

제926조 【실권회복의 선고】
전2조의 원인이 소멸한 때에는 법원은 본인 또는 제777조의 규정에 의한 친족의 청구에 의하여 실권의 회복을 선고할 수 있다.

제926조 【실권 회복의 선고】
가정법원은 제924조, 제924조의2 또는 제925조에 따른 선고의 원인이 소멸된 경우에는 본인, 자녀, 자녀의 친족, 검사 또는 지방자치단체의 장의 청구에 의하여 실권(失權)의 회복을 선고할 수 있다.
[전문개정 2014.10.15]
[시행일 : 2015.10.16]

제927조 【대리권, 관리권의 사퇴와 회복】 ①법정대리인인 친권자는 정당한 사유가 있는 때에는 법원의 허가를 얻어 그 법률행위의 대리권과 재산관리권을 사퇴할 수 있다.
②전항의 사유가 소멸한 때에는 그 친권자는 법원의 허가를 얻어 사퇴한 권리를 회복할 수 있다.

제927조의2 【친권 상실과 친권자의 지정 등】 ① 제909조제4항부터 제6항까지의 규정에 따라 단독 친권자가 된 부 또는 모, 양부모(친양자의 양부모를 제외한다) 쌍방에게 다음 각 호의 어느 하나에 해당하는 사유가 있는 경우에는 제909조의2제1항 및 제3항부터 제5항까지의 규정을 준용한다. 다만, 제2호와 제3호의 경우 새로 정하여진 친권자 또는 미성년후견인의 임무는 미성년자의 재산에 관한 행위에 한정된다.

1. 제924조에 따른 친권상실의 선고가 있는 경우
2. 제925조에 따른 대리권과 재산관리권 상실의 선고가 있는 경우
3. 제927조제1항에 따라 대리권과 재산관리권을 사퇴한 경우
4. 소재불명 등 친권을 행사할 수 없는 중대한 사유가 있는 경우

② 가정법원은 제1항에 따라 친권자가 지정되거나 미성년후견인이 선임된 후 단독 친권자이었던 부 또는 모, 양부모 일방 또는 쌍방에게 다음 각 호의 어느 하나에 해당하는 사유가 있는 경우에는 그 부모 일방 또는 쌍방, 미성년자, 미성년

자의 친족의 청구에 의하여 친권자를 새로 지정할 수 있다.
1. 제926조에 따라 실권의 회복이 선고된 경우
2. 제927조제2항에 따라 사퇴한 권리를 회복한 경우
3. 소재불명이던 부 또는 모가 발견되는 등 친권을 행사할 수 있게 된 경우
[본조신설 2011.5.19.]

제927조의2 【친권의 상실, 일시 정지 또는 일부제한과 친권자의 지정 등】 ① 제909조제4항부터 제6항까지의 규정에 따라 단독 친권자가 된 부 또는 모, 양부모(친양자의 양부모를 제외한다) 쌍방에게 다음 각 호의 어느 하나에 해당하는 사유가 있는 경우에는 제909조의2제1항 및 제3항부터 제5항까지의 규정을 준용한다. 다만, 제1호의3·제2호 및 제3호의 경우 새로 정하여진 친권자 또는 미성년후견인의 임무는 제한된 친권의 범위에 속하는 행위에 한정된다. [개정 2014.10.15.]
1. 제924조에 따른 친권상실의 선고 가 있는 경우
1의2. 제924조에 따른 친권 일시 정지의 선고가 있는 경우
1의3. 제924조의2에 따른 친권 일부제한의 선고가 있는 경우
2. 제925조에 따른 대리권과 재산관리권 상실의 선고가 있는 경우
3. 제927조제1항에 따라 대리권과 재산관리권을 사퇴한 경우
4. 소재불명 등 친권을 행사할 수 없는 중대한 사유가 있는 경우
② 가정법원은 제1항에 따라 친권자가 지정되거나 미성년후견인이 선임된 후 단독 친권자이었던 부 또는 모, 양부모 일방 또는 쌍방에게 다음 각 호의 어느 하나에 해당하는 사유가 있는 경우에는 그 부모 일방 또는 쌍방, 미성년자, 미성년자의 친족의 청구에 의하여 친권자를 새로 지정할 수 있다.
1. 제926조에 따라 실권의 회복이 선고된 경우
2. 제927조제2항에 따라 사퇴한 권리를 회복한 경우
3. 소재불명이던 부 또는 모가 발견 되는 등 친권을 행사할 수 있게 된 경우
[본조신설 2011.5.19.] [제목개정 2014.10.15] [시행일 : 2015.10.16]

제5장 후견

제1절 미성년후견과 성년후견

제1관 후견인

제928조 【미성년자에 대한 후견의 개시】 미성년자에게 친권자가 없거나 친권자가 법률행위의 대리권과 재산관리권을 행사할 수 없는 경우에는 미성년후견인을 두어야 한다.
[전문개정 2011.3.7]
[시행일 : 2013.7.1]

판례-후견인순위확인

[대법원 2000.11.28, 선고, 2000므612, 판결]

【판시사항】
미성년자에 대한 법정후견인의 취임 시기·절차 및 법정후견인의 우선순위를 정한 민

법 제932조, 제935조 제1항 소정의 직계혈족을 부계직계혈족에 한정할 것인지 여부(소극)

【판결요지】
미성년자에 대한 법정후견인의 취임은 지정후견인이 없음을 조건으로 후견개시사유의 발생과 동시에 당연히 이루어지는 것이고, 그 경우 법정후견인의 선임·해임 등에 관하여 적용되는 가사소송규칙 제65조 제1항에 따른 의견청취 등의 절차를 밟아야 하는 것도 아니며, 한편 법정후견인의 우선순위를 정한 민법 제932조, 제935조 제1항에서 말하는 직계혈족을 부계직계혈족에 한정하여 해석할 것도 아니다.

제929조 【성년후견심판에 의한 후견의 개시】 미성년자에게 친권자가 없거나 친권자가 제924조, 제924조의2, 제925조 또는 제927조제1항에 따라 친권의 전부 또는 일부를 행사할 수 없는 경우에는 미성년후견인을 두어야 한다.
[개정 2014.10.15]
[시행일 : 2015.10.16]

제929조 【성년후견심판에 의한 후견의 개시】 가정법원의 성년후견개시심판이 있는 경우에는 그 심판을 받은 사람의 성년후견인을 두어야 한다.
[전문개정 2011.3.7]
[시행일 : 2013.7.1]

판례-이혼

[대법원 2010.4.29, 선고, 2009므639, 판결]

【판시사항】
후견인이 의사무능력 상태에 있는 금치산자를 대리하여 그 배우자를 상대로 재판상 이혼을 청구할 수 있는지 여부(적극) 및 이때 금치산자의 이혼의사를 객관적으로 추정하기 위하여 고려하여야 할 사항

【판결요지】
의식불명의 식물상태와 같은 의사무능력 상태에 빠져 금치산선고를 받은 자의 배우자에게 부정행위나 악의의 유기 등과 같이 민법 제840조 각 호가 정한 이혼사유가 존재하고 나아가 금치산자의 이혼의사를 객관적으로 추정할 수 있는 경우에는, 민법 제947조, 제949조에 의하여 금치산자의 요양·감호와 그의 재산관리를 기본적 임무로 하는 후견인(민법 제940조에 의하여 배우자에서 변경된 후견인이다)으로서는 의사무능력 상태에 있는 금치산자를 대리하여 그 배우자를 상대로 재판상 이혼을 청구할 수 있다. 다만, 위와 같은 금치산자의 이혼의사를 추정할 수 있는 것은, 당해 이혼사유의 성질과 정도를 중심으로 금치산자 본인의 결혼관 내지 평소 일상생활을 통하여 가족, 친구 등에게 한 이혼에 관련된 의사표현, 금치산자가 의사능력을 상실하기 전까지 혼인생활의 순탄 정도와 부부간의 갈등해소방식, 혼인생활의 기간, 금치산자의 나이·신체·건강상태와 간병의 필요성 및 그 정도, 이혼사유 발생 이후 배우자가 취한 반성적 태도나 가족관계의 유지를 위한 구체적 노력의 유무, 금치산자의 보유 재산에 관한 배우자의 부당한 관리·처분 여하, 자녀들의 이혼에 관한 의견 등의 제반 사정을 종합하여 혼인관계를 해소하는 것이 객관적으로 금치산자의 최선의 이익에 부합한다고 인정되고 금치산자에게 이혼청구권을 행사할 수 있는 기회가 주어지더라도 혼인관계의 해소를 선택하였을 것이라고 볼 수 있는 경우이어야 한다.

제930조 【후견인의 수】
①미성년후견인의 수(數)는 한 명으로 한다.

②성년후견인은 피성년후견인의 신상과 재산에 관한 모든 사정을 고려하여 여러 명을 둘 수 있다.
③법인도 성년후견인이 될 수 있다.
[전문개정 2011.3.7]
[시행일 : 2013.7.1]

제931조 【유언에 의한 미성년후견인의 지정 등】
①미성년자에게 친권을 행사하는 부모는 유언으로 미성년후견인을 지정할 수 있다. 다만, 법률행위의 대리권과 재산관리권이 없는 친권자는 그러하지 아니하다.
②가정법원은 제1항에 따라 미성년후견인이 지정된 경우라도 미성년자의 복리를 위하여 필요하면 생존하는 부 또는 모, 미성년자의 청구에 의하여 후견을 종료하고 생존하는 부 또는 모를 친권자로 지정할 수 있다.
[전문개정 2011.5.19]
[시행일 : 2013.7.1]

제932조 【미성년후견인의 선임】
① 가정법원은 제931조에 따라 지정된 미성년후견인이 없는 경우에는 직권으로 또는 미성년자, 친족, 이해관계인, 검사, 지방자치단체의 장의 청구에 의하여 미성년후견인을 선임한다. 미성년후견인이 없게 된 경우에도 또한 같다.
② 가정법원은 제924조, 제924조의2 및 제925조에 따른 친권의 상실, 일시 정지, 일부 제한의 선고 또는 법률행위의 대리권이나 재산관리권 상실의 선고에 따라 미성년후견인을 선임할 필요가 있는 경우에는 직권으로 미성년후견인을 선임한다.
③ 친권자가 대리권 및 재산관리권을 사퇴한 경우에는 지체 없이 가정법원에 미성년후견인의 선임을 청구하여야 한다.
[개정 2014.10.15.]
[시행일 : 2015.10.16]

제933조 삭제 <2011.3.7>
[시행일 : 2013.7.1.]

제934조 삭제 <2011.3.7>
[시행일 : 2013.7.1]

제935조 삭제 <2011.3.7>
[시행일 : 2013.7.1]

제936조 【성년후견인의 선임】
①제929조에 따른 성년후견인은 가정법원이 직권으로 선임한다.
②가정법원은 성년후견인이 사망, 결격, 그 밖의 사유로 없게 된 경우에도 직권으로 또는 피성년후견인, 친족, 이해관계인, 검사, 지방자치단체의 장의 청구에 의하여 성년후견인을 선임한다.
③가정법원은 성년후견인이 선임된 경우에도 필요하다고 인정하면 직권으로 또는 제2항의 청구권자나 성년후견인의 청구에 의하여 추가로 성년후견인을 선임

할 수 있다.
④가정법원이 성년후견인을 선임할 때에는 피성년후견인의 의사를 존중하여야 하며, 그 밖에 피성년후견인의 건강, 생활관계, 재산상황, 성년후견인이 될 사람의 직업과 경험, 피성년후견인과의 이해관계의 유무(법인이 성년후견인이 될 때에는 사업의 종류와 내용, 법인이나 그 대표자와 피성년후견인 사이의 이해관계의 유무를 말한다) 등의 사정도 고려하여야 한다.
[전문개정 2011.3.7]
[시행일 : 2013.7.1]

부모가 모두 사망한 경우 후견인은 누가 되는지

(대한법률구조공단 자료)

질문

형님 부부가 얼마 전 교통사고로 모두 사망하여 미성년자인 조카의 후견인이 필요합니다. 현재 가까운 친족으로 조부와 삼촌인 제가 있는데, 이 경우 누가 후견인이 되는지요?

답변

후견제도(後見制度)는 친권에 의하여 보호받을 수 없는 미성년자와 한정치산자, 금치산자 등을 보호함을 목적으로 합니다. 부모는 그의 자녀가 성년에 달하기 전에는 그를 보호하고 교양 할 권리와 의무가 있는바, 그러한 친권을 행사할 부모가 없을 때에는 그 부모를 대신하여 그를 보호하고 교양 할 사람이 필요하며, 또한 정신적 장애로 인하여 법원으로부터 행위능력을 박탈당한 금치산자 또는 한정치산자의 경우에도 그의 신체적 결함을 제거하고 정상적인 사람으로 회복하기 위하여 이를 요양하고 간호하는 일에 대한 책무를 져야 할 사람이 필요합니다.

미성년자의 후견인은 망인(부 또는 모)의 유언으로 지정되는 지정후견인(指定後見人)이 있고, 지정후견인이 없는 경우에는 법률의 규정에 의하여 당연히 후견인이 되는 법정후견인(法定後見人)이 있습니다(민법 제931조, 제932조).

법정후견인은 직계혈족, 3촌 이내의 방계혈족의 순위로 되며, 금치산자 또는 한정치산자의 경우에는 지정후견인은 있을 수 없고, 금치산자 또는 한정치산자가 기혼자인 경우에는 배우자가 법정후견인이 되고, 배우자도 금치산 또는 한정치산선고를 받은 경우에는 직계혈족, 3촌 이내의 방계혈족의 순위로 법정후견인이 됩니다. 그리고 직계혈족 또는 방계혈족이 수인인 경우에는 최근친(最近親)을 선순위로 하고 동순위자가 수인인 경우에는 연장자를 선순위로 합니다(민법 제935조).

그리고 위와 같은 혈족에 관하여 판례는 "미성년자에 대한 법정후견인의 취임은 지정후견인이 없음을 조건으로 후견개시사유의 발생과 동시에 당연히 이루어지는 것이고, 그 경우 법정후견인의 선임·해임 등에 관하여 적용되는 가사소송규칙 제65조 제1항에 따른 의견청취 등의 절차를 밟아야 하는 것도 아니며, 한편 법정후견인의 우선순위를 정한 민법 제932조, 제935조 제1항에서 말하는 직계혈족을 부계직계혈족에 한정하여 해석할 것도 아니다."라고 하였으므로(대법원 2000. 11. 28. 선고 2000므612 판결), 모계혈족도 포함되는 것입니다.

지정후견인도 법정후견인도 없는 경우에는 「민법」 제777조의 규정에 의한 피후견인의 친족 또는 이해관계인의 청구에 의하여 가정법원이 선임하는 선임후견인(選任後見人)이 있습니다(민법 제936조).

위 사안에서는 직계혈족이 방계혈족에 우선하므로 직계혈족인 조부가 방계혈족인 귀하보다 우선하여 후견인이 됩니다.

한편, 후견개시신고의 의무자는 후견인입니다. 따라서 조부는 취임일로부터 1월이내에 후견개시신고를 하여야 하고, 후견인 변경되거나 후견종료가 되었을 때에도 1월이내에 신고를 하여야 합니다(가족관계의 등록 등에 관한 법률 제80조, 제83조). 후견에 관한 신고는 「가족관계의 등록 등에 관한 법률」 제20조에 의하여 사건본인의 등록기준지 또는 신고인의 주소지나 현재지에서 하여야 합니다.

참고로 보호시설에 있는 미성년자 또는 고아의 후견에 관하여는 「보호시설에 있는 미성년자의 후견 직무에 관한 법률」이 적용됩니다.

"본 사례는 개인의 법률문제 해결에 도움을 주고자 게재되었으나, 이용자 여러분의 생활에서 발생하는 구체적 사안은 동일하지는 않을 것이므로 참고자료로 활용하시기 바랍니다."

제937조 【후견인의 결격사유】
다음 각 호의 어느 하나에 해당하는 자는 후견인이 되지 못한다.
1. 미성년자
2. 피성년후견인, 피한정후견인, 피 특정후견인, 피임의후견인
3. 회생절차개시결정 또는 파산선고를 받은 자
4. 자격정지 이상의 형의 선고를 받고 그 형기(刑期) 중에 있는 사람
5. 법원에서 해임된 법정대리인
6. 법원에서 해임된 성년후견인, 한정후견인, 특정후견인, 임의후견인과 그 감독인
7. 행방이 불분명한 사람
8. 피후견인을 상대로 소송을 하였거나 하고 있는 자 또는 그 배우자와 직계혈족

[전문개정 2011.3.7]
[시행일 : 2013.7.1]

제938조 【후견인의 대리권 등】
①후견인은 피후견인의 법정대리인이 된다.
②가정법원은 성년후견인이 제1항에 따라 가지는 법정대리권의 범위를 정할 수 있다.
③가정법원은 성년후견인이 피성년후견인의 신상에 관하여 결정할 수 있는 권한의 범위를 정할 수 있다.
④제2항 및 제3항에 따른 법정대리인의 권한의 범위가 적절하지 아니하게 된 경우에 가정법원은 본인, 배우자, 4촌 이내의 친족, 성년후견인, 성년후견감독인, 검사 또는 지방자치단체의 장의 청구에 의하여 그 범위를 변경할 수 있다.
[전문개정 2011.3.7]
[시행일 : 2013.7.1]

제939조 【후견인의 사임】
후견인은 정당한 사유가 있는 경우에는 가정법원의 허가를 받아 사임할 수 있다. 이 경우 그 후견인은 사임청구와 동시에 가정법원에 새로운 후견인의 선임을 청구하여야 한다.
[전문개정 2011.3.7]
[시행일 : 2013.7.1.]

후견인 변경

(대한법률구조공단 자료)

질문

부모님이 돌아가셔서 삼촌이 저의 후견인이 되었습니다. 그러나 삼촌이 저의 재산을 마음대로 처분하려고 합니다. 어떻게 해야 하는지요?

답변

미성년자에 대해 친권자인 부모님이 안 계시거나 친권자가 법률행위의 대리권과 재산관리권을 행사할 수 없는 경우에는 후견이 개시됩니다(민법 제928조).

후견인은 부모님이 유언으로 지정한 사람이 없다면 직계혈족(조부모님)이나 3촌이내의 방계혈족(형제자매, 백부·숙부 등)순으로 후견인이 됩니다(민법 제931조, 제932조).

이 때 미성년자, 금치산자, 한정치산자, 파산선고를 받은 자, 자격정지 이상의 형을 선고받고 형기 중에 있는 자, 법원에서 해임된 법정대리인 또는 친족회원, 행방이 불명한 자, 피후견인에 대하여 소송을

하였거나 하고 있는 자 또는 그 배우자와 직계혈족 등 일정한 결격사유가 있으면 후견인이 될 수 없습니다(민법 제937조).

또한, 후견인은 정당한 사유가 있으면 가정법원의 허가를 얻어 사퇴할 수 있습니다(민법 제939조, 가사소송법 제2조 제1항 라류 사건 제19호).

그리고 가정법원은 피후견인의 복리를 위하여 후견인을 변경할 필요가 있다고 인정되는 경우에는 피후견인의 친족이나 검사의 청구 또는 직권에 의하여 후견인을 변경할 수 있습니다.(민법 제940조 가사소송법 제2조 제1항 라류 사건 제18호).

따라서 질문과 같이 삼촌이 마음대로 부동산을 처분하려 하는 경우라면 피후견인의 복리를 위하여 후견인을 변경할 필요가 있다고 볼 수 있으므로 가정법원에 후견인 변경청구를 하여 후견인을 삼촌에서 다른 사람으로 변경을 할 수 있을 것입니다.

그리고 법원에서 후견인 변경심판이 선고되면 그 재판서등본 및 확정증명서를 첨부하여 가족관계등록관서에 후견인 경질신고를 하여 가족관계등록부를 정리할 수 있을 것입니다.

"본 사례는 개인의 법률문제 해결에 도움을 주고자 게재되었으나, 이용자 여러분의 생활에서 발생하는 구체적 사안은 동일하지는 않을 것이므로 참고자료로 활용하시기 바랍니다."

제940조 【후견인의 변경】 가정법원은 피후견인의 복리를 위하여 후견인을 변경할 필요가 있다고 인정하면 직권으로 또는 피후견인, 친족, 후견감독인, 검사, 지방자치단체의 장의 청구에 의하여 후견인을 변경할 수 있다.
[전문개정 2011.3.7]
[시행일 : 2013.7.1]

제2관 후견감독인

제940조의2 【미성년후견감독인의 지정】 미성년후견인을 지정할 수 있는 사람은 유언으로 미성년후견감독인을 지정할 수 있다.
[본조신설 2011.3.7]
[시행일 : 2013.7.1]

제940조의3 【미성년후견감독인의 선임】 ①가정법원은 제940조의2에 따라 지정된 미성년후견감독인이 없는 경우에 필요하다고 인정하면 직권으로 또는 미성년자, 친족, 미성년후견인, 검사, 지방자치단체의 장의 청구에 의하여 미성년후견감독인을 선임할 수 있다.
②가정법원은 미성년후견감독인이 사망, 결격, 그 밖의 사유로 없게 된 경우에는 직권으로 또는 미성년자, 친족, 미성년후견인, 검사, 지방자치단체의 장의 청구에 의하여 미성년후견감독인을 선임한다.
[본조신설 2011.3.7]
[시행일 : 2013.7.1]

제940조의4 【성년후견감독인의 선임】 ①가정법원은 필요하다고 인정하면 직권으로 또는 피성년후견인, 친족, 성년후견인, 검사, 지방자치단체의 장의 청구에 의하여 성년후견감독인을 선임할 수 있다.
②가정법원은 성년후견감독인이 사망, 결격, 그 밖의 사유로 없게 된 경우에는 직권으로 또는 피성년후견인, 친족, 성년후견인, 검사, 지방자치단체의 장의 청구에 의하여 성년후견감독인을 선임한다.
[본조신설 2011.3.7]
[시행일 : 2013.7.1]

제940조의5 【후견감독인의 결격사유】 제779조에 따른 후견인의 가족은 후견감독인이 될 수 없다.
[본조신설 2011.3.7]
[시행일 : 2013.7.1]

제940조의6 【후견감독인의 직무】
①후견감독인은 후견인의 사무를 감독하며, 후견인이 없는 경우 지체 없이 가정법원에 후견인의 선임을 청구하여야 한다.
②후견감독인은 피후견인의 신상이나 재산에 대하여 급박한 사정이 있는 경우 그의 보호를 위하여 필요한 행위 또는 처분을 할 수 있다.
③후견인과 피후견인 사이에 이해가 상반되는 행위에 관하여는 후견감독인이 피후견인을 대리한다.
[본조신설 2011.3.7]
[시행일 : 2013.7.1]

제940조의7 【위임 및 후견인 규정의 준용】 후견감독인에 대하여는 제681조, 제691조, 제692조, 제930조제2항·제3항, 제936조제3항·제4항, 제937조, 제939조, 제940조, 제947조의2제3항부터 제5항까지, 제949조의2, 제955조 및 제955조의2를 준용한다.
[본조신설 2011.3.7]
[시행일 : 2013.7.1]

제3관 후견인의 임무

제941조 【재산조사와 목록작성】
①후견인은 지체 없이 피후견인의 재산을 조사하여 2개월 내에 그 목록을 작성하여야 한다. 다만, 정당한 사유가 있는 경우에는 법원의 허가를 받아 그 기간을 연장할 수 있다.
②후견감독인이 있는 경우 제1항에 따른 재산조사와 목록작성은 후견감독인의 참여가 없으면 효력이 없다.
[전문개정 2011.3.7]
[시행일 : 2013.7.1]

제942조 【후견인의 채권 · 채무의 제시】 ①후견인과 피후견인 사이에 채권·채무의 관계가 있고 후견감독인이 있는 경우에는 후견인은 재산목록의 작성을 완료하기 전에 그 내용을 후견감독인에게 제시하여야 한다.
②후견인이 피후견인에 대한 채권이 있음을 알고도 제1항에 따른 제시를 게을리한 경우에는 그 채권을 포기한 것으로 본다.
[전문개정 2011.3.7]
[시행일 : 2013.7.1]

제943조 【목록작성전의 권한】
후견인은 재산조사와 목록작성을 완료하기까지는 긴급필요한 경우가 아니면 그 재산에 관한 권한을 행사하지 못한다. 그러나 이로써 선의의 제삼자에게 대항하지 못한다.

판례-사문서위조·위조사문서행사

[대법원 1997.11.28, 선고, 97도1368, 판결]

【판시사항】

[1] 재산목록 작성 전의 후견인의 권한

[2] 재산목록 작성 전의 후견인이 피후견인 명의의 문서를 작성한 행위에 대하여 후견인이 문서작성의 권한이 있다고 믿고 있었을 개연성이 있다는 이유로, 사문서위조죄 등에 대하여 유죄를 인정한 원심판결을 파기한 사례

【판결요지】

[1] 후견인은 후견개시원인사실이 발생한 때부터 당연히 피후견인에 대한 재산관리권과 법률행위대리권을 가지게 되나, 민법 제943조에 의하면 후견인은 재산조사와 목록작성을 완료하기까지는 긴급 필요한 경우가 아니면 그 재산에 관한 권한을 행사하지 못한다고 규정하고 있는바, 이는 재산목록의 작성이 끝날 때까지 후견인의 권한 행사를 제한하는 규정으로서 이에 위반한 후견인의 행위는 무권대리 행위에 해당한다고 할 것이고, 위 조문에서의 긴급 필요한 경우란 재산목록의 작성 전에 이를 하지 않으면 피후견인의 신상 또는 재산에 관하여 후일 이를 회복하기 어려운 불이익을 가져오게 할 경우를 말하는 것이다.

[2] 재산목록 작성 전의 후견인이 피후견인 명의의 문서를 작성한 행위에 대하여 후견인이 문서작성의 권한이 있다고 믿고 있었을 개연성이 있다는 이유로, 사문서위조죄 및 위조사문서행사죄에 대하여 유죄를 인정한 원심판결을 파기한 사례.

제944조 【피후견인이 취득한 포괄적 재산의 조사등】 전3조의 규정은 후견인의 취임후에 피후견인이 포괄적 재산을 취득한 경우에 준용한다.

제945조 【미성년자의 신분에 관한 후견인의 권리 · 의무】 미성년후견인은 제913조부터 제915조까지에 규정한 사항에 관하여는 친권자와 동일한 권리와 의무가 있다. 다만, 다음 각 호의 어느 하나에 해당하는 경우에는 미성년후견감독인이 있으면 그의 동의를 받아야 한다.

1. 친권자가 정한 교육방법, 양육방법 또는 거소를 변경하는 경우
2. 미성년자를 감화기관이나 교정기관에 위탁하는 경우
3. 친권자가 허락한 영업을 취소하거나 제한하는 경우

[전문개정 2011.3.7]

[시행일 : 2013.7.1]

제946조 【재산관리에 한정된 후견】

미성년자의 친권자가 법률행위의 대리권과 재산관리권에 한정하여 친권을 행사할 수 없는 경우에 미성년후견인의 임무는 미성년자의 재산에 관한 행위에 한정된다.

[전문개정 2011.3.7]

[시행일 : 2013.7.1]

제946조 【친권중일부에한정된후견】 미성년자의 친권자가 제924조의2, 제925조 또는 제927조제1항에 따라 친권 중 일부에 한정하여 행사할 수 없는 경우에

미성년후견인의 임무는 제한된 친권의 범위에 속하는 행위에 한정된다. [전문개정 2014.10.15]
[시행일 : 2015.10.16]

제947조 【피성년후견인의 복리와 의사존중】
성년후견인은 피성년후견인의 재산관리와 신상보호를 할 때 여러 사정을 고려하여 그의 복리에 부합하는 방법으로 사무를 처리하여야 한다. 이 경우 성년후견인은 피성년후견인의 복리에 반하지 아니하면 피성년후견인의 의사를 존중하여야 한다.
[전문개정 2011.3.7]
[시행일 : 2013.7.1]

제947조의2 【피성년후견인의 신상결정 등】 ①피성년후견인은 자신의 신상에 관하여 그의 상태가 허락하는 범위에서 단독으로 결정한다.
②성년후견인이 피성년후견인을 치료 등의 목적으로 정신병원이나 그 밖의 다른 장소에 격리하려는 경우에는 가정법원의 허가를 받아야 한다.
③피성년후견인의 신체를 침해하는 의료행위에 대하여 피성년후견인이 동의할 수 없는 경우에는 성년후견인이 그를 대신하여 동의할 수 있다.
④제3항의 경우 피성년후견인이 의료행위의 직접적인 결과로 사망하거나 상당한 장애를 입을 위험이 있을 때에는 가정법원의 허가를 받아야 한다. 다만, 허가절차로 의료행위가 지체되어 피성년후견인의 생명에 위험을 초래하거나 심신상의 중대한 장애를 초래할 때에는 사후에 허가를 청구할 수 있다.
⑤성년후견인이 피성년후견인을 대리하여 피성년후견인이 거주하고 있는 건물 또는 그 대지에 대하여 매도, 임대, 전세권 설정, 저당권 설정, 임대차의 해지, 전세권의 소멸, 그 밖에 이에 준하는 행위를 하는 경우에는 가정법원의 허가를 받아야 한다.
[본조신설 2011.3.7]
[시행일 : 2013.7.1]

제948조 【미성년자의 친권의 대행】
①미성년후견인은 미성년자를 갈음하여 미성년자의 자녀에 대한 친권을 행사한다.
②제1항의 친권행사에는 미성년후견인의 임무에 관한 규정을 준용한다.
[전문개정 2011.3.7]
[시행일 : 2013.7.1]

제949조 【재산관리권과 대리권】
①후견인은 피후견인의 재산을 관리하고 그 재산에 관한 법률행위에 대하여 피후견인을 대리한다.
②제920조 단서의 규정은 전항의 법률행위에 준용한다.

제949조의2 【성년후견인이 여러 명인 경우 권한의 행사 등】 ①가정법원은 직권으로 여러 명의 성년후견인이 공동으로 또는 사무를 분장하여 그 권한을 행사하도록 정할 수 있다.

②가정법원은 직권으로 제1항에 따른 결정을 변경하거나 취소할 수 있다.
③여러 명의 성년후견인이 공동으로 권한을 행사하여야 하는 경우에 어느 성년후견인이 피성년후견인의 이익이 침해될 우려가 있음에도 법률행위의 대리 등 필요한 권한행사에 협력하지 아니할 때에는 가정법원은 피성년후견인, 성년후견인, 후견감독인 또는 이해관계인의 청구에 의하여 그 성년후견인의 의사표시를 갈음하는 재판을 할 수 있다.
[본조신설 2011.3.7]
[시행일 : 2013.7.1]

제949조의3 【이해상반행위】
후견인에 대하여는 제921조를 준용한다. 다만, 후견감독인이 있는 경우에는 그러하지 아니하다.
[본조신설 2011.3.7]
[시행일 : 2013.7.1]

제950조 【후견감독인의 동의를 필요로 하는 행위】 ①후견인이 피후견인을 대리하여 다음 각 호의 어느 하나에 해당하는 행위를 하거나 미성년자의 다음 각 호의 어느 하나에 해당하는 행위에 동의를 할 때는 후견감독인이 있으면 그의 동의를 받아야 한다.

1. 영업에 관한 행위
2. 금전을 빌리는 행위
3. 의무만을 부담하는 행위
4. 부동산 또는 중요한 재산에 관한 권리의 득실변경을 목적으로 하는 행위
5. 소송행위
6. 상속의 승인, 한정승인 또는 포기 및 상속재산의 분할에 관한 협의

②후견감독인의 동의가 필요한 행위에 대하여 후견감독인이 피후견인의 이익이 침해될 우려가 있음에도 동의를 하지 아니하는 경우에는 가정법원은 후견인의 청구에 의하여 후견감독인의 동의를 갈음하는 허가를 할 수 있다.
③후견감독인의 동의가 필요한 법률행위를 후견인이 후견감독인의 동의 없이 하였을 때에는 피후견인 또는 후견감독인이 그 행위를 취소할 수 있다.
[전문개정 2011.3.7]
[시행일 : 2013.7.1]

제951조 【피후견인의 재산 등의 양수에 대한 취소】 ①후견인이 피후견인에 대한 제3자의 권리를 양수(讓受)하는 경우에는 피후견인은 이를 취소할 수 있다.
②제1항에 따른 권리의 양수의 경우 후견감독인이 있으면 후견인은 후견감독인의 동의를 받아야 하고, 후견감독인의 동의가 없는 경우에는 피후견인 또는 후견감독인이 이를 취소할 수 있다.
[전문개정 2011.3.7]
[시행일 : 2013.7.1]

제952조 【상대방의 추인 여부 최고】 제950조 및 제951조의 경우에는 제15조를 준용한다.

[전문개정 2011.3.7]
[시행일 : 2013.7.1]

第953조 【후견감독인의 후견사무의 감독】 후견감독인은 언제든지 후견인에게 그의 임무 수행에 관한 보고와 재산목록의 제출을 요구할 수 있고 피후견인의 재산상황을 조사할 수 있다.
[전문개정 2011.3.7]
[시행일 : 2013.7.1]

第954조 【가정법원의 후견사무에 관한 처분】 가정법원은 직권으로 또는 피후견인, 후견감독인, 제777조에 따른 친족, 그 밖의 이해관계인, 검사, 지방자치단체의 장의 청구에 의하여 피후견인의 재산상황을 조사하고, 후견인에게 재산관리 등 후견임무 수행에 관하여 필요한 처분을 명할 수 있다.
[전문개정 2011.3.7]
[시행일 : 2013.7.1]

第955조 【후견인에 대한 보수】
법원은 후견인의 청구에 의하여 피후견인의 재산상태 기타 사정을 참작하여 피후견인의 재산중에서 상당한 보수를 후견인에게 수여할 수 있다.

第955조의2 【지출금액의 예정과 사무비용】 후견인이 후견사무를 수행하는 데 필요한 비용은 피후견인의 재산 중에서 지출한다.
[본조신설 2011.3.7]
[시행일 : 2013.7.1]

第956조 【위임과 친권의 규정의 준용】 제681조 및 제918조의 규정은 후견인에게 이를 준용한다.

제4관 후견의 종료

第957조 【후견사무의 종료와 관리의 계산】 ①후견인의 임무가 종료된 때에는 후견인 또는 그 상속인은 1개월 내에 피후견인의 재산에 관한 계산을 하여야 한다. 다만, 정당한 사유가 있는 경우에는 법원의 허가를 받아 그 기간을 연장할 수 있다.
②제1항의 계산은 후견감독인이 있는 경우에는 그가 참여하지 아니하면 효력이 없다.
[전문개정 2011.3.7]
[시행일 : 2013.7.1]

第958조 【이자의 부가와 금전소비에 대한 책임】 ①후견인이 피후견인에게 지급할 금액이나 피후견인이 후견인에게 지급할 금액에는 계산종료의 날로부터 이자를 부가하여야 한다.
②후견인이 자기를 위하여 피후견인의 금전을 소비한 때에는 그 소비한 날로부

터 이자를 부가하고 피후견인에게 손해가 있으면 이를 배상하여야 한다.

제959조 【위임규정의 준용】
제691조, 제692조의 규정은 후견의 종료에 이를 준용한다.

제2절 한정후견과 특정후견

제959조의2 【한정후견의 개시】
가정법원의 한정후견개시의 심판이 있는 경우에는 그 심판을 받은 사람의 한정후견인을 두어야 한다.
[본조신설 2011.3.7]
[시행일 : 2013.7.1]

제959조의3 【한정후견인의 선임 등】 ①제959조의2에 따른 한정후견인은 가정법원이 직권으로 선임한다.
②한정후견인에 대하여는 제930조제2항·제3항, 제936조제2항부터 제4항까지, 제937조, 제939조, 제940조 및 제949조의3을 준용한다.
[본조신설 2011.3.7]
[시행일 : 2013.7.1]

제959조의4 【한정후견인의 대리권 등】 ①가정법원은 한정후견인에게 대리권을 수여하는 심판을 할 수 있다.
②한정후견인의 대리권 등에 관하여는 제938조제3항 및 제4항을 준용한다.
[본조신설 2011.3.7]
[시행일 : 2013.7.1]

제959조의5 【한정후견감독인】
①가정법원은 필요하다고 인정하면 직권으로 또는 피한정후견인, 친족, 한정후견인, 검사, 지방자치단체의 장의 청구에 의하여 한정후견감독인을 선임할 수 있다.
②한정후견감독인에 대하여는 제681조, 제691조, 제692조, 제930조제2항·제3항, 제936조제3항·제4항, 제937조, 제939조, 제940조, 제940조의3제2항, 제940조의5, 제940조의6, 제947조의2제3항부터 제5항까지, 제949조의2, 제955조 및 제955조의2를 준용한다. 이 경우 제940조의6제3항 중 "피후견인을 대리한다"는 "피한정후견인을 대리하거나 피한정후견인이 그 행위를 하는 데 동의한다"로 본다.
[본조신설 2011.3.7]
[시행일 : 2013.7.1]

제959조의6 【한정후견사무】
한정후견의 사무에 관하여는 제681조, 제920조 단서, 제947조, 제947조의2, 제949조, 제949조의2, 제949조의3, 제950조부터 제955까지 및 제955조의2를 준용한다.
[본조신설 2011.3.7]
[시행일 : 2013.7.1]

제959조의7 【한정후견인의 임무의 종료 등】 한정후견인의 임무가 종료한 경우에 관하여는 제691조, 제692조, 제957조 및 제958조를 준용한다.
[본조신설 2011.3.7]
[시행일 : 2013.7.1]

제959조의8 【특정후견에 따른 보호조치】 가정법원은 피특정후견인의 후원을 위하여 필요한 처분을 명할 수 있다. [본조신설 2011.3.7]
[시행일 : 2013.7.1]

제959조의9 【특정후견인의 선임 등】 ①가정법원은 제959조의8에 따른 처분으로 피특정후견인을 후원하거나 대리하기 위한 특정후견인을 선임할 수 있다.
②특정후견인에 대하여는 제930조제2항·제3항, 제936조제2항부터 제4항까지, 제937조, 제939조 및 제940조를 준용한다.
[본조신설 2011.3.7]
[시행일 : 2013.7.1]

제959조의10 【특정후견감독인】
①가정법원은 필요하다고 인정하면 직권으로 또는 피특정후견인, 친족, 특정후견인, 검사, 지방자치단체의 장의 청구에 의하여 특정후견감독인을 선임할 수 있다.
②특정후견감독인에 대하여는 제681조, 제691조, 제692조, 제930조제2항·제3항, 제936조제3항·제4항, 제937조, 제939조, 제940조, 제940조의5, 제940조의6, 제949조의2, 제955조 및 제955조의2를 준용한다.
[본조신설 2011.3.7.] [시행일 : 2013.7.1]

제959조의11 【특정후견인의 대리권】 ①피특정후견인의 후원을 위하여 필요하다고 인정하면 가정법원은 기간이나 범위를 정하여 특정후견인에게 대리권을 수여하는 심판을 할 수 있다.
②제1항의 경우 가정법원은 특정후견인의 대리권 행사에 가정법원이나 특정후견감독인의 동의를 받도록 명할 수 있다. [본조신설 2011.3.7]
[시행일 : 2013.7.1]

제959조의12 【특정후견사무】
특정후견의 사무에 관하여는 제681조, 제920조 단서, 제947조, 제949조의2, 제953조부터 제955조까지 및 제955조의2를 준용한다. [본조신설 2011.3.7]
[시행일 : 2013.7.1]

제959조의13 【특정후견인의 임무의 종료 등】 특정후견인의 임무가 종료한 경우에 관하여는 제691조, 제692조, 제957조 및 제958조를 준용한다.
[본조신설 2011.3.7]
[시행일 : 2013.7.1]

제3절 후견계약

제959조의14 【후견계약의 의의와 체결방법 등】 ①후견계약은 질병, 장애, 노령, 그 밖의 사유로 인한 정신적 제약으로 사무를 처리할 능력이 부족한 상황에 있거나 부족하게 될 상황에 대비하여 자신의 재산관리 및 신상보호에 관한 사무의 전부 또는 일부를 다른 자에게 위탁하고 그 위탁사무에 관하여 대리권을 수여하는 것을 내용으로 한다.
②후견계약은 공정증서로 체결하여야 한다.
③후견계약은 가정법원이 임의후견감독인을 선임한 때부터 효력이 발생한다.
④가정법원, 임의후견인, 임의후견감독인 등은 후견계약을 이행·운영할 때 본인의 의사를 최대한 존중하여야 한다. [본조신설 2011.3.7]
[시행일 : 2013.7.1]

제959조의15 【임의후견감독인의 선임】 ①가정법원은 후견계약이 등기되어 있고, 본인이 사무를 처리할 능력이 부족한 상황에 있다고 인정할 때에는 본인, 배우자, 4촌 이내의 친족, 임의후견인, 검사 또는 지방자치단체의 장의 청구에 의하여 임의후견감독인을 선임한다.
②제1항의 경우 본인이 아닌 자의 청구에 의하여 가정법원이 임의후견감독인을 선임할 때에는 미리 본인의 동의를 받아야 한다. 다만, 본인이 의사를 표시할 수 없는 때에는 그러하지 아니하다.
③가정법원은 임의후견감독인이 없게 된 경우에는 직권으로 또는 본인, 친족, 임의후견인, 검사 또는 지방자치단체의 장의 청구에 의하여 임의후견감독인을 선임한다.
④가정법원은 임의후견임감독인이 선임된 경우에도 필요하다고 인정하면 직권으로 또는 제3항의 청구권자의 청구에 의하여 임의후견감독인을 추가로 선임할 수 있다.
⑤임의후견감독인에 대하여는 제940조의5를 준용한다.
[본조신설 2011.3.7]
[시행일 : 2013.7.1]

제959조의16 【임의후견감독인의 직무 등】 ①임의후견감독인은 임의후견인의 사무를 감독하며 그 사무에 관하여 가정법원에 정기적으로 보고하여야 한다.
②가정법원은 필요하다고 인정하면 임의후견감독인에게 감독사무에 관한 보고를 요구할 수 있고 임의후견인의 사무 또는 본인의 재산상황에 대한 조사를 명하거나 그 밖에 임의후견감독인의 직무에 관하여 필요한 처분을 명할 수 있다.
③임의후견감독인에 대하여는 제940조의6제2항·제3항, 제940조의7 및 제953조를 준용한다.
[본조신설 2011.3.7]
[시행일 : 2013.7.1]

제959조의17 【임의후견개시의제한 등】 ①임의후견인이 제937조 각 호에 해당하는 자 또는 그 밖에 현저한 비행을 하거나 후견계약에서 정한 임무에 적합하지 아니한 사유가 있는 자인 경우에는 가정법원은 임의후견감독인을 선임하지 아니한다.
②임의후견감독인을 선임한 이후 임의후견인이 현저한 비행을 하거나 그 밖에 그 임무에 적합하지 아니한 사유가 있게 된 경우에는 가정법원은 임의후견감독인, 본인, 친족, 검사 또는 지방자치단체의 장의 청구에 의하여 임의후견인을 해

임할 수 있다.
[본조신설 2011.3.7]
[시행일 : 2013.7.1]

제959조의18 【후견계약의 종료】
①임의후견감독인의 선임 전에는 본인 또는 임의후견인은 언제든지 공증인의 인증을 받은 서면으로 후견계약의 의사표시를 철회할 수 있다.
②임의후견감독인의 선임 이후에는 본인 또는 임의후견인은 정당한 사유가 있는 때에만 가정법원의 허가를 받아 후견계약을 종료할 수 있다.
[본조신설 2011.3.7]
[시행일 : 2013.7.1]

제959조의19 【임의후견인의 대리권 소멸과 제3자와의 관계】 임의후견인의 대리권 소멸은 등기하지 아니하면 선의의 제3자에게 대항할 수 없다.
[본조신설 2011.3.7]
[시행일 : 2013.7.1]

제959조의20 【후견계약과 성년후견·한정후견·특정후견의 관계】
①후견계약이 등기되어 있는 경우에는 가정법원은 본인의 이익을 위하여 특별히 필요할 때에만 임의후견인 또는 임의후견감독인의 청구에 의하여 성년후견, 한정후견 또는 특정후견의 심판을 할 수 있다. 이 경우 후견계약은 본인이 성년후견 또는 한정후견 개시의 심판을 받은 때 종료된다.
②본인이 피성년후견인, 피한정후견인 또는 피특정후견인인 경우에 가정법원은 임의후견감독인을 선임함에 있어서 종전의 성년후견, 한정후견 또는 특정후견의 종료 심판을 하여야 한다. 다만, 성년후견 또는 한정후견 조치의 계속이 본인의 이익을 위하여 특별히 필요하다고 인정하면 가정법원은 임의후견감독인을 선임하지 아니한다.
[본조신설 2011.3.7]
[시행일 : 2013.7.1.]

제6장 삭제

제960조 삭제 <2011.3.7>
[시행일 : 2013.7.1]

제961조 삭제 <2011.3.7>
[시행일 : 2013.7.1]

제962조 삭제 <2011.3.7>
[시행일 : 2013.7.1]

제963조 삭제 <2011.3.7>

[시행일 : 2013.7.1]

第964조 삭제 <2011.3.7>
[시행일 : 2013.7.1]

第965조 삭제 <2011.3.7>
[시행일 : 2013.7.1]

第966조 삭제 <2011.3.7>
[시행일 : 2013.7.1]

第967조 삭제 <2011.3.7>
[시행일 : 2013.7.1]

第968조 삭제 <2011.3.7>
[시행일 : 2013.7.1]

第969조 삭제 <2011.3.7>
[시행일 : 2013.7.1]

第970조 삭제 <2011.3.7>
[시행일 : 2013.7.1]

第971조 삭제 <2011.3.7>
[시행일 : 2013.7.1]

第972조 삭제 <2011.3.7>
[시행일 : 2013.7.1]

第973조 삭제 <2011.3.7>
[시행일 : 2013.7.1]

제7장 부양

第974조 【부양의무】 다음 각호의 친족은 서로 부양의 의무가 있다.
1. 직계혈족 및 그 배우자간
2. 삭제 <1990.1.13>
3. 기타 친족간(생계를 같이 하는 경우에 한한다.)

판례-부양금

[대법원 2013.8.30, 자, 2013스96, 결정]

【판시사항】
[1] 부모와 성년의 자녀·그 배우자 사이에 과거 부양료를 청구할 수 있는 경우

[2] 부부 일방의 부모 등 그 직계혈족과 상대방 사이에 직계혈족이 사망하고 생존한 상대방이 재혼하지 않은 경우에 부양의무가 인정되는 경우

【이 유】

재항고이유를 판단한다.

민법 제826조 제1항에 규정된 부부 사이의 상호부양의무는 혼인관계의 본질적 의무로서 부양을 받을 자의 생활을 부양의무자의 생활과 같은 정도로 보장하여 부부공동생활의 유지를 가능하게 하는 것을 내용으로 하는 제1차 부양의무이고, 반면 부모와 성년의 자녀·그 배우자 사이에 민법 제974조 제1호, 제975조에 따라 부담하는 부양의무는 부양의무자가 자기의 사회적 지위에 상응하는 생활을 하면서 생활에 여유가 있음을 전제로 하여 부양을 받을 자가 자력 또는 근로에 의하여 생활을 유지할 수 없는 경우에 한하여 그의 생활을 지원하는 것을 내용으로 하는 제2차 부양의무이다. 그런데 부부 사이의 부양의무 중 과거의 부양료에 관하여는 특별한 사정이 없는 한 부양을 받을 사람이 부양의무자에게 부양의무의 이행을 청구하였음에도 불구하고 부양의무자가 부양의무를 이행하지 아니함으로써 이행지체에 빠진 후의 것에 관하여만 부양료의 지급을 청구할 수 있을 뿐이므로(대법원 2008. 6. 12.자 2005스50 결정, 대법원 2012. 12. 27. 선고 2011다96932 판결 등 참조), 부모와 성년의 자녀·그 배우자 사이의 경우에도 이와 마찬가지로 과거의 부양료에 관하여는 부양의무 이행청구에도 불구하고 그 부양의무자가 부양의무를 이행하지 아니함으로써 이행지체에 빠진 후의 것이거나, 그렇지 않은 경우에는 부양의무의 성질이나 형평의 관념상 이를 허용해야 할 특별한 사정이 있는 경우에 한하여 이행청구 이전의 과거 부양료를 청구할 수 있다.

그리고 민법 제775조 제2항에 의하면 부부의 일방이 사망한 경우에 혼인으로 인하여 발생한 그 직계혈족과 생존한 상대방 사이의 인척관계는 일단 그대로 유지되다가 상대방이 재혼한 때에 비로소 종료하게 되어 있으므로 부부의 일방이 사망하여도 그 부모 등 직계혈족과 생존한 상대방 사이의 친족관계는 그대로 유지되나, 그들 사이의 관계는 민법 제974조 제1호의 '직계혈족 및 그 배우자 간'에 해당한다고 볼 수 없다. 배우자관계는 혼인의 성립에 의하여 발생하여 당사자 일방의 사망, 혼인의 무효·취소, 이혼으로 인하여 소멸하는 것이므로, 그 부모의 직계혈족인 부부 일방이 사망함으로써 그와 생존한 상대방 사이의 배우자관계가 소멸하였기 때문이다. 따라서 부부 일방의 부모 등 그 직계혈족과 상대방 사이에서는, 직계혈족이 생존해 있다면 민법 제974조 제1호에 의하여 생계를 같이 하는지와 관계없이 부양의무가 인정되지만, 직계혈족이 사망하면 생존한 상대방이 재혼하지 않았더라도 민법 제974조 제3호에 의하여 생계를 같이 하는 경우에 한하여 부양의무가 인정된다.

원심은 제1심심판 이유를 인용하여, 청구인의 아들이자 상대방과 1975. 2. 4. 혼인신고를 한 청구외인(이하 '망인'이라 한다)이 1999. 5. 23. 사망한 사실 등 그 판시와 같은 사실을 인정한 다음, 청구인이 망인의 사망 이전에 상대방에게 부양의무의 이행을 청구하였음에 대한 주장·입증이 없고 망인과 상대방이 청구인에게 주택을 무상으로 제공하고 매월 20만 원의 생활비를 지급하였다는 등의 이유로 망인 사망 이전까지의 과거 부양료 청구를 배척하였으며, 망인이 사망하였고 상대방이 청구인과 생계를 같이 하고 있는 경우가 아니라는 이유로 망인 사망 이후의 부양료 청구를 배척하였다.

앞서의 법리와 기록에 비추어 살펴보면, 원심의 이러한 조치는 정당한 것으로 수긍이 가고, 거기에 재항고이유 주장과 같이 민법상 부양의무에 관한 법리를 오해하는 등의 위법이 없다.

그러므로 재항고를 기각하기로 하여, 관여 대법관의 일치된 의견으로 주문과 같이 결정한다.

노부모를 부양한 자의 다른 부양의무자에 대한 부양료구상권

(대한법률구조공단 자료)

질문

저는 장남으로 아버지를 모시고 있었는데, 2년 전 동생이 저의 만류에도 불구하고 아버지를 자기 집으로 모시고 갔습니다. 그 후 몇 번에 걸쳐 아버지를 모셔오려고 하였지만 동생이 반대하였고, 아버지도 희망하지 않았기 때문에 그대로 있었습니다. 그런데 동생은 저에게 지난 2년 간 자신이 지출한 아버지의 생활비, 의료비의 반액을 부담하라고 합니다. 그것이 정당한지요?

답변

「민법」 제 974조는 직계혈족 및 배우자간이나 기타 생계를 같이 하는 친족간에는 서로 부양할 의무가 있다고 규정하고 있습니다. 그러므로 부모와 자식간에는 부양의 의무가 있는 것이며, 자녀가 여러 명인 경우에는 모두에게 부모를 부양할 의무가 있는 것입니다.

이와 관련하여 판례는 부양의무 있는 자(부모)가 수인이나 그 중 1인(부인)이 다른 부양의무자(이혼한 전남편)를 상대로 피부양자(혼인 중에 낳은 딸)의 치료비로 지출한 비용의 구상을 구하는 사건에 있어서 "민법 제974조, 제975조에 의하여 부양의 의무 있는 자가 여러 사람인 경우에 그 중 부양의무를 이행한 1인은 다른 부양의무자를 상대로 하여 이미 지출한 과거의 부양료에 대하여도 상대방이 분담함이 상당하다고 인정되는 범위에서 그 비용의 상환을 청구할 수 있는 것이고, 이 경우 법원이 분담비율이나 분담액을 정함에 있어서는 과거의 양육에 관하여 부모 쌍방이 기여한 정도, 자의 연령 및 부모의 재산상황이나 자력등 기반 제반 사정을 참작하여 적절하다고 인정되는 분담의 범위를 정할 수 있다." 라고 하였습니다(대법원 1994. 6. 2.자 93스11 결정).

따라서 위 사안의 경우 구상(求償)의 인정여부 및 그 분담액의 정도는 동생이 부양하게 된 당시의 사정과 경위에 따라 달라질 수 있을 것입니다. 즉, 귀하가 비록 아버지를 부양하였다고 하나 부양의 정도가 상당하지 않았고 이로 인하여 동생이 그러한 사실을 묵과할 수 없어 아버지를 모시고 갔다면 동생이 지난 2년간 지출한 부양료의 분담청구는 그대로 인정될 가능성이 높습니다. 반면 , 귀하가 아버지에게 상당한 부양을 하였는데도 불구하고 귀하의 의사에 반하여 동생이 아버지를 모시고 갔고 동생의 집으로 옮긴 아버지의 행동에도 비난의 여지가 있다면 동생의 귀하에 대한 과거의 부양료분담청구가 인정되지 않거나 그 분담비율이 상당히 낮아질 수 있을 것입니다.

"본 사례는 개인의 법률문제 해결에 도움을 주고자 게재되었으나, 이용자 여러분의 생활에서 발생하는 구체적 사안은 동일하지는 않을 것이므로 참고자료로 활용하시기 바랍니다."

제975조 【부양의무와 생활능력】

부양의 의무는 부양을 받을 자가 자기의 자력 또는 근로에 의하여 생활을 유지할 수 없는 경우에 한하여 이를 이행할 책임이 있다.

판례-사해행위취소

[대법원 2015.1.29, 선고, 2013다79870, 판결]

【판시사항】

부양료청구권의 침해를 이유로 채권자취소권을 행사하는 경우, 제척기간의 기산일(=취소원인을 안 날 또는 법률행위가 있은 날)

【판결요지】

민법 제974조, 제975조에 의하여 부양의 의무 있는 사람이 여러 사람인 경우에 그중 부양의무를 이행한 1인이 다른 부양의무자에 대하여 이미 지출한 과거 부양료의 지급을 구하는 권리는 당사자의 협의 또는 가정법원의 심판 확정에 의하여 비로소 구체적이고 독립한 재산적 권리로 성립하게 되지만, 그러한 부양료청구권의 침해를 이유로 채권자취소권을 행사하는 경우의 제척기간은 부양료청구권이 구체적인 권리로서 성립한 시기가 아니라 민법 제406조 제2항이 정한 '취소원인을 안 날' 또는 '법률행위가 있은 날'로부터 진행한다.

제976조 【부양의 순위】

①부양의 의무있는 자가 수인인 경우에 부양을 할 자의 순위에 관하여 당사자간에 협정이 없는 때에는 법원은 당사자의 청구에 의하여 이를 정한다. 부양을 받을 권리자가 수인인 경우에 부양의무자의 자력이 그 전원을 부양할 수 없는 때에도 같다.
②전항의 경우에 법원은 수인의 부양의무자 또는 권리자를 선정할 수 있다.

판례-구상금

[대법원 2012.12.27, 선고, 2011다96932, 판결]

【판시사항】
[1] 부부간의 상호부양의무와 부모의 성년 자녀에 대한 부양의무의 우선순위 및 2차 부양의무자의 1차 부양의무자에 대한 상환청구 가능 여부(적극)
[2] 부부간의 부양의무를 이행하지 않은 부부의 일방을 상대로 상대방의 친족이 과거의 부양료 상환청구를 하는 경우, 상환의무의 존부 및 범위를 정할 때 고려하여야 할 사항
[3] 부부간의 부양의무를 이행하지 않은 부부의 일방에 대하여 상대방의 친족이 구하는 부양료의 상환청구가 민사소송사건에 해당하는지 여부(적극)

【판결요지】
[1] 민법 제826조 제1항에 규정된 부부간 상호부양의무는 혼인관계의 본질적 의무로서 부양을 받을 자의 생활을 부양의무자의 생활과 같은 정도로 보장하여 부부공동생활의 유지를 가능하게 하는 것을 내용으로 하는 제1차 부양의무이고, 반면 부모가 성년의 자녀에 대하여 직계혈족으로서 민법 제974조 제1호, 제975조에 따라 부담하는 부양의무는 부양의무자가 자기의 사회적 지위에 상응하는 생활을 하면서 생활에 여유가 있음을 전제로 하여 부양을 받을 자가 자력 또는 근로에 의하여 생활을 유지할 수 없는 경우에 한하여 그의 생활을 지원하는 것을 내용으로 하는 제2차 부양의무이다. 이러한 제1차 부양의무와 제2차 부양의무는 의무이행의 정도뿐만 아니라 의무이행의 순위도 의미하는 것이므로, 제2차 부양의무자는 제1차 부양의무자보다 후순위로 부양의무를 부담한다. 따라서 제1차 부양의무자와 제2차 부양의무자가 동시에 존재하는 경우에 제1차 부양의무자는 특별한 사정이 없는 한 제2차 부양의무자에 우선하여 부양의무를 부담하므로, 제2차 부양의무자가 부양받을 자를 부양한 경우에는 소요된 비용을 제1차 부양의무자에 대하여 상환청구할 수 있다.
[2] 부부간의 부양의무 중 과거의 부양료에 관하여는 특별한 사정이 없는 한 부양을 받을 사람이 부양의무자에게 부양의무의 이행을 청구하였음에도 불구하고 부양의무자가 부양의무를 이행하지 아니함으로써 이행지체에 빠진 후의 것에 관하여만 부양료의 지급을 청구할 수 있을 뿐이므로, 부양의무자인 부부의 일방에 대한 부양의무 이행청구에도 불구하고 배우자가 부양의무를 이행하지 아니함으로써 이행지체에 빠진 후의 것이거나, 그렇지 않은 경우에는 부양의무의 성질이나 형평의 관념상 이를 허용해야 할 특별한 사정이 있는 경우에 한하여 이행청구 이전의 과거 부양료를 지급하여야 한다. 그리고 부부 사이의 부양료 액수는 당사자 쌍방의 재산 상태와 수입액, 생활정도 및 경제적 능력, 사회적 지위 등에 따라 부양이 필요한 정도, 그에 따른 부양의무의 이행정도, 혼인생활 파탄의 경위와 정도 등을 종합적으로 고려하여 판단하여야 한다. 따라서 상대방의 친족이 부부의 일방을 상대로 한 과거의 부양료 상환청구를 심리·판단함에 있어서도 이러한 점을 모두 고려하여 상환의무의 존부 및 범위를 정하여야 한다.
[3] 가사소송법 제2조 제1항 제2호 나. 마류사건 제1호는 민법 제826조에 따른 부부의 부양에 관한 처분을, 같은 법 제2조 제1항 제2호 나. 마류사건 제8호는 민법 제976조부터 제978조까지의 규정에 따른 부양에 관한 처분을 각각 별개의 가사비송사건으로 규정하고 있다. 따라서 부부간의 부양의무를 이행하지 않은 부부의 일방에 대한 상대

방의 부양료 청구는 위 마류사건 제1호의 가사비송사건에 해당하고, 친족간의 부양의무를 이행하지 않은 친족의 일방에 대한 상대방의 부양료 청구는 위 마류사건 제8호의 가사비송사건에 해당한다 할 것이나, 부부간의 부양의무를 이행하지 않은 부부의 일방에 대하여 상대방의 친족이 구하는 부양료의 상환청구는 같은 법 제2조 제1항 제2호 나. 마류사건의 어디에도 해당하지 아니하여 이를 가사비송사건으로 가정법원의 전속관할에 속하는 것이라고 할 수는 없고, 이는 민사소송사건에 해당한다고 봄이 타당하다.

제977조 【부양의 정도, 방법】
부양의 정도 또는 방법에 관하여 당사자간에 협정이 없는 때에는 법원은 당사자의 청구에 의하여 부양을 받을 자의 생활정도와 부양의무자의 자력 기타 제반사정을 참작하여 이를 정한다.

제978조 【부양관계의 변경 또는 취소】 부양을 할 자 또는 부양을 받을 자의 순위, 부양의 정도 또는 방법에 관한 당사자의 협정이나 법원의 판결이 있은 후 이에 관한 사정변경이 있는때에는 법원은 당사자의 청구에 의하여 그 협정이나 판결을 취소 또는 변경할 수 있다.

제979조 【부양청구권처분의 금지】
부양을 받을 권리는 이를 처분하지 못한다.

제8장 삭제

제1절 삭제

제980조 삭제 <2005.3.31>

제981조 삭제 <2005.3.31>

제982조 삭제 <2005.3.31>

제983조 삭제 <1990.1.13>

제2절 삭제

제984조 삭제 <2005.3.31>

제985조 삭제 <2005.3.31>

제986조 삭제 <2005.3.31>

제987조 삭제 <2005.3.31>

제988조 삭제 <1990.1.13>

제989조 삭제 <2005.3.31>

제990조 삭제 <1990.1.13>

제991조 삭제 <2005.3.31>

제992조 삭제 <2005.3.31>

제993조 삭제 <2005.3.31>

제994조 삭제 <2005.3.31>

제3절 삭제

제995조 삭제 <2005.3.31>

제996조 삭제 <1990.1.13>

제5편 상속
제1장 상속
제1절 총칙

제997조 【상속개시의 원인】 상속은 사망으로 인하여 개시된다. [개정 1990.1.13]

제998조 【상속개시의 장소】
상속은 피상속인의 주소지에서 개시한다. [전문개정 1990.1.13]

판례-상속세부과처분취소

[대법원 1999.11.26, 선고, 98두17968, 판결]

【판시사항】
[1] 관할 없는 세무서장이 한 상속세부과처분의 적부(위법)
[2] 상속세 신고시 피상속인의 주소를 실제 주소지와 다르게 기재한 납세의무자가 상속세부과처분이 있은 후 그 부과처분의 관할위반을 다투는 것이 신의칙에 위반되는지 여부(소극) 및 과세관청이 피상속인의 주소지를 확인하지 않고 납세의무자의 신고에만 의존한 경우, 그 관할에 관한 신뢰가 보호받을 가치가 있는 것인지 여부(소극)

【판결요지】
[1] 구 상속세법시행령(1996. 12. 31. 대통령령 제15193호 상속세및증여세법시행령으로 전문 개정되기 전의 것) 제1조 제1항에 의하면, 상속개시지를 관할하는 세무서를 상속세 소관세무서로 한다고 규정하고 있고, 상속은 피상속인의 주소지에서 개시되므로(민법 제998조), 상속세의 소관세무서는 피상속인의 주소지를 관할하는 세무서가 되고, 한편 국세기본법 제43조, 제44조, 같은법시행령 제24조에 의하면, 과세표준신고서는 그 신고 당시 당해 국세의 납세지를 관할하는 세무서장에게 제출하여야 하고, 국세의 과세표준과 세액의 결정은 그 처분 당시 당해 국세의 납세지를 관할하는 세무서장이 하

되, 과세표준신고서가 잘못 제출된 경우에는 관할 세무서를 밝혀 그 세무서장에게 제출토록 하고, 그를 접수한 후에 소관 외의 것임을 안 때에는 그 신고서를 관할세무서장에게 지체 없이 송부하도록 규정하고 있는바, 이들 규정을 종합하여 보면, 상속세를 피상속인의 주소지를 관할하는 세무서장이 아닌 세무서장에게 신고하였다고 하여 그 세무서장에게 그 상속세에 관한 관할이 생기는 것이 아니며, 따라서 그처럼 관할 없는 세무서장이 한 상속세부과처분은 위와 같은 관계 법령을 위배한 것으로서 위법하다.
[2] 납세의무자에게 신의칙을 적용하기 위해서는 객관적으로 모순되는 행태가 존재하고, 그 행태가 납세의무자의 심한 배신행위에 기인하였으며, 그에 기하여 야기된 과세관청의 신뢰가 보호받을 가치가 있는 것이어야 할 것인바, 상속세 신고를 받았으나 관할이 없는 세무서장으로서는 그 관할을 조사하여 그에 따른 조치를 취하여야 하는 점에 비추어 보면, 그와 같은 조사의무를 다하지 아니한 과세관청에 대하여 상속세 신고시 피상속인의 주소지를 실제 주소지와 다르게 기재한 납세의무자가 상속세부과처분이 있은 후에 그 부과처분의 관할위반을 뒤늦게 다툰다는 것만으로 심한 배신행위를 하였다고 할 수 없을 뿐더러, 과세관청이 주민등록표등본 등에 의하여 피상속인의 주소지를 확인하여 보지도 아니한 채 납세의무자의 신고에만 의지하여 관할이 있는 것으로 믿었다 하여 그 관할에 관한 신뢰가 보호받을 가치가 있는 신뢰라고 할 수도 없다.

제998조의2 【상속비용】
상속에 관한 비용은 상속재산 중에서 지급한다. [본조신설 1990.1.13.]

제999조 【상속회복청구권】 ①상속권이 참칭상속권자로 인하여 침해된 때에는 상속권자 또는 그 법정대리인은 상속회복의 소를 제기할 수 있다.
②제1항의 상속회복청구권은 그 침해를 안 날부터 3년, 상속권의 침해행위가 있은 날부터 10년을 경과하면 소멸된다. [개정 2002.1.14]
[전문개정 1990.1.13]

제2절 상속인

제1000조 【상속의 순위】 ①상속에 있어서는 다음 순위로 상속인이 된다. [개정 1990.1.13]
1. 피상속인의 직계비속
2. 피상속인의 직계존속
3. 피상속인의 형제자매
4. 피상속인의 4촌 이내의 방계혈족

②전항의 경우에 동순위의 상속인이 수인인 때에는 최근친을 선순위로 하고 동친등의 상속인이 수인인 때에는 공동상속인이 된다.
③태아는 상속순위에 관하여는 이미 출생한 것으로 본다. [개정 1990.1.13]

판례-대여금(상속포기와 상속인 사건)

[대법원 2015.5.14, 선고, 2013다48852, 판결]

【판시사항】
피상속인의 배우자와 자녀 중 자녀 전부가 상속을 포기한 경우의 상속인

【판결요지】
상속을 포기한 자는 상속개시된 때부터 상속인이 아니었던 것과 같은 지위에 놓이게 되므로, 피상속인의 배우자와 자녀 중 자녀 전부가 상속을 포기한 경우에는 배우자와

피상속인의 손자녀 또는 직계존속이 공동으로 상속인이 되고, 피상속인의 손자녀와 직계존속이 존재하지 아니하면 배우자가 단독으로 상속인이 된다.

장인과 처가 동시에 사망한 경우 사위가 장인의 재산을 상속받을 수 있는지

(대한법률구조공단 자료)

질문

저의 처 甲은 장인 乙과 비행기로 여행을 하던 중 비행기가 추락하여 모두 사망하였습니다. 당시 乙에게는 甲 이외의 다른 자녀나 배우자는 없고 직계존속인 부친 丙이 있었습니다. 이 경우 저는 장인인 乙의 재산을 상속받을 수 있는지요?

답변

「민법」 제1000조 제1항에 의한 상속인의 순위를 보면 1. 피상속인의 직계비속, 2. 피상속인의 직계존속, 3. 피상속인의 형제·자매, 4. 피상속인의 4촌이내의 방계혈족으로 정하고 있습니다. 또한, 같은 법 제1001조에서는 제1000조 제1항 제1호와 제3호의 규정에 의하여 상속인이 될 직계비속 또는 형제자매가 상속개시전에 사망하거나 결격자가 된 경우에 그 직계비속이 있는 때에는 그 직계비속이 사망하거나 결격된 자의 순위에 갈음하여 상속인이 되도록 하는 대습상속을 규정하고 있고, 배우자의 상속순위와 관련하여 같은 법 제1003조 제2항은 "대습상속의 경우에 상속개시전에 사망 또는 결격된 자의 배우자는 동조의 규정에 의한 상속인과 동순위로 공동상속인이 되고 그 상속인이 없는 때에는 단독 상속인이 된다."라고 규정하고 있습니다.

귀하의 경우 장인 乙의 재산에 대한 상속권이 있는지 여부는 비행기 사고로 사망한 甲과 乙의 사망순서에 따라 달리 파악해야 합니다.

만약 위 비행기 사고로 장인 乙이 먼저 사망한 후 처 甲이 사망한 것으로 밝혀진 경우에는 乙의 재산을 일단 甲이 단독상속하였다가 이어서 甲이 사망하였으므로 甲의 재산은 배우자인 귀하와 직계존속 丙이 공동상속을 하게 되며(같은 법 제1000조 제1항 제2호, 제1003조 제1항), 반대로 처 甲이 먼저 사망한 후 장인 乙이 사망한 것으로 밝혀진 경우에는 乙의 재산은 귀하가 단독으로 대습상속하게 됩니다(같은 법 제1003조 제2항).

그러나 보통 비행기 추락 사고로 인하여 탑승자가 사망한 경우 사망자의 사망 선후가 밝혀지지 않는 경우가 대부분이고 이와 같은 경우에는 「민법」 제 30조에 따라 2인 이상이 동일한 위난으로 사망한 경우로서 동시에 사망한 것으로 추정됩니다.

이 경우 乙이 甲보다 먼저 사망한 경우가 아니므로 乙의 재산을 일단 甲이 상속하였다가 이를 다시 귀하와 丙이 공동상속하는 것으로는 볼 수 없고, 민법의 대습상속 규정을 이 경우에도 적용하여 귀하가 乙의 재산을 단독으로 대습상속할 수 있는지가 문제됩니다.

대습상속 규정에 따르면 '상속인이 될 직계비속 또는 형제자매가 상속개시 전에 사망하거나 결격자가 된 경우' 그 직계비속이나 배우자가 피상속인의 지위를 대습상속한다는 것이므로, 위 규정을 문언 그대로 엄격하게 해석할 경우에는 피상속인(위사안에서 乙)과 상속인이 될 직계비속(위 사안에서 甲)이 동시에 사망한 경우에는 乙의 재산에 대하여 귀하의 대습상속이 인정되기 어려워 보이나, 이에 관하여 판례는 "상속인이 될 직계비속이나 형제자매(피대습자)의 직계비속 또는 배우자(대습자)는 피대습자가 상속개시 전에 사망한 경우에는 대습상속을 하고, 피대습자가 상속개시 후에 사망한 경우에는 피대습자를 거쳐 피상속인의 재산을 본위상속을 하므로 두 경우 모두 상속을 하는데, 만일 피대습자가 피상속인의 사망, 즉 상속개시와 동시에 사망한 것으로 추정되는 경우에만 그 직계비속 또는 배우자가 본위상속과 대습상속의 어느 쪽도 하지 못하게 된다면 동시사망 추정 이외의 경우에 비하여 현저히 불공평하고 불합리한 것이라 할 것이므로, 민법 제1001조의 '상속인이 될 직계비속이 상속개시 전에 사망한 경우'에는 '상속인이 될 직계비속이 상속개시와 동시에 사망한 것으로 추정되는 경우'도 포함하는 것으로 합목적적으로 해석함이 상당하다."라고 하였습니다(대법원 2001. 3. 9. 선고 99다13157 판결).

따라서 비행기 사고로 甲과 乙이 동시에 사망한 것으로 추정되는 경우에도 귀하는 乙의 재산을 단독으로 대습상속 할 수 있을 것으로 보입니다.

"본 사례는 개인의 법률문제 해결에 도움을 주고자 게재되었으나, 이용자 여러분의 생활에서 발생하는 구체적 사안은 동일하지는 않을 것이므로 참고자료로 활용하시기 바랍니다."

제1001조 【대습상속】

전조제1항제1호와 제3호의 규정에 의하여 상속인이 될 직계비속 또는 형제자매가 상속개시전에 사망하거나 결격자가 된 경우에 그 직계비속이 있는 때에는 그 직계비속이 사망하거나 결격된 자의 순위에 가름하여 상속인이 된다.

제1002조 삭제 <1990.1.13>

제1003조 【배우자의 상속순위 <개정 1990.1.13>】 ①피상속인의 배우자는 제1000조제1항제1호와 제2호의 규정에 의한 상속인이 있는 경우에는 그 상속인과 동순위로 공동상속인이 되고 그 상속인이 없는 때에는 단독상속인이 된다. [개정 1990.1.13]
②제1001조의 경우에 상속개시전에 사망 또는 결격된 자의 배우자는 동조의 규정에 의한 상속인과 동순위로 공동상속인이 되고 그 상속인이 없는 때에는 단독상속인이 된다. [개정 1990.1.13]

판례-소유권이전등기말소

[대법원 2001.3.9, 선고, 99다13157, 판결]

【판시사항】
[1] 피상속인의 사위가 피상속인의 형제자매보다 우선하여 단독으로 대습상속한다는 민법 제1003조 제2항이 위헌인지 여부(소극)
[2] 동시사망으로 추정되는 경우 대습상속의 가능 여부(적극)
[3] 피상속인의 자녀가 상속개시 전에 전부 사망한 경우 피상속인의 손자녀의 상속의 성격(대습상속)

【판결요지】
[1] ① 우리 나라에서는 전통적으로 오랫동안 며느리의 대습상속이 인정되어 왔고, 1958. 2. 22. 제정된 민법에서도 며느리의 대습상속을 인정하였으며, 1990. 1. 13. 개정된 민법에서 며느리에게만 대습상속을 인정하는 것은 남녀평등·부부평등에 반한다는 것을 근거로 하여 사위에게도 대습상속을 인정하는 것으로 개정한 점, ② 헌법 제11조 제1항이 누구든지 성별에 의하여 정치적·경제적·사회적·문화적 생활의 모든 영역에 있어서 차별을 받지 아니한다고 규정하고 있고, 헌법 제36조 제1항이 혼인과 가족생활은 양성의 평등을 기초로 성립되고 유지되어야 하며 국가는 이를 보장한다고 규정하고 있는 점, ③ 현대 사회에서 딸이나 사위가 친정 부모 내지 장인장모를 봉양, 간호하거나 경제적으로 지원하는 경우가 드물지 아니한 점, ④ 배우자의 대습상속은 혈족상속과 배우자상속이 충돌하는 부분인데 이와 관련한 상속순위와 상속분은 입법자가 입법정책적으로 결정할 사항으로서 원칙적으로 입법자의 입법형성의 재량에 속한다고 할 것인 점, ⑤ 상속순위와 상속분은 그 나라 고유의 전통과 문화에 따라 결정될 사항이지 다른 나라의 입법례에 크게 좌우될 것은 아닌 점, ⑥ 피상속인의 방계혈족에 불과한 피상속인의 형제자매가 피상속인의 재산을 상속받을 것을 기대하는 지위는 피상속인의 직계혈족의 그러한 지위만큼 입법적으로 보호하여야 할 당위성이 강하지 않은 점 등을 종합하여 볼 때, 외국에서 사위의 대습상속권을 인정한 입법례를 찾기 어렵고, 피상속인의 사위가 피상속인의 형제자매보다 우선하여 단독으로 대습상속하는 것이 반드시 공평한 것인지 의문을 가져볼 수는 있다 하더라도, 이를 이유로 곧바로 피상속인의 사위가 피상속인의 형제자매보다 우선하여 단독으로 대습상속할 수 있음이 규정된 민법 제1003조 제2항이 입법형성의 재량의 범위를 일탈하여 행복추구권이나 재산권보장 등에 관한 헌법규정에 위배되는 것이라고 할 수 없다.
[2] 원래 대습상속제도는 대습자의 상속에 대한 기대를 보호함으로써 공평을 꾀하고 생존 배우자의 생계를 보장하여 주려는 것이고, 또한 동시사망 추정규정도 자연과학적으로 엄밀한 의미의 동시사망은 상상하기 어려운 것이나 사망의 선후를 입증할 수 없는 경우 동시에 사망한 것으로 다루는 것이 결과에 있어 가장 공평하고 합리적이라는

데에 그 입법 취지가 있는 것인바, 상속인이 될 직계비속이나 형제자매(피대습자)의 직계비속 또는 배우자(대습자)는 피대습자가 상속개시 전에 사망한 경우에는 대습상속을 하고, 피대습자가 상속개시 후에 사망한 경우에는 피대습자를 거쳐 피상속인의 재산을 본위상속을 하므로 두 경우 모두 상속을 하는데, 만일 피대습자가 피상속인의 사망, 즉 상속개시와 동시에 사망한 것으로 추정되는 경우에만 그 직계비속 또는 배우자가 본위상속과 대습상속의 어느 쪽도 하지 못하게 된다면 동시사망 추정 이외의 경우에 비하여 현저히 불공평하고 불합리한 것이라 할 것이고, 이는 앞서 본 대습상속제도 및 동시사망 추정규정의 입법 취지에도 반하는 것이므로, 민법 제1001조의 '상속인이 될 직계비속이 상속개시 전에 사망한 경우'에는 '상속인이 될 직계비속이 상속개시와 동시에 사망한 것으로 추정되는 경우'도 포함하는 것으로 합목적적으로 해석함이 상당하다.
[3] 피상속인의 자녀가 상속개시 전에 전부 사망한 경우 피상속인의 손자녀는 본위상속이 아니라 대습상속을 한다.

사실혼관계에 있는 처에 대한 증여의 효과

(대한법률구조공단 자료)

질문

저는 주위 사람의소개로 노인 甲을 만나 그를 간병하면서 동거하고 있습니다.
甲의 처는 오래 전에 사망하였고 가족으로는 외아들과 딸이 있는데, 외아들은 미국유학 후 영주권을 얻어 미국에 살고 있으며, 딸도 또한 외국이민을 갔습니다. 그런데 얼마 전 甲이 건강악화로 입원치료를 받게 되었는데, 이를 알고 귀국한 아들·딸은 甲이 자기 사후에 유산을 저에게도 얼마간 증여하겠다고 한 사실에 대해 설혹 기록으로 그러한 사실을 남겼다 하더라도 그것은 법적 효력이 없다고 합니다. 甲의 유언과 가족들의 주장 중 어떤 것이 법적으로 맞는지요?

답변

귀하의 경우 동거중인 甲이 사망하였을 때 그의 재산을 귀하가 이전받는 방법에는 재산상속에 의하는 경우와 유증에 의하는 경우가 있습니다.
첫째, 귀하가 甲의 재산을 상속받기 위해서는 甲과 부부로서 혼인신고를 하여야 하고, 혼인신고를 한 후에 甲이 사망하면 배우자로서의 상속분을 받을 수 있습니다. 그러나 혼인신고를 하지 아니하고 사망하면 재산상속을 받을 수 없습니다(민법 제1003조, 제1009조).
둘째, 유증(遺增)의 방법에 의한 재산의 이전은 甲이 사망하기 전에 유언으로 일정재산을 귀하에게 증여하는 의사표시를 하고, 甲이 사망하기 전에 유언으로 일정재산을 귀하에게 증여하는 의사표시를 하고, 甲의 사망 후 그 유언에 대하여 법원의 검인절차를 밟으면 귀하는 유증 받은 재산에 대하여 다른 상속인에 우선하여 그 재산을 이전 받을 수가 있으며, 다만 귀하가 甲의 재산을 전부 유증 받을 경우 등으로 甲의 자녀들이 그들의 법정상속분의 2분의 1 한도 내에서 가지는 유류분에 부족이 생길 경우에는 그 한도 내에서 반환청구를 할 수 있을 것입니다.
한편, 재산상속이나 유증에 의하지 아니하고 甲이 살아있는 동안 재산을 이전받는 방법으로 甲이 일정재산을 귀하에게 증여하기로 계약하고 등기이전 등의 이행절차를 완료하게 되면 귀하는 완전한 소유권을 취득할 수 있습니다. 다만, 이 경우에도 상속개시전의 1년간에 행해진 증여재산에 대하여는 유류분산정재산에 포함될 수 있고, 유류분에 부족이 생긴 때에는 반환청구를 당할 수도 있습니다(민법 제1115조, 제 1114조).
참고로 유언의 방식은 자필증서, 녹음, 공정증서, 비밀증서와 구수증서에 의한 다섯 가지 종류가 있는데, 이는 모두 일정한 요건을 요하는 요식행위로서 이러한 요건을 갖추지 못한 유언은 유언으로서의 효력이 없습니다(민법 제1065조).
또한, 특별연고자(피상속인과 생계를 같이 하고 있던자, 피상속인의 요양간호를 한 자, 기타 상속인과 특별한 연고가 있던 자)의 상속재산분여청구권은 상속인이 존재하지 않는 경우에만 인정되므로 위 사안의 경우에는 적용이 없습니다(민법 제1057조의2).

"본 사례는 개인의 법률문제 해결에 도움을 주고자 게재되었으나, 이용자 여러분의 생활에서 발생하는 구체적 사안은 동일하지는 않을 것이므로 참고자료로 활용하시기 바랍니다."

第1004조 【상속인의 결격사유】
다음 각 호의 어느 하나에 해당한 자는 상속인이 되지 못한다.
[개정 1990.1.13, 2005.3.31]

1. 고의로 직계존속, 피상속인, 그 배우자 또는 상속의 선순위나 동순위에 있는 자를 살해하거나 살해하려 한 자
2. 고의로 직계존속, 피상속인과 그 배우자에게 상해를 가하여 사망에 이르게 한 자
3. 사기 또는 강박으로 피상속인의 상속에 관한 유언 또는 유언의 철회를 방해한 자
4. 사기 또는 강박으로 피상속인의 상속에 관한 유언을 하게 한 자
5. 피상속인의 상속에 관한 유언서를 위조·변조·파기 또는 은닉한 자

판례-상속재산분할청구·기여분

[대법원 2015.7.17, 자, 2014스206,207, 결정]

【판시사항】
민법 제1008조의 규정 취지 및 상속결격사유가 발생한 이후에 결격된 자가 피상속인에게서 직접 증여를 받은 경우, 그 수익이 특별수익에 해당하는지 여부(원칙적 소극)

【판결요지】
민법 제1008조는 공동상속인 중 피상속인에게서 재산의 증여 또는 유증을 받은 특별수익자가 있는 경우 공동상속인들 사이의 공평을 기하기 위하여 수증재산을 상속분의 선급으로 다루어 구체적인 상속분을 산정할 때 이를 참작하도록 하려는 데 취지가 있는 것이므로, 상속결격사유가 발생한 이후에 결격된 자가 피상속인에게서 직접 증여를 받은 경우, 그 수익은 상속인의 지위에서 받은 것이 아니어서 원칙적으로 상속분의 선급으로 볼 수 없다. 따라서 결격된 자의 수익은 특별한 사정이 없는 한 특별수익에 해당하지 않는다.

제3절 상속의 효력

제1관 일반적 효력

第1005조 【상속과 포괄적 권리의무의 승계】 상속인은 상속개시된 때로부터 피상속인의 재산에 관한 포괄적 권리의무를 승계한다. 그러나 피상속인의 일신에 전속한 것은 그러하지 아니하다. [개정 1990.1.13]

第1006조 【공동상속과 재산의 공유】 상속인이 수인인 때에는 상속재산은 그 공유로한다. [개정 1990.1.13]

第1007조 【공동상속인의 권리의무 승계】 공동상속인은 각자의 상속분에 응하여 피상속인의 권리의무를 승계한다.

第1008조 【특별수익자의 상속분】
공동상속인 중에 피상속인으로부터 재산의 증여 또는 유증을 받은 자가 있는 경우에 그 수증재산이 자기의 상속분에 달하지 못한 때에는 그 부족한 부분의 한도에서 상속분이 있다.
[개정 1977.12.31]

제1008조의2 【기여분】
①공동상속인 중에 상당한 기간 동거·간호 그 밖의 방법으로 피상속인을 특별히 부양하거나 피상속인의 재산의 유지 또는 증가에 특별히 기여한 자가 있을 때에는 상속개시 당시의 피상속인의 재산가액에서 공동상속인의 협의로 정한 그 자의 기여분을 공제한 것을 상속재산으로 보고 제1009조 및 제1010조에 의하여 산정한 상속분에 기여분을 가산한 액으로써 그 자의 상속분으로 한다. [개정 2005.3.31]
②제1항의 협의가 되지 아니하거나 협의할 수 없는 때에는 가정법원은 제1항에 규정된 기여자의 청구에 의하여 기여의 시기·방법 및 정도와 상속재산의 액 기타의 사정을 참작하여 기여분을 정한다.
③기여분은 상속이 개시된 때의 피상속인의 재산가액에서 유증의 가액을 공제한 액을 넘지 못한다.
④제2항의 규정에 의한 청구는 제1013조제2항의 규정에 의한 청구가 있을 경우 또는 제1014조에 규정하는 경우에 할 수 있다.
[본조신설 1990.1.13]

제1008조의3 【분묘등의 승계】
분묘에 속한 1정보이내의 금양임야와 600평이내의 묘토인 농지, 족보와 제구의 소유권은 제사를 주재하는 자가 이를 승계한다. [본조신설 1990.1.13]

제2관 상속분

제1009조 【법정상속분】
①동순위의 상속인이 수인인 때에는 그 상속분은 균분으로 한다.
[개정 1977.12.31, 1990.1.13]
②피상속인의 배우자의 상속분은 직계비속과 공동으로 상속하는 때에는 직계비속의 상속분의 5할을 가산하고, 직계존속과 공동으로 상속하는 때에는 직계존속의 상속분의 5할을 가산한다. [개정 1990.1.13]
③삭제 <1990.1.13.>

제1010조 【대습상속분】
①제1001조의 규정에 의하여 사망 또는 결격된 자에 가름하여 상속인이 된 자의 상속분은 사망 또는 결격된 자의 상속분에 의한다.
②전항의 경우에 사망 또는 결격된 자의 직계비속이 수인인 때에는 그 상속분은 사망 또는 결격된 자의 상속분의 한도에서 제1009조의 규정에 의하여 이를 정한다. 제1003조제2항의 경우에도 또한 같다.

제1011조 【공동상속분의 양수】
①공동상속인 중에 그 상속분을 제삼자에게 양도한 자가 있는 때에는 다른 공동상속인은 그 가액과 양도비용을 상환하고 그 상속분을 양수할 수 있다.
②전항의 권리는 그 사유를 안 날로부터 3월, 그 사유있은 날로부터 1년내에 행사하여야 한다.

판례-상속분양수

[대법원 2006.3.24, 선고, 2006다2179, 판결]

【판시사항】

[1] 민법 제1011조 제1항에 규정된 '상속분의 양도'의 의미

[2] 공동상속인 중 일부가 상속재산인 임야 중 자신들의 상속지분을 양도한 경우, 이는 민법 제1011조 제1항에 규정된 '상속분의 양도'에 해당하지 아니하고 상속받은 임야에 관한 공유지분을 양도한 것에 불과하여, 다른 공동상속인에게
민법 제1011조 제1항에 규정된 상속분 양수권이 있다고 볼 수 없다고 한 원심의 판단을 수긍한 사례

【판결요지】

[1] 민법 제1011조 제1항은 "공동상속인 중 그 상속분을 제3자에게 양도한 자가 있는 때에는 다른 공동상속인은 그 가액과 양도비용을 상환하고 그 상속분을 양수할 수 있다."고 규정하고 있는바, 여기서 말하는 '상속분의 양도'란 상속재산분할 전에 적극재산과 소극재산을 모두 포함한 상속재산 전부에 관하여 공동상속인이 가지는 포괄적 상속분, 즉 상속인 지위의 양도를 의미하므로, 상속재산을 구성하는 개개의 물건 또는 권리에 대한 개개의 물권적 양도는 이에 해당하지 아니한다.

[2] 공동상속인 중 일부가 상속재산인 임야 중 자신들의 상속지분을 양도한 경우, 이는 민법 제1011조 제1항에 규정된 '상속분의 양도'에 해당하지 아니하고 상속받은 임야에 관한 공유지분을 양도한 것에 불과하여, 다른 공동상속인에게 민법 제1011조 제1항에 규정된 상속분 양수권이 있다고 볼 수 없다고 한 원심의 판단을 수긍한 사례.

제3관 상속재산의 분할

제1012조 【유언에 의한 분할방법의 지정, 분할금지】 피상속인은 유언으로 상속재산의 분할방법을 정하거나 이를 정할 것을 제삼자에게 위탁할 수 있고 상속개시의 날로부터 5년을 초과하지 아니하는 기간내의 그 분할을 금지할 수 있다.

제1013조 【협의에 의한 분할】
①전조의 경우외에는 공동상속인은 언제든지 그 협의에 의하여 상속재산을 분할할 수 있다.
②제269조의 규정은 전항의 상속재산의 분할에 준용한다.

제1014조 【분할후의 피인지자등의 청구권】 상속개시후의 인지 또는 재판의 확정에 의하여 공동상속인이 된 자가 상속재산의 분할을 청구할 경우에 다른 공동상속인이 이미 분할 기타 처분을 한 때에는 그 상속분에 상당한 가액의 지급을 청구할 권리가 있다.

판례-상속재산분할·기여분

[대법원 2007.7.26, 선고, 2006므2757,2764, 판결]

【판시사항】

[1] 민법 제1014조에 의한 피인지자 등의 상속분상당가액지급청구권에 대하여
같은 법 제999조 제2항에 정한 제척기간이 적용되는지 여부(적극) 및 혼인외의 자가 인지판결 확정으로 공동상속인이 된 경우, 위 제척기간의 기산일(=인지판결 확정일)

[2] 상속분상당가액지급청구권의 가액산정 대상 재산을 인지 전에 이미 분할 내지 처분된 상속재산 전부로 삼는다는 뜻과 함께 추후 감정결과에 따라 청구취지를 확장하

겠다는 뜻을 미리 밝히면서 우선 일부의 금액만을 제척기간 내에 청구하고 그 제척기간 경과 후에 감정결과에 따라 청구취지를 확장한 경우, 청구취지 확장으로 추가된 부분에 관하여도 제척기간을 준수한 것인지 여부(적극)
[3] 가사소송법상의 가류 가사소송사건에 해당하는 청구에 관한 재판상 화해나 조정의 효력(무효)
[4] 혼인외의 자가 친생자관계의 부존재를 확인하는 대가로 금원 등을 지급받으면서 추가적인 금전적 청구를 포기하기로 합의하고도 이에 반하여 인지청구를 하고 그 확정판결에 따라 상속분상당가액지급청구를 한 것이 신의칙 위반으로 보기 어렵다고 한 사례
[5] 인지 전에 이미 분할되거나 처분된 상속재산으로부터 발생한 과실이 상속재산에 해당하는지 여부(소극) 및 민법 제1014조에 의한 상속분상당가액지급청구에 있어 가액산정 대상에 포함되는지 여부(소극)
[6] 비상장주식의 가액 평가에 관하여 상이한 수개의 감정결과 중 구 상속세법 시행령 제5조 제6항 제1호 (나)목 및 상속세 및 증여세법 시행령 제54조에 정한 방법에 의해 순자산가치와 순손익가치를 모두 고려하여 평가한 감정결과를 채용한 원심의 조치를 수긍한 사례
[7] 민법 제1014조에 의한 상속분상당가액지급청구에 있어 그 대상재산의 가액산정시 공제되어야 할 상속세에 신고지연 등으로 인한 가산세가 포함된다고 본 원심의 판단을 수긍한 사례
[8] 민법 제1014조에 의한 상속분상당가액지급청구에 있어 '정확한 권리의 가액을 알 수 없으므로 추후 감정결과에 따라 청구취지를 확장하겠다'는 뜻을 미리 밝히면서 우선 일부의 금액만을 청구하였다가 그 후 감정결과에 따라 청구취지를 확장한 경우, 청구취지의 확장으로 추가되는 금액 부분에 관한 지체책임의 발생시점(=청구취지변경신청서 등의 송달일 다음날)

【판결요지】
[1] 민법 제1014조에 의한 피인지자 등의 상속분상당가액지급청구권은 그 성질상 상속회복청구권의 일종이므로 같은 법 제999조 제2항에 정한 제척기간이 적용되고, 같은 항에서 3년의 제척기간의 기산일로 규정한 '그 침해를 안 날'이라 함은 피인지자가 자신이 진정상속인인 사실과 자신이 상속에서 제외된 사실을 안 때를 가리키는 것으로 혼인외의 자가 법원의 인지판결 확정으로 공동상속인이 된 때에는 그 인지판결이 확정된 날에 상속권이 침해되었음을 알았다고 할 것이다.
[2] 상속회복청구권의 경우 상속재산의 일부에 대해서만 제소하여 제척기간을 준수하였을 때에는 청구의 목적물로 하지 않은 나머지 상속재산에 대해서는 제척기간을 준수한 것으로 볼 수 없고, 민법 제1014조에 의한 상속분상당가액지급청구권의 경우도 같은 법 제999조 제2항의 제척기간이 도과되면 소멸하므로 그 기간 내에 한 청구채권에 터 잡아 제척기간 경과 후 청구취지를 확장하더라도 그 추가 부분의 청구권은 소멸한다고 할 것이나, 만일 상속분상당가액지급청구권의 가액산정 대상재산을 인지 전에 이미 분할 내지 처분된 상속재산 전부로 삼는다는 뜻과 다만, 그 정확한 권리의 가액을 알 수 없으므로 추후 감정결과에 따라 청구취지를 확장하겠다는 뜻을 미리 밝히면서 우선 일부의 금액만을 청구한다고 하는 경우 그 청구가 제척기간 내에 한 것이라면, 대상 재산의 가액에 대한 감정결과를 기다리는 동안 제척기간이 경과하고 그 후에 감정결과에 따라 청구취지를 확장한 때에는, 위와 같은 청구취지의 확장으로 추가된 부분에 관해서도 그 제척기간은 준수한 것으로 봄이 상당하다.
[3] 친생자관계의 존부 확인과 같이 현행 가사소송법상의 가류 가사소송사건에 해당하는 청구는 성질상 당사자가 임의로 처분할 수 없는 사항을 대상으로 하는 것으로, 이에 관하여 조정이나 재판상 화해가 성립하더라도 효력이 없다.
[4] 혼인외의 자가 친생자관계의 부존재를 확인하는 대가로 금원 등을 지급받으면서 추가적인 금전적 청구를 포기하기로 합의하였다 하더라도 이러한 합의는 당사자가 임의로 처분할 수 없는 사항에 관한 처분을 전제로 한 것이므로, 이에 반하여 인지청구

를 하고 그 확정판결에 따라 상속분상당가액지급청구를 하더라도 신의칙 위반으로 보기 어렵다고 한 사례.
[5] 인지 전에 공동상속인들에 의해 이미 분할되거나 처분된 상속재산은 이를 분할받은 공동상속인이나 공동상속인들의 처분행위에 의해 이를 양수한 자에게 그 소유권이 확정적으로 귀속되는 것이며, 그 후 그 상속재산으로부터 발생하는 과실은 상속개시 당시 존재하지 않았던 것이어서 이를 상속재산에 해당한다 할 수 없고, 상속재산의 소유권을 취득한 자(분할받은 공동상속인 또는 공동상속인들로부터 양수한 자)가 민법 제102조에 따라 그 과실을 수취할 권능도 보유한다고 할 것이며, 민법 제1014조도 '이미 분할 내지 처분된 상속재산' 중 피인지자의 상속분에 상당한 가액의 지급청구권만을 규정하고 있을 뿐 '이미 분할 내지 처분된 상속재산으로부터 발생한 과실'에 대해서는 별도의 규정을 두지 않고 있으므로, 결국 민법 제1014조에 의한 상속분상당가액지급청구에 있어 상속재산으로부터 발생한 과실은 그 가액산정 대상에 포함된다고 할 수 없다.
[6] 비상장주식의 가액 평가에 관하여 상이한 수개의 감정결과 중 구 상속세법 시행령(1994. 12. 31. 대통령령 제14469호로 개정되기 전의 것) 제5조 제6항 제1호 (나)목 및 상속세 및 증여세법 시행령 제54조에 정한 방법에 의해 순자산가치와 순손익가치를 모두 고려하여 평가한 감정결과를 채용한 원심의 조치를 수긍한 사례.
[7] 민법 제1014조에 의한 상속분상당가액지급청구에 있어 그 대상재산의 가액산정시 공제되어야 할 상속세에 신고지연 등으로 인한 가산세가 포함된다고 본 원심의 판단을 수긍한 사례.
[8] 민법 제1014조에 의한 상속분상당가액지급청구에 있어 원고가 '정확한 권리의 가액을 알 수 없으므로 추후 감정결과에 따라 청구취지를 확장하겠다'는 뜻을 미리 밝히면서 우선 일부의 금액만을 청구하였다가 그 후 감정결과에 따라 청구취지를 확장한 경우에 그 권리행사의 제척기간 준수 여부는 청구취지의 확장으로 추가된 부분에 관해서도 우선 일부의 금액을 청구하였던 시점을 기준으로 판단한다 하더라도, 피고의 지체책임의 발생시점을 판단함에 있어서는, 피고로서는 원고가 일부의 금액만을 청구한 채 감정결과를 기다린다는 이유로 청구취지를 확장하지 않고 있는 동안에는 지급하여야 할 구체적 액수가 확정되지 않은 이상 그 액수 미확정 부분에 관한 지급의무의 미이행에 어떤 귀책사유가 있다고 할 수 없으므로, 청구취지의 확장으로 추가되는 금액 부분에 관한 지체책임은 그 청구취지 확장의 뜻이 담긴 청구취지변경신청서 등의 송달일 다음날부터 비로소 발생한다.

제1015조 【분할의 소급효】
상속재산의 분할은 상속개시된 때에 소급하여 그 효력이 있다. 그러나 제삼자의 권리를 해하지 못한다.

제1016조 【공동상속인의 담보책임】 공동상속인은 다른 공동상속인이 분할로 인하여 취득한 재산에 대하여 그 상속분에 응하여 매도인과 같은 담보책임이 있다.

제1017조 【상속채무자의 자력에 대한 담보책임】 ①공동상속인은 다른 상속인이 분할로 인하여 취득한 채권에 대하여 분할당시의 채무자의 자력을 담보한다.
②변제기에 달하지 아니한 채권이나 정지조건있는 채권에 대하여는 변제를 청구할 수 있는 때의 채무자의 자력을 담보한다.

제1018조 【무자력공동상속인의 담보책임의 분담】 담보책임있는 공동상속인 중에 상환의 자력이 없는 자가 있는 때에는 그 부담부분은 구상권자와 자력있는 다른 공동상속인이 그 상속분에 응하여 분담한다. 그러나 구상권자의 과실로 인하여 상환을 받지 못한 때에는 다른 공동상속인에게 분담을 청구하지 못한다.

제4절 상속의 승인 및 포기
제1관 총칙

제1019조 【승인, 포기의 기간】
①상속인은 상속개시있음을 안 날로부터 3월내에 단순승인이나 한정승인 또는 포기를 할 수 있다. 그러나 그 기간은 이해관계인 또는 검사의 청구에 의하여 가정법원이 이를 연장할 수 있다. [개정 1990.1.13]
②상속인은 제1항의 승인 또는 포기를 하기 전에 상속재산을 조사할 수 있다. [개정 2002.1.14]
③제1항의 규정에 불구하고 상속인은 상속채무가 상속재산을 초과하는 사실을 중대한 과실없이 제1항의 기간내에 알지 못하고 단순승인(제1026조제1호 및 제2호의 규정에 의하여 단순승인한 것으로 보는 경우를 포함한다)을 한 경우에는 그 사실을 안 날부터 3월내에 한정승인을 할 수 있다.
[신설 2002.1.14]

판례-대여금

[대법원 2010.6.10, 선고, 2010다7904, 판결]

【판시사항】
[1] 민법 제1019조 제3항에 정한 '상속채무가 상속재산을 초과하는 사실을 중대한 과실 없이 알지 못한 경우'의 의미 및 그 증명책임의 소재(=상속인)
[2] 피상속인을 상대로 한 손해배상청구소송의 제1, 2심에서 모두 소멸시효 완성을 이유로 원고 패소 판결이 선고된 후 상고심 계속 중에 피상속인이 사망함으로써 상속인들이 소송을 수계한 사안에서, 그 후 상고심에서 위 소멸시효 항변이 권리남용에 해당함을 이유로 원고 승소 취지의 파기환송 판결이 선고되었다고 하여 위 소송수계일 무렵부터 파기환송 판결선고일까지 사이에 상속인들이 상속채무 초과 사실을 중대한 과실로 알지 못하였다고 볼 수 없다고 한 사례

【판결요지】
[1] 민법 제1019조 제3항은 민법 제1026조 제2호에 대한 헌법재판소의 헌법불합치 결정 이후에 신설된 조항으로, 위 조항에서 말하는 상속채무가 상속재산을 초과하는 사실을 중대한 과실로 알지 못한다 함은 '상속인이 조금만 주의를 기울였다면 상속채무가 상속재산을 초과한다는 사실을 알 수 있었음에도 이를 게을리 함으로써 그러한 사실을 알지 못한 것'을 의미하고, 상속인이 상속채무가 상속재산을 초과하는 사실을 중대한 과실 없이 민법 제1019조 제1항의 기간 내에 알지 못하였다는 점에 대한 증명책임은 상속인에게 있다.
[2] 피상속인을 상대로 한 손해배상청구소송의 제1, 2심에서 모두 소멸시효 완성을 이유로 원고 패소 판결이 선고된 후 상고심 계속 중에 피상속인이 사망함으로써 상속인들이 소송을 수계한 사안에서, 소멸시효 항변이 신의칙에 반하여 권리남용이 되는 것은 예외적인 법 현상인 점, 상속인들로서는 제1, 2심판결의 내용을 신뢰하여 원고의 피상속인에 대한 채권에 관하여 소멸시효가 완성된 것으로 믿을 수도 있어 법률전문가가 아닌 상속인들에게 제1, 2심의 판단과는 달리 상고심에서 소멸시효 항변이 배척될 것을 전제로 미리 상속포기나 한정승인을 해야 할 것이라고 기대하기는 어려운 점 등의 사정들을 비추어 보면, 그 후 상고심에서 위 소멸시효 항변이 신의성실의 원칙에 반하여 권리남용에 해당함을 이유로 원고 승소 취지의 파기환송 판결이 선고되었다고 하여 위 소송수계일 무렵부터 위 파기환송 판결선고일까지 사이에 상속인들이 위 원고의 채권이 존재하거나 상속채무가 상속재산을 초과하는 사실을 알았다거나 또는 조

금만 주의를 기울였다면 이를 알 수 있었음에도 이를 게을리 한 '중대한 과실'로 그러한 사실을 알지 못하였다고 볼 수는 없다고 한 사례.

제1020조 【제한능력자의 승인·포기의 기간】 상속인이 제한능력자인 경우에는 제1019조제1항의 기간은 그의 친권자 또는 후견인이 상속이 개시된 것을 안 날부터 기산(起算)한다.
[전문개정 2011.3.7.] [시행일 : 2013.7.1]

제1021조 【승인, 포기기간의 계산에 관한 특칙】 상속인이 승인이나 포기를 하지 아니하고 제1019조제1항의 기간내에 사망한 때에는 그의 상속인이 그 자기의 상속개시있음을 안 날로부터 제1019조제1항의 기간을 기산한다.

제1022조 【상속재산의 관리】
상속인은 그 고유재산에 대하는 것과 동일한 주의로 상속재산을 관리하여야 한다. 그러나 단순승인 또는 포기한 때에는 그러하지 아니하다.

판례-상속재산관리인선임

[대법원 1999.6.10, 자, 99으1, 결정]

【판시사항】
민법 제1023조 소정의 상속재산보존에 필요한 처분을 청구할 수 있는 기한 및 그 처분의 효력 존속 기한

【판결요지】
민법 제1023조는, 이해관계인 또는 검사의 청구에 의하여 상속재산의 보존에 필요한 처분을 명할 수 있도록 규정하고 있는바, 이 규정은 상속의 승인이나 포기를 위한 이른바, 고려기간 중에는 그 고유재산에 대하는 것과 동일한 주의로 상속재산을 관리하여야 하고(민법 제1022조), 상속을 포기하더라도 그 포기로 인하여 상속인이 된 자가 상속재산을 관리할 수 있을 때까지 그 재산의 관리를 계속하도록 규정한 것(민법 제1044조 제1항)과 관련되어 상속인이나 상속을 포기한 자의 관리가 부적절하거나 불가능한 경우에는 다른 공동상속인이나 이해관계인의 입장에서는 상속재산의 보존을 위한 조치를 취할 필요가 있게 된다는 취지이므로 상속포기나 한정승인을 할 수 있는 고려기간 중에 하는 상속재산관리에 관한 처분은 상속개시 후 그 고려기간이 경과되기 전에 한하여 청구할 수 있고, 그 심판에서 정한 처분의 효력은 심판청구를 할 수 있는 시적한계시까지만 존속한다.

제1023조 【상속재산보존에 필요한 처분】 ①법원은 이해관계인 또는 검사의 청구에 의하여 상속재산의 보존에 필요한 처분을 명할 수 있다.
②법원이 재산관리인을 선임한 경우에는 제24조 내지 제26조의 규정을 준용한다.

제1024조 【승인, 포기의 취소금지】
①상속의 승인이나 포기는 제1019조제1항의 기간내에도 이를 취소하지 못한다.
[개정 1990.1.13]
②전항의 규정은 총칙편의 규정에 의한 취소에 영향을 미치지 아니한다. 그러나 그 취소권은 추인할 수 있는 날로부터 3월, 승인 또는 포기한 날로부터 1년내에 행사하지 아니하면 시효로 인하여 소멸된다.

제2관 단순승인

제1025조 【단순승인의 효과】
상속인이 단순승인을 한 때에는 제한없이 피상속인의 권리의무를 승계한다. [개정 1990.1.13]

제1026조 【법정단순승인】
다음 각호의 사유가 있는 경우에는 상속인이 단순승인을 한 것으로 본다. [개정 2002.1.14]

1. 상속인이 상속재산에 대한 처분행위를 한 때
2. 상속인이 제1019조제1항의 기간내에 한정승인 또는 포기를 하지 아니한 때
3. 상속인이 한정승인 또는 포기를 한 후에 상속재산을 은닉하거나 부정소비하거나 고의로 재산목록에 기입하지 아니한 때

제1027조 【법정단순승인의 예외】
상속인이 상속을 포기함으로 인하여 차순위 상속인이 상속을 승인한 때에는 전조제3호의 사유는 상속의 승인으로 보지 아니한다.

제3관 한정승인

제1028조 【한정승인의 효과】 상속인은 상속으로 인하여 취득할 재산의 한도에서 피상속인의 채무와 유증을 변제할 것을 조건으로 상속을 승인할 수 있다. [개정 1990.1.13]

제1029조 【공동상속인의 한정승인】
상속인이 수인인 때에는 각상속인은 그 상속분에 응하여 취득할 재산의 한도에서 그 상속분에 의한 피상속인의 채무와 유증을 변제할 것을 조건으로 상속을 승인할 수 있다.

제1030조 【한정승인의 방식】
①상속인이 한정승인을 함에는 제1019조제1항 또는 제3항의 기간내에 상속재산의 목록을 첨부하여 법원에 한정승인의 신고를 하여야 한다. [개정 2005.3.31]
②제1019조제3항의 규정에 의하여 한정승인을 한 경우 상속재산 중 이미 처분한 재산이 있는 때에는 그 목록과 가액을 함께 제출하여야 한다.
[신설 2005.3.31]

판례-배당이의

[대법원 2010.3.18, 선고, 2007다77781, 전원합의체 판결]

【판시사항】
한정승인이 이루어진 경우 상속채권자가 상속재산에 관하여 한정승인자로부터 담보권을 취득한 고유채권자에 대하여 우선적 지위를 주장할 수 있는지 여부(소극)

【판결요지】
[다수의견] 법원이 한정승인신고를 수리하게 되면 피상속인의 채무에 대한 상속인의 책임은 상속재산으로 한정되고, 그 결과 상속채권자는 특별한 사정이 없는 한 상속인의 고유재산에 대하여 강제집행을 할 수 없다. 그런데 민법은 한정승인을 한 상속인(이하 '한정승인자'라 한다)에 관하여 그가 상속재산을 은닉하거나 부정소비한 경우 단순승인을 한 것으로 간주하는 것(제1026조 제3호) 외에는 상속재산의 처분행위 자체를 직접적으로 제한하는 규정을 두고 있지 않기 때문에, 한정승인으로 발생하는 위와 같은 책임제한 효과로 인하여 한정승인자의 상속재산 처분행위가 당연히 제한된다고 할 수는 없다. 또한 민법은 한정승인자가 상속재산으로 상속채권자 등에게 변제하는 절차는 규정하고 있으나(제1032조 이하), 한정승인만으로 상속채권자에게 상속재산에 관하여 한정승인자로부터 물권을 취득한 제3자에 대하여 우선적 지위를 부여하는 규정은 두고 있지 않으며, 민법 제1045조 이하의 재산분리 제도와 달리 한정승인이 이루어진 상속재산임을 등기하여 제3자에 대항할 수 있게 하는 규정도 마련하고 있지 않다. 따라서 한정승인자로부터 상속재산에 관하여 저당권 등의 담보권을 취득한 사람과 상속채권자 사이의 우열관계는 민법상의 일반원칙에 따라야 하고, 상속채권자가 한정승인의 사유만으로 우선적 지위를 주장할 수는 없다. 그리고 이러한 이치는 한정승인자가 그 저당권 등의 피담보채무를 상속개시 전부터 부담하고 있었다고 하여 달리 볼 것이 아니다.
[대법관 김영란, 박시환, 김능환의 반대의견] 한정승인자의 상속재산은 상속채권자의 채권에 대한 책임재신으로서 상속채권자에게 우선적으로 변제되고 그 채권이 청산되어야 한다. 그리고 그 반대해석상, 한정승인자의 고유채권자는 상속채권자에 우선하여 상속재산을 그 채권에 대한 책임재산으로 삼아 이에 대하여 강제집행할 수 없다고 보는 것이 형평에 맞으며, 한정승인제도의 취지에 부합한다. 이와 같이, 상속채권자가 한정승인자의 고유재산에 대하여 강제집행할 수 없는 것에 대응하여 한정승인자의 고유채권자는 상속채권자에 우선하여 상속재산에 대하여 강제집행할 수 없다는 의미에서, 상속채권자는 상속재산에 대하여 우선적 권리를 가진다. 또한 한정승인자가 그 고유채무에 관하여 상속재산에 담보물권 등을 설정한 경우와 같이, 한정승인자가 여전히 상속재산에 대한 소유권을 보유하고 있어 상속채권자가 그 재산에 대하여 강제집행할 수 있는 한에 있어서는, 그 상속재산에 대한 상속채권자의 우선적 권리는 그대로 유지되는 것으로 보아야 한다. 따라서 한정승인자의 고유채무를 위한 담보물권 등의 설정등기에 의하여 상속채권자의 우선적 권리가 상실된다고 보는 다수의견은 상속채권자의 희생 아래 한정승인자로부터 상속재산에 관한 담보물권 등을 취득한 고유채권자를 일방적으로 보호하려는 것이어서, 상속의 한정승인 제도를 형해화시키고 제도적 존재의미를 훼손하므로 수긍하기 어렵다.

제1031조 【한정승인과 재산상권리의무의 불소멸】 상속인이 한정승인을 한 때에는 피상속인에 대한 상속인의 재산상 권리의무는 소멸하지 아니한다.

제1032조 【채권자에 대한 공고, 최고】
①한정승인자는 한정승인을 한 날로부터 5일내에 일반상속채권자와 유증받은 자에 대하여 한정승인의 사실과 일정한 기간내에 그 채권 또는 수증을 신고할 것을 공고하여야 한다. 그 기간은 2월이상이어야 한다.
②제88조제2항, 제3항과 제89조의 규정은 전항의 경우에 준용한다.

제1033조 【최고기간중의 변제거절】
한정승인자는 전조제1항의 기간만료전에는 상속채권의 변제를 거절할 수 있다.

제1034조 【배당변제】 ①한정승인자는 제1032조제1항의 기간만료후에 상속

재산으로서 그 기간내에 신고한 채권자와 한정승인자가 알고 있는 채권자에 대하여 각 채권액의 비율로 변제하여야 한다. 그러나 우선권있는 채권자의 권리를 해하지 못한다.
②제1019조제3항의 규정에 의하여 한정승인을 한 경우에는 그 상속인은 상속재산 중에서 남아있는 상속재산과 함께 이미 처분한 재산의 가액을 합하여 제1항의 변제를 하여야 한다. 다만, 한정승인을 하기 전에 상속채권자나 유증받은 자에 대하여 변제한 가액은 이미 처분한 재산의 가액에서 제외한다.
[신설 2005.3.31.]

판례-배당 이의

[대법원 2013.9.12, 선고, 2012다33709, 판결]

【판시사항】
민법 제1037조, 민사집행법 제274조에 따른 상속재산에 대한 형식적 경매에서 일반채권자의 배당요구가 허용되는지 여부(소극)

【판결요지】
민법 제1037조에 근거하여 민사집행법 제274조에 따라 행하여지는 상속재산에 대한 형식적 경매는 한정승인자가 상속재산을 한도로 상속채권자나 유증받은 자에 대하여 일괄하여 변제하기 위하여 청산을 목적으로 당해 재산을 현금화하는 절차이므로, 제도의 취지와 목적, 관련 민법 규정의 내용, 한정승인자와 상속채권자 등 관련자들의 이해관계 등을 고려할 때 일반채권자인 상속채권자로서는 민사집행법이 아닌 민법 제1034조, 제1035조, 제1036조 등의 규정에 따라 변제받아야 한다고 볼 것이고, 따라서 그 경매에서는 일반채권자의 배당요구가 허용되지 아니한다.

제1035조 【변제기전의 채무등의 변제】 ①한정승인자는 변제기에 이르지 아니한 채권에 대하여도 전조의 규정에 의하여 변제하여야 한다.
②조건있는 채권이나 존속기간의 불확정한 채권은 법원의 선임한 감정인의 평가에 의하여 변제하여야 한다.

제1036조 【수증자에의 변제】
한정승인자는 전2조의 규정에 의하여 상속채권자에 대한 변제를 완료한 후가 아니면 유증받은 자에게 변제하지 못한다.

제1037조 【상속재산의 경매】
전3조의 규정에 의한 변제를 하기 위하여 상속재산의 전부나 일부를 매각할 필요가 있는 때에는 민사집행법에 의하여 경매하여야 한다.
[개정 1997.12.13, 2001.12.29]

제1038조 【부당변제 등으로 인한 책임】 ①한정승인자가 제1032조의 규정에 의한 공고나 최고를 해태하거나 제1033조 내지 제1036조의 규정에 위반하여 어느 상속채권자나 유증받은 자에게 변제함으로 인하여 다른 상속채권자나 유증받은 자에 대하여 변제할 수 없게 된 때에는 한정승인자는 그 손해를 배상하여야 한다. 제1019조제3항의 규정에 의하여 한정승인을 한 경우 그 이전에 상속채무가 상속재산을 초과함을 알지 못한 데 과실이 있는 상속인이 상속채권자나 유증받은 자에게 변제한 때에도 또한 같다. [개정 2005.3.31]

②제1항 전단의 경우에 변제를 받지 못한 상속채권자나 유증받은 자는 그 사정을 알고 변제를 받은 상속채권자나 유증받은 자에 대하여 구상권을 행사할 수 있다. 제1019조제3항의 규정에 의하여 한정승인을 한 경우 그 이전에 상속채무가 상속재산을 초과함을 알고 변제받은 상속채권자나 유증받은 자가 있는 때에도 또한 같다. [개정 2005.3.31]
③제766조의 규정은 제1항 및 제2항의 경우에 준용한다. [개정 2005.3.31]

제1039조 【신고하지 않은 채권자등】 제1032조제1항의 기간내에 신고하지 아니한 상속채권자 및 유증받은 자로서 한정승인자가 알지 못한 자는 상속재산의 잔여가 있는 경우에 한하여 그 변제를 받을 수 있다. 그러나 상속재산에 대하여 특별담보권있는 때에는 그러하지 아니하다.

제1040조 【공동상속재산과 그 관리인의 선임】
①상속인이 수인인 경우에는 법원은 각상속인 기타 이해관계인의 청구에 의하여 공동상속인 중에서 상속재산관리인을 선임할 수 있다.
②법원이 선임한 관리인은 공동상속인을 대표하여 상속재산의 관리와 채무의 변제에 관한 모든 행위를 할 권리의무가 있다.
③제1022조, 제1032조 내지 전조의 규정은 전항의 관리인에 준용한다. 그러나 제1032조의 규정에 의하여 공고할 5일의 기간은 관리인이 그 선임을 안 날로부터 기산한다.

제4관 포기

제1041조 【포기의 방식】
상속인이 상속을 포기할 때에는 제1019조제1항의 기간내에 가정법원에 포기의 신고를 하여야 한다. [개정 1990.1.13]

제1042조 【포기의 소급효】
상속의 포기는 상속개시된 때에 소급하여 그 효력이 있다.

제1043조 【포기한 상속재산의 귀속】 상속인이 수인인 경우에 어느 상속인이 상속을 포기한 때에는 그 상속분은 다른 상속인의 상속분의 비율로 그 상속인에게 귀속된다.

판례-구상금

[대법원 2006.7.4, 자, 2005마425, 결정]

【판시사항】
원고가 사망자의 사망 사실을 모르고 그를 피고로 표시하여 소를 제기한 경우, 사망자의 상속인으로의 당사자표시정정이 허용되는지 여부(적극) 및 이 경우 실질적인 피고로 해석되는 상속인의 의미

【판결요지】
원고가 사망 사실을 모르고 사망자를 피고로 표시하여 소를 제기한 경우에, 청구의 내용과 원인사실, 당해 소송을 통하여 분쟁을 실질적으로 해결하려는 원고의 소제기 목적 내지는 사망 사실을 안 이후의 원고의 피고 표시 정정신청 등 여러 사정을 종합하

여 볼 때 사망자의 상속인이 처음부터 실질적인 피고이고 다만 그 표시를 잘못한 것으로 인정된다면, 사망자의 상속인으로 피고의 표시를 정정할 수 있다. 그리고 이 경우에 실질적인 피고로 해석되는 사망자의 상속인은 실제로 상속을 하는 사람을 가리키고, 상속을 포기한 자는 상속 개시시부터 상속인이 아니었던 것과 같은 지위에 놓이게 되므로 제1순위 상속인이라도 상속을 포기한 경우에는 이에 해당하지 아니하며, 후순위 상속인이라도 선순위 상속인의 상속포기 등으로 실제로 상속인이 되는 경우에는 이에 해당한다.

제1044조 【포기한 상속재산의 관리계속의무】 ①상속을 포기한 자는 그 포기로 인하여 상속인이 된 자가 상속재산을 관리할 수 있을 때까지 그 재산의 관리를 계속하여야 한다.
②제1022조와 제1023조의 규정은 전항의 재산관리에 준용한다.

제1순위 상속인이 상속을 포기한 경우 상속순위

(대한법률구조공단 자료)

질문

저희 아버지는 1년 전 빚만 남긴 채 돌아가셨고, 독자인 저는 제1순위 단독상속인이었으나 아버지 사망 후 2개월쯤 되어 상속포기를 하였습니다. 그런데 저에게는 미성년인 아들 하나가 있는바, 주변사람들은 친권자인 제가 미성년인 저희 아들의 상속포기를 하지 않았기 때문에 아버지의 모든 채무를 저희 아들이 책임져야 한다고 합니다. 이말이 맞는지요?

답변

귀하의 자(子)는 귀하 선친의 모든 채무를 부담할 수도 있습니다. 왜냐하면 민법은 ①피상속인의 직계비속, ②피상속인의 직계존속, ③피상속인의 형제자매, ④피상속인의 4촌 이내의 방계혈족의 순으로 재산상속순위를 정하고, 동순위 상속인이 수인일 경우에는 최근친을 선순위로 한다고 규정하고 있기 때문입니다(민법 제1000조).

즉, 귀하 및 귀하의 아들은 선친의 직계비속으로서 제1순위 상속인이나 귀하와 선친 사이는 1촌이고, 선친과 귀하의 아들 사이는 2촌이기 때문에 귀하가 최근친으로서 선순위 상속인이 되는 것이고, 귀하가 상속을 포기하였을 경우의 다음 순위의 상속인은 귀하의 아들이 되는 것입니다.

판례도 채무자인 피상속인이 그의 처와 동시에 사망하고 제1순위 상속인인 자(子)전원이 상속포기한 경우에 상속포기한 자는 상속개시 시부터 상속인이 아니었던 것과 같은 지위에 놓이게 되므로 같은 순위의 다른 상속인이 없어 그다음 근친 직계비속인 피상속인의 손(孫)들이 차순위의 본위 상속인으로서 피상속인의 채무를 상속하게 된다고 하였으며(대법원 1995. 9. 26. 선고 95다27769 판결), 제1순위상속권자인 처와 자들이 모두 상속을 포기한 경우에도 손(孫)이 직계비속으로서 상속인이 된다고 하여(대법원 1995. 4. 7. 선고 94다11835 판결), 이를 확인하고 있습니다.

따라서 위 사안의 경우에도 제1순위 중 최근친이자 단독상속인인 귀하가 상속포기 하였으므로 제1순위 상속인 중 다음 근친은 귀하의 미성년인 아들(즉, 피상속인의 손자)이 상속인이 되기 때문에 법정대리인인 귀하가 미성년인 귀하의 아들의 상속포기나 한정승인을 기간내에 하지 않는 이상 원칙적으로는 선친의 채무를 귀하의 아들이 부담해야 합니다.

다만, 최근의 판례는 "선순위 상속인으로서 처와 자녀들이 모두 적법하게 상속을 포기한 경우에는 피상속인의 손(孫)등 그 다음의 상속순위에 있는 사람이 상속인이 되는 것이나, 이러한 법리는 상속의 순위에 관한 민법 제1000조 제1항 제1호(1순위 상속인으로 규정된 '피상속인의 직계비속'에는 피상속인의 자녀뿐 아니라 피상속인의 손자녀까지 포함된다)와 상속포기의 효과에 관한 민법 제1042조 내지 제1044조의 규정들을 모두 종합적으로 해석함으로써 비로소 도출되는 것이지 이에 관한 명시적 규정이 존재하는 것은 아니어서 일반인의 입장에서 피상속인의 처와 자녀가 상속을 포기한 경우 피상속인의 손자녀가 이로써 자신들의 상속인이 되었다는 사실까지 안다는 것은 오히려 이례에 속한다고 할 것이고, 따라서 이와 같은 과정에 의해 피상속인의 손자녀가 상속인이 된 경우에는 상속인이 상속개시의 원인사실을 아는 것만으로 자신이 상속인이 된 사실을 알기 어려운 특별한 사정이 있다."라고 하면서 (대법원 2005. 7. 22. 선고 2003다43681 판결, 2006. 2. 10. 선고 2004다33865, 33872 판결), 법원으로서는

'상속개시 있음을 안 날'을 확정함에 있어 상속개시의 원인사실뿐 아니라 더 나아가 그로써 자신의 상속인이 된 사실을 안날이 언제인지까지도 심리, 규명하여야 한다고 하였습니다.

따라서 귀하의 경우 아버지의 사망 후 이미 3개월이 지났다고 하더라도 귀하의 상속포기로 인하여 아들이 아버지 채무를 상속하게 되는 사실을 몰랐다면 그 사실을 안날부터 3개월 내에 미성년 아들의 법정대리인으로서 한정승인 또는 상속포기신고를 할 수 있을 것으로 보입니다.(민법 제1019호 제3항).

"본 사례는 개인의 법률문제 해결에 도움을 주고자 게재되었으나, 이용자 여러분의 생활에서 발생하는 구체적 사안은 동일하지는 않을 것이므로 참고자료로 활용하시기 바랍니다."

제5절 재산의 분리

제1045조 【상속재산의 분리청구권】
①상속채권자나 유증받은 자 또는 상속인의 채권자는 상속개시된 날로부터 3월내에 상속재산과 상속인의 고유재산의 분리를 법원에 청구할 수 있다.
②상속인이 상속의 승인이나 포기를 하지 아니한 동안은 전항의 기간경과후에도 재산의 분리를 법원에 청구할 수 있다. [개정 1990.1.13]

제1046조 【분리명령과 채권자등에 대한 공고, 최고】 ①법원이 전조의 청구에 의하여 재산의 분리를 명한 때에는 그 청구자는 5일내에 일반상속채권자와 유증받은 자에 대하여 재산분리의 명령있은 사실과 일정한 기간내에 그 채권 또는 수증을 신고할 것을 공고하여야 한다. 그 기간은 2월이상이어야 한다.
②제88조제2항, 제3항과 제89조의 규정은 전항의 경우에 준용한다.

제1047조 【분리후의 상속재산의 관리】 ①법원이 재산의 분리를 명한 때에는 상속재산의 관리에 관하여 필요한 처분을 명할 수 있다.
②법원이 재산관리인을 선임한 경우에는 제24조 내지 제26조의 규정을 준용한다.

제1048조 【분리후의 상속인의 관리의무】 ①상속인이 단순승인을 한 후에도 재산분리의 명령이 있는 때에는 상속재산에 대하여 자기의 고유재산과 동일한 주의로 관리하여야 한다.
②제683조 내지 제685조 및 제688조제1항, 제2항의 규정은 전항의 재산관리에 준용한다.

제1049조 【재산분리의 대항요건】 재산의 분리는 상속재산인 부동산에 관하여는 이를 등기하지 아니하면 제삼자에게 대항하지 못한다.

제1050조 【재산분리와 권리의무의 불소멸】 재산분리의 명령이 있는 때에는 피상속인에 대한 상속인의 재산상 권리의무는 소멸하지 아니한다.

제1051조 【변제의 거절과 배당변제】 ①상속인은 제1045조 및 제1046조의 기간만료전에는 상속채권자와 유증받은 자에 대하여 변제를 거절할 수 있다.
②전항의 기간만료후에 상속인은 상속재산으로써 재산분리의 청구 또는 그 기간내에 신고한 상속채권자, 유증받은 자와 상속인이 알고 있는 상속채권자, 유증받은 자에 대하여 각 채권액 또는 수증액의 비율로 변제하여야 한다. 그러나 우선권있는 채권자의 권리를 해하지 못한다.
③제1035조 내지 제1038조의 규정은 전항의 경우에 준용한다.

제1052조 【고유재산으로부터의 변제】 ①전조의 규정에 의한 상속채권자와 유증받은 자는 상속재산으로써 전액의 변제를 받을 수 없는 경우에 한하여 상속인의 고유재산으로부터 그 변제를 받을 수 있다.
②전항의 경우에 상속인의 채권자는 상속인의 고유재산으로부터 우선변제를 받을 권리가 있다.

제6절 상속인의 부존재

제1053조 【상속인없는 재산의 관리인】 ①상속인의 존부가 분명하지 아니한 때에는 법원은 제777조의 규정에 의한 피상속인의 친족 기타 이해관계인 또는 검사의 청구에 의하여 상속재산관리인을 선임하고 지체없이 이를 공고하여야 한다. [개정 1990.1.13]
②제24조 내지 제26조의 규정은 전항의 재산관리인에 준용한다.

판례-손해배상(기)

[대법원 2014.12.11, 선고, 2011다38219, 판결]

【판시사항】
지적공부에 소유자 기재가 없는 미등기 토지에 관하여 국가가 국가 명의의 소유권보존등기를 마치자, 토지를 사정받은 甲의 상속인들이 국가를 상대로 불법행위에 따른 손해배상을 구한 사안에서, 국가가 토지의 진정한 소유자가 따로 있음을 알았다는 등의 특별한 사정이 없는 한 토지의 사정명의인 또는 상속인에 대한 관계에서 불법행위가 성립하지 않는다고 한 사례

【판결요지】
지적공부에 소유자 기재가 없는 미등기 토지에 관하여 국가가 국유재산에 관한 권리보전조치의 일환으로 국가 명의의 소유권보존등기를 마치자, 토지를 사정받은 甲의 상속인들이 국가를 상대로 불법행위에 따른 손해배상을 구한 사안에서, 미등기 부동산에 대한 국가의 권리보전조치의 경위와 내용, 토지조사부에 소유자로 등재된 자의 지위에 관한 판례변경 경위 및 광복 이후 농지개혁과 6·25동란 등을 거치면서 토지소유권에 관하여도 극심한 변동이 있었던 점 등을 감안하여 보면, 국가가 지적공부에 소유자 기재가 없는 미등기 토지에 관하여 국가 명의로 소유권보존등기를 하는 권리보전조치를 취한 것은 위법한 행위라고 볼 수 없고, 국가가 권리보전조치를 하는 과정에서 토지의 진정한 소유자가 따로 있음을 알고 있음에도 소유권보존등기를 마쳤다는 등의 특별한 사정이 없는 한 토지의 사정명의인 또는 상속인에 대한 관계에서 불법행위가 성립하지 않는다고 한 사례.

제1054조 【재산목록제시와 상황보고】 관리인은 상속채권자나 유증받은 자의 청구가 있는 때에는 언제든지 상속재산의 목록을 제시하고 그 상황을 보고하여야 한다.

제1055조 【상속인의 존재가 분명하여진 경우】 ①관리인의 임무는 그 상속인이 상속의 승인을 한 때에 종료한다.
②전항의 경우에는 관리인은 지체없이 그 상속인에 대하여 관리의 계산을 하여야 한다.

제1056조 【상속인없는 재산의 청산】 ①제1053조제1항의 공고있은 날로부터 3월내에 상속인의 존부를 알 수 없는 때에는 관리인은 지체없이 일반상속채권자

와 유증받은 자에 대하여 일정한 기간내에 그 채권 또는 수증을 신고할 것을 공고하여야 한다. 그 기간은 2월이상이어야 한다.
②제88조제2항, 제3항, 제89조, 제1033조 내지 제1039조의 규정은 전항의 경우에 준용한다.

제1057조 【상속인수색의 공고】
제1056조제1항의 기간이 경과하여도 상속인의 존부를 알 수 없는 때에는 법원은 관리인의 청구에 의하여 상속인이 있으면 일정한 기간내에 그 권리를 주장할 것을 공고하여야 한다. 그 기간은 1년 이상이어야 한다.
[개정 2005.3.31]

제1057조의2 【특별연고자에 대한 분여】
①제1057조의 기간내에 상속권을 주장하는 자가 없는 때에는 가정법원은 피상속인과 생계를 같이 하고 있던 자, 피상속인의 요양간호를 한 자 기타 피상속인과 특별한 연고가 있던 자의 청구에 의하여 상속재산의 전부 또는 일부를 분여할 수 있다. [개정 2005.3.31]
②제1항의 청구는 제1057조의 기간의 만료후 2월이내에 하여야 한다.
[개정 2005.3.31]
[본조신설 1990.1.13]

특별연고자의 상속재산분여

(대한법률구조공단 자료)

질문

저는 8년 전 고아인 남편과 만나 혼인신고 없이 동거하고 있는데, 남편은 얼마 전 회사에서 일을 끝마치고 집으로 돌아오던 중 교통사고로 사망하였습니다. 8년 간 결혼생활을 하며 취득한 남편명의의 부동산과 교통사고 배상금에 대하여 제가 상속 받을 수 있는지요?

답변

우리 「민법」은 피상속인의 직계비속, 직계존속, 형제자매, 4촌이내의 방계혈족 및 배우자에 한하여 상속인이 될수 있으며, 이러한 상속인이 없는 상속재산은 국가에 귀속된다고 규정하고 있습니다(민법 제1058조 제1항).

그러나 사실상의 배우자나 사실상의 양자와 같이, 피상속인과 생계를 같이 하고 있거나 피상속인의 요양간호를 한 자, 기타 피상속인과 특별한 연고가 있던 자는 법률상 상속인이 아니기 때문에 피상속인의 재산을 상속할 길이 없다면 이는 불합리하다 할 것입니다. 이를 시정하기 위하여 현행 민법은 상속권을 주장하는 자가 없는 경우에 한하여 특별연고자에 대한 분여를 인정하였습니다.

즉, ①상속인의 존부가 분명하지 아니한 때에는 법원은 피상속인의 친족 기타 이해관계인 또는 검사의 청구에 의하여 상속재산관리인을 선임하고 지체없이 이를 공고한 후에 공고가 있은 날로부터 3월내에 상속인의 존부를 알 수 없는 때에는 관리인은 지체 없이 일반상속채권자와 유증받은 자에 대하여 2월 이상의 기간을 정하여 그 기간 내에 그 채권 또는 유증받은 사실을 신고할 것을 공고하여야 하며, ②공고기간 내에 상속권을 주장하는 자가 없는 때에는 가정법원은 피상속인과 생계를 같이하고 있던 자, 피상속인의 요양간호를 한 자 기타 피상속인과 특별한 연고가 있던 자의 청구에 의하여 상속재산의 전부 또는 일부를 분여할 수 있는데, 이 청구는 가정법원이 상속인수색의 공고에서 정한 상속권 주장의 최고기간이 만료된후 2월 이내에 하여야 합니다(민법 제1053조, 제1056조, 제1057의2 제2항).
그리고 가정법원에서 분여청구를 인용하는 경우에도 그 분여-이 범위는 법원의 자유로운 판단에 의하여 결정될 것입니다.

"본 사례는 개인의 법률문제 해결에 도움을 주고자 게재되었으나, 이용자 여러분의 생활에서 발생하는 구체

적 사안은 동일하지는 않을 것이므로 참고자료로 활용하시기 바랍니다."

제1058조 【상속재산의 국가귀속】 ①제1057조의2의 규정에 의하여 분여(分與)되지 아니한 때에는 상속재산은 국가에 귀속한다. [개정 2005.3.31]
②제1055조제2항의 규정은 제1항의 경우에 준용한다. [개정 2005.3.31.]

판례-특정경제범죄가중처벌 등에 관한 법률 위반(일부인정된죄명:사기·사기미수)·사기미수·공전자기록 등 불실기재·불실기재공전자기록 등 행사

[대법원 2011.12.13, 선고, 2011도8873, 판결]

【판시사항】
[1] 부동산 소유자가 행방불명된 경우, 그의 사망 및 상속인의 부존재에 관한 증명이나 민법 제1053조 내지 제1058조에 의한 국가귀속 절차 없이 단순히 국유재산법 제8조에 의한 무주부동산 처리절차를 거쳐 국유재산으로 등록된 부동산이 국가 소유로 귀속되는지 여부(소극)
[2] 甲이 일제시대 사정(査定)받은 토지에 대하여 소유자 미복구를 원인으로 국가 명의의 소유권보존등기가 되어 있는 상태에서, 피고인이 제1심 공동피고인과 공모하여 乙이 사정명의인 甲의 소유권을 대습상속한 것처럼 상속인의 사망 시기 등을 조작한 다음 乙을 원고로 하여 국가를 상대로 소유권보존등기 말소등기 청구소송을 제기하여 이를 일부 인용하는 취지의 화해권고결정이 확정된 사안에서, 청구인용 부분에 대하여 피고인에게 사기죄와 사기미수죄를 인정한 원심판단을 수긍한 사례

【판결요지】
[1] 특정인 명의로 사정(査定)된 토지는 특별한 사정이 없는 한 사정명의자나 상속인의 소유로 추정되고, 토지 소유자가 행방불명되어 생사 여부를 알 수 없다 하더라도 그가 사망하고 상속인도 없다는 점이 증명되거나 토지에 대하여 민법 제1053조 내지 제1058조에 의한 국가귀속 절차가 이루어지지 아니한 이상 그 토지가 바로 무주부동산이 되어 국가 소유로 귀속되는 것은 아니다. 또한, 무주부동산이 아닌 한 국유재산법 제8조에 의한 무주부동산의 처리절차를 밟아 국유재산으로 등록되었다 하여 국가 소유로 되는 것도 아니다.
[2] 甲이 일제시대 사정(査定)받은 토지에 대하여 소유자 미복구를 원인으로 국가 명의의 소유권보존등기가 되어 있는 상태에서, 피고인이 제1심 공동피고인과 공모하여 乙이 사정명의인 甲의 소유권을 대습상속한 것처럼 상속인의 사망 시기 등을 조작한 다음 乙을 원고로 하여 국가를 상대로 소유권보존등기 말소등기 청구소송을 제기하여 이를 일부 인용하는 취지의 화해권고결정이 확정된 사안에서, 위 부동산에 대하여 민법 제1053조 이하의 절차에 따른 국가귀속 절차가 이루어지거나 국가가 소유권을 가지게 된 다른 특별한 사정이 있지 않는 한 당연히 국가 소유가 되는 것은 아니라고 할 것이나, 이미 국가 명의로 소유권보존등기가 되어 있는 상태에서 소유권보존등기의 말소 청구를 하고 청구의 일부인용 판결에 준하는 화해권고결정이 확정된 이상, 청구인용 부분에 대하여는 법원을 기망하여 유리한 결정을 받음으로써 '대상 토지의 소유명의를 얻을 수 있는 지위'라는 재산상 이익을 취득하였다고 할 것이고, 이는 사기죄의 대상인 재산상 이익의 편취에 해당한다는 이유로, 위 청구인용 부분에 대하여 사기죄, 그리고 화해권고결정에 의하여 등기말소청구를 포기한 부분에 대하여 사기미수죄를 각 인정한 원심판단을 수긍한 사례.

제1059조 【국가귀속재산에 대한 변제청구의 금지】 전조제1항의 경우에는 상속재산으로 변제를 받지 못한 상속채권자나 유증을 받은 자가 있는 때에도 국가

에 대하여 그 변제를 청구하지 못한다.

제2장 유언

제1절 총칙

제1060조 【유언의 요식성】
유언은 본법의 정한 방식에 의하지 아니하면 효력이 생하지 아니한다.

제1061조 【유언적령】 만17세에 달하지 못한 자는 유언을 하지 못한다.

제1062조 【제한능력자의 유언】
유언에 관하여는 제5조, 제10조 및 제13조를 적용하지 아니한다.
[전문개정 2011.3.7]
[시행일 : 2013.7.1]

제1063조 【피성년후견인의 유언능력】 ①피성년후견인은 의사능력이 회복된 때에만 유언을 할 수 있다.
②제1항의 경우에는 의사가 심신회복의 상태를 유언서에 부기(附記)하고 서명날인하여야 한다.
[전문개정 2011.3.7]
[시행일 : 2013.7.1]

제1064조 【유언과 태아, 상속결격자】 제1000조제3항, 제1004조의 규정은 수증자에 준용한다. [개정 1990.1.13]

제2절 유언의 방식

제1065조 【유언의 보통방식】 유언의 방식은 자필증서, 녹음, 공정증서, 비밀증서와 구수증서의 5종으로 한다.

판례-소유권이전등기말소

[대법원 2009.5.14, 선고, 2009다9768, 판결]

【판시사항】
[1] 유언자의 진정한 의사에 합치하나 민법 제1065조 내지 제1070조에 정한 요건과 방식에 어긋난 유언의 효력(무효)
[2] 연월(年月)만 기재하고 일(日)의 기재가 없는 자필유언증서의 효력(무효)

【판결요지】
[1] 민법 제1065조 내지 제1070조가 유언의 방식을 엄격하게 규정한 것은 유언자의 진의를 명확히 하고 그로 인한 법적 분쟁과 혼란을 예방하기 위한 것이므로, 법정된 요건과 방식에 어긋난 유언은 그것이 유언자의 진정한 의사에 합치하더라도 무효라고 하지 않을 수 없다.
[2] 민법 제1066조 제1항은 "자필증서에 의한 유언은 유언자가 그 전문과 연월일, 주소, 성명을 자서하고 날인하여야 한다"고 규정하고 있으므로, 연월일의 기재가 없는

자필유언증서는 효력이 없다. 그리고 자필유언증서의 연월일은 이를 작성한 날로서 유언능력의 유무를 판단하거나 다른 유언증서와 사이에 유언 성립의 선후를 결정하는 기준일이 되므로 그 작성일을 특정할 수 있게 기재하여야 한다. 따라서 연·월만 기재하고 일의 기재가 없는 자필유언증서는 그 작성일을 특정할 수 없으므로 효력이 없다.

제1066조 【자필증서에 의한 유언】

①자필증서에 의한 유언은 유언자가 그 전문과 년월일, 주소, 성명을 자서하고 날인하여야 한다.

②전항의 증서에 문자의 삽입, 삭제 또는 변경을 함에는 유언자가 이를 자서하고 날인하여야 한다.

판례-소유권이전등기말소등기(사건, 주소를 자서하지 않은 유언장 사건)

[대법원 2014.9.26, 선고, 2012다71688, 판결]

【판시사항】

유언자가 자필증서에 의한 유언을 하면서 주소를 자서하지 않은 경우, 유언의 효력(무효) 및 자서가 필요한 주소를 표시하는 방법

【판결요지】

민법 제1065조 내지 제1070조가 유언의 방식을 엄격하게 규정한 것은 유언자의 진의를 명확히 하고 그로 인한 법적 분쟁과 혼란을 예방하기 위한 것이므로, 법정된 요건과 방식에 어긋난 유언은 그것이 유언자의 진정한 의사에 합치하더라도 무효이다. 따라서 자필증서에 의한 유언은 민법 제1066조 제1항의 규정에 따라 유언자가 전문과 연월일, 주소, 성명을 모두 자서하고 날인하여야만 효력이 있고, 유언자가 주소를 자서하지 않았다면 이는 법정된 요건과 방식에 어긋난 유언으로서 효력을 부정하지 않을 수 없으며, 유언자의 특정에 지장이 없다고 하여 달리 볼 수 없다. 여기서 자서가 필요한 주소는 반드시 주민등록법에 의하여 등록된 곳일 필요는 없으나, 적어도 민법 제18조에서 정한 생활의 근거되는 곳으로서 다른 장소와 구별되는 정도의 표시를 갖추어야 한다.

제1067조 【녹음에 의한 유언】

녹음에 의한 유언은 유언자가 유언의 취지, 그 성명과 년월일을 구술하고 이에 참여한 증인이 유언의 정확함과 그 성명을 구술하여야 한다.

제1068조 【공정증서에 의한 유언】

공정증서에 의한 유언은 유언자가 증인 2인이 참여한 공증인의 면전에서 유언의 취지를 구수하고 공증인이 이를 필기낭독하여 유언자와 증인이 그 정확함을 승인한 후 각자 서명 또는 기명날인 하여야 한다.

판례-유언무효확인및상속회복 · 유류분반환

[대법원 2008.2.28, 선고, 2005다75019, 판결]

【판시사항】

[1] 공정증서에 의한 유언에서 '유언취지의 구수'의 의미와 판단 방법

[2] 유언취지를 미리 적어 작성한 서면에 따라 유언자에게 질문을 하고 유언자가 이에 답변한 경우, 민법 제1068조에서 정한 '유언취지의 구수'의 요건을 갖춘 것인지 여부

【판결요지】

[1] 민법 제1068조에 정한 공정증서에 의한 유언은 유언자가 증인 2인이 참여한 공증

인의 면전에서 유언의 취지를 구수(口授)하고 공증인이 이를 필기 낭독하여 유언자와 증인이 그 정확함을 승인한 후 각자 서명 또는 기명날인하여야 하는 것인바, 여기서 '유언취지의 구수'라고 함은 말로써 유언의 내용을 상대방에게 전달하는 것을 뜻하는 것으로서 이를 엄격하게 제한 해석하는 것이 원칙이므로 어떠한 형태이든 유언자의 구수는 존재하여야 하나, 실질적으로 구수가 이루어졌다고 보기 위하여 어느 정도의 진술이 필요한지는 획일적으로 정하기 어렵고 구체적인 사안에 따라 판단하여야 한다.
[2] 제3자에 의하여 미리 작성된 유언의 취지가 적혀 있는 서면에 따라 유언자에게 질문을 하고 유언자가 동작이나 한두 마디의 간략한 답변으로 긍정하는 경우에는 원칙적으로 민법 제1086조에 정한 '유언취지의 구수'라고 보기 어렵지만, 공증인이 사전에 전달받은 유언자의 의사에 따라 유언의 취지를 작성한 다음 그 서면에 따라 유증 대상과 수증자에 관하여 유언자에게 질문을 하고 이에 대하여 유언자가 한 답변을 통하여 유언자의 의사를 구체적으로 확인할 수 있어 그 답변이 실질적으로 유언의 취지를 진술한 것이나 마찬가지로 볼 수 있고, 유언자의 의사능력이나 유언의 내용, 유언의 전체 경위 등으로 보아 그 답변을 통하여 인정되는 유언취지가 유언자의 진정한 의사에 기한 것으로 인정할 수 있는 경우에는, 유언취지의 구수 요건을 갖추었다고 볼 수 있다.

제1069조 【비밀증서에 의한 유언】
①비밀증서에 의한 유언은 유언자가 필자의 성명을 기입한 증서를 엄봉날인하고 이를 2인 이상의 증인의 면전에 제출하여 자기의 유언서임을 표시한 후 그 봉서표면에 제출연월일을 기재하고 유언자와 증인이 각자 서명 또는 기명날인하여야 한다.
②전항의 방식에 의한 유언봉서는 그 표면에 기재된 날로부터 5일내에 공증인 또는 법원서기에게 제출하여 그 봉인상에 확정일자인을 받아야 한다.

제1070조 【구수증서에 의한 유언】
①구수증서에 의한 유언은 질병 기타 급박한 사유로 인하여 전4조의 방식에 의할 수 없는 경우에 유언자가 2인 이상의 증인의 참여로 그 1인에게 유언의 취지를 구수하고 그 구수를 받은 자가 이를 필기낭독하여 유언자의 증인이 그 정확함을 승인한 후 각자 서명 또는 기명날인하여야 한다.
②전항의 방식에 의한 유언은 그 증인 또는 이해관계인이 급박한 사유의 종료한 날로부터 7일내에 법원에 그 검인을 신청하여야 한다.
③제1063조제2항의 규정은 구수증서에 의한 유언에 적용하지 아니한다.

제1071조 【비밀증서에 의한 유언의 전환】 비밀증서에 의한 유언이 그 방식에 흠결이 있는 경우에 그 증서가 자필증서의 방식에 적합한 때에는 자필증서에 의한 유언으로 본다.

제1072조 【증인의 결격사유】
①다음 각 호의 어느 하나에 해당하는 사람은 유언에 참여하는 증인이 되지 못한다.
1. 미성년자
2. 피성년후견인과 피한정후견인
3. 유언으로 이익을 받을 사람, 그의 배우자와 직계혈족
②공정증서에 의한 유언에는 「공증인법」에 따른 결격자는 증인이 되지 못한다.
[전문개정 2011.3.7]
[시행일 : 2013.7.1.]

제3절 유언의 효력

제1073조 【유언의 효력발생 시기】
①유언은 유언자가 사망한 때로부터 그 효력이 생긴다.
②유언에 정지조건이 있는 경우에 그 조건이 유언자의 사망후에 성취한 때에는 그 조건성취한 때로부터 유언의 효력이 생긴다.

판례-승낙의의사표시

[대법원 2014.2.13, 선고, 2011다74277, 판결]

【판시사항】
[1] 유언집행자가 자필 유언증서상 유언자의 자서와 날인의 진정성을 다투는 상속인들에 대하여 '유언 내용에 따른 등기신청에 이의가 없다'는 진술을 구하는 소의 적법 여부
[2] 자필 유언증서상 유언자의 자서와 날인의 진정성을 다투는 상속인들이 유언 내용에 따른 등기신청에 관하여 이의가 없다는 진술서의 작성을 거절하는 경우, 유언집행자가 취할 수 있는 조치

【판결요지】
[1] 유언집행자가 자필 유언증서상 유언자의 자서와 날인의 진정성을 다투는 상속인들에 대하여 '유언 내용에 따른 등기신청에 이의가 없다'는 진술을 구하는 소는, 등기관이 자필 유언증서상 유언자의 자서 및 날인의 진정성에 관하여 심사하는 데 필요한 증명자료를 소로써 구하는 것에 불과하고, 민법 제389조 제2항에서 규정하는 '채무가 법률행위를 목적으로 한 때에 채무자의 의사표시에 갈음할 재판을 청구하는 경우'에 해당한다고 볼 수 없다. 따라서 위와 같은 소는 권리보호의 이익이 없어 부적법하다. 또한, 유언집행자가 제기한 위와 같은 소를 유증을 원인으로 하는 소유권이전등기에 대하여 상속인들의 승낙을 구하는 것으로 본다 하더라도, 포괄유증의 성립이나 효력발생에 상속인들의 승낙은 불필요하고, 부동산등기법 관련 법령에서 유증을 원인으로 하는 소유권이전등기에 대하여 상속인들의 승낙이 필요하다는 규정을 두고 있지도 아니하므로, 이는 부동산등기법 관련 법령에 따라 유증을 원인으로 하는 소유권이전등기를 마치는 데 있어 필요하지 아니한 제3자의 승낙을 소구하는 것에 불과하여 권리보호의 이익이 없어서 역시 부적법하다.
[2] 유언집행자로서는, 자필 유언증서상 유언자의 자서와 날인의 진정성을 다투는 상속인들이 유언 내용에 따른 등기신청에 관하여 이의가 없다는 진술서의 작성을 거절하는 경우에는 그 진술을 소로써 구할 것이 아니라, 상속인들을 상대로 유언효력확인의 소나 포괄적 수증자 지위 확인의 소 등을 제기하여 승소 확정판결을 받은 다음, 이를 부동산등기규칙 제46조 제1항 제1호 및 제5호의 첨부정보로 제출하여 유증을 원인으로 하는 소유권이전등기를 신청할 수 있다.

제1074조 【유증의 승인, 포기】
①유증을 받을 자는 유언자의 사망후에 언제든지 유증을 승인 또는 포기할 수 있다.
②전항의 승인이나 포기는 유언자의 사망한 때에 소급하여 그 효력이 있다.

제1075조 【유증의 승인, 포기의 취소금지】 ①유증의 승인이나 포기는 취소하지 못한다.
②제1024조제2항의 규정은 유증의 승인과 포기에 준용한다.

제1076조 【수증자의 상속인의 승인, 포기】 수증자가 승인이나 포기를 하지 아니하고 사망한 때에는 그 상속인은 상속분의 한도에서 승인 또는 포기할 수

있다. 그러나 유언자가 유언으로 다른 의사를 표시한 때에는 그 의사에 의한다.

제1077조 【유증의무자의 최고권】
①유증의무자나 이해관계인은 상당한 기간을 정하여 그 기간내에 승인 또는 포기를 확답할 것을 수증자 또는 그 상속인에게 최고할 수 있다.
②전항의 기간내에 수증자 또는 상속인이 유증의무자에 대하여 최고에 대한 확답을 하지 아니한 때에는 유증을 승인한 것으로 본다.

제1078조 【포괄적 수증자의 권리의무】 포괄적 유증을 받은 자는 상속인과 동일한 권리의무가 있다.
[개정 1990.1.13]

제1079조 【수증자의 과실취득권】
수증자는 유증의 이행을 청구할 수 있는 때로부터 그 목적물의 과실을 취득한다. 그러나 유언자가 유언으로 다른 의사를 표시한 때에는 그 의사에 의한다.

제1080조 【과실수취비용의 상환청구권】 유증의무자가 유언자의 사망후에 그 목적물의 과실을 수취하기 위하여 필요비를 지출한 때에는 그 과실의 가액의 한도에서 과실을 취득한 수증자에게 상환을 청구할 수 있다.

제1081조 【유증의무자의 비용상환청구권】 유증의무자가 유증자의 사망후에 그 목적물에 대하여 비용을 지출한 때에는 제325조의 규정을 준용한다.

제1082조 【불특정물유증의무자의 담보책임】 ①불특정물을 유증의 목적으로 한 경우에는 유증의무자는 그 목적물에 대하여 매도인과 같은 담보책임이 있다.
②전항의 경우에 목적물에 하자가 있는 때에는 유증의무자는 하자없는 물건으로 인도하여야 한다.

제1083조 【유증의 물상대위성】
유증자가 유증목적물의 멸실, 훼손 또는 점유의 침해로 인하여 제삼자에게 손해배상을 청구할 권리가 있는 때에는 그 권리를 유증의 목적으로한 것으로 본다.

제1084조 【채권의 유증의 물상대위성】 ①채권을 유증의 목적으로한 경우에 유언자가 그 변제를 받은 물건이 상속재산 중에 있는 때에는 그 물건을 유증의 목적으로한 것으로 본다.
②전항의 채권이 금전을 목적으로한 경우에는 그 변제받은 채권액에 상당한 금전이 상속재산 중에 없는 때에도 그 금액을 유증의 목적으로한 것으로 본다.

제1085조 【제삼자의 권리의 목적인 물건 또는 권리의 유증】 유증의 목적인 물건이나 권리가 유언자의 사망당시에 제삼자의 권리의 목적인 경우에는 수증자는 유증의무자에 대하여 그 제삼자의 권리를 소멸시킬 것을 청구하지 못한다.

제1086조 【유언자가 다른 의사표시를 한 경우】 전3조의 경우에 유언자가 유

언으로 다른 의사를 표시한 때에는 그 의사에 의한다.

第1087조 【상속재산에 속하지 아니한 권리의 유증】 ①유언의 목적이 된 권리가 유언자의 사망당시에 상속재산에 속하지 아니한 때에는 유언은 그 효력이 없다. 그러나 유언자가 자기의 사망당시에 그 목적물이 상속재산에 속하지 아니한 경우에도 유언의 효력이 있게 할 의사인 때에는 유증의무자는 그 권리를 취득하여 수증자에게 이전할 의무가 있다.
②전항 단서의 경우에 그 권리를 취득할 수 없거나 그 취득에 과다한 비용을 요할 때에는 그 가액으로 변상할 수 있다.

판례-소유권이전등기등

[대법원 2011.6.24, 선고, 2009다8345, 판결]

【판시사항】
[1] 수인의 유언집행자에게 유증의무 이행을 구하는 소송이 유언집행자 전원을 피고로 하는 고유필수적 공동소송인지 여부(적극)
[2] 수인의 유언집행자 중 1인만을 피고로 하여 유증의무 이행을 구하는 소송을 제기한 사안에서, 유언집행자 지정 또는 제3자의 지정 위탁이 없는 한 상속인 전원이 유언집행자가 되고, 유언집행자에 대하여 민법 제1087조 제1항 단서에 따라 유증의무의 이행을 구하는 것은 유언집행자인 상속인 전원을 피고로 삼아야 하는 고유필수적 공동소송이라고 한 사례

【판결요지】
[1] 상속인이 유언집행자가 되는 경우를 포함하여 유언집행자가 수인인 경우에는, 유언집행자를 지정하거나 지정위탁한 유언자나 유언집행자를 선임한 법원에 의한 임무의 분장이 있었다는 등의 특별한 사정이 없는 한, 유증 목적물에 대한 관리처분권은 유언의 본지에 따른 유언의 집행이라는 공동의 임무를 가진 수인의 유언집행자에게 합유적으로 귀속되고, 그 관리처분권 행사는 과반수의 찬성으로써 합일하여 결정하여야 하므로, 유언집행자가 수인인 경우 유언집행자에게 유증의무의 이행을 구하는 소송은 유언집행자 전원을 피고로 하는 고유필수적 공동소송으로 봄이 상당하다.
[2] 수인의 유언집행자 중 1인만을 피고로 하여 유증의무 이행을 구하는 소송을 제기한 사안에서, 유언집행자 지정 또는 제3자의 지정 위탁이 없는 한 상속인 전원이 유언집행자가 되고, 유증의무자인 유언집행자에 대하여 민법 제1087조 제1항 단서에 따라 유증의무의 이행을 구하는 것은 유언집행자인 상속인 전원을 피고로 삼아야 하는 고유필수적 공동소송이라고 한 사례.

第1088조 【부담있는 유증과 수증자의 책임】 ①부담있는 유증을 받은 자는 유증의 목적의 가액을 초과하지 아니한 한도에서 부담한 의무를 이행할 책임이 있다.
②유증의 목적의 가액이 한정승인 또는 재산분리로 인하여 감소된 때에는 수증자는 그 감소된 한도에서 부담할 의무를 면한다.

第1089조 【유증효력발생전의 수증자의 사망】 ①유증은 유언자의 사망전에 수증자가 사망한 때에는 그 효력이 생기지 아니한다.
②정지조건있는 유증은 수증자가 그 조건성취전에 사망한 때에는 그 효력이 생기지 아니한다.

第1090조 【유증의 무효, 실효의 경우와 목적재산의 귀속】 유증이 그 효력이

생기지 아니하거나 수증자가 이를 포기한 때에는 유증의 목적인 재산은 상속인에게 귀속한다. 그러나 유언자가 유언으로 다른 의사를 표시한 때에는 그 의사에 의한다.

제4절 유언의 집행

제1091조 【유언증서, 녹음의 검인】
①유언의 증서나 녹음을 보관한 자 또는 이를 발견한 자는 유언자의 사망후 지체없이 법원에 제출하여 그 검인을 청구하여야 한다.
②전항의 규정은 공정증서나 구수증서에 의한 유언에 적용하지 아니한다.

판례-주주명의개서절차이행
[대법원 1998.6.12, 선고, 97다38510, 판결]

【판시사항】
[1] 반증이 민사소송법 제263조 소정의 '유일한 증거'에 해당하는지 여부(소극)
[2] 자필증서에 의한 유언의 요건 및 유언자의 주소를 유언 전문이 담긴 봉투에 기재하고 무인의 방법으로 날인한 자필유언증서의 효력(유효)
[3] 자필유언증서의 문자 수정 방식 및 명백한 오기를 정정하면서 위 방식을 위배한 자필유언증서의 효력(유효)
[4] 민법 제1091조, 제1092조 소정의 검인·개봉절차를 거치지 아니한 유언증서의 효력(유효)
[5] 민법 제1004조 제5호 소정의 '상속에 관한 유언서를 은닉한 자'의 의미
[6] 유언 후의 생전행위가 유언과 저촉되어 그 저촉된 부분의 전 유언이 철회된 것으로 보기 위한 요건과 그 저촉 여부 및 범위에 관한 판단 기준
[7] 피상속인의 생전에 유언의 존재를 알고 있었던 유류분권리자가 재판과정에서 단지 그 유언을 부인하려는 구실로 사실상 또는 법률상 근거 없이 유서의 무효를 주장한 경우, 유류분반환청구권의 단기소멸시효는 피상속인이 사망한 다음날부터 진행된다고 한 사례

【판결요지】
[1] 민사소송법 제263조 단서가 규정하는 유일한 증거라 함은 당사자가 입증책임이 있는 사항에 관한 유일한 증거를 말하는 것인바, 유언의 존재 및 내용이 입증사항인 이상 유서에 대한 필적과 무인의 감정은 반증에 불과하여 유일한 증거에 해당하지 않는다.
[2] 민법 제1066조에서 규정하는 자필증서에 의한 유언은 유언자가 그 전문과 연월일, 주소 및 성명을 자서(自書)하는 것이 절대적 요건이므로 전자복사기를 이용하여 작성한 복사본은 이에 해당하지 아니하나, 주소를 쓴 자리가 반드시 유언 전문 및 성명이 기재된 지편이어야 하는 것은 아니고 유언서의 일부로 볼 수 있는 이상 그 전문을 담은 봉투에 기재하더라도 무방하며, 날인은 인장 대신에 무인에 의한 경우에도 유효하다.
[3] 자필증서에 의한 유언에 있어서 그 증서에 문자의 삽입, 삭제 또는 변경을 함에는 민법 제1066조 제2항의 규정에 따라 유언자가 이를 자서하고 날인하여야 하나, 자필증서 중 증서의 기재 자체에 의하더라도 명백한 오기를 정정한 것에 지나지 않는다면 설령 그 수정 방식이 위 법조항에 위배된다고 할지라도 유언자의 의사를 용이하게 확인할 수 있으므로 이러한 방식의 위배는 유언의 효력에 영향을 미치지 아니한다.
[4] 민법 제1091조에서 규정하고 있는 유언증서에 대한 법원의 검인은 유언증서의 형식·태양 등 유언의 방식에 관한 모든 사실을 조사·확인하고 그 위조·변조를 방지하며, 또한 보존을 확실히 하기 위한 일종의 검증절차 내지는 증거보전절차로서, 유언이 유언자의 진의에 의한 것인지 여부나 적법한지 여부를 심사하는 것이 아님은 물론 직접 유언의 유효 여부를 판단하는 심판이 아니고, 또한 민법 제1092조에서 규정하는 유언증서의 개봉절차는 봉인된 유언증서의 검인에는 반드시 개봉이 필요하므로 그에 관한

절차를 규정한 데에 지나지 아니하므로, 적법한 유언은 이러한 검인이나 개봉절차를 거치지 않더라도 유언자의 사망에 의하여 곧바로 그 효력이 생기는 것이며, 검인이나 개봉절차의 유무에 의하여 유언의 효력이 영향을 받지 아니한다.
[5] 상속인의 결격사유의 하나로 규정하고 있는 민법 제1004조 제5호 소정의 '상속에 관한 유언서를 은닉한 자'라 함은 유언서의 소재를 불명하게 하여 그 발견을 방해하는 일체의 행위를 한 자를 의미하는 것이므로, 단지 공동상속인들 사이에 그 내용이 널리 알려진 유언서에 관하여 피상속인이 사망한지 6개월이 경과한 시점에서 비로소 그 존재를 주장하였다고 하여 이를 두고 유언서의 은닉에 해당한다고 볼 수 없다.
[6] 유언 후의 생전행위가 유언과 저촉되는 경우에는 민법 제1109조에 의하여 그 저촉된 부분의 전(前)유언은 이를 철회한 것으로 보지만, 이러한 생전행위를 철회권을 가진 유언자 자신이 할 때 비로소 철회 의제 여부가 문제될 뿐이고 타인이 유언자의 명의를 이용하여 임의로 유언의 목적인 특정 재산에 관하여 처분행위를 하더라도 유언 철회로서의 효력은 발생하지 아니하며, 또한 여기서 말하는 '저촉'이라 함은 전의 유언을 실효시키지 않고서는 유언 후의 생전행위가 유효로 될 수 없음을 가리키되 법률상 또는 물리적인 집행불능만을 뜻하는 것이 아니라 후의 행위가 전의 유언과 양립될 수 없는 취지로 행하여졌음이 명백하면 족하다고 할 것이고, 이러한 저촉 여부 및 그 범위를 결정함에 있어서는 전후 사정을 합리적으로 살펴 유언자의 의사가 유언의 일부라도 철회하려는 의사인지 아니면 그 전부를 불가분적으로 철회하려는 의사인지 여부를 실질적으로 집행이 불가능하게 된 유언 부분과 관련시켜 신중하게 판단하여야 한다.
[7] 유류분반환청구권은 민법 제1117조 전문에 의하여 유류분권리자가 상속의 개시와 반환하여야 할 증여 또는 유증을 한 사실을 안 때로부터 1년 이내에 행사하지 않으면 시효에 의하여 소멸하는바, 피상속인의 생전에 유언의 존재를 알고 있었던 유류분권리자가 재판과정에서 여러 가지 이유를 들어 유서가 무효라고 주장하였으나 그 주장들이 한결같이 사실상 또는 법률상의 근거 없이 피상속인의 유언을 부인하려는 구실로밖에 보이지 아니하는 한편 유류분권리자가 유언이 무효임을 확신하였다는 특별한 사정을 엿볼 수 없는 경우, 피상속인이 사망한 다음날부터 유류분권리자의 유류분반환청구권의 단기소멸시효가 진행된다고 한 사례.

제1092조 【유언증서의 개봉】
법원이 봉인된 유언증서를 개봉할 때에는 유언자의 상속인, 그 대리인 기타 이해관계인의 참여가 있어야 한다.

제1093조 【유언집행자의 지정】
유언자는 유언으로 유언집행자를 지정할 수 있고 그 지정을 제삼자에게 위탁할 수 있다.

제1094조 【위탁에 의한 유언집행자의 지정】 ①전조의 위탁을 받은 제삼자는 그 위탁 있음을 안 후 지체없이 유언집행자를 지정하여 상속인에게 통지하여야 하며 그 위탁을 사퇴할 때에는 이를 상속인에게 통지하여야 한다.
②상속인 기타 이해관계인은 상당한 기간을 정하여 그 기간내에 유언집행자를 지정할 것을 위탁 받은 자에게 최고할 수 있다. 그 기간내에 지정의 통지를 받지 못한 때에는 그 지정의 위탁을 사퇴한 것으로 본다.

제1095조 【지정유언집행자가 없는 경우】 전2조의 규정에 의하여 지정된 유언집행자가 없는 때에는 상속인이 유언집행자가 된다.

第1096条 【법원에 의한 유언집행자의 선임】 ①유언집행자가 없거나 사망, 결격 기타 사유로 인하여 없게된 때에는 법원은 이해관계인의 청구에 의하여 유언집행자를 선임하여야 한다.
②법원이 유언집행자를 선임한 경우에는 그 임무에 관하여 필요한 처분을 명할 수 있다.

판례-유언집행자선임

[대법원 2007.10.18, 자, 2007스31, 결정]

【판시사항】
유언집행자로 지정된 자가 취임의 승낙을 하지 아니한 채 사망·결격 기타 사유로 유언집행자의 자격을 상실한 경우,
민법 제1096조에 의하여 이해관계인이 법원에 유언집행자의 선임을 청구할 수 있는지 여부(적극)

【이 유】
재항고이유를 본다.
「 민법 제1095조는 유언자가 유언집행지의 지정 또는 지정위탁을 하지 아니하거나 유언집행자의 지정을 위탁받은 자가 위탁을 사퇴한 때에 한하여 적용되는 것이고, 유언자가 지정 또는 지정위탁에 의하여 유언집행자의 지정을 한 이상 그 유언집행자가 취임의 승낙을 하였는지를 불문하고 사망·결격 기타 사유로 유언집행자의 자격을 상실한 때에는 민법 제1096조에 의하여 이해관계인이 법원에 유언집행자의 선임을 청구할 수 있다.」
원심이 이와 달리 유언집행자로 지정된 자가 취임의 승낙을 하지 아니한 채 사망한 경우에는 유언집행자의 지정이 무효로 되고 따라서 민법 제1095조에 의해 상속인이 유언집행자로 된다는 견해를 취하여 재항고인의 이 사건 청구를 각하한 제1심의 결론을 유지하고 재항고인의 항고를 기각한 것은 민법 제1095조 및 제1096조에 관한 법리를 오해하여 재판에 영향을 미친 위법이 있다.
그러므로 나머지 재항고 이유에 관하여 판단할 필요 없이 원심결정을 파기하고, 사건을 다시 심리·판단하게 하기 위하여 원심법원에 환송하기로 하여 관여 대법관의 일치된 의견으로 주문과 같이 판결한다.

第1097条 【유언집행자의 승낙, 사퇴】 ①지정에 의한 유언집행자는 유언자의 사망후 지체없이 이를 승낙하거나 사퇴할 것을 상속인에게 통지하여야 한다.
②선임에 의한 유언집행자는 선임의 통지를 받은 후 지체없이 이를 승낙하거나 사퇴할 것을 법원에 통지하여야 한다.
③상속인 기타 이해관계인은 상당한 기간을 정하여 그 기간내에 승낙여부를 확답할 것을 지정 또는 선임에 의한 유언집행자에게 최고할 수 있다. 그 기간내에 최고에 대한 확답을 받지 못한 때에는 유언집행자가 그 취임을 승낙한 것으로 본다.

第1098条 【유언집행자의 결격사유】 제한능력자와 파산선고를 받은 자는 유언집행자가 되지 못한다.
[전문개정 2011.3.7]
[시행일 : 2013.7.1]

판례-유언집행선임

[대법원 1995.12.4, 자, 95스32, 결정]

【판시사항】
유언집행자의 선임요건 및 누구를 유언집행자로 선임하느냐의 문제가 법원의 재량에 속하는지 여부

【판결요지】
민법 제1096조에 의한 법원의 유언집행자 선임은 유언집행자가 전혀 없게 된 경우뿐만 아니라 유언집행자의 사망, 사임, 해임 등의 사유로 공동유언집행자에게 결원이 생긴 경우와 나아가 결원이 없어도 법원이 유언집행자의 추가선임이 필요하다고 판단한 경우에 이를 할 수 있는 것이고, 이 때 누구를 유언집행자로 선임하느냐는 문제는 민법 제1098조 소정의 유언집행자의 결격사유에 해당하지 않는 한 당해 법원의 재량에 속하는 것이다.

제1099조 【유언집행자의 임무착수】
유언집행자가 그 취임을 승낙한 때에는 지체없이 그 임무를 이행하여야 한다.

제1100조 【재산목록작성】
①유언이 재산에 관한 것인 때에는 지정 또는 선임에 의한 유언집행자는 지체없이 그 재산목록을 작성하여 상속인에게 교부하여야 한다.
②상속인의 청구가 있는 때에는 전항의 재산목록작성에 상속인을 참여하게 하여야 한다.

제1101조 【유언집행자의 권리의무】
유언집행자는 유증의 목적인 재산의 관리 기타 유언의 집행에 필요한 행위를 할 권리의무가 있다.

제1102조 【공동유언집행】
유언집행자가 수인인 경우에는 임무의 집행은 그 과반수의 찬성으로써 결정한다. 그러나 보존행위는 각자가 이를 할 수 있다.

제1103조 【유언집행자의 지위】
①지정 또는 선임에 의한 유언집행자는 상속인의 대리인으로 본다.
②제681조 내지 제685조, 제687조, 제691조와 제692조의 규정은 유언집행자에 준용한다.

수사기관에서 허위진술을 해주고 대가를 받기로 한 각서의 효력

(대한법률구조공단 자료)

질문

甲은 수사기관에서 조사를 받고 있는 피의자 乙의 형사사건에서 자신이 잘 모르는 사실에 대하여 乙이 시키는 대로 허위진술 할 것을 약속하면서 그 대가를 받기로 하는 각서를 받았으며, 甲은 수사기관참고인으로 출석하여 乙과의 약속대로 허위진술을 하였는데, 이 경우 甲이 乙에게 각서내용대로 대가지급을 청구할 수 있는지요?

답변

반사회질서의 법률행위에 관하여 「민법」 제103조에서 선량한 풍속 기타 사회질서에 위반한 사항을 내용으로 하는 법률행위는 무효로 한다고 규정하고 있습니다.

그런데 위 사안에서와 같이 수사기관에서 허위진술을 해주는 대가로 작성된 각서가 유효한지에 관하여 판례를 보면, 「민법」 제103조에 의하여 무효로 되는 반사회질서 행위는 법률행위목적인 권리의무 내용이 선량한 풍속 기타 사회질서에 위반되는 경우뿐 아니라, 그 내용자체는 사회질서에 반하는 것이 아니라고 하여도 법률적으로 이를 강제하거나 그 법률행위에 사회질서에 반하는 조건 또는 금전적 대가가 결부됨으로써 반사회질서적인 경우를 포함한다고 하였습니다(대법원 2005. 7. 28. 선고 2005다23858 판결). 또한, 수사기관에서 참고인으로 진술하면서 자신이 잘 알지 못하는 내용에 대하여 허위진술을 하는 경우, 그 허위진술행위가 범죄행위를 구성하지 않는다고 하여도 이러한 행위자체는 국가사회의 일반적인 도덕관념이나 국가사회의 공공질서이익에 반하는 행위라고 볼 것이니, 그 급부의 상당성여부를 판단할 필요 없이 허위진술대가로 작성된 각서에 기초한 급부의 약정은 「민법」 제103조에서 정한 반사회적 질서행위로 무효라고 하였습니다(대법원 2001. 4. 24. 선고 2000다71999 판결).

따라서 위 사안의 경우 참고인 甲의 허위진술행위가 비록 범죄행위를 구성하는 단계에 이르지는 않았더라도 甲이 乙을 상대로 국가사회의 일반적인 도덕관념이나 공공질서이익에 반하는 내용의 위 각서에 기초한 약정금청구를 하여 승소하기는 어려울 것으로 보입니다.

"본 사례는 개인의 법률문제 해결에 도움을 주고자 게재되었으나, 이용자 여러분의 생활에서 발생하는 구체적 사안은 동일하지는 않을 것이므로 참고자료로 활용하시기 바랍니다."

제1104조 【유언집행자의 보수】 ①유언자가 유언으로 그 집행자의 보수를 정하지 아니한 경우에는 법원은 상속재산의 상황 기타 사정을 참작하여 지정 또는 선임에 의한 유언집행자의 보수를 정할 수 있다.
②유언집행자가 보수를 받는 경우에는 제686조제2항, 제3항의 규정을 준용한다.

제1105조 【유언집행자의 사퇴】
지정 또는 선임에 의한 유언집행자는 정당한 사유 있는 때에는 법원의 허가를 얻어 그 임무를 사퇴할 수 있다.

제1106조 【유언집행자의 해임】
지정 또는 선임에 의한 유언집행자에 그 임무를 해태하거나 적당하지 아니한 사유가 있는 때에는 법원은 상속인 기타 이해관계인의 청구에 의하여 유언집행자를 해임할 수 있다.

판례-유언 집행자의 해임

[대법원 2011.10.27, 자, 2011스108, 결정]

【판시사항】

[1] 유언집행자가 유언의 해석에 관하여 상속인과 의견을 달리한다거나 혹은 유언집행자가 유언집행에 방해되는 상태를 야기하고 있는 상속인을 상대로 유언의 충실한 집행을 위하여 자신의 직무권한 범위에서 가압류신청 또는 본안소송을 제기함으로써 일부 상속인들과 유언집행자 사이에 갈등이 초래되었다는 사정만으로 유언집행자의 해임사유가 있다고 할 수 있는지 여부(소극)

[2] 甲이 망 乙의 유언에 따라 유언집행자로 지정되었고, 위 유언에 따른 분배대상 재산에는 부동산과 금융자산이 있었는데, 상속개시 이후 위 금융자산 대부분이 이미 인출되었음을 알게 된 甲이 상속인들에게 기인출된 돈의 반환을 요구하면서 아직 인출되지 않고 남아 있던 돈을 甲의 예금계좌로 이체시켜 보관한 사안에서, 단지 유언집행자의 지위에서 보관 중인 위 예금채권에 대한 상속인들의 분배요구를 거절한 사정만으로 유언집행자로서 적당하지 아니한 해임사유가 있다고 본 원심결정에는 유언집행자의 지위와 해임사유에 관한 법리 오해의 위법이 있다고 한 사례

【판결요지】

[1] 지정 또는 선임에 의한 유언집행자에게 임무해태 또는 적당하지 아니한 사유가 있

는 때에는 법원은 상속인 기타 이해관계인의 청구에 의하여 유언집행자를 해임할 수 가 있으나(민법 제1106조), 유언집행자는 유증의 목적인 재산의 관리 기타 유언의 집행에 필요한 모든 행위를 할 권리의무가 있을 뿐만 아니라(민법 제1101조) 유언의 집행에 필요한 범위 내에서는 상속인과 이해상반되는 사항에 관하여도 중립적 입장에서 직무를 수행하여야 하므로, 유언집행자가 유언의 해석에 관하여 상속인과 의견을 달리한다거나 혹은 유언집행자가 유언의 집행에 방해되는 상태를 야기하고 있는 상속인을 상대로 유언의 충실한 집행을 위하여 자신의 직무권한 범위에서 가압류신청 또는 본안소송을 제기하고 이로 인해 일부 상속인들과 유언집행자 사이에 갈등이 초래되었다는 사정만으로는 유언집행자의 해임사유인 '적당하지 아니한 사유'가 있다고 할 수 없으며, 일부 상속인에게만 유리하게 편파적인 집행을 하는 등으로 공정한 유언의 실현을 기대하기 어려워 상속인 전원의 신뢰를 얻을 수 없음이 명백하다는 등 유언집행자로서의 임무수행에 적당하지 아니한 구체적 사정이 소명되어야 한다.

[2] 甲이 망 乙의 유언에 따라 유언집행자로 지정되었고, 위 유언에 따른 분배대상 재산에는 부동산과 금융자산이 있었는데, 상속개시 이후 위 금융자산 대부분이 이미 인출되었음을 알게 된 甲이 상속인들에게 기인출된 돈의 반환을 요구하면서 아직 인출되지 않고 남아 있던 돈을 甲의 예금계좌로 이체시켜 보관한 사안에서, 유언집행자의 지위에서 보관 중인 위 예금채권에 대한 상속인들의 분배요구를 거절하였다고 하여 이를 임무해태 내지 불공정한 직무수행으로 단정하기도 어려움에도, 甲에게 공정한 유언의 실현을 기대하기 어려워 상속인 전원의 신뢰를 얻을 수 없음이 명백하다고 볼 만한 구체적 사정이 있는지에 관하여 더 나아가 심리해 보지 아니한 채, 단지 위와 같은 사정만으로 유언집행자로서 적당하지 아니한 해임사유가 있다고 단정한 원심결정에는 유언집행자의 지위와 해임사유에 관한 법리를 오해하여 필요한 심리를 다하지 아니한 위법이 있다고 한 사례.

제1107조 【유언집행의 비용】
유언의 집행에 관한 비용은 상속재산 중에서 이를 지급한다.

제5절 유언의 철회

제1108조 【유언의철회】 ①유언자는 언제든지 유언 또는 생전행위로써 유언의 전부나 일부를 철회할 수 있다.
②유언자는 그 유언을 철회할 권리를 포기하지 못한다.

제1109조 【유언의 저촉】 전후의 유언이 저촉되거나 유언후의 생전행위가 유언과 저촉되는 경우에는 그 저촉된 부분의 전유언은 이를 철회한 것으로 본다.

제1110조 【파훼로 인한 유언의 철회】 유언자가 고의로 유언증서 또는 유증의 목적물을 파훼한 때에는 그 파훼한 부분에 관한 유언은 이를 철회한 것으로 본다.

제1111조 【부담있는 유언의 취소】
부담있는 유증을 받은 자가 그 부담의무를 이행하지 아니한 때에는 상속인 또는 유언집행자는 상당한 기간을 정하여 이행할 것을 최고하고 그 기간내에 이행하지 아니한 때에는 법원에 유언의 취소를 청구할 수 있다. 그러나 제삼자의 이익을 해하지 못한다.

제3장 유류분

제1112조 【유류분의 권리자와 유류분】 상속인의 유류분은 다음 각호에 의한다.

1. 피상속인의 직계비속은 그 법정상속분의 2분의 1
2. 피상속인의 배우자는 그 법정상속분의 2분의 1
3. 피상속인의 직계존속은 그 법정상속분의 3분의 1
4. 피상속인의 형제자매는 그 법정상속분의 3분의 1

[본조신설 1977.12.31]

판례-소유권이전등기

[대법원 2006.5.26, 선고, 2005다71949, 판결]

【판시사항】
유류분의 반환방법

【판결요지】
우리 민법은 유류분제도를 인정하여 제1112조부터 제1118조까지 이에 관하여 규정하면서도 유류분의 반환방법에 관하여 별도의 규정을 두지 않고 있으나, 증여 또는 유증대상 재산 그 자체를 반환하는 것이 통상적인 반환방법이라고 할 것이므로, 유류분 권리자가 원물반환의 방법에 의하여 유류분 반환을 청구하고 그와 같은 원물반환이 가능하다면 달리 특별한 사정이 없는 이상 법원은 유류분 권리자가 청구하는 방법에 따라 원물반환을 명하여야 한다.

제1113조 【유류분의 산정】

①유류분은 피상속인의 상속개시시에 있어서 가진 재산의 가액에 증여재산의 가액을 가산하고 채무의 전액을 공제하여 이를 산정한다.

②조건부의 권리 또는 존속기간이 불확정한 권리는 가정법원이 선임한 감정인의 평가에 의하여 그 가격을 정한다.

[본조신설 1977.12.31]

제1114조 【산입될 증여】 증여는 상속개시전의 1년간에 행한 것에 한하여 제1113조의 규정에 의하여 그 가액을 산정한다. 당사자쌍방이 유류분권리자에 손해를 가할 것을 알고 증여를 한 때에는 1년전에 한 것도 같다.

[본조신설 1977.12.31]

판례-상속재산반환 등

[대법원 2012.5.24, 선고, 2010다50809, 판결]

【판시사항】
[1] 구체적으로 유류분반환청구 의사가 표시되었는지를 판단하는 방법
[2] 공동상속인이 아닌 제3자에게 한 증여에 관하여 유류분반환청구가 인정되기 위한 요건

【판결요지】
[1] 구체적으로 유류분반환청구 의사가 표시되었는지는 법률행위 해석에 관한 일반원칙에 따라 의사표시의 내용과 아울러 의사표시가 이루어진 동기 및 경위, 당사자가 의사표시에 의하여 달성하려고 하는 목적과 진정한 의사 및 그에 대한 상대방의 주장·태도 등을 종합적으로 고찰하여 사회정의와 형평의 이념에 맞도록 논리와 경험의 법칙, 그리고 사회일반의 상식에 따라 합리적으로 판단하여야 한다. 상속인이 유증 또는

증여행위가 무효임을 주장하여 상속 내지는 법정상속분에 기초한 반환을 주장하는 경우에는 그와 양립할 수 없는 유류분반환청구권을 행사한 것으로 볼 수 없지만, 상속인이 유증 또는 증여행위의 효력을 명확히 다투지 아니하고 수유자 또는 수증자에 대하여 재산분배나 반환을 청구하는 경우에는 유류분반환의 방법에 의할 수밖에 없으므로 비록 유류분 반환을 명시적으로 주장하지 않더라도 그 청구 속에는 유류분반환청구권을 행사하는 의사표시가 포함되어 있다고 해석함이 타당한 경우가 많다.
[2] 공동상속인이 아닌 제3자에 대한 증여는 원칙적으로 상속개시 전의 1년간에 행한 것에 한하여 유류분반환청구를 할 수 있고, 다만 당사자 쌍방이 증여 당시에 유류분권리자에 손해를 가할 것을 알고 증여를 한 때에는 상속개시 1년 전에 한 것에 대하여도 유류분반환청구가 허용된다. 증여 당시 법정상속분의 2분의 1을 유류분으로 갖는 직계비속들이 공동상속인으로서 유류분권리자가 되리라고 예상할 수 있는 경우에, 제3자에 대한 증여가 유류분권리자에게 손해를 가할 것을 알고 행해진 것이라고 보기 위해서는, 당사자 쌍방이 증여 당시 증여재산의 가액이 증여하고 남은 재산의 가액을 초과한다는 점을 알았던 사정뿐만 아니라, 장래 상속개시일에 이르기까지 피상속인의 재산이 증가하지 않으리라는 점까지 예견하고 증여를 행한 사정이 인정되어야 하고, 이러한 당사자 쌍방의 가해의 인식은 증여 당시를 기준으로 판단하여야 한다.

제1115조 【유류분의 보전】
①유류분권리자가 피상속인의 제1114조에 규정된 증여 및 유증으로 인하여 그 유류분에 부족이 생긴 때에는 부족한 한도에서 그 재산의 반환을 청구할 수 있다.
②제1항의 경우에 증여 및 유증을 받은 자가 수인인 때에는 각자가 얻은 유증가액의 비례로 반환하여야 한다.
[본조신설 1977.12.31]

제1116조 【반환의 순서】 증여에 대하여는 유증을 반환받은 후가 아니면 이것을 청구할 수 없다. [본조신설 1977.12.31]

제1117조 【소멸시효】 반환의 청구권은 유류분권리자가 상속의 개시와 반환하여야 할 증여 또는 유증을 한 사실을 안 때로부터 1년내에 하지 아니하면 시효에 의하여 소멸한다. 상속이 개시한 때로부터 10년을 경과한 때도 같다.
[본조신설 1977.12.31]

판례-소유권이전등기등

[대법원 2006.11.10, 선고, 2006다46346, 판결]

【판시사항】
[1] 공동상속인 및 공동상속인이 아닌 제3자가 피상속인으로부터 각각 증여 또는 유증을 받은 경우, 각자의 유류분반환의무의 범위
[2] 유류분반환청구권의 단기소멸시효기간의 기산점인 민법 제1117조의 '유류분권리자가 상속의 개시와 반환하여야 할 증여 또는 유증을 한 사실을 안 때'의 의미
[3] 해외에 거주하다가 피상속인의 사망사실을 뒤늦게 알게 된 상속인이 유증사실 등을 제대로 알 수 없는 상태에서 다른 공동상속인이 교부한 피상속인의 자필유언증서 사본을 보았다는 사정만으로는 자기의 유류분을 침해하는 유증이 있었음을 알았다고 볼 수 없고, 그 후 유언의 검인을 받으면서 자필유언증서의 원본을 확인한 시점에 그러한 유증이 있었음을 알았다고 본 사례

【판결요지】
[1] 유류분권리자가 유류분반환청구를 함에 있어 증여 또는 유증을 받은 다른 공동상

속인이 수인일 때에는 각자 증여 또는 유증을 받은 재산 등의 가액이 자기 고유의 유류분액을 초과하는 상속인에 대하여 그 유류분액을 초과한 가액의 비율에 따라서 반환을 청구할 수 있고, 공동상속인과 공동상속인 아닌 제3자가 있는 경우에는 그 제3자에게는 유류분이 없으므로 공동상속인에 대하여는 자기 고유의 유류분액을 초과한 가액을 기준으로 하여, 제3자에 대하여는 그 증여 또는 유증받은 재산의 가액을 기준으로 하여 그 각 가액의 비율에 따라 반환청구를 할 수 있다.
[2] 민법 제1117조가 규정하는 유류분반환청구권의 단기소멸시효기간의 기산점인 '유류분권리자가 상속의 개시와 반환하여야 할 증여 또는 유증을 한 사실을 안 때'는 유류분권리자가 상속이 개시되었다는 사실과 증여 또는 유증이 있었다는 사실 및 그것이 반환하여야 할 것임을 안 때를 뜻한다.
[3] 해외에 거주하다가 피상속인의 사망사실을 뒤늦게 알게 된 상속인이 유증사실 등을 제대로 알 수 없는 상태에서 다른 공동상속인이 교부한 피상속인의 자필유언증서 사본을 보았다는 사정만으로는 자기의 유류분을 침해하는 유증이 있었음을 알았다고 볼 수 없고, 그 후 유언의 검인을 받으면서 자필유언증서의 원본을 확인한 시점에 그러한 유증이 있었음을 알았다고 본 사례.

제1118조 【준용규정】 제1001조, 제1008조, 제1010조의 규정은 유류분에 이를 준용한다. [본조신설 1977.12.31]

부칙

<제12881호, 2014.12.30.>

이 법은 공포한 날부터 시행한다.

부칙

<제13124호, 2015.2.3.>
(가족관계의 등록 등에 관한 법률)

제1조 【시행일】 이 법은 2015년 7월 1일부터 시행한다.

제2조 생략

제3조 【다른 법률의 개정】 ① 민법 일부를 다음과 같이 개정한다.
제814조제2항 중 "등록기준지를 관할하는 가족관계등록관서"를 "재외국민 가족관계등록사무소"로 한다.
② 생략

부칙

<제13125호, 2015.2.3.>

제1조 【시행일】 이 법은 공포 후 1년이 경과한 날부터 시행한다.

제2조 【효력의 불소급】 이 법은 종전의 규정에 따라 생긴 효력에 영향을 미치

지 아니한다.

제3조 【보증의 방식 등에 관한 적용례】 제428조의2, 제428조의3 및 제436조의2의 개정규정은 이 법 시행 후 체결하거나 기간을 갱신하는 보증계약부터 적용한다.

제4조 【여행계약의 효력 · 해제 등에 관한 적용례】 제3편제2장제9절의2(제674조의2부터 제674조의9까지)의 개정규정은 이 법 시행 후 체결하는 여행계약부터 적용한다.

제5조 【다른 법률의 개정】 보증인 보호를 위한 특별법 일부를 다음과 같이 개정한다.
제3조를 삭제한다.

제6조 【「보증인 보호를 위한 특별법」의 개정에 따른 경과조치】 부칙 제5조에 따라 개정되는 「보증인 보호를 위한 특별법」의 개정규정에도 불구하고 이 법 시행 전에 체결되거나 기간이 갱신된 「보증인 보호를 위한 특별법」의 적용 대상인 보증계약에 대해서는 종전의 「보증인 보호를 위한 특별법」 제3조에 따른다.

■ 편 저 ■

대한법률편찬연구회

민법 지식정보법전	定價 16,000원

2015年 11月 05日 인쇄
2015年 11月 10日 발행
편 저 : 대한법률편찬연구회
발행인 : 김 현 호
발행처 : 법문 북스
공급처 : 법률미디어

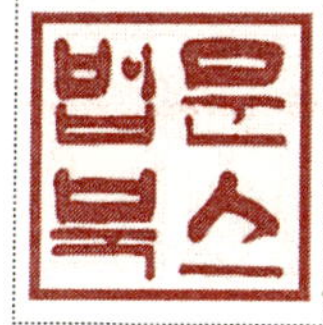

152-050
서울 구로구 경인로 54길4
TEL : 2636-2911~3, FAX : 2636~3012
등록 : 1979년 8월 27일 제5-22호
Home : www.lawb.co.kr

▎ISBN 978-89-7535-334-5 13360
▎파본은 교환해 드립니다.

개정민법과 판례로 구성되어있습니다. 뿐만아니라
관련 상담사례 또한 수록하였습니다.

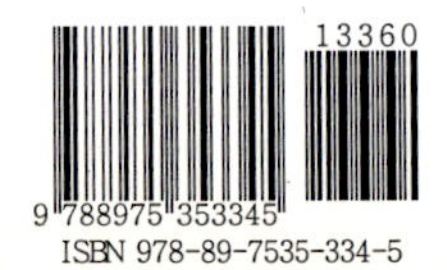
13360
9 788975 353345
ISBN 978-89-7535-334-5

16,000원